OEUVRES COMPLÈTES

DE

FRÉDÉRIC BASTIAT

LA MÊME ÉDITION

EST PUBLIÉE EN SIX BEAUX VOLUMES IN-8°

Prix des 6 volumes : 30 fr.

CORBEIL. — TYPOGRAPHIE DE CRÉTÉ.

ŒUVRES COMPLÈTES

DE

FRÉDÉRIC BASTIAT

MISES EN ORDRE

REVUES ET ANNOTÉES D'APRÈS LES MANUSCRITS DE L'AUTEUR

TOME TROISIÈME

COBDEN ET LA LIGUE

OU

L'AGITATION ANGLAISE POUR LA LIBERTÉ DES ÉCHANGES.

PARIS

GUILLAUMIN ET Cⁱᵉ, LIBRAIRES

Éditeurs du Journal des Économistes, de la Collection des principaux Économistes,
du Dictionnaire de l'Économie politique, etc.

RUE RICHELIEU, 14

1854

INTRODUCTION.

La personne la plus exposée à se faire illusion sur le mérite et la portée d'un livre, après l'auteur, c'est certainement le traducteur. Peut-être n'échappé-je pas à cette loi, car je n'hésite pas à dire que celui que je publie, s'il obtenait d'être lu, serait pour mon pays une sorte de révélation. La liberté, en matière d'échanges, est considérée chez nous comme une utopie ou quelque chose de pis. On accorde bien, abstraitement, la vérité du principe; on veut bien reconnaître qu'il figure convenablement dans un ouvrage de théorie. Mais on s'arrête là. On ne lui fait même l'honneur de le tenir pour vrai qu'à une condition : c'est de rester à jamais relégué, avec le livre qui le contient, dans la poudre des bibliothèques; de n'exercer sur la pratique aucune influence, et de céder le sceptre des affaires au principe antagonique, et par cela même abstraitement faux, de la prohibition, de la restriction, de la protection. S'il est encore quelques économistes qui, au milieu du vide qui s'est fait autour d'eux, n'aient pas tout à fait laissé échapper de leur cœur la sainte foi dans le dogme de la liberté, à peine osent-ils, d'un regard incertain, en chercher le douteux triomphe dans les profondeurs de l'avenir. Comme ces semences recouvertes d'épaisses couches de terre inerte, et qui n'éclôront que lorsque quelque cataclysme, les ra-

menant à la surface, les aura exposées aux rayons vivifiants
du soleil, ils voient le germe sacré de la liberté enfoui sous
la dure enveloppe des passions et des préjugés, et ils n'o-
sent compter le nombre des révolutions sociales qui devront
s'accomplir, avant qu'il soit mis en contact avec le soleil de
la vérité. Ils ne se doutent pas, ils ne paraissent pas du
moins se douter que le pain des forts, converti en lait pour
les faibles, a été distribué sans mesure à toute une génération contemporaine ; que le grand principe, le droit d'é-
changer, a brisé son enveloppe, qu'il s'est répandu comme
un torrent sur les intelligences, qu'il anime toute une
grande nation, qu'il y a fondé une opinion publique indomptable, qu'il va prendre possession des affaires humaines, qu'il s'apprête à absorber la législation économique
d'un grand peuple ! C'est là la *bonne nouvelle* que renferme
ce livre. Parviendra-t-elle à vos oreilles, amis de la liberté,
partisans de l'union des peuples, apôtres de l'universelle
fraternité des hommes, défenseurs des classes laborieuses,
sans qu'elle réveille dans vos cœurs la confiance, le zèle et
le courage ? Oui, si ce livre pouvait pénétrer sous la froide
pierre qui couvre les Tracy, les Say, les Comte, je crois
que les ossements de ces illustres philanthropes tressaille-
raient de joie dans la tombe.

Mais, hélas ! je n'oublie pas la restriction que j'ai posée
moi-même : *Si ce livre obtient d'être lu.* — COBDEN ! LIGUE !
AFFRANCHISSEMENT DES ÉCHANGES ! — Qu'est-ce que Cobden ? Qui a entendu parler, en France, de Cobden ? Il est
vrai que la postérité attachera son nom à une de ces grandes
réformes sociales qui marquent, de loin en loin, les pas de
l'humanité dans la carrière de la civilisation : la restauration, non du droit *au* travail, selon la logomachie du jour,
mais du droit sacré *du* travail à sa juste et naturelle rémunération. Il est vrai que Cobden est à Smith ce que la propagation est à l'invention ; qu'aidé de ses nombreux com-

pagnons de travaux, il a vulgarisé la science sociale ; qu'en
dissipant dans l'esprit de ses compatriotes les préjugés qui
servent de base au monopole, cette spoliation au dedans,
et à la conquête, cette spoliation au dehors ; en ruinant
ainsi cet aveugle antagonisme qui pousse les classes contre
les classes et les peuples contre les peuples, il a préparé
aux hommes un avenir de paix et de fraternité fondé, non
sur un chimérique renoncement à soi-même, mais sur l'in-
destructible amour de la conservation et du progrès individuels, sentiment qu'on a essayé de flétrir sous le nom d'intérêt bien entendu, mais auquel, il est impossible de ne pas
le reconnaître, il a plu à Dieu de confier la conservation et
le progrès de l'espèce ; il est vrai que cet apostolat s'est
exercé de notre temps, sous notre ciel, à nos portes, et qu'il
agite encore, jusqu'en ses fondements, une nation dont les
moindres mouvements ont coutume de nous préoccuper à
l'excès. Et cependant, qui a entendu parler de Cobden ?
Eh, bon Dieu ! nous avons bien autre chose à faire qu'à
nous occuper de ce qui, après tout, ne tend qu'à changer
la face du monde. Ne faut-il pas aider M. Thiers à remplacer M. Guizot, ou M. Guizot à remplacer M. Thiers?
Ne sommes-nous pas menacés d'une nouvelle irruption de
barbares, sous forme d'huile égyptienne ou de viande
sarde? et ne serait-il pas bien fâcheux que nous reportas-
sions, un moment, sur la libre communication des peuples
une attention si utilement absorbée par Noukahiva, Papeïti
et Mascate ?

La *Ligue !* De quelle Ligue s'agit-il ? L'Angleterre a-t-
elle enfanté quelque Guise ou quelque Mayenne? Les catholiques et les anglicans vont-ils avoir leur bataille d'Ivry ?

L'agitation que vous annoncez se rattache-t-elle à l'agitation irlandaise ? Va-t-il y avoir des guerres, des batailles, du
sang répandu? Peut-être alors notre curiosité serait-elle
éveillée, car nous aimons prodigieusement les jeux de la

force brutale, et puis nous prenons tant d'intérêt aux questions religieuses ! nous sommes devenus si bons catholiques, si bons papistes, depuis quelque temps.

Affranchissement des échanges ! Quelle déception ! Quelle chute ! Est-ce que le droit d'échanger, si c'est un droit, vaut la peine que nous nous en occupions ? Liberté de parler, d'écrire, d'enseigner, à la bonne heure ; on peut y réfléchir de temps en temps, à moments perdus, quand la question suprême, la question ministérielle laisse à nos facultés quelques instants de répit, car enfin ces libertés intéressent les hommes qui ont des loisirs. Mais la liberté d'acheter et de vendre ! la liberté de disposer du fruit de son travail, d'en retirer par l'échange tout ce qu'il est susceptible de donner, cela intéresse aussi le peuple, l'homme de labeur, cela touche à la vie de l'ouvrier. D'ailleurs, échanger, trafiquer, cela est si prosaïque ! et puis c'est tout au plus une question de bien-être et de justice. *Le bien être !* oh ! c'est trop matériel, trop matérialiste pour un siècle d'abnégation comme le nôtre ! La *justice !* oh ! cela est trop froid. Si au moins il s'agissait d'*aumônes,* il y aurait de belles phrases à faire. Et n'est-il pas bien doux de persévérer dans l'injustice, quand en même temps on est aussi prompt que nous le sommes à faire montre de charité et de philanthropie ?

« Le sort en est jeté, s'écriait Kepler, j'écris mon livre ; « on le lira dans l'âge présent ou dans la postérité ; que « m'importe ? il pourra attendre son lecteur. » — Je ne suis pas Kepler, je n'ai arraché à la nature aucun de ses secrets ; et je ne suis qu'un simple et très-médiocre traducteur. Et cependant j'ose dire comme le grand homme : Ce livre peut attendre ; le lecteur lui arrivera tôt ou tard. Car enfin, pour peu que mon pays s'endorme quelque temps encore dans l'ignorance volontaire où il semble se complaire, à l'égard de la révolution immense qui fait bouillonner tout le sol britannique, un jour il sera frappé de stupeur à l'aspect de ce feu volcanique..... non, de cette lumière bienfaisante qu'il verra luire au septentrion. Un jour, et ce jour n'est pas éloigné, il apprendra, sans transition, sans que rien la lui ait fait présager, cette grande nouvelle : l'Angleterre ouvre tous ses ports ; elle a renversé toutes les barrières qui la séparaient des nations ; elle avait cinquante colonies, elle n'en a plus qu'une et c'est l'univers ; elle échange avec quiconque veut échanger ; elle achète sans demander à vendre ; elle accepte toutes les relations sans en exiger aucune ; elle appelle sur elle l'*invasion* de vos produits ; l'Angleterre a affranchi le travail et l'échange. — Alors, peut-être, on voudra savoir comment, par qui, depuis combien de temps cette révolution a été préparée ; dans quel souterrain impénétrable, dans quelles catacombes ignorées elle a été ourdie, quelle franc-maçonnerie mystérieuse en a noué les fils ; et ce livre sera là pour répondre : Eh, mon Dieu ! cela s'est fait en plein soleil, ou du moins en plein air (car on dit qu'il n'y a pas de soleil en Angleterre). Cela s'est accompli en public, par une discussion qui a duré dix ans, soutenue simultanément sur tous les points du territoire. Cette discussion a augmenté le nombre des journaux anglais, en a allongé le format ; elle a enfanté des milliers de tonnes de brochures et de pamphlets ; on en suivait le cours avec anxiété aux États-Unis, en Chine, et jusque chez les hordes sauvages des noirs Africains. Vous seuls, Français, ne vous en doutiez pas. Et pourquoi ? Je pourrais le dire, mais est-ce bien prudent ? N'importe ! la vérité me presse et je la dirai. C'est qu'il y a parmi nous deux grands corrupteurs qui soudoient la publicité. L'un s'appelle *Monopole* et l'autre *Esprit de parti*. Le premier a dit : J'ai besoin que la haine s'interpose entre la France et l'étranger, car si les nations ne se haïssaient pas, elles finiraient par s'entendre, par s'unir, par s'aimer, et peut-être, chose horrible à penser ! par *échanger* entre elles les fruits de leur industrie. Le second a dit : J'ai besoin des inimitiés nationales, parce que j'aspire au pouvoir ; et j'y arriverai, si je parviens à m'entourer d'autant de popularité que j'en arracherai à mes adversaires, si je les montre vendus à un étranger prêt à nous envahir, et si je me présente comme le sauveur de la patrie. — Alors l'alliance a été conclue entre le monopole et l'esprit de parti, et il a été arrêté que toute publicité, à l'égard de ce qui se passe au dehors, consisterait en ces deux choses : Dissimuler, dénaturer. C'est ainsi que la France a été tenue systématiquement dans l'ignorance du fait que ce livre a pour objet de révéler. Mais comment les journaux ont-ils pu réussir ? Cela vous étonne ? — et moi aussi. Mais leur succès est irrécusable.

Cependant, et précisément parce que je vais introduire le lecteur (si j'ai un lecteur) dans un monde qui lui est complétement étranger, il doit m'être permis de faire précéder cette traduction de quelques considérations générales sur le régime économique de la Grande-Bretagne, sur les causes qui ont donné naissance à la Ligue, sur l'esprit et la portée de cette association, au point de vue social, moral et politique.

On a dit et on répète souvent que l'école économiste, qui confie à leur naturelle gravitation les intérêts des diverses classes de la société, était née en Angleterre ; et on s'est hâté d'en conclure, avec une surprenante légèreté, que cet effrayant contraste d'opulence et de misère, qui caractérise la Grande-Bretagne, était le résultat de la doctrine proclamée avec tant d'autorité par Ad. Smith, exposée avec tant de méthode par J. B. Say. On semble croire que la liberté règne souverainement de l'autre côté de la Manche et qu'elle préside à la manière inégale dont s'y distribue la richesse.

« Il avait assisté, » disait, ces jours derniers, M. Mignet,

en parlant de M. Sismondi, « il avait assisté à la grande ré-
« volution économique opérée de nos jours. Il avait suivi
« et admiré les brillants effets des doctrines qui avaient
« affranchi le travail, renversé les barrières que les juran-
« des, les maîtrises, les douanes intérieures et les mo-
« nopoles multipliés opposaient à ses produits et à ses ·
« échanges ; qui avaient provoqué l'abondante production
« et la *libre circulation* des valeurs, etc.

« Mais bientôt il avait pénétré plus avant, et des spec-
« tacles moins propres à l'enorgueillir des progrès de
« l'homme et à le rassurer sur son bonheur s'étaient mon-
« trés à lui, *dans le pays même* où les théories nouvelles
« s'étaient le plus vite et le plus complétement dévelop-
« pées, *en Angleterre où elles régnaient avec empire.* Qu'y
« avait-il vu ? Toute la grandeur, mais aussi tous les excès de
« la production illimitée..., chaque marché fermé rédui-
« sant des populations entières à mourir de faim, les déré-
« glements de la concurrence, cet état de nature des inté-
« rêts, souvent plus meurtrier que les ravages de la guerre ;
« il y avait vu l'homme réduit à être un ressort d'une ma-
« chine plus intelligente que lui, entassé dans des lieux
« malsains où la vie n'atteignait pas la moitié de sa durée,
« où les liens de famille se brisaient et les idées de morale
« se perdaient... En un mot, il y avait vu l'extrême misère
« et une effrayante dégradation racheter tristement et me-
« nacer sourdement la prospérité et les splendeurs d'un
« grand peuple.

« Surpris et troublé, il se demanda si *une science qui sa-*
« *crifiait* le bonheur de l'homme à la production de la
« richesse... était la vraie science... Depuis ce moment, il
« prétendit que l'économie politique devait avoir beaucoup
« moins pour objet la production abstraite de la richesse
« que son équitable distribution. »

Disons en passant que l'économie politique n'a pas plus pour objet la production (encore moins la production *abstraite*), que la distribution de la richesse. C'est le travail, c'est l'échange qui ont ces choses-là pour objet. L'économie politique n'est pas un art, mais une science. Elle n'impose rien, elle ne conseille même rien, et par conséquent elle ne *sacrifie rien ;* elle décrit comment la richesse se produit et se distribue, de même que la physiologie décrit le jeu de nos organes ; et il est aussi injuste d'imputer à l'une les maux de la société qu'il le serait d'attribuer à l'autre les maladies qui affligent le corps humain.

Quoi qu'il en soit, les idées très-répandues, dont M. Mignet s'est rendu le trop éloquent interprète, conduisent naturellement à l'arbitraire. A l'aspect de cette révoltante inégalité que la théorie économique, tranchons le mot, que la liberté est censée avoir engendrée, *là où elle règne avec le plus d'empire,* il est tout naturel qu'on l'accuse, qu'on la repousse, qu'on la flétrisse et qu'on se réfugie dans des arrangements sociaux artificiels, dans des organisations de travail, dans des associations *forcées* de capital et de main-d'œuvre, dans des utopies, en un mot, où la liberté est préalablement sacrifiée comme incompatible avec le règne de l'égalité et de la fraternité parmi les hommes.

Il n'entre pas dans notre sujet d'exposer la doctrine du libre-échange ni de combattre les nombreuses manifestations de ces écoles qui, de nos jours, ont usurpé le nom de socialisme et qui n'ont entre elles de commun que cette usurpation.

Mais il importe d'établir ici que, bien loin que le régime économique de la Grande-Bretagne soit fondé sur le principe de la liberté, bien loin que la richesse s'y distribue d'une manière naturelle, bien loin enfin que, selon l'heureuse expression de M. de Lamartine, chaque industrie s'y fasse par la liberté une justice qu'aucun système arbitraire ne saurait lui faire, il n'y a pas de pays au monde, sauf ceux qu'afflige encore l'esclavage, où la théorie de Smith, — la doctrine du laissez-faire, laissez-passer, — soit moins pratiquée qu'en Angleterre, et où l'homme soit devenu pour l'homme un objet d'exploitation plus systématique.

Et il ne faut pas croire, comme on pourrait nous l'objecter, que c'est précisément la libre concurrence qui a amené, à la longue, l'asservissement de la main-d'œuvre aux capitaux, de la classe laborieuse à la classe oisive. Non, cette injuste domination ne saurait être considérée comme le résultat, ni même l'abus d'un principe qui ne dirigea jamais l'industrie britannique ; et, pour en fixer l'origine, il faudrait remonter à une époque qui n'est certes pas un temps de liberté, à la conquête de l'Angleterre par les Normands.

Mais sans retracer ici l'histoire des deux races qui foulent le sol britannique et s'y sont livré, sur la forme civile, politique, religieuse, tant de luttes sanglantes, il est à propos de rappeler leur situation respective au point de vue économique.

L'aristocratie anglaise, on le sait, est propriétaire de toute la surface du pays. De plus elle tient en ses mains la puissance législative. Il ne s'agit que de savoir si elle a usé de cette puissance dans l'intérêt de la communauté ou dans son propre intérêt.

« Si notre Code financier, » disait M. Cobden, en s'adressant à l'aristocratie elle-même, dans le Parlement, « si le « *statute-book* pouvait parvenir dans la lune, seul et sans « aucun commentaire historique, il n'en faudrait pas da- « vantage pour apprendre à ses habitants qu'il est l'œuvre « d'une assemblée de seigneurs maîtres du sol. » (Landlords.)

Quand une race aristocratique a tout à la fois le droit de faire la loi et la force de l'imposer, il est malheureusement trop vrai qu'elle la fait à son profit. C'est là une pénible vérité. Elle contristera, je le sais, les âmes bienveillantes qui comptent, pour la réforme des abus, non sur la réaction de ceux qui les subissent, mais sur la libre et fraternelle initiative de ceux qui les exploitent. Nous voudrions bien qu'on pût nous signaler dans l'histoire un tel exemple d'abnégation. Mais il ne nous a jamais été donné ni par les castes dominantes de l'Inde, ni par ces Spartiates, ces Athéniens et ces Romains qu'on offre sans cesse à notre admiration, ni par les seigneurs féodaux du moyen âge, ni par les planteurs des Antilles, et il est même fort douteux que ces oppresseurs de l'humanité aient jamais considéré leur puissance comme injuste et illégitime (¹).

Si l'on pénètre quelque peu dans les nécessités, on peut dire fatales, des races aristocratiques, on s'aperçoit bientôt qu'elles sont considérablement modifiées et aggravées par ce qu'on a nommé le principe de la population.

Si les classes aristocratiques étaient stationnaires de leur nature; si elles n'étaient pas comme toutes les autres douées de la faculté de multiplier, un certain degré de bonheur et même d'égalité serait peut-être compatible avec le régime de la conquête. Une fois les terres partagées entre les familles nobles, chacune transmettrait ses domaines, de génération en génération à son unique représentant, et l'on conçoit que, dans cet ordre de choses, il ne serait pas impossible à une classe industrieuse de s'élever et de prospérer paisiblement à côté de la race conquérante.

Mais les conquérants pullulent tout comme de simples *prolétaires*. Tandis que les frontières du pays sont immua-

---

(¹) Deux pensées, que l'auteur devait développer plus tard, en écrivant la seconde série des *Sophismes*, apparaissent dans ce paragraphe et ceux qui suivent. De l'une procède le chapitre *les Deux morales* ; de l'autre, le chapitre *Physiologie de la spoliation*. V. tome IV, pages 127 et 148.

(*Note de l'éditeur.*)

bles, tandis que le nombre des domaines seigneuriaux reste le même, parce que, pour ne pas affaiblir sa puissance, l'aristocratie prend soin de ne les pas diviser et de les transmettre intégralement, de mâle en mâle, dans l'ordre de primogéniture ; de nombreuses familles de *cadets* se forment et multiplient à leur tour. Elles ne peuvent se soutenir par le travail, puisque, dans les idées nobiliaires, le travail est réputé infâme. Il n'y a donc qu'un moyen de les pourvoir ; ce moyen, c'est l'exploitation des classes laborieuses. La spoliation au dehors s'appelle guerre, conquêtes, colonies. La spoliation au dedans se nomme impôts, places, monopoles. Les aristocraties civilisées se livrent généralement à ces deux genres de spoliation ; les aristocraties barbares sont obligées de s'interdire le second par une raison bien simple, c'est qu'il n'y a pas autour d'elles une classe industrieuse à dépouiller. Mais quand les ressources de la spoliation extérieure viennent aussi à leur manquer, que deviennent donc, chez les barbares, les générations aristocratiques des branches cadettes ? Ce qu'elles deviennent ? On les étouffe ; car il est dans la nature des aristocraties de préférer au travail la mort même.

« Dans les archipels du grand Océan, les cadets de famille n'ont aucune part dans la succession de leurs pères. Ils ne peuvent donc vivre que des aliments que leur donnent leurs aînés, s'ils restent en famille ; ou de ce que peut leur donner la population asservie, s'ils entrent dans l'association militaire des *arreoys*. Mais quel que soit celui des deux partis qu'ils prennent, ils ne peuvent espérer de perpétuer leur race. L'impuissance de transmettre à leurs enfants aucune propriété et de les maintenir dans le rang où ils naissent, est sans doute ce qui leur a fait une loi de les étouffer [1]. »

---

[1] Anderson, 3e *Voyage de Cook.*

L'aristocratie anglaise, quoique sous l'influence des mêmes instincts qui inspirent l'aristocratie malaie (car les circonstances varient, mais la nature humaine est partout la même), s'est trouvée, si je puis m'exprimer ainsi, dans un milieu plus favorable. Elle a eu, en face d'elle et au-dessous d'elle, la population la plus laborieuse, la plus active, la plus persévérante, la plus énergique et en même temps la plus docile du globe ; elle l'a méthodiquement exploitée.

Rien de plus fortement conçu, de plus énergiquement exécuté que cette exploitation. La possession du sol met aux mains de l'oligarchie anglaise la puissance législative ; par la législation, elle ravit systématiquement la richesse à l'industrie. Cette richesse, elle l'emploie à poursuivre au dehors ce système d'empiétements qui a soumis quarante-cinq colonies à la Grande-Bretagne ; et les colonies lui servent à leur tour de prétexte pour lever, aux frais de l'industrie et au profit des branches cadettes, de lourds impôts, de grandes armées, une puissante marine militaire.

Il faut rendre justice à l'oligarchie anglaise. Elle a déployé, dans sa double politique de spoliation intérieure et extérieure, une habileté merveilleuse. Deux mots, qui impliquent deux préjugés, lui ont suffi pour y associer les classes mêmes qui en supportent tout le fardeau : elle a donné au monopole le nom de *Protection*, et aux colonies celui de *Débouchés*.

Ainsi l'existence de l'oligarchie britannique, ou du moins sa prépondérance législative, n'est pas seulement une plaie pour l'Angleterre, c'est encore un danger permanent pour l'Europe.

Et s'il en est ainsi, comment est-il possible que la France ne prête aucune attention à cette lutte gigantesque, que se livrent sous ses yeux l'esprit de la civilisation et l'esprit de la féodalité ? Comment est-il possible qu'elle ne sache pas

même les noms de ces hommes dignes de toutes les bénédictions de l'humanité, les Cobden, les Bright, les Moore,
les Villiers, les Thompson, les Fox, les Wilson et mille
autres qui ont osé engager le combat, qui le soutiennent
avec un talent, un courage, un dévouement, une énergie
admirables? C'est une pure question de liberté commerciale, dit-on. Et ne voit-on pas que la liberté du commerce
doit ravir à l'oligarchie et les ressources de la spoliation
intérieure, — les monopoles, — et les ressources de la spoliation extérieure, — les colonies, — puisque monopoles et
colonies sont tellement incompatibles avec la liberté des
échanges, qu'ils ne sont autre chose que la limite arbitraire
de cette liberté !

Mais que dis-je ? Si la France a quelque vague connaissance de ce combat à mort qui va décider pour longtemps
du sort de la liberté humaine, ce n'est pas à son triomphe
qu'elle semble accorder sa sympathie. Depuis quelques
années, on lui a fait tant de peur des mots liberté, concurrence, sur-production ; on lui a tant dit que ces mots
impliquent misère, paupérisme, dégradation des classes
ouvrières ; on lui a tant répété qu'il y avait une économie
politique anglaise, qui se faisait de la liberté un instrument
de machiavélisme et d'oppression, et une économie politique française qui, sous les noms de philanthropie, socialisme, organisation du travail, allait ramener l'égalité des
conditions sur la terre, — qu'elle a pris en horreur la doctrine qui ne se fonde après tout que sur la justice et le sens
commun, et qui se résume dans cet axiome : «Que les
hommes soient libres d'échanger entre eux, quand cela
leur convient, les fruits de leurs travaux. » Si cette croisade
contre la liberté n'était soutenue que par les hommes d'imagination, qui veulent formuler la science sans s'être préparés par l'étude, le mal ne serait pas grand. Mais n'est-il pas
douloureux de voir de vrais économistes, poussés sans

doute par la passion d'une popularité éphémère, céder à ces déclamations affectées et se donner l'air de croire ce qu'assurément ils ne croient pas, à savoir : que le paupérisme, le prolétariat, les souffrances des dernières classes sociales doivent être attribués à ce qu'on nomme concurrence exagérée, sur-production ?

Ne serait-ce pas, au premier coup d'œil, une chose bien surprenante que la misère, le dénûment, la privation des produits eussent pour cause..... quoi ? précisément la surabondance des produits. N'est-il pas singulier qu'on vienne nous dire que si les hommes n'ont pas suffisamment de quoi se nourrir, c'est qu'il y a trop d'aliments dans le monde ? que s'ils n'ont pas de quoi se vêtir, c'est que les machines jettent trop de vêtements sur le marché ? Assurément le paupérisme en Angleterre est un fait incontestable ; l'inégalité des richesses y est frappante. Mais pourquoi aller chercher à ces phénomènes une cause si bizarre, quand ils s'expliquent par une cause si naturelle : la spoliation systématique des travailleurs par les oisifs ?

C'est ici le lieu de décrire le régime économique de la Grande-Bretagne, tel qu'il était dans les dernières années qui ont précédé les réformes partielles, et à certains égards trompeuses, dont, depuis 1842, le Parlement est saisi par le cabinet actuel.

La première chose qui frappe dans la législation financière de nos voisins, et qui est faite pour étonner les propriétaires du continent, c'est l'absence presque totale d'*impôt foncier*, dans un pays grevé d'une si lourde dette et d'une si vaste administration.

En 1706 (époque de l'Union, sous la reine Anne), l'impôt foncier entrait dans le revenu public pour : 1,997,379 liv. st.

L'accise, pour................................ 1,792,763

La douane, pour.............................. 1,549,351

En 1841, sous la reine Victoria :

Part contributive de l'impôt foncier (land-
tax).................................... 2,037,627
Part contributive de l'accise............. 12,858,014
Part contributive de la douane.......... 19,485,217

Ainsi l'impôt direct est resté le même pendant que les impôts de consommation ont décuplé.

Et il faut considérer que, dans ce laps de temps, la rente des terres ou le revenu du propriétaire a augmenté dans la proportion de 1 à 7, en sorte que le même domaine qui, sous la reine Anne, acquittait 20 pour 100 de contributions sur le revenu, ne paie pas aujourd'hui 3 pour 100.

On remarquera aussi que l'impôt foncier n'entre que pour un vingt-cinquième dans le revenu public (2 millions sur 50 dont se composent les recettes générales). En France, et dans toute l'Europe continentale, il en constitue la portion la plus considérable, si l'on ajoute à la taxe annuelle les droits perçus à l'occasion des mutations et transmissions, droits dont, de l'autre côté de la Manche, la propriété immobilière est affranchie, quoique la propriété personnelle et industrielle y soit rigoureusement assujettie.

La même partialité se montre dans les taxes indirectes. Comme elles sont uniformes au lieu d'être graduées selon les qualités des objets qu'elles frappent, il s'ensuit qu'elles pèsent incomparablement plus sur les classes pauvres que sur les classes opulentes.

Ainsi le thé Pekoe vaut 4 shellings et le Bohea 9 deniers; le droit étant de 2 shellings, le premier est taxé à raison de 50, et le second à raison de 300 pour 100.

Ainsi le sucre raffiné valant 71 shellings, et le sucre brut 25 shellings, le droit fixe de 24 shellings est de 34 pour 100 pour l'un, et de 90 pour 100 pour l'autre.

De même le tabac de Virginie commun, le tabac du

pauvre, paie 1200 pour 100, et le Havane 105 pour 100.

Le vin du riche en est quitte pour 28 pour 100. Le vin du pauvre acquitte 254 pour 100.

Et ainsi du reste.

Vient ensuite la loi sur les céréales et les comestibles (*corn and provisions law*), dont il est nécessaire de se rendre compte.

La loi-céréale, en excluant le blé étranger ou en le frappant d'énormes droits d'entrée, a *pour but* d'élever le prix du blé indigène, *pour prétexte* de protéger l'agriculture, et *pour effet* de grossir lés rentes des propriétaires du sol.

Que la loi-céréale ait pour but d'élever le prix du blé indigène, c'est ce qui est avoué par tous les partis. Par la loi de 1815, le Parlement prétendait très-ostensiblement maintenir le froment à 80 shellings le quarter; par celle de 1828, il voulait assurer au producteur 70 shellings. La loi de 1842 (postérieure aux réformes de M. Peel, et dont par conséquent nous n'avons pas à nous occuper ici) a été calculée pour empêcher que le prix ne descendit au-dessous de 56 shellings qui est, dit-on, strictement rémunérateur. Il est vrai que ces lois ont souvent failli dans l'objet qu'elles avaient en vue; et, en ce moment même, les fermiers, qui avaient compté sur ce prix législatif de 56 shellings et fait leurs baux en conséquence, sont forcés de vendre à 45 shellings. C'est qu'il y a, dans les lois naturelles qui tendent à ramener tous les profits à un commun niveau, une force que le despotisme ne parvient pas facilement à vaincre.

D'un autre côté, que la prétendue protection à l'agriculture soit un prétexte, c'est ce qui n'est pas moins évident. Le nombre des fermes à louer est limité; le nombre des fermiers ou des personnes qui peuvent le devenir ne l'est pas. La concurrence qu'ils se font entre eux les force donc à se contenter des profits les plus bornés auxquels ils peuvent se réduire. Si, par suite de la cherté des grains et des bestiaux, le métier de fermier devenait très-lucratif, le seigneur ne manquerait pas de hausser le prix du bail, et il le ferait d'autant mieux que, dans cette hypothèse, les entrepreneurs viendraient s'offrir en nombre considérable.

Enfin, que le maître du sol, le *landlord*, réalise en définitive tout le profit de ce monopole, cela ne peut être douteux pour personne. L'excédant du prix extorqué au consommateur doit bien aller à quelqu'un; et puisqu'il ne peut s'arrêter au fermier, il faut bien qu'il arrive au propriétaire.

Mais quelle est au juste la charge que le monopole des blés impose au peuple anglais?

Pour le savoir, il suffit de comparer le prix du blé étranger, *à l'entrepôt*, avec le prix du blé indigène. La différence, multipliée par le nombre de *quarters* consommés annuellement en Angleterre, donnera la mesure exacte de la spoliation légalement exercée, sous cette forme, par l'oligarchie britannique.

Les statisticiens ne sont pas d'accord. Il est probable qu'ils se laissent aller à quelque exagération en plus ou en moins, selon qu'ils appartiennent au parti des spoliateurs ou des spoliés. L'autorité qui doit inspirer le plus de confiance est sans doute celle des officiers du bureau du commerce (*Board of trade*), appelés à donner solennellement leur avis devant la Chambre des communes réunie en comité d'enquête.

Sir Robert Peel, en présentant, en 1842, la première partie de son plan financier, disait : « Je crois que toute confiance est due au gouvernement de S. M. et aux propositions qu'il vous soumet, d'autant que l'attention du Parlement a été sérieusement appelée sur ces matières dans l'enquête solennelle de 1839. »

Dans le même discours, le premier ministre disait encore : « M. Deacon Hume, cet homme dont je suis sûr qu'il n'est aucun de nous qui ne déplore la perte, établit que la consommation du pays est d'un quarter de blé par habitant. »

Rien ne manque donc à l'autorité sur laquelle je vais m'appuyer, ni la compétence de celui qui donnait son avis, ni la solennité des circonstances dans lesquelles il a été appelé à l'exprimer, ni même la sanction du premier ministre d'Angleterre.

Voici sur la question qui nous occupe, l'extrait de cet interrogatoire remarquable ([1]).

Le Président : Pendant combien d'années avez-vous occupé des fonctions à la douane et au bureau du commerce?

M. Deacon Hume : J'ai servi trente-huit ans dans la douane et ensuite onze ans au bureau du commerce.

D. Vous pensez que les droits protecteurs agissent comme une taxe directe sur la communauté, en élevant le prix des objets de consommation?

R. Très-décidément. Je ne puis décomposer le prix que me coûte un objet que de la manière suivante : une portion est le prix naturel ; l'autre portion est le droit ou la taxe, encore que ce droit passe de ma poche dans celle d'un particulier au lieu d'entrer dans le trésor public....

D. Avez-vous jamais calculé quel est le montant de la taxe que paie la communauté par suite de l'élévation de prix que le monopole fait éprouver au froment et à la viande de boucherie?

R. Je crois qu'on peut connaître très-approximativement le montant de cette charge additionnelle. On estime que chaque personne consomme annuellement un quarter de blé. On peut porter à 10 shellings ce que la protection ajoute au prix naturel. Vous ne pouvez porter à moins du double ce qu'elle ajoute, en masse, au prix de la viande, orge, avoine, foin, beurre et fromage. Cela monte à 36 millions

_____

([1]) V. la traduction de ce document, avant l'appendice.

sterling par an (900 millions de francs); et, au fait, le peuple paie cette somme de sa poche tout aussi infailliblement que si elle allait au trésor, sous la forme de taxes.

D. Par conséquent, il a plus de peine à payer les contributions qu'exige le revenu public?

R. Sans doute ; ayant payé les taxes personnelles, il est moins en état de payer des taxes nationales.

D. N'en résulte-t-il pas aussi la souffrance, la restriction de l'industrie de notre pays?

R. Je crois même que vous signalez là l'effet le plus pernicieux. Il est moins accessible au calcul, mais si la nation jouissait du commerce que lui procurerait, selon moi, l'abolition de toutes ces protections, je crois qu'elle pourrait supporter aisément un accroissement d'impôts de 30 shellings par habitant.

D. Ainsi, d'après vous, le poids du système protecteur excède celui des contributions?

R. Je le crois, en tenant compte de ses effets directs et de ses conséquences indirectes plus difficiles à apprécier.

Un autre officier du *Board of trade*, M. Mac-Grégor, répondait :

« Je considère que les taxes prélevées, dans ce pays, sur la production de la richesse due au travail et au génie des habitants, par les droits restrictifs et prohibitifs, dépassent de beaucoup, et probablement de plus du double, le montant des taxes payées au trésor. »

M. Porter, autre membre distingué du *Board of trade*, et bien connu en France par ses travaux statistiques, déposa dans le même sens [1].

Nous pouvons donc tenir pour certain que l'aristocratie.

[1] M. G. R. Porter, qui n'a pas survécu longtemps à Bastiat, a publié une traduction anglaise de la première série des *Sophismes*. V., au tome Ier, la notice biographique.

(*Note de l'éditeur.*)

anglaise ravit au peuple, par l'opération de cette seule loi
(*corn and provisions law*), une part du produit de son travail, ou, ce qui revient au même, des satisfactions légitimement acquises qu'il pourrait s'accorder, part qui s'élève à
1 *milliard* par an, et peut-être 2 *milliards*, si l'on tient
compte des effets indirects de cette loi. C'est là, à proprement parler, le lot que les aristocrates-législateurs, les *aînés*
de famille se sont fait à eux-mêmes.

Restait à pourvoir les *cadets*; car, ainsi que nous l'avons
vu, les races aristocratiques ne sont pas plus que les autres
privées de la faculté de multiplier, et, sous peine d'effroya-
bles dissensions intestines, il faut bien qu'elles assurent aux
branches cadettes un sort *convenable*, — c'est-à-dire, en dehors du travail, en d'autres termes, par la spoliation, —
puisqu'il n'y a et ne peut y avoir que deux manières d'acquérir : Produire ou ravir.

Deux sources fécondes de revenus ont été ouvertes aux
cadets : le trésor public et le système colonial. A vrai dire,
ces deux conceptions n'en font qu'une. On lève des armées,
une marine, en un mot des taxes pour conquérir des colonies, et l'on conserve les colonies pour rendre permanentes la marine, les armées ou les taxes.

Tant qu'on a pu croire que les échanges, qui s'opèrent,
en vertu d'un contrat de monopole réciproque, entre la
métropole et ses colonies, étaient d'une nature différente
et plus avantageuse que ceux qui s'accomplissent entre pays
libres, le système colonial a pu être soutenu par le préjugé
national. Mais lorsque la science et l'expérience (et la
science n'est que l'*expérience méthodique*) ont révélé et mis
hors de doute cette simple vérité : *les produits s'échangent
contre des produits*, il est devenu évident que le sucre, le
café, le coton, qu'on tire de l'étranger, n'offrent pas moins
de débouchés à l'industrie des regnicoles que ces mêmes
objets venus des colonies. Dès lors ce régime, accompagné

d'ailleurs de tant de violences et de dangers, n'a plus pour point d'appui aucun motif raisonnable ou même spécieux. Il n'est que le prétexte et l'occasion d'une immense injustice. Essayons d'en calculer la portée.

Quant au peuple anglais, je veux dire la classe productive, il ne gagne rien à la vaste extension de ses possessions coloniales. En effet, si ce peuple est assez riche pour acheter du sucre, du coton, du bois de construction, que lui importe de demander ces choses à la Jamaïque, à l'Inde et au Canada, ou bien au Brésil, aux États-Unis, à la Baltique ? Il faut bien que le travail manufacturier anglais paie le travail agricole des Antilles, comme il paierait le travail agricole des nations du Nord. C'est donc une folie que de faire entrer dans le calcul les prétendus *débouchés* ouverts à l'Angleterre par ses colonies. Ces débouchés, elle les aurait alors même que les colonies seraient affranchies, et par cela seul qu'elle y exécuterait des achats. Elle aurait de plus les débouchés étrangers, dont elle se prive en restreignant ses approvisionnements à ses possessions, en leur en conférant le monopole.

Lorsque les États-Unis proclamèrent leur indépendance, les préjugés coloniaux étaient dans toute leur force, et tout le monde sait que l'Angleterre crut son commerce ruiné. Elle le crut si bien, qu'elle se ruinait d'avance en frais de guerre pour retenir ce vaste continent sous sa domination. Mais qu'est-il arrivé ? En 1776, au commencement de la guerre de l'Indépendance, les exportations anglaises à l'Amérique du Nord étaient de 1,300,000 liv. sterl., elles s'élevèrent à 3,600,000 liv. sterl. en 1784, après que l'indépendance eût été reconnue ; et elles montent aujourd'hui à 12,400,000 liv. sterl., somme qui égale presque celle de toutes les exportations que fait l'Angleterre à ses quarante-cinq colonies, puisque celles-ci n'ont pas dépassé, en 1842, 13,200,000 liv. sterl. — Et, en effet, on ne voit pas pourquoi des échanges de fer contre du coton, ou d'étoffes contre des farines, ne s'accompliraient plus entre les deux peuples. Serait-ce parce que les citoyens des États-Unis sont gouvernés par un président de leur choix au lieu de l'être par un lord-lieutenant payé au frais de l'Echiquier ? Mais quel rapport y a-t-il entre cette circonstance et le commerce ? Et si jamais nous nommions nos maires et nos préfets, cela empêcherait-il les vins de Bordeaux d'aller à Elbeuf, et les draps d'Elbeuf de venir à Bordeaux ?

On dira peut-être que, depuis l'acte d'indépendance, l'Angleterre et les États-Unis repoussent réciproquement leurs produits, ce qui ne serait pas arrivé si le lien colonial n'eût pas été rompu. Mais ceux qui font l'objection entendent sans doute présenter un argument en faveur de ma thèse; ils entendent insinuer que les deux pays auraient gagné à échanger librement entre eux les produits de leur sol et de leur industrie. Je demande comment un *troc* de blé contre du fer, ou de tabac contre de la toile, peut être nuisible selon que les deux nations qui l'accomplissent sont ou ne sont pas politiquement indépendantes l'une de l'autre ? — Si les deux grandes familles anglo-saxones agissent sagement, conformément à leurs vrais intérêts, en restreignant leurs échanges réciproques, c'est sans doute parce que ces échanges sont funestes; et, en ce cas, elles auraient également bien fait de les restreindre alors même qu'un gouverneur anglais résiderait encore au Capitole. — Si au contraire elles ont mal fait, c'est qu'elles se sont trompées, c'est qu'elles ont mal compris leurs intérêts, et l'on ne voit pas comment le lien colonial les eût rendues plus clairvoyantes.

Remarquez en outre que les exportations de 1776 s'élevant à 1,300,000 liv. sterl., ne peuvent pas être supposées avoir donné à l'Angleterre plus de vingt pour 100, ou 260,000 liv. sterl. de bénéfice ; et pense-t-on que l'administration d'un aussi vaste continent n'absorbait pas dix fois cette somme ?

On s'exagère d'ailleurs le commerce que l'Angleterre fait avec ses colonies et surtout les progrès de ce commerce. Malgré que le gouvernement anglais contraigne les citoyens à se pourvoir aux colonies et les colons à la métropole; malgré que les barrières de douane qui séparent l'Angleterre des autres nations se soient, dans ces dernières années, prodigieusement multipliées et renforcées; on voit le commerce étranger de l'Angleterre se développer plus rapidement que son commerce colonial, comme le constate le tableau suivant :

	EXPORTATIONS		TOTAL.
	aux colonies.	à l'étranger.	
1831	10,254,940 l. st.	26,909,432 l. st.	37,164,372 l. st.
1842	13,261,436	34,119,587	47,381,023

Aux deux époques, le commerce colonial n'entre que pour un peu plus du quart dans le commerce général. — L'accroissement, dans onze ans, est de trois millions environ. Et il faut remarquer que les Indes orientales, auxquelles ont été appliqués, dans l'intervalle, les principes de la liberté, entrent pour 1,300,000 liv. dans cet accroissement, et Gibraltar, — qui ne donne pas lieu à un commerce colonial, mais à un commerce étranger, avec l'Espagne, — pour 600,000 liv. sterl.; en sorte qu'il ne reste pour l'augmentation réelle du commerce colonial, dans un intervalle de onze ans, que 1,100,000 liv. sterl. — Pendant ce même temps, et en dépit de nos tarifs, les exportations de l'Angleterre en France se sont élevées de liv. sterl. 602,688 à 3,193,939.

Ainsi le commerce *protégé* a progressé dans la proportion de 8 pour 100, et le commerce *contrarié* de 450 pour 100 !

Mais si le peuple anglais n'a pas gagné, s'il a même énormément perdu au système colonial, il n'en est pas de même des branches cadettes de l'aristocratie britannique.

D'abord ce système exige une armée, une marine, une diplomatie, des lords-lieutenants, des gouverneurs, des résidents, des agents de toutes sortes et de toutes dénominations. — Quoiqu'il soit présenté comme ayant pour but de favoriser l'agriculture, le commerce et l'industrie, ce n'est pas, que je sache, à des fermiers, à des négociants, à des manufacturiers.que ces hautes fonctions sont confiées. On peut affirmer qu'une grande partie de ces lourdes taxes, que nous avons vu peser principalement sur le peuple, sont destinées à salarier tous ces instruments de conquête, qui ne sont autres que les puînés de l'aristocratie anglaise.

C'est un fait connu d'ailleurs que ces nobles aventuriers ont acquis de vastes domaines dans les colonies. La protection leur a été accordée; il est bon de calculer ce qu'elle coûte aux classes laborieuses.

Antérieurement à 1825, la législation anglaise sur les sucres était très-compliquée.

Le sucre des Antilles payait le moindre droit; celui de Maurice et des Indes était soumis à une taxe plus élevée. Le sucre étranger était repoussé par un droit prohibitif.

Le 5 juillet 1825, l'île Maurice, et le 13 août 1836, l'Inde anglaise furent placées avec les Antilles sur le pied de l'égalité.

La législation simplifiée ne reconnut plus que deux sucres : le sucre colonial et le sucre étranger. Le premier avait à acquitter un droit de 24 sh., le second de 63 sh. par quintal.

Si l'on admet, pour un instant, que le *prix de revient* soit le même aux colonies et à l'étranger, par exemple, 20 sh., on comprendra aisément les résultats d'une telle

législation, soit pour les producteurs, soit à l'égard des consommateurs.

L'étranger ne pourra livrer ses produits sur le marché
anglais au-dessous de 83 sh., savoir : 20 sh. pour couvrir
les frais de production, et 63 sh., pour acquitter la taxe.
— Pour peu que la production coloniale soit insuffisante à
alimenter ce marché ; pour peu que le sucre étranger s'y
présente, le prix vénal (car il ne peut y avoir qu'un prix
vénal) sera donc de 83 shell., et ce prix, pour le sucre colonial, se décomposera ainsi :

20 sh.	Remboursement des frais de production.
24	Part du trésor public ou taxe.
39	Montant de la spoliation ou monopole.
83	Prix payé par le consommateur.

On voit que la loi anglaise avait pour but de faire payer
au peuple 83 sh. ce qui n'en vaut que 20, et de partager
l'excédant, ou 63 sh., de manière à ce que la part du trésor
fût de 24, et celle du monopole de 39 sh.

Si les choses se fussent passées ainsi, si le but de la loi
avait été atteint, pour connaître le montant de la spoliation
exercée par les monopoleurs au préjudice du peuple, il
suffirait de multiplier par 39 sh. le nombre de quintaux du
sucre consommé en Angleterre.

Mais, pour le sucre comme pour les céréales, la loi a
failli dans une certaine mesure. La consommation limitée
par la cherté n'a pas eu recours au sucre étranger, et le
prix de 83 sh. n'a pas été atteint.

Sortons du cercle des hypothèses et consultons les faits.
Les voici soigneusement relevés sur les documents officiels.

ANNÉES.	CONSOMMATION TOTALE.	CONSOMMATION PAR HABITANT.	PRIX du SUCRE COLONIAL à l'entrepôt.	PRIX du SUCRE ÉTRANGER à l'entrepôt.
			sh. d.	sh. d.
1837	3,954,810	16 12/13	34 7	21 3
1838	3,909,365	16 8/13	33 8	21 3
1839	3,825,599	15 12/13	39 2	22 2
1840	3,594,834	14 7/9	49 1	21 6
1841	4,058,435	16 1/2	39 8	20 6
MOYENNES.	3,868,668	16 1/6	39 5	21 5

De ce tableau, il est fort aisé de déduire les pertes énormes que le monopole a infligées, soit à l'Échiquier, soit au consommateur anglais.

Calculons en monnaies françaises et en nombres ronds pour la plus facile intelligence du lecteur.

A raison de 49 fr. 20 c. (39 sh. 5 d.), plus 30 fr. de droits (24 sh.), il en a coûté au peuple anglais, pour consommer annuellement 3,868,000 quintaux de sucre, la somme de 306 millions et demi, qui se décompose ainsi :

103 1/2 millions qu'aurait coûtés une égale quantité de sucre étranger au prix de 29 fr. 75 (21 sh. 5 d.).

116   millions impôt pour le revenu à 30 fr. (24 sh.).

86 1/2 millions part du monopole résultant de la différence du prix colonial au prix étranger.

306   millions.

Il est clair que, sous le régime de l'égalité et avec un impôt uniforme de 30 fr. par quintal, si le peuple anglais eût voulu dépenser 306 millions de francs en ce genre de consommation, il en aurait eu, au prix de 26 fr. 75, plus 30 francs de taxe, 5,400,000 quintaux ou 22 kil. par habitant au lieu de 16. — Le trésor, dans cette hypothèse, aurait recouvré 162 millions au lieu de 116.

Si le peuple se fût contenté de la consommation actuelle, il aurait épargné annuellement 86 millions, qui lui auraient procuré d'autres satisfactions et ouvert de nouveaux débouchés à son industrie.

Des calculs semblables, que nous épargnons au lecteur, prouvent que le monopole accordé aux propriétaires de bois du Canada coûte aux classes laborieuses de la Grande-Bretagne, *indépendamment de la taxe fiscale*, un excédant de 30 millions.

Le monopole du café leur impose une surcharge de 6,500,000 fr.

Voilà donc, sur trois articles coloniaux seulement, une somme de 123 millions enlevée purement et simplement de la bourse des consommateurs en excédant du prix naturel des denrées ainsi que des taxes fiscales, pour être versée, sans aucune compensation, dans la poche des colons.

Je terminerai cette dissertation, déjà trop longue, par une citation que j'emprunte à M. Porter, membre du *Board of trade*.

« Nous avons payé en 1840, et sans parler des droits « d'entrée, 5 millions de livres de plus que n'aurait fait « pour une égale quantité de sucre toute autre nation. Dans « la même année, nous avons exporté pour 4,000,000 l. st. « aux colonies à sucre ; en sorte que nous aurions gagné « un million à suivre le vrai principe, qui est d'acheter au « marché le plus avantageux, alors même que nous au- « rions fait cadeau aux planteurs de toutes les marchandises « qu'ils nous ont prises. »

M. Ch. Comte avait entrevu, dès 1827, ce que M. Porter établit en chiffres. « Si les Anglais, disait-il, calculaient « quelle est la quantité de marchandises qu'ils doivent vendre

« aux possesseurs d'hommes, pour recouvrer les dépenses
« qu'ils font dans la vue de s'assurer leur pratique, ils se
« convaincraient que ce qu'ils ont de mieux à faire, c'est de
« leur livrer leurs marchandises pour rien et d'acheter, à
« ce prix, la liberté du commerce. »

Nous sommes maintenant en mesure, ce me semble,
d'apprécier le degré de liberté dont jouissent en Angleterre
le travail et l'échange, et de juger si c'est bien dans ce pays
qu'il faut aller observer les désastreux effets de la libre
concurrence sur l'équitable distribution de la richesse et
l'égalité des conditions.

Récapitulons, concentrons dans un court espace les faits
que nous venons d'établir.

1° Les branches aînées de l'aristocratie anglaise possèdent toute la surface du territoire.

2° L'impôt foncier est demeuré invariable depuis cent
cinquante ans, quoique la rente des terres ait septuplé.
Il n'entre que pour un vingt-cinquième dans les recettes
publiques.

3° La propriété immobilière est affranchie de droits de
succession, quoique la propriété personnelle y soit assujettie.

4° Les taxes indirectes pèsent beaucoup moins sur les
objets de qualités supérieures, à l'usage des riches, que sur
les mêmes objets de basses qualités, à l'usage du peuple.

5° Au moyen de la loi-céréale, les mêmes branches aînées prélèvent, sur la nourriture du peuple, un impôt que
les meilleures autorités fixent à *un milliard* de francs.

6° Le système colonial, poursuivi sur une très-grande
échelle, nécessite de lourds impôts; et ces impôts, payés
presque en totalité par les classes laborieuses, sont, presque
en totalité aussi, le patrimoine des branches cadettes des
classes oisives.

7° Les taxes locales, comme les dîmes (*tithes*), arrivent

aussi à ces branches cadettes par l'intermédiaire de l'Église établie.

8° Si le système colonial exige un grand développement de forces, le maintien de ces forces a besoin, à son tour, du régime colonial, et ce régime entraîne celui des monopoles. On a vu que, sur trois articles seulement, ils occasionnent au peuple anglais une perte sèche de 124 millions.

J'ai cru devoir donner quelque étendue à l'exposé de ces faits parce qu'ils me paraissent de nature à dissiper bien des erreurs, bien des préjugés, bien des préventions aveugles. Combien de solutions aussi évidentes qu'inattendues n'offrent-ils pas aux économistes ainsi qu'aux hommes politiques?

Et d'abord, comment ces écoles modernes, qui semblent avoir pris à tâche d'entraîner la France dans ce système de spoliations réciproques, en lui faisant peur de la concurrence, comment, dis-je, ces écoles pourraient-elles persister à soutenir que c'est la liberté qui a suscité le paupérisme en Angleterre? Dites donc qu'il est né de la spoliation, de la spoliation organisée, systématique, persévérante, impitoyable. Cette explication n'est-elle pas plus simple, plus vraie et plus satisfaisante à la fois? Quoi! La liberté entraînerait le paupérisme! La concurrence, les transactions libres, le droit d'échanger une propriété qu'on a le droit de détruire, impliqueraient une injuste distribution de la richesse! La loi providentielle serait donc bien inique! Il faudrait donc se hâter d'y substituer une loi humaine, et quelle loi? Une loi de restriction et d'*empêchement*. Au lieu de laisser faire, il faudrait *empêcher* de faire ; au lieu de laisser passer, il faudrait *empêcher* de passer; au lieu de laisser échanger, il faudrait *empêcher* d'échanger; au lieu de laisser la rémunération du travail à celui qui l'a accompli, il faudrait en investir celui qui ne l'a pas accompli! Ce n'est qu'à cette condition qu'on éviterait l'inégalité des for-

tunes parmi les hommes ! «.Oui, disiez-vous, l'expérience
est faite; la liberté et le paupérisme coexistent en Angleterre. » Mais vous ne pourrez plus le dire. Bien loin que la
liberté et la misère y soient dans le rapport de cause à effet,
l'une d'elles du moins, la liberté, n'y existe même pas. On
y est bien libre de travailler, mais non de jouir du fruit de
son travail. Ce qui coexiste en Angleterre, c'est un petit
nombre de spoliateurs et un grand nombre de spoliés; et
il ne faut pas être un grand économiste pour en conclure
l'opulence des uns et la misère des autres.

Ensuite, pour peu qu'on ait embrassé dans son ensemble la situation de la Grande-Bretagne, telle que nous venons
de la montrer, et l'esprit féodal qui domine ses institutions
économiques, on sera convaincu que la réforme financière
et douanière qui s'accomplit dans ce pays est une question
européenne, humanitaire, aussi bien qu'une question anglaise. Il ne s'agit pas seulement d'un changement dans la
distribution de la richesse au sein du Royaume-Uni, mais
encore d'une transformation profonde de l'action qu'il
exerce au dehors. Avec les injustes priviléges de l'aristocratie britannique, tombent évidemment et la politique
qu'on a tant reprochée à l'Angleterre, et son système colonial, et ses usurpations, et ses armées, et sa marine, et sa
diplomatie, en ce qu'elles ont d'oppressif et de dangereux
pour l'humanité.

Tel est le glorieux triomphe auquel aspire la LIGUE lorsqu'elle réclame « l'abolition totale, immédiate et sans con-
« dition de tous les monopoles, de tous les droits pro-
« tecteurs quelconques en faveur de l'agriculture, des
« manufactures, du commerce et de la navigation, en un
« mot la liberté absolue des échanges (1). »

Je ne dirai que peu de choses ici de cette puissante asso-

---

(1) Résolution du conseil de la Ligue, mai 1845.

ciation. L'esprit qui l'anime, ses commencements, ses progrès, ses travaux, ses luttes, ses revers, ses succès, ses vues, ses moyens d'action, tout cela se manifestera plein d'action et de vie dans la suite de cet ouvrage. Je n'ai pas besoin de décrire minutieusement ce grand corps, puisque je l'expose respirant et agissant devant le public français, aux yeux de qui, par un miracle incompréhensible d'habileté, la presse subventionnée du monopole l'a si longtemps tenu caché ([1]).

Au milieu de la détresse que ne pouvait manquer d'appesantir sur les classes laborieuses le régime que nous venons de décrire, sept hommes se réunirent à Manchester au mois d'octobre 1838, et, avec cette virile détermination qui caractérise la race anglo-saxonne, ils résolurent de renverser tous les monopoles par les voies légales, et d'accomplir, sans troubles, sans effusion de sang, par la seule puissance de l'opinion, une révolution aussi profonde, plus profonde peut-être que celle qu'ont opérée nos pères en 1789 ([2]).

Certes, il fallait un courage peu ordinaire pour affronter une telle entreprise. Les adversaires qu'il s'agissait de combattre avaient pour eux la richesse, l'influence, la législature, l'Église, l'État, le trésor public, les terres, les places, les monopoles, et ils étaient en outre entourés d'un respect et d'une vénération traditionnels.

Et où trouver un point d'appui contre un ensemble de

([1]) Bon nombre des publicistes enrôlés dans la presse quotidienne eussent pu, mais seulement en s'avouant coupables de légèreté et d'ignorance, se laver de l'accusation de vénalité que l'auteur portait contre eux, en 1845. *(Note de l'éditeur.)*

([2]) Voici les noms de ces hommes bien dignes de notre sympathique estime : Edward Baxter, W. A. Cunningham, Andrew Dalziel, James Howie, James Leslie, Archibald Prentice, Philip Thomson. Il nous paraît juste d'ajouter à ces sept noms celui de M. W. Rawson, arrivé un peu trop tard au rendez-vous où la ligue fut résolue, mais qui s'associa de tout cœur à la résolution que ses amis venaient de prendre en son absence. *(Note de l'éditeur.)*

forces si imposant? Dans les classes industrieuses? Hélas!
en Angleterre comme en France, chaque industrie croit
son existence attachée à quelque lambeau de monopole. La
protection s'est insensiblement étendue à tout. Comment
faire préférer des intérêts éloignés et, en apparence, incer-
tains à des intérêts immédiats et positifs? Comment dissiper
tant de préjugés, tant de sophismes que le temps et l'égoïsme
ont si profondément incrustés dans les esprits? Et à supposer qu'on parvienne à éclairer l'opinion dans tous les
rangs et dans toutes les classes, tâche déjà bien lourde,
comment lui donner assez d'énergie, de persévérance et
d'action combinée pour la rendre, par les élections, maîtresse de la législature?

L'aspect de ces difficultés n'effraya pas les fondateurs de
la Ligue. Après les avoir regardées en face et mesurées, ils
se crurent de force à les vaincre. L'*agitation* fut décidée.

Manchester fut le berceau de ce grand mouvement. Il
était naturel qu'il naquît dans le nord de l'Angleterre, parmi
les populations manufacturières, comme il est naturel qu'il
naisse un jour au sein des populations agricoles du midi de
la France. En effet, les industries qui, dans les deux pays,
offrent des moyens d'échange sont celles qui souffrent le
plus immédiatement de leur interdiction, et il est évident
que s'ils étaient libres, les Anglais nous enverraient du fer,
de la houille, des machines, des étoffes, en un mot des
produits de leurs mines et de leurs fabriques, que nous leur
paierions en grains, soies, vins, huiles, fruits, c'est-à-dire
en produits de notre agriculture.

Cela explique jusqu'à un certain point le titre bizarre en
apparence que prit l'association : Anti-corn-law-league ([1]).
Cette dénomination restreinte n'ayant pas peu contribué
sans doute à détourner l'attention de l'Europe sur la portée

([1]) Association contre la loi-céréale.

de l'*agitation*, nous croyons indispensable de rapporter ici les motifs qui l'ont fait adopter.

Rarement la presse française a parlé de la Ligue (nous dirons ailleurs pourquoi), et lorsqu'elle n'a pu s'empêcher de le faire, elle a eu soin du moins de s'autoriser de ce titre : *Anti-corn-law*, pour insinuer qu'il s'agissait d'une question toute spéciale, d'une simple réforme dans la loi qui règle en Angleterre les conditions de l'importation des grains.

Mais tel n'est pas seulement l'objet de la Ligue. Elle aspire à l'entière et radicale destruction de tous les priviléges et de tous les monopoles, à la liberté absolue du commerce, à la concurrence illimitée, ce qui implique la chute de la prépondérance aristocratique en ce qu'elle a d'injuste, la dissolution des liens coloniaux en ce qu'ils ont d'exclusif, c'est-à-dire une révolution complète dans la politique intérieure et extérieure de la Grande-Bretagne.

Et, pour n'en citer qu'un exemple, nous voyons aujourd'hui les *free-traders* prendre parti pour les États-Unis dans la question de l'Orégon et du Texas. Que leur importe, en effet, que ces contrées s'administrent elles-mêmes sous la tutelle de l'Union, au lieu d'être gouvernées par un président mexicain ou un lord-commissaire anglais, pourvu que chacun y puisse vendre, acheter, acquérir, travailler ; pourvu que toute transaction honnête y soit libre ? A ces conditions, ils abandonneraient encore volontiers aux États-Unis et les deux Canada et la Nouvelle-Écosse, et les Antilles par-dessus le marché ; ils les donneraient même sans cette condition, bien assurés que la liberté des échanges sera tôt ou tard la loi des transactions internationales (1).

(1) On se rappelle les discours de lord Aberdeen et de sir Robert Peel à l'occasion du message du nouveau président des États-Unis. Voici comment s'exprimait à ce sujet M. Fox, dans un meeting de la Ligue, et aux applaudissements de six mille auditeurs :

« Quel est donc ce territoire qu'on se dispute ? 300,000 milles car-

Mais il est facile de comprendre pourquoi les *free-traders* ont commencé par réunir toutes leurs forces contre un seul monopole, celui des céréales : c'est qu'il est la clef de voûte du système tout entier. C'est la part de l'aristocratie, c'est le lot spécial que se sont adjugé les législateurs. Qu'on leur arrache ce monopole, et ils feront bon marché de tous les autres.

rés dont nous revendiquons le tiers ; désert aride, lave desséchée, le Sahara de l'Amérique, le Botany-Bay des Peaux-Rouges, empire des buffles, et tout au plus de quelques Indiens fiers de s'appeler Têtes-Plates, Nez-Fendus, etc. Voilà l'objet de la querelle ! Autant vaudrait que Peel et Polk nous poussassent à nous disputer les montagnes de la Lune ! Mais que la race humaine s'établisse sur ce territoire, que les hommes qui n'ont pas de patrie plus hospitalière en soumettent à la culture les parties les moins infertiles ; et lorsque l'industrie aura promené autour de ses frontières le char de son paisible triomphe, lorsque de jeunes cités verront fourmiller dans leurs murs d'innombrables multitudes, quand les montagnes Rocheuses seront sillonnées de chemins de fer, que des canaux uniront l'Atlantique et la mer Pacifique, et que le Colombia verra flotter sur ses eaux la voile et la vapeur, alors il sera temps de parler de l'Orégon. Mais alors aussi, sans bataillons, sans vaisseaux de ligne, sans bombarder des villes ni verser le sang des hommes, le *libre commerce* fera pour nous la conquête de l'Orégon et même des États-Unis, si l'on peut appeler conquête ce qui constitue le bien de tous. Ils nous enverront leurs produits ; nous les paierons avec les nôtres. Il n'y aura pas un pionnier qui ne porte dans ses vêtements la livrée de Manchester ; la marque de Sheffield sera imprimée sur l'arme qui atteindra le gibier ; et le lin de Spitalfield sera la bannière que nous ferons flotter sur les rives du Missouri. L'Orégon sera conquis en effet, car il travaillera volontairement pour nous ; et que peut-on demander de plus à un peuple conquis ? C'est pour nous qu'il fera croître le blé, et il nous le livrera sans nous demander en retour que nous nous imposions des taxes afin qu'un gouverneur anglais contrarie sa législature, ou qu'une soldatesque anglaise sabre sa population. Le libre commerce ! voilà la vraie conquête, elle est plus sûre que celle des armes. Voilà l'empire, en ce qu'il a de noble, voilà la domination fondée sur des avantages réciproques, moins dégradante que celle qui s'acquiert par l'épée et se conserve sous un sceptre impopulaire. » (Acclamations prolongées.)

C'est d'ailleurs celui dont le poids est le plus lourd au peuple, celui dont l'iniquité est la plus facile à démontrer. L'impôt sur le pain! sur la nourriture! sur la vie! Voilà, certes, un mot de ralliement merveilleusement propre à réveiller la sympathie des masses.

C'est certainement un grand et beau spectacle que de voir un petit nombre d'hommes essayant, à force de travaux, de persévérance et d'énergie, de détruire le régime le plus oppressif et le plus fortement organisé, après l'esclavage, qui ait pesé jamais sur un grand peuple et sur l'humanité, et cela sans en appeler à la force brutale, sans même essayer de déchaîner l'animadversion publique, mais en éclairant d'une vive lumière tous les replis de ce système, en réfutant tous les sophismes sur lesquels il s'appuie, en inculquant aux masses les connaissances et les vertus qui seules peuvent les affranchir du joug qui les écrase.

Mais ce spectacle devient bien plus imposant encore, quand on voit l'immensité du champ de bataille s'agrandir chaque jour par le nombre des questions et des intérêts qui viennent, les uns après les autres, s'engager dans la lutte.

D'abord l'aristocratie dédaigne de descendre dans la lice. Quand elle se voit maîtresse de la puissance politique par la possession du sol, de la puissance matérielle par l'armée et la marine, de la puissance morale par l'Église, de la puissance législative par le Parlement, et enfin de celle qui vaut toutes les autres, de la puissance de l'opinion publique par cette fausse grandeur nationale qui flatte le peuple et qui semble liée aux institutions qu'on ose attaquer; quand elle contemple la hauteur, l'épaisseur et la cohésion des fortifications dans lesquelles elle s'est retranchée; quand elle compare ses forces avec celles que quelques hommes isolés dirigent contre elle, — elle croit pouvoir se renfermer dans le silence et le dédain.

Cependant la Ligue fait des progrès. Si l'aristocratie a

pour elle l'Église établie, la Ligue appelle à son aide toutes
les Églises dissidentes. Celles-ci ne se rattachent pas au monopole par la dîme; elles se soutiennent par des dons volontaires, c'est-à-dire par la confiance publique. Elles ont
bientôt compris que l'exploitation de l'homme par l'homme,
qu'on la nomme esclavage ou protection, est contraire à la
charte chrétienne. Seize cents ministres dissidents répondent à l'appel de la Ligue. Sept cents d'entre eux, accourus
de tous les points du royaume, se réunissent à Manchester.
Ils délibèrent; et le résultat de leur délibération est qu'ils
iront prêcher, dans toute l'Angleterre, la cause de la liberté
des échanges comme conforme aux lois providentielles
qu'ils ont mission de promulguer.

Si l'aristocratie a pour elle la propriété foncière et les
classes agricoles, la Ligue s'appuie sur la propriété des
bras, des facultés et de l'intelligence. Rien n'égale le zèle
avec lequel les classes manufacturières s'empressent de
concourir à la grande œuvre. Les souscriptions spontanées
versent au fonds de la Ligue 200,000 fr. en 1841, 600,000
en 1842, un million en 1843, 2 millions en 1844; et en
1845 une somme double, peut-être triple, sera consacrée à
l'un des objets que l'association a en vue, l'inscription d'un
grand nombre de *free-traders* sur les listes électorales.
Parmi les faits relatifs à cette souscription, il en est un qui
produisit sur les esprits une profonde sensation. La liste,
ouverte à Manchester le 14 novembre 1844, présenta, à
la fin de cette même journée, une recette de 16,000 livres
sterling (400,000 francs). Grâce à ces abondantes ressources, la Ligue, revêtant ses doctrines des formes les plus
variées et les plus lucides, les distribue parmi le peuple
dans des brochures, des pamphlets, des placards, des journaux innombrables; elle divise l'Angleterre en douze districts, dans chacun desquels elle entretient un professeur
d'économie politique. Elle-même, comme une université

mouvante, tient ses séances en public dans toutes les villes
et tous les comtés de la Grande-Bretagne. Il semble d'ailleurs que celui qui dirige les événements humains a mé-
nagé à la Ligue des moyens inattendus de succès. La *réforme postale* lui permet d'entretenir, avec les comités
électoraux qu'elle a fondés dans tout le pays, une correspondance qui comprend annuellement plus de 300,000 dépêches ; les chemins de fer impriment à ses mouvements
un caractère d'ubiquité, et l'on voit les mêmes hommes qui
ont *agité* le matin à Liverpool agiter le soir à Edimbourg
ou à Glascow ; enfin la *réforme électorale* a ouvert à la
classe moyenne les portes du Parlement, et les fondateurs
de la Ligue, les Cobden, les Bright, les Gibson, les Villiers,
sont admis à combattre le monopole, en face des monopoleurs et dans l'enceinte même où il fut décrété. Ils entrent dans la Chambre des communes, et ils y forment, en
dehors des Whigs et des Torys, un parti, si l'on peut lui
donner ce nom, qui n'a pas de précédents dans les annales
des peuples constitutionnels, un parti décidé à ne sacrifier
jamais la vérité absolue, la justice absolue, les principes
absolus aux questions de personnes, aux combinaisons, à
la stratégie des ministères et des oppositions.

Mais il ne suffisait pas de rallier les classes sociales sur
qui pèse directement le monopole ; il fallait encore des-
siller les yeux de celles qui croient sincèrement leur bien-
être et même leur existence attachés au système de la protection. M. Cobden entreprend cette rude et périlleuse
tâche. Dans l'espace de deux mois, il provoque quarante
meetings au sein même des populations agricoles. Là, entouré souvent de milliers de laboureurs et de fermiers,
parmi lesquels on pense bien que se sont glissés, à l'insti-
gation des intérêts menacés, bien des agents de désordre,
il déploie un courage, un sang-froid, une habileté, une
éloquence qui excitent l'étonnement, si ce n'est la sym-

4

pathie de ses plus ardents adversaires. Placé dans une position analogue à celle d'un Français qui irait prêcher la
doctrine de la liberté commerciale dans les forges de Deca-
zeville ou parmi les mineurs d'Anzin, on ne sait ce qu'il
faut le plus admirer, dans cet homme éminent, à la fois
économiste, tribun, homme d'État, tacticien, théoricien, et
auquel je crois qu'on peut faire une juste application de ce
qu'on a dit de Destutt de Tracy : « A force de bon sens, il
atteint au génie. » Ses efforts obtiennent la récompense
qu'ils méritent, et l'aristocratie a la douleur de voir le principe de la liberté gagner rapidement au sein de la population vouée à l'agriculture.

Aussi le temps n'est plus où elle s'enveloppait dans sa
morgue méprisante ; elle est enfin sortie de son inertie.
Elle essaie de reprendre l'offensive, et sa première opération est de calomnier la Ligue et ses fondateurs. Elle scrute
leur vie publique et privée, mais forcée bientôt d'abandonner le champ de bataille des personnalités, où elle pourrait
bien laisser plus de morts et de blessés que la Ligue, elle
appelle à son secours l'armée de sophismes qui, dans tous
les temps et dans tous les pays, ont servi d'étai au monopole. *Protection à l'agriculture, invasion des produits étrangers, baisse des salaires résultant de l'abondance des subsistances, indépendance nationale, épuisement du numéraire,
débouchés coloniaux assurés, prépondérance politique, empire
des mers*, voilà les questions qui s'agitent, non plus entre
savants, non plus d'école à école, mais devant le peuple,
mais de démocratie à aristocratie.

Cependant il se rencontre que les Ligueurs ne sont pas
seulement des agitateurs courageux ; ils sont aussi de profonds économistes. Pas un de ces nombreux sophismes ne
résiste au choc de la discussion ; et, au besoin, des enquêtes parlementaires, provoquées par la Ligue, viennent
en démontrer l'inanité.

L'aristocratie adopte alors une autre marche. La misère est immense, profonde, horrible, et la cause en est patente ; c'est qu'une odieuse inégalité préside à la distribution de la richesse sociale. Mais au drapeau de la Ligue qui porte inscrit le mot JUSTICE, l'aristocratie oppose une bannière où on lit le mot CHARITÉ. Elle ne conteste plus les souffrances populaires ; mais elle compte sur un puissant moyen de diversion, l'aumône. « Tu souffres, dit-elle au peuple ; c'est que tu as trop multiplié, et je vais te préparer un vaste système d'émigration. (Motion de M. Butler.) — Tu meurs d'inanition ; je donnerai à chaque famille un jardin et une vache. (Allotments.) — Tu es exténué de fatigue ; c'est que l'on exige de toi trop de travail, et j'en limiterai la durée. (Bill de dix heures.) » Ensuite viennent les souscriptions pour procurer gratuitement aux classes pauvres des établissements de bains, des lieux de récréations, les bienfaits d'une éducation nationale, etc. Toujours des aumônes, toujours des palliatifs ; mais quant à la cause qui les nécessite, quant au monopole, quant à la distribution factice et partiale de la richesse, on ne parle pas d'y toucher.

La Ligue a ici à se défendre contre un système d'agression d'autant plus perfide, qu'il semble attribuer à ses adversaires, entre autres monopoles, le monopole de la philanthropie, et la placer elle-même dans ce cercle de justice exacte et froide qui est bien moins propre que la charité, même impuissante, même hypocrite, à exciter la reconnaissance irréfléchie de ceux qui souffrent.

Je ne reproduirai pas les objections que la Ligue oppose à tous ces projets d'institutions prétendues charitables, on en verra quelques-unes dans le cours de l'ouvrage. Il me suffira de dire qu'elle s'est associée à celles de ces œuvres qui ont un caractère incontestable d'utilité. C'est ainsi que, parmi les *free-traders* de Manchester, il a été recueilli près d'un million pour donner de l'espace, de l'air et du jour aux quartiers habités par les classes ouvrières. Une somme égale, provenant aussi de souscriptions volontaires, a été consacrée dans cette ville à l'établissement de maisons d'école. Mais en même temps la Ligue ne s'est pas lassée de montrer le piége caché sous ce fastueux étalage de philanthropie : « Quand les Anglais meurent de faim, disait-elle, il ne suffit pas de leur dire : Nous vous transporterons en Amérique où les aliments abondent ; il faut laisser ces aliments entrer en Angleterre. — Il ne suffit pas de donner aux familles ouvrières un jardin pour y faire croître des pommes de terre ; il faut surtout ne pas leur ravir une partie des profits qui leur procureraient une nourriture plus substantielle. — Il ne suffit pas de limiter le travail excessif auquel les condamne la spoliation ; il faut faire cesser la spoliation même, afin que dix heures de travail en valent douze. — Il ne suffit pas de leur donner de l'air et de l'eau, il faut leur donner du pain ou du moins le droit d'acheter du pain. Ce n'est pas la philanthropie mais la liberté qu'on doit opposer à l'oppression ; ce n'est pas la charité mais la justice qui peut guérir les maux de l'injustice. L'aumône n'a et ne peut avoir qu'une action insuffisante, fugitive, incertaine et souvent dégradante. »

A bout de ses sophismes, de ses faux-fuyants, de ses prétextes dilatoires, il restait une ressource à l'aristocratie : la majorité parlementaire, la majorité qui dispense d'avoir raison. Le dernier acte de l'agitation devait donc se passer au sein des colléges électoraux. Après avoir popularisé les saines doctrines économiques, la Ligue avait à donner une direction pratique aux efforts individuels de ses innombrables prosélytes. Modifier profondément les constituants (*constituencies*) le corps électoral du royaume, saper l'influence aristocratique, attirer sur la corruption les châtiments de la loi et de l'opinion ; telle est la nouvelle phase dans laquelle est entrée *l'agitation*, avec une énergie que les progrès semblent accroître. *Vires acquirit eundo*. A la voix de Cobden, de Bright et de leurs amis, des milliers de *free-traders* se font inscrire sur les listes électorales, des milliers de monopoleurs en sont rayés, et, d'après la rapidité de ce mouvement, on peut prévoir le jour où le sénat ne représentera plus une classe, mais la communauté.

On demandera peut-être si tant de travaux, tant de zèle, tant de dévouement, sont demeurés jusqu'ici sans influence sur la marche des affaires publiques, et si le progrès des doctrines libérales dans le pays ne s'est pas réfléchi à quelque degré dans la législation.

J'ai exposé, en commençant, le régime économique de l'Angleterre antérieurement à la crise commerciale qui a donné naissance à la Ligue ; j'ai même essayé de soumettre au calcul quelques-unes des extorsions que les classes dominatrices exercent sur les classes asservies par le double mécanisme des impôts et des monopoles.

Depuis cette époque, les uns et les autres ont été modifiés. Qui n'a pas entendu parler du *plan financier* que sir Robert Peel vient de soumettre à la Chambre des communes, plan qui n'est que le développement de réformes commencées en 1842 et 1844, et dont la complète réalisation est réservée à des sessions ultérieures du Parlement ? Je crois sincèrement qu'on a méconnu en France l'esprit de ces réformes, qu'on en a tour à tour exagéré ou atténué la portée. On m'excusera donc si j'entre ici dans quelques détails, que je m'efforcerai du reste d'abréger le plus qu'il me sera possible.

La spoliation (qu'on me pardonne le retour fréquent de ce terme ; mais il est nécessaire pour détruire l'erreur grossière qui est impliquée dans son synonyme *protection*), la spoliation, réduite en système de gouvernement, avait produit toutes ses naturelles conséquences: une extrême inégalité des fortunes, la misère, le crime et le désordre au

sein des dernières couches sociales, une diminution énorme
dans toutes les consommations, par suite, l'affaiblissement
des recettes publiques et le déficit, qui, croissant d'année en
année, menaçait d'ébranler le crédit de la Grande-Bretagne.
Evidemment il n'était pas possible de rester dans une situation
qui menaçait d'engloutir le vaisseau de l'État. L'*Agitation*
irlandaise, l'*Agitation* commerciale, l'Incendiarisme dans
les districts agricoles, le Rebeccaïsme dans le pays de Galles,
le Chartisme dans les villes manufacturières, ce n'étaient là
que les symptômes divers d'un phénomène unique, la souffrance du peuple. Mais la souffrance du peuple, c'est-à-
dire des masses, c'est-à-dire encore de la presque univer-
salité des hommes, doit à la longue gagner toutes les classes de la société. Quand le peuple n'a rien, il n'achète rien ;
quand il n'achète rien, les fabriques s'arrêtent, et les fermiers ne vendent pas leur récolte ; et s'ils ne vendent pas,
ils ne peuvent payer leurs fermages. Ainsi les grands seigneurs législateurs eux-mêmes se trouvaient placés, par
l'effet même de leur loi, entre la banqueroute des fermiers
et la banqueroute de l'État, et menacés à la fois dans leur
fortune immobilière et mobilière. Ainsi l'aristocratie sentait le terrain trembler sous ses pas. Un de ses membres les
plus distingués, sir James Graham, aujourd'hui ministre
de l'intérieur, avait fait un livre pour l'avertir des dangers
qui l'entouraient : « Si vous ne cédez une partie, vous per-
drez tout, disait-il, et une tempête révolutionnaire balayera
de dessus la surface du pays non-seulement vos monopoles,
mais vos honneurs, vos priviléges, votre influence et vos richesses mal acquises. »

Le premier expédient qui se présenta pour parer au danger le plus immédiat, le déficit, fut, selon l'expression consacrée aussi par nos hommes d'État, d'*exiger de l'impôt
tout ce qu'il peut rendre*. Mais il arriva que les taxes mêmes
qu'on essaya de renforcer furent celles qui laissèrent le plus

de vide au Trésor. Il fallut renoncer pour longtemps à cette ressource, et le premier soin du cabinet actuel, quand il arriva aux affaires, fut de proclamer que l'impôt était arrivé à sa dernière limite : « *I am bound to say that the people of this country has been brought to the utmost limit of taxation.*» (Peel, discours du 10 mai 1842.)

Pour peu que l'on ait pénétré dans la situation respective des deux grandes classes, dont j'ai décrit les intérêts et les luttes, on comprendra aisément quel était, pour chacune d'elles, le problème à résoudre.

Pour les *free-traders*, la solution était très-simple : *abroger tous les monopoles*. Affranchir les importations, c'était nécessairement accroître les échanges et par conséquent les exportations ; c'était donc donner au peuple tout à la fois du pain et du travail ; c'était encore favoriser toutes les consommations, par conséquent les taxes indirectes, et en définitive rétablir l'équilibre des finances.

Pour les *monopoleurs*, le problème était pour ainsi dire insoluble. Il s'agissait de soulager le peuple sans le soustraire aux monopoles, de relever le revenu public sans augmenter les taxes, et de conserver le système colonial sans diminuer les dépenses nationales.

Le ministère Whig (Russell, Morpeth, Melbourne, Baring, etc.) présenta un plan qui se tenait entre ces deux solutions. Il affaiblissait, sans les détruire, les monopoles et le système colonial. Il ne fut accepté ni par les monopoleurs, ni par les *free-traders*. Ceux-là voulaient le monopole absolu, ceux-ci la liberté illimitée. Les uns s'écriaient : « *Pas de concessions !* » les autres : « *Pas de transactions !* »

Battus au Parlement, les Wighs en appelèrent au corps électoral. Il donna amplement gain de cause aux Torys, c'est-à-dire à la protection et aux colonies. Le ministère Peel fut constitué (1841) avec mission expresse de trouver l'introuvable solution, dont je parlais tout à l'heure, au grand et terrible problème posé par le déficit et la misère publique; et il faut avouer qu'il a surmonté la difficulté avec une sagacité de conception et une énergie d'exécution remarquables.

J'essaierai d'expliquer le plan financier de M. Peel, tel du moins que je le comprends.

Il ne faut pas perdre de vue que les divers objets qu'a dû se proposer cet homme d'État, eu égard au parti qui l'appuie, sont les suivants :

1° Rétablir l'équilibre des finances ;

2° Soulager les consommateurs ;

3° Raviver le commerce et l'industrie ;

4° Conserver autant que possible le monopole essentiellement aristocratique, la loi céréale ;

5° Conserver le système colonial et avec lui l'armée, la marine, les hautes positions des branches cadettes ;

6° On peut croire aussi que cet homme éminent, qui plus que tout autre sait lire dans les *signes du temps*, et qui voit le principe de la Ligue envahir l'Angleterre à pas de géant, nourrit encore au fond de son âme une pensée d'avenir personnelle mais glorieuse, celle de se ménager l'appui des *free-traders* pour l'époque où ils auront conquis la majorité, afin d'imprimer de sa main le sceau de la consommation à l'œuvre de la liberté commerciale , sans souffrir qu'un autre nom officiel que le sien s'attache à la plus grande révolution des temps modernes.

Il n'est pas une des mesures, une des paroles de Sir Robert Peel qui ne satisfasse aux conditions prochaines ou éloignées de ce programme. On va en juger.

Le pivot autour duquel s'accomplissent toutes les évolutions financières et économiques dont il nous reste à parler, c'est l'*income-tax*.

L'income-tax, on le sait , est un subside prélevé sur les revenus de toutes natures. Cet impôt est essentiellement temporaire et patriotique. On n'y a recours que dans les circonstances les plus graves, et jusqu'ici, en cas de guerre. Sir Robert Peel l'obtint du Parlement en 1842, et pour trois ans; il vient d'être prorogé jusqu'en 1849. C'est la première fois qu'au lieu de servir à des fins de destruction et à infliger à l'humanité les maux de la guerre, il sera devenu l'instrument de ces utiles réformes que cherchent à réaliser les nations qui veulent mettre à profit les bienfaits de la paix.

Il est bon de faire observer ici que tous les revenus au-dessous de 150 liv. sterl. (3,700 fr.) sont affranchis de la taxe, en sorte qu'elle frappe exclusivement la classe riche. On a beaucoup répété, de ce côté comme de l'autre côté du détroit, que l'*income-tax* était définitivement inscrit dans le Code financier de l'Angleterre. Mais quiconque connaît la nature de cet impôt et le mode d'après lequel il est perçu, sait bien qu'il ne saurait être établi d'une manière permanente, du moins dans sa constitution actuelle; et, si le cabinet entretient à cet égard quelque arrière-pensée, il est permis de croire qu'en habituant les classes aisées à contribuer dans une plus forte proportion aux charges publiques, il songe à mettre l'impôt foncier (*land-tax*), dans la Grande-Bretagne, plus en harmonie avec les besoins de l'État et les exigences d'une équitable justice distributive.

Quoi qu'il en soit, le premier objet que le ministère Tory avait en vue, le rétablissement de l'équilibre dans les finances fut atteint, grâce aux ressources de l'income-tax; et le déficit qui menaçait le crédit de l'Angleterre, a, du moins provisoirement, disparu.

Un excédant de recettes était même prévu dès 1842. Il s'agissait de l'appliquer à la seconde et à la troisième condition du programme : *Soulager les consommateurs; raviver le commerce et l'industrie.*

Ici nous entrons dans la longue série des réformes douanières exécutées en 1842, 1843, 1844 et 1845. Notre intention ne peut être de les exposer en détail ; nous devons nous borner à faire connaître l'esprit dans lequel.elles ont été conçues.

Toutes les prohibitions ont été abolies. Les bœufs, les veaux, les moutons, la viande fraîche et salée, qui étaient repoussés d'une manière absolue, furent admis à des droits modérés ; les bœufs, par exemple, à 25 fr. par tête (le droit est presque double en France) ce qui n'a pas empêché M. Gauthier de Rumilly de dire en pleine Chambre, en 1845, sans être contredit par personne, tant les journaux ont eu soin de nous tenir dans l'ignorance sur ce qui se passe de l'autre côté de la Manche, que les bestiaux sont encore prohibés en Angleterre.

Les droits furent abaissés dans une très-forte proportion, et quelquefois de moitié, des deux tiers et des trois quarts sur 650 articles de consommation ; entre autres les farines, l'huile, le cuir, le riz, le café, le suif, la bière, etc., etc.

Ces droits, d'abord abaissés, ont été complétement abolis en 1845 sur 430 articles, parmi lesquels figurent toutes les matières premières de quelque importance, la laine, le coton, le lin, le vinaigre, etc., etc.

Les droits d'exportation furent aussi radicalement abrogés. Les machines et la houille, ces deux puissances dont, dans des idées étroites de rivalité commerciale, il serait peut-être assez naturel que l'Angleterre se montrât jalouse, sont en ce moment à la disposition de l'Europe. Nous en pourrions jouir aux mêmes prix que les Anglais, si, par une bizarrerie étrange, mais parfaitement conséquente au principe du système protecteur, nous ne nous étions placés nous-mêmes, par nos tarifs, dans des conditions d'infériorité à l'égard de ces instruments essentiels de travail, au moment même où l'égalité nous était offerte ou pour mieux dire conférée sans condition,

On conçoit que l'abrogation totale d'un droit d'entrée doit laisser un vide définitif; et l'abaissement, un vide au moins momentané dans le Trésor. C'est ce vide que les excédants de recette dus à l'*income-tax* sont destinés à couvrir.

Cependant l'*income-tax* n'a qu'une durée limitée. Le cabinet Tory a espéré que l'accroissement de la consommation, l'essor du commerce et de l'industrie réagiraient sur toutes les branches de revenus de manière à ce que l'équilibre des finances fût rétabli en 1849, sans que la ressource de l'*income-tax* fût plus longtemps nécessaire. Autant qu'on en peut juger par les résultats de la réforme partielle de 1842, ces espérances ne seront pas trompées. Déjà les recettes générales de 1844 ont dépassé celles de 1843 de liv. sterl. 1,410,726 (35 millions de francs.)

D'un autre côté, tous les faits concordent à témoigner que l'activité a repris dans toutes les branches du travail, et que le bien-être s'est répandu dans toutes les classes de la société. Les prisons et les work-houses se sont dépeuplées; la taxe des pauvres a baissé; l'accise a fructifié; le rebeccaïsme et l'incendiarisme se sont apaisés; en un mot, le retour de la prospérité se montre par tous les signes qui servent à la révéler, et entre autres par les recettes des douanes.

Recettes de l'année 1841 (sous le système ancien).. 19,900,000 l. st.
— 1842 18,700,000
— 1843 première année de la réforme...................... 21,400,000
— 1844.......................... 23,500,000

Maintenant si l'on considère que, pendant cette dernière année, les marchandises qui ont passé par la douane n'ont rien payé *à la sortie*, (abrogation des droits d'exportation); et n'ont acquitté *à l'entrée* que des taxes réduites, au moins pour 650 articles (abaissement des droits d'importation), on en concluera rigoureusement que la masse des produits importés a dû augmenter dans une proportion énorme pour que la recette totale, non-seulement n'ait pas diminué, mais encore se soit élevée de cent millions de francs.

Il est vrai que, d'après les économistes de la presse et de la tribune françaises, cet accroissement d'importations ne prouve autre chose que la décadence de l'industrie de la Grande-Bretagne, l'*invasion*, l'*inondation* de ses marchés par les produits étrangers, et la stagnation de son *travail national!* Nous laisserons ces messieurs concilier, s'ils le peuvent, cette conclusion avec tous les autres signes par lesquels se manifeste la renaissante prospérité de l'Angleterre ; et, pour nous, qui croyons que les *produits s'échangent contre des produits*, satisfaits de trouver, dans l'accord des faits qui précèdent, une preuve nouvelle et éclatante de la vérité de cette doctrine, nous dirons que sir Robert Peel a rempli la seconde et la troisième condition de son programme : *Soulager le consommateur, raviver le commerce et l'industrie.*

Mais ce n'était pas pour cela que les Torys l'avaient porté, le soutenaient au pouvoir. Encore tout émus de la frayeur que leur avait causée le plan bien autrement radical de John Russell, et de l'orgueil de leur récent triomphe sur les Whigs, ils n'étaient pas disposés à perdre le fruit de leur victoire, et ils entendaient bien ne laisser agir l'homme de leur choix, dans l'accomplissement de son œuvre, qu'autant qu'il ne toucherait pas, ou qu'il ne toucherait que d'une manière illusoire aux deux grands instruments de rapine que s'est législativement attribués l'aristoratie anglaise : La loi-céréale et le système colonial.

C'est surtout dans cette difficile partie de sa tâche que le premier ministre a déployé toutes les ressources de son esprit fertile en expédients.

Lorsqu'un droit d'entrée a fait arriver le prix d'un produit à ce taux que la concurrence intérieure ne permet, en aucun cas, de dépasser, tout son effet protecteur est obtenu. Ce qu'on ajouterait à ce droit serait purement nominal, et ce qu'on en retrancherait, dans les limites de cet excédant, serait évidemment inefficace. Supposez qu'un produit français, soumis à la rivalité étrangère, se vende à 15 fr., et qu'affranchi de cette rivalité, il ne puisse, à cause de la concurrence intérieure, s'élever au-dessus de 20 fr. En ce cas, un droit de 5 ou 6 fr. sur le produit étranger donnera au similaire national toute la protection qu'il soit au pouvoir du tarif de conférer. Le droit, fût-il porté à 100 fr., n'élèverait pas d'un centime le prix du produit, d'après l'hypothèse même, et par conséquent toute réduction, qui ne descendrait pas au-dessous de 5 ou 6 fr., serait de nul effet pour le producteur et pour le consommateur.

Il semble que l'observation de ce phénomène a dirigé la conduite de sir Robert Peel, en ce qui concerne le grand monopole aristocratique, le blé, et le grand monopole colonial, le sucre.

Nous avons vu que la loi-céréale, qui avait pour but avoué d'assurer au producteur national 64 sh. par quarter de froment avait failli dans son objet. L'échelle mobile (*sliding-scale*) était bien calculée pour atteindre ce but, car elle ajoutait au prix du blé étranger à l'entrepôt un droit graduel qui devait faire ressortir le prix vénal à 70 sh. et plus. Mais la concurrence des producteurs nationaux, d'une part, et, de l'autre, la diminution de consommation qui suit la cherté, ont concouru à retenir le blé à un taux moyen moins élevé et qui n'a pas dépassé 56 sh. Qu'a fait alors sir Robert Peel? il a tranché dans cette portion de droit qui était radicalement inefficace, et il a baissé l'échelle mobile de manière, à ce qu'il pensait, à fixer le froment à 56 sh., c'est-à-dire au prix le plus élevé que la concurrence intérieure lui permette d'atteindre, dans les temps

ordinaires; en sorte qu'en réalité il n'a rien arraché à l'aristocratie ni rien conféré au peuple.

A cet égard, sir Robert n'a pas caché cette politique de
prestidigitateur, car à toute demande de droits plus élevés,
il répondait : « Je crois que vous avez eu des preuves con-
cluantes que vous êtes arrivés à l'extrême limite de la taxe
utile (*profitable taxation*), sur les articles de subsistances.
Je vous conseille de ne pas l'accroître, car si vous le faites,
vous serez certainement déjoués dans votre but. » « *Most
assuredly you will be defeated in your object.* ».

Je n'ai parlé que du froment, mais il est bon d'observer
que la même loi embrasse les céréales de toutes sortes. De
plus, le beurre et le fromage, qui entrent pour beaucoup
dans les revenus des domaines seigneuriaux, n'ont point
été dégrevés. Il est donc bien vrai que le monopole aristocratique n'a été que très-inefficacement entamé.

La même pensée a présidé aux diverses modifications
introduites dans la loi des sucres. Nous avons vu que la
prime accordée aux planteurs, ou le droit différentiel entre
le sucre colonial et le sucre étranger, était de 39 sh. par
quintal. C'est là la marge que la spoliation avait devant elle;
mais à cause de la concurrence que se font entre elles les colonies, elles n'ont pu extorquer au consommateur, en excédant du prix naturel et du droit fiscal, que 18 sh. (Voir ci-des-
sus, pages 24 et suiv.). Sir Robert pouvait donc abaisser le
droit différentiel de 39 sh. à 18 sans rien changer, si ce n'est
une lettre morte, dans le *statute-book*.

Or, qu'a-t-il fait? Il a établi le tarif suivant :

Sucre colonial, brut	14 sh.
— terré	16
Sucre étranger (libre), brut	23
— terré	28
Sucre étranger (esclave)	63

Il estime qu'il entrera en Angleterre, sous l'empire de ce nouveau tarif, 230,000 tonnes de sucre colonial; et la protection étant de 10 sh. par quintal ou 10 liv. st. par tonne, la somme extorquée au consommateur, pour être livrée sans compensation aux planteurs, sera de 2,300,000 liv. st., ou fr. 57,000,000, au lieu de 86 millions (Voir page 25).

Mais d'un autre côté, il dit : « La conséquence sera que le Trésor recevra du droit sur le sucre, par suite de la réduction, liv. st. 3,960,000. Le revenu obtenu de cette denrée, l'année dernière, a été de 5,216,000 liv., il y aura donc pour l'année prochaine une perte de revenu de 1,300,000 liv. sterl., » soit fr. 32,500,000, et c'est *l'income-tax*, c'est-à-dire un nouvel impôt, qui est chargé de remplir le vide laissé à l'Échiquier ; en sorte que si le peuple est soulagé, en ce qui concerne la consommation du sucre, ce n'est pas au préjudice du monopole, mais aux dépens du Trésor, et comme on rend à celui-ci par *l'income-tax* ce qu'il perd sur la douane, il en résulte que les spoliations et les charges restent les mêmes, et c'est tout au plus si l'on peut dire qu'elles subissent un léger déplacement.

Dans tout l'ensemble des réformes réelles ou apparentes accomplies par sir Robert Peel, sa prédilection en faveur du système colonial ne cesse de se manifester, et c'est là surtout ce qui le sépare profondément des *free-traders*. Chaque fois que le ministre a dégrevé une denrée étrangère, il a eu soin de dégrever, dans une proportion au moins aussi forte, la denrée similaire venue des colonies anglaises ; en sorte que la *protection* reste la même. Ainsi, pour n'en citer qu'un exemple, le bois de construction *étranger* a été réduit des cinq sixièmes ; mais le bois des colonies l'a été des neuf dixièmes. Le patrimoine des branches cadettes de l'aristocratie n'a donc pas été sérieusement entamé, pas plus que celui des branches aînées, et, à ce point de vue, l'on peut dire que le plan financier (*financial statement*), l'audacieuse expérience (*bold experiment*), du ministre dirigeant, demeurent renfermés dans les bornes d'une question anglaise, et ne s'élèvent pas à la hauteur d'une question humanitaire ; car l'humanité n'est que fort indirectement intéressée au régime intérieur de l'échiquier anglais, mais elle eût été profondément et favorablement affectée d'une réforme, même financière, impliquant la chute de ce système colonial qui a tant troublé et menace encore si gravement la paix et la liberté du monde.

Loin que sir Robert Peel suive la Ligue sur ce terrain, il ne perd pas une occasion de se prononcer en faveur des colonies, et, dans l'exposé des motifs de son plan financier, après avoir rappelé à la Chambre que l'Angleterre possède quarante-cinq colonies, après avoir même demandé à ce sujet un accroissement d'allocations, il ajoute : « On pourra dire qu'il est contraire à la sagesse d'étendre autant que nous l'avons fait notre système colonial. Mais je m'en tiens au fait que vous avez des colonies, et que, les ayant, il faut les pourvoir de forces suffisantes. Je répugnerais d'ailleurs, quoique je sache combien ce système entraîne de dépenses et de dangers, je répugnerais à condamner cette politique qui nous a conduits à jeter sur divers points du globe les bases de ces possessions animées de l'esprit anglais, parlant la langue anglaise et destinées peut-être à s'élever dans l'avenir au rang de grandes puissances commerciales ! »

Je crois avoir démontré que sir Robert Peel a rempli avec habileté les plus funestes parties de son programme. Il me resterait à justifier les motifs des prévisions qui m'ont fait dire : « On peut croire encore que cet homme éminent qui, plus que tout autre, sait lire dans *les signes du temps,* et qui voit le principe de la Ligue envahir l'Angleterre à pas de géant, nourrit au fond de son âme une pensée personnelle, mais glorieuse, celle de se ménager l'appui des *free-traders* pour l'époque où ils auront conquis la majorité, afin d'imprimer de ses mains le sceau de la consommation à l'œuvre de la liberté commerciale, sans souffrir qu'un autre nom officiel que le sien s'attache à la plus grande révolution des temps modernes. »

Comme il ne sagit ici que d'une simple conjecture qui, vu l'humble source d'où elle émane, ne peut avoir pour le lecteur qu'une faible importance, je ne vois aucune utilité à la justifier à ses yeux ([1]). Je ne crois pas qu'elle ait rien de chimérique pour quiconque a étudié la situation économique du Royaume-Uni, le dénoûment probable des réformes qu'il subit, le caractère de celui qui les dirige, le mouvement et le déplacement, même actuels, des majorités, et surtout les rapides progrès de l'opinion dans les masses et au sein du corps électoral. Jusqu'ici sir Robert Peel s'est montré grand financier, grand ministre, grand homme d'État peut-être ; pourquoi n'aspirerait-il pas au titre de grand homme, que la postérité ne décernera plus sans doute qu'aux bienfaiteurs de l'humanité ?

Il ne sera peut-être pas sans intérêt pour le lecteur d'entrevoir l'issue probable des réformes dont nous ne connaissons encore que les premiers linéaments. Une brochure récente vient de révéler un *plan financier* qui doit rallier les membres influents de la Ligue. Nous le mentionnerons ici, tant à cause de son admirable simplicité et de sa parfaite conformité aux principes les plus purs de la liberté commerciale, que parce qu'il est loin d'être dépourvu de tout caractère officiel. Il émane, en effet, d'un officier du *Board of trade*, M. Mac-Grégor, comme la réforme postale eut pour promoteur un employé du *post-office*, M. Rowland-Hill. On

([1]) Cette conjecture n'a pas tardé à se vérifier complétement ; mais l'auteur, tout en applaudissant aux mesures libérales prises enfin par le grand ministre, ne l'a pas absous d'en être venu là si tard. (V. tome V, pag. 544 et suiv.).

(Note de l'éditeur.)

peut ajouter qu'il a assez d'analogie avec les changements opérés par sir Robert Peel pour laisser supposer qu'il n'a pas été jeté dans le public à l'insu, et moins encore contre la volonté du premier ministre.

Voici le plan du secrétaire du *Board of trade*.

Il suppose que les dépenses s'élèveront, comme aujourd'hui, à 50 millions st. Elles devront subir sans doute une grande diminution, car ce plan entraîne une forte réduction dans l'armée, la marine, l'administration des colonies et la perception de l'impôt ; en ce cas, les excédants de recettes pourront être affectés, soit au remboursement de la dette, soit au dégrèvement de la contribution directe dont il va être parlé.

Les recettes se puiseraient aux sources suivantes :

Douane. — Les droits seraient uniformes, que les produits viennent des colonies ou de l'étranger.

Il n'y aurait que huit articles soumis aux droits d'entrée, savoir :

1º Thé ; 2º sucre ; 3º café et cacao ; 4º tabac ; 5º esprits distillés ; 6º vins ; 7º fruits secs ; 8º épiceries.

Produit...........................	21,500,000 l. st.	
Esprits distillés à l'intérieur.....	5,000,000	31,500,000 l. st
Drèche tant indigène qu'importée.	5,000,000	

Ces deux derniers impôts réunis à l'administration des douanes.

Timbre. — On en éliminerait les droits sur les assurances contre les risques de mer et d'incendie, et l'on y réunirait les licences, ci...............	7,500,000
Taxe foncière, non rachetée...................	1,200,000
Déficit à couvrir, la première année, par un impôt direct qui est une combinaison de l'*income-tax* et du *land-tax*....................................	9,800,000
Total égal de la dépense.........	50,000,000 l. st.

Quant à la poste, M. Mac-Grégor pense qu'elle ne doit pas être une source de revenus. On ne peut pas abaisser le tarif actuel, puisqu'il est réduit à la plus minime monnaie usitée en Angleterre ; mais les excédants de recettes seraient appliqués à l'amélioration du service et au développement des paquebots à vapeur.

Il faut observer que dans ce système :

1° La protection est complétement abolie, puisque la douane ne frappe que des objets que l'Angleterre ne produit pas, excepté les esprits et la drèche. Mais ceux-ci sont soumis à un droit égal à leurs similaires étrangers.

2° Le système colonial est radicalement renversé. Au point de vue commercial, les colonies sont indépendantes de la métropole et la métropole des colonies, car les droits sont uniformes; il n'y a plus de priviléges, et chacun reste libre de se pourvoir au marché le plus avantageux. Il suit de là qu'une colonie qui se séparerait politiquement de la mère patrie n'apporterait aucun changement dans son commerce et son industrie. Elle ne ferait que soulager ses finances.

3° Toute l'administration financière de la Grande-Bretagne se réduit à la perception de l'impôt direct, à la douane, considérablement simplifiée, et au timbre. Les *assessed-taxes* et l'accise sont supprimées, et les transactions intérieures et extérieures laissées à une liberté et une rapidité dont les effets sont incalculables.

Tel est, très en abrégé, le plan financier qui semble être comme le type, l'idéal vers lequel on ne peut s'empêcher de reconnaître que tendent de fort loin, il est vrai, les réformes qui s'accomplissent sous les yeux de la France inattentive. Cette digression servira peut-être de justification à la conjecture que j'ai osé hasarder sur l'avenir et les vues ultérieures de sir Robert Peel.

Je me suis efforcé de poser nettement la question qui s'agite en Angleterre. J'ai décrit et le champ de bataille, et la grandeur des intérêts qui s'y discutent, et les forces qui s'y rencontrent, et les conséquences de la victoire. J'ai démontré, je crois, que bien que toute la chaleur de l'action semble se concentrer sur des questions d'impôt, de douanes, de céréales, de sucre, — au fait il s'agit de monopole et de liberté, d'aristocratie et de démocratie, d'égalité ou d'inégalité dans la distribution du bien-être. Il s'agit de savoir si la puissance législative et l'influence politique demeureront aux hommes de rapine ou aux hommes de travail, c'est-à-dire si elles continueront à jeter dans le monde des ferments de troubles et de violences, ou des semences de concorde, d'union, de justice et de paix.

Que penserait-on de l'historien qui s'imaginerait que l'Europe en armes, au commencement de ce siècle, ne faisait exécuter, sous la conduite des plus habiles généraux, tant de savantes manœuvres à ses innombrables armées que pour savoir à qui resteraient les champs étroits où se livrèrent les batailles d'Austerlitz ou de Wagram? Les dynasties et les empires dépendaient de ces luttes. Mais les triomphes de la force peuvent être éphémères; il n'en est pas de même de ceux de l'opinion. Et quand nous voyons tout un grand peuple, dont l'action sur le monde n'est pas contestée, s'imprégner des doctrines de la justice et de la vérité, quand nous le voyons renier les fausses idées de suprématie qui l'ont si longtemps rendu dangereux aux nations, quand nous le voyons prêt à arracher l'ascendant politique à une oligarchie cupide et turbulente, gardons-nous de croire, alors même que l'effort des premiers combats se porterait sur des questions économiques, que de plus grands et de plus nobles intérêts ne sont pas engagés dans la lutte. Car, si à travers bien des leçons d'iniquité, bien des exemples de perversité internationale, l'Angleterre, ce point imperceptible du globe, a vu germer sur son sol tant d'idées grandes et utiles; si elle fut le berceau de la presse, du jury, du système représentatif, de l'abolition de l'esclavage, malgré les résistances d'une oligarchie puissante et impitoyable ; que ne doit pas attendre l'univers de cette même Angleterre, alors que toute sa puissance morale, sociale et politique aura passé aux mains de la démocratie, par une révolution lente et pénible, paisiblement accomplie dans les esprits, sous la conduite d'une association qui renferme dans son sein tant d'hommes, dont l'intelligence supérieure et la moralité éprouvées jettent un si grand éclat sur leur pays et sur leur siècle ? Une telle révolution n'est pas un événement, un accident, une catastrophe due à un enthousiasme irrésistible, mais éphémère. C'est, si je puis le dire, un lent cataclysme social qui change toutes les conditions d'existence de la société, le milieu où elle vit et respire. C'est la justice s'emparant de la puissance et le bon sens entrant en possession de l'autorité. C'est le bien général, le bien du peuple, des masses, des petits et des grands, des forts et des faibles devenant la règle de la politique ; c'est le privilége, l'abus, la caste disparaissant de dessus la scène, non par une révolution de palais ou une émeute de la rue, mais par la progressive et générale appréciation des droits et des devoirs de l'homme. En un mot, c'est le triomphe de la liberté humaine; c'est la mort du monopole, ce Protée aux mille formes, tour à tour conquérant, possesseur d'esclaves, théocrate, féodal, industriel, commercial, financier et même philanthrope. Quelque déguisement qu'il emprunte, il ne saurait plus soutenir le regard de l'opinion publique ; car elle a appris à le reconnaître sous l'uniforme rouge, comme sous la robe noire, sous la veste du planteur, comme sous l'habit brodé du noble pair. Liberté à tous ! à chacun juste et naturelle rémunération de ses œuvres ! à chacun juste et naturelle accession à l'égalité, en proportion de ses efforts, de son intelligence, de sa prévoyance et de sa moralité. Libre échange avec l'univers ! Paix avec l'univers ! Plus d'asservissement colonial, plus d'armée,

plus de marine que ce qui est nécessaire pour le maintien
de l'indépendance nationale ! Distinction radicale de ce qui
est et de ce qui n'est pas la mission du gouvernement et de
la loi ! L'association politique réduite à garantir à chacun
sa liberté et sa sûreté contre toute agression inique,
soit au dehors, soit au dedans ; impôt équitable pour
défrayer convenablement les hommes chargés de cette
mission, et non pour servir de masque, sous le nom de
débouchés, à l'usurpation extérieure, et, sous le nom de
protection, à la spoliation des citoyens les uns par les autres ;
voilà ce qui s'agite en Angleterre, sur le champ de bataille,
en apparence si restreint, d'une question douanière. Mais
cette question implique l'esclavage dans sa forme moderne,
car, comme le disait au Parlement un membre de la Ligue,
M. Gibson : « S'emparer des hommes pour les faire travailler à son profit, ou s'emparer des fruits de leur travail, c'est
toujours de l'esclavage ; il n'y a de différence que dans le
degré. »

A l'aspect de cette révolution qui, je ne dirai pas se prépare, mais s'accomplit dans un pays voisin, dont les destinées, on n'en disconvient pas, intéressent le monde entier ;
à l'aspect des symptômes évidents de ce travail humanitaire, symptômes qui se révèlent jusques dans les régions diplomatiques et parlementaires, par les réformes
successives arrachées à l'aristocratie depuis quatre ans ;
à l'aspect de cette *agitation* puissante, bien autrement
puissante que l'agitation irlandaise, et bien autrement importante par ses résultats, puisqu'elle tend, entre autres
choses, à modifier les relations des peuples entre eux, à
changer les conditions de leur existence industrielle, et à
substituer dans leurs rapports le principe de la fraternité à
celui de l'antagonisme, — on ne peut s'étonner assez du silence profond, universel et systématique que la presse
française semble s'être imposé. De tous les phénomènes

sociaux qu'il m'a été donné d'observer, ce silence, et surtout son succès, est certainement celui qui me jette dans le plus profond étonnement. Qu'un petit prince d'Allemagne, à force de vigilance, fût parvenu, pendant quelques mois, à empêcher le bruit de la révolution française de retentir dans ses domaines, on pourrait, à la rigueur, le comprendre. Mais qu'au sein d'une grande nation, qui se vante de posséder la liberté de la presse et de la tribune, les journaux aient réussi à soustraire à la connaissance du public, pendant sept années consécutives, le plus grand mouvement social des temps modernes, et des faits qui, indépendamment de leur portée humanitaire, doivent exercer et exercent déjà sur notre propre régime industriel une influence irrésistible, c'est là un miracle de stratégie auquel la postérité ne pourra pas croire et dont il importe de pénétrer le mystère.

Je sais que c'est manquer de prudence, par le temps qui court, que de heurter la presse périodique. Elle dispose arbitrairement de nous tous. Malheur à qui fuit son despotisme qui veut être absolu ! Malheur à qui excite son courroux qui est mortel ! Le braver ce n'est pas courage, c'est folie, car le courage affronte les chances d'un combat, mais la folie seule provoque un combat sans chances ; et quelle chance peut vous accompagner devant le tribunal de l'opinion publique, alors que, même pour vous défendre, il vous faut emprunter la voix de votre adversaire, alors qu'il peut vous écraser à son choix par sa parole ou son silence ? — N'importe ! Les choses en sont venues au point qu'un acte d'indépendance peut déterminer, dans le journalisme même, une réaction favorable. Dans l'ordre physique, l'excès du mal entraîne la destruction, mais dans le domaine impérissable de la pensée, il ne peut amener qu'un retour au bien. Qu'importe le sort du téméraire qui aura *attaché le grelot ?* Je crois sincèrement que le journalisme trompe le public ; je crois sincèrement en savoir la cause, et, advienne que pourra, ma conscience me dit que je ne dois pas me taire.

Dans un pays où ne règne pas l'esprit d'association, où les hommes n'ont ni la faculté, ni l'habitude, ni peut-être le désir de s'assembler pour discuter au grand jour leurs communs intérêts, les journaux, quoi qu'on en puisse dire, ne sont pas les organes mais les promoteurs de l'opinion publique. Il n'y a que deux choses en France, des individualités isolées, sans relations, sans connexion entre elles, et une grande voix, la presse, qui retentit incessamment à leurs oreilles. Elle est la personnification de la critique, mais ne peut être critiquée. Comment l'opinion lui servirait-elle de frein, puisqu'elle fait règle, et régente elle-même l'opinion ? En Angleterre, les journaux sont les commentateurs, les rapporteurs, les véhicules d'idées, de sentiments, de passions qui s'élaborent dans les meetings de Conciliation-Hall, de Covent-Garden et d'Exeter-Hall. Mais ici où ils dirigent l'esprit public, la seule chance qui nous reste de voir à la longue l'erreur succomber et la vérité triompher, c'est la contradiction qui existe entre les journaux eux-mêmes et le contrôle réciproque qu'ils exercent les uns sur les autres.

On conçoit donc que, s'il était une question entre toutes que les journaux de tous les partis eussent intérêt à représenter sous un faux jour, ou même à couvrir de silence, on conçoit, dis-je, que, dans l'état actuel de nos mœurs et de nos moyens d'investigation, ils pourraient, sans trop de témérité, entreprendre d'égarer complétement l'opinion publique sur cette question spéciale. — Qu'aurez-vous à opposer à cette ligue nouvelle ? — Arrivez-vous de Londres ? Voulez-vous raconter ce que vous avez vu et entendu ? Les journaux vous fermeront leurs colonnes. Prendrez-vous le parti de faire un livre ? Ils le décrieront, ou, qui pis est, ils le laisseront mourir de sa belle mort, et vous aurez la consolation de le voir un beau jour

> Chez l'épicier,
> Roulé dans la boutique en cornet de papier.

Parlerez-vous à la tribune ? Votre discours sera tronqué, défiguré où passé sous silence.

Voilà précisément ce qui est arrivé dans la question qui nous occupe.

Que quelques journaux eussent pris en main la cause du monopole et des haines nationales, cela ne devrait surprendre personne. Le monopole rallie beaucoup d'intérêts ; le faux patriotisme est l'âme de beaucoup d'intrigues, et il suffit que ces intrigues et ces intérêts existent pour que nous ne soyons pas étonné qu'ils aient leurs organes. Mais que toute la presse périodique, parisienne ou provinciale, celle du nord comme celle du midi, celle de gauche comme celle de droite, soit unanime pour fouler aux pieds les principes les mieux établis de l'économie politique ; pour dépouiller l'homme du *droit d'échanger* librement selon ses intérêts ; pour attiser les inimitiés internationales, dans le but patent et presque avoué d'empêcher les peuples de se rapprocher et de s'unir par les liens du commerce, et pour cacher au public les faits extérieurs qui se lient à cette question, c'est un phénomène étrange qui doit avoir sa raison. Je vais essayer de l'exposer telle que je la vois dans la sincérité de mon âme. Je n'attaque point les opinions sincères, je les respecte toutes ; je cherche seulement l'explication d'un fait aussi extraordinaire qu'incontestable, et la réponse à cette question : Comment est-il arrivé que, parmi ce nombre incalculable de journaux qui représentent tous les systèmes, même les plus excentriques que l'imagination puisse enfanter, alors que le socialisme, le communisme, l'abolition

de l'hérédité, de la propriété, de la famille trouvent des
organes, le droit d'échanger, le droit des hommes à troquer
entre·eux le fruit de leurs travaux n'ait pas rencontré dans
la presse un seul défenseur? Quel étrange concours de circonstances a amené les journaux de toutes couleurs, si divers et si opposés sur toute autre question, à se constituer,
avec une touchante unanimité, les défenseurs du monopo-
pole, et les instigateurs infatigables des jalousies nationales,
à l'aide desquelles il se maintient, se renforce et gagne tous
les jours du terrain?

D'abord, une première classe de journaux a un intérêt
direct à faire triompher en France le système de la protection. Je veux parler de ceux qui sont notoirement subven-
tionnés par les comités monopoleurs, agricoles, manufacturiers ou coloniaux. Étouffer les doctrines des économistes,
populariser les sophismes qui soutiennent le régime de la
spoliation, exalter les intérêts individuels qui sont en opposition avec l'intérêt général, ensevelir dans le plus profond
silence les faits qui pourraient réveiller et éclairer l'esprit
public; telle est la mission qu'ils se sont chargés d'accomplir, et il faut bien qu'ils gagnent en conscience la subven-
tion que le monopole leur paie.

Mais cette tâche immorale en entraîne une autre plus
immorale encore. Il ne suffit pas de systématiser l'erreur,
car l'erreur est éphémère par nature. Il faut encore prévoir
l'époque où la doctrine de la liberté des échanges, prévalant
dans les esprits, voudra se faire jour dans les lois; et ce serait certes un coup de maître que d'en avoir d'avance rendu
la réalisation impossible. Les journaux auxquels je fais allusion ne se sont donc pas bornés à prêcher théoriquement
l'isolement des peuples. Ils ont encore cherché à susciter
entre eux une irritation telle qu'ils fussent beaucoup plus
disposés à *échanger* des boulets que des produits. Il n'est
pas de difficultés diplomatiques qu'ils n'aient exploitées

dans cette vue ; évacuation d'Ancône, affaires d'Orient, droit de visite, Taïti, Maroc, tout leur a été bon. « Que les peuples se haïssent, a dit le monopole, qu'ils s'ignorent, qu'ils se repoussent, qu'ils s'irritent, qu'ils s'entr'égorgent, et, quel que soit le sort des doctrines, mon règne est pour longtemps assuré ! »

Il n'est pas difficile de pénétrer les secrets motifs qui rangent les journaux dits de l'*opposition parlementaire* parmi les adversaires de l'union et de la libre communication des peuples.

D'après notre constitution, les contrôleurs des ministres deviennent ministres eux-mêmes, s'ils donnent à ce contrôle assez de violence et de popularité pour avilir et renverser ceux qu'ils aspirent à remplacer. Quoi qu'on puisse penser, à d'autres égards, d'une telle organisation, on conviendra du moins qu'elle est merveilleusement propre à envenimer la lutte des partis pour la possession du pouvoir. Les députés candidats au ministère ne peuvent guère avoir qu'une pensée, et cette pensée le bon sens public l'exprime d'une manière triviale mais énergique : « Ote-toi de là que je m'y mette. » On conçoit que cette opposition personnelle établit naturellement le centre de ses opérations sur le terrain des questions extérieures. On ne peut pas tromper longtemps le public sur ce qu'il voit, ce qu'il touche, ce qui l'affecte directement ; mais sur ce qui se passe au dehors, sur ce qui ne nous parvient qu'à travers des traductions infidèles et tronquées, il n'est pas indispensable d'avoir raison, il suffit, ce qui est facile, de produire une illusion quelque peu durable. D'ailleurs, en appelant à soi cet esprit de nationalité si puissant en France, en se proclamant seul défenseur de notre gloire, de notre drapeau, de notre indépendance ; en montrant sans cesse l'existence du ministère liée à un intérêt étranger, on est sûr de le battre en brèche avec une force populaire irrésistible : car quel ministre peut es-

pérer de rester au pouvoir si l'opinion le tient pour *lâche,
traître et vendu à un peuple rival* (1)?

Les chefs de parti et les journaux qui s'attellent à leur
char sont donc forcément amenés à fomenter les haines
nationales; car comment soutenir que le ministère est lâche,
sans établir que l'étranger est insolent; et que nous sommes gouvernés par des traîtres, sans avoir préalablement
prouvé que nous sommes entourés d'ennemis qui veulent
nous dicter des lois?

C'est ainsi que les journaux dévoués à l'élévation d'un
nom propre concourent, avec ceux que les monopoleurs
soudoient, à rendre toujours imminente une conflagration
générale, et par suite à éloigner tout rapprochement international, toute réforme commerciale.

En s'exprimant ainsi, l'auteur de cet ouvrage n'entend
pas faire de la politique, et encore moins de l'esprit de
parti. Il n'est attaché à aucune des grandes individualités
dont les luttes ont envahi la presse et la tribune, mais il
adhère de toute son âme aux intérêts généraux et permanents de son pays, à la cause de la vérité et de l'éternelle
justice. Il croit que ces intérêts et ceux de l'humanité se
confondent loin de se contredire, et dès lors il considère
comme le comble de la perversité de transformer les haines nationales en *machine de guerre* parlementaire. Du
reste, il a si peu en vue de justifier la politique extérieure
du cabinet actuel, qu'il n'oublie pas que celui qui la dirige
employa contre ses rivaux les mêmes armes que ses rivaux
tournent aujourd'hui contre lui.

Chercherons-nous l'impartialité internationale et par
suite la vérité économique dans les journaux légitimistes
et républicains? Ces deux opinions se meuvent en dehors

(1) V. au tome V, les *Incompatibilités parlementaires*, page 516.
                                        (*Note de l'éditeur.*)

des questions personnelles, puisque l'accès du pouvoir leur
est interdit. Il semble dès lors que rien ne les empêche de
plaider avec indépendance la cause de la liberté commerciale. Cependant, nous les voyons s'attacher à faire obstacle à la libre communication des peuples. Pourquoi? Je
n'attaque ni les intentions ni les personnes. Je reconnais
qu'il y a, au fond de ces deux grands partis, des vues
dont on peut contester la justesse, mais non la sincérité.
Malheureusement, cette sincérité ne se manifeste pas toujours dans les journaux qui les représentent. Quand on
s'est donné la mission de saper journellement un ordre
de choses qu'on croit mauvais, on finit par n'être pas très-
scrupuleux dans le choix des moyens. Embarrasser le
pouvoir, entraver sa marche, le déconsidérer, telles sont
les tristes nécessités d'une polémique qui ne songe qu'à
déblayer le sol des institutions et des hommes qui le
régissent, pour y substituer d'autres hommes et d'autres institutions. Là, encore, le recours aux passions patriotiques, l'appel aux sentiments d'orgueil national, de
gloire, de suprématie, se présentent comme les armes les
plus efficaces. L'abus suit de près l'usage; et c'est ainsi que
le bien-être et la liberté des citoyens, la grande cause de la
fraternité des nations, sont sacrifiés sans scrupule à cette
œuvre de *destruction préalable*, que ces partis considèrent
comme leur première mission et leur premier devoir.

Si les exigences de la polémique ont fait un besoin à la
presse opposante de sacrifier la liberté du commerce, parce
que, impliquant l'harmonie des rapports internationaux,
elle leur ravirait un merveilleux instrument d'attaque, il
semble que, par cela même, la presse ministérielle soit intéressée à la soutenir. Il n'en est pas ainsi. Le gouvernement accablé sous le poids d'accusations unanimes, en face
d'une impopularité qui fait trembler le sol sous ses pieds,
sent bien que la voix peu retentissante de ses journaux

6.

n'étouffera pas la clameur de toutes les oppositions réunies.
Il a recours à une autre tactique. — On l'accuse d'être voué
aux intérêts étrangers... Eh bien ! il prouvera, par des faits,
son indépendance et sa fierté. Il se mettra en mesure de
pouvoir venir dire au pays : Voyez, j'aggrave partout les
tarifs ; je ne recule pas devant l'hostilité des droits différentiels ; et, parmi les îles innombrables du Grand Océan,
je choisis, pour m'en emparer, celle dont la conquête doit
susciter le plus de collisions et froisser le plus de suscepti-
bilités étrangères !

La presse départementale aurait pu déjouer toutes ces
intrigues, en les dévoilant.

> Une pauvre servante au moins m'était restée,
> Qui de ce mauvais air n'était pas infectée.

Mais au lieu de réagir sur la presse parisienne, elle attend
humblement, niaisement son mot d'ordre. Elle ne veut pas
avoir de vie propre. Elle est habituée à recevoir par la poste
l'idée qu'il faut délayer, la manœuvre à laquelle il faut concourir, au profit de M. Thiers, de M. Molé ou de M. Guizot.
Sa plume est à Lyon, à Toulouse, à Bordeaux, mais sa tête
est à Paris.

Il est donc vrai que la stratégie des journaux, qu'ils émanent de Paris ou de la province, qu'ils représentent la gauche, la droite ou le centre, les a entraînés à s'unir à ceux
que soudoient les comités monopoleurs, pour tromper l'o-
pinion publique sur le grand mouvement social qui s'accomplit en Angleterre ; pour n'en parler jamais, ou, si l'on
ne peut éviter d'en dire quelques mots, pour le représenter, ainsi que l'abolition de l'esclavage, comme l'œuvre
d'un machiavélisme profond, qui a pour objet définitif l'exploitation du monde, au profit de la Grande-Bretagne, par
l'opération de la liberté même.

Il me semble que cette puérile prévention ne résisterait pas à la lecture de ce livre. En voyant agir les *free-traders*, en les entendant parler, en suivant pas à pas les dramatiques péripéties de cette agitation puissante, qui remue tout un peuple, et dont le dénoûment certain est la chute de cette prépondérance oligarchique qui est précisément, selon nous-mêmes, ce qui rend l'Angleterre dangereuse ; il me semble impossible que l'on persiste à s'imaginer que tant d'efforts persévérants, tant de chaleur sincère, tant de vie, tant d'action, n'ont absolument qu'un but : tromper un peuple voisin en le déterminant à fonder lui-même sa législation industrielle sur les bases de la justice et de la liberté.

Car enfin, il faudra bien reconnaître, à cette lecture, qu'il y a en Angleterre deux classes, deux peuples, deux intérêts, deux principes, en un mot : aristocratie et démocratie.

Si l'une veut l'inégalité, l'autre tend à l'égalité ; si l'une défend la restriction, l'autre réclame la liberté ; si l'une aspire à la conquête, au régime colonial, à la suprématie politique, à l'empire exclusif des mers, l'autre travaille à l'universel affranchissement ; c'est-à-dire à répudier la conquête, à briser les liens coloniaux, à susbstituer, dans les relations internationales, aux artificieuses combinaisons de la diplomatie, les libres et volontaires relations du commerce. Et n'est-il pas absurde d'envelopper dans la même haine ces deux classes, ces deux peuples, ces deux principes, dont l'un est, de toute nécessité, favorable à l'humanité si l'autre lui est contraire? Sous peine de l'inconséquence la plus aveugle et la plus grossière, nous devons donner la main au peuple anglais ou à l'aristocratie anglaise. Si la liberté, la paix, l'égalité des conditions légales, le droit au salaire naturel du travail sont nos principes, nous devons sympathiser avec la Ligue; si au contraire, nous pensons que la spoliation, la conquête, le monopole, l'en-

vahissement successif de toutes les régions du globe sont,
pour un peuple, des éléments de grandeur qui ne contra-
rient pas le développement régulier des autres peuples, c'est
à l'aristocratie anglaise qu'il faut nous unir. Mais, encore
une fois, le comble de l'absurde, ce qui serait éminemment
propre à nous rendre la risée des nations, et à nous faire
rougir plus tard de notre propre folie, ce serait d'assister à
cette lutte de deux principes opposés, en vouant aux soldats
des deux camps la même haine et la même exécration. Ce
sentiment, digne de l'enfance des sociétés et qu'on prend
si bizarrement pour de la fierté nationale, a pu s'expliquer
jusqu'ici par l'ignorance complète où nous avons été tenus
sur le fait même de cette lutte ; mais y persévérer alors
qu'elle nous est révélée, ce serait avouer que nous n'avons
ni principes, ni vues, ni idées arrêtées ; ce serait abdiquer
toute dignité ; ce serait proclamer à la face du monde
étonné que nous ne sommes plus des hommes, que ce n'est
plus la raison, mais l'aveugle instinct qui dirige nos actions
et nos sympathies.

Si je ne me fais pas illusion, cet ouvrage doit offrir aussi
quelque intérêt au point de vue littéraire. Les orateurs de
la Ligue se sont souvent élevés au plus haut degré de l'éloquence politique, et il devait en être ainsi. Quelles sont les
circonstances extérieures et les situations de l'âme les plus
propres à développer la puissance oratoire ? N'est-ce point
une grande lutte où l'intérêt individuel de l'orateur s'efface
devant l'immensité de l'intérêt public ? Et quelle lutte présentera ce caractère, si ce n'est celle où la plus vivace aristocratie et la plus énergique démocratie du monde combat-
tent avec les armes de la légalité, de la parole et de la
raison, l'une pour ses injustes et séculaires priviléges,
l'autre pour les droits sacrés du travail, la paix, la liberté et
la fraternité dans la grande famille humaine ?

Nos pères aussi ont soutenu ce combat, et l'on vit alors

les passions révolutionnaires transformer en puissants tri-
buns des hommes qui, sans ces orages, fussent restés enfouis
dans la médiocrité, ignorés du monde et s'ignorant eux-
mêmes. C'est la révolution qui, comme le charbon d'Isaïe,
toucha leurs lèvres et embrasa leurs cœurs; mais à cette
époque, la science sociale, la connaissance des lois auxquelles
obéit l'humanité, ne pouvait nourrir et régler leur fougueuse
éloquence. Les systématiques doctrines de Raynal et de
Rousseau, les sentiments surannés empruntés aux Grecs
et aux Romains, les erreurs du xviii° siècle, et la phraséo-
logie déclamatoire, dont, selon l'usage, on se croyait obligé
de revêtir ces erreurs, si elles n'ôtèrent rien, si elles ajoutèrent
même au caractère chaleureux de cette éloquence, la rendent stérile pour un siècle plus éclairé ; car ce n'est pas tout
que de parler aux passions, il faut aussi parler à l'esprit, et,
en touchant le cœur, satisfaire l'intelligence.

C'est là ce qu'on trouvera, je crois, dans les discours des
Cobden, des Thompson, des Fox, des Gibson et des Bright.
Ce ne sont plus les mots magiques mais indéfinis, liberté,
égalité, fraternité, allant réveiller des instincts plutôt que des
idées ; c'est la science, la science exacte, la science des
Smith et des Say, empruntant à l'agitation des temps le
feu de la passion, sans que sa pure lumière en soit jamais
obscurcie.

Loin de moi de contester les talents des orateurs de mon
pays. Mais ne faut-il pas un public, un théâtre, une cause
surtout pour que la puissance de la parole s'élève à toute
la hauteur qu'il lui est donné d'atteindre ? Est-ce dans la
guerre des portefeuilles, dans les rivalités personnelles, dans
l'antagonisme des coteries ; est-ce quand le peuple, la nation et l'humanité sont hors de cause, quand les combat-
tants ont répudié tout principe, toute homogénéité dans
la pensée politique ; quand on les voit, à la suite d'une crise
ministérielle, faire entre eux échange de doctrines en même

temps que de siéges, en sorte que le fougeux patriote devient diplomate prudent, pendant que l'apôtre de la paix se tranforme en Tyrtée de la guerre ? est-ce dans ces données étroites et mesquines que l'esprit peut s'agrandir et l'âme s'élever ? Non, non, il faut un autre atmosphère à l'éloquence politique. Il lui faut la lutte, non point la lutte des individualités, mais la lutte de l'éternelle justice contre l'opiniâtre iniquité. Il faut que l'œil se fixe sur de grands résultats, que l'âme les contemple, les désire, les espère, les chérisse, et que le langage humain ne serve qu'à verser dans d'autres âmes sympathiques ces puissants désirs, ces nobles desseins, ce pur amour et ces chères espérances.

Un des traits les plus saillants et les plus instructifs, entre tous ceux qui caractérisent *l'agitation* que j'essaie de révéler à mon pays, c'est la complète répudiation parmi les *free-traders* de tout *esprit de parti* et leur séparation des Whigs et des Torys.

Sans doute *l'esprit de parti* a toujours soin de se décorer lui-même du nom *d'esprit public*. Mais il est un signe infaillible auquel on peut les distinguer. Quand une mesure est présentée au Parlement, l'esprit public lui demande ? *Qu'es-tu :* et l'esprit de parti : *D'où viens-tu ?* Le ministre fait cette proposition, — donc elle est mauvaise ou doit l'être ; et la raison, c'est qu'elle émane du ministre qu'il s'agit de renverser.

L'esprit de parti est le plus grand fléau des peuples constitutionnels. Par les obstacles incessants qu'il oppose à l'administration, il empêche le bien de se réaliser à l'intérieur ; et comme il cherche son principal point d'appui dans les questions extérieures, que sa tactique est de les envenimer pour montrer que le cabinet est incapable de les conduire, il s'ensuit que l'esprit de parti, dans l'opposition, placé la nation dans un antagonisme perpétuel avec les autres peuples et dans un danger de guerre toujours imminent.

D'un autre côté, l'esprit de parti, aux bancs ministériels, n'est ni moins aveugle, ni moins compromettant. Puisque les existences ministérielles ne se décident plus par l'habileté ou l'impéritie de leur administration, mais à coup de boules, résolues à être noires ou blanches *quand même*, la grande affaire, pour le cabinet, c'est d'en recruter le plus possible par la corruption parlementaire et électorale.

La nation anglaise a souffert plus que toute autre de la longue domination de l'esprit de parti, et ce n'est pas pour nous une leçon à dédaigner que celle que donnent en ce moment les *free-traders*, qui, au nombre de plus de cent à la Chambre des communes, sont résolus à examiner chaque mesure en elle-même, en la rapportant aux principes de la justice universelle et de l'utilité générale, sans s'inquiéter s'il convient à Péel ou à Russell, aux Torys ou au Whigs qu'elle soit admise ou repoussée.

Des enseignements utiles et pratiques me semblent devoir encore résulter de la lecture de ce livre. Je ne veux point parler des connaissances économiques qu'il est si propre à répandre. J'ai maintenant en vue la tactique constitutionnelle pour arriver à la solution d'une grande question nationale, en d'autres terme *l'art de l'agitation*. Nous sommes encore novicés en ce genre de stratégie. Je ne crains pas de froisser l'amour-propre national en disant qu'une longue expérience a donné aux Anglais la connaissance, qui nous manque, des moyens par lesquels on arrive à faire triompher un principe, non par une échauffourée d'un jour, mais par une lutte lente, patiente, obstinée; par la discussion approfondie, par l'éducation de l'opinion publique. Il est des pays où celui qui conçoit l'idée d'une réforme commence par sommer le gouvernement de la réaliser, sans s'inquiéter si les esprits sont prêts à la recevoir. Le gouvernement dédaigne et tout est dit. En Anglèterre, l'homme qui a une pensée qu'il croit utile s'adresse à ceux de ses concitoyens qui sympathisent avec la même idée. On se réunit, on s'organise, on cherche à faire des prosélytes ; et c'est déjà une première élaboration dans laquelle s'évaporent bien des rêves et des utopies. Si cependant l'idée a en elle-même quelque valeur, elle gagne du terrain, elle pénètre dans toutes les couches sociales, elle s'étend de proche en proche. L'idée opposée provoque de son côté des associations, des résistances. C'est la période de la discussion publique, universelle, des pétitions, des motions sans cesse renouvelées ; on compte les voix du Parlement, on mesure le progrès, on le seconde en épurant les listes électorales, et, quand enfin le jour du triomphe est arrivé, le verdict parlementaire n'est pas une révolution, il n'est qu'une constatation de l'état des esprits ; la réforme de la loi suit la réforme des idées, et l'on peut être assuré que la conquête populaire est assurée à jamais.

Sous ce point de vue, l'exemple de la Ligue m'a paru mériter d'être proposé à notre imitation. Qu'on me permette de citer ce que dit à ce sujet un voyageur allemand.

« C'est à Manchester, dit M. J. G. Kohl, que se tiennent les séances permanentes du comité de la Ligue. Je dus à la bienveillance d'un ami de pénétrer dans la vaste enceinte où j'eus l'occasion de voir et d'entendre des choses qui me surprirent au dernier point. George Wilson et d'autres chefs renommés de la Ligue, assemblés dans la salle du Conseil, me reçurent avec autant de franchise que d'affabilité, répondant sur-le-champ à toutes mes questions et me mettant au fait de tous les détails de leurs opérations. Je ne pouvais m'empêcher de me demander ce qui adviendrait, en Allemagne, d'hommes occupés à attaquer avec tant de talent et de hardiesse les lois fondamentales de l'État. Il y a longtemps sans doute qu'ils gémiraient dans de sombres cachots, au lieu de travailler librement et audacieusement à leur grande œuvre, à la clarté du jour. Je me demandais encore si, en Allemagne, de tels hommes admettraient un étranger dans tous leurs secrets avec cette franchise et cette cordialité.

« J'étais surpris de voir les Ligueurs, tous hommes privés, marchands, fabricants, littérateurs, conduire une grande entreprise politique, comme des ministres et des hommes d'État. L'aptitude aux affaires publiques semble être la faculté innée des Anglais. Pendant que j'étais dans la salle du conseil, un nombre prodigieux de lettres étaient apportées, ouvertes, lues et répondues sans interruption ni retard. Ces lettres, affluant de tous les points du Royaume-Uni, traitaient les matières les plus variées, toutes se rapportant à l'objet de l'association. Quelques-unes portaient les nouvelles du mouvement des Ligueurs ou de leurs adversaires ; car l'œil de la Ligue est toujours ouvert sur les amis comme sur les ennemis....

« Par l'intermédiaire d'associations locales, formées sur tous les points de l'Angleterre, la Ligue a étendu maintenant son influence sur tout le pays, et est arrivée à un degré d'importance vraiment extraordinaire. Ses festivals, ses expositions, ses banquets, ses meetings apparaissent comme de grandes solennités publiques.... Tout membre qui contribue pour 50 l. (1,250 fr.) a un siège et une voix au conseil... Elle a des comités d'ouvriers, pour favoriser la propagation de ses doctrines parmi les classes laborieuses ; et des comités de dames, pour s'assurer la sympathie et la coopération du beau sexe. Elle a des professeurs, des orateurs qui parcourent incessamment le pays, pour souffler le feu de l'agitation dans l'esprit du peuple. Ces orateurs ont fréquemment des conférences et des discussions publiques avec les orateurs du parti opposé, et il arrive presque toujours que ceux-ci sortent vaincus du champ de bataille.... Les Ligueurs écrivent directement à la reine, au duc de Wellington, à sir Robert Peel et autres hommes distingués, et ne manquent pas de leur envoyer leurs journaux et des rapports circonstanciés et toujours fidèles de leurs opérations. Quelquefois ils délèguent auprès des hommes les plus éminents de l'aristocratie anglaise une députation chargée de leur jeter à la face les vérités les plus dures.

« On pense bien que la Ligue ne néglige pas la puissance de ce Briarée aux cent bras, la *Presse*. Non-seulement elle répand ses opinions par l'organe des journaux qui lui sont favorables ; mais encore elle émet elle-même un grand nombre de publications périodiques exclusivement consacrées à sa cause. Celles-ci contiennent naturellement les comptes rendus des opérations, des souscriptions, des meetings, des discours contre le régime prohibitif, répétant pour la millième fois que le monopole est contraire à l'ordre de la nature et que la Ligue a pour but de faire prévaloir l'ordre équitable de la Providence. — ....L'association pour la liberté du commerce a surtout recours à ces pamphlets courts et peu coûteux, appelés *tracts*, arme favorite de la polémique anglaise : c'est avec ces courtes et populaires dissertations, à deux sous, dues à la plume d'écrivains éminents tels que Cobden et Bright, que la Ligue attaque perpétuellement le public, et entretient comme une continuelle fusillade à petit plomb. Elle ne dédaigne pas des armes plus légères encore ; des affiches, des placards qui contiennent des devises, des pensées, des sentences, des aphorismes, des couplets, graves ou gais, philosophiques ou satiriques, mais tous ayant trait à ces deux objets précis : le *Monopole* et le *Libre-Échange*... La Ligue et l'anti-Ligue ont porté leur champ de bataille jusque dans les Abécédaires, semant ainsi les éléments de la discussion dans l'esprit des générations futures.

« Toutes les publications de la Ligue sont non-seulement écrites, mais imprimées, mises sous enveloppe et publiées dans les salles du comité de Manchester. Je traversai une foule de pièces où s'accomplissent ces diverses opérations jusqu'à ce que j'arrivai à la grande salle de dépôt, où livres, journaux, rapports, tableaux, pamphlets, placards, étaient empilés, comme des ballots de mousseline ou de calicot. Nous parvînmes enfin à la salle des rafraîchissements, où le thé nous fut offert par des dames élégantes. La conversation s'engagea, etc... »

Puisque M. Kohl a parlé de la participation des dames anglaises à l'œuvre de la Ligue, j'espère qu'on ne trouvera pas déplacées quelques réflexions à ce sujet. Je ne doute pas que le lecteur ne soit surpris, et peut-être scandalisé, de voir la femme intervenir dans ces orageux débats. Il semble que la femme perde de sa grâce en se risquant dans cette mêlée scientifique toute hérissée des mots barbares *Tarifs, Salaires, Profits, Monopoles.* Qu'y a-t-il de commun entre des dissertations arides et cet être éthéré, cet ange des affections douces, cette nature poétique et dévouée dont la seule destinée est d'aimer et de plaire, de compatir et de consoler?

Mais si la femme s'effraie à l'aspect du lourd syllogisme et de la froide statistique, elle est douée d'une sagacité merveilleuse, d'une promptitude, d'une sûreté d'appréciation qui lui font saisir le côté par où une entreprise sérieuse sympathise avec le penchant de son cœur. Elle a compris que l'effort de la Ligue est une cause de justice et de réparation envers les classes souffrantes ; elle a compris que l'aumône n'est pas la seule forme de la charité. Nous sommes toujours prêtes à secourir l'infortune, disent-elles, mais ce n'est pas une raison pour que la loi fasse des infortunés. Nous voulons nourrir ceux qui ont faim, vêtir ceux qui ont froid ; mais nous applaudissons à des efforts qui ont pour objet de renverser les barrières qui s'interposent entre le vêtement et la nudité, entre la subsistance et l'inanition.

Et d'ailleurs, le rôle que les dames anglaises ont su prendre dans l'œuvre de la Ligue n'est-il pas en parfaite harmonie avec la mission de la femme dans la société? — Ce sont des fêtes, des soirées données aux *free-traders* ; — de l'éclat, de la chaleur, de la vie, communiqués par leur présence à ces grandes joutes oratoires où se dispute le sort des masses ; — une coupe magnifique offerte au plus éloquent orateur ou au plus infatigable défenseur de la liberté.

Un philosophe a dit : « Un peuple n'a qu'une chose à « faire pour développer dans son sein toutes les vertus, « toutes les énergies utiles. C'est tout simplement d'*honorer* « *ce qui est honorable et de mépriser ce qui est méprisable.* » Et quel est le dispensateur naturel de la honte et de la gloire? C'est la femme; la femme, douée d'un tact si sûr pour discerner la moralité du but, la pureté des motifs, la convenance des formes; la femme, qui, simple spectateur de nos luttes sociales, est toujours dans des conditions d'impartialité trop souvent étrangères à notre sexe; la femme, dont un sordide intérêt, un froid calcul ne glace jamais la sympathie pour ce qui est noble et beau; la femme, enfin, qui défend par une larme et qui commande par un sourire.

Jadis, les dames couronnaient le vainqueur du tournoi. La bravoure, l'adresse, la clémence se popularisaient au bruit enivrant de leurs applaudissements. Dans ces temps de troubles et de violences, où la force brutale s'appesantissait sur les faibles et les petits, ce qu'il était bon d'encourager, c'était la générosité dans le courage et la loyauté du chevalier unie aux rudes habitudes du soldat.

Eh quoi! parce que les temps sont changés ; parce que les siècles ont marché ; parce que la force musculaire a fait place à l'énergie morale; parce que l'injustice et l'oppression empruntent d'autres formes, et que la lutte s'est transportée du champ de bataille sur le terrain des idées, la mission de la femme sera terminée? Elle sera pour toujours reléguée en dehors du mouvement social? Il lui sera interdit d'exercer sur des mœurs nouvelles sa bienfaisante influence, et de faire éclore, sous son regard, les vertus d'un ordre plus relevé que réclame la civilisation moderne?

Non, il ne peut en être ainsi. Il n'est pas de degré dans le mouvement ascensionnel de l'humanité, où l'empire de la femme s'arrête à jamais. La civilisation se transforme et s'élève ; cet empire doit se transformer et s'élever avec elle, et non s'anéantir ; ce serait un vide inexplicable dans l'harmonie sociale et dans l'ordre providentiel des choses. De nos jours, il appartient aux femmes de décerner aux vertus morales, à la puissance intellectuelle, au courage civil, à la probité politique, à la philanthropie éclairée ces prix inestimables, ces irrésistibles encouragements qu'elles réservaient autrefois à la seule bravoure de l'homme d'armes. Qu'un autre cherche un côté ridicule à cette intervention de la femme dans la nouvelle vie du siècle ; je n'en puis voir que le côté sérieux et touchant. Oh ! si la femme laissait tomber sur l'abjection politique ce mépris poignant dont elle flétrissait autrefois la lâcheté militaire ! si elle avait pour qui trafique d'un vote, pour qui trahit un mandat, pour qui déserte la cause de la vérité et de la justice, quelques-unes de ces mortelles ironies dont elle eût accablé, dans d'autres temps, le chevalier félon qui aurait abandonné la lice ou acheté la vie au prix de l'honneur !... Oh ! nos luttes n'offriraient pas sans doute ce spectacle de démoralisation et de turpitude qui contriste les cœurs élevés, jaloux de la gloire et de la dignité de leur pays... Et cependant il existe des hommes au cœur dévoué, à l'intelligence puissante ; mais, à l'aspect de l'intrigue partout triomphante, ils s'environnent d'un voile de réserve et de fierté. On les voit, succombant sous la répulsion de la médiocrité envieuse, s'éteindre dans une douloureuse agonie, découragés et méconnus. Oh! c'est au cœur de la femme à comprendre ces natures d'élite. — Si l'abjection la plus dégoûtante a faussé tous les ressorts de nos institutions; si une basse cupidité, non contente de régner sans partage, s'érige encore effrontément en système; si une atmosphère de plomb pèse sur notre vie sociale, peut-être faut-il en chercher la raison dans ce que la femme n'a pas encore pris possession de la mission que lui a assignée la Providence.

En essayant d'indiquer quelques-uns des enseignements que l'on peut retirer de la lecture de ce livre, je n'ai pas besoin de dire que j'en attribue exclusivement le mérite aux orateurs dont je traduis les discours, car, quant à la traduction, je suis le premier à en reconnaître l'extrême faiblesse; j'ai affaibli l'éloquence des Cobden, des Fox, des George Thompson; j'ai négligé de faire connaître au public français d'autres puissants orateurs de la Ligue, MM. Moore, Villiers et le colonel Thompson; j'ai commis la faute de ne pas puiser aux sources si abondantes et si dramatiques des débats parlementaires; enfin, parmi les immenses matériaux qui étaient à ma disposition, j'aurais pu faire un choix plus propre à marquer le progrès de l'*agitation*. Pour tous ces défauts, je n'ai qu'une excuse à présenter au lecteur. Le temps et l'espace m'ont manqué, l'espace surtout; car, comment aurais-je osé risquer plusieurs volumes, quand je suis si peu rassuré sur le sort de celui que je soumets au jugement du public?

J'espère au moins qu'il réveillera quelques espérances au sein de l'école des économistes. Il fut un temps où elle était raisonnablement fondée à regarder comme prochain le triomphe de son principe. Si bien des préjugés existaient encore dans le vulgaire, la classe intelligente, celle qui se livre à l'étude des sciences morales et politiques, en était à peu près affranchie. On se séparait encore sur des questions d'opportunité, mais, en fait de doctrines, l'autorité des Smith et des Say n'était pas contestée.

Cependant vingt années se sont écoulées, et bien loin que l'économie politique ait gagné du terrain, ce n'est pas assez de dire qu'elle en a perdu, on pourrait presque affirmer qu'il ne lui en reste plus, si ce n'est l'étroit espace où s'élève l'Académie des sciences morales. En théorie, les billevesées les plus étranges, les visions les plus apocalyptiques, les utopies les plus bizarres ont envahi toute la génération qui nous suit. Dans l'application, le monopole n'a fait que marcher de conquête en conquête. Le système colonial a élargi ses bases; le système protecteur a créé pour le travail des récompenses factices, et l'intérêt général a été livré au pillage; enfin, l'école économiste n'existe plus qu'à l'état, pour ainsi dire, historique, et ses livres ne sont plus consultés que comme les monuments qui racontent à notre âge les pensées d'un temps qui n'est plus.

Cependant un petit nombre d'hommes sont restés fidèles au principe de la liberté. Ils y seraient fidèles encore alors qu'ils se verraient dans l'isolement le plus complet, car la vérité économique s'empare de l'âme avec une autorité qui ne le cède pas à l'évidence mathématique.

Mais, sans abandonner leur foi dans le triomphe définitif de la vérité, il n'est pas possible qu'ils ne ressentent un découragement profond à l'aspect de l'état des esprits et de la marche rétrograde des doctrines. Ce sentiment se manifeste dans un livre récemment publié, et qui est certainement l'œuvre capitale qu'a produite depuis 1830 l'école économiste. Sans sacrifier aucun principe, on voit, à chaque ligne, que M. Dunoyer en confie la réalisation à un avenir éloigné; alors qu'une dure expérience, à défaut de la raison, aura dissipé ces préjugés funestes que les intérêts privés entretiennent et exploitent avec tant d'habileté.

Dans ces tristes circonstances, je ne puis m'empêcher d'espérer que ce livre, malgré ses défauts, offrira bien des

consolations, réveillera bien des espérances, ranimera le.
zèle et le dévouement au cœur de mes amis politiques, en
leur montrant que si le flambeau de la vérité a pâli sur un
point, il jette sur un autre un éclat irrésistible ; que l'humanité ne rétrogade pas, mais qu'elle progresse à pas de géant,
et que le temps n'est pas éloigné où l'union et le bien-être
des peuples seront fondés sur une base immuable : *La libre
et fraternelle communication des hommes de toutes les régions,
de tous les climats et de toutes les races.*

COBDEN ET LA LIGUE

OU

L'AGITATION ANGLAISE.

La Ligue fut fondée à Manchester en 1838. Ce ne fut qu'en 1843 qu'elle commença ses opérations dans la métropole, et nous n'avons pas cru devoir remonter plus haut dans le compte rendu de ses travaux. C'eût été, sans doute, réclamer du lecteur plus d'attention qu'il n'est disposé à nous en accorder. — Cependant, avant de suivre la Ligue à Londres, nous avons jugé utile de traduire le discours prononcé à Manchester, par M. Cobden, en octobre 1842, parce qu'il résume les progrès accomplis jusque-là et les plans ultérieurs de cette puissante association.

M. COBDEN. — Monsieur le président, ladies et gentlemen : C'est pour l'avenir de notre cause une circonstance d'un augure favorable que de voir tant de personnes distinguées, et particulièrement un si grand nombre de dames réunies dans cette enceinte. Je me réjouis surtout d'y apercevoir de nombreux représentants de la classe ouvrière. (Applaudissements.) J'ai entendu avec satisfaction les rapports qui nous ont été lus et qui ne laissent aucun doute sur les progrès que nous avons faits, non-seulement dans cette cité, mais dans toutes les parties du royaume. Parmi ces rapports, il en est un qui exige que je m'y arrête un

instant. M. Murray a· fait allusion au mécontentement qu'a
excité parmi les fermiers la baisse des produits agricoles. De
graves erreurs ont prévalu à ce sujet. Les fermiers se plaignent
amèrement de ce qu'ils n'obtiennent plus, pour leurs bestiaux,
le prix accoutumé, et ils s'en prennent à ce que les changements introduits récemment dans les tarifs par sir Robert Peel
auraient amené du dehors une invasion de quadrupèdes. — Je
maintiens que c'est là une illusion. Tous les bestiaux que les
étrangers nous ont envoyés ne suffiraient pas à alimenter la
consommation de Manchester pendant une semaine. La baisse
des prix provient d'une tout autre circonstance, qu'il est utile
de signaler parce qu'elle a un rapport direct avec notre cause.
La véritable raison de cette baisse, ce n'est pas l'importance des
arrivages du dehors, mais la ruine complète à l'intérieur de la
clientèle des fermiers. (Écoutez! écoutez!) J'ai fait des recherches à ce sujet, et je me suis assuré qu'à Dundee, Leeds, Kendal,
Carlisle, Birmingham, Manchester, la consommation de la
viande, comparée à ce qu'elle était il y a cinq ans, a diminué
d'un tiers; et comment serait-il possible qu'une telle dépression
dans le pouvoir de consommer n'amenât une dépression relative dans les prix? Pour nous, manufacturiers, qui sommes
accoutumés à nous enquérir du sort de nos acheteurs, à désirer
leur prospérité, à en calculer les effets sur notre propre bien-
être, nous n'aurions point conclu comme les fermiers. Quand
notre clientèle décline, quand nous la voyons privée des moyens
de se pourvoir, nous savons que nous ne pouvons qu'en souffrir comme vendeurs. Les fermiers n'ont point encore appris
cette leçon. Ils s'imaginent que la campagne peut prospérer
quand la ville décline. (Écoutez! écoutez!) A la foire de Chester, le fromage est tombé de 20 sh. le quintal, et les fermiers
de dire : « Il y a du Peel là-dessous. » Mais l'absurdité de cette
interprétation résulte évidemment de ce que rien n'a été changé
au tarif sur ce comestible. Le prix du fromage, du lait, du
beurre a baissé, et pourquoi? parce que les grandes villes manufacturières sont ruinées et que Stockport, par exemple, paie
en salaires 7,000 l. s. (175,000 fr.) de moins, par semaine, qu'il
ne faisait il y a quelques années. Et en présence de tels faits

qui leur crèvent les yeux, comment les fermiers peuvent-ils aller quereller sir Robert Peel, et chercher dans son tarif. la cause de leur adversité ? Au dernier meeting de Waltham, le duc de Rutland a essayé de nier cette dépréciation. Il a eu tort ; elle est réelle, et nous ne devons pas méconnaître les souffrances des fermiers, mais leur en montrer les vraies causes. — Il peut paraître étrange que ce soit moi qui vienne ici exonérer sir Robert des reproches que lui adressent ses propres amis. Nous ne sommes pas plus opposés à sir Robert Peel qu'à tout autre ministre. Nous ne sommes pas des hommes de parti, et s'il se rencontre des partis politiques, qu'ils s'intitulent whigs ou torys, qui s'efforcent d'attribuer à sir Robert des maux résultant de la mauvaise politique commerciale adoptée par toutes les administrations successives qui ont dirigé les affaires de ce pays, il est de notre devoir de rendre justice à sir Robert Peel lui-même, et de remettre les fermiers sur la bonne voie. (Applaudissements.)

L'orateur décrit ici la détresse des villes manufacturières et continue ainsi :

On s'en prend encore, de nos souffrances, au tarif récemment adopté par les États-Unis, et les journaux du monopole ne font faute de railler, à ce sujet, la législation américaine. Mais s'ils étaient sincères lorsqu'ils professent que nous devons nous suffire à nous-mêmes, et pourvoir directement à tous nos besoins par le travail national, assurément ils devraient reconnaître que cette politique, qui est bonne pour nous, est bonne pour les autres, et en saluer avec joie l'avénement parmi toutes les nations du globe. Mais les voilà qui invectivent les Américains parce qu'ils agissent d'après nos propres principes. (Applaudissements.) Eh bien ! qu'ils plaident notre cause au point de vue américain s'ils le trouvent bon. Nous les laisserons dans le bourbier de leur inconséquence. (Applaudissements.) Mais quelle a été l'occasion de ce tarif ? Nous ne devons pas perdre de vue que ce sont nos fautes qui nous ont fermé les marchés d'Amérique. Remontons jusqu'à 1833. A cette époque, une grande excitation existait aux États-Unis au sujet des droits élevés im-

posés aux produits de nos manufactures; le mécontentement
était extrême, et dans un des États, la Caroline du Sud, il fut
jusqu'à se manifester par la rébellion. Il s'ensuivit qu'en 1833,
la législature adopta une loi selon laquelle les droits d'entrée
devaient être abaissés d'année en année, de manière à ce qu'au
bout de dix ans il n'y en eût aucun qui dépassât le maximum
fixé à 20 pour cent. Ce terme est expiré cet été. Eh bien! qu'a
fait notre gouvernement? qu'a fait notre pays pour répondre à
cette politique libérale et bienveillante? Hélas! un fait si important n'a pas plus excité l'attention de nos gouvernements
successifs, et je suis fâché de le dire, du peuple lui-même, que
s'il se fût passé dans une autre planète. Nous n'avons eu aucun
égard aux tentatives qu'ont faites les Américains pour raviver
nos échanges réciproques. Maintenant ils se mettent à considérer les effets de leur politique, et qu'aperçoivent-ils? c'est
qu'au bout des dix ans, leur commerce avec ce pays est moindre qu'il n'était avant la réduction. Leur coton, leur riz, leur
tabac a baissé de prix, et ce sont les seules choses que nous con-
sentons à recevoir d'eux. Nous avons repoussé leurs céréales.
Les Américains ont donc pensé qu'ils n'avaient aucun motif de
persévérer dans leur politique, et il a été facile à un petit nombre de leurs monopoleurs manufacturiers d'obtenir de nouvelles
mesures dont l'effet sera d'exclure du continent américain les
produits de nos fabriques. Cela ne fût point arrivé, si nous
avions tendu à nos frères d'au delà de l'Atlantique, la main de
réciprocité, sous forme d'une loi libérale qui, admettant leurs
céréales, aurait intéressé les États agricoles de l'Union à voter
pour nous, au lieu de voter contre nous. Nous eussions ouvert
à leurs céréales un débouché décuple de celui que leur offrent
leurs manufacturiers monopoleurs. Les Américains sont gens
avisés et clairvoyants; et quiconque les connaît sait bien que
jamais ils n'eussent supporté le tarif actuel, si nous avions répondu à leurs avances, et reçu leurs produits agricoles en
échange de nos produits manufacturés. (Applaudissements.) Je
ne veux point dire que les Américains ont agi sagement en
adoptant ce tarif; il n'a pour résultat, à leur égard, que de détruire leur propre revenu. Mais enfin les voilà, d'un côté, se

tordant les mains à l'aspect de leurs greniers pliant sous le poids des récoltes précédentes, tandis que le vent agite dans leurs vastes plaines des récoltes nouvelles ; et voici, d'un autre côté, les Anglais contemplant, les bras croisés, leurs magasins encombrés et leurs usines silencieuses. Là, on manque de vêtements, ici on meurt de faim, et des lois aussi absurdes que barbares s'interposent entre les deux pays pour les empêcher d'échanger et de devenir l'un pour l'autre, un débouché réciproque. (Écoutez ! écoutez !) Oh ! cela ne peut pas continuer. Un tel système ne peut durer. (Applaudissements.) Il répugne trop à l'instinct naturel, au sens commun, à la science, à l'humanité, au christianisme. (Applaudissements.) Un tel système ne peut durer. (Nouveaux applaudissements.) Croyez que, lorsque deux nations telles que l'Amérique et l'Angleterre sont intéressées à des échanges mutuels, il n'est au pouvoir d'aucun gouvernement de les isoler à toujours. (Applaudissements.) Et je crois sincèrement que dans dix ans tout ce mécanisme de restriction, ici comme au delà des mers, ne vivra plus que dans l'histoire. Je ne demande que dix ans pour qu'il devienne aussi impossible aux gouvernements d'intervenir dans le travail des hommes, de le restreindre, de le limiter, de le pousser vers telle ou telle direction, qu'il le serait pour eux de s'immiscer dans les affaires privées, d'ordonner les heures des repas, et d'imposer à chaque ménage un plan d'économie domestique. (Écoutez ! écoutez !) Il y a précisément le même degré d'absurdité dans ce système, que dans celui qui prévalait, il y a deux siècles, alors que la loi réglait la grandeur, la forme, la qualité du linge de table, prescrivait la substitution d'une agrafe à un bouton, et indiquait le lieu où devait se tisser la serge, et celui où devait se fabriquer le drap. (Rires et applaudissements.) C'est là le principe sur lequel on agit encore. Alors on intervenait dans l'industrie des comtés : aujourd'hui on intervient dans l'industrie des nations. Dans l'un et l'autre cas, on viole ce que je soutiens être le droit naturel de chacun : — échanger là où il lui convient. (Applaudissements.) — Messieurs, ce système, cet abominable système ne peut pas durer. (Acclamations.) C'est pourquoi je me réjouis que nous ayons entrepris de venger les lois et les droits de la nature, en employant tous nos efforts pour le renverser. (Applaudissements.) Mais pour arriver au triomphe de notre principe, il faut d'abord que nous détruisions, en nous-mêmes et dans le pays, les préjugés qui lui font obstacle, car, quoique la doctrine que nous combattons nous apparaisse, à nous, comme évidemment funeste et odieuse, nous ne devons pas oublier qu'elle prévaut, dans ce monde, à peu près depuis qu'il est sorti des mains du Créateur. Notre rôle est véritablement celui de réformateurs ; car nous sommes aux prises avec le monopole, système qui, sous une forme ou sous une autre, remonte, je crois, à la période adamique, ou du moins aux temps diluviens. (Rires.) Ce ne sera pas la moindre gloire de l'Angleterre, qui a donné au monde des institutions libres, la presse, le jury, les formes du gouvernement représentatif, si elle est encore la première à lui donner l'exemple de la liberté commerciale. (Bruyantes acclamations.) Car, ne perdez pas de vue que ce grand mouvement se distingue, parmi tous ceux qui ont agité le pays, en ce qu'il n'a pas exclusivement en vue, comme les autres, des intérêts locaux, ou l'amélioration intérieure de notre patrie. Vous ne pouvez triompher dans cette lutte, sans que les résultats de ce triomphe ne se fassent ressentir jusqu'aux extrémités du monde ; et la réalisation de vos doctrines n'affectera pas seulement les classes manufacturières et commerciales de ce pays, mais les intérêts matériels et moraux de l'humanité sur toute la surface du globe. (Applaudissements.) Les conséquences morales du principe de la liberté commerciale, pour lequel nous combattons, m'ont toujours paru, parmi toutes celles qu'implique ce grand mouvement, comme les plus imposantes, les plus dignes d'exciter notre émulation et notre zèle. Fonder la liberté commerciale, c'est fonder en même temps la paix universelle, c'est relier entre eux, par le ciment des échanges réciproques, tous les peuples de la terre. (Écoutez ! écoutez !) C'est rendre la guerre aussi impossible entre deux nations, qu'elle l'est entre deux comtés de la Grande-Bretagne. On ne verra plus alors toutes ces vexations diplomatiques, et deux hommes, à force de protocoliser, par un combat de dextérité entre un ministre de Londres

et un ministre de Paris, finir par envelopper deux grandes nations dans les horreurs d'une lutte sanglante. On ne verra plus
ces monstrueuses absurdités, alors que dans ces deux grandes
nations, unies comme elles le seront par leurs mutuels intérêts,
chaque comptoir, chaque magasin, chaque usine, deviendra le
centre d'un système de diplomatie qui tendra à la paix, en dépit
de tout l'art des hommes d'État pour faire éclater la guerre.
(Tonnerre d'applaudissements.) Je dis que ce sont là de nobles
et glorieux objets qui, s'ils réclament toute l'énergie du sexe à
qui reviennent le poids et la fatigue de la lutte, méritent aussi
le sourire et les encouragements des dames que je suis heureux
de voir autour de moi. (Applaudissements prolongés.) C'est une
œuvre qui devait nous assurer, et qui nous a valu, en effet,
l'active coopération de tout ce qu'il y a dans le pays de ministres chrétiens. (Acclamations.) Tel est l'objet que nous avons en
vue, et gardons-nous de le considérer jamais, ainsi qu'on le
fait trop souvent, comme une question purement pécuniaire,
et affectant exclusivement les intérêts d'une classe de manufacturiers et de marchands.

Dans le cours des opérations qui ont eu lieu au commencement de la séance, j'ai appris, avec une vive satisfaction,
que, sous les auspices de notre infatigable, de notre indomptable président (acclamations), la Ligue se prépare à une
campagne d'hiver plus audacieuse, et j'espère plus décisive
qu'aucune de celles qu'ait jamais entreprises cette grande et
influente association. En entrant dans les bureaux, j'ai été
frappé à l'aspect de quatre énormes colis emballés et cordés
comme les lourdes marchandises de nos magasins. J'ai pris
des informations, et l'on m'a dit que c'étaient des brochures,
— environ cinq quintaux de brochures — adressées à quatre
de nos professeurs, pour être immédiatement et gratuitement
distribuées. (On applaudit.) J'ai été curieux de vérifier dans
nos livres où en sont les affaires, en fait d'impressions. —
L'impression sur coton, vous le savez, va mal, et menace
d'aller plus mal encore; mais l'impression sur papier est conduite avec vigueur, sous ce toit, depuis quelque temps. Depuis
trois semaines la Ligue a reçu des mains des imprimeurs trois

cent quatre-vingt mille brochures. C'est bien quelque chose
pour l'œuvre de trois semaines, mais ce n'est rien relativement
aux besoins du pays. Le peuple a soif d'information ; de toutes
parts on demande des brochures, des discours, des publications ; on veut s'éclairer sur ce grand débat. Dans ces circonstances, je crois qu'il nous suffit de faire connaître au public
les moyens d'exécution dont nous pouvons disposer, — que la
moisson est prête, qu'il ne manque que des bras pour l'en-
granger, — et le public mettra en nos mains toutes les ressources nécessaires pour conduire notre campagne d'hiver, avec dix
fois plus d'énergie que nous n'en avons mis jusqu'ici. Nous
dépensons 100 l. s. par semaine, à ce que je comprends, pour
agiter la question. Il faut en dépenser 1,000 par semaine d'ici
à février prochain. Je crains que Manchester ne se soit un peu
trop attribué le monopole de cette lutte. Quel que soit l'honneur qui lui en revienne, il ne faut pas que Manchester mono-
polise toutes les invectives de la Presse privilégiée. Ouvrons
donc cordialement nos rangs à ceux de nos nombreux concitoyens des autres comtés, qui désirent, j'en suis sûr, devenir
nos collaborateurs dans cette grande œuvre. Leeds, Birmingham, Glasgow, Sheffield ne demandent pas mieux que de
suivre Manchester dans la lice. Cela est dans le caractère
anglais. Ils ne souffriront pas que nous soyons les seuls à les
délivrer des étreintes du monopole ; ce serait s'engager
d'avance à se reconnaître redevables envers nous de tout ce qui
peut leur échoir de liberté et de prospérité, et il n'est pas dans
le caractère des Anglais de rechercher le fardeau de telles
obligations. Que font nos compatriotes dans les luttes moins
glorieuses de terre et de mer? Avez-vous entendu dire ,
avez-vous lu dans l'histoire de votre pays, qu'ils laissent à un
vaisseau ou à un régiment tout l'honneur de la victoire? Non,
ils se présentent devant l'ennemi, et demandent qu'on les
place à l'avant-garde. — Il en sera ainsi de Leeds, de Glasgow, de Birmingham ; offrons-leur une place honorable dans
nos rangs. — Messieurs, la première considération, c'est le nerf
de la guerre. Il faut de l'argent pour conduire convenablement
une telle entreprise. Je sais que notre honorable ami, qui

occupe le fauteuil, a dans les mains un plan qui ne va à rien moins, vous allez être surpris, qu'à demander au pays un subside de 50,000 l. s. (Écoutez! écoutez!) C'est juste un million de shellings ; et, si deux millions de signatures ont réclamé l'abrogation de la loi-céréale, quelle difficulté peut présenter le recouvrement d'un million de shellings?.... — Ladies et gentlemen, ce à quoi nous devons aspirer, c'est de disséminer à profusion tous ces trésors d'informations enfouis dans les enquêtes parlementaires, et dans les œuvres des économistes. Nous n'avons besoin ni de force, ni de violence, ni d'exhibition de puissance matérielle (applaudissements) ; tout ce que nous voulons, pour assurer le succès de notre cause, c'est de mettre en œuvre ces armes bien plus efficaces, qui s'attaquent à l'esprit. Puisque j'en suis sur ce sujet, je ne puis me dispenser de vous recommander la récente publication des œuvres du colonel Thompson (applaudissements) ; c'est un arsenal qui contient plus d'armes qu'il n'en faut pour atteindre notre but, si elles étaient distribuées dans tout le pays. Il n'est si chétif berger qui, pour abattre le Goliath du monopole, n'y trouve un caillou qui aille à son bras. Je ne saurais élever trop haut ceux de ces ouvrages qui se rapportent à notre question. Le colonel Thompson a été pour nous un trésor caché. Nous n'avons apprécié ni connu sa valeur. Ses écrits, publiés d'abord dans la *Revue de Westminster*, ont passé inaperçus pour un grand nombre d'entre nous. Il vient de les réunir en corps d'ouvrage, en six volumes complets, au prix de sacrifices pécuniaires très-considérables, dont je sais qu'il n'a guère de souci, pourvu qu'ils fassent progresser la bonne cause. Je n'hésite pas à reconnaître que tout ce que nous disons, tout ce que nous écrivons aujourd'hui, a été mieux dit et mieux écrit, il y a dix ans, par le colonel Thompson. Il n'est que lieutenant-colonel dans l'armée, à ce que je crois, mais c'est un vrai Bonaparte dans la grande cause de la liberté. Cette cause, nous la ferons triompher en propageant les connaissances qui sont exposées dans ses ouvrages, en les publiant par la voie des journaux et des revues, en les placardant aux murs de tous les ateliers, afin que le peuple soit forcé de lire et de compren-

dre. Qu'on ne dise·pas que de tels moyens manquent d'efficacité. Je sais qu'ils sont tout-puissants. (Applaudissements.) Je
ne suis certainement pas entré à la chambre des communes
sous l'influence de préventions favorables à cette assemblée,
mais je puis dire qu'elle n'est pas une représentation infidèle
de l'opinion publique. Cette assertion vous étonne ; mais songez
donc que, sur cent personnes, il y en a quatre-vingt-dix-neuf
qui ne concourent en rien à la formation de l'opinion publique ;
elles ne veulent pas penser par elles-mêmes. (Applaudissements.) A ce point de vue, je dis que la chambre des communes représente assez fidèlement l'esprit du pays. Ne répond-
elle pas d'ailleurs aux moindres changements de l'opinion, avec
autant de sensibilité et de promptitude qu'en met le vaisseau
à obéir au gouvernail ? Voulez-vous donc emporter, dans la
chambre des communes, quelque question que ce soit ? Instrui-
sez le peuple, élevez son intelligence au-dessus des sophismes
qui sont en usage au Parlement sur cette question ; que les
orateurs n'osent plus avoir recours à de tels sophismes, dans la
crainte d'une juste impopularité au dehors, et la réforme se fera
d'elle-même. (Applaudissements.) C'est ce qui a été fait déjà à
l'occasion de grandes mesures, et c'est ce que nous ferons encore. (Applaudissements.) Ne craignez pas que, pour obéir à la
voix du peuple, le Parlement attende jusqu'à ce que la force
matérielle aille frapper à sa porte. Les membres de la Chambre
ont coutume d'interroger de jour en jour, l'opinion de leurs
constituants, et d'y conformer leur conduite. Ils peuvent bien
traiter, avec un mépris affecté, les efforts de cette association,
ou de toute autre, mais soyez sûrs qu'en face de leurs commettants ils seront rampants comme des épagneuls. (Rires et
bruyants applaudissements.)

Tout nous encourage donc à faire, pendant cette session, un
effort herculéen. — Je m'entretenais aujourd'hui avec un gentleman de cette ville qui arrive de Paris. Il a traversé la
Manche avec un honorable membre, créature du duc de Buckingham. « Dans mon opinion, disait l'honorable député,
le droit actuel sur les céréales sera converti en un droit fixe,
dans une très-prochaine session, et j'espère que ce droit sera

assez modéré pour être permanent. » — Mais quant à nous, veillons à ce qu'il n'y ait pas de droit du tout. (Applaudissements.) Si nous avons pu amener une créature du duc de Buckingham à désirer une taxe assez modérée pour que ces messieurs soient sûrs de la conserver, quelques efforts de plus suffiront pour convaincre les fermiers qu'ils n'ont à attendre ni stabilité, ni loyale stipulation de rentes, ni apaisement de l'agitation actuelle, jusqu'à ce que tous droits protecteurs soient entièrement abrogés. C'est pourquoi je vous dis : Attachez-vous à ce principe : *abrogation totale et immédiate*. (Applaudissements.) N'abandonnez jamais ce cri de ralliement : *abrogation totale et immédiate !* Il y en a qui pensent qu'il vaudrait mieux transiger ; c'est une grande erreur. Rappelez-vous ce que nous disait sir Robert Peel, à M. Villiers et à moi. « Je conviens, disait-il, que, comme avocats du rappel (¹) total et immédiat, vous avez sur moi un grand avantage dans la discussion. » Nous séparer de ce principe absolu, ce serait donc renoncer à toute la puissance qu'il nous donne, — etc.

MEETING HEBDOMADAIRE DE LA LIGUE.

16 mars 1843.

Une brillante démonstration a eu lieu hier soir au théâtre de Drury-Lane. A peine le bruit s'est-il répandu que la Ligue devait tenir dans cette vaste enceinte sa première séance hebdomadaire, que les cartes d'entrées ont été enlevées. La foule encombrait les avenues et les couloirs de l'édifice longtemps après que la salle, les galeries et le parterre étaient occupés par la réunion la plus distinguée et la mieux choisie dont il nous ait jamais été donné

(¹) Le mot anglais *repeal* a été mal traduit en français par le mot *rappel*. *Repeal* signifie : abrogation, révocation, cessation. L'usage ayant maintenant donné le même sens au mot *rappel*, j'ai cru pouvoir le maintenir.

d'être les témoins. — Les dames assistaient en grand nombre à la séance et paraissaient en suivre les travaux avec le plus vif intérêt.

Nous avons remarqué sur l'estrade MM. Cobden, m. P. ([1]), Williams, m. P., Ewart, m. P., Thomely, m. P., Bowring, m. P., Gibson, m. P., Leader, m. P., Ricardo, m. P., Scholefield, m. P., Wallace, m. P., Chrestie, m. P., Bright, m. P., etc.

M. George Wilson occupe le fauteuil.

Le président annonce qu'il est prévenu que quelques perturbateurs se sont introduits dans l'assemblée avec le projet d'occasioner du désordre, soit en éteignant le gaz ou en criant au feu ; si de pareilles manifestations ont lieu, que chacun se tienne sur ses gardes et reste calme à sa place.

M. Ewart parle le premier.

M. Cobden lui succède (bruyants applaudissements). Il s'exprime ainsi :

Monsieur le président, ladies et gentlemen : J'ai assisté à un grand nombre de meetings contre les *lois-céréales* ([2]). J'en ai vu d'aussi imposants par le nombre, le bon ordre et l'enthousiasme; mais je crois qu'il y a dans cette enceinte la plus grande somme de puissance intellectuelle et d'influence morale qui se soit jamais trouvée réunie dans un édifice quelconque, pour le progrès de la grande cause que nous avons embrassée. Plus cette influence est étendue, plus est grande notre responsabilité à l'égard de l'usage que nous en saurons faire. Je me sens particulièrement responsable des quelques minutes pendant lesquelles j'occuperai votre attention, et je désire les faire servir

---

([1]) m. P., abréviation qui signifie membre du parlement.

([2]) J'ai cru pouvoir, pour abréger, transporter dans notre langue quelques-uns de ces mots composés de deux substantifs, si fréquents en anglais, et sacrifier la logique grammaticale à la commodité

au progrès de la cause commune. Je n'ai jamais aimé, dans aucune circonstance, à faire intervenir des personnalités dans la défense d'un grand principe. On m'assure cependant qu'à Londres on est assez enclin à ranger les opinions politiques sous la bannière des noms propres. Peut-être, au milieu du perpétuel mouvement d'idées qui s'agitent dans cette vaste métropole, cet usage a-t-il prévalu, afin de fixer l'attention, par un intérêt plus incisif, sur les questions particulières. Mais, ce dont je suis sûr, c'est que ce qui a fait notre succès à Manchester, le fera partout où la nature humaine a acquis ces nobles qualités, qui la distinguent au sein de la capitale industrielle du Royaume-Uni, je veux dire, la ferme conviction que, si l'on se renferme dans la défense des principes, on acquerra, à la longue, d'autant plus d'influence, qu'on se sera, avec plus de soin, interdit le dangereux terrain des personnalités. (Écoutez! écoutez!) Je suis pourtant forcé de revenir, contre ma volonté, sur ce qui vient de se passer à la chambre haute. Nous avons été assaillis — violemment, amèrement, malicieusement assaillis, — par un personnage (lord Brougham), qui fait profession de partager nos doctrines, d'aimer, d'estimer les membres les plus éminents de la Ligue. Je vois, dans les journaux de ce matin, un long discours dont les deux tiers sont une continuelle invective contre la Ligue, dont l'autre tiers est consacré à défendre ses principes. (Écoutez!) Je pense que le plus juste châtiment que l'on pourrait infliger à l'homme éminent qui s'est rendu coupable de la conduite à laquelle je fais allusion, ce serait de l'abandonner à ses propres réflexions ; car, ce qu'on peut découvrir de plus clair dans la longue diatribe du noble lord, c'est que, quelque mécontent qu'il soit de la Ligue, il est encore plus mécontent de lui-même. Il est vrai que le noble et docte lord n'a pas été très-explicite quant aux personnes contre lesquelles il a entendu diriger ses attaques réitérées. Eh bien, je lui épargnerai l'embarras de désignations plus spéciales, en prenant pour moi le poids de ses invectives et de ses sarcasmes. (Applaudissements.) Bien plus, il a attaqué la conduite des membres de notre députation ; il a blâmé les actes des ministres de la religion, qui coopèrent à notre œuvre. Eh bien, je me porte fort pour cette conduite et pour ces actes. Il ne s'est pas prononcé une parole, — et je désire qu'on comprenne bien toute la portée de cette déclaration, — il n'a pas été prononcé une seule parole par un ministre de la religion dans nos assemblées et nos conférences, dont je ne sois prêt à accepter toute la responsabilité, pourvu qu'on ne lui prête qu'une interprétation honnête et loyale..... J'ai été blâmé de n'avoir pas récusé le langage du Rév. M. Bailey de Sheffield. J'ai été accusé d'être son complice, parce que je ne m'étais pas levé pour répudier l'imputation dirigée contre lui d'avoir excité le peuple de ce pays à commettre un meurtre. — Eh, mon Dieu! cela ne m'est pas plus venu dans la pensée que d'aller trouver le lord-maire, pour cautionner M. Bailey contre une accusation de cannibalisme. M. Bailey, objet de ces imputations, à travers lesquelles perce le désir d'atteindre et de détruire la Ligue, est environné de respect et de confiance par une nombreuse congrégation de chrétiens qui le soutiennent par des cotisations volontaires. (Bruyants applaudissements.) C'est un homme de zèle ardent, de sentiments élevés, un cœur chaud et ami du bien public. Il y a longtemps qu'il s'est dévoué à une œuvre qui n'a pas d'exemple dans ce pays, la fondation d'un collége pour les classes laborieuses. C'est un homme d'un talent remarquable, supérieur. — Mais à travers ces belles qualités, il peut manquer de ce tact, de cette discrétion qui nous est si nécessaire, à nous qui savons à quelle sorte d'ennemis et de faux amis nous avons affaire. Il n'eut pas plutôt prononcé le discours, qui a été si insidieusement commenté, que je l'avertis de ce qui l'attendait. Mais ne souffrons pas que ses paroles soient défigurées. M. Bailey venait d'avancer que la dépression morale du peuple de Sheffield était la conséquence de sa détérioration physique. Pour établir son argumentation, pour montrer la profonde désaffection des basses classes, il a dit qu'un homme s'était vanté d'appartenir à une société de cent personnes, qui devaient tirer au sort pour savoir qui serait chargé d'assassiner le premier ministre. M. Bailey a exprimé son indignation à cet égard, en termes énergiques, et cela était à peine nécessaire. Et voilà ce dont on s'empare pour insinuer, par une basse calomnie, que M. Bailey est engagé dans une société d'assassins ? Il est temps de rejeter, à la face des calomniateurs de haut et de bas étage, ces fausses imputations ; et j'ai honte de ne l'avoir pas fait plus tôt. (Approbation.) — La Ligue, le pays, l'univers entier, doivent une reconnaissance profonde aux ministres dissidents pour leur coopération à notre grande cause. (Bruyantes acclamations.) Il y a deux ans, sur l'invitation de leurs frères, sept cents ministres de ce corps respectable se réunirent à Manchester pour protester contre les *lois-céréales*, contre ce Code de la famine ; et il est à ma connaissance, que quelques-uns d'entre eux se sont éloignés de plus de deux cents milles de leurs résidences pour concourir à cette protestation. Quand des hommes ont montré un tel dévouement, je rougirais de moi-même si, par la considération d'obligations passées, j'hésitais à me lever pour les défendre. (Acclamations.) Mais nous avons perdu assez de temps au sujet du noble lord. Je pourrais gémir sur sa destinée, quand je compare ce qu'il est à ce qu'il a été. (Écoutez ! écoutez !) Je n'ai pas oublié ce temps où, encore enfant, je me plaisais à fréquenter les cours de judicature, pour contempler, pour entendre celui que je regardais comme un fils prédestiné de la vieille Angleterre. Avec quel enthousiasme ne me suis-je pas abreuvé de son éloquence ! avec quel orgueil patriotique n'ai-je pas suivi, mesuré tous ses pas vers les hautes régions où il est parvenu ! Et qu'est-il maintenant? hélas, un nouvel exemple, un triste, mais éclatant exemple du naufrage qui attend toute intelligence que ne préserve pas la rectitude morale. (Applaudissements.) Oui, nous pourrions le comparer à ces ruines majestueuses, qui, désormais, loin d'offrir un sûr abri au voyageur, menacent de destruction quiconque ose se reposer sous leur ombre. J'en finis avec ce sujet, sur lequel je n'aurais pas détourné votre attention, si je n'y avais été provoqué, et j'arrive à l'objet principal de cette réunion.

Qu'est-ce que les *lois-céréales*? Vous pûtes le comprendre à Londres, le jour où elles furent votées. Il n'y eut pas alors (1815) un ouvrier qui ne pressentit les maux horribles qui en sont sortis. Il en est beaucoup parmi vous à qui je n'ai pas besoin de rappeler cette funèbre histoire ; la chambre des communes, sous la-

garde de soldats armés, la foule se pressant aux avenues du
Parlement, les députés ne pouvant pénétrer dans l'enceinte législative qu'au péril de leur vie.....

Mais sous quel prétexte maintient-on ces lois? On nous dit :
Pour que le sol soit cultivé, et que le peuple trouve ainsi de
l'emploi. Mais, si c'est là le but, il y a un autre moyen de l'atteindre. — Abrogez les lois-céréales, et s'il vous plaît ensuite de
faire vivre le peuple par le moyen des taxes, ayez recours à
l'impôt, et non à la disette des choses mêmes qui alimentent la
vie. (Applaudissements.) — A supposer que la mission du législateur soit d'assurer du travail au peuple, et à défaut de travail,
du pain, je dis : Pourquoi commencer par imposer ce pain lui-
même? Imposez plutôt les revenus, et même, si vous le voulez,
les machines à vapeur (rires), mais ne gênez pas les échanges,
n'enchaînez pas l'industrie, ne nous plongez pas dans la détresse
où nous succombons, sous prétexte d'occuper dans le Dorsetshire quelques manouvriers à 7 sh. par semaine. (Rires et applaudissements.) Le fermier de ce pays est à son seigneur ce
qu'est le fellah d'Égypte à Mehemet-Ali. Traversant les champs
de l'Égypte, armé d'un fusil, et accompagné d'un interprète, je
lui demandais comment il réglait ses comptes avec le pacha.
« Avez-vous pris des arrangements? » lui demandai-je. — Oh !
me répondit-il, nos arrangements ont à peu près la portée de
votre fusil (rires) ; et quant aux comptes, il n'y a pas d'autre
manière de les régler, sinon que le pacha prend tout, et nous
laisse de quoi ne pas mourir de faim. (Rires et bruyantes acclamations.)

L'orateur continue pendant longtemps. — M. Bright
lui succède. — A dix heures le président ferme la séance.

MEETING HEBDOMADAIRE DE LA LIGUE.

30 mars 1843.

Le troisième meeting de la Ligue contre les lois-céréales
s'est tenu hier au théâtre de Drury-Lane. La vaste enceinte

avait été envahie de bonne heure par une société des plus distinguées.

Nous avons remarqué sur l'estrade les personnages dont les noms suivent : MM. Villiers, Cobden, Napier, Scholefield, James Wilson, Gisborne, Elphinstone, Ricardo, etc.

La séance est ouverte à sept heures, sous la présidence de M. George Wilson.

Le président justifie le comité de s'être vu forcé de refuser un grand nombre de billets. La salle eût-elle été deux fois plus vaste, elle n'aurait pas pu contenir tous ceux qui désiraient assister à la séance. Des arrangements sont pris pour que ceux qui n'ont pu être admis aujourd'hui aient leur tour la semaine prochaine. — L'intention de votre président était de vous présenter ce soir un rapport sur les progrès de notre cause. Mais la liste des orateurs qui doivent prendre la parole contient des noms trop connus de vous pour que je veuille retarder le plaisir que vous vous promettez à les entendre. — La tribune sera occupée d'abord par M. James Wilson, de Londres (applaudissements), ensuite par M. W. J. Fox, de Finsburg (applaudissements), Th. Gisborne (applaudissements), et enfin, en l'absence de M. Milner Gibson (représentant de Manchester), que de douloureuses circonstances empêchent d'assister à la réunion, j'aurai le plaisir de vous présenter l'honorable M. Richard Cobden. (Applaudissements bruyants et prolongés.)

M. JAMES WILSON se lève. — Après l'annonce que vous venez d'entendre, je me sens obligé d'être aussi concis que possible dans les remarques que j'ai à vous présenter, et je me renfermerai strictement dans mon sujet, ayant une trop haute opinion de ceux qui m'écoutent, pour croire qu'un autre but que celui que la Ligue a en vue, les a déterminés à se réunir dans cette enceinte. Je ne m'écarterai donc pas des principes et des faits qu'implique cette grande cause nationale. (Approbation.) La question est celle-ci : Les lois qui affectent l'importation des céréales et le prix des aliments du peuple, doivent-elles, ou non, être maintenues ? Je ne fais aucun doute que l'opinion publique, quelle que soit celle de la législature, ne les regarde comme incompatibles avec l'état de choses actuel. Qu'un changement dans cette législation soit devenu indispensable, c'est ce qui est admis par toute la communauté, sinon par le Parlement. Il est vrai que l'opinion se divise sur la nature de ce changement. Le commerce des céréales sera-t-il entièrement affranchi, ou soumis à un *droit fixe ?* Dans ces derniers temps, le système du *droit fixe* a rencontré beaucoup de défenseurs (1). La *protection* a été par eux abandonnée, et le principe auquel ils adhèrent est celui du *droit fixe*, non point en tant que *droit protecteur*, mais en tant que *droit fiscal.* Mais la Ligue élève contre ce droit, renfermé dans ces limites, une objection péremptoire, savoir, qu'il viole les principes d'après lesquels doit se prélever le *revenu public.* Le premier de ces principes, c'est que l'impôt doit donner la plus grande somme possible de revenus à l'État, avec la moindre charge possible sur la communauté. Mais, sous l'un et l'autre rapport, le but est manqué par le *droit fixe,* car il ne peut produire un *revenu* sans agir comme *protection*, en élevant le prix des céréales de tout le montant du droit lui-même. Aux époques où il serait efficace, il produirait du revenu, mais il élèverait le prix des grains. Aux époques où il ne serait pas efficace, il n'influerait pas sur le prix, mais il ne remplirait pas non plus le but du chancelier de l'Échiquier. On a dit que le droit serait supporté par l'étranger et non par les habitants de ce pays ; alors, je demande pourquoi fixer le droit à 8 sh. ? Pourquoi pas 10, 15, 20 sh. ? C'est une grande inconséquence que de répondre : Au delà de 8 sh., le droit restreindrait l'importation ; à 20 sh., il équivaudrait à une prohibition. Car, n'en résulte-t-il pas ceci : que 8 sh. laissent plus de place à l'importation que 10 sh. ? et dès lors ne suis-je pas fondé à dire que l'importation serait plus grande avec le droit de 5 sh. ; plus

---

(1) Le cabinet whig avait proposé un droit de 8 sh. par quarter. Le droit actuel est progressif ; de 1 sh., quand le blé est à 73 sh., il s'élève à 20 sh., quand le blé est à 50 sh. ou au-dessous.

grande encore avec celui de 2 sh., et la plus grande possible avec la liberté absolue? (Approbation.) Il n'y a pas en économie politique de proposition mieux établie que celle-ci : Le prix varie suivant la proportion de l'offre à la demande. — Si la liberté amène de plus grands approvisionnements que le *droit fixe*, il est clair que celui-ci restreint l'offre, élève le prix et agit dans le sens de la *protection*. C'est pourquoi je comprendrais qu'on défendît le *droit fixe* en tant que *protecteur*, mais je ne puis comprendre qu'on le soutienne au point de vue du *revenu public*, et comme indifférent à toute action protectrice. — Un droit fixe serait certainement quelquefois une source de revenus (autant on en peut dire du *droit graduel*, *(sliding scale.)* Mais la question, pour le public, est précisément de savoir si c'est là un mode juste et économique de prélever l'impôt. (Approbation.) Les partisans eux-mêmes du droit fixe conviennent que lorsque le froment serait arrivé à 70 sh. le quarter, il faudrait renoncer à la taxe et affranchir l'importation. C'est avouer qu'il implique tous les inconvénients de l'échelle mobile, qu'il nous rejette dans les embarras des *prix-moyens*, et dans tous les désavantages du système actuel ([1]). — Je crois être l'interprète fidèle des membres de la Ligue, en disant que le blé n'est pas une matière qui se puisse convenablement imposer; mais s'il doit être imposé, la taxe doit retomber aussi bien sur le blé indigène, que sur le blé étranger. (Applaudissements). Les Hollandais mettent une taxe de 9 deniers sur le blé, à la mouture. Une taxe semblable donnerait autant de revenu à l'Échiquier que le droit de 8 sh. sur le blé étranger, et elle n'élèverait le prix du blé pour le consommateur, que de 9 deniers au lieu de 8 sh. — Mais le blé, — ce premier aliment de la vie, — est la dernière chose qu'un gouvernement doive imposer. (Approbation.) — C'est un des premiers principes du commerce, que les matières premières ne doivent pas être taxées. C'est sur ce principe que notre législature a réduit les droits sur toutes les matières premières. L'ho-

---

([1]) On comprend que le droit se proportionnant au prix, il faut connaître à chaque instant ce prix, ce qui exige un appareil administratif considérable.

norable représentant de Dumfries (M. Ewart) a établi, dans une
des précédentes séances, que le blé est matière première, et cela
est vrai. Mais il y a plus, c'est la principale matière première
de toute industrie. — Prenez, au hasard, un des articles qui
s'exportent le plus de ce pays, l'acier poli, par exemple, et considérez l'extrême disproportion qu'il y a entre la valeur de la
matière première et le prix de l'ouvrage achevé. — Depuis le
moment où le minerai a été arraché de la terre, jusqu'à celui où
il s'est transformé en brillant acier, la quantité de travail humain qui s'est combinée avec le produit est vraiment immense.
Or, ce travail représente des aliments. Les aliments sont donc
de la matière première. (Approbation.) La classe agricole est
aveugle à cet égard, comme aussi sur l'intérêt dont sont pour
elle le commerce et l'industrie de ce pays. C'est pourtant ce que
lui montrent clairement les faits qui se sont passés l'année dernière. En 1842, nos exportations sont tombées de 4,500,000 l. s.
C'est là la vraie cause de la détresse qui règne dans nos districts agricoles; car, pour combien les produits de l'agriculture entrent-ils dans ce chiffre? Le fer, la soie, la laine, le coton,
dont ces objets auraient été faits, ne peuvent être estimés à plus
de 1,500,000 l. Le reste, ou trois millions de livres auraient été
dépensées en travail humain ; et le travail, je le répète, représente des aliments ou des produits agricoles; en sorte que, sur
un déficit de 4,500,000 l. dans nos exportations, la part de perte
supportée par l'agriculture est de trois millions. (Assentiment.)

On a beaucoup parlé de la dépendance où les importations
nous placeraient à l'égard des nations étrangères. Mais l'Angleterre devrait être la dernière des nations à recourir à un tel
argument ; car, même aujourd'hui, il est bien peu de choses
que nous ne tirions pas du dehors, et le commerce extérieur
est certainement la base de notre prospérité et de notre grandeur. Je suis heureux de voir que le président du conseil, lord
Wharncliffe, abandonnant enfin cet insoutenable terrain, re-
connaisse que la protection ne peut plus être soutenue par des
motifs tirés d'une fausse vue sur ce qui constitue l'indépendance nationale. Cependant le noble lord, arguant de ce que
l'agriculture s'est améliorée depuis vingt-cinq ans, sous l'em-

pire des lois-céréales, a conclu en général que la protection était
nécessaire au perfectionnement de l'industrie nationale. Mais,
en fait, depuis vingt-cinq ans, il n'est aucune branche d'industrie qui soit demeurée aussi stationnaire que l'agriculture. Et
qui a jamais entendu parler d'améliorations agricoles, si ce n'est
depuis l'époque récente où la protection est menacée? On peut
voir maintenant que la libre concurrence a effectué ce que la
protection n'avait pu faire, et que la Ligue a été plus utile à
l'agriculture que la prohibition. Je crois sincèrement que lorsque l'agitation actuelle sera arrivée au jour de son triomphe,
les intérêts territoriaux s'apercevront qu'il n'est rien à quoi ils
soient plus redevables qu'aux efforts de la Ligue. (Approbation.)
L'argument fondé sur la nécessité de protéger l'industrie nationale me paraît reposer sur une illusion. Je ne puis faire aucune distinction entre du blé d'Amérique ou du comté de Kent,
pour s'échanger contre des objets manufacturés en Angleterre.
Il est un autre argument dont s'est servi lord Wharncliffe et que
je dois relever. C'est celui tiré de la *sur-production*. Nos adversaires attribuent toutes nos souffrances à la sur-production. Je
pense que c'est là une maladie dont nous sommes en bon train
de guérir radicalement. — Reportons-nous en 1838, alors que
survint la première mauvaise récolte, et que, par suite, la loi-
céréale fut de fait ressuscitée, puisqu'une longue succession de
bonnes années l'avait pour ainsi dire enterrée. Le pays a mis
en œuvre :

En 1838, 4,800,000 l. de soie brute.	En 1842, 4,300.000 l.
En 1838, 1,600,000 quintaux de lin.	En 1842, 1,100,000 q.
En 1838, 56 millions de l. de laines étr.	En 1842, 44 millions.

C'est là, je pense, une grave atteinte à cette surabondance de
production qui est l'objet de tant de plaintes ; et si elle était la
vraie cause de nos maux, certes, ils commenceraient à disparaître. Malheureusement, il se trouve qu'à mesure que la production diminue, la misère et l'inanition s'étendent sur le pays.

Il est ensuite devenu de mode de parler de réciprocité, et un
sentiment hostile a été excité contre les peuples étrangers comme
s'ils étaient des rivaux dangereux et non d'utiles amis. De là est

née cette politique de notre gouvernement, qui consiste à ne conférer des avantages au pays, qu'à la condition de décider les autres nations à en faire autant. Mais l'Angleterre ne devrait pas oublier la grande influence que ses lois et son exemple exercent sur le reste du monde. Il n'est pas possible à ce pays d'accroître ses importations sans accroître dans le même rapport ses exportations sous une forme ou sous une autre. Que ce soit en produits manufacturés, en denrées coloniales ou étrangères, ou en numéraire, il ne se peut pas que ces échanges n'augmentent l'emploi de la main-d'œuvre, et même, lorsque nous payons les marchandises étrangères en argent, cet argent représente le produit d'un travail national. Il est tellement impossible de prévenir les transactions internationales, lorsqu'elles sont avantageuses, que pendant la dernière guerre, lorsque les armées de Napoléon et les flottes de l'Angleterre étaient levées pour s'opposer à toutes communications entre les deux peuples, cependant, dans cette même année 1810, le Royaume-Uni importa plus de blé de France qu'il n'avait fait à aucune autre époque. D'un autre côté, c'est un fait historique que le prince de Talleyrand, chef du cabinet, non-seulement toléra la fraude des marchandises anglaises, mais encore la conseilla, l'encouragea, et même en tira un grand profit personnel; en sorte que les Français étaient vêtus de draps anglais, comme les Anglais étaient nourris de blés français, témoignage remarquable de la faiblesse et de l'impuissance des gouvernements quand ils prétendent contrarier les grands intérêts des nations. (Applaudissements.)

On a récemment fait une proposition qui, je le crois, ne rencontrera pas beaucoup de sympathie dans cette enceinte. On a parlé d'organiser une émigration systématique (murmures), afin de se délivrer des embarras d'une excessive multiplication de nos frères. (Honte! honte!) Je n'incrimine pas les intentions. Au bas du mémoire adressé à ce sujet à sir Robert Peel, j'ai vu figurer le nom de personnes que je sais être incapables de rien faire sciemment qui soit de nature à infliger un dommage, soit au pays, soit à une classe de nos concitoyens. Mais il s'agit ici d'une question qui veut être abordée avec prudence, d'une question d'où peuvent sortir des dangers et des maux sans nombre. Avant de vous faire une opinion à cet égard, laissez-moi mettre sous vos yeux quelques documents statistiques. Depuis dix ans, six cent mille Anglais ont émigré, moitié vers les États-Unis, moitié vers nos autres possessions répandues sur la surface du globe. C'est une chose surprenante qu'après deux siècles d'émigration, on songe aujourd'hui pour la première fois à transformer les émigrants en acheteurs, pour leur avantage comme pour celui de la mère patrie. Il y a, dans les établissements de l'Union américaine, une population composée d'hommes qui étaient naguère nos compatriotes ; une population qui, toute entière, se rattache à nous par les liens d'une langue et d'une origine communes ; elle est active, industrieuse, capable de beaucoup produire et de beaucoup consommer ; n'est-ce pas une chose étonnante qu'avant de penser à la renforcer, on n'ait pas d'abord songé à établir entre elle et nous un système d'échanges libres? J'en dirai autant de Java avec ses sept millions, du Brésil avec ses huit millions d'habitants. Ce sont là des pays riches et fertiles, et tout ce qu'il y a à faire, c'est de leur offrir des transactions fondées sur la base d'une juste réciprocité. Il n'en faudrait pas davantage pour absorber rapidement tout le travail national qui se trouve maintenant sans emploi. (Applaudissements.)

Il règne de grandes préventions en faveur des colonies. Pendant la guerre, on les regarde comme les soutiens de nos forces navales. En temps de paix, on les considère comme offrant au commerce les débouchés les plus étendus et les mieux assurés. Mais qu'y a-t-il de vrai en cela? Le quart seulement de nos exportations va aux colonies, les trois quarts sont destinés à l'étranger. Je ne suis point anthipathique aux colonies, mais je proteste contre un système qui courbe la métropole sous le joug d'une évidente oppression. (Applaudissements.) La production des Antilles est tombée de trois à deux millions de quintaux de sucre. Ce n'est pas, comme on l'a dit, une conséquence de l'émancipation des noirs ; car quoique nos exportations dans ces îles soient d'abord descendues à 2 millions de livres sterling, elles se sont depuis relevées à 3 millions et demi. Mais il est absurde que ces îles prétendent au privilége exclusif d'approvisionner de sucre notre population toujours croissante. Aussi qu'est-il arrivé? Cet approvisionnement s'est considérablement réduit, et tandis qu'il y a vingt ans, la consommation moyenne était de vingt-quatre livres par habitant, elle n'est plus que de quinze livres, ce qui est inférieur à ce qu'on accorde aux matelots et même aux indigents dans les maisons de travail. Veut-on savoir ce que coûte à ce pays le privilége de faire le commerce de l'île Maurice ? Nous payons le sucre de Maurice 15 shel. plus cher que le sucre étranger que nous pourrions acheter dans les docks de Londres et de Liverpool, ce qui constitue pour nous un excédant de déboursés de 450,000 liv. sterl. par an. En retour, nous avons le privilége de vendre à cette colonie pour 350,000 liv. sterl. d'objets manufacturés. — J'arrive à nos possessions des Indes occidentales. En 1840, nous y avons exporté pour 3,500,000 liv. sterl., et nos importations ont été de deux millions de quintaux de sucre et treize millions de livres de café. Le coût différentiel de ces articles, si nous les eussions achetés ailleurs, nous aurait épargné 2,500,000 liv. sterl. Sur ces bases, il est clair que nous payons aux planteurs des Antilles 2 millions et demi par an le privilége de leur livrer pour 3 millions et demi des produits de notre travail. — Voilà pour quels avantages illusoires nous négligeons nos meilleurs débouchés, nous sacrifions les contrées où ils existent, et nous nous efforçons ensuite de les remplacer, en poussant, par des lois restrictives et la famine artificielle, le peuple de ce pays à une émigration générale. (Approbation.) Je crains de fatiguer l'attention de l'assemblée. (Non, non, continuez.) Si elle me le permet, je terminerai par la réfutation d'un reproche qu'on a adressé à la Ligue. Quelle que soit l'opinion du moment, la postérité reconnaîtra, j'en suis convaincu, que l'agitation actuelle, qui est irréprochable en principe, aura tourné principalement à l'avantage des classes agricoles. Quelle a été la conduite de la Ligue ? En a-t-elle appelé aux passions de la multitude ? (Non, non.) Tous ses efforts n'ont-ils pas tendu à améliorer l'esprit public, à répandre la lumière parmi les classes laborieuses? N'a-t-elle pas cherché par là à redresser, relever et éclairer l'opinion ? Ne s'est-elle pas appliquée à encourager les sentiments les plus moraux? Et n'a-t-elle pas cherché son point d'appui dans la classe moyenne, dans cette classe qui est le plus ferme soutien du gouvernement, qui seule a su jusqu'ici faire triompher les grandes réformes constitutionnelles ? (Applaudissements.) Quiconque a visité les nations étrangères et a pu les comparer à cette grande communauté, a sans doute remarqué que ce qui caractérise les habitants de ce pays, c'est le respect, je dirai presque le culte des lois et des institutions, sentiment si profondément enraciné dans le cœur de nos concitoyens. Il a été choqué, sans doute, à l'étranger, de l'absence des sentiments de cette nature. Il ne faut pas douter que ce respect dont les Anglais entourent la constitution ne soit né parmi nous de ce que le peuple possède des pouvoirs et des priviléges, ce qui l'accoutume à respecter les pouvoirs et les priviléges des autres classes. Je crois que le respect que montre le peuple d'Angleterre pour la propriété des classes aristocratiques, est fondé sur cette profonde conviction, que ceux à qui elle est échue en partage ont des devoirs à remplir aussi bien que des droits à exercer. (M. Wilson reprend sa place au bruit d'applaudissements réitérés. Ces applaudissements se renouvellent lorsque le président annonce que la parole est à M. Fox.)

M. J. W. Fox. — L'orateur qui vient de s'asseoir a relevé plusieurs reproches qui ont été adressés à la Ligue et à nos meetings, mais il en a oublié un, savoir, que les arguments que nous apportons à cette tribune n'ont rien de nouveau. J'admets, en ce qui me concerne, la vérité de cette accusation. Je crois que les arguments contre la loi-céréale sont entièrement épuisés, et tout ce que nous devons attendre, c'est que ces vieux arguments se renouvellent aussi longtemps que se renouvellera dans le pays le progrès de la misère et du mécontentement, l'accroissement du nombre des banqueroutes, et l'extension de la souffrance et de la famine. (Bruyantes acclamations.) Il n'est, en tout cela, aucun argument nouveau contre le monopole, parce qu'on ne saurait rien dire de neuf contre l'oppression et le vol, contre l'injustice infligée à la classe pauvre et dénuée, contre cette législation, plus meurtrière que la guerre et la peste, qui restreint l'alimentation du peuple, et couvre le pays de longs désordres et de tombeaux prématurés. Il n'y a pas de nouveaux arguments, parce que le moment est venu où il faut agir plus que parler, et c'est le sentiment profond de cette vérité qui attire vers ces meetings d'innombrables multitudes. C'est là ce qui soumet à l'aristocratie un problème à résoudre, — problème qui implique tout ce que la question renferme de nouveauté, — et ce problème est celui-ci : Jusqu'où peut aller la force de l'opinion publique et la résistance du gouvernement ? (Acclamations.) Ce n'est pas la discussion qui résoudra ce problème ; si cela était en son pouvoir, il y a longtemps qu'il serait résolu. La discussion a commencé dans les revues et les journaux ; elle s'est continuée dans des joutes orales ; elle a été éclairée par les recherches des statisticiens et les méditations des économistes ; elle a fait pénétrer des convictions profondes dans les esprits aussi bien que des sentiments énergiques dans les cœurs, à l'égard de ces sinistres intérêts dont la détresse publique ne révèle que trop la présence. (Applaudissements.) Je reviendrai pourtant encore sur quelques-uns de ces vieux arguments, bien qu'ils se présentent naturellement à quiconque a un peu de logique dans la cervelle. J'aurais voulu épargner à nos seigneurs terriens et à leurs organes des objections qui les fatiguent. S'il leur plaisait de ménager nos poches, nous ménagerions leur attention. (Rires.) Mais aussi longtemps qu'il lèveront une taxe sur le pain du peuple, le peuple en lèvera une sur leur patience. (Nouveaux rires et applaudissements.) — Les arguments sont épuisés, dit-on, mais le sujet ne l'est pas ; sans cela, que ferions-nous ici ? — Les arguments sont épuisés ! et pourquoi ? parce que le principe de la liberté du commerce a surgi, a surmonté tous les témoignages qu'on a produits contre lui. De toutes parts, au dedans comme au dehors, ce grand et irrésistible principe a été opposé à des intérêts de caste. Si vous considérez nos relations extérieures, qu'a fait la loi-céréale, si ce n'est provoquer l'inimitié et la guerre ? Comme question extérieure, elle a mis en mouvement contre nous, sinon des armées, du moins des tarifs hostiles ; elle a détruit les rela-

tions amicales des gouvernements et ces sentiments de bienveillance et de fraternité qui devaient cimenter l'union des
peuples. (Acclamations.) Comme question intérieure, les lois-
céréales font que l'Angleterre n'est plus la patrie des Anglais
(applaudissements prolongés; les cris de « bravo » retentissent
dans toute l'assemblée) ; car, forcer les hommes à s'expatrier,
plutôt que de laisser importer des aliments, n'est-ce pas systématiser la déportation des êtres humains ? (Acclamations.)
L'esprit de cette loi ne diffère pas de ce qui se pratiquait en Angleterre, il y a plusieurs siècles, alors que les seigneurs saxons
élevaient de jeunes hommes pour les vendre comme esclaves.
Ils les exportaient vers des terres lointaines, mais ils les nourris-
saient du moins pour accomplir leurs desseins. Ils leur donnaient des aliments afin d'en élever le prix, tandis que les
lois-céréales affament le peuple pour élever le prix des aliments.
(Bruyantes acclamations; on agite les chapeaux et les mouchoirs dans toutes les parties de la salle.) — Au point de vue
financier, la question est aussi épuisée. Et que faut-il penser d'un
chancelier de l'Échiquier qui ne s'aperçoit pas qu'arracher
40 millions de livres sterling au peuple, pour l'avantage d'une
classe, c'est diminuer la puissance de ce peuple à contribuer
aux dépenses nationales. (Approbation.) En outre, des états
statistiques montrent distinctement qu'à mesure que le prix du
blé s'élève, le revenu public diminue. Dans cet état de choses,
je plains les personnes qui voient sans s'émouvoir les souffrances du pays, l'augmentation rapide du nombre des faillites,
la diminution des mariages, l'accroissement des décès parmi
les classes pauvres, l'extension du crime et de la débauche ;
oui, ce sont là de vieux arguments contre les lois-céréales. Si
l'aristocratie en veut d'autres, elle les trouvera sous l'herbe
épaisse qui couvre les tombeaux de ceux dont un honnête travail eût dû soutenir l'existence. — Eh quoi! la charité elle-
même est engagée dans la question ; car nous ne saurions soulager le pauvre sans payer tribut aux seigneurs, et il n'est pas
jusqu'au pain de l'aumône dont ils ne s'adjugent une fraction.
Notre gracieuse souveraine a beau ouvrir une souscription en
faveur des pauvres de Paisley et d'ailleurs, lorsque les 100,000

liv. sterl. seront recueillies, la rapacité de la classe dominante
viendra en prélever le tiers ou la moitié ; la charité en sera
restreinte et bien des infortunes resteront sans soulagement.
C'est ainsi que la commisération elle-même est soumise à la
taxe, et que des limites sont posées aux meilleurs sentiments du
cœur humain. Ce n'est pas là la leçon que nous donne ce livre
sacré que les monopoleurs eux-mêmes font profession de révérer. Il nous enseigne à demander « le pain de chaque jour, »
mais les seigneurs taxent au contraire le pain de chaque jour.
Le même livre nous montre un jeune homme qui demande ce
qu'il doit faire. Et il lui est répondu : « Vendez votre bien et
distribuez-le aux pauvres. » Mais notre législation prend ce
précepte au rebours, car elle procède de ce principe : « Oter au
pauvre pour donner au riche. » (Applaudissements.) Si je viens
à considérer la question du côté politique, je dirai que l'oppression ne cesse pas d'être oppression pour se cacher sous des
formes légales. Un peuple dont le pain est taxé est un peuple
esclave, de quelque manière que vous le preniez. La prépondérance aristocratique a passé sur les esprits comme la herse sur
le champ vide, et la corruption y a fait germer une ample
moisson de votes anthipathiques, mais inféodés. C'est donc une
question de classes, comme toutes celles qui s'agitent dans ce
pays. Mais quelle est la classe d'habitants intéressés au maintien de ces lois ? Ce ne sont pas les fermiers, car la rente leur
arrache jusqu'au dernier shelling qu'elles ajoutent au prix du
blé ! Ce n'est pas la classe ouvrière, puisque les salaires sont
arrivés à leur dernière expression. Ce n'est pas la classe marchande, car nos ports sont déserts et nos usines silencieuses.
Ce n'est pas la classe littéraire, car les hommes ont peu de goût
à la nourriture de l'esprit quand le corps est épuisé d'inanition.
Eh quoi ! ce ne sont pas même les seigneurs terriens, si ce n'est
un petit nombre d'entre eux qui possèdent encore la propriété
nominale de domaines chargés d'hypothèques. Et c'est dans le
seul intérêt de ce petit nombre de privilégiés, pour satisfaire à
leurs exigences, pour alimenter leur prodigalité, que tant de
maux seront accumulés sur les masses, et que la valeur même
du sol sera ravie à leurs descendants ! Et que gagnent-ils à ce

système? Ne faut-il pas qu'ils en rachètent les avantages passagers en s'endurcissant le cœur? Car ils sentent bien qu'il ne sera
pas en leur pouvoir de détourner les conséquences terribles qui
menacent eux-mêmes et le pays ; et déjà ils voient les classes
industrieuses, dont les travaux infatigables et la longue résignation méritaient plus de sympathies, se lever, non pour les bé-
nir, mais pour les maudire. Ils n'échapperont pas toujours aux
lois de cette justice distributive qui entre dans les desseins de
l'éternelle Providence...... (Applaudissements.)

On dit que la loi-céréale doit être continuée pour maintenir
le salaire de l'ouvrier. Mais, comme ce philosophe d'autrefois,
qui démontra le mouvement en se prenant à marcher, l'ouvrier
répond en montrant son métier abandonné et sa table vide.
(Applaudissements.) — On dit encore que nous devons nous
rendre indépendants de l'étranger ; mais la dépendance et l'indépendance sont toujours réciproques, et rendre la Grande-
Bretagne indépendante du monde, c'est rendre le monde indépendant de la Grande-Bretagne. (Bruyantes acclamations.) Le
monopole isole le pays de la grande famille humaine ; il détruit
ces liens et ces avantages mutuels que la Providence avait en vue
le jour où il lui plut de répandre tant de diversité parmi toutes
les régions du globe. La loi-céréale est une expérience faite sur le
peuple ; c'est un défi jeté par l'aristocratie à l'éternelle justice ;
c'est un effort pour élever artificiellement la valeur de la propriété d'un homme aux dépens de celle de son frère. Ceux qui
taxent le pain du peuple, taxeraient l'air et la lumière s'ils le
pouvaient ; ils taxeraient les regards que nous jetons sur la voûte
étoilée ; ils soumettraient les cieux avec toutes les constella-
tions, et la chevelure de Cassiope, et le baudrier d'Orion, et les
brillantes Pléiades, et la grande et la petite Ourse au jeu de
l'échelle mobile. (Rires et applaudisssements prolongés.) —
On a fait valoir en faveur de la nouvelle loi un autre argument.
« Elle est jeune, a-t-on dit, expérimentez-la encore quelque
temps. » Oh ! l'expérience a déjà dépassé tout ce que le peuple
peut endurer ; et il est temps que ceux qui la font sachent bien
qu'ils assument sur eux, non plus seulement une responsabilité
ministérielle, mais ce qui est plus solennel et plus sérieux, une

responsabilité toute personnelle. (Applaudissements prolongés.)
La Ligue fait aussi son expérience. Elle est venue de Manchester
pour expérimenter *l'agitation*. Il fallait bien que l'expérience des
landlords eût sa contre-épreuve ; il fallait bien savoir s'ils seront
à tous jamais les oppresseurs des pauvres. (Applaudissements.)
La Ligue et sir Robert Peel ont, après tout, une cause commune. L'une et l'autre sont les sujets ou plutôt les esclaves de
l'aristocratie. L'aristocratie, en vertu de la possession du sol,
règne sur la multitude comme sur les majorités parlementaires.
Elle commande au peuple et à la législature. Elle possède l'armée, donne la marine à ses enfants, s'empare de l'Église et
domine la souveraine. Notre Angleterre, « grande, libre et
glorieuse, » est attelée à son char. Nous ne pouvons nous enorgueillir du passé et du présent, nous ne saurions rien augurer
de l'avenir ; nous ne pouvons nous rallier à ce drapeau qui,
pendant tant de siècles, « a bravé le feu et l'ouragan ; » nous ne
pouvons exalter cet audacieux esprit d'entreprise qui a promené
nos voiles sur toutes les mers ; nous ne pouvons faire progresser
notre littérature, ni réclamer pour notre patrie ce que Milton
appelait le plus élevé de ses priviléges : « enseigner la vie aux
nations. » Non, toutes ces gloires n'appartiennent pas au peuple
d'Angleterre ; elles sont l'apanage et comme les dépendances
domaniales d'une classe cupide.... La dégradation, l'insuppor-
table dégradation, sans parler de la détresse matérielle, qu'il
faut attribuer à la loi-céréale, est devenue horrible, intolérable. C'est pourquoi, nous, ceux d'entre nous, qui appartiennent
à la métropole, nous accueillons avec transport la Ligue au
milieu de nous ; nous devenons les enfants, les membres de la
Ligue ; nous vouons nos cœurs et nos bras à la grande œuvre ;
nous nous consacrons à elle, non point pour obéir à l'aiguillon
d'un meeting hebdomadaire, mais pour faire de sa noble cause
le sujet de nos méditations journalières et l'objet de nos infatigables efforts. (Bruyantes acclamations.) Nous adoptons solennellement la Ligue ; nous nous engageons à elle comme à un
covenant religieux (applaudissements enthousiastes) ; et nous
jurons, par celui qui vit dans tous les siècles des siècles, que la
loi-céréale, cette insigne folie, cette basse injustice, cette atroce

iniquité, sera radicalement abolie. (Tonnerre d'applaudissements. L'assemblée se lève d'un mouvement spontané. Les
mouchoirs et les chapeaux s'agitent pendant longtemps.

M. Gisborne succède à M. Fox.

Le Président : Avant de donner la parole à M. Cobden,
je dois informer l'assemblée qu'à l'occasion du dernier
débat du parlement, des pétitions nombreuses sont parvenues à l'honorable gentleman, celle de Bristol étant revêtue
de quatorze mille signatures.

M. Cobden : Après les remarquables discours que vous venez
d'entendre, et quoique je sois un vieux praticien de semblables
meetings, je dois dire que je n'en ai jamais entendu qui les
aient surpassés ; après le discours si pholosophique de M. Wilson, l'éloquence émouvante de M. Fox, l'ingénieuse et satirique
allocution de mon ami, M. Gisborne, il eût mieux valu, sans
doute, et j'aurais désiré que vous eussiez été laissés à vos méditations ; mais l'autorité de votre président est absolue, et, si je
lui cède, c'est qu'elle constitue la meilleure forme de gouvernement, le despotisme infaillible. (Rires)....
Il est difficile, après ce que vous venez d'entendre, de dire
quelque chose de neuf sur le sujet qui nous occupe ; mais
M. Wilson a parlé d'émigration. C'est une question qui se lie
aux lois-céréales, et cette connexité n'est pas nouvelle, car chaque fois que le régime restrictif a jeté le pays dans la détresse,
on n'a jamais manqué de dire : « Transportez les hommes au
loin. » Cela fut ainsi dans les années 1819, 1829 et 1839. C'est
encore ainsi en 1843. A toutes ces époques, on entendit la
même clameur : « Défaisons-nous d'une population surabondante. » — Les bœufs et les chevaux maintiennent leur prix
sur le marché ; mais quant à l'homme, cet animal surnumé-
raire, la seule préoccupation de la législation paraît être de savoir comment on s'en débarrassera, même à perte. (Approbation.) Je vois maintenant que les banquiers et les marchands
de Londres commencent aussi à se montrer. Ils ne sont plus les
froids et apathiques témoins de la misère du pays, et les voilà

qui se présentent avec un plan pour la soulager. Ils proposent
une émigration systématique opérée par les soins du gouvernement. Mais qui veulent-ils expatrier ? Si l'on demandait quelle
est la classe de la communauté qui contient le plus grand
nombre d'êtres inutiles, il ne faudrait certes pas aller les chercher dans les rangs inférieurs. (Écoutez ! écoutez !) — Je demandais à un gentleman, signataire de la pétition, si, par hasard,
les marchands avaient dessein d'émigrer. — Oh ! non ; aucun
de nous, me répondit-il. — Qui donc voulez-vous renvoyer ?
lui, demandai-je. — Les pauvres, ceux qui ne trouvent pas
d'emploi ici. — Mais ne vous semble-t-il pas que ces pauvres
devraient au moins avoir une voix dans la question ? (Écoutez !)
Ont-ils jamais pétitionné le parlement pour qu'il les fît transporter ? (Écoutez !) A ma connaissance, depuis cinq ans, cinq
millions d'ouvriers ont présenté des pétitions, pour qu'on lais-
sât les aliments venir à eux, mais je ne me souviens pas qu'ils
aient demandé une seule fois à être envoyés vers les aliments.
(Écoutez !) Les promoteurs de ce projet s'imaginent-ils que
leurs compatriotes n'ont aucune valeur ? Je leur dirai ce qu'on
en pense aux États-Unis. J'ai lu dernièrement, dans les journaux de New-York, un document qui établit que tout Anglais
qui débarque sur le sol de l'Union, y porte une valeur intrin-
sèque de 2,000 dollars. Un nègre s'y vend 1,000 dollars. Ne
pensez-vous pas qu'il vaut mieux garder notre population, qui
a une valeur double de toute autre, à nombre égal ? Ne vaut-il
pas mieux que l'Angleterre conserve ses enfants pour l'enrichir
et la défendre, plutôt que de les expatrier ? Mais on dit : « Ces
pauvres tisserands ! (tant on a de sympathie pour les pauvres
tisserands) certainement il faut les renvoyer. » — Mais qu'en
disent les tisserands eux-mêmes ? — Voici M. Symons, commissaire intelligent, qui a été chargé de faire une enquête sur
la condition des ouvriers. Il rapporte leur avoir fréquemment
demandé s'ils étaient favorables au système de l'émigration, et
qu'ils ont constamment répondu : « Il serait bien plus simple
et bien plus raisonnable de porter les aliments vers nous, que
de nous porter vers les aliments. » (Applaudissements.) Car,
pourquoi expatrier le peuple ? quel est le but de cette mesure ?

C'est littéralement pour le nourrir ; il n'y a pas d'autre raison de le jeter sur des plages étrangères. — Mais recherchons un moment la possibilité pratique de ce système d'émigration. Nous sommes dans une période de détresse accablante ; dans quelle mesure l'émigration pourrait-elle y remédier ? Et d'abord, comment transporter un million et demi de pauvres à travers les mers ? Consultez l'histoire ; fait-elle mention qu'aucun gouvernement, quel que puissant qu'il fût, ait jamais fait traverser l'Océan à une armée de cinquante mille hommes ? Et puis, que ferez-vous d'un million et demi de pauvres, dans le Canada, par exemple ? Même en Angleterre, malgré l'accumulation des capitaux et des ressources de dix siècles, vous trouvez que les maintenir est déjà une charge assez lourde. Qui donc les maintiendra au Canada ? Ceux qui s'adressent à sir Robert Peel imaginent-ils qu'il soit possible de jeter sur une terre déserte une population succombant sous le poids d'une détresse invétérée, sans apporter sur cette terre le capital par qui cette population sera employée ? Si vous transportez dans de vastes solitudes une population nombreuse, elle doit comprendre tous les éléments de société et de vie qui la compose dans la mère patrie. Vous voyez bien qu'il vous faudra transporter en même temps des fermiers, des armateurs, des fabricants et même des banquiers... (Applaudissements prolongés qui ne nous permettent pas de saisir la fin de la phrase.) N'est-il pas déplorable de voir, dans cette métropole, proposer de tels remèdes à de telles souffrances ? Je crois apercevoir devant moi quelques-uns des signataires de la pétition, et je m'en réjouis ; ce sera peut-être l'occasion d'imprimer une autre direction à l'esprit de la cité de Londres. (Écoutez !) Ces messieurs ont été circonvenus. Ainsi que je l'ai dit souvent, tout se fait moutonnièrement dans cette cité. Il semble que ses habitants ont renoncé à penser par eux-mêmes. Si j'avais à faire prévaloir quelque résolution, comment pensez-vous que je m'y prendrais ? Je m'adresserais à M. tel, puis à M. tel, et quand j'aurais une demi-douzaine de signatures les autres viendraient à la file. Personne ne lirait le mémoire, mais chacun le signerait. (Rires et cris : Oui cela se ferait ainsi.) — Je dois quelques mots d'avis à ceux de mes amis, parmi les membres de la Ligue, qui ont attaché leur nom à cette pétition. Qu'ils se donnent la peine de remonter à sa source, qu'ils recherchent quels en sont les principaux colporteurs. Ne sont-ce point des armateurs habitués à passer avec le gouvernement des contrats de transport? des propriétaires de terres dans le Canada, ou des actionnaires dans les spéculations onéreuses de la Nouvelle-Zélande ou de la Nouvelle-Galles du sud? Oh! laissons-les suivre leurs plans tant qu'ils ne font des dupes que parmi les monopoleurs. Mais je tiens à voir les membres de la Ligue passer pour des hommes trop avisés pour tomber dans ces piéges grossiers. Oh! comme le gouvernement et les monopoleurs se riraient de nous, si nous leur apportions ce moyen de diversion, ce prétexte pour ajourner l'affranchissement du commerce! Sans doute, sir Robert Peel, qui, vous le savez, est un admirable tacticien, ne se ferait pas personnellement le patron de la pétition, mais avec quel empressement ne saisirait-il pas cette excellente occasion de venir dire : « Je suis « forcé de reconnaître que la question est grave, entourée de « grandes difficultés, et qu'elle exige, de la part du gouverne- « ment de Sa Majesté, une prudente réserve (rire général) ; « quelles que soient mes vues personnelles sur ce sujet, on ne « peut s'empêcher d'admettre qu'une proposition de cette na- « ture, émanée du corps respectable des banquiers et négociants « de cette vaste métropole, mérite une considération lentement « mûrie, laquelle né lui manquera pas. » (L'orateur excite les applaudissements et les rires de toute l'assemblée par la manière heureuse dont il contrefait la pose, les gestes et jusqu'à l'organe du très-honorable baronnet à la tête du gouvernement.) Qui sait alors si la Chambre ne se formera pas en comité, et ne nommera pas un commissaire pour rechercher lentement jusqu'à quel point l'exportation des hommes est praticable et peut suppléer à l'importation du blé? quelle joie pour les monopoleurs ! Je suis bien sûr que la moitié des pétitionnaires ont donné leurs signatures sans en connaître la portée.

Il y a d'ailleurs à ce système d'émigration systématique par les soins du gouvernement, un obstacle auquel ses promoteurs n'ont probablement pas songé ; c'est que le peuple ne consentira pas à se laisser transporter. Je puis dire du moins que les habitants de Stockport ([1]), quoiqu'arrivés au dernier degré de misère, seraient unanimes pour répondre : « Nous savons trop bien ce qu'est la tendre clémence du gouvernement chez nous pour nous mettre à sa merci de l'autre côté de l'Atlantique. », (Applaudissements.) Je n'ai aucune objection à faire contre l'émigration volontaire. Dans un pays comme celui-ci, il y a toujours des hommes que leur goût ou les circonstances poussent vers d'autres régions. Mais l'émigration, lorsqu'elle provient de la nécessité de fuir la *famine légale*, c'est de la déportation et pas autre chose. (Bruyantes acclamations.) Si l'on venait vous raconter qu'il existe une île dans l'océan Pacifique, à quelques milles du continent, dont les habitants sont devenus les esclaves d'une caste qui s'empara du sol il y a quelque sept siècles ; si l'on vous disait que cette caste fait des lois pour empêcher le peuple de manger autre chose que ce qui plaît au conquérant de lui vendre ; si l'on ajoutait que ce peuple est devenu si nombreux que le territoire ne suffit plus à sa subsistance, et qu'il est réduit à se nourrir de racines ; enfin, si l'on vous apprenait que ce peuple est doué d'une grande habileté, qu'il a inventé les machines les plus ingénieuses, et que néanmoins ses maîtres l'ont dépouillé du droit d'échanger les produits de son travail contre des aliments ; si ces détails vous étaient rapportés par quelque voyageur philanthrope, par quelque missionnaire récemment arrivé des mers du Sud, et s'il concluait enfin en vous annonçant que la caste dominante de cette île s'apprête à en transporter l'habile et industrieuse population vers de lointaines et stériles solitudes, que diriez-vous, habitants de Londres ? que dirait-on à Exeter-Hall ([2]), dans cette enceinte dont l'usage a été refusé à la Ligue ? (Honte ! honte !) Oh ! Exeter-Hall retentirait des cris d'indignation de ces philanthropes dont la charité ne s'exerce qu'aux antipodes ! On verrait la foule des dames élégantes tremper leurs mouchoirs brodés de larmes de

([1]) M. Cobden représente au parlement la ville de Stockport.
([2]) C'est la salle où se tiennent les assemblées de l'association pour la propagation des missions étrangères.

pitié, et le clergé appellerait le peuple à souscrire pour que des
flottes anglaises aillent arracher ces malheureux aux mains de
leurs oppresseurs ! (Applaudissements.) Mais cette hypothèse,
c'est la réalité pour nos compatriotes ! (Nouveaux applaudissements.) Rendez au peuple de ce pays le droit d'échanger le fruit
de ses labeurs contre du blé étranger, et il n'y a pas en Angleterre
un homme, une femme ou un enfant qui ne puisse pourvoir à
sa subsistance et jouir d'autant de bonheur, sur sa terre natale,
qu'il en pourrait trouver dans tout autre pays sur toute la surface de la terre.

Mais puisqu'il s'agit de plans, j'en ai aussi un à proposer aux
monopoleurs-gouvernants. — Qu'ils laissent les manufacturiers
travailler *en entrepôt*, qu'ils mettent la population du Lancastre
en entrepôt ; — non pour qu'elle échappe aux contributions
dues à la reine, — non, nous ne voulons pas soustraire un farthing au revenu public, — mais qu'ils tirent un cordon autour
du Lancastre, afin que le duc de Buckingham soit bien assuré
qu'aucun grain de cet infâme blé étranger ne pénètre dans le
Cheshire et le Buckinghamshire. Là, les fabricants travailleront
à l'entrepôt, payant exactement leur subside à la reine, mais
affranchis des exactions des monopoleurs oligarques. Si l'on
nous permet de suivre ce plan, nous ne serons pas embarrassés
pour obtenir des subsistances abondantes pour la population du
Lancastre, quelque dense qu'elle soit ; et bien loin de redouter
de la voir s'augmenter, nous la verrons avec joie croître de génération en génération. Le plan que je propose, au lieu de dissoudre le lien social, donnera de l'emploi et du bien-être à
tous ; il montrera combien réagirait sur le commerce intérieur
un peu d'encouragement donné au commerce extérieur par l'admission du blé étranger. Cela ne vaut-il pas mieux que d'expatrier les hommes ?

Mais la question a encore des aspects moraux qu'il est de notre devoir d'examiner. L'homme, a-t-on dit, est de tous les
êtres créés le plus difficile à déplacer du lieu de sa naissance.
L'arracher à son pays est une tâche plus lourde que celle de
déraciner un chêne. (Applaudissements.) Oh ! les signataires de
la pétition se sont-ils jamais trouvés au dock de Sainte-Cathe-

rine au moment où un des navires de l'émigration s'apprêtait à
entreprendre son funèbre voyage? (Écoutez !) Ont-ils vu les
pauvres émigrants s'asseoir pour la dernière fois sur les dalles
du quai, comme pour s'attacher jusqu'au moment suprême à
cette terre où ils ont reçu le jour? (Écoutez ! écoutez !) Avez-
vous considéré leurs traits? Oh ! vous n'avez pas eu à vous informer de leurs émotions, car leur cœur se peignait sur leur
visage ! Les avez-vous vus prendre congé de leurs amis? Si vous
l'aviez vu, vous ne parleriez pas légèrement d'un système d'é-
migration forcée. Pour moi, j'ai été bien des fois témoin de ces
scènes déchirantes. J'ai vu des femmes vénérables disant à leurs
enfants un éternel adieu ! J'ai vu la mère et l'aïeule se disputer
la dernière étreinte de leurs fils. (Acclamations.) J'ai vu ces navires de l'émigration abandonner la Mersey pour les États-Unis;
les yeux de tous les proscrits se tourner du tillac vers le rivage
aimé et perdu pour toujours, et le dernier objet qui frappait
leurs avides regards, alors que leur terre natale s'enfonçait à
jamais dans les ténèbres, c'étaient ces vastes greniers, ces
orgueilleux entrepôts (véhémentes acclamations), où, sous la
garde, — j'allais dire de notre reine, — mais non — sous la
garde de l'aristocratie, étaient entassées comme des montagnes,
des substances alimentaires venues d'Amérique, seuls objets que
ces tristes exilés allaient chercher au delà des mers. (Applaudissements enthousiastes.) Je ne suis pas accoutumé à faire du
sentiment ; on me dépeint comme un homme positif, comme
un homme d'action et de fait, étranger aux impulsions de l'i-
magination. Je raconte ce que j'ai vu. J'ai vu ces souffrances,
oui, et je les ai partagées ! et c'est nous, membres de la Ligue,
nous qui voulons aider ces malheureux à demeurer en paix
auprès de leurs foyers, c'est nous qu'on dénonce comme des
gens cupides, comme de froids économistes ! Quelles seraient
vos impressions si un vote du Parlement vous condamnait à
l'émigration, non point à une excursion temporaire, mais à une
éternelle séparation de votre terre natale ! Rappelez-vous que
c'est là, après la mort, la plus cruelle pénalité que la loi inflige
aux criminels ! Rappelez-vous aussi que les classes populaires
ont des liens et des affections comme les vôtres, et peut-être

plus intimes ; et si vous ressentez au cœur ces vives impressions, que le cri qui a provoqué le gouvernement à organiser
l'émigration soit comme un tocsin qui rallie tous vos efforts
contre cette cruelle calamité. (Applaudissements.) Je terminerai en répétant que vous ne devez pas venir ici comme à un lieu
de diversion. L'objet que nous avons en vue réclame des efforts
personnels, énergiques et persévérants. Parler sert de peu, et
j'aurais honte de paraître devant vous, si la parole n'était pas
le moindre des instruments que j'ai mis au service de notre
cause. (Applaudissements.) On a dit que c'était ici l'agitation
de la classe moyenne. Je n'aime pas cette définition, car je n'ai
pas en vue l'avantage d'une classe, mais celui de tout le peuple.
Que si, cependant, c'est ici l'agitation de la classe moyenne, je
vous adjure de ne pas oublier ce qu'est cette classe. C'est elle
qui nomme les législateurs ; c'est elle qui soutient la presse. Il
est en son pouvoir de signifier sa volonté au Parlement ; il est
en son pouvoir, et je l'engage à en user, de soutenir cette portion de la presse par qui elle est soutenue. (Acclamations véhémentes.) Faites cela, et vous détournerez la nécessité de transporter sur des terres lointaines la plus précieuse production
des domaines de Sa Majesté, le peuple ; faites cela, et le peuple vivra en paix et en joie, à l'ombre de sa vigne et de son fi-
guier, sans qu'aucun homme ose l'affliger. (Véhémentes acclamations.)

Le président, en proposant un vote de remercîment envers les orateurs, saisit cette occasion pour engager les assistants à propager dans tout le pays les journaux qui
contiendront le compte rendu le plus fidèle du présent
meeting.

MEETING HEBDOMADAIRE DE LA LIGUE.

5 avril 1843.

L'assemblée est aussi nombreuse qu'aux séances précédentes, et nous n'y avons jamais remarqué autant de da-

mes. L'attention soutenue prêtée aux orateurs, l'ordre et la décence qui règnent dans toutes les parties de la salle, témoignent que la Ligue agit avec calme, mais avec efficacité sur l'esprit de cette métropole.

Nous avons remarqué sur l'estrade MM. Villiers, Gibson Hume, Cobden, Ricardo, le cap. Plumridge, Malculf, Scholefield, Holland, Bowring, tous membres du Parlement ; Moore, Heyworth, l'amiral Dundas, Pallison, etc., etc.

« Le président, M. Georges Wilson, en ouvrant la séance, annonce que plusieurs meetings ont été tenus sur divers points du territoire ; un à Salford, présidé par le premier officier de la municipalité ; un autre à Doncastre où plusieurs propriétaires du voisinage se sont fait entendre. Dans tous les deux, des résolutions ont été prises contre le monopole. Vendredi dernier, un meeting a eu lieu à Norwich, auquel assistait une députation de la Ligue, composée du col. Thompson, de M. Moore et de M. Cobden. Plus de 4,000 personnes assistaient à cette réunion, et les applaudissements dont elles ont salué la députation témoigne assez de leur sympathie pour notre cause. Samedi, un autre meeting, spécialement destiné à la classe des agriculteurs, a été tenu dans la même ville avec l'assistance de la même députation. Aucun murmure de désapprobation, aucune parole hostile ne se sont fait entendre (¹). A la fin de la séance, le célèbre philanthrope M. John-Joseph Gurney de Norwich a invité le peuple à mettre de côté tout esprit de parti, toutes préventions politiques, et à ne voir dans cette cause qu'une question de justice et d'humanité. (Applaudissements.) Le président se félicite de voir aussi l'Irlande entrer dans le mouvement. La semaine dernière un grand meeting a eu

(¹) On conçoit qu'en Angleterre c'est la classe agricole qui s'oppose à la liberté des échanges, comme en France la classe manufacturière.

lieu à Newtownards, sur la propriété de lord Londonderry.
(Bruyante hilarité.) Faute d'un local assez vaste, la réunion
a eu lieu en plein air, malgré la rigueur du temps. — Quelque importantes que soient ces grandes assemblées, la Ligue
n'a pas négligé ses autres devoirs. Les professeurs d'économie politique ont continué leurs cours. Dès l'origine, la
Ligue a senti combien il était désirable qu'elle concourût de
ses efforts à l'avancement d'un bon système d'éducation
libérale. Elle aspire à se préparer, pour l'époque où elle
devra se dissoudre, d'honorables souvenirs, en guidant le
peuple dans ces voies d'utilité publique qu'elle a eu le mérite d'ouvrir. On l'a accusée d'être révolutionnaire ; mais
les trois quarts de ses dépenses ont pour but la diffusion
des saines doctrines économiques. Si la Ligue est révolutionnaire, Adam Smith et Ricardo étaient des révolutionnaires, et le bureau du commerce (board of trade) est lui-
même rempli de révolutionnaires (1). (Approbation.) Ce
n'est pas ses propres opinions, mais les opinions de ces
grands hommes, que la Ligue s'efforce de propager ; elles
commencent à dominer dans les esprits et sont destinées à
dominer aussi dans les conseils publics, dans quelques mains
que tombent le pouvoir et les portefeuilles.— Il faut excuser
les personnes que leur intérêt aveugle sur la question du
monopole ; mais il est pénible d'avoir à dire que, dans
quelques localités, le clergé de l'Église établie n'a pas craint
de dégrader son caractère en maudissant les écrits de la
Ligue, auxquels il n'a ni le talent ni le courage de répon-

(1) Le *Board of trade* est une sorte de ministère du commerce. Son
président est membre du cabinet. — C'est dans ce bureau, c'est
grâce aux lumières de ses membres, MM. Porter, Deacon Hume,
M. Grégor, que s'est préparée la révolution douanière qui s'accomplit en Angleterre. Nous traduisons à la fin de ce volume le remarquable interrogatoire de M. Deacon Hume, sur lequel nous appelons
l'attention du lecteur.

dre (¹). (Bruyantes acclamations.) Le doyen de Hereford a abandonné la présidence de la *Société des ouvriers*, parce que l'excellent secrétaire de cette institution avait déposé dans les bureaux quelques exemplaires de notre circulaire contre la *taxe du pain* (bread-tax). M. le doyen commença bien par offrir la faculté de retirer le malencontreux pamphlet ; mais le secrétaire ayant préféré son devoir à un acte de courtoisie envers le haut dignitaire de l'Église, il en est résulté que la circulaire a resté et que c'est le doyen qui est sorti. (Rires.) J'ai devant moi une lettre authentique qui établit un cas plus grave. Dans un bourg de Norfolk, un gentleman avait été chargé de faire parvenir, par l'intermédiaire du sacristain, quelques brochures de la Ligue au curé et à la noblesse du voisinage. Le sacristain dépose ces brochures sur la table du vestiaire ; mais lorsque le ministre entra pour revêtir sa robe, il s'en empara, les porta à l'Église et en fit le texte d'un discours violent, où il traita les membres de la Ligue d'assassins (éclats de rires), ajoutant qu'un certain Cobden (on rit plus fort) avait menacé sir Robert Peel d'être assassiné s'il ne satisfaisait aux vœux de la Ligue ; après quoi il fit brûler les brochures dans le poêle, disant qu'elles exhalaient une odeur de sang. (Nouveaux rires.) Je conviens qu'une telle conduite mérite plus de compassion que de colère, compassion pour le troupeau confié à la garde d'un tel ministre ; compassion surtout pour le ministre lui-même, qui demande à son Créateur « le pain de chaque jour » avec un cœur fermé aux souffrances de ses frères ; pour un ministre qui oublie à ce point la sainteté du sabbat et la majesté du temple, que de

---

(¹) Le clergé d'Angleterre se rattache au monopole par la dîme. Il est évident que plus le prix du blé est élevé, plus la dîme est lucrative. Il s'y rattache encore par les liens de famille qui l'unissent à l'aristocratie.

11

convertir le service divin en diffamation et le sanctuaire en
une scène de scandale (¹). — La parole sera d'abord à
M. Joseph Hume, cet ami éprouvé du peuple. Vous entendrez ensuite M. Brotherthon et Gibson. Nous comptions
aussi sur la coopération de M. Bright, mais il est allé samedi à Nottingham et à Durham pour prendre part, dans
l'intérêt de la liberté du commerce, aux luttes électorales
de ces bourgs. »

M. HUME se lève au bruit d'acclamations prolongées. Lorsque le silence est rétabli, il s'exprime en ces
termes :

Je suis venu à ce meeting pour écouter et non pour parler ;
mais le comité a fait un appel à mon zèle, et ne pouvant comme
d'autres alléguer le prétexte de l'inhabitude (²) (rires), j'ai dû
m'exécuter malgré mon insuffisance. C'est avec plaisir que j'o-
béis, car je me rappelle un temps, qui n'est pas très-éloigné,
où les opinions aujourd'hui généralement adoptées, non-seulement au sein de la communauté, mais encore parmi les ministres de la couronne, étaient par eux vivement controversées.
Mais ces hommes, autrefois si opposés à la liberté du commerce,
reconnaissent enfin la vérité des doctrines de la Ligue, et c'est avec
une vive satisfaction que j'ai récemment entendu tomber de la
bouche même de ceux qui furent nos plus chauds adversaires,
cette déclaration : « Le principe du libre-échange est le principe
du sens commun (³). » (Acclamations.) Je me présente à ce meeting sous des auspices bien différents de ceux qui auraient pu m'y

(¹) J'ai conservé ces détails comme peinture de mœurs et aussi pour
faire connaître la chaleur de la lutte, et l'esprit des diverses classes
qui y prennent part.

(²) On sait qu'au Parlement M. Hume est toujours sur la brèche.
Il laisse rarement passer un article du budget des dépenses sans demander une économie.

(³) Ce mot est de sir James Graham, ministre secrétaire d'État au
département de l'intérieur.

accompagner à l'époque à laquelle je fais allusion. Il y a quelque quatorze ans que je fis une motion devant une assemblée composée de six cent cinquante-huit gentlemen (Rires. Écoutez, écoutez), qui n'étaient pas des hommes ignorants et illettrés, mais connaissant, ou du moins censés connaître leurs devoirs envers eux-mêmes et envers le pays. Je proposai à ces six cent cinquante-huit gentlemen de retoucher à la loi-céréale, de telle sorte que l'échelle mobile fût graduellement transformée en droit fixe, et que le droit fixe fît place en définitive à la liberté absolue. (Applaudissements.) Mais sur ces six cent cinquante-huit gentlemen, quatorze seulement me soutinrent. (Écoutez, écoutez.) Chaque année, depuis lors, des efforts sont tentés par quelques-uns de mes collègues, et il est consolant d'observer que chaque année aussi notre grande cause gagne du terrain. Je suis fâché de voir que les landlords et ceux qui vivent sous leur dépendance, persistent à ne considérer la question que par le côté qui les touche. Plusieurs d'entre eux font partie de la législature, et, se plaçant à leur point de vue personnel, ils ont fait des lois dont le but avoué est de favoriser leurs intérêts privés sans égard à l'intérêt public. C'est là une violation des grands principes de notre constitution, qui veut que les lois embrassent les intérêts de toutes les classes. (Approbation.) Malheureusement la chambre des communes ne représente pas les opinions de toutes les classes. (Approbation.) Elle ne représente que les opinions d'une certaine classe, celle des législateurs eux-mêmes, qui ont fait tourner la puissance législative à leur propre avantage, au détriment du reste de la communauté. (Applaudissements.) Je voudrais demander à ces hommes, qui sont riches et possèdent plus que tous autres les moyens de se protéger eux-mêmes, comment ils peuvent, sans que leur conscience soit troublée, trouver sur leur chevet un paisible sommeil après avoir fait des lois, tellement injustes et oppressives, qu'elles vont jusqu'à priver de moyens d'existence plusieurs millions de leurs frères. (Applaudissements.) C'est sur ce principe que j'ai toujours plaidé la question, et voici la seule réponse que j'ai pu obtenir : « Si nous croyions mal agir, nous n'agirions pas ainsi. » (Rires.) Vous riez, Messieurs, et cependant je puis

vous assurer qu'il y a beaucoup de personnes, et même de personnages qui sont si ignorants des plus simples principes de l'é-
conomie politique, qu'ils n'hésiteraient pas à venir répéter
cette assertion devant la portion la plus éclairée du peuple de
ce pays. Mais une lumière nouvelle s'est levée à l'horison des
intelligences, et il y a des signes dans les temps capables de réveiller ceux-là même qui sont les plus attachés à leurs sordides
intérêts. (Applaudissements.) Il est temps qu'ils regardent autour d'eux et qu'ils s'aperçoivent que le moment est venu, où,
en toute justice, la balance doit enfin pencher du côté de ceux
qui sont pauvres et dénués. — L'état de détresse qui pèse sur
le pays est la conséquence d'une injuste législation ; c'est pour
la renverser que nous sommes unis, et j'espère qu'en dépit de
la calomnie, la Ligue ne tardera pas à être considérée comme
l'amie la plus éclairée de l'humanité. Cette grande association,
j'en ai la confiance, se montrera supérieure aux traits qu'il plaira
à la malignité de lui infliger ; elle apprendra, comme une longue expérience me l'a appris à moi-même, que plus elle se
tiendra dans le sentier de la justice, plus elle sera en butte à la
persécution. (Applaudissements.) Lorsqu'il m'est arrivé que
quelque portion de la communauté m'a assailli par des paroles
violentes, ma règle invariable a été de considérer attentivement
les imputations dirigées contre moi. Si je leur avais trouvé
quelque fondement, je me serais empressé de changer de conduite. Dans le cas contraire, j'y ai vu une forte présomption
que j'étais dans le droit sentier et que mon devoir était d'y rester. Je ne puis que conseiller à la Ligue de faire de même. Vous
êtes noblement entrés dans cette grande entreprise ; vous n'avez
épargné ni votre argent, ni votre temps ; vous avez fait pour le
triomphe d'une noble cause tout ce qu'il est humainement possible de faire, et le temps approche où le succès va couronner
vos généreux efforts. (Applaudissements.) C'est une idée très-
répandue que les intérêts territoriaux font la force de ce pays ;
mais les intérêts territoriaux puisent eux-mêmes leur force
dans la prospérité du commerce et des manufactures, et ils
commencent enfin à comprendre ce qu'ils ont gagné à priver
le travail et l'industrie de leur juste rémunération. L'ouvrier

ne trouve plus de salaire ; les moyens d'acheter les produits du sol lui échappent : de là, ces plaintes sur l'impossibilité de vendre le bétail et le blé. La souffrance pèse en ce moment sur les dernières classes, mais elle gagne les classes moyennes, elle atteindra les classes élevées, et le jour, peu éloigné, où celles-ci se sentiront froissées, ce jour-là elles reconnaîtront qu'un changement radical au présent système est devenu indispensable. (Approbation.) En me rappelant ce qui s'est passé aux dernières élections générales, je ne puis m'empêcher de remarquer combien le peuple s'est égaré, lorsqu'il a cru, en appuyant les monopoleurs, soutenir les vrais intérêts du pays. Les défenseurs de la liberté du commerce voient aujourd'hui avec orgueil que ceux-là même qui les accusaient d'être des novateurs et qui combattaient la doctrine du libre-échange, ne sont pas plutôt arrivés au pouvoir, qu'ils se sont retournés contre leurs amis pour devenir les champions de nos principes. (Applaudissements.) Tout ce que je leur demande , c'est de suivre ces principes dans leurs conséquences. Il n'y a pas un homme, dans la chambre des communes ni dans toute l'Angleterre, plus capable que sir Robert Peel d'exposer clairement et distinctement les doctrines qui devraient régir notre commerce, et qui sont les mieux calculées pour promouvoir les intérêts et la prospérité de ce pays. (Marques d'approbation.) Le très-honorable baronnet a fait un pas dans cette voie, mais ce n'est qu'un pas. Il s'attarde et s'alanguit sur la route, sans doute parce que son parti ne lui permet pas d'avancer. Il a proclamé le principe , il ne lui reste qu'à l'appliquer pour assurer au pays une paix solide et une prospérité durable. (Applaudissements.)—Il y a un grand nombre de personnes bien intentionnées qui ne peuvent comprendre pourquoi une réforme commerciale est plus urgente aujourd'hui qu'à des époques antérieures. Les fermiers s'imaginent que, parce que au temps de la guerre, ils ont obtenu des prix élevés en même temps que les fabriques réalisaient de grands profits, il ne s'agit que d'avoir encore la guerre pour ramener et ces prix et ces bénéfices. Cette illusion existe même parmi quelques manufacturiers ; dans les classes agricoles elle est presque universelle ; mais il est aisé d'en montrer l'inanité. Si les

circonstances étaient les mêmes qu'aux époques qui ont précédé
1815; elles amèneraient sans doute les mêmes résultats. Bien
heureusement, sous ce rapport du moins, la situation de l'Angleterre a tellement changé, qu'il est impossible que des conséquences semblables découlent d'une législation identique. Pendant la guerre, qui a rempli ce quart de siècle qui s'est terminé
en 1815, il n'y avait pas de manufactures sur le continent, et à
la paix, l'Angleterre, qui était en possession de pourvoir tous les
marchés du monde, put maintenir pour un temps les hauts prix
occasionnés par la guerre. C'est ce qu'elle fit, malgré que le
prix des aliments fût alors plus élevé de 50 p. 100, dans ce pays
que partout ailleurs. Mais quel est l'état actuel des choses? La
paix règne en Europe et en Amérique, et la population s'y partage entre l'industrie et l'agriculture. Elle rivalise, sur les marchés neutres, avec le fabricant anglais, et à moins que celui-ci
ne puisse établir les mêmes prix, il lui est impossible de soutenir la concurrence. Que veut-il donc quand il demande l'abrogation des lois restrictives? Il veut que les ports de l'Angleterre
soient ouverts aux denrées du monde entier, afin qu'elles s'y
vendent à leur prix naturel, et que les Anglais soient placés
sur le même pied que toutes les autres nations. Craignez-vous
qu'à ces conditions le génie industriel, le capital et l'activité de
la Grande-Bretagne aient rien à redouter? (Acclamations.) Vos
acclamations répondent, *Non*. Ne nous lassons donc pas de réclamer la liberté du commerce. — J'adresserai maintenant quelques paroles à ceux qui jouissent du privilége d'envoyer des
représentants au Parlement. Une grande responsabilité pèse sur
eux; car ils ne doivent pas oublier que le mandat qu'ils confè-
rent dure sept ans, et pendant ce temps, quelles que soient leurs
souffrances, fût-ce une ruine totale, ils ne peuvent plus rien
pour eux-mêmes. C'est là un grave sujet de réflexions pour tous
les électeurs. Tous sont intéressés à voir le pays florissant, et ce
n'est certes pas son état actuel. Le seul moyen d'y arriver, c'est
d'ouvrir nos ports à toutes les marchandises du monde. Je pourrais nommer plusieurs nations dont les produits nous conviennent : je n'en citerai qu'une. A un meeting tenu en septembre
dernier, sous la présidence du duc de Rutland, M. Everett,

ministre plénipotentiaire de l'Union-Américaine , fut appelé à prendre la parole, et dit en substance : « Mon pays désire échan-« ger ses produits contre les vôtres. Vous avez beaucoup d'ob-« jets qui lui manquent, et il a pour vous payer des marchan-« dises qui encombrent ses quais, jusqu'à ce point qu'on a été « obligé de se servir de salaisons comme de combustibles. » (Et en effet un citoyen des États-Unis m'a confirmé qu'il y avait sur les quais de la Nouvelle-Orléans des amas de salaisons qu'on pourrait vendre à 6 deniers la livre, et qu'on employait en guise de charbon , à bord des bateaux à vapeur.) « Nous « avons, ajoutait M. Everett, du blé qui pourrit dans nos ma-« gasins, et nous manquons de vêtements et d'instruments de « travail. » Qui s'oppose à l'échange de ces choses? le gouver-nement britannique : ce que nous réclamons, c'est cette liberté d'échanges avec le monde entier. Chaque climat, chaque peuple a ses productions spéciales. Que toutes puissent librement arri-ver dans ce pays, pour s'y échanger contre ce qu'il produit en surabondance, et tout le monde y gagnera. Le manufacturier étendra ses entreprises ; les salaires hausseront; la consommation des produits agricoles s'accroîtra; la propriété foncière et le re-venu public sentiront le contre-coup de la prospérité générale. Mais avec notre législation restrictive, les usines sont de moins en moins occupées, les salaires de plus en plus déprimés, les productions du sol de plus en plus délaissées, et le mal s'étend à toutes les classes. Que ceux donc qui ont à cœur le bien-être de la patrie consacrent à ces graves sujets leurs plus sérieuses méditations. N'est-il pas vrai que le pays décline visiblement, et ne donneriez-vous pas à cette assertion votre témoignage una-nime?.....

On a dit que la loi céréale était nécessaire pour soutenir les fermiers ; mais voilà la quatrième fois que les fermiers sont dupes de cette assertion. Le prix de leurs produits s'avilit et ne se relèvera pas tant que le travail manquera au peuple. Les pro-priétaires leur disent :« Si vous ne pouvez payer la rente, prenez patience, la dépréciation ne sera pas permanente; le cours de vos denrées se relèvera, comme il fit après les crises de 1836 et 1837. » Mais comment pourrait-on assimiler la détresse ac-

tuelle à celle d'aucune autre époque antérieure? J'ai reçu aujourd'hui même d'un fermier de Middlessex, nommé M. Fox, un
document qui établit que le capital des tenanciers était tombé
de 25 p. 100 dans ces cinq dernières années. Il a calculé que
32 millions de bêtes à laine, sept millions de bêtes à cornes et
60 millions de quarters de blé, formant ensemble une valeur
de 468 millions de livres sterling, ont perdu 25 p. 100, ce
qui constitue pour les fermiers une perte de 117 millions de
livres. Ce n'est pas là un tableau imaginaire, et, si les capitaux
décroissent dans une aussi effrayante proportion, comment le
pays pourra-t-il supporter 55 à 56 millions de subsides?

Les *lois-céréales* ont pour objet l'avantage des landlords;
mais, dans mon opinion, elles ne leur ont pas plus profité
qu'aux autres classes de la communauté. Tout ce qu'on peut.
dire d'eux, c'est qu'après tout ils n'ont que ce qu'ils méritent,
puisque ces lois sont leur œuvre. (Rires.) Soyez certains que
les rentes tomberont aussitôt qu'interviendront entre les fermiers et les seigneurs de nouveaux arrangements; car, si le
prix des denrées décline, il faut bien que les fermages diminuent. Quelle sera alors la situation du propriétaire? le sol
est grevé d'une première charge, qui est le pauvre; avant que
le seigneur touche sa rente, il faut que le pauvre soit nourri.
Or, il est de fait que, dans ces derniers temps, la taxe des
pauvres a doublé et même triplé! Dans ma paroisse, Mary-le-
Bonne, qu'on pourrait croire une des plus étrangères à la crise
actuelle, elle s'est élevée de 8,500 à 17,000 l. s. Ainsi une
portion considérable de la rente réduite passera aux pauvres.
Vient ensuite le clergé; et l'on sait que depuis la dernière
commutation de la loi des dîmes, le seigneur ne saurait toucher un farthing de sa rente, que les ministres ne soient payés.
Voilà une seconde charge. — Et puis, voici venir Sir Robert
Peel, avec son *income-tax*, qui dit : « Vous ne palperez pas un
schelling sur vos beaux que l'Échiquier ne soit satisfait. » Cette
taxe a produit un million huit cent mille livres sterling pendant
ce quartier; mais selon toute apparence, une faible partie de
cette somme aura été acquittée par les seigneurs, car ils sont
toujours les derniers à payer. (Rires.) C'est une troisième

charge de la propriété. — Enfin, s'il est vrai, comme je l'ai ouï
dire, qu'une grande portion du sol est hypothéquée, c'est une
quatrième charge. — Que reste-t-il donc aux propriétaires campagnards? Je leur conseille d'y regarder de près. La difficulté
est le fruit de leur impéritie, et elle ne fera que s'accroître
jusqu'à ce qu'ils viennent eux-mêmes offrir leur assistance à
la Ligue. (Écoutez! écoutez!) Gentlemen, les circonstances
travaillent pour vous; l'income-tax plaide pour vous; l'abaissement des revenus témoigne pour vous, et il le fallait peut-
être, car il y en a beaucoup qui ne s'émeuvent que lorsque
leur bourse est compromise. — D'un autre côté, les prisons
regorgent; cent cinquante mille personnes y passent tous les
ans, chacune desquelles suffit ensuite pour en corrompre
cinquante autres. C'est pourquoi je dis que c'est ici une question
qui touche à vos devoirs de chrétiens. Nous demandons justice! Nous demandons que le gouvernement ne persévère pas
dans une voie qui conduit le pays dans un état de ruine et de
mendicité capable de faire frissonner le cœur de tout homme
honnête! (Applaudissements.)

M. Brotherton : Ce n'est pas ici la cause d'un parti, mais
celle de tout un peuple; ce n'est pas la cause de l'Angleterre,
mais celle du monde entier; car c'est la cause de la justice
et de la fraternité. Mon honorable ami a dit que la Ligue soutenait le principe du sens commun; et il a été reconnu au Parlement, par le premier ministre de la couronne, que vendre
et acheter aux prix les plus avantageux, était le droit de tous
les Anglais et de tout homme. Lui aussi a proclamé que le
principe de la liberté des échanges était le principe du sens
commun, mais ce qu'il faut faire sortir de ce principe, c'est un
peu de commune honnêteté. (Acclamations.) Les législateurs
savent bien ce qui est juste; tout ce que le peuple demande,
c'est qu'ils le mettent en pratique. J'aurai bientôt l'honneur de
présenter à la Chambre des communes une pétition de mes
commettants pour le retrait de la loi-céréale (rires), et je
crains bien qu'elle n'y reçoive qu'un froid accueil. Mes commettants néanmoins veulent que j'en appelle non-seulement à
la Chambre, mais à ce meeting. C'est au peuple de cette mé-

tropole que la nation doit en appeler. Le peuple de la métropole tient dans ses mains les destinées de l'empire. Il y a longtemps que les provinces *agitent* cette grande question ; elles
en comprennent toute l'importance. C'est la condition la plus
favorable à une prochaine solution ; car dans mon expérience,
j'ai toujours reconnu que comme toute corruption descend de
haut en bas, toute réforme procède de bas en haut. (Applaudissements.) L'agitation actuelle a commencé parmi de pauvres
tisserands. Leurs sentiments furent d'abord méconnus, même
par les manufacturiers, mais ils reconnaissent aujourd'hui que
les pauvres tisserands avaient raison.....

· J'ai toujours combattu les lois-céréales au point de vue de
la justice ; car je les considère comme injustes, inhumaines et
impolitiques. Je dis qu'une loi qui protége une classe de la
communauté aux dépens des autres classes est une loi injuste.
Je ne conteste pas aux landlords le droit de disposer de leurs
propriétés à leur plus grand avantage, et même d'exporter le
blé s'ils le peuvent produire à meilleur marché qu'au dehors ;
mais les landlords ont fait une loi qui dépouille l'ouvrier du
droit de disposer du produit de son travail selon sa convenance ;
et c'est pourquoi je dis qu'une telle loi ne saurait se maintenir,
voyant qu'elle est si manifestement injuste. — La loi-céréale
a encore le tort d'affecter les diverses classes de la société d'une
manière fort inégale ; si elle ôte cinq pour cent au riche, elle
arrache cinquante pour cent aux pauvres, et moi qui ne suis
taxé qu'à cinq pour cent, je finis par oublier jusqu'au sens du
mot *justice.* Ce qui fait que beaucoup d'hommes ne comprennent
pas toute la signification de ce mot, c'est que l'intérêt personnel les aveugle. Je me rappelle qu'un gentleman, discutant au
milieu d'un grand nombre de gens d'église, ne pouvait leur
faire comprendre le sens d'un terme que je supposerai être ce
mot *justice.* Il écrivit ce mot et demanda : Qu'est-ce que cela
signifie ?, Un des ministres s'écria : *Justice.* Le gentleman posa
une guinée sur le mot et dit : Que voyez-vous maintenant? et
le ministre répondit : Rien, — car l'or lui interceptait la vue.
—(Rires.) On dit que ces lois ont été faites, non pour l'avantage
des landlords, mais pour celui des fermiers et des ouvriers des

campagnes. Mais il n'est personne qui, après avoir observé les effets de ces lois, soit arrivé à cette conclusion, qu'elles ont profité aux manouvriers des districts agricoles; et quant aux fermiers, s'ils étaient appelés en témoignage, ils déclareraient qu'ils n'en ont tiré certainement aucun bénéfice. Les seigneurs sont donc les seuls auxquels on pourrait supposer qu'elles ont profité; mais on reconnaîtra à la fin qu'il n'en a pas été ainsi. Je suis assez vieux pour me rappeler les démonstrations d'enthousiasme avec lesquelles les seigneurs terriens accueillirent la guerre de France, déclarant que, pour la soutenir, ils dépenseraient leur dernière guinée et leur dernier acre de terre; et chacun se hâta de faire honneur de leur désintéressement à leur patriotisme. Tant que dura la guerre, ils empruntèrent comme ils purent. Enfin, la paix revint et avec elle l'abondance et le bon marché; mais les landlords qui avaient emprunté de l'argent commencèrent à rechercher comment ils pourraient en éviter le paiement. Quoiqu'ils eussent engagé leur dernier acre et leur dernier écu à cette cause glorieuse, payer n'était jamais entré dans leurs intentions. (Écoutez! écoutez!) Leur premier soin fut de débarrasser leurs épaules de 14 millions d'impôts fonciers, et puis ils firent la *loi-céréale*, afin de maintenir le taux élevé des rentes. Ils savaient bien que les rentes fléchiraient naturellement comme le prix des blés, et ils inventèrent les lois-céréales. Lorsqu'elles furent portées pour la première fois devant la législature, lord Liverpool admit avec franchise et loyauté qu'elles auraient pour effet, et par voie d'induction, qu'elles avaient pour but, d'empêcher la dépression des rentes. Ainsi, l'aristocratie qui avait hypothéqué ses domaines, dans des vues soi-disant patriotiques, au lieu de payer elle-même ses dettes, saisit la première occasion d'en reporter le fardeau sur les classes laborieuses; et après avoir emprunté jusqu'à concurrence de la valeur des terres, elle en a législativement doublé la rente, en élevant le prix du pain, c'est-à-dire que c'est le peuple et non elle qui paie les arrérages. Voilà comment on en a agi envers le peuple de ce pays; c'est à lui de dire si cela doit continuer. Le duc de Newcastle a demandé s'il n'avait pas le droit d'user comme il l'entendrait de sa propriété. (Rires.)

Je n'ai pas d'objection à faire contre cette doctrine convenablement définie; mais puisque nous nous donnons pour un peuple
loyal et religieux, nous devons bien reconnaître que nul n'a le
droit de faire de sa propriété ce qu'il veut, à moins que ce qu'il
veut ne soit juste. Il me semble qu'il nous est commandé de
faire aux autres ce que nous voudrions qu'il nous fût fait. Les
landlords cependant ont fait des lois pour obtenir un prix
artificiel des fruits de leurs terres, et en même temps pour empêcher le peuple de recevoir le prix naturel de son travail. C'est
là une grande injustice, et il n'est personne dont ce ne soit le
devoir d'en poursuivre le redressement. La détresse publique
est profonde, quoique plusieurs puissent ne pas l'éprouver. Elle
ne s'est pas encore appesantie sur Londres dans toute son intensité, ou plutôt elle y est moins aperçue qu'ailleurs, parce
que les hautes classes s'y préoccupent peu du sort du peuple.
Je suis disposé à croire, comme M. Hume, qu'il règne ici une
grande apathie; mais il n'en est pas moins vrai que la popu-
-lation souffre, et nous venons demander aide et assistance aux
habitants de cette métropole. Il est de leur devoir de répondre à
cet appel, et de faire tous leurs efforts pour ramener la prospérité
dans le pays. La détresse a gagné les classes agricoles, et elles
s'aperçoivent enfin que les meilleurs débouchés consistent en
une clientèle prospère, ou dans le bien-être général. Il est des
personnes qui s'imaginent qu'en poursuivant le retrait des
lois-céréales, les manufacturiers travaillent pour leur avantage
au détriment des autres classes. C'est là une illusion; la chose
est impossible. Il n'est pas possible que l'activité et l'extension
des affaires profitent aux uns au préjudice des autres. (Cris :
Non, non !) Notre population s'accroît de 300 mille habitants
chaque année. Il faut que cet excédant soit occupé et nourri.
S'il n'est pas nourri au dehors des *workhouses*, il faudra qu'il
soit nourri au dedans. Mais s'il trouve de l'emploi, des moyens
de subsistance, par cela même il ouvrira aux produits du sol
de nouveaux débouchés. Aujourd'hui la législation prive les
ouvriers de travail, en s'interposant dans leurs échanges; elle en
fait un fardeau pour la propriété. Ainsi que l'a dit M. Hume, il
faut bien que ces ouvriers soient secourus, et à mesure que leur

masse toujours croissante pèsera de plus en plus sur la propriété, l'aristocratie reconnaîtra que l'honnêteté eût été une meilleure politique. (Écoutez! écoutez!) Voulez-vous le maintien des lois-céréales? (Non, non!) Eh bien! J'en appelle à tout homme qui s'intéresse à l'amélioration du sort du peuple, au progrès de son éducation intellectuelle et morale, à la prospérité de l'industrie et du commerce, rallions-nous à la Ligue! unissons nos efforts pour effacer de nos Codes ces lois iniques et détestables. (Applaudissements prolongés.)

M. Milner Gibson se lève, et après quelques considérations il continue en ces termes :

Je ne puis jeter les yeux sur cette nombreuse et brillante assemblée, sans me sentir assuré que nous agitons ici une question nationale. On a parlé de *meetings* réunis par surprise; mais tant d'hommes distingués ne sauraient se réunir que pour une cause qui préoccupe à un haut degré l'esprit public. (Assentiment.) Certes, s'il s'agissait de discourir sur le fléau de l'abondance, sur les charmes de la disette, sur les bienfaits des restrictions industrielles et commerciales, une plus étroite enceinte suffirait (1). (Rires.) Un autre trait caractéristique de ces assemblées, et dont je dois vous féliciter, c'est d'être sanctionnées et embellies par la plus gracieuse portion de la communauté. Comment expliquer la présence du beau sexe dans cette enceinte? Il n'est pas disposé d'ordinaire à s'intéresser à de pures questions d'argent, et à d'arides problèmes d'économie politique. Pour avoir mérité son attention, il faut bien que notre cause renferme une question de philanthropie, une question qui touche aux intérêts de l'humanité, à la condition morale et physique du plus grand nombre de nos frères! et si les dames viennent applaudir aux efforts de la Ligue, c'est qu'elles entendent soutenir ce grand principe évangélique, ce dogme de la fraternité humaine que peuvent seuls réaliser l'affranchisse-

(1) Allusion aux meetings des prohibitionistes qui se tiennent dans le salon d'une maison particulière de *Bond-Street*.

ment du commerce et la libre communication des peuples. (Applaudissements prolongés.) Une autre leçon qui dérive de cette grande démonstration, c'est que la philanthropie n'a pas besoin de s'égarer dans les régions lointaines pour trouver un but à ses efforts. La détresse règne autour de nous ; c'est notre propre patrie maintenant qui réclame ces nobles travaux humanitaires par lesquels elle se distingue avec autant d'honneur. (Applaudissements.) J'apprécie les motifs et la générosité de ceux qui s'efforcent de répandre jusqu'aux extrémités du globe les bienfaits de la foi et de la civilisation ; mais je dois dire qu'il y a tant de souffrances autour de nos foyers, qu'il n'est plus nécessaire d'aller chercher aux antipodes ou en Chine un aliment à notre bienveillance. (Applaudissements.) Je regrette l'absence d'un gentleman qui devait prendre ce soir la parole. (De toutes parts : il est arrivé. En effet, M. Bright vient de monter sur l'estrade.) Je veux parler du colonel Thompson, et je suis fâché de n'avoir pas plus tôt prononcé son nom. Je regrette l'absence de ce gentleman, qui, par ses écrits et ses discours, a plus que tout autre fourni des arguments contre le monopole. C'est de ses nombreuses publications, et particulièrement de son catéchisme contre les lois-céréales que j'ai tiré les matériaux dont je me suis servi pour combattre ces lois. On raconte que Georges III rencontra par hasard un mot heureux. Une personne lui disait que les avocats étaient des gens habiles, possédant dans leur tête une immense provision de science légale pour tous les cas. Non, dit Georges III, les avocats ne sont pas plus habiles que d'autres et ils n'ont pas plus de lois dans la tête ; mais ils savent où en trouver quand ils en ont besoin. (Rires.) Dans les ouvrages du colonel Thompson, vous trouverez la solution de toutes les questions qui se rattachent à notre cause, et vous vous rendrez maîtres des arguments qu'il faut opposer aux lois-céréales. Que sont ces lois, après tout? On a dit qu'elles étaient nécessaires, — pour protéger l'industrie nationale, pour assurer de l'emploi aux ouvriers des campagnes, — pour placer le pays dans un état d'indépendance à l'égard de l'étranger. — D'abord, en ce qui touche le *travail national*, la protection n'est qu'un mot spécieux. Il implique une faveur

conférée par la législature aux personnes protégées. Quand on
y regarde de près, en effet, on s'aperçoit que tout se réduit à
décourager quelques branches d'industrie pour en encourager
d'autres, c'est-à-dire à gratifier de certaines faveurs des classes
déterminées. (Ici l'orateur examine l'influence des lois restrictives sur la propriété, le fermage et la main-d'œuvre.) Si
l'on considère les conséquences des lois-céréales relativement à
l'industrie, on ne peut nier qu'elles n'aient pour objet direct de
la contenir dans de certaines limites. Le but qu'on se propose,
avec une intention bien arrêtée, c'est de prévenir l'émancipation et l'accroissement des classes industrieuses, d'abord pour
conserver aux landlords des rentes exagérées, ensuite pour les
maintenir dans leur position au plus haut degré de l'échelle sociale. (Applaudissements.) Je répète que les landlords ont pour
but de conserver cet ascendant qu'ils exercent sur le pays, ascendant qu'ils ne doivent certes pas à leurs talents ou à leur
supériorité; ils le veulent conserver néanmoins pour demeurer
à toujours les dominateurs des classes moyennes et laborieuses.
(Applaudissements.) Ils voient d'un œil d'envie les progrès de
la richesse et de l'intelligence parmi les classes rivales, et, dans
leur fol amour des distinctions féodales, ils ont fait des lois
pour assurer leur domination. (Bravos prolongés.) On a dit
encore que nous proposions une mesure violente, et que, eu
égard aux tenanciers et aux capitaux engagés dans l'agriculture,
il ne fallait pas, par trop de précipitation, ajouter aux embarras de la situation actuelle. Je réponds, dans l'intérêt des
tenanciers eux-mêmes, que rien ne saurait leur être plus profitable que l'abrogation absolue et immédiate de la loi. (Assentiment.) C'est dans leur intérêt surtout qu'il faut renouveler
entièrement les bases de notre police commerciale. Des changements périodiques et successifs ne feraient, pour ainsi dire,
qu'organiser le désordre. Il vaut mieux pour eux que la révolution s'opère complétement et d'un seul coup. Puisqu'on
reconnaît la justice du principe de la liberté commerciale, je le
demande, pourquoi refuse-t-on de le mettre en pratique?
C'est en réclamant, d'une manière absolue, l'abrogation immédiate et totale de toutes les lois restrictives; c'est en suivant

cette ligne de conduite, la seule qui ait pour elle l'autorité des principes, que la Ligue a rallié autour d'elle tout ce qu'il y a dans le pays d'intelligence, d'enthousiasme et de dévouement. Ce n'est pas que je veuille nier qu'une mesure de transaction, telle que le droit fixe de 8 schellings, si le dernier cabinet l'eût fait prévaloir, n'eût conféré au pays de grands avantages et résolu pour un temps de graves questions, etc.....

Puisque j'ai parlé du droit fixe, je dois répondre à cette étrange assertion, que le droit sur le blé est payé par l'étranger. S'il en est ainsi, il ne s'agirait que d'augmenter ce droit pour rejeter sur l'étranger tout le fardeau de nos taxes. (Rires et applaudissements.) Si toutes nos importations provenaient d'une petite île comme Guernesey, je pourrais comprendre qu'elles seraient trop disproportionnées avec la consommation du pays, pour qu'un droit prélevé sur ce faible supplément pût affecter le prix du blé indigène. Dans cette hypothèse, abolir le droit, ce serait en faire profiter le propriétaire de Guernesey. Mais avec la liberté du commerce, les arrivages nous viendraient de tous les points du globe, et feraient au blé indigène une concurrence suffisante pour le maintenir à bas prix. Dans de telles circonstances, une taxe sur le blé étranger ne peut qu'élever le prix du blé national, et soumettre par conséquent le peuple à un impôt beaucoup plus lourd que celui qui rentre à l'échiquier.....

On dit encore que si nous supprimions la taxe sur le blé exotique, l'étranger pourra le soumettre à un droit d'exportation, et attirer vers son trésor public une source de revenu, qui maintenant va à notre trésor. Si les étrangers interrompaient ainsi le commerce du blé, nos agriculteurs du moins ne devraient pas s'en plaindre, puisque c'est ce qu'ils font eux-mêmes. — Mais commençons par mettre de notre côté la chance que l'étranger s'abstiendra d'établir de tels droits. (Approbation.) Ouvrons nos ports, et s'il se rencontre un gouvernement qui taxe le blé destiné à l'Angleterre, il sera victime de son impéritie, car nous irons chercher nos approvisionnements ailleurs.

Il est un autre sophisme qui a fait son entrée dans le monde sous le nom de *traités de commerce* (¹). On nous dit : « N'abrogez pas les lois-céréales jusqu'à ce que l'étranger réduise les droits sur nos produits manufacturés. » Ce sophisme repose sur l'opinion que le gouvernement d'un pays est disposé à modifier son tarif à la requête des étrangers ; il tend à subordonner toute réforme chez un peuple à des réformes chez tous les autres.

Mais quelle est, au sein d'un peuple, la force capable de détruire la protection ? Ce n'est pas les prétentions de l'étranger, mais l'union et l'énergie du peuple, fatigué d'être victime d'intérêts privilégiés. Voyez ce qui se passe ici. Qu'est-ce qui maintient les lois restrictives ? c'est l'égoïsme et la résolution de nos monopoleurs, les Knatchbull, les Buckingham, les Richmond. Si l'étranger venait leur demander l'abandon de ces lois, adhéreraient-ils à une telle requête ? Certainement non. Les exigences de l'étranger ne rendraient nos seigneurs ni plus généreux, ni plus indifférents à leurs rentes, ni moins soucieux de leur prépondérance politique. (Applaudissements.) Eh bien, en cela les

(¹) En 1842, sir Robert Peel, en présentant au Parlement la première partie de cette réforme commerciale que nous voyons se développer en 1845, disait qu'il n'avait pas touché à plusieurs articles importants, tels que le sucre, le vin, etc., pour se ménager les moyens d'obtenir des traités de commerce avec le Brésil, la France, l'Espagne, le Portugal, etc. ; mais il reconnaissait en principe que si les autres nations refusaient de recevoir les produits britanniques, ce n'était pas une raison pour priver les Anglais de la faculté d'aller acheter là où ils trouveraient à le faire avec le plus d'avantage. Ses paroles méritent d'être citées :

« We have reserved many articles from immediate reduction in « the hope that ere long we may attain what is just and right, na- « mely increased facilities for our exports in return ; at the same « time, I am bound to say, that it is for the interest of this country to « buy cheap, whether other countries will buy cheap from us or no. « We have right to exhaust all means to induce them to do justice, « but if they persevere in refusing, the penalty is on us if we do not « buy in the cheapest market. (Speach of sir Robert Peel, 10th « may 1842.) »

Toute la science économique, en matière de douanes, est dans ces dernières lignes.

autres pays ne diffèrent pas de celui-ci ; et si nous allions réclamer d'eux des réductions de droits, ils ont aussi des Knatchbull et des Buckingham engagés dans des priviléges manufacturiers, et on les verrait accourir à leur poste pour y défendre
vigoureusement leurs monopoles. Ailleurs, comme ici, ce n'est
que la force de l'opinion qui affranchira le commerce. (Écoutez !
écoutez !) Je vous conseille de ne pas vous laisser prendre à ce
vieux conte de *réciprocité*; de ne point vous laisser détourner
de votre but par ces histoires d'ambassadeurs allant de nation
en nation pour négocier des traités de commerce et des réductions réciproques de tarifs. Le peuple de ce pays ne doit compter
que sur ses propres efforts pour forcer l'aristocratie à lâcher
prise. (Acclamations.) — La question maintenant est de savoir
sous quelle forme nous nous adresserons à la législature. De-
manderons-nous aux landlords l'abrogation des lois restrictives
comme un acte de charité et de condescendance ? solliciterons-
nous à titre de faveur, ou exigerons-nous comme un droit la
libre et entière disposition des fruits de notre travail, soit que
nous les devions à nos bras ou à notre intelligence ? (Bravos
prolongés.) On a dit, je le sais, que le joug de l'oppression avait
pesé si longtemps sur la classe moyenne, qu'elle avait perdu
jusqu'au courage de protester, et que son cœur et son esprit
avaient été domptés par la servilité. Je ne le crois pas. (Applaudissements.) Je ne puis pas croire que les classes moyennes et laborieuses, du moment qu'elles ont la pleine connaissance des
maux que leur infligent les nombreuses restrictions imposées à
leur industrie par la législature, reculent devant une démonstration chaleureuse et unanime (bruyantes acclamations), pour demander d'être placées, avec les classes les plus favorisées, sur le
pied d'une parfaite égalité. — Les propriétaires terriens me de-
manderont si, lorsque je réclame l'abolition de leurs monopo-
es, je suis autorisé par les manufacturiers à abandonner toutes
les protections dont ils jouissent. Je réponds qu'ils sont prêts à
faire cet abandon (applaudissements), et je rougirais de paraître
devant cette assemblée pour y plaider la cause de l'abrogation
des lois-céréales, si je ne réclamais en même temps l'abolition
radicale de tous les droits protecteurs, en quoi qu'ils puissent

consister. (Applaudissements.) C'est sur ce terrain que nous avons pris position et que nous entendons nous maintenir. Les lois-céréales, aussi bien que les autres droits protecteurs, ont passé au Parlement alors que les classes manufacturières et commerciales n'y étaient pas représentées, à une époque où ce corps nombreux et intelligent, qui forme la grande masse de la communauté, ne pouvait s'y faire entendre par l'organe de ses députés. Vainement reproche-t-on aux manufacturiers de jouir des bienfaits de la protection, comme par exemple de droits à l'entrée des étoffes de coton à Manchester, ou de la houille à Newcastle. (Rires.) N'est-il pas clair que les landlords ont admis ces priviléges illusoires pour faire passer les leurs? (Approbation.) Ce n'est pas les manufacturiers qui ont établi ces droits, c'est l'aristocratie, qui, pénétrant dans leurs comptoirs, a la prétention de leur dicter quand, où et comment ils doivent accomplir des importations et des échanges. Il est puéril de reprocher à l'industrie ces droits protecteurs, car les lois existantes n'émanent pas d'elle; et la responsabilité en appartient tout entière, ainsi que celle de la détresse nationale, au Parlement britannique. (Acclamations prolongées.) On a dit que si la cité de Londres était lente à entrer dans ce mouvement, c'est qu'elle ne voulait pas recevoir de lois. Je n'ai jamais compris que la Ligue ait cherché à s'imposer à qui que ce soit. Nous sommes ici pour un objet commun, le bien-être de la communauté, et, par-dessus tout, celui du commerce de Londres. Est-il possible, par une interprétation absurde, de nous accuser d'outrecuidance, lorsque nous nous bornons à venir dire aux classes laborieuses : « Votre industrie sera mieux placée sous votre direction que sous celle des chasseurs de renards de la Chambre des communes (rires et applaudissements); elle prospérera mieux sous le régime de la liberté que sous le contrôle oppresseur de ces gentilshommes que des votes corrompus ont transformés en législateurs. » (Tonnerre d'applaudissements.) — J'arrive maintenant à cette question : L'abrogation de la loi-céréale est-elle une mesure praticable? Si nous pouvons convaincre le premier ministre et l'administration que l'opinion publique est favorable à cette mesure, je suis convaincu qu'elle sera proposée au Par-

lement; elle n'est pas hors de notre portée, nous ne courons pas
après un objet impraticable. Des réformes plus profondes ont été
préparées et amenées par la discussion, par l'appel à la raison
publique et au moyen de ce qu'on nomme aujourd'hui *agita-*
tion. Je crois que l'aristocratie elle-même, si elle voit que le
pays est décidé, acquiescera par pudeur, et, sinon par pudeur,
du moins par crainte. (Bruyantes acclamations.) Vous redoutez
la Chambre des lords. Mais, quoi ! il n'y a pas dans tout le pays
un corps plus complaisant ! (Rires.) Il n'y a pas dans toute la
métropole quatre murs qui renferment une collection d'hommes
si timides ! Que le pays manifeste donc sa résolution, et l'administration proposera la mesure, les communes la renverront aux
lords qui la voteront à leur tour. Peut-être n'obtiendra-t-elle
pas les suffrages du banc des évêques, mais Leurs Révérences
en seront quittes pour aller se promener un moment en dehors
de la salle. (Rires.) Les grands propriétaires ont déjà montré
d'autres sympathies de docilité, par exemple en votant l'admission des bestiaux étrangers, ce qu'ils se sont hâtés de faire
lorsqu'il ont vu qu'abandonner le ministère, c'était renoncer à
la portion d'influence que, par certains arrangements, le cabinet actuel leur a assurée. Les promesses solennelles faites aux
fermiers ne les ont pas arrêtés. En parcourant ces jours derniers
un livre d'histoire naturelle, je suis tombé sur la description
d'un oiseau, et j'en ai été frappé, tant elle s'applique aussi à
ces gentilshommes campagnards envoyés au Parlement comme
monopoleurs, et qui néanmoins admettent enfin les principes
de la liberté commerciale. Le naturaliste dit, en parlant du
rouge-queue (bruyant éclat de rires) : » Son chant sauvage n'a
« rien d'harmonieux ; mais lorsqu'il est apprivoisé il devient
« d'une docilité remarquable. Il apprend des airs à la serinette ;
« il va même jusqu'à parler. » (Rires prolongés.) Que l'administration présente donc une mesure décisive, et les grands seigneurs s'y soumettront, car tout le monde peut avoir remarqué
que, dans la dernière session, leurs discours ont eu une teinte
apologétique, et semblent avoir été calculés plutôt pour excuser
que pour soutenir les lois-céréales. Quelques personnes pourront
penser que je vais trop loin en demandant l'abrogation totale

(non, non); mais je les prie d'observer qu'une *protection modérée* empêcherait l'entrée d'une certaine quantité de blé, et que, relativement à cette quantité, elle agirait comme une *prohibition absolue*. C'est donc un sophisme de dire que la protection diffère en principe de la prohibition. La différence n'est pas dans le principe, mais dans le degré. La Ligue a répudié le principe même de la protection. Elle proclame que toutes les classes ont un droit égal à la liberté des échanges et à la rémunération du travail. (Approbation.) Je sais qu'on me dira que l'Angleterre est un pays favorisé, et qu'elle devrait se contenter de ses avantages; mais je ne puis voir aucun avantage à ce que les ouvriers de l'Angleterre ne soient pas pourvus des choses nécessaires à la vie aussi bien que ceux des États-Unis ou d'ailleurs. On peut se laisser éblouir et séduire par les parties ornementales de notre constitution, et l'antiquité vénérable de nos institutions; mais la vraie pierre de touche du mérite et de l'utilité des institutions, c'est, à mon sens, que le grand corps de la communauté atteigne à une juste part des nécessités et du confort de la vie. Je dis que, dans un pays comme celui-ci, qui possède tant de facilités industrielles et commerciales, tout homme sain de corps et de bonne volonté, doit pouvoir atteindre non-seulement à ce qui soutient, mais encore à ce qui améliore, je dis plus, à ce qui embellit l'existence. (Applaudissements.) C'est ce qu'admet la cité de Londres, dans le mémoire qu'elle a récemment soumis au premier ministre, au sujet de la colonisation. N'ayant pas lu ce mémoire, je ne m'en fais pas le juge, mais je sais qu'il a été signé par des adversaires comme par des partisans de la liberté commerciale. Quant aux premiers, je leur demanderai, avec tout le respect que je leur dois, comment ils peuvent, sans tomber en contradiction avec eux-mêmes, nous engager à créer au loin et à gros frais de nouveaux marchés pour l'avenir, quand ils nous refusent l'usage des marchés déjà existants. Je ne puis concilier le refus qu'on nous fait du libre échange avec les États-Unis, où il existe une population nombreuse, qui a les mêmes besoins et les même goûts que celle de ce pays, avec l'ardeur qu'on montre à créer de nouveaux marchés, c'est-à-dire, à provoquer l'existence d'une population semblable à celle des États-

Unis, et cela pour ouvrir dans l'avenir des débouchés à notre
industrie. C'est là une inconséquence manifeste. Quant à ceux
qui soutiennent à la fois et les principes de la Ligue et le projet
de colonisation, n'ont-ils pas à craindre de s'être laissé entraîner
à appuyer une mesure que le monopole considère certainement
comme une porte de secours, comme une diversion de ce grand
mouvement que la Ligue a excité dans le pays? (Écoutez!) Je
ne veux pas contester les avantages de la colonisation ; mais il
me semble qu'il faut savoir, avant tout, si l'ouvrier veut ou ne
veut pas vivre sur sa terre natale. (Approbation.) Je sais bien que
les personnes auxquelles je m'adresse n'entendent pas appuyer
l'émigration forcée ; je suis loin de leur imputer une telle pensée. Mais il y a deux manières de forcer les hommes à l'exil.
(Écoutez! écoutez!) La première, c'est de les prendre pour ainsi
dire corps à corps, de les jeter sur un navire, et de là sur une
plage lointaine ; la seconde, c'est de leur rendre la patrie si
inhospitalière qu'ils ne puissent pas y vivre (acclamation), et je
crains bien que l'effet des lois restrictives ne soit de pousser à
l'expatriation des hommes qui eussent préféré le foyer domestique. (Applaudissements.) Messieurs, j'ai abusé de votre patience.
(Non, non, parlez, parlez.) On vous dira que les autres nations
sont, comme celle-ci, chargées d'entraves et de droits protecteurs ; cela n'affaiblit en rien mon argumentation. Nous devons
un exemple au monde. C'est à nous, par notre foi en nos principes, à déterminer les autres peuples à se débarrasser des liens
dont les gouvernements les ont chargés. Notre exemple sera-t-il
suivi ? C'est ce que nous ne saurions prédire. Notre but est le
bien général, notre moyen un grand acte de justice. C'est ainsi
que déjà nous avons émancipé les esclaves ; et puisque les lois-
céréales sont aussi l'esclavage sous un autre forme, je ne puis
mieux terminer que par ces paroles de Sterne, car il n'y en a
pas de plus vraies : « Déguise-toi comme il te plaira, esclavage,
ta coupe est toujours amère, et elle n'a pas cessé de l'être parce
que des milliers d'êtres humains y ont trempé leurs lèvres. »
(L'orateur s'assoit au bruit d'applaudissements prolongés.)

Le président, en introduisant M. Bright, dit que quoiqu'il ne puisse pas présenter à l'assemblée le représentant de Durham, il n'est personne qui mérite plus de sa part un chaleureux et gracieux accueil.

M. Bright raconte qu'étant à Nottingham pour y poser en face des électeurs la question commerciale, qui, selon toute apparence, triomphera dans la personne d'un membre de la Ligue, M. Gisborne (applaudissements), il apprit qu'une réélection allait avoir lieu à Durham, où un grand nombre d'électeurs étaient disposés en faveur d'un candidat *free-trader* (1). Je m'empressai de m'y rendre, continue M. Bright, sans la moindre intention de me présenter moi-même aux suffrages des électeurs, mais pour appuyer tout candidat qui professerait nos principes. Par suite de quelques malentendus, aucun candidat libéral ne se présentant, des hommes graves et réfléchis me pressèrent de me porter moi-même. Le temps me manquait pour prendre conseil de mes amis politiques ; je me déterminai à publier une adresse qui parut à huit heures ; à onze l'élection commença. — Lorsqu'on considère que Durham est une ville épiscopale (rires) ; que le marquis de Londonderry exerce sur ce bourg une influence énorme quoique très inconstitutionnelle, disposant de cent électeurs qui votent comme un seul homme sous ses inspirations ; que mon adversaire est un homme d'un rang élevé ; qu'il a déjà représenté Durham, et qu'il a eu tout le temps qu'il a voulu pour préparer l'élection, je crois qu'on peut voir dans ce qui vient de se passer le présage certain d'un prochain triomphe, puisque j'ai obtenu 406 suffrages contre 507, ce qui constitue la plus forte minorité que le parti libéral ait jamais obtenue à Durham depuis le bill de réforme, etc.

L'orateur continue son discours au milieu d'applaudissement réitérés.

(1) *Free-trader*, partisan de la liberté commerciale.

Le président, en fermant la séance, renouvelle à tous les assistants la recommandation de propager autant que possible les journaux qui inséreront le procès-verbal dans leurs colonnes.

MEETING HEBDOMADAIRE DE LA LIGUE.

13 avril 1843.

Il devient maintenant inutile de parler de l'immense concours qu'attirent ces réunions. Quelque vaste que soit le théâtre de Drury-Lane, il est à notre connaissance qu'un grand nombre de personnes n'ont pu être admises. Le bruit s'étant répandu qu'il n'y aurait pas d'autres meetings jusqu'après les fêtes de Pâques, une foule considérable affluait dans les rues adjacentes. Il nous a semblé que les dames étaient plus nombreuses que dans les occasions précédentes, et l'assemblée présentait un air de distinction bien propre à soutenir le caractère de ces meetings, qui est de représenter la classe moyenne. Nous avons remarqué sur la plate-forme un grand nombre de membres du Parlement.

Le président annonce qu'il n'y aura pas de réunion la semaine prochaine. Dans l'intervalle, les membres de la Ligue se disperseront dans le pays pour exciter cette *agitation* dont les résultats sont sensibles à Londres. Il rend compte de plusieurs meetings tenus dans les comtés par les adversaires et par les partisans de la liberté commerciale, et particulièrement de celui de Sommerset, dans lequel se sont fait entendre MM. Cobden, Bright et Moore. De semblables réunions auront lieu successivement dans chaque comté du royaume tous les samedis. M. Cobden s'est engagé à y assister. (Bruyantes acclamations.) Ce système d'agitation ne sera plus abandonné tant qu'il restera à visiter un coin du territoire. Nous commençons à éprouver les bons effets de la distribution des brochures dans les districts agricoles. La faiblesse de nos adversaires y devient visible. Nous sommes déterminés à porter la guerre jusque dans leurs propres citadelles, et à arracher de leurs mains cette influence politique dont ils ont tant abusé. (Acclamations.) Vous aurez le plaisir d'entendre ce soir mon excellent ami, le docteur Bowring, m. P. (applaudissements), ensuite M. Elphinstone, m. P. (applaudissements), et enfin votre estimable concitoyen, le révérend John Burnet. (Bruyantes acclamations.) Avant la clôture de la séance, M. Heyworth, de Liverpool, vous soumettra une proclamation qni a été approuvée par le conseil de la Ligue, et que nous nous proposons d'adresser au peuple d'Angleterre.

Le procès-verbal de la dernière séance est lu et adopté.

Le docteur BOWRING se lève au bruit des applaudissements enthousiastes. L'honorable gentleman s'exprime en ces termes :

Ladies et gentlemen : Il est permis d'éprouver quelque embarras et quelque anxiété en présence d'un auditoire aussi imposant. Quant à moi, qui ai vu les commencements de la Ligue et ses premiers combats, quand je compare cette multitude assemblée avec le petit nombre d'hommes qui résolurent d'éveiller l'attention publique sur cette grave question, et de renoncer à tout repos jusqu'à ce qu'ils eussent vaincu le grand abus dont ils voyaient souffrir leurs concitoyens, je vous assure, mes amis, que je me sens encouragé, car j'éprouve que d'honorables et vertueux efforts trouvent toujours une digne récompense. (Applaudissements.) Nous avons tous une mission qui nous a été confiée par la Providence. Comme hommes, comme chrétiens, comme citoyens, nous avons des devoirs à remplir. La femme aussi a sa mission, sa haute et sainte mission ! Sa présence dans cette enceinte nous prouve qu'elle en comprend toute l'étendue et qu'elle se sent appelée à porter l'efficace tribut de son concours dans la grande lutte où nous sommes engagés. (Bruyantes acclamations.) Les peuples ont aussi leur

mission ; et l'Angleterre, la plus grande des nations, — l'Angleterre, qui possède plus de pouvoir et d'influence qu'il n'en avait
jamais été confié à aucune association d'êtres humains , —
l'Angleterre, plus grande que la Phénicie, alors que Tyr et Sidon remplissaient le monde du bruit de leur renommée, —
cette noble Angleterre, qui étend ses bras jusqu'aux extrémités
du globe, qui a fait pénétrer son influence parmi les hommes
de tous les climats, de toutes les races, de toutes les langues, de
toutes les religions, — l'Angleterre a aussi la plus haute et la
plus noble des missions, celle d'enseigner au monde que le
commerce doit être libre (acclamations), — que tous les hommes
sont faits pour s'aimer et s'entr'aider les uns les autres, — pour
se communiquer réciproquement les avantages et les bienfaits
divers qui leur ont été départis par la nature, — pour vivre en
bon voisinage comme des frères, sans égard aux fleuves ou aux
montagnes qui les séparent. Oui, c'est la mission de l'Angleterre de montrer aux hommes qu'ils remplissent un devoir
commun, qu'ils font un moral usage des prérogatives qui leur
ont été conférées par la Providence, qu'ils témoignent de leur
fraternité comme enfants d'un même père, lorsqu'ils consacrent leurs efforts à émanciper le travail, lorsqu'ils ouvrent
toute la terre aux libres et amicales communications des peuples, lorsqu'ils renversent ces barrières élevées, non dans l'intérêt de tous, mais dans l'intérêt du petit nombre, dans le sinistre intérêt d'une aristocratie qui, pour le malheur de
l'humanité, ayant usurpé le pouvoir législatif, n'en usa jamais
que dans des vues égoïstes et personnelles. (Applaudissements.)
Que si les peuples ont leur mission, les cités ont aussi la leur.
Birmingham a *agité* pour le bill de réforme électorale, pour
l'émancipation politique de l'Angleterre. (Acclamations.) Manchester s'est levée à son tour pour l'accomplissement d'un devoir plus élevé, d'une œuvre plus grande et plus sainte ; Manchester s'est levée pour émanciper le monde industriel; et
Manchester, — honneur à cette cité ! — a produit des hommes
dignes que cette sublime mission leur fût confiée ! (Acclama-
mations prolongées.) Mes amis, je l'ai déjà dit, nous ne repré-
sentons point ici un égoïste et sinistre intérêt. Les doctrines que

nous enseignons ici n'intéressent pas nous seuls, elles intéressent toute la grande confraternité humaine ; car la voix de l'Angleterre, cette voix majestueuse, quand elle s'élève, retentit jusqu'aux confins de la terre, et les vérités que nous proclamons, revêtues de notre belle langue, sont portées sur les ailes de tous les vents du ciel. (Applaudissements.) J'ai devant moi un document venu de la Chine, cette terre fleurie du Céleste Empire ; il est rempli des opérations de la Ligue. (Acclamations.) Là, vous avez fondé un nouveau pouvoir ; vous avez porté la terreur de votre nom au milieu d'un peuple innombrable, e que vous dit l'écho qui revient de ce lointain pays ? Il vous dit : Si vous voulez tirer parti de votre influence, affranchissez votre commerce, mettez-nous à même d'échanger avec vous, réalisez les opinions que votre premier ministre a proclamées devant votre Chambre des communes ; prouvez-nous que lorsque sir Robert Peel a déclaré que « acheter à bon marché et vendre cher, était la politique du sens commun, » il croyait à ses propres paroles ; faites pénétrer dans vos lois cette théorie qu'il a exaltée comme celle de tout homme consciencieux et de toute nation intelligente et honnête. (Applaudissements.) J'ai encore devant moi une longue lettre d'Ava, le royaume du seigneur au pied d'or et de l'éléphant blanc, et cette lettre m'annonce que ce qui se passe en Angleterre produit une telle excitation dans ces lointaines contrées, que l'on s'y est soulevé contre les monopoles. Le peuple s'est aperçu que son souverain le pille sous prétexte de le protéger, et il est en train de lui donner une leçon qui promet des modifications dans les conseils de l'empire. (Rires et applaudissements.) Voyez l'Égypte ! Il y a dans cette assemblée des hommes distingués venus des bords du Nil. Ils désirent savoir si on laissera enfin les surabondantes productions de cette terre privilégiée venir rassasier le peuple affamé de l'Angleterre. Les patriarches des anciens temps descendirent en Égypte pour y trouver du soulagement contre les maux de la famine, à une époque que nous qualifions de barbare, et cependant aucune loi n'empêcha les fils de Jacob d'aller sur les rives du Nil, et de rapporter en Palestine la nourriture dont ils avaient besoin. Au temps de la révélation mosaïque, et même dans les temps antérieurs, aucun obstacle ne s'opposait à ces communications. Sera-t-il dit que le christianisme a laissé dégénérer les hommes au-dessous du niveau moral auquel ils étaient parvenus dès ces temps reculés ! Est-ce ainsi que nous devons appliquer le commandement de faire aux autres ce que nous voudrions qu'il nous fût fait ? Est-ce là l'interprétation que nous donnons à la plus sublime de toutes les leçons : « Aimez-vous les uns les autres comme des frères. » Ah ! l'enseignement du monopole est : « Haïssez-vous, dépouillez-vous les uns les autres. » (Bruyantes acclamations.) — Mais la liberté du commerce enseigne une toute autre doctrine. Elle introduit parmi les hommes et dans leurs transactions journalières la religion de l'amour. La liberté du commerce, j'ose le dire, c'est le christianisme en action. (Applaudissements.) C'est la manifestation de cet esprit de bénignité, de bienveillance et d'amour qui cherche partout à éloigner le mal, qui s'efforce en tous lieux d'augmenter le bien. (Immenses acclamations.) — On parle de l'Orient. Il a été dans ma destinée d'errer parmi les ruines de ces anciennes cités auxquelles je faisais tout à l'heure allusion. J'ai vu les colonnes de Tyr dans la poussière. J'ai vu ce port vers lequel affluaient jadis les vaisseaux de ses marchands fastueux, princes et dominateurs de la terre, vêtus de pourpre et de lin, et maintenant, il n'y a pas une colonne qui soit restée debout ; elles sont cachées sous le flot et sous le sable ; la gloire s'est exilée de ces lieux ! — Et qui en a recueilli l'héritage ? qui, si ce n'est les enfants de l'Angleterre ? Quand je compare ces vicissitudes et ces destinées, quand je me rappelle qu'au temps de la prospérité de Tyr et de Sidon, au temps où la Phénicie représentait tout ce qu'il y avait de grand et de glorieux sur la terre, notre île n'était qu'un désert habité par une poignée de sauvages, je puis bien me demander à quelle cause l'une doit son déclin et l'autre sa prodigieuse élévation. C'est le commerce qui nous a fait grands ; c'est le travail de nos mains industrieuses qui a élevé notre puissance. L'industrie a créé nos richesses, et nos richesses ont créé cette influence politique qui attire sur nous les regards de l'humanité. Et maintenant le monde se demande quel enseignement

nous allons lui donner. Ah ! nous n'avons que trop disséminé
sur le globe des leçons de folie et d'injustice ! Le temps n'est-
il pas venu où il est de notre devoir de donner des leçons de
vertu et de sagesse ? — Et cette cité, — cette cité qui dans ces
temps reculés échappait aux regards de la renommée ; cette
cité qui surpasse par le nombre des habitants plusieurs des nations et royaumes qui se sont fait un nom dans l'histoire, — ne
voudra-t-elle pas aussi se montrer digne de sa destinée ?
(Applaudissements.) Non, elle ne restera pas en arrière. (Nouveaux applandissements.) Des réunions comme celles-ci ne
laissent aucune incertitude, et répondent éloquemment à ceux
qui disent que la Ligue travaille en vain, qu'elle se lassera de
son œuvre, et que le monopole peut dormir en paix à l'ombre
du mancenillier qu'il a planté sur le sol de la patrie. Oh ! qu'il
ne compte pas sur un tel avenir ! Si l'effort que nous faisons maintenant, pour affranchir le commerce, le travail et l'échange, ne
suffit pas, nous en ferons un plus grand (acclamations), et puis
un plus grand encore. (Tonnerre d'applaudissements.) Nous
creuserons de plus en plus la mine sous le temple du monopole ; nous y amoncellerons de plus en plus les matières
explosibles, jusqu'à ce que le Parlement en approche l'étincelle fatale, et que l'orgueilleux édifice vole en éclats dans les
airs. Alors de libres relations existeront entre toutes les nations
de la terre, et ce sera la gloire de l'Angleterre d'avoir ouvert la
noble voie. S'il fallait des exemples pour prouver les fatales
conséquences du monopole, l'histoire nous en fournirait de
toutes parts. Considérez les plus belles portions du globe. Voyez
l'Espagne. Vous avez entendu parler de ses fleuves, qui, selon
les poëtes, roulent des sables d'or ; vous avez entendu parler de
ses riches vallées, de ses huiles, de ses vins et de ses troupeaux ;
vous avez entendu raconter ses gloires navales et militaires,
alors que ses grands hommes, marchant de conquêtes en conquêtes, ajoutaient des mondes entiers aux domaines de ses souverains. L'Espagne ne manifesta pas moins sa supériorité
intellectuelle par la voix de ses poëtes, de ses fabulistes et de
ses romanciers. Et maintenant qu'est-elle devenue ? Vainement
elle a subjugué un monde, planté ses bannières au Nord et au

Sud des continents américains, acquis des îles innombrables,
rapporté de l'hémisphère occidental des trésors qu'elle ne
comptait pas, exercé en Europe une prépondérance à laquelle
aucune nation n'était parvenue, — l'Espagne a adopté le
système prohibitif et protecteur, et la voilà plongée dans l'ignorance et la désolation. (Applaudissements.) Ses marchands sont
des fraudeurs, ses négociants des contrebandiers ; et ces grandes
cités, d'où s'élancèrent les Pizarre et les Cortez, voient l'herbe
croître dans leurs rues et le lézard familier se réchauffer sur
leurs murs. — Reportez maintenant vos regards vers une autre
contrée à qui la nature avait refusé tant d'avantages. Regardez
la Hollande, votre voisine. Son sol est placé au-dessous du niveau de la mer ; il n'a pu être arraché aux flots de l'Atlantique
que par la plus haute intelligence et la plus active industrie,
unies au plus ardent patriotisme. Mais la Hollande a découvert
le secret de la grandeur des nations : la liberté. Par la liberté
du commerce, bientôt elle soumit, dompta, enchaîna l'Espagne ; et tant qu'elle fut fidèle à ses principes, tant qu'elle pro-
fessa et mit en pratique les doctrines de ses grands hommes,
elle devint, malgré ses étroites limites, assez influente pour être
comptée parmi les plus puissantes associations humaines. Et
voyez combien, dans des régions éloignées, la tradition porte
haut le nom de la Hollande ! Parmi les importations récemment
arrivées de la Chine, se trouve un exemplaire de la géographie
enseignée dans les écoles du Céleste Empire. Comment croyez-
vous qu'on y décrit l'Angleterre ? le voici : « L'Angleterre est
« une petite île de l'Occident, subjuguée et gouvernée par les
« Hollandais. » (Hilarité prolongée.) D'après cette exhibition de
l'état de l'instruction en Chine, vous ne serez point surpris que
l'Empereur ait été saisi d'une inconcevable stupéfaction, lorsque son commissaire Ke-Shen lui apprit qu'une poignée de ces
barbares avait mis en déroute la plus forte armée qu'il lui eût
été possible de rassembler. Vous vous rappelez qu'il ordonna
que Ke-Shen fût scié en deux quand celui-ci arriva avec la ma-
lencontreuse nouvelle. Mais je ne doute pas qu'avant que la
présente année ait fini son cours, une nouvelle géographie, ou
du moins une édition revue et corrigée ne soit introduite, dans

les écoles du Royaume du Milieu. (Rires et applaudissements.)
— Portez maintenant vos yeux vers l'Italie ; il n'est pas de pays
plus fertile en utiles enseignements. Ses pieds sont baignés par
la Méditerranée, tous ses habitants ont une commune origine ;
mais les uns sont livrés aux bienfaisantes influences de la liberté commerciale, tandis que les autres reçoivent les secours
et la protection du monopole. Comparez la situation de la Toscane à celle dés États Pontificaux. En Toscane, tout présente
l'aspect d'une riante félicité. — Le cœur s'y réjouit à la vue
d'une population satisfaite, d'une moralité élevée, d'un commerce florissant et d'une production toujours croissante ; car
depuis le temps de Léopold, elle a été fidèle aux principes posés
par cet admirable souverain. — Passez la frontière. — Entrez
dans les États-Romains. C'est le même sol, le même climat, le
même soleil radieux et vivifiant ; ce sont les mêmes puissances
de production ; les hommes s'y vantent d'une plus haute origine, et s'y proclament avec orgueil les fils des plus illustres
héros qui aient jamais foulé la surface de ce globe. Je me rappelle avoir été introduit auprès du Pape par son secrétaire qui
se nommait Publio-Mario. Il affirmait descendre de Publius-Ma-
rius, et il vivait, disait-il, sur les mêmes terres que ses ancêtres
occupaient avant la venue de Jésus-Christ. (Rires.) Eh bien !
dans quel état est l'industrie de Rome ? Pourriez-vous croire
qu'à l'heure qu'il est, sous le régime protecteur, les Romains
foulent la laine de leurs pieds nus, et que les moulins à farine
sont d'un usage peu répandu dans les États du Pape infaillible ?
En fait, que faut-il entendre par l'émancipation du commerce? Pourquoi combattons-nous? pourquoi sommes-nous
réunis? Nous voulons donner à tout homme, à tout ouvrier, à
toute entreprise, les plus grandes raisons possibles de marcher
de perfectionnement en perfectionnement. Nour désirons que
les Anglais disent au monde : « Nous n'appréhendons rien dans
la carrière où nous entrons. Nous ne demandons qu'à être délivrés des liens qui pèsent sur nos membres. Brisez ces chaînes ;
et nous, race de Saxons, nous qui avons porté notre langue, la
langue de Shakespeare et de Milton aux quatre coins de la terre ;
nous qui avons enseigné le grand droit de représentation au

monde altéré de liberté ; nous qui avons semé des nations destinées à nous surpasser nous-mêmes en nombre, en puissance,
en gloire et en durée, nous ne craignons aucune rivalité
(bruyants applaudissements), pourvu, car il faut toujours en
venir à cette simple proposition, que nous soyons libres de
vendre aussi cher et d'acheter à aussi bon marché que nous pourrons le faire. (Applaudissements.) Et quelle est, mes amis, la
signification de ces magnifiques meetings, tels que celui auquel
je m'adresse ? Ils signifient que vous avez compris ce langage
du premier ministre de la Grande-Bretagne ; que vous ne souf-
frirez pas que ce langage se dissipe aux vents comme une oiseuse
théorie qui ne doit être l'héritage de personne ; que vous
l'avez relevé ; que vous avez conquis sir Robert Peel ; que vous
lui ferez de sa déclaration un cercle de fer (applaudissements) ;
que vous réclamerez du Parlement d'Angleterre, au dedans de
l'enceinte législative, la même vigueur, la même énergie que le
peuple déploie au dehors. (Applaudissements.) Mes amis, on
dit que, dans cette Chambre des communes, nous ne sommes
qu'une minorité désespérante. Mais, là aussi, il y en a plusieurs
qui ont rendu d'admirables services à la cause populaire, dont
l'énergie n'a jamais fait défaut, dont les voix n'ont jamais été
étouffées, dont les votes ne se sont jamais égarés, et qui en appellent toujours à vous pour marcher, sans cesse et sans relâ-
che, vers le noble but placé au bout de la carrière. (Applaudissements.) Mais après tout, mes amis, nous ne sommes, nous,
que le petit nombre, et vous, vous êtes le grand nombre, et
c'est à vous de décider s'il appartient aux intérêts, à la voix, à la
volonté du grand nombre, de prédominer, ou si la Chambre
continuera à rester aveugle, sourde, insoucieuse et indifférente
à la détresse qui l'entoure de toutes parts. En ce qui me concerne, je nourris dans mon cœur des espérances plus hautes et
plus consolantes, car je crois fermement que l'énergique volonté
de l'Angleterre n'a qu'à se déclarer, comme elle le fait en ce
moment, pour que toute résistance s'évanouisse. (L'orateur
reprend son siége au bruit des applaudissements enthousiastes.)

MM. ELPHINSTONE, BURNET et HEYWORTH se font entendre;
une proclamation au peuple est votée à l'unanimité, et la
séance est levée à dix heures.

MEETING HEBDOMADAIRE DE LA LIGUE.

26 avril 1842.

L'affluence est aussi considérable que dans les précédentes occasions. On remarque dans l'assemblée plusieurs des
membres les plus respectables de la société des wesleyens.
À sept heures, le président, M. Georges Wilson, ouvre la
séance. Il expose les travaux et les progrès de la Ligue depuis la dernière réunion. — « Nous avons distribué, dit-il,
des plis contenant douze brochures (*tracts*), à chacun des
électeurs de 160 bourgs et de 24 comtés. — Pendant la lecture de la liste de ces bourgs et comtés, l'assemblée applaudit avec véhémence, principalement quand il s'agit de
circonscriptions électorales placées sous l'influence de l'aristocratie. — Le président annonce que ce système de distribution sera étendu à tout le pays, jusqu'à ce qu'il n'y ait
pas un seul électeur dans tout le royaume qui ne soit sans
excuse, s'il émet un vote contraire aux intérêts de ses concitoyens. — Depuis notre dernière réunion, de nombreux
meetings ont eu lieu, auxquels assistait la députation de la
Ligue, lundi à Plymouth, mardi à Devonport, mercredi à
Tavistock, jeudi à Devonport, samedi à Liskeard, dans le
comté de Cornouailles. En outre, mardi, les ouvriers de
Manchester ont donné une soirée à laquelle assistaient quatre mille personnes, et qui a eu lieu dans les salons de la
Ligue (*free-trade hall*). Elle avait pour objet la présentation
d'une adresse à M. Cobden. Jeudi il y a eu meeting à Sheffield, vendredi à Wakefield, lundi à Macclesfield. Il y a eu
aussi des réunions dans le Cheshire et dans le Sunderland,
présidées par les premiers officiers municipaux, et j'ai la

satisfaction d'annoncer qu'elles seront suivies de beaucoup d'autres. — C'est le 9 mai prochain que M. Pelham Villiers portera à la Chambre des communes sa motion annuelle pour le retrait des lois-céréales. (Bruyantes acclamations.) Des délégués de toutes les associations du royaume affiliées à la Ligue, seront à Londres pour surveiller les progrès de notre cause pendant la discussion ([1]). La parole est au Révérend Thomas Spencer. » (Applaudissements.)

M. SPENCER : Je n'ai jamais porté la parole devant une aussi imposante assemblée, quoique je sois habitué aux grandes réunions, ce dont je me félicite en ce moment ; car si je n'étais enhardi par l'expérience, le courage me manquerait en présence d'un tel auditoire. Je me présente ici comme un témoin indépendant dans la lutte entre la classe manufacturière et la classe agricole. Je n'appartiens ni à l'une ni à l'autre. J'ai observé la marche de toutes les deux, sans intérêt personnel dans leur conflit ; je n'ai de préférence pour aucune, et je respecte dans tous les partis les hommes bien intentionnés. C'est pourquoi j'espère que ce meeting me permettra d'exposer ce qui est ma conviction sincère dans cette grande lutte nationale. (Approbation.) — J'ai observé depuis son origine les procédés de la Ligue ; j'ai entendu beaucoup de discours, j'ai lu beaucoup d'écrits émanés de cette puissante association, et, du commencement à la fin, je n'y ai rien vu qui ne fût juste, loyal et honorable ; rien qui tendît le moins du monde à sanctionner la violence, et quoiqu'on ait accusé les membres de la Ligue de vouloir ravir la *protection* aux fermiers, tout en la conservant pour eux-mêmes, je dois dire que je les ai toujours entendus repousser cette imputation, et proclamer qu'ils n'entendaient ni laisser profiter personne ni profiter eux-mêmes de ce système

---

([1]) On comprendra aisément et j'ai senti moi-même que ces brèves analyses ôtent au compte rendu des séances ce que les détails leur donnent toujours de piquant et quelquefois de dramatique. Obligé de me borner, j'ai préféré sacrifier ce qui pouvait plaire à ce qui doit instruire.

de priviléges. (Applaudissements.) Spectateur désintéressé de ce grand mouvement, je me suis efforcé de le juger avec impartialité d'esprit, et de rechercher s'il portait en lui-même les éléments du succès. — J'ai vu naître des entreprises qui ne pouvaient réussir, et des projets placés sous le patronage de préjugés que le temps devait dissiper. — Mais quant à cette grande *agitation*, j'aperçois clairement qu'il est dans sa nature de triompher, et je vous en dirai la raison. Je vois des changements dans mon pays, et l'histoire m'enseigne qu'il ne recule pas, mais qu'il avance ; qu'il ne se modifie pas dans un sens rétrograde, mais dans un sens progressif. Sans remonter bien loin, dans mon enfance on ne connaissait ni l'éclairage au gaz, ni les bateaux à vapeur, ni les chemins de fer, et maintenant le gaz illumine toutes nos rues, la vapeur parcourt toutes nos rivières, les rails sillonnent toutes les provinces de l'empire. (Applaudissements.) Dans mon enfance, un catholique romain, quelles que fussent sa bonne foi et ses lumières, ne pouvait entrer au Parlement, il n'en est pas de même aujourd'hui ; dans mon enfance, nul ne pouvait être chargé d'une fonction publique, s'il n'avait reçu les sacrements de l'Église établie, il n'en est pas de même aujourd'hui ; dans mon enfance, aucun Anglais, n'importe ses scrupules, ne pouvait être marié que par un ministre de cette Église, il n'en est pas de même aujourd'hui. (Applaudissements.) De cette progression, qui n'est pas, si l'on veut, arithmétique ou géométrique, mais qui certes est une progression intellectuelle, politique et nationale, je tire cette conclusion, que non-seulement d'autres progrès nous attendent, mais qu'on en pourrait presque calculer la rapidité. Le temps passé étant donné, on pourrait presque dire ce que sera le temps qui le suit. En astronomie, des savants avaient remarqué dans le système solaire un mystère qui leur semblait inexplicable : ils avaient vu que les distances du soleil aux planètes étaient entre elles comme des nombres harmoniques, sauf qu'il y avait dans la série une lacune qui les confondait. A tel point du ciel, disaient-ils, il devrait y avoir une planète. — Et en effet, les astronomes modernes, armés de plus puissants télescopes, ont découvert à la place indiquée quatre petites planètes qui complètent la série des nombres harmoniques et prouvent la justesse du raisonnement qui avait soupçonné leur existence. Et moi je dis qu'en considérant la série des progrès dans les affaires humaines, j'y vois aussi une place vide, quelque chose qui manque, et jugeant par le passé, je dis que si le principe de la liberté des transactions est vrai, il doit triompher. (Applaudissements.) J'ai un autre motif pour espérer ce triomphe : quiconque est engagé dans une grande entreprise doit avoir foi dans le succès, sous peine de sentir ses mains faiblir et ses genoux plier. C'est là d'ailleurs un résultat qu'il est dans les lois de la civilisation d'amener. Plusieurs personnes agitaient, il y a quelque temps, la question de savoir si la civilisation était favorable au bonheur de l'homme ; quelques-unes se prononçaient pour la négative. Je leur demandai ce qu'elles entendaient par *civilisation*, et je découvris, bien plus, elles avouèrent qu'elles avaient donné à ce mot une interprétation erronée. Il y a plusieurs degrés de civilisation : si vous enseignez à un sauvage quelque chose des mœurs de la vieille Europe, il mettra probablement son honneur dans ses vêtements ; il s'adonnera à la mollesse, aux liqueurs spiritueuses, et votre civilisation lui donnera la mort. Il en sera de même si vous prodiguez l'or à un indigent. Mais regardez dans les rangs élevés de la société ; considérez un membre de vos nobles familles, qui toute sa vie a été accoutumé à ces jouissances et à ce luxe, et remarquez cet autre niveau de civilisation qui prévaut dans les classes supérieures ; et, à cet égard, je puis dire avec sincérité que l'aristocratie anglaise donne un grand et utile exemple à toutes les aristocraties du monde ; elle les a devancées de bien loin dans la saine entente de la vie civilisée. Les lords d'Angleterre ont abandonné l'orgueil des vêtements, et ils ont jeté leurs livrées à leurs domestiques ; fuyant la mollesse et les excès, ils couchent sur la dure et ont introduit la simplicité sur leurs tables ; ils ont renoncé aux excès de la boisson. Plus vous vous élevez dans l'échelle sociale, plus vous trouverez que les hommes agissent sur ce principe, de conserver un esprit sain dans un corps vigoureux. Le bonheur de l'homme ne consiste pas dans les jouissances des sens, mais dans le développement des facultés physiques, intellectuelles et morales, qui le rendent capable de faire du bien pendant une longue vie. (Applaudissements.) S'il est dans la nature de la civilisation de tendre à tout simplifier, qu'y a-t-il de plus simple, en matière d'échanges, que la liberté ; et si l'Angleterre est le pays du monde le plus civilisé, ne dois-je pas m'attendre à voir, dans un temps prochain, ce grand résultat du progrès, *la simplification*, s'introduire dans nos lois commerciales ? Il est une autre chose qui doit résulter aussi du progrès de la civilisation, c'est que le Parlement se rende un compte plus éclairé de sa propre mission. Les membres du Parlement, dans les deux Chambres, ont blâmé, et quelquefois dans un langage brutal, les ministres de la religion, pour avoir pris part à cette *agitation* au sujet d'une chose aussi temporelle, disent-ils, que les lois-céréales. Ils demandent ce qu'il y a de commun entre ces lois et le saint ministère ; mais ils savent bien que tout être humain qui paie une taxe, et qui travaille pour subsister, est profondément affecté par ces lois ; ils savent bien que tout homme qui aime son frère, et qui voit ce qui se passe dans le pays, est tenu en conscience de prendre part à cette grande agitation. (Approbation.) Eh quoi ! les ministres de la religion n'ont-ils pas été spécialement appelés à considérer cette question ? et la lettre de la reine, qui leur a été envoyée pour être lue dans toutes les paroisses, ne leur en fait-elle pas, pour ainsi dire, un devoir ? (Approbation.) Cette lettre, que je dois moi-même lire dans l'église de ma paroisse, établit qu'une profonde détresse règne sur les districts manufacturiers, que cette détresse a pour cause la stagnation du commerce, et elle provoque des souscriptions pour subvenir aux besoins des indigents. Certes il n'appartient pas à un être intelligent, après avoir appris que la détresse pèse sur son pays, de rentrer dans l'inaction sans s'inquiéter des causes qui l'ont amenée. L'Écriture nous dit : « Occupez votre esprit de tout ce qui est juste, vrai, honnête et aimable. » Mais pourquoi en occuper votre esprit ? Qui voudrait penser, sans jamais réaliser sa pensée dans quelque effet pratique ? S'il est bon de penser, il est bon d'agir, et s'il est bien d'agir, il est bien de se lever pour prendre part à ce grand mouvement. (Bruyantes acclama-

tions.) Je suis enclin à croire que les personnes, dans l'une et
l'autre Chambre, qui accusent les ministres de la religion de
sortir de leur sphère pour s'immiscer dans cette agitation, sont
à moitié envahies par les erreurs du Puséisme. (Applaudissements.) Le Puséisme établit une profonde démarcation entre
l'ordre du clergé et les autres ordres, distinction injuste et indigne de tout esprit libéral et éclairé. Ne voyez-vous pas d'ailleurs que le même argument par lequel on voudrait m'empêcher d'intervenir, servirait également à prévenir l'intervention
de toute autre personne, à moins qu'elle n'intervînt du côté du
monopole, auquel cas on est toujours bien reçu. (Applaudissements prolongés.) N'ont-ils pas dit, dans leurs assemblées, que
M. Bright n'avait que faire de parcourir et d'enseigner le pays,
et qu'il ferait mieux de rester dans son usine? N'en ont-ils pas
dit autant des dames qui assistent à ces réunions? Avec cet argument, il n'est personne qu'ils ne puissent exclure de toute
participation à la vie publique. Nous avons tous un emploi, une
profession spéciale; mais notre devoir n'en est pas moins de
nous occuper en commun de ce qui intéresse la communauté.
Je crains bien que le Parlement ne cherche à endormir le peuple par cette argumentation. Et lui aussi a sa mission spéciale
qui est de faire des lois pour le bien de tous; et lorsqu'il fait
des lois au détriment du grand nombre, ne peut-on pas lui reprocher de se mêler de ce qui ne le regarde pas? Ce n'est pas le
clergé dissident qui sort de sa sphère, c'est le Parlement. Nous
supportons le poids des taxes, en temps de paix comme en
temps de guerre; nous partageons les souffrances et le bien-
être du peuple. Nous sommes donc justifiés dans notre résistance; mais le Parlement n'est pas justifié lorsqu'il entrave le
commerce et envahit le domaine de l'activité privée. (Applaudissements.) Lorsqu'il intervient et dit : « Je connais les inté-
« rêts de cet homme mieux qu'il ne les connaît lui-même; je
« lui prescrirai sa nourriture et ses vêtements, je m'enquerrai
« du nombre de ses enfants et de la manière dont il les élève
« (applaudissements prolongés), » les citoyens seraient fondés
à répondre : « Laissez-nous diriger nos propres affaires et éle-
« ver nos enfants, ces choses-là ne sont point dans vos attribu-

« tions; autant vaudrait que nous nommions aussi des commis-
« sions d'enquête pour savoir si les membres de l'aristocratie
« gouvernent convenablement leurs domaines et leurs familles. »
Mais c'est là un jeu dans lequel le droit n'est pas plus d'un côté
que de l'autre. Que l'aristocratie sache donc qu'il ne lui appartient pas de restreindre les échanges et le commerce de la
nation.

J'ai dit que je me présentais comme un témoin indépendant
et impartial dans cette lutte entre les intérêts manufacturiers
et les intérêts agricoles; mais je déclare que, dans ma conviction, les intérêts, bien compris, ne font qu'un. Ce qui affecte
l'un affecte l'autre.

Supposez qu'il n'y eût au monde qu'une seule famille. Un
des membres laboure la terre, un autre garde et soigne les
troupeaux, un troisième confectionne les vêtements, etc. — Si,
pendant que le laboureur porte la nourriture au berger, il rencontre des entraves et des taxes, ne regarderiez-vous pas ces
taxes et ces entraves comme un dommage pour toute la famille?
Tout ce qui empêche, tout ce qui retarde, tout ce qui entraîne
des dépenses, est une perte pour la communauté. Le même
raisonnement s'applique aux nations, quelles que soient la mul-
tiplicité des professions et la complication des intérêts.

En ce qui concerne l'état actuel de ce pays, vous avez été
informés par une haute autorité, par un ministre d'État, que la
misère, le paupérisme et le crime régnaient sur cette terre dé-
solée. C'est à celui qui admet l'existence de ces maux à prouver
que la Ligue en méconnaît la cause lorsqu'elle les attribue à
cette législation qui s'interpose entre l'homme et l'homme ; lorsqu'elle affirme que la liberté du commerce entraînerait l'augmentation des salaires, que l'augmentation des salaires amènerait la satisfaction des besoins et la diffusion des connaissances,
et enfin que l'extinction du paupérisme serait suivie de l'extinction de la criminalité. (Applaudissements.) Si la Ligue a raison,
que la législation soit changée ; si elle a tort, que ses adversaires le prouvent.

Je sais qu'il est de mode de railler les manufacturiers et leur
prétendu égoïsme; de dire qu'ils exploitent à leur profit des

milliers d'ouvriers. J'ai visité les districts manufacturiers aussi
bien que les districts agricoles, et je demande quels sont ceux
qui fournissent les cotisations les plus abondantes quand il
s'agit d'une souscription nationale ? Où recueille-t-on 1,000 l. s.
dans une seule séance ? A Manchester. J'ai dans les mains la
liste de plusieurs individus qui donnent 63 liv. par an aux missions étrangères, c'est-à-dire de quoi entretenir un missionnaire. Je né vois rien de semblable dans les districts agricoles,
je ne connais aucun gentilhomme campagnard qui maintienne
à ses frais un de ces hommes utiles qui s'expatrient pour faire
le bien. La semaine dernière, j'ai visité une des grandes manufactures de Bolton, et je n'ai jamais rencontré nulle part une
sollicitude plus éclairée pour le bien-être, l'instruction et le
bonheur des ouvriers.

L'orateur continue à examiner le système restrictif dans
ses rapports avec l'union des peuples, et termine au milieu
des applaudissements.

M. EWART et M. BRIGHT prennent successivement la
parole. Ce dernier rend compte des nombreux meetings
auxquels il a assisté dans les districts agricoles.

SEPTIÈME MEETING HEBDOMADAIRE DE LA LIGUE.

5 mai 1843.

Longtemps avant l'ouverture de la séance, toutes les
places sont envahies et l'entrée a dû être refusée à plus de
trois mille personnes.

Le président annonce que par suite d'une nouvelle résolution prise par le directeur du théâtre de Drury-Lane, cet
édifice ne sera plus à la disposition de la Ligue ! Mais les
intrigues du monopole seront encore déjouées. A Manchester nous avons construit en six semaines une salle capable
de contenir dix mille personnes. Nous ferons de même

à Londres, s'il le faut. — Il rend compte des meetings tenus dans les provinces pendant cette semaine.

LE RÉV. DOCTEUR COX : Si l'on me demandait pourquoi je me présente devant vous, moi, ministre protestant, étranger aux pompes du théâtre (rires), quoique familier avec la chaire, je répondrais : *Homo sum, nil humani alienum puto;* je suis homme, et, comme tel, je ne suis étranger à rien de ce qui intéresse mon pays et l'humanité. (Approbation.) J'ai eu ma part de blâme pour m'être réuni avec mes confrères à Manchester, il y a deux ans. — J'entendis alors, je ne dirai pas les murmures, mais les clameurs d'une partie de la presse (honte !), qui nous reprochait de nous être rassemblés à l'occasion d'une loi étrangère à notre position et à nos études. Maintenant l'on dit qu'en se réunissant à Manchester, les ministres protestants avaient fait tout ce qu'ils avaient à faire. Monsieur, je ne puis adhérer à ces sentiments. Je dis que notre cause réclame toujours nos efforts, et j'adopte sans hésiter la maxime de César : « Rien n'est fait tant qu'il reste quelque chose à faire ! » (Applaudissements.) Il ne m'appartient pas de décider si une nouvelle Convention des Ministres dissidents serait convenable ; mais engagés, comme nous le sommes, au nombre de sept cents, dans notre caractère collectif, je ne vois pas pourquoi nous ne nous efforcerions pas individuellement de faire triompher cette cause que nous avons embrassée avec vous, Monsieur, avec M. Cobden, avec les membres de la Ligue, cause que nous regardons comme intéressant au plus au degré le bien-être de nos frères. (Approbation.) Et quel est mon frère? Ce n'est pas celui qui vit dans mon voisinage, dans la rue ou la ville prochaine, — mais c'est l'homme. (Applaudissements.) L'homme, quelles que soient les circonstances dans lesquelles il se trouve. Le christianisme m'enseigne la sympathie pour toute la race humaine, et d'atteindre, si je le puis, par mon influence morale, jusqu'aux extrémités du monde. On nous dit que comme Ministres nous devons nous en tenir à nos fonctions spirituelles ; — que nous ne sommes point présumés comprendre des questions d'économie politique. Ma réponse est celle-ci : Je ne me reconnais pas plus incompétent pour comprendre une question, si je veux l'étudier, que tout autre individu doué d'honnêteté et de quelque sens commun. J'ai d'ailleurs présent à l'esprit que le Sauveur du monde, Notre-Seigneur, ne montra pas moins de sollicitude pour les intérêts temporels que pour les intérêts spirituels des hommes. (Écoutez, écoutez.) Il ne se borna pas à enseigner son éternel Évangile, mais il eut aussi compassion de la multitude et lui donna une nourriture miraculeuse ; ce qui doit me déterminer à faire tous mes efforts pour lui donner une nourriture naturelle ; et si ceux qui font profession d'être les disciples de Jésus-Christ, je veux dire les évêques de ce pays (grands cris de honte ! honte !), qui occupent une si haute position et qui s'assoient sur les siéges de velours du Parlement, si les évêques, dis-je, combattaient au lieu de les soutenir ces lois-céréales qui ont infligé tant de maux à la communauté, je leur pardonnerais d'occuper une situation que je regarde comme incompatible avec leur caractère sacré (applaudissements), et j'oublierais, pour un moment, que j'ai vu la pompe de l'hermine et l'éclat de la mitre, là où je me serais attendu à rencontrer le manteau de bure et la couronne d'épines ! (Écoutez, écoutez.) J'ai fait allusion au Parlement, c'est pour moi un sujet délicat à traiter ; je crois que nous sentons tous que c'est là que nos intérêts ont été sacrifiés à l'esprit de parti. (Bruyantes acclamations.) C'est là, je crois, que les luttes et les rivalités pour le pouvoir et l'influence, pour les places et les honneurs, ont fait obstacle à plusieurs des grands principes que nous voulons faire prévaloir ; et cependant nous pouvons tourner nos regards vers cette enceinte élevée avec quelque espérance, dans la conviction que le sentiment populaire, qui ne peut toujours y être méconnu, y fera tôt ou tard assez d'impression pour déterminer le triomphe des principes que nous avons à cœur.

Monsieur, je défendrai la cause de la Ligue au point de vue de l'humanité, du patriotisme et de la religion. (Applaudissements.) Je dis d'abord, quant à la question d'humanité, que la population de ce pays s'est accrue et s'accroît tous les jours, et que la première loi de la société est que l'homme doit gagner son pain à la sueur de son front. Mais ici, pendant que la popu-

lation s'accroît d'année en année, pendant que le travail de
l'homme s'accroît de jour en jour, l'ouvrier ne peut gagner son
pain à la sueur de son front, parce qu'il y a des obstacles sur
son chemin, et ce sont ces obstacles que la Ligue a pour but de
renverser. (Applaudissements.) Je plaide cette cause sur le terrain de l'humanité, parce que si les intérêts manufacturiers
souffrent, tous les autres ne peuvent manquer de souffrir aussi,
et la détresse s'étend sur tout le pays. Je me souviens qu'il y a
bien des années, M. Fox, combattant dans la Chambre des communes les mesures de son antagoniste, M. Pitt, disait ces paroles
prophétiques : « Si vous persistez dans ce que vous appelez des
« guerres justes et nécessaires, vous finirez par être chargé
« d'une dette nationale de huit cents millions et d'un fardeau de
« taxes qui écrasera et ruinera le pays. » Les législateurs de
l'époque se moquèrent de M. Fox ; ils riaient de ses prévisions
et de ce qu'ils appelaient ses folles prophéties ; qu'est-il arrivé
cependant ? N'avons-nous pas cette dette nationale qui avait été
prédite ? N'avons-nous pas cette taxe que les citoyens ne peuvent supporter, à moins d'avoir quelques moyens extraordinaires, quelques propriétés héréditaires — ou, ce qui est la propriété du peuple, le droit de chercher et d'obtenir du travail ? —
Je plaide cette cause sur le terrain de l'humanité, car sans
m'appesantir sur la condition profondément misérable des habitants des comtés septentrionaux, je pourrais signaler dans
cette métropole, — à nos portes, — des circonstances de la nature
la plus affligeante. J'ai en main un rapport qui me vient de la
source la plus authentique, qui constate que dans le mois de
mars dernier et dans une seule semaine, il y a eu quatre cas de
mort provenant d'inanition. (Écoutez, écoutez.) Il est établi par
les verdicts que deux de ces malheureux sont morts d'épuisement ; un à la suite d'un complet dénûment, et le quatrième
d'inanition absolue. (Écoutez, écoutez.) Mais au fait, tous ces mots
sont synonymes et ils signifient que, dans Londres, au sein du
luxe et de l'abondance, quatre personnes dans une semaine sont
mortes littéralement de faim. (Honte ! honte !) Vous faites allusion à l'enceinte où se tiennent nos séances ; vous parlez de
tragédies ! Voilà certainement de la tragédie, non point de celle

qui a pour but de distraire le peuple, mais de la tragédie faite
pour arracher des larmes et éveiller la sympathie la plus profonde. Me plaçant donc sur le terrain de l'humanité, lorsqu'il
a été prouvé surabondamment que, par l'effet des lois-céréales,
des milliers et des millions d'hommes sont dénués, non-seulement des moyens de vivre dans l'aisance, mais encore, à strictement parler, des moyens de vivre, quand le peuple souffre depuis le centre de cette métropole jusques aux districts les plus
réculés du royaume, — lorsque le dénûment, la stagnation du
travail, la famine, avec tous les maux qu'elles engendrent, pèsent de tout leur poids sur le pays, — lorsque l'humanité saigne
par tous les pores, alors, Monsieur, je ne regarde pas si je suis
un ministre de la religion, mais je me lève en dépit du blâme
et de la calomnie pour défendre la cause de l'homme, qui est
essentiellement la cause de Dieu. (Tonnerre d'applaudissements.)

J'ai dit, en second lieu, que je soutiendrais la cause de la
Ligue sur le terrain du patriotisme, et ici je devrais me répéter, car les souffrances des manufactures ne sont-elles pas les
souffrances de la masse ? La détresse du centre ne s'étend-elle
pas aux extrémités ? Je maintiens qu'en principe il est faux
qu'une partie de la communauté prospérera par la détresse
d'une autre partie de cette même communauté; que l'aristocratie, par exemple, s'élèvera par l'abaissement des classes ouvrières. Que j'entende ou non l'économie politique, j'en sais
assez sur cette matière, j'en sais assez surtout sur la morale
du christianisme, pour dire que la vraie prospérité d'un peuple
consiste en ce que chacun trouve le contentement de son cœur
dans la prospérité de tous ; en ce que les volontés soient unanimes pour porter le pays au plus haut degré de gloire et de
félicité temporelle. Ce n'est qu'alors que l'Angleterre s'élèvera
comme un monument digne d'attirer les regards de l'univers ;
ce n'est qu'alors qu'elle apparaîtra brillante à la clarté du jour,
et répandra sa gloire sur toutes les nations ; ce n'est qu'alors,
quand tout privilége aura disparu, quand chaque classe, chaque
parti se réjouira du bonheur des autres, quand ils travailleront
tous à leur mutuelle satisfaction, que l'Angleterre sera pour

l'étranger un objet d'étonnement et d'envie, et pour ses enfants un objet d'orgueil et de délices !

Après quelques autres considérations, l'orateur continue ainsi :

Enfin, je défends la cause de la liberté commerciale au point de vue religieux ; je dis que la misère engendre l'égoïsme, les mauvais penchants, les dissensions domestiques. — Elle engendre l'abattement d'esprit ; elle aboutit au suicide et trop souvent au meurtre. Les liens les plus tendres, les sympathies les plus douces de la vie domestique ont été brisées par la pression de la détresse, par l'impuissance de se procurer des moyens de subsistance au sein du pays ruiné. L'insanité s'en est suivie, et le tombeau prématuré s'est fermé sur ses victimes infortunées (¹). Dans ces circonstances je dis, Monsieur, que les dominateurs de ce monde se sont placés sous une effrayante responsabilité. (Écoutez, écoutez.) C'est pour nous un devoir de chrétien de secourir le pauvre dans sa souffrance et dans sa détresse ; mais prier pour son soulagement et son bien-être, n'est que la moitié de notre devoir. Nous devons encore plaider sa cause et faire tous nos efforts pour relever sa condition. A cet égard, permettez-moi une citation que je recommande à vos méditations. « Les affections qui cimentent la société ne sont « guère moins importantes que les affections domestiques. Le « sentiment de l'indépendance et de la dignité personnelle, « l'amour de la justice, le respect des droits de la propriété, la « satisfaction de notre position sociale, l'attachement éclairé « aux institutions qui nous régissent, — ce sont là des élé- « ments essentiels au corps politique; et dont la destruction ne « peut être considérée que comme une calamité nationale. « Cependant nous les voyons périr autour de nous. Quelque « noble répugnance que les classes ouvrières aient montrée à « accepter le secours de la paroisse, il n'est que trop vrai que « le cœur de plusieurs a été courbé par un long désespoir de-

---

(¹) On sait que le suicide est presque toujours attribué dans les verdicts à la démence, *insanity*.

« vant cette humiliation; le sentiment du droit s'est évanoui
« aux approches de la famine, et les hommes ont appris à se
« demander s'il n'existait pas un droit primordial, antérieur au
« droit de propriété, qui les justifie de prendre là où ils le ren-
« contrent, ce qui est indispensable au soutien de la vie; et
« finalement, nos institutions nationales si longtemps et si cor-
« dialement vénérées, ont été accusées, sinon d'être la source
« incurable du mal, du moins de constituer toute la force
« agressive et défensive de ceux qui perpétuent cet abus into-
« lérable. » (Écoutez, écoutez.) Nous sommes dans un temps d'a-
gitation, de grande et juste agitation parmi le peuple, le
tonnerre commence à gronder; des bruits prophétiques se font
entendre sur tous les points de l'horizon, cris pleins d'agonie,
de désespoir et de détermination; l'électricité s'accumule et
la tempête commence à éclater. Le peuple est résolu, — non
comme tant d'autres fois l'épée à la main et en esprit de rébellion, mais en esprit de paix et de légalité, — à revendiquer
les droits qu'il tient de l'auteur des choses, et dont il a été si
injustement dépouillé. Le peuple veut vaincre et il vaincra. Le
flot s'avance, les vagues grossissent et rien ne pourra les arrêter. — Les effets de ces lois ont été à un haut degré préjudiciables aux intérêts de la religion. En beaucoup d'endroits, les
hommes du peuple, faute de vêtements convenables, se sont
éloignés du service divin. (Écoutez.) Les lois-céréales tendent en
outre directement à restreindre les effets de ces institutions
charitables, dont l'étendue et la bienveillance ont jeté tant de
gloire sur le nom britannique, car à mesure que la détresse
gagne du terrain, toutes les classes sont successivement envahies; toutes, excepté celles que défendent la naissance aristocratique et les possessions héréditaires. Ces lois ont encore un
plus funeste résultat en prévenant l'extension de l'éducation, ce
grand objet que le gouvernement pourrait abandonner à lui-
même si la misère ne forçait à avoir recours à lui. (Écoutez,
écoutez.) Je n'ajouterai qu'un mot, comme ami de la liberté en
toutes choses. Liberté d'action, liberté de pensée, liberté d'é-
change, — car tout ce qu'il y a de bon sur cette terre est né de
la liberté, — je défendrai cette grande cause tant que j'aurai un

cœur pour sentir, une voix pour parler et un bras pour agir. (Bruyantes acclamations.)

M. Cobden s'avance au bruit des applaudissements et s'exprime en ces termes :

Le Révérend Ministre qui vient de s'asseoir s'est rendu coupable au moins d'une œuvre de surérogation (rires) lorsqu'il a jugé nécessaire de défendre les Ministres du culte pour la noble part qu'ils ont prise à cette agitation. (Bruyantes acclamations.) Si je regrette quelque chose dans le cours de nos opérations relatives aux lois-céréales, c'est de ne les avoir peut-être pas suffisamment considérées comme affectant les mœurs, la religion et l'éducation. On parle d'éducation; l'on demande si le peuple désire l'éducation. Je puis affirmer qu'il n'est aucune classe, même la plus humble, où les hommes, s'ils en avaient les moyens, ne se montrassent aussi empressés de procurer à leurs enfants le bienfait de l'éducation qu'on peut l'être dans les classes supérieures. Dans les années 1835 et 1836, lorsque le nord de l'Angleterre florissait, lorsque l'énergie du peuple n'était pas assoupie, lorsque nous n'étions pas engagés comme aujourd'hui dans un humiliant combat pour du pain, — je me rappelle qu'il y eut plusieurs magnifiques meetings à Manchester pour l'avancement de l'éducation, et dans l'espace de quelques mois on recueillit 12,000 livres parmi les classes manufacturières, dans le but de construire des maisons d'école convenables. (Applaudissements.) Mais la loi-céréale s'élève comme un obstacle sur le seuil de toute amélioration morale. Qu'elle soit abrogée, et les classes industrieuses auront le moyen, comme elles ont la volonté, d'élever leurs enfants. Je regarde encore la question de la liberté commerciale comme impliquant la question de la paix universelle. Si, comme on peut me l'objecter, de grandes puissances, de grandes cités commerciales ont été renommées pour leurs guerres et leurs conquêtes, c'est parce qu'elles ne pouvaient accroître leur commerce que par l'agrandissement du territoire. Il est certain cependant que toutes les fois que les villes commerciales se sont confédérées, elles ont eu pour but de conserver la paix et non de faire la guerre. (Ap-

probation.) Telle fut la confédération des villes Anséatiques.
Nous nous efforçons maintenant de réaliser une ère nouvelle;
nous cherchons, par la liberté du commerce, à accroître nos
richesses et notre prospérité, tout en accroissant les richesses et
la prospérité de toutes les nations du monde. (Bruyantes acclamations.) Introduisez le principe de la liberté commerciale
parmi les peuples, et la guerre sera aussi impossible entre eux
qu'elle l'est entre Middlesex et Surrey. Nos adversaires ont
cessé de nous opposer des arguments, du moins des arguments
dignes d'une discussion sérieuse. Mais quoiqu'ils en soient
venus à admettre à peu près nos principes, ils refusent de les
mettre en pratique, sous prétexte que ces principes, quelque
justes et incontestables qu'ils soient, ne sont pas encore adoptés
par les autres nations. Ces Messieurs se lèvent à la Chambre des
communes et nous disent que nous ne devons pas recevoir le
sucre du Brésil et le blé des États-Unis jusqu'à ce que ces peuples admettent, sur le pied de l'égalité, nos fers et nos tissus.
Mais ce que nous combattons, ce n'est point les marchands bré-
siliens ou américains, c'est la peste des monopoles intérieurs.
(Acclamations prolongées.) La question n'est pas brésilienne ni
américaine, elle est purement anglaise, et nous ne la laisserons
pas compliquer par des considérations extérieures. Telle qu'elle
est, notre tâche a assez de difficultés. — Que demandons-nous ?
Nous demandons la chute de tous les monopoles, et d'abord, et
surtout, la destruction de la loi-céréale, parce que nous la regardons comme la clef de voûte de l'arche du monopole. Qu'elle
tombe, et le lourd édifice s'écroulera tout entier. (Écoutez,
écoutez.) Et qu'est-ce que le monopole? C'est le droit ou plutôt
le tort qu'ont quelques personnes de bénéficier par la vente
exclusive de certaines marchandises. (Écoutez, écoutez.) Voilà
ce que c'est que le monopole. Il n'est pas nouveau, dans ce pays.
Il florissait en Angleterre il y a deux cent cinquante ans, et la
loi-céréale n'en est qu'une plus subtile variété. Le système du
monopole avait grandi au temps des Tudors et des Stuarts, et
il fut renversé, il y a deux siècles et demi, au moins dans ses
aspects les plus odieux, sous les efforts de nos courageux ancêtres. Il est vrai qu'il revêtait, dans ces temps reculés, des formes

naïvement grossières ; on n'avait pas encore , à cette époque, inventé les ruses de l'*échelle mobile* (écoutez, écoutez) ; mais ce n'en était pas moins des monopoles, et des monopoles très-lourds. Voici en quoi ils consistaient : les ducs de ces temps-là, un Buckingham, un Richmond, sollicitaient de la reine Élsiabeth ou du roi Jacques des lettres-patentes en vertu desquelles ils s'assuraient le monopole du sel, du cuir, du poisson, n'importe. Ce système fut poussé à une exagération si désordonnée que le peuple refusa de le supporter, comme il le fait aujourd'hui. Il s'adressa à ses représentants au Parlement pour appuyer ses doléances. Nous avons les procès-verbaux des discussions auxquelles ces réclamations donnèrent lieu, et quoique les discours n'y soient point rapportés assez au long pour nous faire connaître les arguments qu'on fit valoir de part et d'autre, il nous en reste quelques lambeaux qui ne manquent pas d'intérêt. Voici ce que disait un M. Martin , membre de la Ligue, assurément (rires), et peut-être représentant de Stockport (nouveaux rires), car il s'exprimait comme j'ai coutume de le faire. « Je parle pour une ville qui souffre, languit et succombe sous « le poids de monstrueux et intolérables monopoles. Toutes les « denrées y sont accaparées par les sangsues de la république. « Tel est l'état de ma localité, que le commerce y est anéanti ; « et si on laisse encore ces hommes s'emparer des fruits que la « terre nous donne , qu'allons-nous devenir , nous qu'ils dé-« pouillent des produits de nos travaux et de nos sueurs, forts « qu'ils sont des actes de l'autorité suprême auxquels de pau-« vres sujets n'osent pas s'opposer ? » (Acclamations.) Voilà ce que disait M. Martin, il y a deux cent cinquante ans, et je pourrais aujourd'hui tenir pour Stockport le même langage. — On nous fait ensuite connaître la liste des monopoles dont le peuple se plaignait. Nous y voyons figurer drap, fer, étain, houille, verre, cuir, sel, huile, vinaigre, fruit, vin, poisson. Ainsi ce que lord *Stanhope* et le *Morning-Post* appellent *protection de l'industrie nationale*, s'étendait à toutes ses branches. (Rires et acclamations prolongés.) Le malin journaliste ajoute : « Lors-« que la liste des monopoles a été lue, une voix s'est écriée : « *et le monopole des cartes à jouer !* ce qui a fait rougir sir

15

« Walter-Raleigh, car les cartes sont un de ses monopoles. »
Les hommes de cette époque étaient délicats sans doute; car,
quoique nous ayons un lustre puissant à la Chambre des communes, jamais, depuis que j'en fais partie, je n'ai vu le rouge
monter au front de nos monopoleurs. (Éclats de rire.) Le journal
continue : « Après la seconde lecture de la liste des monopoles,
« M. Hackewell (autre ligueur sans doute) (rires) se lève et
« dit : Le pain ne figure-t-il point dans cette liste ? — Le pain !
« dit l'un ; — Le pain ! s'écrie un second. — Cela est étrange,
« murmure un troisième. — Eh bien ! reprend M. Hackewell,
« retenez mes paroles, si l'on ne met ordre à tout ceci, *le pain*
« *y passera.* » (Bruyantes acclamations.) — *Et le pain y a passé,*
et c'est pour cela, Messieurs, que nous sommes réunis dans
cette enceinte. (Applaudissements prolongés.) Le journaliste
continue : « Quand la reine Élisabeth eut connaissance des
« plaintes du peuple, elle se rendit au Parlement et le remercia
« d'avoir attiré son attention sur un si grand fléau. » S'indi-
gnant ensuite d'avoir si longtemps été trompée par ses *varlets*
(c'est le terme dont elle jugea à propos de se servir à l'égard
de ses ministres monopoleurs), « pensent-ils, s'écria-t-elle, de-
« meurer impunis, ceux qui vous ont opprimés, qui ont mé-
« connu leurs devoirs et l'honneur de la reine ? Non, assuré-
« ment. Je n'entends pas que leurs actes oppressifs échappent
« au châtiment qu'ils méritent. Je vois maintenant qu'ils en ont
« agi envers moi comme ces médecins (rires, écoutez, écoutez)
« qui ont soin de relever par une saveur aromatique le breu-
« vage amer qu'ils veulent faire accepter, ou qui, voulant ad-
« ministrer une pilule (cris répétés : écoutez, écoutez, c'est le
« docteur Tamworth), ne manquent pas de la dorer. » (Rires
universels et applaudissements.) Vraiment, on pourrait presque
soupçonner dans ces paroles quelques rapports prophétiques
avec un certain docteur homme d'État de notre époque. (Nouveaux éclats de rire.) Telle fut, Messieurs, la conduite de la reine
Élisabeth. Nous vivons maintenant sous une reine qui occupe
dignement le trône de cette souveraine. (Acclamations.) J'ai la
conviction que Sa Majesté ne voudrait pas sanctionner personnellement un tort fait au plus pauvre ou au plus humble de ses

sujets, et quoiqu'elle ne soit pas disposée, sans doute, à venir
à la Chambre des lords pour y dénoncer ses ministres comme
des varlets (rires), je crois qu'elle donnerait sans difficulté son
assentiment à l'abolition absolue des lois-céréales. (Applaudissements et cris répétés : Dieu sauve la reine !) Tels étaient les
privilèges autrefois ; aujourd'hui les monopoleurs, agissant suivant des principes identiques, si ce n'est pires, ont introduit de
grands raffinements dans les dénominations des choses ; ils ont
inventé *l'échelle mobile* et le mot *protection*. En reconstruisant
ces monopoles, l'aristocratie de ce pays s'est formée en une
grande société par actions pour l'exploitation des abus de toute
espèce ; les uns ont le blé, les autres le sucre, ceux-ci le bois,
ceux-là le café, ainsi de suite. Chacune de ces classes de monopoleurs dit aux autres : « Aidez-moi à arracher le plus d'argent
« possible au peuple et je vous rendrai le même service. »
(Écoutez.) Il n'y a pas, en principe, un atome de différence
entre le monopole de nos jours et celui d'autrefois. Et si nous
n'avons pas réussi à nous débarrasser des abus qui pèsent sur
nous, il faut nous en prendre à notre ignorance, à notre apathie, à ce que nous n'avons pas déployé ce mâle courage que
montrèrent nos ancêtres dans des circonstances bien moins
avantageuses, à une époque où il n'y avait pas de liberté dans
les communes, et où la Tour de Londres menaçait quiconque
osait faire entendre la vérité. (Écoutez.) Quelle différence pourrait-on trouver dans les deux cas ? Voici des hommes qui se
sont rendus possesseurs de tout le blé du pays, qui ne suffit pas,
selon eux-mêmes, à la consommation. Cependant ils n'admettent de blé étranger que ce qu'il leur plaît, et jamais assez
pour ne pas retirer le plus haut prix possible de celui qu'ils ont
à vendre. (Écoutez, écoutez.) Que faisaient de plus les monopoleurs du temps d'Élisabeth? Les monopoleurs de sucre ne fournissent pas au peuple d'Angleterre la moitié de celui qu'il
pourrait consommer, s'il était libre de s'en procurer au Brésil,
à prix débattu, et en échange de son travail. Il en est de même
pour le café et autres articles de consommation journalière.
Combien de temps faudra-t-il donc au peuple d'Angleterre pour
comprendre ces choses et pour faire ce que firent ses ancêtres

il y a plus de deux siècles? Ils renversèrent l'oppression : pourquoi ne le ferions-nous pas ? (Applaudissements.)

Vraiment, je sens qu'il y a quelque chose de vrai dans ce que disait hier soir mon ami John Bright : « Nous ne sommes, à la Chambre des communes, que de beaux diseurs à la langue mielleuse et dorée. » Nous ne savons pas parler comme les Martin et les Hakewell d'autrefois. (Écoutez! écoutez!) Bien que, après tout, ce n'est point dans de rudes paroles mais dans de fortes actions qu'il faut placer notre confiance (applaudissements). Ainsi que je vous le disais tout à l'heure, lorsque nous demandons au gouvernement de mettre un terme à ce système, il nous envoie au dehors, au Brésil par exemple, et nous dit de décider ce peuple à recevoir nos marchandises contre son sucre ; mais quelle est donc cette déception dont on nous berce depuis si longtemps? Quel est l'objet pratique de ces traités de commerce si attendus? Y a-t-il quelque pays, à un degré de latitude donné, qui produise des choses que ne puissent produire d'autres pays dans la même latitude ? Pourquoi, je le demande, devons-nous nous adresser au Portugal, et lui donner le privilége exclusif de nous vendre ses vins, lui conférant ainsi un monopole contre nous-mêmes? Pourquoi nous priver de l'avantage de la concurrence de notre voisine, la France, dont le Champagne est décidément supérieur, dans mon opinion, au vin épais de Porto? (Applaudissements.) On nous dit qu'en donnant la préférence au Portugal, nous forcerons la France à réduire ses droits sur nos fils et tissus de lin. Mais cela ne pourrait-il pas avoir l'effet contraire? l'expérience en est faite. Voilà plus de cent ans que nous avons conclu le fameux traité de Methuen, et au lieu de concilier les peuples il les a divisés, et a, plus que tout autre chose, provoqué ces guerres désastreuses qui ont désolé l'Europe. Au lieu de forcer cette brave nation de l'autre côté du canal à venir acheter nos produits, il n'a eu d'autre effet que de la décider à doubler les droits sur nos marchandises. (Approbation.) Non, non, agissons à la façon des ligueurs du temps d'Élisabeth. Renversons nos propres monopoles ; montrons aux nations que nous avons foi dans nos principes; que nous mettons ces principes en pratique, en admettant, *sans condition*, le blé, le sucre et tous les produits étrangers. S'il y a quelque chose de vrai dans nos principes, une prospérité générale suivra cette grande mesure, et lorsque les nations étrangères verront, par notre exemple, ce que produit le renversement des barrières restrictives, elles seront infailliblement disposées à le suivre. (Applaudissements.) Ce sophisme, qu'un peuple perd l'excédant de ses importations sur ses exportations, ou qu'un pays peut toujours nous donner sans jamais recevoir de nous, est de toutes les déceptions la plus grande dont j'aie jamais entendu parler. Elle dépasse les cures par l'eau froide et les machines volantes. (Éclats de rires.) Cela revient tout simplement à dire qu'en refusant les produits des autres pays, de peur qu'ils n'acceptent pas nos retours, nous obéissons à la crainte que l'étranger, saisi d'un soudain accès de philanthropie, ne nous inonde jusqu'aux genoux de blé, de sucre, de vins, etc. (Applaudissements.) Au lieu de mesurer l'étendue de notre prospérité commerciale par nos exportations, j'espère que nous adopterons la doctrine si admirablement exposée hier à la Chambre des communes par M. Villiers, et que c'est par nos importations que nous apprécierons les progrès de notre industrie. (Approbation.) Quels sont les pays qui aient adopté le système des libres importations, et qui ne témoignent pas, par leur prospérité, de la bonté de ce système? Parcourez la Méditerranée. Visitez Trieste et Marseille, et comparez leurs progrès. Le commerce de Marseille est protégé et encouragé, comme on dit, depuis des siècles par la plus grande puissance du continent. Mais il n'a fallu que quelques années à Trieste pour dépasser Marseille. — Et pourquoi? parce que Trieste jouit de la liberté d'importation en toutes choses. (Bruyants applaudissements.) Voyez Hambourg; c'est le port le plus important de toute la partie occidentale de l'Europe. — Et pourquoi? parce que l'importation y est libre. La Suisse vous offre un autre exemple de ce que peut la liberté. J'ai pénétré dans ce pays par tous les côtés : par la France, par l'Autriche et par l'Italie, et il faut vouloir tenir ses yeux fermés pour ne pas apercevoir les remarquables améliorations que la liberté du commerce a répandues sur la république; le voyageur n'a pas plu-

tôt traversé la frontière, qu'elles se manifestent à lui par la supériorité des routes, par l'activité et la prospérité croissante des
habitants. D'où cela provient-il? de ce que, en Suisse, aucune
loi ne décourage l'importation. Les habitants des pays voisins,
les Italiens, les Français, les Allemands y apportent leurs produits sans qu'il leur soit fait la moindre question, sans éprouver ni empêchement ni retard. Et pense-t-on que pour cela le
sol ait moins de valeur en Suisse que dans les pays limitro-
phes? J'ai constaté qu'il valait trois fois plus qu'au delà de la
frontière, et je suis prêt à démontrer qu'il y vaut autant qu'en
Angleterre, acre par acre, et à égalité de situation et de nature,
quoiqu'en Suisse la terre seule paie la moitié de toutes les
taxes publiques. (Écoutez! écoutez!) Et d'où vient cette grande
prospérité? de ce que tout citoyen qui a besoin de quelques
marchandises, de quelque instrument, ou de quelque matière
première, est libre de choisir le point du globe sur lequel il lui
convient de s'en approvisionner. Je me souviens avoir visité,
avec un ami, le marché de Lausanne, un samedi. La ville était
remplie de paysans vendant du fruit, de la volaille, des œufs,
du beurre et toute espèce de provisions. Je m'informai d'où ils
venaient? — De la Savoie, pour la plupart, me dit mon ami,
en me montrant du doigt l'autre rive du lac de Genève. — Et
entrent-ils sans payer de droit? demandai-je. — Ils n'en paient
d'aucune espèce, me fut-il répondu, ils entrent librement et
vendent tant que cela leur convient. Je ne pus m'empêcher de
m'écrier : « Oh ! si le duc de Buckingham voyait ceci, il en
mourrait assurément. » (Rires et acclamations.) Mais comment
ces gens-là reçoivent-ils leur paiement? demandai-je, car je
savais que le monopole fermait hermétiquement la frontière de
Savoie, et que les marchandises suisses ne peuvent y pénétrer.
Pour toute réponse, mon ami me mena en ville dans l'après-
dînée, et là, je vis les paysans italiens fourmillant dans les bou-
tiques et magasins, où ils achetaient du tabac, des tissus, etc.,
qu'on arrangeait en paquets du poids de 6 livres environ, pour
en faciliter l'entrée en fraude en Italie. (Rires.) Eh bien, si vous
ouvrez les ports d'Angleterre, et si les autres nations ne veulent
pas retirer les droits qui pèsent sur nos produits, j'ose prédire

que les étrangers qui nous porteront du blé ou du sucre rapporteront de nos marchandises en ballots de 6 livres, pour éviter la surveillance de leur douane. Mais, après tout, ce ne sont là que des excuses et de vains prétextes; nous y sommes accoutumés; nous y sommes préparés, on ne peut plus nous y prendre; et le mieux est de ne pas les écouter. Sommes-nous d'accord sur ce point, qu'il est juste de renverser le monopole? Qu'on ne nous parle pas de la Russie, du Portugal ou de l'Espagne; nous nous en occuperons plus tard (bien, bien); nous ne manquons pas chez nous d'ennemis d'une pire espèce (bravos); ne perdons pas de vue l'objet de notre association, qui est d'emporter le retrait des lois-céréales, *absolument*, *immédiatement et sans condition* (¹). Si nous renoncions au mot *sans condition*, nous aurions un nouveau débordement de prétextes à chaque semaine.

Ici l'orateur rend compte de la tournée qu'il a faite dans les districts agricoles et de l'état de l'opinion parmi les fermiers.

J'ai assisté dans le comté de Hertford, à un meeting où étaient réunis plus de deux mille fermiers; il avait été annoncé longtemps à l'avance. Je m'y suis présenté seul (applaudissements), sans être accompagné d'un ami, sans avoir une seule connaissance dans tout le comté. (Bravos.) Nous nous réunîmes d'abord dans le *Shire-Hall* (salle du comté); mais n'étant pas assez spacieuse, nous tînmes le meeting à ciel ouvert, à Plough-Meal, où se font ordinairement les élections. Je pris ma place sur un wagon; je débitai mon thème pendant près de deux heures (rires et applaudissements); et sur le champ même où, il y a près de deux ans, la fine fleur de la chevalerie du comté, sous la bannière du *conservatisme*, fit élire par les fermiers trois partisans du monopole et de la protection, sur ce même champ,

_____

(¹) Le mot: *unconditional* (sans condition), adopté par la Ligue, se rapporte à l'étranger et signifie : sans demander des concessions réciproques.

je plaidai, il y a une semaine, la cause de l'abrogation totale
et immédiate des lois-céréales. (Applaudissements.)... Les fermiers se divisèrent ; les uns parlèrent pour, les autres contre ;
je ne pris plus aucune part aux débats et abandonnai entièrement la discussion à elle-même. Vous avez su qu'au moment du
vote, la motion en faveur du maintien de la protection n'avait
pas réuni plus de douze suffrages.

Ici M. Cobden annonce qu'un des fermiers du Hertford,
M. Latimore, est auprès de lui et se fera entendre pendant
la séance. L'assemblée applaudit avec enthousiasme. M. Cobden continue :

Saisissons cette occasion, puisque nous avons parmi nous un
représentant de cette digne et excellente classe d'hommes, de
lui exprimer les sentiments dont nous sommes animés pour
l'ordre dont il est un membre si distingué. Disons à la *lando-*
cratie du pays, qui prétend maintenir son injuste suprématie,
— je dis injuste, parce qu'elle se fonde sur le monopole, — di-
sons-lui qu'il n'est plus en son pouvoir de séparer, d'exciter
l'une contre l'autre ces deux grandes classes industrieuses, les
manufacturiers et les fermiers (applaudissements), identifiés
désormais dans les mêmes intérêts politiques, économiques et
sociaux. Présentons la main de l'amitié à M. Latimore et à l'ordre auquel il appartient, et qu'il soit bien convaincu que toute
la puissance qu'exerce la Ligue sur l'opinion publique, sera
employée à obtenir pour les fermiers la même justice que nous
réclamons pour nous-mêmes. Le temps approche où, industriels
et fermiers, serrant leurs rangs, marcheront côte à côte à l'attaque des monopoles. (Applaudissements.) Souvenez-vous de mes
paroles ! le temps approche où la foule des fermiers, mêlée à la
foule des Ligueurs, tous animés de la même ardeur, tous sous
le poids de la même anxiété, attendront dans les couloirs de la
Chambre des communes le dénoûment de cette grande question ; et j'avertis la landocratie qu'elle se trompe complétement
si elle compte sur le concours de ses tenanciers pour combattre
la population urbaine, quand elle se lève pour la cause de la

justice. J'en ai vu assez pour être assuré que c'est autour des châteaux de l'aristocratie que se trouvent les penchants les moins aristocratiques. Que les lois-céréales opèrent quelque temps encore leur œuvre destructive parmi les fermiers, et je ne voudrais pas être chargé de braver l'indignation morale qui s'élèvera des districts agricoles... Je voudrais bien savoir où les landlords iront désormais chercher leur appui. Je les ai combattus jusque dans leurs places fortes. (Applaudissements.) Je les ai rencontrés dans les comtés de Norfolk, de Hertford et de Somerset. (Applaudissements.) La semaine prochaine je serai dans le Buckinghamshire, la semaine d'après à Dorchester, et le samedi suivant dans le Lincoln. (Applaudissements.) Je l'annonce ici publiquement. Je sais que les landlords n'ont pas vu jusqu'ici mes pérégrinations avec indifférence, et quand ils n'ont pas détourné nos fermiers d'assister à nos meetings, ils les ont engagés à y occasionner du désordre. Je leur dis publiquement où je vais et ils n'osent pas venir m'y regarder en face. S'ils n'osent pas justifier leur loi en présence de leurs propres tenanciers, où donc pouvons-nous espérer de les rencontrer, si ce n'est à la chambre des communes et à la chambre des lords?....

J'ai eu un attachement si passionné pour la liberté du commerce, que je n'ai jamais regardé au delà ; mais il y a des hommes qui regardent au delà et qui comptent sur la Ligue pour une œuvre bien autrement radicale que celle qu'elle a en vue. Je n'ai pas d'avis à donner à l'aristocratie de ce pays ; mon affection pour elle ne va pas jusque-là ; mais si elle ferme les yeux, dans son orgueil, sur le travail qui s'opère au-dessous d'elle, elle verra peut-être la question se porter fort au delà d'une simple lutte de liberté commerciale, par des hommes qui, après avoir accompli une utile réforme, en poursuivront une autre bien autrement profonde. (Acclamations.) Si l'on persévère dans ce système, alors que le pays rend contre lui un témoignage unanime, je répète ici ce que j'ai dit dans une autre enceinte (bruyantes acclamations), la responsabilité tout entière en retombera sur le pouvoir exécutif (applaudissements), et cette responsabilité deviendra tous les jours plus terrible. (Nouveaux applaudissements.) Sir Robert Peel dirige le gouver-

nement en sens contraire de ses propres opinions. (Assentiment.)
Je n'incrimine les intentions de personne ; j'observe la conduite
des hommes publics, et c'est sur elle que je les juge. Mais quand
je trouve qu'un ministre suit une marche diamétralement opposée à ses opinions avouées, j'ai le droit de m'enquérir de ses
intentions, parce qu'alors sa conduite n'est pas dirigée par les
règles ordinaires. Et de qui se sert-il pour faire triompher ses
résolutions ? Il les obtient d'une majorité brutale. Je dis *brutale*,
parce qu'elle est irrationnelle ; et je ne l'appelle pas irrationnelle parce qu'elle ne s'accorde pas avec moi, mais parce qu'elle
suit un chef qui s'accorde avec moi en principe, et adopte une
autre marche en pratique. Le ministre qui dirige l'administration avec un tel instrument, sachant qu'il est le produit de l'intrigue, de l'erreur et de la corruption, lorsqu'il voit les mêmes
hommes, autrefois trompés par ses créatures, s'assembler aujourd'hui à la clarté du jour, et au milieu de l'aristocratie à
cheval, voter comme un seul homme contre cet odieux système,
ce ministre, dis-je, encourt une immense responsabilité.

L'orateur annonce que le théâtre de Drury-Lane n'est
plus à la disposition de la Ligue ; et répondant aux personnes qui voudraient que les meetings se tinssent en plein air,
il dit :

Les personnes se méprennent sur ce qui constitue l'opinion
publique, qui disent que des meetings à Islington-Green auraient plus d'influence que ceux-ci. Ce ne sont pas les tacti-
ciens de l'école moderne qui pensent qu'une grande question
d'intérêt public peut être résolue devant une armée de trente à
quarante mille hommes rassemblés à Islington ou ailleurs. Mon
opinion est que depuis la réforme électorale, qui a mis la puissance
politique aux mains de plus d'un million de personnes appartenant à la classe éclairée de ce pays, si cette classe veut agir,
sa puissance ne sera pas ébranlée ni par les efforts de l'aristocratie d'un côté, ni par les démonstrations populaires de l'autre.
— Sans vouloir négliger la coopération d'aucune classe, je pense
que ceux qui veulent emporter une grande question, doivent
le faire précisément par cette classe dont je suis en ce moment

entouré. Les applaudissements de la foule, l'enthousiasme manifesté par un grand chœur de voix humaines, à Islington, pourraient bien nous amuser ou flatter notre amour-propre ; mais si nous sommes animés d'une passion sincère, si nous voulons faire triompher la liberté, ainsi que nous y avons engagé nos fortunes, et s'il le faut, nos vies, alors nous prendrons conseil de quelque chose de mieux que de la vanité, et nous choisirons parmi nos moyens ceux qui sont les plus propres à amener le succès. Rien n'est plus propre à le garantir que de semblables réunions. C'est un axiome parmi les auteurs dramatiques, que le jugement du public est sans appel. Au foyer, les critiques peuvent différer et se combattre. Mais si la pièce a réussi à Drury-Lane, elle réussira dans tout le royaume. Vous devez bien penser que ce n'est pas sans quelque anxiété que nous avons porté notre œuvre devant vous. Mais forts de nos précédents, nous rappelant que le succès n'avait jamais manqué à nos démarches les plus hardies, nous résolûmes d'affronter votre jugement à Drury-Lane. Vous l'avez prononcé, ce jugement, après plusieurs épreuves réitérées. De semaine en semaine votre enthousiasme a grandi ; de séance en séance, les dames, cette meilleure partie de la création, sont venues en plus grand nombre sourire à nos efforts. (Acclamations.) Maintenant, qu'ils nous retirent l'usage de cette enceinte privilégiée ! — Nous les remercions de ce qu'ils ont fait. — Vous avez condamné le monopole ; votre verdict est prononcé.... Il n'en sera pas fait appel. (L'honorable gentleman s'assoit au milieu des acclamations enthousiastes. L'assemblée se lève dans un état d'excitation tumultueux qui se prolonge plusieurs minutes.)

MM. LATIMORE et MOORE prennent successivement la parole.

MEETING HEBDOMADAIRE DE LA LIGUE A LA SALLE DE L'OPÉRA.

13 mai 1843.

A l'occasion de la discussion sur les lois-céréales, discussion qui a occupé cinq séances entières de la Chambre des communes et qui n'est pas encore terminée, la Ligue s'est réunie, samedi 13 mai, à la salle de l'Opéra. Après un discours éloquent de M. Fox, la parole est à M. Cobden.

M. COBDEN : C'est avec surprise que j'ai vu figurer mon nom sur l'affiche de la distribution des rôles. (Rires.) Notre président est d'un despotisme achevé, et ne laisse ni voix délibérative ni voix consultative à ce sujet. Si j'étais libre, j'aimerais mieux, pardonnez-le-moi, aller me reposer, car il était cinq heures ce matin quand je suis sorti du Parlement, après avoir assisté à une scène.... comment la qualifierai-je ?.... Une scène digne des bêtes sauvages d'Éphèse. (Rires et applaudissements.) Ce n'est pas d'ailleurs une tâche aisée que de succéder à M. Fox. Je regrette qu'il ne puisse pas répéter, lundi prochain, l'éloquent discours que vous venez d'entendre, à la Chambre des communes, où son grand talent, vous en conviendrez avec moi, devrait lui assurer une place. Mais quoique l'occasion lui en soit refusée, je pense qu'il en sera dit quelque chose lundi soir, car autant les membres du Parlement sont impatients de la critique qui s'attache à leurs *représentations* de Saint-Stephen, autant ils aiment à critiquer nos *représentations* de Drury-Lane et de l'Opéra-House. Il n'a guère été question d'autre chose dans les derniers débats, et nos opérations sont devenues le thème favori du Parlement. Un autre sujet inépuisable pour ces Messieurs, c'est le blâme et les plaintes dirigés contre le représentant de Stockport. (Rires.) Je ne suis pas surpris que les membres des communes supportent impatiemment la critique du public, et puisque leurs belles manières devaient se manifester par une violence si inusitée, ils ont agi prudemment d'exclure de l'enceinte législative les étrangers et les journalistes. — Je voudrais que mes compatriotes de la classe ouvrière eussent été derrière les coulisses pour voir comment se comportent, en quelques occasions, ceux qui se disent leurs supérieurs. (Rires et applaudissements.)

Je ne sais vraiment que vous dire sur le fond de la question ; je me sens tout à fait dans la thèse de sir Robert Peel. Je n'ai p s de nouveaux arguments à faire valoir, et je ne puis que

vous chanter toujours le même refrain. (Rires.) Mais, croyez-
moi bien, les plus vieux arguments sont les meilleurs. (Écoutez !
écoutez !) Le tout est de les bien comprendre. Je ne suis pas bien
sûr que vous ayez aucune raison, ni même aucun droit à obtenir la liberté des échanges, si vous ne la comprenez parfaitement, si vous ne la désirez avec ardeur. Mais, une chose dont
je suis sûr, c'est qu'en l'absence de cette intelligence et de cette
volonté, vous l'auriez aujourd'hui, que vous la perdriez demain.
— Je vais donc continuer mon cours; ce sera sans doute toujours le vieux refrain. Mais je vois parmi vous des jeunes gens ;
pourquoi ne les instruirions-nous pas ? pourquoi ne les met-
trions-nous pas à même de convertir les vieux monopoleurs, en
retournant à leurs foyers ? (Approbation.) Qu'est-ce que le monopole du pain ? c'est la disette du pain. Vous êtes surpris
d'apprendre que la législation de ce pays, à ce sujet, n'a pas
d'autre objet que de produire la plus grande disette de pain qui
se puisse supporter ? et cependant ce n'est pas autre chose.
(Ecoutez ! écoutez !) La législation ne peut atteindre le but
qu'elle poursuit que par la disette. Ne vous semble-t-il pas que
c'est assez clair ? — Quelle chose dégoûtante de voir la Chambre
des communes....., je dis dégoûtante ici, ailleurs le mot ne serait pas parlementaire. Mon ami, le capitaine Bernal, leur a dit
le mot en face ; mais rappelé à l'ordre par le président, il a dû
s'excuser et retirer l'expression. Mais allez, comme je l'ai fait,
d'abord à la barre de la Chambre des lords, et puis à la Chambre
des communes, et vous verrez que le fond de leurs discours
c'est : rentes ! rentes ! rentes ! cherté ! cherté ! cherté ! rentes !
rentes ! rentes ! (Rires et applaudissements.) Qu'est-ce que cela
signifie ? Voilà une collection de grands seigneurs, de dignes
gentilshommes assurément, et faisant figure sur les coussins de
soie de la Chambre des lords, mais, du reste, ne dépassant guère le niveau de l'intelligence ordinaire , et fort peu au-dessus
de la médiocrité, selon ce que j'en puis savoir, en vertus et en
connaissances ; — mais enfin les voilà. Et que sont-ils ? — des
marchands de blé et de viande. (Bruyants applaudissements.)
C'est là ce qui les fait vivre, et ils vont à la législature, pour assurer, par acte du Parlement, un prix élevé, un prix de monopole, à

la chose qu'ils mettent en vente. C'est là leur grande affaire. Ce que je dis peut n'être pas parlementaire, mais c'est la vérité. (Applaudissements.) Voilà encore des grands seigneurs à la Chambre des communes, très-dignes gens sans doute, et qui représentent fidèlement les lumières et les vertus de leurs commettants. Cependant, je suis fâché de le dire, la plupart d'entre eux tirent leurs revenus de la vente des blés et des bestiaux ; et quelle a été leur occupation pendant toute cette semaine ? de combattre vigoureusement pour maintenir, par acte du Parlement, le prix de leurs marchandises. (Applaudissements.) S'il y avait un Pasquin sur les murs de Saint-Stephen, j'écrirais en vers, au-dessus de son effigie : *Ici résident les marchands de grains.* — Vous ne voyez pas les hommes qui ont des cotons, des draps, des soieries, ou des fers à vendre, quelle que soit la détresse de leur commerce, entrer d'un pas délibéré à la Chambre des communes, et y faire des lois pour s'assurer des prix élevés ; pourquoi les maîtres de forges, les imprimeurs sur étoffes, n'auraient-ils pas aussi leur échelle mobile ? Ils pourraient s'adjuger 1 sh. 2 d. de protection. Et pourquoi pas 1 sh. 6 d. ? on peut bien être généreux quand on l'est envers soi-même. Mais il n'y a pas jusqu'aux grooms qui gardent leurs chevaux à la porte de la Chambre qui ne riraient après eux. Pourquoi donc tolérez-vous que les grands seigneurs aillent à la Chambre des communes, et convertissent en une halle ce qui devrait être le temple de la justice ? (Approbation.) Pourquoi le peuple tolère-t-il cela ? parce que, fasciné par le vieux système féodal, il voit avec indulgence, que dis-je ? avec vénération, de la part des possesseurs du sol , des actions pour lesquelles il honnirait les hommes qui dirigent, dans la boutique ou l'atelier, une honnête industrie. (Applaudissements.) Mais mon devoir est d'instruire les enfants même, afin que, rentrés chez eux, ils catéchisent jusqu'à leurs grand'mères. (Éclats de rire.) Ces enfants entendront dire sans doute que la protection n'a pas pour but d'élever le prix du blé, mais d'en augmenter la production intérieure. Et comment veut-on arriver à ce résultat ? d'abord le moyen est bizarre, et le sens commun peut trouver étrange qu'on essaie de procurer l'abondance en excluant l'abondance. (Écoutez!) Mais voyons les effets. Le peuple est-il nourri de pain blanc? Selon le docteur Marsham, cinq millions d'habitants vivent de pain d'avoine, et cinq autres millions de pommes de terre. Que l'enfant revienne donc vers sa grand'mère, et qu'il lui dise : Le plan a failli, car le peuple n'est pas nourri. Quelle objection peut-on faire alors à l'essai de notre plan, en laissant entrer le blé étranger? qui le mangera? ce n'est pas sans doute ceux qui assistent à ce meeting ; ils en ont plus qu'il ne leur en faut. Si donc il en entre davantage, il sera consommé par ceux qui n'en mangent pas assez ou ceux qui n'en mangent pas du tout. (Applaudissements.) Donc, laissez arriver le blé. Mais ici vous êtes assaillis d'un débordement d'arguments tirés des charges qui pèsent sur le sol, du danger de dépendre de l'étranger, du développement exagéré des machines, etc. La réponse à laquelle l'enfant doit se tenir attaché, est celle-ci : toutes ces choses peuvent être très-fâcheuses, mais rien n'est plus fâcheux que la rareté des aliments ; il pourrait être bon de ne pas dépendre de l'étranger, si nous ne dépendions pas de gens qui nous traitent plus mal chez nous. Mes malheureux commettants de Stockport dépendent de la production intérieure, et ils se trouvent si mal nourris, depuis tantôt cinq ans, qu'ils aimeraient mieux dépendre des Russes, des Polonais, des Allemands ou des Américains, ou de quelque nation que ce soit sur la surface de la terre, plutôt que de se fier aux nobles marchands qui ont érigé le système exclusif. Mais les landlords objectent qu'ils paient de plus lourdes taxes que les autres classes de la société. En admettant que, possédant le pouvoir de manipuler les taxes, ces anges de désintéressement les aient toutes placées sur leurs propres épaules, comme Sancho Pança ; eh bien! dans ce cas même, qu'ils les rectifient, qu'ils les fassent passer sur d'autres ; mais cela ne justifie point la rareté des aliments. Il y a une autre grande duperie mise en avant par l'ennemi, et qui a trompé beaucoup d'enfants de tous âges. C'est la question des machines. Mais une aiguille est une machine, un dé à coudre est une machine, c'est un grand progrès sur l'ongle du pouce. (Rires.) J'ai toujours trouvé que les plus grandes clameurs contre les machines partent de gens qui, d'une façon ou d'une autre, se servent de machines pour leurs propres affaires. Mais ils ont entendu parler de quelque merveilleuse invention dans le nord de l'Angleterre, et les monopoleurs se sont empressés de les mettre sur une fausse quête, en leur persuadant que c'est là ce qui nuit au peuple, et non la taxe du pain. J'ai rencontré à Yarmouth un de ces hommes qui vont vociférant contre les machines. Je lui demandai de quelle espèce de machine il se plaignait ; il me répondit : du power-loom. Vous en servez-vous à Yarmouth ? lui dis-je. — A Yarmouth, nous ne tissons ni ne filons, mais nous prenons du poisson. — Et quel poisson ? — Du hareng. — De quoi vous servez-vous pour le prendre ? — De filets, et de très-grands filets encore. — Pourquoi ne vous servez-vous pas de lignes et d'hameçons ? (Acclamations.) — La réponse me prouva qu'il est dangereux de s'immiscer dans les affaires des autres, car un vieux pêcheur prit ma question en très-maauvaise part, et me dit : Nous n'avons que faire d'hameçons. — Mais pourquoi ? insistai-je. — Parce que ce serait trop de peine, répondit le vieux pêcheur. — Voilà tout le secret ; voilà aussi la raison pour laquelle on ne file plus avec la quenouille et le fuseau. — Ce serait trop de peine.

En ce qui concerne le manque d'emploi occasionné par les machines, il n'y a jamais eu de plus grande méprise depuis le commencement du monde. Il y a dans le comté de Lancastre un million cinq cent mille habitants, dont cinq cent mille n'y sont pas nés, mais sont venus des comtés où les machines sont inconnues, vers celui où les inventions les plus merveilleuses épargnent de plus en plus le travail de l'homme. C'est là que la population s'est le plus rapidement accrue depuis vingt ans. Que pensez-vous que soient devenus les enfants dans les villages où la population se montre stationnaire ? Il y a, dans les districts ruraux du Lancastre, des villages qui ne sont pas maintenant plus populeux qu'à l'époque où Guillaume le Conquérant fit dresser le doomsday-book. Cela peut paraître étonnant, mais cela est vrai. Un de mes amis, qui est à côté de moi, s'est beaucoup occupé de réfuter cette erreur. Il a pris la peine de parcourir une grande partie du Lancastre, principalement là où les machines n'ont pas été introduites ; il a compulsé les registres des baptêmes et des funérailles, et il a trouvé, en général, trois naissances contre deux décès ; qu'est donc devenue cette population excédante ? Elle a afflué vers Blackburn, vers Bolton, vers les villes où elle a été employée par ces mêmes machines qu'on accuse de détruire l'emploi des bras. Je vous dirai quelle est l'utilité des machines : c'est d'accroître la puissance de la production ; mais à mesure qu'elles se multiplient, il faut que le marché du monde s'ouvre devant nous. Si nous avions la liberté du commerce, chaque perfectionnement mécanique serait suivi d'une diminution dans le prix de revient du produit, diminution qui mettrait le marchand à même de lui trouver de nouveaux débouchés. Le bon marché toujours croissant pousserait toujours nos produits plus loin vers les extrémités du globe. — A 1 shelling, tel article peut être envoyé en Allemagne ; — réduisez-le à 8 d., et il ira en Italie ; diminuez-le jusques à 6 d., et il pénétrera en Turquie ; — à 4, il se montrera en Perse ; à 2, il pénétrera jusque dans les régions les plus éloignées de l'Asie centrale. (Bruyants applaudissements.) Mais comment le marchand pourrait-il étendre ses opérations, s'il ne lui était pas permis de rapporter chez nous, en échange de nos produits, les produits que les autres peuples ont à nous donner ? Le *statute-book* laisse nos négociants exploiter le monde entier, y chercher des objets de convenance et de luxe pour la classe riche ; mais il ne permet pas qu'ils rapportent cette denrée, qui, parmi toutes les autres, pourrait contribuer au bien-être et au bonheur des ouvriers et de leurs familles, et cependant c'est le rude travail de leurs mains calleuses qui paie ces superfluités qu'on tolère, comme il paierait les denrées utiles qu'on exclut. Les législateurs donnent un libre accès aux objets de luxe qui peuvent décorer leurs personnes et embellir leurs fastueux palais : mais pourquoi défendent-ils l'entrée du blé ? Pourquoi empêchent-ils la Russie, la Pologne, l'Amérique de nous fournir du blé ? Pourquoi ? Parce qu'ils sont marchands de blé ! Ils devraient inscrire sur la porte de leurs demeures ces mots : « Marchands de blé ; aucune concurrence n'est permise. » (Bruyantes acclamations.) — Je vous

ai dit que les étourdis qui se laissent prendre à de pareilles jon-
gleries, ne sont que des enfants, quel que soit leur âge, et en
effet, ne faut-il pas être bien novice, que ce soit faute d'années
ou faute d'intelligence, pour tomber dans des piéges aussi grossiers? Les lois-céréales affectent également toute la communauté, et la *taxe du pain* coûte plus aux habitants de Londres
qu'à tous ceux du Lancastre; et n'est-ce point une véritable
puérilité que de se laisser mettre sur une fausse quête, et d'aller
chercher la cause du mal dans le Lancastre, sans regarder autour de nous et chez nous? Mais enfin, admettons que les machines aient l'effet qu'on leur attribue; — condamnons ces puissantes inventions, ces merveilleuses applications de la science,
qui ont arraché l'espèce humaine à l'état sauvage, et qui ont
fait, pour ainsi dire, le fer lui-même, participant de la vie; ne
voyons dans ces merveilles que malédictions pour le pays; éle-
vons-nous contre la Divinité elle-même; reprochons-lui d'avoir
soufflé dans l'esprit humain le désir et la faculté de s'élever dans
le champ indéfini des découvertes; accordons tout cela..Qu'en
résultera-t-il? Est-ce que les choses en iront mieux, parce
qu'une *taxe sur le pain* viendra ajouter ses nuisibles effets aux
nuisibles effets de ces machines maudites? (Véhémentes acclamations.) Je le répète, il n'y a que l'enfance, l'enfance morale
qui puisse être dupe de ces clameurs contre les machines, puisque nos maux sont les mêmes, que les machines soient une
malédiction, ou qu'elles soient un bienfait; puisqu'ils pèsent
également sur nous tous, soit que nous travaillions avec nos
dents et nos ongles, soit que nous appelions à notre aide les
forces des vents et de la vapeur, — et ce que je dis des machines, je le dis aussi de toutes autres clameurs élevées pour
faire perdre de vue le grand fléau, la grande iniquité : — la
rareté des aliments.

Quelques personnes parlent d'un changement dans la valeur
des espèces métalliques. Nous ne nous y opposons pas; mais
ce dont souffre le pays, ce n'est pas la rareté du numéraire,
c'est la rareté *des aliments*, et jamais nos efforts ne se ralen-
tiront, jusqu'à ce que nous ayons renversé toutes les barrières
qui nous en séparent. (Bruyantes acclamations.) J'appelle une

lourde responsabilité, comme chrétien et comme citoyen, sur quiconque néglige de plaider l'abrogation de la loi-céréale. Je ne veux pas qu'on infère de mes paroles qu'il n'y a pas, selon moi, des hommes consciencieux parmi nos adversaires; mais, dans l'état présent du pays, la neutralité n'a pas d'excuse. Une loi, parmi les Spartiates, condamnait à mort les citoyens qui ne prenaient pas parti dans les grandes questions d'intérêt public. Quoique la Ligue n'entende pas infliger à ceux qui restent neutres d'exclusion physique, il est une exclusion civile dont elle frappera les citoyens qui n'entrent pas dans ses rangs. Si les banquiers, les armateurs et les marchands de la cité de Londres ne trouvent pas de loisirs pour étudier cette grande question, qu'ils soient moralement déposés du rang qu'ils occupent dans l'opinion publique, qu'ils descendent dans l'estime de leurs concitoyens au niveau de leurs commis et de leurs portiers; ils ne méritent pas d'être élevés sur un piédestal d'or pour être vénérés comme des idoles. Qu'ils soient jugés selon leur mérite. (Applaudissements.) Tout homme qui comprend là question doit sortir de l'inaction et s'efforcer de rallier ses semblables à la vérité, car ce n'est que par la force de l'opinion que cette grande réforme peut être résolue. Il n'est personne qui ne puisse beaucoup pour l'avancement de notre cause. Des hommes, dont les noms étaient jusqu'ici inconnus, ont rendu de grands services en propageant autour d'eux les doctrines de la liberté commerciale. Je citerai un membre de la Société des Amis, qui, depuis deux années, a mis à distribuer les pamphlets de la Ligue une prodigieuse activité. Il a parcouru à pied tout le pays, depuis le comté de Warwick jusqu'au Hampshire, et a disséminé partout les vérités et les lumières. Avec le secours de tels auxiliaires, il nous est bien permis d'entretenir l'espoir d'un triomphe prochain et définitif. Cet humble serviteur de notre œuvre n'a été dirigé que par la conscience d'accomplir envers ses frères un grand devoir de charité. (Bruyantes acclamations.) Voilà un homme qui ne verserait pas une goutte de sang, même pour défendre sa propre vie, qui a visité plus de vingt mille maisons, y a déposé le germe de la vérité et de la justice, et qui, pour cette grande cause, a supporté plus de fatigues et de

travaux que ne fit jamais le duc de Wellington lui-même. (Nouvelles acclamations.) Et quand le monde saura apprécier la
vraie moralité des actions, c'est à la mémoire de ce quaker
obscur et modeste, plutôt qu'à celle de Wellington, qu'il dres-
sera des statues. (Bravos.) Cet homme excellent, de même que
beaucoup d'autres de ses frères en religion, s'est efforcé de propager les principes de la Ligue, non-seulement parce qu'il croit
que la liberté commerciale fera descendre l'aisance et le bien-
être dans la masse du peuple, mais encore parce qu'il la considère comme le seul moyen humain d'unir toutes les nations
par les liens d'une paix durable, de faire cesser à jamais le
fléau de la guerre et d'extirper du sein des nations cette force
brutale qui, maintenue sous prétexte de les défendre, retombe
sur elles d'un poids accablant, sous la forme de marine militaire
et d'armée permanente, funestes et prodigieuses créations qui
n'ont servi jusqu'ici qu'à élever par une route sanglante les
Clives et les Wellington. (Acclamations prolongées.) Vous avez
entendu dire, dans le dernier débat du Parlement, que le principe de la liberté des échanges, quoique vrai, ne s'adaptait pas
aux circonstances actuelles. Un honorable membre a dit que
c'était la vérité abstraite et sans application aux temps modernes. (Écoutez! écoutez!) Quoi donc! Faut-il conclure de là
que nos chambres législatives n'ont rien de commun avec la
justice et la vérité? La mission du Parlement est de faire justice; et depuis quand la justice n'est-elle point applicable à la
population de ce pays? Voulez-vous savoir pourquoi la justice
n'est pas applicable? C'est que la plupart des membres de cette
assemblée sont intéressés au maintien de l'injustice. Le chef
des monopoleurs s'est levé dans la chambre et il a dit en propres termes au ministre de sa création : « Tu iras jusque-là,
tu n'iras pas plus loin. » Que penser d'un premier ministre qui
se soumettrait à une telle domination? (Tonnerre d'applaudissements.) Pour moi, si je me complais dans la défense du grand
principe de la liberté, c'est que, dans ma profonde conviction,
il implique les plus chers intérêts de l'humanité; il tend à unir
de plus en plus les nations de la terre, à faire prévaloir la paix,
la moralité, la sage administration; à saper la domination des

classes privilégiées. J'en appelle à mon pays, j'adjure tous nos concitoyens de se rallier à ce grand mouvement contre le monopole, s'ils veulent partager la douce satisfaction qui naît de l'accomplissement d'un devoir et de la conscience qu'on n'a point refusé aide et assistance à la cause de l'humanité. (Applaudissements.) ·

Au mois d'octobre 1843, la ville de Londres dut procéder à l'élection d'un membre de la Chambre dés communes. Le candidat était M. Baring, chef de la première maison de banque d'Angleterre, frère de lord Ashburton, appuyé tout à la fois par l'aristocratie, la banque, le haut commerce, le monopole et le gouvernement. C'est dans ces circonstances que la Ligue voulut essayer ses forces et son influence. Elle suscita pour concurrent à M. Baring un de ses membres, M. Pattison. Un grand meeting tenu à Liverpool, le 4 octobre, prit à l'unanimité la résolution suivante : « Qu'une « vacance ayant lieu dans la représentation de la cité de « Londres, ce meeting remontrera sérieusement aux élec- « teurs de la métropole qu'ils sont appelés à exercer leurs « droits dans un moment décisif; qu'il importe que la pre- « mière cité commerciale du monde dise si elle entend sou- « tenir un ami ou un ennemi de ce commerce qui est la « base de sa grandeur; que ce meeting fera un appel aux « citoyens de Londres pour qu'ils accordent leurs suffrages « à un avocat de *l'abolition totale, immédiate et sans condi-* « *tion des lois-céréales, et de tous les monopoles,* et pour qu'ils « aident ainsi les amis de la liberté commerciale à faire « consacrer le droit, pour tout Anglais, de disposer du fruit « de son travail sur le marché du monde. »

Dès que cette résolution fut prise, la Ligue commença à *agiter,* comme elle a coutume de le faire dans toutes les circonstances importantes. Il n'entre pas dans notre sujet de consigner ici tous les épisodes de cette lutte. Les principaux

traits s'en sont reproduits dans la séance tenue à Covent-
Garden le 10 octobre, séance dont nous donnons un extrait.
On sait d'ailleurs que la Ligue remporta un signalé triom-
phe par la nomination de M. Pattison.

GRAND MEETING A COVENT-GARDEN.

Octobre 1843.

L'objet spécial de ce meeting explique l'affluence extraordinaire qu'il attire. Malgré qu'il ait été construit des
galeries supplémentaires, la salle ne peut contenir la moitié
des personnes qui se présentent.

A sept heures, M. Villiers, m. P., monte au fauteuil et
prononce un discours fréquemment interrompu par les applaudissements.

M. Cobden .... Le président vous a clairement expliqué
l'objet de ce meeting. Nous ne cherchons pas à cacher que notre
but est d'en appeler à vos suffrages, de réclamer votre concours
électoral. A vrai dire, tous nos meetings ont un caractère électoral. Mais, dans cette circonstance, tous les électeurs de Londres ont été invités à assister à la séance.... Nous sommes
venus vous demander si vous voulez donner vos voix au *monopole*
ou à la *liberté*. Par liberté, nous n'entendons pas l'abolition de
tous droits de douane, ainsi que l'un de vos candidats, M. Baring, nous l'impute, sans doute par ignorance. Nous avons répété
mille fois que nous n'aspirons point à arracher de la douane
les agents de Sa Majesté, mais les agents que des classes particulières y ont introduits dans leur intérêt privé, et pour y per-
cevoir des droits qui ne vont pas au trésor public. (Applaudissements.) Il y a quelque chose de si évidemment juste et
honnête dans notre cause, que tout écrivain qui se recueille
dans le silence du cabinet, et qui aspire à voir son œuvre sur-
vivre au terme d'une année, est d'accord avec nous en doctrine.
Bien plus, nous avons assez vécu pour voir les hommes d'Etat

les plus pratiques, pendant qu'ils sont aux affaires, amenés par
la force de la logique et les lumières de leur siècle, à admettre
la justesse de notre principe, quoiqu'ils condescendent basse-
ment à gouverner par le principe opposé. Il y a plus encore;
vos candidats, aussi bien M. Baring que M. Pattison, se placent
en théorie sur le même terrain. Il n'y a entre eux que cette
différence : l'un promet d'être conséquent avec lui-même, et
l'autre s'y refuse. (Bruyants applaudissements.) Eh bien! nous
venons demander si vous voulez choisir pour votre représentant
un homme qui, reconnaissant la justice de la liberté en matière
d'échanges, nous la refuse néanmoins. Le préférez-vous à un
homme qui s'engage à mettre d'accord sa conduite et ses opinions? — M. Baring admet que nos principes sont vrais, *in
abstracto*; cela veut dire que sa pratique sera fausse *in abstracto*.
(Applaudissements.) Quoi? avez-vous jamais ouï parler d'un
père qui enseigne à ses enfants l'obéissance aux commandements de Dieu, *in abstracto?* Avez-vous jamais entendu un
accusé, après le verdict de condamnation, s'écrier : « J'ai volé
ce mouchoir, mais c'est une abstraction. »

— Et le |monopole est-il une abstraction? S'il en est ainsi,
je cède volontiers la place à M. Baring et à son élection. Mais
c'est là une abstraction qui se montre sous la forme très-cor-
porelle de certains monopoleurs, qui se permettent d'abstraire
ou de soustraire la moitié de votre sucre et de votre pain. (Rires
et applaudissements.) — Mais plaçons-nous un moment sur
le terrain de nos adversaires et examinons leur raisonnement,
quoiqu'à vrai dire ils se sont eux-mêmes interdit la faculté de
raisonner en admettant que ce qui est vrai en principe est
faux en conséquence. Sur quel fondement refusent-ils de mettre leur théorie en pratique? « Si vous abandonnez le monopole,
disent-ils d'abord, il vous sera impossible de prélever des taxes
uffisantes. » Mais, si je comprends bien l'objection, elle signifie
que nous serons hors d'état de payer à la reine des impôts
pour la marine, l'armée, la magistrature, à moins que nous
ne nous mettions sur le dos des taxes à peu près égales en
faveur du duc de Buckingham, du duc de Richmond et compa-
gnie. (Rires.— Écoutez! écoutez!) L'objection signifie cela, ou elle

ne signifie rien. C'est un pauvre compliment à faireà notre siècle
que de lui attribuer la découverte de cet argument, car il n'était
certes venu à l'esprit de personne quand on établit les monopoles. Mais voyons comment les monopoles favorisent les recettes
publiques. En 1834, 35, 36 et 37, le prix du blé fut en
moyenne à 45 sh. Il arriva que le chancelier de l'Echiquier eut
des excédants de recettes, et put diminuer les impôts. En 1838,
39, 40 et 41, lorsque le monopole, s'il froissait le peuple, devait
au moins, selon nos adversaires, favoriser le trésor, qu'est-il
arrivé? les recettes ont baissé ; et pendant que le blé était à
65 sh., nous avons entendu le premier ministre déclarer que
la puissance contributive du peuple était épuisée, et qu'il ne
lui restait d'autre ressource que de mettre un *income-tax* sur
les classes moyennes. J'avoue que les faits et l'expérience me
paraissent des guides plus sûrs, pour se faire une opinion, que
l'autorité, et notamment l'autorité de M. Baring. — Venons au
sucre. Que fait le sucre pour le trésor? — quel est le prix du
sucre à l'entrepôt? 21 sh. Que le payez-vous? 41 sh. (1). Vous
payez donc un excédant de 20 sh. par quintal, sur 4 millions
de quintaux. Il vaut la peine de lutter, n'est-ce pas? (Applaudissements.) Et vous, boutiquiers, artisans, ouvriers, boulangers
de Londres, que vous revient-il de ce monopole? Le monopole!
oh ! c'est un personnage mystérieux qui s'assoit avec votre
famille autour de la table à thé, et quand vous mettez un morceau de sucre dans votre coupe, il en prend vitement un autre
dans le sucrier (rires et applaudissements); et lorsque votre
femme et vos enfants réclament ce morceau de sucre qu'ils ont
bien gagné et qu'ils croient leur appartenir, le mystérieux filou,
le monopole, leur dit: je le prends pour votre protection.
(Éclats de rire.) Et combien prend le trésor sur le sucre?
M. Mac-Grégor, secrétaire du *Board of trade*, dans l'enquête de
1840, affirme que si le droit protecteur était aboli, la consommation serait double, et le trésor gagnerait trois millions
sterling. M. Mac-Grégor est encore secrétaire du *Board of trade*,
position qu'il est certes bien digne d'occuper, et son témoignage

(1) Non compris le droit fiscal de 24 sh.

est là qui nous condamne aux yeux du monde. Quel est donc
le prétexte du monopole du sucre? On ne peut pas dire qu'il
est établi dans l'intérêt du trésor, ni dans celui des fermiers
anglais, ni dans celui des nègres des Antilles? Quel est donc
le prétexte qu'on met en avant? que nous ne devons pas acheter
du *sucre-esclave* (¹).

Je crois que l'ambassadeur du Brésil est ici présent, et sans
le blesser, je puis lui faire jouer un rôle dans une petite scène
avec le ministre du commerce. Son Excellence est admise à
une audience avec toute la courtoisie due à son rang. Il présente ses lettres de créance, et annonce qu'il vient pour arranger un traité de commerce. Il me semble voir le ministre,
prendre une attitude recueillie, solennelle et religieuse (²)
(rires) et dire : « Vous êtes du Brésil. Nous serions heureux de
faire des échanges avec votre pays, mais nous ne pouvons, en
conscience, recevoir des produits-esclaves. » Son Excellence
entend bien les affaires (cela est assez ordinaire aux gens qui
viennent du dehors pour traiter avec nous). (Écoutez ! écoutez!)
« Eh bien, dit-elle, nous verrons à vous payer de quelque autre
manière. Qu'avez-vous à nous vendre? — Des étoffes de coton,
dit le ministre, nous sommes en ce genre les plus grands
pourvoyeurs du monde. — Du coton, s'écrie l'ambassadeur,
et d'où le tirez-vous? — Des États-Unis. — Et est-il produit
par des esclaves ou par des hommes libres?» Je vous laisse à
penser la réponse et la contenance de notre président du *Board
of trade*. (Applaudissements.) (Ici quelque confusion se manifeste dans la salle par suite de la chute d'un banc.) Ne vous
effrayez pas, dit M. Cobden, c'est le présage et le symbole de
la chute des monopoleurs. (Éclats de rire.) — Y en a-t-il
quelques-uns parmi vous dont l'humanité et les sympathies se
soient laissé prendre à ces clameurs contre le sucre-esclave?

(¹) *Slave-grown sugar, free-grown sugar*. Il faudrait traduire sucre produit par les esclaves, ou par les hommes libres. Pour abréger,
je me suis permis ces néologismes : Sucre-esclave, sucre-libre.

(²) Ce ministre était M. Gladstone que l'on sait être sorti depuis
des affaires pour des scrupules religieux.

Connaissez-vous la loi à cet égard ? Nous envoyons nos produits manufacturés au Brésil, par exemple ; nous les échangeons contre du sucre-esclave. Ce sucre, nous le raffinons dans des entrepôts, c'est-à-dire dans des magasins où les Anglais seuls ne peuvent pas acheter. De là, il est envoyé par nos marchands, par ces mêmes marchands qui déclament aujourd'hui contre le sucre-esclave, et envoyé en Russie, en Chine, en Turquie, en Égypte, en un mot aux quatre coins de la terre. Il se distribue parmi cinq cents millions d'hommes, et vous seuls ne pouvez y toucher ; et pourquoi ? parce que vous êtes ce que ne sont pas les autres hommes, les esclaves de votre oligarchie. Oh ! hypocrites ! hypocrites !...

M. Baring a dit, à ce que m'apprennent les journaux du jour, que nous, hommes du Lancastre, nous n'avons rien à voir dans l'élection de Londres. Je voudrais bien savoir s'il se fait une loi qui n'oblige pas dans le Lancastre aussi bien que dans le Middlesex ? L'oligarchie du sucre se borne-t-elle à piller ses commettants ? — Au reste, cette prétention va bien aux monopoleurs. Il est assez naturel que les hommes qui prétendent isoler les nations, veuillent aussi isoler les provinces. Ils sont conséquents, et nous montrent jusqu'où ils portent leurs vues. (Applaudissements.)

Ici, M. Cobden dit qu'en parlant de l'opposition que certains négociants font à l'élection de M. Pattison, il n'entend pas prétendre que toute la classe des négociants est contraire à la liberté illimitée du commerce. Il cite l'opinion de MM. Rothschild, Samuel-Jones Lloyd et autres riches banquiers. Il continue ainsi :

De toutes parts on alarme, on stimule les propriétaires ; on les appelle à venir défendre les droits de la propriété qu'on accuse la Ligue de vouloir renverser, et je suis personnellement l'objet de ces vaines clameurs. J'ose dire que s'il est un homme en Angleterre qui plaide la cause de la propriété, cet homme, c'est moi. Et que fais-je autre chose depuis cinq ans ? à quoi sont consacrés tous les travaux de ma vie publique, si ce n'est à rendre leurs droits de propriété à ceux qui en ont été injustement dépouillés? (Véhémentes acclamations.) Comme il y a une espèce particulière de propriété, que M. Baring semble perdre entièrement de vue, je ne crois pas pouvoir mieux faire que de le renvoyer à Ad. Smith. Cet écrivain s'exprime ainsi : « La propriété du travail étant le fondement de toutes les autres, est la plus sacrée et la plus inviolable. Le patrimoine du pauvre consiste dans la vigueur et la dextérité de ses bras. L'empêcher d'employer cette vigueur et cette dextérité, comme il l'entend, sans nuire à autrui, c'est une violation de la plus sacrée de toutes les propriétés ; c'est une usurpation manifeste des droits de l'ouvrier et de ceux qui pourraient l'occuper. » Fort de l'autorité d'Adam Smith, je dis que M. Baring et ceux qui l'appuient, en tant qu'ils soutiennent les monopoles, violent le droit de propriété dans la personne des ouvriers, et en agissant ainsi, je répète ici ce que je leur ai dit au dernier meeting, je les avertis qu'ils sapent les fondements mêmes de la propriété de quelque espèce qu'elle soit. (Applaudissements.)

Ici, l'orateur démontre par des faits nombreux que la prospérité de chaque industrie dépend de la prospérité de toutes les autres.

Il vient à parler ensuite de la corruption électorale. Nous traduirons un extrait de cette partie du discours de M. Cobden, pour montrer l'importance et la hardiesse des résolutions de la Ligue.

Notre adversaire, si l'on en croit le bruit public, a eu recours ailleurs à des pratiques que nous ne devons pas tolérer à Londres. Il faut que l'on sache ce qui se passa à Yarmouth en 1835. On me dira que tout se fit à l'insu du candidat. Mais alors cette question se présente naturellement : Qui dirigeait ces manœuvres? (Écoutez! écoutez!) C'est ma ferme conviction qu'aucun acte corrupteur n'a lieu sans que le candidat ne l'autorise et ne le paie... Je dis cela après avoir été candidat moi-même. Je n'ai jamais dépensé 10 l. s. sans savoir pourquoi, et je ne présume pas que d'autres avancent des 12,000 l. sans en

recevoir la contre-valeur en suffrages. (Rires et approbation.)
Je vois dans les journaux que vraisemblablement on aura re_
cours aux mêmes manœuvres dans un quartier de Londres. Le
corps électoral (*constituency*) de Londres est le plus honnête
parce qu'il est le plus nombreux. Mais il y a un cancer rongeur
à l'une des extrémités de la métropole. Je crois utile de prévenir les personnes, qui pourraient se laisser envelopper dans ces
intrigues, qu'elles courent aujourd'hui un danger plus grand
que par le passé, en acceptant des présents, ou d'être dé-
frayées de leurs dépenses. Que si l'on dit à un pauvre électeur :
« Allez en avant; tout s'arrangera quand le terme prescrit par
la loi sera passé, » je le préviens qu'il n'y a pas de prescription
pour la fraude. La Ligue, parmi les objets qu'elle a en vue,
considère, comme un des plus importants, de vaincre la corruption électorale ; et elle est bien décidée à mettre en œuvre,
dans la présente élection, le plan qu'elle a conçu pour atteindre
ce but. C'est notre intention de poursuivre criminellement quiconque pourra être convaincu d'avoir offert, reçu, donné ou
demandé un présent. De plus, l'intention de la Ligue est d'accorder une récompense de 100 l. s. à celui dont le témoignage
aura amené la condamnation du coupable. Que l'électeur pauvre sache que s'il offre son suffrage pour une somme d'argent,
ou si quelqu'un lui offre de l'argent pour sa voix, ce sont là
deux actes criminels passibles d'une peine. Je conseille donc au
pauvre électeur, si on lui offre de l'argent, de saisir le corrupteur
au collet, de le livrer à l'officier de police et de le suivre devant
le premier magistrat, veillant bien à ce que, dans le trajet, l'accusé ne se défasse d'aucun objet, ou ne détruise aucun papier.
(Rires et applaudissements.) Je crois que nous parviendrons
ainsi à prévenir la corruption dans la cité. Je ne dis rien des
pétitions contre l'élection frauduleuse, parce que nous entendons bien que M. Baring ne sera pas élu; mais, élu ou non,
tout homme que l'on pourra espérer de convaincre d'un acte
corrupteur, sera poursuivi criminellement devant la Cour de
justice. (Applaudissements.) Dans les cas ordinaires, la pénalité
est d'un an de prison. — Nous préférerions de beaucoup poursuivre celui qui offre que celui qui reçoit un don corrupteur ; c'est

pourquoi nous disons au pauvre électeur d'y aviser et de voir s'il
ne vaut pas mieux, pour lui, gagner 100 l. s. honnêtement, que
30 sh. en vendant son suffrage. Il est surprenant que l'on ait fait
lois sur lois contre la corruption, qu'on les ait entassées jusqu'à en
faire la risée du peuple, sans qu'on se soit jamais avisé d'un
moyen aussi simple de la déjouer. On raconte que le chancelier
Thurlow, s'embarrassant au milieu des définitions techniques
qu'il voulait donner de la corruption, comme les gens de sa
profession ont coutume de le faire, un plaisant de la Chambre
s'écria : « Ne prenez pas tant de peine; il n'est aucun de nous
qui ne sache fort bien ce que c'est. » (Éclats de rire.) — Voilà,
Messieurs, ce que nous ferons pour en finir avec la corruption
électorale. Nous ne nous adresserons pas au Parlement, nous
ne lui demanderons pas de casser l'élection ; nous en appelle-
rons directement à un jury de nos concitoyens. Y a-t-il quelqu'un qui puisse dire qu'il n'y a pas autant de pureté dans notre
but que dans nos moyens? Qu'on parle tant qu'on voudra de
notre violence, du caractère révolutionnaire de nos procédés,
nous ne nous sommes jamais écartés des voies légales et paisibles, etc.

L'orateur, après quelques autres considérations, termine
au milieu des applaudissements.

M. Bright lui succède. Le caractère chaleureux de son
éloquence a, comme toujours, le privilége d'exciter au plus
haut degré l'enthousiasme de l'assemblée.

M. W. J. Fox : Dans le choix important que les électeurs de
la cité de Londres vont être appelés à faire sous peu de jours,
il est remarquable que le plus solide argument, en faveur d'un
des candidats, a été fourni par l'autre. « Si l'on me demandait,
a dit M. Baring, vendredi dernier, dans son exposition de principes aux électeurs : Reconnaissez-vous abstractivement la justice de la doctrine de la liberté en matière d'échanges? je répondrais : Oui. Si l'on me demandait : Désirez-vous voir le
commerce dégagé de toutes les entraves qui le restreignent? je
répondrais : Oui. » Voilà les principes proclamés par M. Baring,

voilà ses vœux avoués. Ce sont précisément les principes que
M. Pattison s'engage à faire pénétrer dans la pratique ; ce sont
précisément les vœux que sa carrière parlementaire aurait pour
objet de transformer en réalités. (Applaudissements.) Pourquoi
donc M. Baring ne se trouve-t-il pas parmi les partisans de
M. Pattison? (Rires et applaudissements.) Pourquoi n'agit-il pas
dans le sens de ses propres désirs? Pourquoi repousse-t-il l'application de ses propres principes? Est-ce lâcheté? est-ce hypocrisie? Est-il de ceux qui mettent toujours un « je n'ose » après
un « je voudrais ; » ou bien qui jettent en avant des phrases
sonores pour leurrer les simples et les débonnaires? Etale-t-il
le principe pour capter vos votes, et l'exception pour réserver
le sien? Applaudissements.)

C'est la vulgaire stratégie des sophistes, quand ils s'élèvent
directement contre un grand principe, de lui rendre en paroles
un hommage révérencieux, et d'envelopper le principe antagonique sous la forme d'une exception, et c'est là la stratégie
qui est l'âme de tout le discours de M. Baring. Il adhère d'abord
largement et clairement au principe de la liberté des échanges ;
mais ensuite tout le discours est calculé de manière à montrer
comment et pourquoi ce principe ne doit pas être appliqué,
comment et pourquoi il faut transiger dans l'intérêt d'une
classe, d'un parti, du trésor, de la défense nationale, ou sous
prétexte d'humanité envers les noirs. Mais la chose qu'il plaide,
et qu'il nomme *protection*, tandis que le vrai nom est *monopole*,
n'est pas une exception au principe de la liberté, c'est un autre
principe antagonique à celui-là. Ce qu'il nomme protection,
c'est ce qui élève le prix des subsistances. Protection signifie
ce qui diminue la capacité d'acheter. Protection signifie ce qui
arrache à l'honnête ouvrier une part de son juste salaire. Protection désigne toutes les formes variées du monopole, et,
entre autres choses en ce moment, le fardeau de l'*income-tax*.
(Applaudissements.) Et à qui entend-il accorder protection?
Voyez ses votes. Il protège les établissements ecclésiastiques
dans leur orgueil et leur splendeur, mais il ne protège pas le
pauvre dissident contre la saisie de son lit et de sa bible, pour
parfaire la taxe de l'Eglise. Il protège le riche électeur qui peut

se présenter au Poll, sûr de ne souffrir ni dans ses moyens pécuniaires, ni dans sa position sociale, mais il ne protége pas celui que la dureté des temps a arriéré d'un terme dans le paiement des taxes, et qui aurait besoin de la protection du scrutin contre les menaces et les persécutions des puissants du jour. (Applaudissements.) En un mot, sa protection est acquise aux riches, mais non aux pauvres ; au petit nombre des oppresseurs, mais non aux multitudes opprimées et mises au pillage. (Applaudissements.) J'essaierai, si vous le permettez, de poursuivre, dans cette argumentation, la série des exceptions qu'il oppose à son propre principe. Il dit : « Les principes de la liberté du commerce doivent être modifiés par les besoins de la défense nationale, par les nécessités du trésor, par l'intérêt de quelques classes et par les exigences de l'humanité et de la philanthropie. » D'où il suit que ces principes de liberté auxquels il fait profession d'adhérer, il les-croit en même temps en collision avec la sûreté du pays, avec ses ressources, avec quelques-unes de ses classes les plus importantes, et enfin avec les devoirs de la charité, — étrange manière de recommander un principe.... Je crains bien que son but, sous prétexte de la défense nationale, ne soit de favoriser quelques intérêts monopoleurs. Il cite Adam Smith, pour prouver que l'acte de navigation fut un des meilleurs règlements commerciaux de l'Angleterre. Mais il ne cite qu'une partie de l'opinion de ce grand homme, et ce n'est certainement pas celle qui a le mieux résisté à l'épreuve de l'examen et de l'expérience, car la loi dont parle Adam Smith n'est pas celle qui nous régit. L'intervention et les représailles de l'Amérique et de la Prusse nous forcèrent à la modifier profondément ; les hommes d'État que M. Baring fait profession de révérer l'ont jugée inexécutable, l'ont effacée du *statute-book*, et M. Peel lui-même, à ce que je crois, a contribué à la réduire à ses minimes dimensions actuelles. Si M. Baring eût cité le passage entier, la portée de l'argument eût été toute différente, et il me semble que c'est manquer de probité logique que d'omettre ce membre de phrase. « L'acte de navigation n'est pas favorable au commerce extérieur, ni au développement de la richesse qui en provient. L'intérêt d'une

nation, dans ses relations commerciales, comme l'intérêt du
marchand dans ses transactions, est d'acheter au prix le plus
bas et de vendre au prix le plus haut possible. En diminuant le nombre de nos vendeurs, nous diminuons nécessairement le nombre de nos acheteurs, et nous nous plaçons
dans cette position, non - seulement d'acheter les produits
étrangers plus cher, mais encore de vendre les nôtres à meilleur marché que si l'échange eût été libre. » — Après tout,
que gagne la défense nationale à cette première exception au
principe, en faveur de la navigation? La marine marchande
d'Angleterre doit-elle sa supériorité au monopole? La cherté
artificielle du bois de construction nous donne-t-elle de plus
grands et de plus solides vaisseaux? La cherté artificielle des
subsistances nous met-elle à même de les mieux approvisionner, et la liberté empêcherait-elle qu'il n'y eût des marins
sur nos rivages? Qu'a donc fait l'acte de navigation pour notre
puissance maritime, si ce n'est d'engendrer cette loi violente,
opprobre de notre civilisation, la presse des matelots? La défense nationale en est réduite à ce qu'on peut arracher dans les
rangs de l'industrie, par la pratique de la presse des matelots.
(Applaudissements.) Nous n'avions pas besoin de l'intervention
de cet usage odieux pour repousser les agressions du dehors, et
un moyen beaucoup plus sûr de pourvoir, en tous temps et en
toutes circonstances, à notre sûreté, c'eût été de laisser au peuple quelque chose à défendre de plus qu'il ne possède en ce
moment. (Bruyantes acclamations.) Il ne se battra pas pour
défendre la taxe du pain ; il ne se battra pas pour servir l'oligarchie qui le foule aux pieds ; il ne se battra pas pour maintenir des institutions qui favorisent le riche, mais qui écrasent
le pauvre. Dans l'extension, la vaste et rapide extension d'affaires qui naîtrait de l'abolition de toutes les entraves commerciales, nous trouverions une défense plus sûre que celle des
armes : la dépendance réciproque des peuples, et par là leur
mutuelle bienveillance. Cela est plus sûr que l'acte de navigation et la loi sur la presse des matelots. La réponse d'un vieux
maître de boxe trouve ici son application. Quelle est, lui demandait un jeune homme querelleur, quelle est la meilleure

pose défensive? — La meilleure pose de défense, répondit le vétéran, c'est de n'avoir jamais dans votre bouche qu'une langue prudente et honnête. (Rires.) Le commerce travaillant sans cesse à entrelacer et égaliser les intérêts, les besoins et les jouissances des peuples, le progrès vers cette unité de sentiment et d'esprit, qui naît d'une communication universelle, d'un perpétuel échange de produits, de capitaux, d'énergies et d'idées, voilà pour la sûreté des nations des garanties plus solides que les armées, les marines, l'esprit de lutte et de jalousie. Et si Burke a pu dire que l'honneur était pour les nations le plus économique des moyens de défense, nous pouvons le dire à plus forte raison du commerce. Ce n'est pas seulement une défense économique; c'est une défense qui tend à abolir la pauvreté, à distribuer dans les masses des satisfactions et du bien-être. La seconde exception que fait M. Baring au principe de la liberté est fondée sur les intérêts du revenu public. Elle dénote une ignorance grossière qui a été souvent exposée dans cette enceinte. On vous a dit et répété bien souvent que cette agitation n'a rien à démêler avec les taxes qui ont pour but, qui ont honnêtement et prudemment pour but le revenu public, mais bien avec les taxes qui sont imposées au peuple pour satisfaire la rapacité de quelques classes particulières. Ses exemples me semblent d'ailleurs mal choisis. Il a dit qu'avec la liberté du commerce il serait impossible de taxer le tabac à 1,000 pour cent, et le thé à 300 pour cent. Une telle impossibilité le fait frissonner, et il y trouve une raison suffisante de modifier son principe (écoutez! écoutez!); car ne s'ensuivrait-il pas cet horrible événement, que vous ne paieriez plus quatre guinées pour un sou valant de tabac, et que vous auriez pour six sous le thé qui vous coûte aujourd'hui 2 sh. ? Voilà un dénoûment, un état de choses qui ne saurait être enduré, et il vient vous demander de l'envoyer au Parlement, pour s'opposer à ce que ses propres principes ne réalisent de si terribles résultats. (Rires.) — Arrivant ensuite à la troisième exception à son principe tirée des intérêts particuliers, M. Baring, candidat de la grande cité commerciale de Londres, — désigne cette classe qu'il s'agit de favoriser. Et quelle classe pen-

sez-vous qu'il en à vue? les négociants de cette métropole?
ses marchands, ses ouvriers? C'est la classe agricole dont il
signale les intérêts particuliers, comme étant de ceux devant
qui les principes de la liberté doivent courber la tête et passer
outre, reconnaissant qu'ils sont sans aucune application en cette
matière. Mais ce n'est là qu'un des traits de cette disposition
que montre en toutes circonstances le candidat dont je com-
mente les prétentions parlementaires. L'esprit des Asburthon
vit en lui. Si vous l'envoyez au Parlement, il aura le pied sur le
premier degré de cette échelle de Jacob, qui s'élève au-dessus des
barons et des chevaliers, et le portera un jour au troisième ciel
parmi les pairs du royaume. (Rires.) Dans sa première adresse,
il exalte des services qu'il rendrait, comme membre de la
Chambre des communes, aux intérêts commerciaux, « qui ont
dans ce pays, dit-il, une importance nationale. » Il en parle
comme d'une chose qui a assez grandi pour mériter son patronage, une chose à laquelle on peut tendre une main condescen-
dante, tandis que, citoyen de Londres, il n'en devrait parler
qu'avec fierté. Il ne comprend pas cette virile indépendance,
cette noble franchise que l'industrie a soufflée dans l'esprit de
l'homme, et qui valut naguère à un monarque de ce royaume
cette fière réponse. Dans un moment d'humeur, il menaçait de
s'éloigner avec sa cour, comme si la destruction de la cité avait
dû s'ensuivre. « J'espère, lui dit respectueusement un citoyen,
qu'il plaira à Sa Majesté de laisser la Tamise derrière elle. »
(Rires.) Mais cette cité a nourri des hommes qui connaissent
leurs droits et qui les maintiendront.....

L'orateur, avec une force de logique et une vigueur d'é-
loquence qui nous fait regretter d'être forcé d'abréger ce
discours, discute ici les opinions de M. Baring, et le poursuit
à travers ses nombreuses contradictions. Nous nous bornerons à citer quelques extraits, où il combat des sophismes
qui ont aussi bien cours de ce côté que de l'autre côté de la
Manche.

..... « Nous produisons trop » (dit M. Baring, et c'est un de

ses arguments pour maintenir le monopole des aliments); « j'ose
dire que, grâce à nos machines, les manufacturiers de ce pays
disposent d'une puissance de production capable de répondre à
tous les besoins des contrées qui pourraient nous fournir du
blé. » S'il en est ainsi, ce doit être en effet une puissance merveilleuse que celle qui peut accroître indéfiniment la production,
sans exiger plus de travail humain. Je n'ai jamais ouï parler de
machines, quelque ingénieuses qu'elles soient, qui se passent de
la direction de l'homme, et qui, ayant produit jusqu'ici des résultats déterminés avec un travail humain déterminé, soient en
état de doubler ces résultats sans réclamer l'intervention d'un
travail additionnel. Mais admettons ce phénomène. Quel en est
le remède ? Tant qu'il y aura des besoins à satisfaire, et que cette
puissance de production sera le moyen d'atteindre ce but, on
serait tenté de la considérer comme le don le plus précieux du
ciel. — Mais admettant qu'elle soit funeste, quel en est le remède ? L'arrêter, l'anéantir. Nous avons un excédant de pouvoir
producteur qu'il ne faut pas mettre en exercice. N'est-ce point
un singulier état de choses qu'une immense puissance de production, que la création de choses utiles doivent être réprimées
et forcées à l'inertie ? Eh quoi! si nous voulions suivre les conséquences logiques de cette doctrine, à quelles absurdités ne nous
conduirait-elle pas ? Elle nous induirait à remplacer une machine puissante par une machine moins puissante, et pourquoi
pas diminuer aussi la puissance de la machine humaine qui
met en œuvre toutes les autres ? Si les hommes travaillent trop,
s'ils ont le pouvoir d'acheter du pain au dehors et l'audace de
réclamer ce droit, eh bien, diminuez cette puissance, coupez-
leur les bras et qu'ils ne travaillent désormais que dans des limites raisonnables qui satisfassent le système protecteur. Je
m'imagine que nous serions quelque peu surpris si un voyageur
nous racontait que, dans ses pérégrinations, il a vu un pays où
tous les ouvriers avaient subi l'amputation de deux doigts, et
notre étonnement ne diminuerait pas sans doute si un homme
politique, — un représentant de cette métropole, ou qui aspire
à l'être, disait : Je devine que ces hommes s'étaient rendus
coupables de surproduction. (Rires.) Ils travaillaient tant avec

leurs cinq doigts infatigables que cela ne pouvait plus se tolérer. Le pays ne produisait pas assez de blé pour les satisfaire,
et la production du blé devant être protégée, les propriétaires
ont jugé à propos de couper les doigts aux ouvriers, en sorte
que ce peuple *tridigite* nous offre le plus bel exemple de la sagesse du régime protecteur, et combien il est beau d'exclure les
principes abstraits de la législation commerciale. (Applaudissements.)

L'orateur dit que M. Baring se contredit encore en mani-
festant sa préférence pour le *droit fixe* tout en s'engageant
à soutenir l'*échelle mobile*.

..... Ainsi, dit-il, son opinion est pour le droit fixe, et sa
volonté pour l'échelle mobile. Son opinion contredit sa volonté, et toutes deux violent le principe de la liberté, auquel
M. Baring fait profession d'adhérer aussi. — Et voilà l'homme
que soutiennent ceux qui mettaient naguère toute leur énergie
à renverser l'administration whig parce qu'elle avait osé proposer un droit fixe !

Je passe à sa quatrième exception, fondée sur les exigences
de ses sentiments philanthropiques. Je comprends qu'un homme
hésite quand il sent qu'il y a contradiction entre les principes
et les sentiments d'humanité, bien qu'une telle contradiction
soit certainement une chose étrange. Mais ici quel est le prétexte de cet étalage de charité? On veut que le sucre consommé
dans ce pays soit pur de la tache de l'esclavage. M. Baring a tant
de sympathie pour les noirs qu'il exclut de l'Angleterre le sucre-
esclave, tandis qu'il souffre très-bien que ces mêmes noirs
adoucissent leur grog avec du sucre-esclave, venu du Brésil en
Angleterre pour y être raffiné et en être réexporté. (Écoutez!
écoutez!) Singulière philanthropie, vraiment! Oh! ce ne sont
pas les noirs, ce sont les planteurs qui vous préoccupent. Vous
ne trouvez pas leurs profits satisfaisants. Le noir n'a que faire
d'une sympathie de cette nature. Il ne regrette pas le fouet et
la canne à sucre. Sa condition actuelle lui convient. Eh quoi !
ne se plaint-on pas déjà de ce qu'il devient trop riche? de ce

que sa femme porte des robes de soie, de ce que lui-même figure dans son cabriolet comme un homme « respectable, » et de ce qu'il marchande aujourd'hui la propriété qu'il bêchait autrefois... Et voilà sous quel vain prétexte on maintient un système qui restreint la consommation du sucre dans ce pays, à tel point que, malgré la population toujours croissante, elle est aujourd'hui ce qu'elle était il y a vingt ans, au détriment des jouissances et du bien-être des classes pauvres ! Non, non, à travers toutes ces exceptions, règne un même esprit, un même principe. Déchirez le masque, et vous trouverez derrière la hideuse et dégoûtante figure du monopole. — Monopole de la navigation, monopole du blé, monopole du sucre, les voilà, se couvrant du manteau de la défense nationale, du revenu public, de l'humanité, mais au fond ne signifiant qu'une seule et même chose, la spoliation de la multitude laborieuse par le petit nombre. Et c'est pour maintenir un tel système qu'on nous invite à sacrifier nos principes, comme M. Baring méprise les siens. C'est pour maintenir ces anomalies, ces absurdités, cette oppression et ces abus que nous abandonnerions l'homme qui veut mettre de l'accord entre ses opinions et ses actes, pour nommer celui qui déclare publiquement que sa conduite politique ne sera qu'une perpétuelle exception, bien plus, une flagrante violation des principes que lui-même reconnaît fondés sur la justice et la vérité ! Gentlemen, je ne suis pas un de ces hommes qui ont leurs foyers dans le Lancastre, ce qui, dans certains lieux, semble être une fâcheuse recommandation. Mais j'aimerais mieux être du Lancastre et avoir fait à mes compatriotes de Londres ce noble appel que leur adressent les citoyens de Liverpool, que d'être de Londres, et d'émettre, au mépris de cet appel, un vote favorable au monopole et funeste à mes frères. Et qu'importe d'où viennent ceux qui vous adjurent de nommer M. Pattison ? J'augurerais mal de Londres, si je pouvais croire qu'on y sera arrêté par cette frivole objection. Londres s'est-il tellement rétréci et rapetissé qu'il n'y ait pas place, qu'il n'y ait pas droit de bourgeoisie pour quiconque porte un cœur dévoué et travaille avec ardeur au triomphe de la justice ? La patrie de ces hommes du Lancastre est partout où prévaut l'amour du bien et du vrai. En quelque lieu que la science pénètre, en quelque lieu que parviennent leurs innombrables écrits, partout où leurs discours ont éclairé les intelligences et passionné les cœurs, c'est là qu'est la Ligue. Partout où un infatigable travail est privé de sa juste rémunération, partout où dans nos populeuses cités l'ouvrier n'a qu'une insuffisante nourriture à distribuer à sa famille, partout où, dans nos campagnes, le laboureur ne peut donner à sa femme et à ses enfants des habits décents qui leur permettent la fréquentation de l'église, c'est là qu'est la Ligue, pour relever l'abattement par l'espérance et inspirer à l'affliction la confiance en des jours meilleurs. Partout où, dans des contrées lointaines, la fertilité du sol est frappée d'inertie, partout où la terre est condamnée à une stérilité artificielle, parce que le monopole s'interpose entre les libres et volontaires échanges des hommes, c'est là qu'est la Ligue, promettant au moissonneur de plus abondantes récoltes et au vigneron de plus riches vendanges. Et partout aussi où se livrera cette grande lutte sur le terrain électoral, partout où le génie du monopole opposera ses derniers et convulsifs efforts au génie de la liberté, c'est là que la Ligue plantera sa tente pour stimuler les forts et encourager les faibles, saluer le candidat dévoué aux intérêts sociaux, et montrer que ce pays a encore une longue carrière de gloire à parcourir. (Applaudissements.) Et j'espère bien que le résultat de cette élection sera de montrer au monde que partout où il y a une représentation qui tient en mains les destinées d'un grand empire, c'est là que sera aussi l'esprit de la Ligue pour témoigner que la JUSTICE, — non point la justice abstraite, mais la justice réelle envers toutes les classes, depuis la plus élevée jusqu'à la plus infime, — que la justice, dis-je, est le guide le plus sûr de la législation, comme elle est la source la plus abondante de la prospérité nationale. (Applaudissements prolongés.)

L'AGITATION EN ÉCOSSE.

Nous croyons devoir donner ici un compte rendu succinct des travaux de la Ligue en Écosse, du 8 au 18 janvier 1844.

Rien ne nous semble plus propre à donner une idée de la puissance de l'association, de la vie politique qu'elle fait circuler dans le corps social, et de son influence sur la diffusion des lumières. Comment ne pas admirer l'activité prodigieuse, le dévouement infatigable des Cobden, des Bright, des Thompson? Et quel est le but de tant d'efforts? propager, vulgariser un grand principe.

Nous aurions pu choisir toute autre semaine de l'année : elle nous aurait montré la même énergie. On devinera aisément pourquoi nous avons préféré suivre la Ligue en Écosse. — Il existe en France un préjugé contre les économistes anglais. On y est imbu de l'idée que s'ils proclament le principe de la liberté commerciale, s'ils paraissent même travailler à la réaliser dans la pratique, tout cela n'est que ruse, hypocrisie, machiavélisme. On répète contre l'agitation commerciale ce qu'on a dit contre l'agitation abolitioniste. Ce sont des démonstrations, dit-on, qui cachent un but secret et funeste aux intérêts des nations. Le caractère écossais est beaucoup moins impopulaire, et c'est le motif pour lequel j'ai, de préférence, rendu compte de l'agitation en Écosse. On sera peut-être bien aise de voir comment sont accueillis les principes de la liberté du commerce, sur cette terre loyale, parmi ce peuple éclairé, qui a le premier entendu la grande voix d'Adam Smith.

CARLISLE.

Extrait du *Carlisle Journal*, 8 janvier 1844.

Lundi soir, 8 janvier, il y a eu un thé à la salle de l'Athénée. L'objet de cette réunion était de recevoir une députation du conseil de la Ligue, et d'activer la souscription nationale (*the league fund of l. s.* 100, 000).

Le meeting a commencé à six heures, sous la présidence de M. Joseph Fergusson. Vers huit heures, M. John Bright, m. P., est entré dans la salle et a été reçu par des applaudissements enthousiastes. On remarquait dans cette réunion les principaux négociants et manufacturiers de la cité, et un grand nombre de dames.

Le président, après avoir exposé l'objet de la réunion, donne la parole à M. Bright.

M. Brigt s'exprime avec sa vigueur et son éloquence accoutumée. Le cadre que nous nous sommes imposé ne nous permet pas de donner ici ce remarquable discours.

M. Pierre Dixon soumet au meeting la résolution suivante :

« Le meeting exprime son inaltérable confiance en la Ligue, « et s'engage à l'aider de tous ses efforts dans sa grande lutte « pour la liberté commerciale. »

Nous remarquons dans le discours de M. Dixon le passage suivant :

« J'ai été grandement désappointé par le bill de réforme électorale qui a tant agité ce pays. Nous avons eu un Parlement réformé, et qu'a-t-il fait ? Au lieu de veiller aux intérêts des masses, les représentants n'ont paru s'occuper que de leurs propres intérêts. Qu'a fait lord Grey, si ce n'est procurer des places à ses cousins? (Rires ; écoutez !) Nous lui devons sans doute le bill de réforme, mais on en a fait un mauvais usage, et cette mesure m'a, je le répète, extrêmement désappointé. Mais pendant que le Parlement oublie les souffrances du peuple, la Ligue s'est levée pure de tout esprit de parti. C'est l'esprit de parti qui ruine le pays, et nous venons d'entendre les membres de la Ligue déclarer leur ferme détermination d'en finir avec toutes ces questions de factions et de personnes. Le bon sens et la vérité prévaudront. A eux appartient l'empire du monde. Je sens une profonde reconnaissance envers ces hommes qui sacrifient généreusement leur temps et leur tranquillité à l'avancement de notre cause. A peine M. Bright a-t-il vu ses foyers depuis un an. Nous ne saurions trop honorer de tels services, puisqu'ils sont au-dessus de nos forces. »

Plusieurs autres orateurs se font entendre. — A la fin de la séance, on procède à la souscription. Elle s'élève à 403 l. s. — Nous remarquons sur la liste M. Marshal, m. P., pour 40 l. s.

GLASCOW.

BANQUET POUR LE SOUTIEN DES PRINCIPES DE LA LIBERTÉ COMMERCIALE.

Extrait du *Glasgow-Argus*, 10 janvier 1844.

Cette grande et imposante démonstration, en faveur de la liberté commerciale, et spécialement du rappel des lois-céréales, a eu lieu mercredi soir, 10 de ce mois, dans la salle de la cité (*city hall*). Ainsi que nous l'avions prévu, jamais l'ouest de l'Écosse n'avait vu une semblable manifestation de l'opinion publique ; jamais, à Glasgow, réunion n'avait présenté de tels caractères de distinction, d'ordre, de lumières et d'énergie. La vaste salle contenait plus de deux mille personnes. 150 dames occupaient la galerie de l'ouest.

Le fauteuil était tenu par l'honorable lord prévôt.

Nous avons remarqué sur l'estrade MM. Fox Maule, m. P., James Oswald, m. P., le col. Thompson, le Rév. M. Moore, John Bright, m. P., Arch. Hastie, m. P., le prévôt Bain, et une foule d'autres personnages.

Lecture est faite des lettres d'excuses adressées par MM. Dunfermline, m. P., lord Kinnaird, m. P., Villiers, m. P., Stewart, m. P., Georges Duncan, m. P.

Ces honorables représentants ont été empêchés, malgré

leur désir, d'assister au banquet de Glasgow, soit parce qu'ils sont appelés à d'autres meetings, qui ont pour objet la même cause, soit par d'autres motifs.

Sur la demande du lord prévôt, le doct. Wardlaw, dans une belle et touchante prière, appelle sur l'assemblée la bénédiction divine.

Le lord prévôt est accueilli par des applaudissements enthousiastes, lorsqu'il se lève pour proposer le premier toast.

« Messieurs, dit-il, c'est avec une profonde satisfaction que j'occupe le fauteuil dans cette circonstance. Il y a longtemps que les principes de la liberté commerciale ont prévalu parmi les citoyens de Glasgow et beaucoup d'entre eux, vers la fin du dernier siècle, soutinrent avec zèle les saines doctrines si admirablement exposées et développées par l'immortel Adam Smith, lorsqu'il occupait une des chaires de notre Université. (Applaudissements.) Je suis heureux de voir qu'aujourd'hui les négociants et les manufacturiers si éclairés de cette cité prennent un intérêt toujours croissant à cette grande cause qui embrasse toutes les autres, savoir : l'abolition de tous les monopoles, — et rien ne peut m'être plus agréable que de remplir mon devoir de premier magistrat de la cité, en prêtant aide et assistance, quand l'occasion s'en présente, à ces réformes qui ont pour objet le bien-être des classes ouvrières et la prospérité de cette métropole commerciale de l'Écosse. »

Après quelques observations, le lord prévôt conclut en ces termes :

« Je vous invite à vous joindre à moi pour rendre hommage à notre gracieuse souveraine. La vie de son père, ses propres sentiments ne nous laissent aucun doute que nous avons en elle une amie éclairée de toute mesure qui tend au bien-être, à la prospérité et au bonheur du peuple. A la reine ! » (Applaudissements prolongés. Toute l'assemblée se lève et reste debout pendant que l'orchestre exécute l'hymne national.)

M. Fox Maule, représentant de Perth, — après quelques réflexions, porte le second toast :

« *A la liberté des échanges!* Messieurs, je ne m'étendrai pas sur ces grands principes qui, s'ils vivent quelque part, doivent vivre surtout dans cette cité qui, la première, entendit les leçons d'Adam Smith. Ils pénètrent de jour en jour, et avec tant de force dans les esprits, qu'il serait inutile et pour ainsi dire déplacé, de les développer devant vous. Je considère que le but de cette réunion est d'examiner en commun les idées pratiques qui pourront nous être soumises sur le mode à la fois le plus prompt, le plus efficace et le plus sûr de faire enfin pénétrer ces principes dans notre gouvernement et notre législature. Vous admettez, je crois, que le vieux système des *protections spéciales*, alors même qu'on pourait lui attribuer quelques effets momentanément favorables, n'est pas la base sur laquelle doivent reposer les grands intérêts permanents de ce pays. Le monopole est une plante qu'on peut à la rigueur élever en serre chaude, mais qui ne saurait enfoncer profondément ses racines dans notre sol, et exposer ses branches à tous les vents de notre climat. Nous sommes des hommes libres. Pourquoi n'aurions-nous pas un commerce libre? (Bruyants applaudissements.) La raison dit que ce système est le meilleur, le plus propre à répandre le bien-être parmi les hommes, qui met toutes les denrées du monde à notre portée et laisse refluer les produits de notre travail sur tous les points de la terre. »

L'orateur traite la question dans ses rapports avec l'agriculture; il témoigne toute son admiration pour les utiles efforts de la Ligue, et termine en portant ce toast :

« A la liberté du commerce; à la chute du monopole qui est le fléau du pays et du peuple. » (Applaudissements enthousiastes.)

Le lord prévôt porte la santé de la députation de la Ligue. M. Cobden remercie et prononce un discours qui fait sur l'assemblée une profonde impression.

M. Alexandre Graham : « Aux ministres de la religion qui se
sont réunis à la cause de la liberté du commerce. Dans le
cours de ces dernières années, deux appels ont été faits au
clergé. La première fois, sept cents ministres dissidents de toutes
les dénominations se sont réunis à Manchester, et plus de neuf
cents, dans leurs lettres d'excuse, ont donné leur approbation
à l'objet de la Ligue. La seconde réunion de plus de deux cents
ministres, eut lieu à Edimbourg. »

L'orateur, dans un discours que nous supprimons à regret,
examine les causes qui tiennent le clergé de l'Église établie éloigné de ce grand mouvement. — Il traite ensuite la
question de la liberté commerciale, au point de vue religieux.

Le Rév. doct. Heugh : « Au progrès des connaissances, nécessaire et seule garantie de l'extension et de la permanence
des institutions libres. » (Immenses applaudissements. Ce magnifique texte fait le sujet d'un discours du rév. ministre, qui
est écouté avec recueillement.)

D'autres discours sont prononcés par M. Bright, Thompson, Oswald, Hastie. La souscription de Glasgow, au fonds
de la Ligue, paraît devoir s'élever à plus de 5,000 l. s.
(125,000 fr.)

L'assemblée se sépare à huit heures du soir.

GRAND MEETING D'ÉDIMBOURG POUR LE SOUTIEN DE LA LIGUE.

Extrait du *Scotman*, 11 janvier 1844.

Mardi, 11 de ce mois, un grand meeting a eu lieu dans
cette cité, pour recevoir la députation de la Ligue, composée
de MM. Cobden, Bright, le col. Thompson et Moore. — L'objet spécial de la réunion était de concourir à la souscription
au fonds de la Ligue (*the* 100,000 l. *league fund*). La salle
de la Société philharmonique, la plus vaste d'Édimbourg,

était entièrement occupée, et, faute de places, plus de mille billets d'entrée ont dû être refusés.

On remarquait dans l'assemblée les citoyens les plus éclairés et les plus influents, un grand nombre de dames et trente-quatre ministres du culte. Le très-honorable lord prévôt occupait le fauteuil. Les villes de Leith, Dalkeith, Musselburgh avaient envoyé des députations.

Nous ne fatiguerons pas le lecteur par la traduction des discours prononcés dans cette mémorable séance. Nous nous bornerons à reproduire un passage du discours de M. Cobden, parce qu'il répond à un argument que l'on oppose souvent à l'affranchissement du commerce, aussi bien de ce côté que de l'autre côté de la Manche.

« Tout le monde, ou du moins toutes les personnes dont l'opinion a quelque poids, s'accordent sur ce point, que le principe de la liberté des échanges est le principe du sens commun, et que, considéré d'une manière abstraite, il est aussi juste qu'incontestable. (Assentiment.) Mais lorsque vous sommez ces personnes de réaliser dans la pratique des principes dont, en théorie, elles reconnaissent si volontiers la justice et la vérité, on vous objecte que les circonstances du pays s'y opposent. Quelles sont ces circonstances ? D'abord, nous dit-on, par l'ancienneté de la protection, le pays se trouve dans une situation économique tout artificielle. A cela je réponds que si nous sommes dans une situation artificielle, c'est que nous y avons été amenés par des lois arbitraires contraires aux lois de la nature. Nous ne pouvons remédier à ce mal qu'en revenant aux lois naturelles et en mettant notre législation en harmonie avec les desseins visibles de la divine Providence. — Ensuite, on allègue que la dette publique et l'Echiquier imposent à l'Angleterre de lourdes charges, » etc.

PERTH.

Extrait du *Perthshire-Advertiser*, 12 janvier 1844.

Selon l'avis qui en avait été donné, un grand meeting
public a eu lieu mercredi, 12 de ce mois, dans une des
églises de cette ville (*North-United secession church*), pour
entendre MM. Cobden, Thompson et Moore, députés de la
Ligue nationale. Plus de deux mille personnes étaient pré-
sentes, presque toutes appartenant aux classes moyennes,
et l'on a remarqué l'attention soutenue que les fermiers et
les agriculteurs, venus de tous les points du comté, ont
prêtée aux discours qui ont occupé une séance de plus de
quatre heures.

M. Maule, m. P., occupait le fauteuil.

Nous ne pouvons rapporter ici les discours prononcés
par MM. Maule, Cobden, lord Kinnaird, M'Kinloch,
Moore, etc. — Cependant, comme les arguments qu'on fait
valoir en faveur du monopole, sous le nom de protection,
sont les mêmes en France qu'en Angleterre, nous croyons
devoir citer de courts extraits du discours de M. Cobden, où
quelques-uns de ces arguments sont heureusement réfutés.

« Les fermiers et les ouvriers des campagnes ont plus souffert que tous autres des lois-céréales, et, à cet égard, j'invoque
le témoignage de ceux d'entre eux qui m'écoutent. Depuis 1815,
époque où passa cette loi, la Chambre des communes ne s'est
pas réunie moins de six fois en comité pour s'enquérir de la
détresse agricole, et, depuis 1837, elle a été solennellement proclamée cinq fois dans le discours de la reine à l'ouverture du
Parlement. J'ai parcouru le pays dans tous les sens ; j'ai assisté
à une multitude de meetings ; partout j'ai posé aux fermiers
cette question : « Avez-vous, dans un certain nombre d'années,
et avec un capital donné, réalisé autant de profits que les personnes engagées dans des industries qui ne reçoivent pas de

protection, tels que les drapiers, carrossiers, épiciers, » etc. — Partout, invariablement, on m'a fait la même réponse : « Non, l'industrie agricole est la moins rémunérée. » Si le fait est incontestable, il doit avoir une cause, et comme ce ne peut être l'absence de la protection, c'est sans doute la protection elle-même. Pour moi, je crois qu'il est mauvais de taxer l'industrie ; il n'y a qu'une chose qui soit pire, c'est de la *protéger*. (Applaudissements.) Montrez-moi une industrie *protégée*, et je vous montrerai une industrie qui languit. Si l'on accordait, par exemple, des priviléges aux épiciers qui habitent tel quartier, pensez-vous que les propriétaires des maisons n'en exigeraient pas de plus forts loyers? Ils le feraient indubitablement ; et c'est ce qu'ont fait les landlords, à l'égard des fermiers, sous le manteau de la loi-céréale. Un pauvre fermier gallois, nommé John Jonnes, a parfaitement expliqué le jeu de cette loi. Il disait : « La loi a promis aux fermiers des prix parlementaires. Sur cette promesse, les fermiers ont promis aux seigneurs des rentes parlementaires. Mais à la halle, le prix parlementaire ne s'est presque jamais réalisé, et il n'en a pas moins fallu acquitter la rente parlementaire. » Toute la question-céréale est là.

« Pour persuader aux fermiers qu'ils ne peuvent soutenir la concurrence étrangère, on leur dit qu'ils ont de lourdes taxes à payer, et cela est vrai. Ils paient la taxe des routes, mais ils ont les routes, et je puis vous assurer que les fermiers russes et polonais voudraient bien en avoir au même prix. Essayez de porter vos denrées au marché, par monts et par vaux et à dos de mulet, et vous vous convaincrez que l'argent mis sur les chemins n'est pas perdu, mais placé, et placé à bon intérêt. — Ils paient encore la taxe des pauvres et les taxes ecclésiastiques; mais il y a aussi des prêtres et des pauvres sur le continent. »

M. Cobden cite plusieurs exemples pour démontrer que les industries libres prospèrent mieux que les industries protégées.

« Voyez la laine; c'est un fait notoire que c'est, depuis qu'elle n'est plus favorisée, une branche beaucoup plus lucrative que

la culture du froment. — Voyez le lin. Pendant que M. Warnes
se donnait beaucoup de mouvement, dépensait beaucoup
d'encre et de paroles pour prouver que le fermier anglais ne
pouvait soutenir la concurrence du dehors, lui-même substi-
tuait, et avec succès, la culture du lin, qui n'est pas protégée,
à celle du froment, qui est l'objet de tant de prédilections législatives.....

« Quant aux avantages que la loi-céréale est censée conférer
aux simples ouvriers des campagnes, j'avance ce fait, et je défie
qui que ce soit de le contredire : c'est que les salaires vont
toujours diminuant à mesure qu'on s'éloigne des districts manufacturiers et qu'on s'enfonce au cœur des districts agricoles.
En arrivant dans le Dorsetshire, le plus agricole et par conséquent le plus protégé de tous les comtés, on trouve le taux des
salaires fixé à 6 sh. par semaine. Pour moi, je donne 12 sh. au
moindre de mes ouvriers. J'en ai qui gagnent 20, 30 et même
35 sh. Mais quant à ceux qui ne donnent que le travail le plus
brut, qui ne font que ce que tout homme peut faire, ils reçoivent au moins 12 sh. — Je n'en tire pas vanité. Ce n'est ni par
plaisir ni par philanthropie que j'accorde ce taux ; je le fais
parce que c'est le taux établi par la libre concurrence. Voilà un
fait général qui ne permet plus de dire que la loi-céréale favo-
rise l'ouvrier des campagnes. (Écoutez ! écoutez !) — Mais j'aperçois ici bon nombre d'ouvriers des fabriques. Quant à eux, il
est certain que la loi-céréale les dépouille, sans aucune compensation, et j'expliquerai comment cela se fait. Il y a une certaine doctrine à l'usage des ignorants imberbes, selon laquelle
les salaires peuvent être fixés par acte du Parlement. Je mettrai en
lumière et cette doctrine et le caractère de la loi-céréale, par une
anecdote qui se rapporte à un fait parlementaire qui m'est
personnel. Lorsque sir Robert Peel présenta la dernière loi-céréale à la Chambre des communes, loi qui avait pour but avoué
de maintenir le prix du blé à 56 sh., ainsi que l'auteur le déclare
expressément, je fis, par voie d'amendement, cette motion :
« Qu'il est expédient, avant de fixer le prix du pain par acte du
Parlement, de rechercher les moyens de fixer aussi un taux
relatif des salaires qui soit en harmonie avec ce prix artificiel

des aliments. » Proposition bien raisonnable, à ce qu'il me paraît, mais qui fut combattue par MM. Peel, Gladstone et leurs collègues, au dedans et au dehors des Chambres, par cette réponse : « Oh ! nous ne pouvons régler ou fixer le prix du travail, cela est au-dessus de notre puissance. Le taux des salaires s'établit par la concurrence sur le marché du monde. » — Néanmoins, quoique je reconnusse la validité de ce raisonnement, comme je le crois aussi bien applicable au blé qu'au travail, et que je n'aime pas à voir des règles différentes appliquées à des cas intrinsèquement identiques, j'insistai pour que ma motion fût mise aux voix ; et elle fut soutenue par vingt ou trente membres qui pensaient, comme moi, que le taux des salaires devait être positivement fixé, si l'on était décidé à dépouiller l'ouvrier, par un prix des aliments artificiellement élevé. Mais, ainsi que je m'y attendias, les monopoleurs de la Chambre refusèrent de faire une franche et loyale application de leur propre principe, et tous, jusqu'au dernier, votèrent contre ma motion. — Sans doute, il est incontestable que le régulateur naturel des salaires, c'est le marché, la concurrence, le rapport de l'offre à la demande. Mais n'est-il pas évident que le blé doit être soumis à la même règle, et valoir plus ou moins, selon les besoins d'une part et la faculté de payer de l'autre ? Qu'on laisse donc le prix du blé s'établir dans le même marché où le travail est contraint de chercher sa rémunération. Oh ! qui pourrait sonder la profonde immoralité de ces hommes qui s'adjugent à eux-mêmes un certain prix pour leur blé, et qui néanmoins refusent de fixer un prix proportionnel pour les salaires qui doivent acheter ce blé ? » (Applaudissements prolongés.)

GREENOCK.

Extrait du *Greenock-Advertiser*, 15 janvier 1844.

Lundi, 15 de ce mois, une députation de la Ligue, composée de M. Bright, m. P., et du col. Thompson, a assisté à un grand meeting tenu à la chapelle de... '

Le prévôt occupait le fauteuil.

Des discours ont été prononcés par MM. Steete, Stewart, m. P., col. Thompson, Bright, Robert Wallace, m. P.

Nous avons remarqué, dans le discours du colonel Thompson, la démonstration suivante, qui présente, sous une forme sensible, les inconvénients des lois restrictives.

« Suivons vos marchandises sur les marchés étrangers, et observons ce qui arrive. Je suppose que vous les envoyez à Hambourg. Le capitaine débarque, et, s'adressant à un négociant de cette ville, il lui dit : « J'amène de Greenock tant de balles marchandises que je désire vendre. — Bien, dit le marchand, je vous en donnerai dix thalers.—J'accepte, répond le capitaine ; et maintenant que pourrais-je acheter avec dix thalers, car je désire revenir à Greenock avec un chargement de retour? — Je trouve, dit le Hambourgeois, que le blé est à meilleur marché ici qu'en Angleterre ; achetez du blé. — Oh ! répond le capitaine, je ne puis pas rapporter du blé, car nous avons dans notre pays une loi qui le défend. — Eh bien ! prenez du bois de construction. — Nous avons encore une loi qui l'empêche. — Dieu me pardonne ! s'écrie le Hambourgeois, je crois que, vous autres Anglais, vous repoussez les choses qui vous sont les plus nécessaires, et n'admettez que ce qui ne vous est bon à rien, des sifflets et des cure-dents, peut-être. (Éclats de rire.) — Je crains bien qu'il n'en soit ainsi, reprend l'Anglais, et je vois que ce que j'ai de mieux à faire, c'est de m'en retourner sur lest et de né. plus remettre les pieds à Hambourg. » — C'est ainsi que prennent fin nos relations avec Hambourg, et successivement avec les autres ports étrangers. — Et ne voyez-vous pas que le chargeur de Greenock sera forcé de limiter sa fabrication plus qu'il n'aurait fait, si son capitaine lui eût porté de meilleures nouvelles? Que si la fabrication se ralentit, le travail est moins demandé, les salaires sont plus dépréciés, en même temps que les subsistances renchérissent? » etc........

ABERDEEN.

Extrait de l'*Aberdeen-Herald*, 15 janvier 1844.

La démonstration en faveur de la Ligue a dépassé tout ce que l'on pouvait attendre. Lundi, 15 de ce mois, deux meetings ont été tenus, l'un le matin, l'autre le soir, et dans l'un et l'autre, l'accueil le plus enthousiaste a été fait à MM. Cobden et Moore. Le meeting du matin a eu lieu dans la vaste salle de théâtre, qui s'est trouvée cependant trop étroite pour le grand nombre de citoyens distingués qui désiraient assister à la séance. Rien n'égale l'intérêt qu'a excité le discours clair et nerveux de M. Cobden, et nous avons pu remarquer que des hommes, qui prennent rarement part à des démonstrations publiques, joignaient chaleureusement leurs applaudissements à ceux de la foule.

Le soir, les classes ouvrières et laborieuses affluaient à la salle de la Société de Tempérance, et nous avons entendu dire à M. Cobden qu'il n'avait jamais parlé devant un auditoire plus attentif et plus intelligent.

Nous avons assisté à bien des meetings publics, nous avons entendu tous les grands orateurs de l'époque, mais nous devons dire que jamais nous n'avons assisté à un spectacle plus imposant et plus instructif que celui qui a été offert aujourd'hui à la population d'Aberdeen. (Suit le compte rendu de la séance.)

DUNDEE.

16 janvier 1844.

Mardi soir, 16 du courant, une *soirée* a été donnée, dans le cirque royal, à MM. Cobden et Moore, députés de la Ligue nationale. M. Édouard Baxter, esquire, occupait le fauteuil.

Les orateurs qui se sont fait entendre, outre MM. Cobden et Moore, sont MM. Baxter, James Brow, lord Kinnaird, Georges Duncan, m. P., etc.

PAISLEY.

Extrait du *Glasgow-Argus*, 16 janvier 1844.

Mardi soir, 16 de ce mois, une *soirée* a eu lieu, dans une des églises dissidentes de Paisley (*secession church*), à l'effet d'accueillir MM. Thompson et Bright, membres de la Ligue, et sous la présidence du prévôt Henderson. Nous avons remarqué sur l'estrade MM. Stewart, Wallace et Hastie, membres du Parlement, et un grand nombre de ministres du culte.

Nous croyons devoir nous dispenser de donner en détail le compte rendu de ce meeting, ainsi que de ceux qui suivent, pour éviter de dépasser les bornes que nous nous sommes prescrites.

AYR.

Extrait de *l'Ayr-Advertiser*.

Mardi matin, 16 de ce mois, un grand meeting public a été tenu au théâtre de cette ville, sous la présidence du prévôt Miller, pour entendre MM. Bright et Thompson, membres de la Ligue.

MONTROSE.

Extrait du *Montrose-Review*, 16 janvier 1844.

MM. Cobden et Moore, de passage dans cette ville, pour se rendre d'Aberdeen à Dundee, ont été sollicités de s'arrêter quelques heures dans l'objet de tenir un meeting public. Malgré la brièveté du temps qu'avaient devant eux les amis de la liberté commerciale, une telle affluence s'est portée à *Guild-Hall,* à l'heure désignée, que le meeting a dû immédiatement se transporter à *Georges free church.* Le prévôt Paton a été unanimement appelé au fauteuil.

Après un discours de M. Cobden, qui a fait sur l'assemblée une profonde impression, M. Alexandre Watson fait cette motion :

« Que le meeting approuve hautement les infatigables travaux de la Ligue, et en particulier les virils et nobles efforts de MM. Cobden et Moore, pour propager les principes de la liberté commerciale ; et que, pour offrir aux citoyens de Montrose l'occasion de contribuer au fonds de la Ligue, il nomme, à l'effet de recueillir les souscriptions, une commission composée de MM. », etc.

La motion est votée à l'unanimité.

FORFAR.

Le même journal rend compte du meeting tenu à Forfar, le samedi 10 janvier, à l'occasion de la présence, en cette ville, de MM. Cobden et Moore. Les honorables députés de la Ligue n'ont pas eu plutôt accédé aux vives instances qui leur étaient adressées pour qu'ils s'arrêtassent un moment à Forfar, que toute la population a été convoquée à l'église de la paroisse au son du tambour. Les fonctions de président étaient remplies par le Rév. ministre, M. Lowe, etc.

KILMARNOCK.

Un grand meeting a été tenu dans cette ville, le mardi 16 janvier 1844, à l'effet d'entendre M. Bright et le colonel Thompson, membres de la Ligue.

CUPAR.

Extrait du *Fife-Sentinel*, 18 janvier 1844.

L'annonce de la visite d'une députation de la Ligue avait excité au plus haut degré l'intérêt du comté. Des délégations de toutes les villes environnantes s'étaient rendues à Cupar. — MM. Cobden et Moore sont arrivés le 18, à deux heures. Le meeting avait été convoqué à l'église de Wesport, mais cet édifice étant insuffisant à contenir la foule qui se pressait, il a été décidé qu'on se transporterait dans Old-Church.

Le prévôt Nicol occupait le fauteuil.

LEITH.

Extrait du *Caledonian-Mercury*, 19 janvier 1844.

Un meeting nombreux a été tenu, vendredi soir 19 du courant, dans Relief-Church. MM. Cobden, Thompson, Moore, ont été écoutés avec l'intérêt le plus manifeste et la plus vive sympathie, etc.

DUMFRIES.

Extrait du *Dumfries-Courrier*, 17 janvier 1844..

Ce journal rend compte du meeting tenu le mercredi 17 janvier, à l'occasion de la visite de MM. Bright et Thompson ; il présente le même caractère que les précédents.

Si nous avons donné au lecteur cette nomenclature aride des nombreux meetings que la députation de la Ligue a provoqués en Écosse, pendant un séjour de si courte durée, c'est que nous sommes nous-même convaincu qu'en

France, comme en Angleterre, comme dans tous les pays constitutionnels, le seul moyen d'emporter une grande question, c'est d'éclairer et de passionner le public. Notre but a été d'appeler l'attention sur l'activité et l'énergie que déploie la Ligue, et dont les premiers résultats se montrent aujourd'hui aux yeux de l'Europe étonnée dans le *plan financier* de sir Robert Peel.

GRAND MEETING DE COVENT-GARDEN.

25 janvier 1844.

Après une interruption de deux mois, la Ligue a repris ses meetings au théâtre de Covent-Garden. Jeudi soir, la foule avait envahi le vaste édifice. Dans aucune des précédentes occasions elle n'avait montré plus de sympathie et d'enthousiasme.

A sept heures, le président, M. Georges Wilson, monte au fauteuil. Il ouvre la séance par le rapport des travaux de la Ligue, dont nous extrayons quelques passages.

« Ladies et gentlemen : Je ne doute pas que la première question que vous m'adresserez au moment de la reprise de nos séances, ne soit : « Qu'a fait la Ligue depuis la dernière session ? » D'abord, je n'ai pas besoin de vous dire *qu'elle n'est pas morte*, ainsi que ses ennemis l'ont tant de fois répété. Il est vrai que le duc de Buckingham ne s'y est pas encore rallié ; le duc de Richmond ne nous a pas signifié son approbation ; sir Edward Knatchull compte toujours sur le monopole pour payer des dots et des hypothèques, et le colonel Sibthorp a gratifié de 50 l. s. l'association protectioniste. (Rires.) Mais d'un autre côté, le marquis de Westminster a donné 500 l. s. à la Ligue. (Applaudissements.) Que nous ayons fait quelques progrès, c'est ce que nos adversaires pourront nier, et ce dont vous jugerez vous-mêmes d'après les meetings qui ont eu lieu et dont je vais vous faire l'énumération. »

Ici le président nomme les villes où ont été tenus des meetings et les sommes qui y ont été souscrites.

Liverpool	6,000 l. s.	
Ashton	4,300	
Leeds	2,700 ; la maison Marshall a souscrit pour 800 l. s.	
Halifax	2,000	
Huddersfield	2,000	
Bradford	2,000	
Bacup	1,345	
Bolton	1,205	
Leicester	800	
Derby	1,200 ; la maison Strutt a donné 500 l. s.	
Nothingham	520	
Burnley	1,000	
Oldham	1,000	
Todmorden	611	
Strond	558	

(M. Wilson cite encore une douzaine de meetings où des sommes moindres ont été recueillies.)

« En outre, une députation de la Ligue, composée de MM. Cobden, Bright, Thompson, Moore, Ashworth a parcouru l'Ecosse. Nous avons reçu à

Glasgow	3,000 l. s.
Édimbourg	1,500
Dundee	500
Leith	350
Paisley	230
Hawick	70

(De bruyants applaudissements accompagnent cette lecture.) Tel est le témoignage que nous avons à rendre des progrès que fait notre cause dans l'esprit public. C'est un nouveau gage d'union, un nouveau pacte, un nouveau *covenant* auquel les amis de la Ligue en Ecosse et dans le nord de l'Angleterre ont attaché leur nom, s'engageant tous envers eux-mêmes, envers vous et envers le pays, à persévérer dans la voie qu'ils se sont tracée, et à ne prendre aucun repos tant qu'ils se sentiront un reste de force et que la Ligue n'aura pas atteint le but qu'elle a en vue........ »

M. Bouverie prononce un discours instructif sur la situation financière de l'Angleterre et sur la répartition des taxes entre les diverses classes de la société.

M. W. J. Fox s'avance au bruit des applaudissements ; quand le silence est rétabli il s'exprime en ces termes :

« Je suis appelé à prendre la parole à l'entrée de cette nouvelle année d'agitation, dans un moment où la confusion, l'anxiété et l'incertitude règnent dans le pays. La législature est convoquée ; le peuple attend plutôt qu'il n'espère ; la Ligue a recruté des adhérents, augmenté ses moyens et discipliné ses forces ; les partis politiques épient les chances de se maintenir dans leur position ou de conquérir celle de leurs adversaires ; des anti-Ligues se forment dans plusieurs comtés. Dans ces circonstances, il est à propos d'établir *le principe* autour duquel se rallie notre association, ce principe que nous avons tant de fois, mais pas encore assez proclamé ; ce principe qui est l'objet et le but d'efforts et de travaux qui ne cesseront qu'au jour de son triomphe : — la liberté absolue des échanges, — et, en ce qui concerne sa réalisation pratique et actuelle, — l'abrogation immédiate, totale et sans condition (1) de la *loi-céréale !* (Bruyants applaudissements.) Voilà notre étoile polaire ; voilà le point unique vers lequel nous naviguons, sans nous préoccuper d'aucune autre considération. Nous n'avons rien de commun avec les factions politiques ; nous n'avons aucun égard aux démarcations qui séparent les partis de vieille ou de fraîche date ; peu nous importent les inconséquences de tel ou tel meneur d'une portion de la Chambre des communes. — L'abrogation totale, immédiate, sans condition des *lois-céréales*, voilà ce que

(1) *Unconditional* ; la Ligue entend par là que l'abolition des droits d'entrée, sur les grains étrangers, ne doit pas être subordonnée à des dégrèvements accordés par les autres nations aux produits anglais.

nous demandons, tout ce que nous demandons. — Nous n'exigeons pas plus, nous n'accepterons pas moins — de Robert Peel ou de John Russell, — de lord Melbourne d'un côté, ou de lord Wellington de l'autre, ou de lord Brougham de tous les côtés. (Rires et approbation.) Nous sommes en paix avec tous ceux qui reconnaissent ce principe. Mais nous ferons une guerre éternelle à ceux qui ne l'accordent pas. — Et précisément parce que c'est *un principe*, il n'admet, dans nos esprits, aucune *transaction* quelconque. (Applaudissements.) C'est là notre mot d'ordre. Il y a une classe dans le pays qui ne cesse de crier : « *Pas de concessions.* » Et nous, nous lui répondons : « *Pas de transaction.* » Si ce mouvement, ainsi qu'on l'a quelquefois faussement représenté, n'était qu'une pure combinaison industrielle ; s'il avait pour objet de relever telle ou telle branche de fabrication ou de commerce ; — ou bien s'il était l'effort d'un parti et s'il aspirait à déplacer le pouvoir au détriment d'une classe et au profit d'une autre classe d'hommes politiques ; ou encore si notre cri : *Liberté d'échanges*, n'était qu'un de ces cris populaires, mis en avant dans des vues personnelles ou politiques, comme le cri : *A bas le papisme!* et autres semblables, qui ont si souvent égaré la multitude et jeté la confusion dans le pays, oh! alors, nous pourrions transiger. Mais nous soutenons un *principe*, à l'égard duquel notre conviction est faite, et qui est comme la substance de notre conscience ; nous revendiquons pour l'homme un droit antérieur même à toute civilisation, car s'il est un droit qu'on puisse appeler naturel, c'est certainement celui qui appartient à tout homme d'échanger le produit de son honnête travail, contre ce qu'il juge le plus utile à sa subsistance ou à son bien-être. (Approbation.) Ce n'est pas là une question qui admette des degrés, ni qui se puisse arranger par des fractions. Nous respectons tous les droits ; mais nous ne respectons aucun abus. (Applaudissements.) Nous ne comprenons pas cette doctrine qui consiste à tolérer un certain degré de vol, d'iniquité ou d'oppression, au préjudice d'un individu ou de la communauté. Nous considérons au point de vue du *juste* et de *l'injuste* la propriété, quelle qu'elle soit, réalisée par le travail et sanctionnée par les lois et les institutions

humaines. Nous proclamons notre profond respect pour la propriété de cette classe qui est la plus ardente à s'opposer à nos
réclamations. Les domaines du seigneur lui appartiennent, nous
ne prétendons pas y toucher, mettre des limites à leur agglo-
mération et à leur division. Nous n'intervenons pas dans l'administration de ce qui lui est acquis par achat ou par héritage.
Qu'il en fasse ce qu'il jugera à propos ; il est justiciable de
l'opinion s'il viole les lois des convenances ou de la moralité.
Tant qu'il se renferme dans les limites que lui prescrivent les
nécessités des sociétés humaines, nous respectons tous ses
droits. Qu'il proscrive ou tolère la chasse ; qu'il abatte ou conserve ses forêts ; qu'il accorde ou refuse des baux, nous ne nous
en mêlons pas. Les produits de ses domaines sont à lui ou à
ceux à qui il les loue. Mais il y a une chose qui n'est pas à lui,
et c'est le travail d'autrui, c'est l'industrie de ses frères, et leur
habileté, et leur persévérance, et leurs os et leurs muscles, et
nous ne lui reconnaissons pas le droit de diminuer, par des taxes
à son profit, le pain qui est le fruit de leurs travaux et de leurs
sueurs. (Bruyantes acclamations.) Ils sont ses frères et non pas
ses esclaves. Les bras de l'ouvrier sont sa propriété et non pas
celle du landlord. Nous réclamons pour nous ce que nous accordons aux seigneurs, et notre principe exige le même respect, la même vénération pour la propriété de celui qui n'a au
monde que sa force physique pour se procurer le pain du soir
par le travail du jour, que pour celle de l'héritier du plus vaste
domaine dont on puisse s'enorgueillir dans la Grande-Bretagne.
(Applaudissements.) Dans notre attachement à ce principe, nous
nous opposons à tout empiétement sur la propriété de la classe
industrieuse, de quelque forme qu'on le revête, quel que soit
le but auquel on veuille le faire servir. Notre principe exclut le
droit fixe aussi bien que le droit graduel. (Approbation.) L'un
est aussi bien que l'autre une invasion sur les droits du peuple,
car quelle est leur commune tendance ? Évidemment d'élever
le prix des aliments, et tout ce qui élève le prix des aliments,
diminue le légitime bien-être des classes laborieuses. Lorsque
nous nous rappelons la condition de ces classes ; quand nous
venons à songer que l'ouvrier se lève avant le jour, et qu'il est

déjà bien tard quand il peut goûter quelque repos et manger le
pain de l'anxiété ; quand nous nous rappelons par quels fa-
tigants efforts il obtient dans ce monde sa chétive pitance, et
combien il y a de malheureuses créatures autour de nous dont
toute l'histoire est résumée dans ces tristes vers si populaires :

> Travaillons, travaillons, travaillons
> Jusqu'à ce que nos yeux soient rouges et obscurcis ;
> Travaillons, travaillons, travaillons
> Jusqu'à ce que le vertige nous monte au cerveau.

« Quand nous sommes témoins d'une telle destinée, nous disons que le *droit fixe* ne doit pas prendre même un farthing sur
la part exiguë du pauvre pour augmenter les trésors d'un duc de
Buckingham ou de Richmond. (Applaudissements prolongés.)
Bien plus, il est des cas où le droit fixe aurait plus d'inconvénients que l'échelle mobile elle-même. On a déjà fait cette objection contre le droit fixe, et je crois qu'elle a déjà frappé ses
partisans. « Que ferez-vous de votre droit de 10, de 8, de 5 sh.
lorsque le blé s'élèvera, comme cela peut et doit quelquefois
arriver, à un prix de famine, *a famine price?* (Écoutez ! écoutez !) Et l'on a répondu : « Alors, on le suspendra. » — Mais quel
est le pouvoir qui décidera cette suspension, et sur quelle
épreuve ? Réalisez dans votre imagination la situation d'un premier ministre obligé d'observer le pays pour décider si le temps
approche, si le temps est arrivé où le droit fixe sur le blé sera
remis, parce que les aliments ont atteint le prix de famine ! Il faudra qu'il compte dans les journaux combien d'êtres humains ont
été relevés dans nos rues, tombés par défaut de nourriture. Combien faudra-t-il de cas de *morts par inanition?* quelle somme de
maladies, de typhus, de mortalité sera-t-il nécessaire de constater pour justifier la remise du droit? Voilà donc les occupations d'un premier ministre ! Il faudra donc qu'il veille auprès
du pays, qu'il compte ses pulsations, comme fait le médecin
d'un régiment quand on flagelle un soldat, — la main sur son
poignet, l'œil sur la blessure saignante, l'oreille attentive au
bruit du fouet tombant sur les épaules nues, prêt à s'écrier :
Arrêtez ; il se meurt ! (Acclamations.) Est-ce là le rôle du pre-

mier ministre du gouvernement d'un peuple libre? (Non, non.)
— La pente est glissante quand on quitte le sentier de la justice. Oubliez la justice, et vous oublierez bientôt la charité, et
l'humanité vous trouvera sourde à ses cris. — Un droit fixe!
Mais c'est toujours la protection sous un autre nom, et la protection, c'est cela même que la Ligue est résolue de combattre
et d'anéantir à jamais. — Et qu'entend-on protéger? L'agriculture, dit-on; mais quelle branche d'agriculture? quelle classe
de personnes? Non, non, dépouillée de sophismes, d'énigmes,
de circonlocutions, cette protection, c'est *la protection des rentés*,
et rien de plus. (Approbation.) Protection aux fermiers! — Et
quel fermier s'est jamais enrichi par elle? — Protection à l'ouvrier des campagnes! Oh! oui! vous l'avez protégé jusqu'à ce
qu'il ait descendu tous les degrés de l'échelle sociale; jusqu'à
ce que ses vêtements aient été convertis en haillons; sa chaumière en une hutte; jusqu'à ce que sa femme et ses enfants,
faute de vêtements, aient été forcés de fuir le service divin.
Votre protection l'a poursuivi du champ à la maison de travail,
et de la maison de travail à la cour de justice, et de la cour de
justice au cachot, et du cachot à la tombe. C'est sous la froide
pierre qu'il trouvera enfin plus de protection réelle qu'il n'en
obtint jamais de vos lois. (Acclamations prolongées).....

« Et pourquoi privilégier une classe? Qu'y a-t-il dans la condition d'un rentier qui lui donne droit à être protégé aux dépens
de la communauté? Pourquoi pas protéger aussi le philosophe,
l'artiste, le poëte? A pareil jour naquit un poëte, et les Écossais
qui m'entendent savent à qui je fais allusion, car beaucoup de
leurs compatriotes sont réunis aujourd'hui pour célébrer l'anniversaire de Robert Burns. La nature en avait fait un poëte;
la protection aristocratique en fit un employé. Mais la seule
protection qui lui convint, c'est celle qu'il devait à ses bras vigoureux et à son âme élevée. Le servilisme lui faisait dire :

Je n'ai pas besoin de me courber si bas,
Car, grâce à Dieu, j'ai la force de labourer;
Et quand cette force viendra à me faire défaut,
Alors, grâce à Dieu, je pourrai mendier.

« Et il se sentait l'indépendance du mendiant, et en réalité, elle est plus digne et plus respectable que l'indépendance pécuniaire de ceux qui l'ont acquise par la rapine et l'oppression.

..... « Et pourquoi la Ligue transigerait-elle aujourd'hui ? Si elle n'y a pas songé quand elle était faible, comment y songerait-elle quand elle est forte ? Si nous avons repoussé toute transaction quand nous n'étions qu'un petit nombre, pourquoi l'accepterions-nous quand nous sommes innombrables ? Habitants de Londres, permettez-moi de vous le dire, vous n'avez pas l'idée de la puissance de la Ligue, et il serait à désirer que vous envoyassiez dans les comtés du nord une députation chargée d'observer la nature de cette puissance, sa progression, son intensité. (Écoutez ! écoutez !) Là, vous verriez les multitudes, hommes, femmes, enfants, accourir, s'assembler et mettre la main à cette œuvre si bien faite pour éveiller les plus intimes sympathies du cœur humain ; les maîtres et les ouvriers porter leur cordiale contribution ; les femmes payer leur tribut, car elles ont compris qu'il leur appartient de soulager ceux qui souffrent, et de sympathiser avec les opprimés, et l'enfant même, respirer comme une atmosphère d'*agitation* patriotique, pressentant qu'un jour viendra, — alors que tant de glorieux dévouements auront assuré le triomphe de la liberté commerciale, — où il pourra dire avec orgueil : — « Et moi aussi j'étais, encore enfant, un soldat de la Ligue ! » Oh ! si vous pouviez voir l'ardeur qui les anime, vous comprendriez que l'arrêt de mort du monopole est prononcé ; oui, le jour où Londres prendra le rôle qui lui revient, le jour où la voix des provinces réveillera l'écho de la métropole, le jour où votre libéralité, votre enthousiasme, votre ferme résolution, votre foi dans la vérité égalera la libéralité, l'enthousiasme, la détermination et la foi de vos frères du Nord, ce jour-là, l'œuvre sera consommée et le monopole anéanti. (Acclamations prolongées.) L'idée de transiger n'entrerait pas dans la tête des chefs de la Ligue, alors même qu'ils seraient seuls dans la lutte. Rappelez-vous qu'ils n'étaient que sept quand ils proclamèrent pour la première fois le principe de l'abrogation immédiate et totale. Ils persévéreraient encore, quand bien même l'opinion publique n'aurait pas été éveillée, quand bien même ces vastes meetings n'auraient pas encouragé leurs efforts, car, lorsqu'une fois un principe s'empare de l'âme, il est indomptable. C'est ce qui fait le martyre ou la victoire ! Il peut y avoir des victimes, mais il n'y a pas de défaite. — C'est à cette foi individuelle, à cette résolution de ne jamais transiger sur un principe, que nous devons tout ce qu'il y a de grand et de beau sur cette terre. Sans cette foi, nous n'aurions pas eu la liberté politique, la réformation, la religion chrétienne. Si la Ligue pouvait fléchir dans sa marche ; si ceux qui la dirigent pouvaient la trahir, eh bien! qu'importe? ils ne sont que l'avant-garde, la grande armée leur passerait sur le corps et marcherait toujours jusqu'à la grande consommation. (Acclamations.)

« Je le répète donc, pas de transactions. On nous défie, on nous appelle au combat ; les seigneurs nous jettent le gant et ils veulent, disent-ils, abattre la Ligue. (Rires ironiques.) Eh bien, nous en ferons l'épreuve. — Ce ne sont plus les fiers barons de Runnèymède. Le temps de la chevalerie est passé ; il est passé pour eux surtout, car il n'y a rien de chevaleresque à se faire marchand de blé et à fouler le pays pour grossir son lucre. — Mais où veulent-ils en venir en s'isolant ainsi au milieu de la communauté? Ils créent la méfiance parmi les fermiers, la haine et l'insubordination parmi les ouvriers ; ils se déclarent en guerre avec tous les intérêts nationaux ; ils rejettent les Spencer, les Westminster, les Ducie, les Radnor ; ils se dépouillent de ce qui constitue leur force et leur dignité ; où veulent-ils en venir, en se séparant du mouvement social, en rêvant qu'ils seront toujours assez forts pour écraser leurs concitoyens? Ils n'ont rien à attendre de cette politique, si ce n'est ruine et confusion! S'ils y persistent, ils ne tarderont pas à s'apercevoir qu'ils n'ont d'autre perspective qu'une vie de dangers et d'appréhension ; ils sentiront la terre trembler sous leurs pas, comme on dit qu'elle tremblait partout où se posait le pied du fratricide Caïn. Qu'ils parcourent l'univers ; nulle part ils ne rencontreront la sympathie de l'affection et le sourire de la bienveillance. Ah ! qu'ils se joignent à nous ; qu'ils s'unissent à la nation ; c'est là que les attendent le respect, la richesse, le bonheur ; mais s'ils lui déclarent la guerre, la destruction menace cette caste orgueilleuse. »

L'orateur discute quelques-uns des sophismes sur lesquels s'appuie le régime restrictif, et en particulier le prétexte tiré de l'*indépendance nationale*. Il poursuit en ces termes :

« *Etre indépendants de l'étranger,* c'est le thème favori de l'aristocratie. Elle oublie qu'elle emploie le *guano* à fertiliser les champs, couvrant ainsi le sol britannique d'une surface de sol *étranger* qui pénétrera chaque atome de blé, et lui imprimera la tâche de cette *dépendance* dont elle se montre si impatiente. Mais qu'est-il donc ce grand seigneur, cet avocat de l'indépendance nationale, cet ennemi de toute dépendance étrangère? Examinons sa vie. Voilà un cuisinier *français* qui prépare *le dîner pour le maître,* et un valet *suisse* qui apprête le *maître pour le dîner.* (Éclats de rire.) Milady, qui accepte sa main, est toute resplendissante de perles qu'on ne trouve jamais dans les huîtres britanniques, et la plume qui flotte sur sa tête ne fut jamais la queue d'un dindon anglais. Les viandes de sa table viennent de la Belgique ; ses vins du Rhin et du Rhône. Il repose sa vue sur des fleurs venues de l'*Amérique du Sud,* et il gratifie son odorat de la fumée d'une feuille apportée de l'*Amérique du Nord.* Son cheval favori est d'origine *arabe,* son petit chien de la race du *Saint-Bernard.* Sa galerie est riche de tableaux *flamands* et de statues *grecques.* Veut-il se distraire, il va entendre des chanteurs *italiens* vociférant de la musique *allemande,* le tout suivi d'un ballet *français.* S'élève-t-il aux honneurs judiciaires, l'hermine qui décore ses épaules n'avait jamais figuré jusque-là, sur le dos d'une bête britannique. (Éclats de rire.) Son esprit même est une bigarrure de contributions exotiques. Sa philosophie et sa poésie viennent de la Grèce et de Rome ; sa géométrie d'Alexandrie ; son arithmétique d'Arabie et sa religion de Palestine. Dès son berceau, il presse ses dents naissantes sur du corail de l'océan Indien, et lorsqu'il mourra, le marbre de Carrare surmontera sa tombe. (Bruyants applaudissements). Et voilà l'homme qui dit : Soyons indépendants de l'étranger! Soumettons le peuple à la taxe ; admettons la privation, le besoin, les angoisses et les étreintes de l'inanition même ; mais soyons indépendants de l'étranger! (Écoutez!) Je ne lui dispute pas son luxe ; ce que je lui reproche c'est le sophisme, l'hypocrisie, l'iniquité de parler d'indépendance, quant aux aliments, alors qu'il se soumet à dépendre de l'étranger pour tous ces objets de jouissance et de faste. Ce que les étrangers désirent surtout nous vendre, ce que nos compatriotes désirent surtout acheter, c'est le blé ; et il ne lui appartient pas, à lui, qui n'est de la tête aux pieds que l'œuvre de l'industrie étrangère, de s'interposer et de dire : « Vous serez indépendants, moi seul je me dévoue à porter le poids de la dépendance. » Nous ne transigeons pas avec de tels adversaires, non, ni même avec la législature. Nous ne recourrons pas à la législature dans cette session. (Écoutez ! écoutez !) Plus de pétitions. (Approbation.) Membres de la Chambre des communes, membres de la Chambre des lords, faites ce qu'il vous plaira et comme il vous plaira, — nous en appelons *à vos maîtres*. (Tonnerre d'applaudissements qui se renouvellent à plusieurs reprises.) La Ligue en appelle à vos commettants, aux créateurs des législateurs ; elle leur dit qu'ils ont mal rempli leur tâche, elle leur enseigne à la mieux remplir à la première occasion. (Nouveaux applaudissements.) C'est sur ce terrain que nous transportons la lutte ; et nos moyens sont, non point, comme on l'a dit faussement, la calomnie, l'erreur, la corruption, mais de persévérants efforts pour faire pénétrer dans ceux qui possèdent le pouvoir politique, l'intelligence et l'indépendance qui ennoblissent l'humanité. Remarquons qu'un notable changement s'est déjà manifesté dans les élections, depuis que la Ligue a adopté cette nouvelle ligne de conduite. Tandis que ses adversaires recherchent tous les sales recoins, toutes les taches de boue qui peuvent se trouver dans le caractère de l'homme, pour bâtir là-dessus ; tandis que les gens qui exploitent en grand le monopole du sol britannique, vont chassant au tailleur et au cordonnier et lui disent : « N'avez-vous pas aussi quelque petit monopole? Soutenez-nous, nous vous soutiendrons. » Tandis qu'ils gouvernent avec les mauvaises passions, avec ce qu'il y a de folie et de bassesse dans la nature humaine, la Ligue s'efforce de mettre en œuvre les principes, la vérité; et réveillant, non la partie brutale, mais la partie divine de l'âme, de réaliser cet esprit d'indépendance sans lequel ni les institutions, ni les garanties politiques, ni les droits de suffrage, ne firent et ne feront jamais un peuple grand et libre. C'est pour cela qu'ils nous appellent des *étrangers* et des *intrus*...»

L'orateur établit ici des documents statistiques qui prouvent que la *mortalité* et la *criminalité* ont toujours été en raison directe de l'élévation du prix des aliments. Il continue ainsi :

«Voilà l'expérience d'un grand nombre d'années résumée en chiffre. Elle fait connaître les résultats de ce système, horrible calcul, qui montre l'âme succombant aussi bien que les corps, les tendances les plus généreuses et les plus naturelles conduisant au crime, l'amour de la famille transformé en un irrésistible aiguillon au mal, et la perversité décrétée pour ainsi dire par acte de la législature. (Écoutez! écoutez!) Oh! je le déclare à la face du ciel et de la terre, j'aimerais mieux comparaître à la barre d'Old-Baley comme prévenu d'un de ces crimes auxquels poussent fatalement ces lois iniques, que d'être du nombre de ceux qui profitent de ces lois pour extraire de l'or des entrailles, du cœur et de la conscience de leurs frères. (Immenses acclamations, l'auditoire se lève en masse, agitant les chapeaux et les mouchoirs.)

«Nous dira-t-on qu'il faut attendre une plus longue expérience? Qu'il faut éprouver encore le tarif de R. Peel ou de nouvelles formes du monopole? Mais , c'est expérimenter la privation, l'incertitude, la souffrance, la faim, le crime et la mort. C'est un vieil axiome médical que les expériences doivent se faire sur la vile matière. Mais voici des lois qui expérimentent cruellement sur le corps même d'une grande et malheureuse nation. (Applaudissements.) Oh! c'en est assez pour réveiller tous les sentiments de l'âme ; hommes, femmes, enfants, levons-nous, prêchons la croisade contre cette horrible iniquité, et fermons l'oreille à toute proposition jusqu'à ce qu'elle soit anéantie à jamais. Habitants de cette métropole, prenez dans nos rangs la place qui vous convient. Combinons nos efforts, et ne nous accordons aucun repos jusqu'à ce que nos yeux soient témoins de ce spectacle si désiré : le géant du *travail libre* assis sur les ruines de tous les monopoles. (Applaudissements.) C'est pour cela que nous *agitons* d'année en année, et tant qu'il restera un atome de restriction sur le *statute-book*, tant qu'il restera une taxe sur la nourriture du peuple, tant qu'il restera une loi contraire aux droits de l'industrie et du travail ; nous ne nous désisterons jamais de l'*agitation*, jamais ! jamais ! jamais ! (Applaudissements enthousiastes.) Nous marchons vers la consommation de cette œuvre, convaincus que nous réalisons le bien, non de quelques-uns, mais de tous, même de ceux qui s'aveuglent sur leurs vrais intérêts, car l'universelle liberté garantit aussi bien le plus vaste domaine que l'humble travail de celui qui n'a que ses bras. Nous croyons que la liberté commerciale développera la liberté morale et intellectuelle, enseignera à toutes les classes leur mutuelle dépendance, unira tous les peuples par les liens de fraternité, et réalisera enfin les espérances du grand poëte qui fut donné, à pareil jour, à l'Écosse et au monde :

> Prions, prions pour qu'arrive bientôt,
> Comme il doit arriver, ce jour
> Où, sur toute la surface du monde,
> L'homme sera un frère pour l'homme ! »

(Longtemps après que l'honorable orateur a repris son siége, les acclamations enthousiastes retentissent dans la salle.)

MM. Milner Gibson et le Rév. J. Burnet parlent après M. Fox. La séance est levée à 11 heures.

SECOND MEETING AU THÉATRE DE COVENT-GARDEN.

1er février 1844.

Le second meeting hebdomadaire de la Ligue avait attiré, mardi soir, au théâtre de Covent-Garden, une foule nombreuse et enthousiaste. Le nom de lord Morpeth circule dans toute la salle. On parle d'une entrevue qui eut lieu à Wakefield, hier, entre le noble lord, membre de la dernière administration, et M. Cobden. Cette nouvelle provoque une vive satisfaction, à laquelle succède le désappointement lorsqu'on apprend que Sa Seigneurie n'a pas complétement répondu aux espérances que la Ligue avait fondées sur son noble caractère, son humanité et son patriotisme.

Le président rend compte des nombreux meetings qui ont été tenus dans les provinces depuis la dernière séance, ainsi que des sommes qui ont été recueillies.

Au moment où nous sommes parvenus, un grand changement s'est opéré dans l'attitude de l'aristocratie. Jusqu'ici nous l'avons vue dédaigner le réveil de l'opinion publique, et chercher à l'égarer en lui présentant, comme remède aux souffrances du peuple, des plans plus ou moins *charitables*, plus ou moins réalisables, tantôt le travail limité par la loi (le bill des dix heures), tantôt l'émigration forcée.

Aujourd'hui que l'action intellectuelle et morale de la Ligue menace de devenir irrésistible, l'aristocratie sort enfin de sa dédaigneuse apathie. L'apaisement de l'agitation irlandaise, et la dissolution du meeting de Clontarf lui donnent l'espérance d'étouffer l'agitation commerciale par l'intervention de la loi. Et en même temps qu'elle dénonce, comme dangereux et illégaux, les meetings de la Ligue, par une contradiction manifeste, elle organise un vaste système d'associations affiliées entre elles, ayant pour but, sous le nom d'anti-Ligue, le maintien des monopoles et de la protection. —La lutte devient donc plus serrée, plus personnelle, plus animée. Chacune de son côté, la Ligue et l'anti-Ligue avaient espéré que leurs efforts, influant sur la marche des affaires, trouveraient quelque écho dans le discours de la reine. Les *free-traders* espéraient que sir Robert Peel donnerait, dans la présente session, quelque développement à son plan de réforme financière et commerciale. Les prohibitionistes ne doutaient pas, au contraire, que le premier ministre, cédant à la pression de cette majorité qui l'a porté au pouvoir, ne revînt sur quelques-unes des mesures libérales adoptées en 1842. Mais le discours du trône, prononcé dans la journée même, a trompé l'attente des deux partis. Le ministère y garde le silence le plus absolu à l'égard de la détresse publique et des moyens d'y remédier.

Tels sont les objets qui servent de textes aux discours prononcés, dans le meeting du 1er février, par le docteur Bowring, le col. Thompson et M. Bright. Bien qu'ils doivent avoir pour le public anglais un intérêt plus actuel, plus incisif, que des dissertations purement économiques, fidèles à la loi que nous nous sommes imposée de sacrifier ce qui peut plaire à ce qui doit instruire, nous nous abstenons d'appeler l'attention du public français sur cette nouvelle phase de l'agitation.

Nous croyons utile, cependant, de donner une relation succincte de l'entrevue de lord Morpeth avec M. Cobden. Lord Morpeth, ayant été un des chefs influents de l'administration whig, renversée en 1841 par les torys, on comprend que son adhésion aux principes absolus de la Ligue devait être considérée comme un fait grave, et de nature à exercer une grande influence sur le mouvement des majorités et des partis. L'attitude de ces deux hommes d'ailleurs, la franchise de leurs explications, leur fidélité aux principes, nous ont semblé une peinture de mœurs constitutionnelles, dignes d'être proposées pour exemple à nos hommes politiques.

WAKEFIELD.

Extrait du *Morning-Chronicle*, 31 janvier 1844.

La démonstration des *free-traders* du West-Riding du Yorkshire a eu lieu ce soir dans la vaste salle de la Halle aux blés, qui était magnifiquement décorée de draperies et ornée de fleurs. Six cent trente-trois siéges avaient été préparés autour de la table du banquet.

Vingt-cinq villes du Yorkshire avaient envoyé des délégués à la séance. — Le fauteuil est occupé par M. Marshall, qui a, à sa droite, lord Morpeth, et à sa gauche M. Cobden.

Après les toasts d'usage, le président se lève et dit :

« Nous sommes réunis aujourd'hui, en dehors de toute distinction de partis et d'opinions politiques, pour discuter les avantages de la liberté absolue de l'industrie, du travail et du commerce. Nous reconnaissons ce grand principe comme l'unique objet du meeting. Il y a dans cette enceinte des hommes qui représentent toutes les nuances des opinions politiques, et ils entendent bien se réserver, à cet égard, toute leur indépendance. Quand nous jetons nos regards autour de nous, quand nous voyons ce qu'est l'Angleterre, ce que l'industrie l'a faite, et que nous venons à penser que le peuple, qui a élevé la nation à ce degré de grandeur, travaille sous le poids des chaînes, sous la pression des monopoles, au milieu des entraves de la restriction, ne sentons-nous pas la honte nous brûler le front? Pouvons-nous être témoins d'un phénomène aussi étrange, sans sentir profondément gravé dans nos cœurs le désir de vouer toute notre énergie à combattre une telle servitude, jusqu'à ce qu'elle soit radicalement détruite, jusqu'à ce que notre industrie soit aussi libre que nos personnes et nos pensées? Je ne m'étendrai pourtant pas sur ce sujet qu'il appartient à d'autres qu'à moi de traiter. Je me bornerai à rapporter une preuve, et de la bonté de notre cause, et de l'efficacité avec laquelle elle a été soutenue; et cette preuve, c'est le nombre toujours croissant de nouveaux adhérents à nos principes qui, de toutes les classes de la société, et de tous les points du royaume, accourent en foule dans notre camp. Ces conquêtes n'ont point été acquises à la Ligue par aucune concession, par aucune transaction sur son principe. C'est au principe qu'il faut nous attacher; il est le gage de notre union et de notre force. Ce n'est pas un de nos moindres encouragements que de voir maintenant nos plus fermes soutiens sortir des rangs les plus nobles et des plus opulents propriétaires terriens (applaudissements), des plus habiles et des plus riches agriculteurs, aussi bien que des classes manufacturières. Mais si nous offrons notre accueil hospitalier à tant de nouveaux adhérents, il en est un surtout dont nous devons saluer la bienvenue, lord Morpeth. (Ici l'assemblée se lève comme un seul homme, et des salves d'applaudissements se succèdent pendant plusieurs minutes. Parfois, il semble que le silence va se rétablir, mais les acclamations se renouvellent à plusieurs reprises avec une énergie croissante.) Lord Morpeth n'est pas un nouveau converti aux principes de la liberté du commerce; ce n'est pas la première fois qu'il assiste aux meetings du West-Riding. C'est parce que nous le connaissons bien, parce que nous apprécions en lui l'homme privé aussi bien que l'homme d'État, parce que nous admirons la puissance de son intelligence comme les qualités de son cœur, c'est pour ce motif que le retour de lord Morpeth parmi nous est accueilli avec ce respect, cette cordialité que devait exciter la coopération à notre œuvre d'un nom aussi distingué. Gentlemen, je propose la santé du très-honorable vicomte Morpeth. »

Lord MORPETH se lève (applaudissements), et après avoir remercié, il s'exprime ainsi :

« Si je ne me trompe, le principal objet de cette réunion, est, de la part du West-Riding du Yorkshire, d'honorer et d'encourager la Ligue, ainsi que sa députation ici présente, et de dé-

'terminer, autant que cela dépend d'elle, l'abrogation totale et immédiate des lois-céréales. (Bruyants applaudissements.) Vous m'informez que c'est bien là le but de cette assemblée. (Oui, certainement.) Eh bien, je sais qu'il me sera demandé par les amis comme par les ennemis : « Êtes-vous préparé à aller aussi loin ? » La dernière fois, ainsi que vous vous le rappelez sans doute, que je me suis occupé des lois-céréales, c'était en 1841, alors que, comme membre du cabinet de cette époque, j'étais un des promoteurs du droit fixe de 8 shellings. (Écoutez ! écoutez !) Cette proposition entraîna notre chute, parce que les défenseurs du système actuel, qui étaient nos adversaires alors, comme ils sont les vôtres aujourd'hui, pensèrent que nous accordions trop, et que notre mesure était surabondamment libérale envers le consommateur. Mais bien loin que l'insuccès m'ait changé, et que notre chute m'ait ébranlé, je crois qu'il est maintenant trop tard pour transiger sur ces termes (ici l'assemblée se lève en masse et applaudit avec enthousiasme), et que ce qui était alors considéré comme *trop* par les constituants de l'empire, serait *trop peu* aujourd'hui. En outre, le fait même de ma présence dans cette enceinte, libre de toute influence, sans avoir pris conseil de personne, sans m'être entendu avec qui que ce soit, agissant entièrement et exclusivement pour moi-même, tout cela, gentlemen, vous donne la preuve que je ne refuse pas de reconnaître le zèle et l'énergie déployés par la Ligue (sans accepter naturellement la responsabilité de tout ce qu'elle a pu dire ou pu faire) ; que je ne refuse pas ma sympathie à cette lutte que vous, mes commettants du Yorkshire, vous soutenez avec tant de courage, et comme vous l'avez prouvé récemment, avec tant de libéralité, dans une cause où vous pensez, et vous pensez avec raison (applaudissements), que vos plus chers intérêts sont profondément engagés. Mais, gentlemen, quoiqu'il me fût facile de m'envelopper dans de vagues généralités, et de m'abstenir de toute expression contraire même à ceux d'entre vous dont les idées sont les plus absolues, cependant en votre présence, en présence de vos hôtes distingués, dussé-je réprimer ces applaudissements que vous avez fait retentir autour de moi, et refroidir l'ardeur

qui se montre dans votre accueil, je me fais un devoir de déclarer que je ne suis pas préparé à m'interdire pour l'avenir,
— soit que je vienne à penser que l'intérêt bien entendu du
trésor le réclame, ou que je ne voie pas d'autre solution plus
efficace à la question qui nous agite, soit encore que je le considère comme un grand pas dans la bonne voie, — dans ces
hypothèses et autres semblables, je ne m'interdis pas la faculté
d'acquiescer à un droit fixe et modéré. (Grands cris : « Non,
non, cela ne nous convient pas. » Marques de désapprobation.)
Je m'attendais à ce que la liberté que je dois néanmoins me
réserver provoquerait ces signes de dissentiment. Mais après
m'être prononcé comme je crois qu'il appartient à un honnête
homme, qui ne saurait prévoir dans quel concours de circonstances il peut se trouver engagé, je déclare, avec la même franchise, que je ne suis nullement infatué du *droit fixe*. A vrai dire,
réduit au taux modéré que j'ai indiqué, je ne lui vois plus cette
importance qu'y attachent ses défenseurs et ses adversaires ; et je
suis sûr au moins de ceci : que je préférerais l'abrogation, même
l'abrogation totale et immédiate, à la permanence de la loi actuelle
pendant une année. (Tonnerre d'applaudissements.) Et même,
si dans le cours de la présente année l'abrogation totale et immédiate pouvait être emportée, — comme je me doute que cela
arriverait, gentlemen, si la décision dépendait de vous, — je ne
serais certainement pas inconsolable, ni bien longtemps à en
prendre mon parti. (Applaudissements.) — Sa Seigneurie déclare qu'elle a partagé la satisfaction de l'assemblée lorsque
M. Plint a rendu compte des progrès de la cause de la liberté.
Elle annonce qu'elle va porter ce toast : « A la prospérité du
« West-Riding ; puissent les classes agricoles, manufacturières
« et commerciales, reconnaître que leurs vrais et permanents
« intérêts sont indissolublement unis et ont leur base la plus
« solide dans la liberté du travail et des échanges. » Après avoir
peint en termes chaleureux les heureux résultats du commerce
libre, le noble lord ajoute : « Je ne veux pas, gentlemen, développer ici une argumentation sérieuse et solennelle, peu en
harmonie avec le caractère de cette fête, quoique je ne doute
pas que votre détermination ne soit calme, mais sérieuse. (Oui !

oui ! nous sommes déterminés.) Mais ce que je voudrais faire
pénétrer dans l'esprit de nos adversaires, des adversaires de la
liberté de l'industrie, c'est que leur système lutte contre la nature elle-même et contre les lois qui régissent l'univers. (Applaudissements.) Car, gentlemen, quelle est l'évidente signification de cette diversité répandue sur la surface du globe, ici
tant de besoins, là tant de superflu ; tant de dénûment sur un
point, et, sur un autre, une profusion si libérale ? Les poëtes
se sont plu quelquefois à peupler de voix les brises du rivage,
et à prêter un sens aux échos des montagnes ; mais les mots
réels que la nature fait entendre, dans l'infinie variété de ses
phénomènes, c'est : *Travaillez, échangez,* » etc.

Le maire de Leeds porte la santé de MM. Cobden, Bright
et des autres membres de la députation de la Ligue.

M. Cobden (Pendant plusieurs minutes les acclamations qui
retentissent dans la salle empêchent l'orateur de se faire entendre. Quand le silence est rétabli, il déclare qu'il n'accepte
pour lui et pour M. Bright qu'une partie des éloges qui ont été
exprimés par le maire de Leeds. Il y a dans la Ligue d'énergiques ouvriers dont le nom n'est guère entendu au delà de la
salle du conseil, et qui cependant ne travaillent pas avec moins
de dévouement et d'efficacité que ceux qui par la nature de
leurs fonctions sont plus en contact avec le public. Après quelques autres considérations, l'orateur continue ainsi) : On nous
a objecté dans une autre enceinte que le blé était une *matière
imposable.* Gentlemen, comme *free-traders,* nous n'entendons
pas nous immiscer dans le système de taxes levées sur le pays, et
si l'on proposait de lever loyalement et équitablement un impôt
sur le blé, sans que cet impôt, par une voie insidieuse, impli-
quât un odieux monopole, je ne pense pas qu'en tant que membres de la Ligue nous soyons appelés à intervenir, quoique une
taxe sur le pain soit une mesure dont je ne connais aucun
exemple dans l'histoire des pays même les plus barbares. Mais
que nous propose-t-on ? De taxer le blé étranger sans taxer le
blé indigène ; et l'objet notoire de ce procédé, c'est de conférer
une *protection* au producteur national. Eh bien ! nous nous op-

posons à cela, parce que c'est du monopole ; nous nous opposons à cela en nous fondant sur un principe, et notre opposition est d'autant plus énergique, qu'il s'agit d'une taxe qui n'offre aucune compensation à la très-grande majorité de ceux qu'elle frappe. Il n'est pas au pouvoir du gouvernement, en effet, de donner *protection* aux manufacturiers et aux ouvriers ; et, quant à eux, le monopole du pain est une pure injustice. S'il y a quelques personnes qui désirent, en toute honnêteté, asseoir une taxe sur le blé, qu'elles proposent, afin de montrer là loyauté de leur dessein, de prélever cette taxe, par l'accise, et sur le blé, *à la mouture*. Personnellement, je résisterai à cet impôt. Mais parlant comme *free-trader*, je dis que si l'on veut une loi-céréale qui n'inflige pas un monopole au pays, il faut taxer les céréales de toutes provenances à la mouture, et laisser entrer librement les grains étrangers. Alors quiconque mangera du pain paiera la taxe ; et quiconque produira du blé ne bénéficiera pas par la taxe. Je crois que lorsque la proposition se présentera sous cette forme, elle ne rencontrera pas *l'agitation* dans le pays, pas plus que la taxe du sel qui ne confère à personne d'injustes avantages. (Applaudissements.) S'il faut que le trésor public prélève un revenu sur le blé, il en tirera dix fois plus d'une taxe *à la mouture* que d'un droit de douane, sans que le premier mode élève plus que le second le prix du pain ([1]).

M. Cobden répond à l'accusation qu'on a dirigée contre

([1]) Cela se comprend aisément. Supposons que la consommation du blé en Angleterre soit de 60 millions d'hectolitres, dont 54 millions de blé indigène et 6 millions de blé étranger.

Supposons encore que ce dernier vaut *à l'entrepôt* 20 fr. l'hectolitre. Un droit de 2 fr. à la mouture frapperait les 60 millions d'hectolitres, et donnerait au trésor un produit de 120 millions. De plus, il établirait le cours du grain sur le marché à 22 francs.

Un droit de douane de 2 fr. fixerait aussi le cours du blé à 22 fr., puisque, d'après l'hypothèse, l'étranger ne saurait vendre au-dessous. Mais le droit ne se prélevant que sur 6 millions d'hectolitres, ne produirait à l'Échiquier que 12 millions.

Ce sont les monopoleurs qui gagnent la différence.

la Ligue, d'être trop absolue. Il adjure le meeting de ne se
séparer jamais de la justice abstraite et des principes absolus.
Nos progrès, dit-il, démontrent assez ce qu'il y a de force
dans la ferme adhésion à un principe. Nous avions à instruire la nation, et qu'est-ce qui nous a soutenus? la vérité,
la justice, le soin de ne nous laisser pas détourner par la
séduction d'un avantage momentané, par aucune considération de parti, ou de stratégie parlementaire.

M. Cobden continue ainsi : Nous ne sommes point des
hommes politiques ; nous ne sommes point des hommes d'État,
et n'avons jamais aspiré à l'être. Nous avons été arrachés à nos
occupations presque sans nous y attendre. Je le déclare solennellement, si j'avais pu prévoir il y a cinq ans que je serais
graduellement et insensiblement porté à la position que j'occupe, et dont je ne saurais revenir par aucune voie qui se puisse
concilier avec l'honneur (bruyantes acclamations), si j'avais
prévu, dis-je, tout ce que j'ai eu à sacrifier de temps, d'argent
et de repos domestique à cette grande cause, quel que soit le
dévouement qu'elle m'inspire, je crois que je n'aurais pas osé,
considérant ce que je me dois à moi-même, ce que je dois à
ceux qui tiennent de la nature des droits sacrés sur mon existence, accepter le rôle qui m'a été fait. (Acclamations.) Mais
notre cause s'est peu à peu élevée à la hauteur d'une grande
question politique et nationale ; et maintenant que nous l'avons
portée au premier rang entre toutes celles qui préoccupent le
sénat, il nous manque des hommes dans ce sénat ; — des hommes dont le caractère comme hommes d'État soit établi dans
l'opinion, — des hommes qui, par leur position sociale, leurs
priviléges et leurs précédents soient en possession d'être consi-
dérés par le peuple comme des chefs politiques. Il nous manque
de tels hommes dans la Chambre à qui nous puissions confier
le dénoûment de cette lutte. (Applaudissements.) Et s'il est un
sentiment qui, dans mon esprit, ait prévalu sur tous les autres,
quand je suis entré dans cette enceinte, sachant que j'allais y
rencontrer cet homme d'État distingué que ses commettants
considèrent autant et plus que tout autre, comme le chef pré-

destiné à la conduite des affaires publiques de ce pays, si, dis-je, un sentiment a prévalu dans mon esprit, c'était l'espoir de saluer le nouveau Moïse qui doit, à travers le désert, nous faire arriver à la terre de promission. (Acclamations longtemps prolongées.) Je le déclare de la manière la plus solennelle, en mon nom, comme au nom de mes collègues, c'est avec bonheur que nous remettrions notre cause entre les mains d'un tel homme, s'il se faisait à la Chambre des communes le défenseur de notre principe ; c'est avec bonheur que nous travaillerions encore aux derniers rangs, là où nos services seraient les plus efficaces, afin d'aider loyalement un tel homme d'État à attacher son nom à la plus grande réforme, que dis-je ? à la plus grande révolution dont le monde ait jamais été témoin. (Applaudissements.) — Gentlemen, je ne désespère pas (les acclamations redoublent) ; nous travaillerons une autre année. (Applaudissements.) Je crois que le noble lord a parlé d'une année, il a demandé une année. Eh bien, nous travaillerons volontiers pour lui encore une année. (Applaudissements.) Et alors, quand il aura réfléchi sur nos principes ; quand il se sera assuré de la justice de notre cause ; quand ses calmes méditations, guidées par la délicatesse de sa conscience, l'auront amené à cette conviction que le droit et la justice sont de notre côté, j'espère qu'au terme de l'année qu'il se réserve, il se lèvera courageusement, pour imprimer à notre cause, au sein des communes, le sceau du triomphe. (Bruyantes acclamations.) Mais après avoir exprimé cette sincère espérance, je dois vous rappeler que nous sommes ici comme membres de la Ligue. Nous sommes engagés à un principe, et je dois vous dire, habitants du West-Riding, qu'il est de votre devoir de montrer une entière loyauté dans votre attachement à ce principe. Vous pouvez être appelés à faire le sacrifice d'une affection personnelle aussi bien placée que bien méritée, à consommer, comme électeurs de ce pays, le plus douloureux sacrifice qui puisse vous être commandé. Je ne cherche ni à séduire ni à menacer le noble lord. Je sais qu'il est compétent, par l'étendue de son esprit et l'intégrité de son caractère, à juger par lui-même. Mais quant à nous, nos engagements ne sont pas envers les whigs ou envers les torys, mais

envers le peuple. Je n'ajouterai qu'un mot. Le noble lord nous
a dit : « Dieu vous protége ; vous êtes dans la bonne voie, et
j'espère que vous y avancerez sous votre bannière triomphante. » Et moi, je lui dis : « Vous êtes dans le droit sentier,
et Dieu vous protége tant que vous n'en dévierez pas !... »

Quelle que soit l'éloquence déployée par les orateurs qui
se sont succédé, l'assemblée demeure longtemps encore
sous l'impression de cette conférence qui laisse indécis un
événement d'une haute importance. — Elle se sépare à
minuit, des trains spéciaux ayant été retenus sur tous les
chemins de fer, pour ramener chacun des assistants à son
domicile.

MEETING HEBDOMADAIRE DE LA LIGUE.

15 février 1844.

Le meeting hebdomadaire de la Ligue a eu lieu jeudi soir
au théâtre de Covent-Garden. — En l'absence du président,
M. Georges Wilson, M. Villiers, membre du Parlement,
occupe le fauteuil. Nous avons extrait de son discours les
passages suivants :

Messieurs, notre estimable ami, M. Wilson, forcément retenu
à la campagne, m'a requis d'occuper le fauteuil. Malgré mon
inexpérience, j'ai accepté cette mission, parce que je crois que
le temps est venu où il n'est permis à personne de rejeter le
fardeau sur autrui, et de refuser sa cordiale assistance à l'œuvre de cette grande et utile association. L'objet de la Ligue est
identifié avec le bien-être de la nation, mais le sinistre intérêt
que nous combattons est malheureusement identifié avec le
pouvoir et les majorités parlementaires. La Ligue a donc à surmonter de graves difficultés, et il lui faut redoubler d'énergie.
(Applaudissements.) Nous vivons dans un temps où l'on ne manque pas de tirer avantage de ce qu'il reste au peuple d'ignorance et d'apathie à l'égard de ses vrais intérêts, et il ne faut

pas espérer d'arriver à un gouvernement juste et sage, autrement que par la vigoureuse expression d'une opinion publique éclairée. C'est à ce résultat, c'est à réprimer le sordide abus de la puissance législative que la Ligue a consacré ses efforts incessants et dévoués. Le soin que mettent ses adversaires à calomnier ses desseins, montre assez combien ils redoutent ses progrès, et combien sa marche ferme et loyale trompe leur attente. L'objet que la Ligue a en vue a toujours été clair et bien défini ; je ne sache pas qu'il ait changé. Elle aspire à populariser, à rendre manifestes, aux yeux de tous, ces doctrines industrielles et commerciales, qui ont été proclamées par les plus hautes intelligences. (Écoutez! écoutez!) Doctrines dont la vérité est accessible aux intelligences les plus ordinaires, dont l'application, commandée d'ailleurs par les circonstances de ce pays, a été conseillée par tout ce qu'il renferme d'hommes pratiques, prudents et expérimentés. Ce but, de quelque manière qu'il plaise aux monopoleurs et aux ministres qui leur obéissent de le présenter, mérite bien l'appui et la sympathie de quiconque porte un cœur ami du bien et de la justice. Depuis notre dernière réunion, je comprends que ce mot que l'autorité a mis à la mode, et sur lequel elle compte pour étouffer les plaintes de nos frères d'Irlande (immenses acclamations), je veux dire le mot *conspiration*, a été appliqué à ces meetings. (Rires ironiques.) Jusqu'à quel point ce mot s'applique-t-il avec quelque justesse à nos réunions ? Je l'ignore. Ce que je sais, c'est que considérant le but pour lequel on allègue que nous sommes associés, il n'y a pas lieu de s'étonner si nos travaux ont répandu la colère et l'alarme dans le camp ennemi, et si nous sommes désignés comme des conspirateurs, sur l'autorité de celui à qui l'on attribue d'avoir proclamé que les doctrines que nous cherchons à faire prévaloir sont les doctrines du *sens commun* (1). (Rires). Car, certes, on ne saurait rien concevoir de plus funeste que le *sens commun*, à ceux qui ont fondé leur puissance sur les préjugés, l'ignorance et les divisions du

(1) « Prétendre enrichir un peuple par la disette artificielle, c'est une politique en contradiction avec le sens commun. » (Sir James Graham, ministre de l'intérieur.)

peuple, à ceux qui ont tout à redouter de sa sagesse, et rien à
gagner à son perfectionnement. (Applaudissements.) S'ils dé-
ploient maintenant contre la Ligue une nouvelle énergie, peut-
être faut-il les excuser, car elle naît de cette conviction qui a
envahi leur esprit, que nos doctrines font d'irrésistibles progrès,
et que le temps approche où ce sentiment profond qu'on appelle
sens commun prévaudra enfin dans le pays. En cela, du moins,
je crois qu'ils ont raison, et tout — jusqu'aux procédés de l'anti-
Ligue, qui a sans doute en vue autre chose que le sens commun, — concourt à ce résultat. Lorsqu'il s'agit de disculper
une loi qui a provoqué contre elle cette puissante agitation, il
faut autre chose, le *sens commun* réclame autre chose que l'invective, qui fait le fond de leur éloquence. Il faut autre chose
pour disculper une loi accusée de n'avoir été faite à une autre
fin que d'infliger la famine à une terre chrétienne (écoutez!
écoutez!), alors surtout que cette loi, condamnée par les hommes de l'autorité la plus compétente, par les Russell et les
Fitzwilliams, condamnée par le spectacle des maux qu'elle répand au sein d'une population toujours croissante, est maintenue par des législateurs qui ont à la maintenir un intérêt direct et pécuniaire. Je le répète, si l'invective grossière est la
seule réponse que l'on sait faire à des imputations si graves et
si sérieuses, c'est qu'il n'y en a pas d'autre; et alors le peuple
est bien près de comprendre que demander pour le travail
honnête sa légitime rémunération, pour les capitaux leurs profits naturels, sans la funeste intervention de la loi, que vouloir
réduire la classe oisive et improductive à sa propriété, c'est
proclamer non-seulement la doctrine du *sens commun*, mais la
doctrine de l'éternelle justice. Les *conspirateurs* qui se sont unis
pour répandre cette doctrine parmi le peuple, recueilleront, en
dépit de l'injuste censure de l'autorité, l'honnête et cordiale
assentiment d'une nation reconnaissante. » (Applaudissements
prolongés.)

Le meeting entend MM. Hume et Christie, membres du
Parlement. La parole est ensuite à M. J. W. Fox.

M. Fox : Si les honorables membres du Parlement que vous

venez d'entendre étaient condamnés à subir cet arrêt qui, grâces au ciel, se présente plus rarement qu'autrefois sur les lèvres du juge : « Qu'on les ramène d'où il sont venus, » ils pourraient, je crois, annoncer à la Chambre des communes que *la Ligue vit encore ;* car, pas plus tard qu'hier, on y affirmait que, depuis la déclaration de sir Robert Peel, au premier jour de la session, notre *agitation* était *tombée dans l'insignifiance* (¹). (Rires.) Oui, elle est tombée de chute en chute, d'un revenu de 50,000 liv. sterl. à un revenu de 100,000 liv. ; — de petits meetings provinciaux à de splendides réunions comme celle qui m'entoure, et de l'humiliation de pétitionner la Chambre à l'honneur de guider dans la lutte les maîtres de cette assemblée. (Acclamations.) Quelle idée confuse, imparfaite, étrange, ne faut-il pas se faire de la Ligue, pour imaginer qu'elle va s'anéantir au souffle des membres du Parlement ou des ministres de la couronne ! Eh quoi ! les législateurs du monopole ne verraient-ils dans la Ligue qu'une mesquine coterie, qu'une pitoyable manœuvre de partis, choses qui leur sont beaucoup plus familières que les grands principes de la vérité et de la justice, que les puissants mouvements de l'opinion nationale ? Et celui, entre tous, devant la volonté de qui la Ligue est la moins disposée à se courber, c'est ce ministre dont la bouche a si souvent soufflé le chaud et le froid, et qui dénonçait, jadis comme destructives de la constitution politique et de l'établissement religieux du royaume, ces mêmes mesures dont il se soumet maintenant à se faire l'introducteur. L'existence de la Ligue, le triomphe prochain qui l'attend, ne dépendent ni de sir Robert Peel, ni d'aucun autre chef de parti. Nous abjurons toute alliance avec les partis. L'anti-Ligue s'enorgueillissait récemment d'avoir rallié à elle un grand nombre de whigs. Tant pis pour les whigs, mais non pas pour la Ligue. (Écoutez !) Notre force est dans notre principe ; dans la certitude que la liberté du commerce est fatalement arrêtée dans les conseils de Dieu comme un des grands pas de l'homme dans la carrière de la civilisation.

(¹) Sir Robert Peel avait annoncé que son intention n'était pas de réviser la *loi-céréale.*

Les droits de l'industrie à la liberté des échanges peuvent être momentanément violés, confisqués par la ruse ou la violence ; mais ils ne peuvent être refusés d'une manière permanente aux exigences de l'humanité. (Applaudissements.)... Mais ce que le monopole n'a pu faire avec toutes les ressources d'une constitution partiale, il espère le réaliser par le concours d'associations volontaires et d'efforts combinés. Non content de cette grande anti-Ligue, la Chambre des lords, et de cette anti-Ligue supplémentaire, la Chambre des communes, il couvre le pays de petites associations qui vont s'écriant :

Oh ! laissez mon petit navire tendre aussi sa voile,
Partager la même brise et courir au même triomphe.

Et voyez jusqu'où les conduit l'esprit d'imitation ! Elles se prennent à nous copier nous-mêmes. Elles commencent à pétitionner le Parlement, justement quand nous en avons fini avec les pétitions. — Elles dénoncent *l'agitation*. « L'agitation est immorale, » s'écrie le duc de Richmond, et disant cela, il se met à la tête d'une agitation nouvelle..... Les monopoleurs déclarent que nous sommes passibles des peines de la loi. Mais s'il y a quelque impartialité dans la distribution de la justice, que font-ils autre chose, en nous imitant, que nous garantir contre ces peines ? Non que je prenne grand souci du mot *conspiration* (¹); et en débutant tout à l'heure, j'aurais pu aussi bien choisir ce terme que tout autre et vous apostropher ainsi : « *Mes chers conspirateurs.* » Je ne tiens pas à déshonneur qu'on m'applique cette expression ou toute autre, quand j'ai la conscience que je poursuis un but légitime par des moyens légitimes. (Applaudissements.) Quel que soit l'objet spécial de notre réunion, je rougirais de moi-même et de vous, si nous usions du privilége de la libre parole et du libre meeting, sans exprimer notre sympathie envers ceux de nos frères d'Irlande que menacent des châtiments pour avoir usé des mêmes droits. (Acclamations enthousiastes et prolongées.) Je dis que c'est de la sympathie

_____

(¹) Il faut se rappeler que ce discours fut prononcé à l'époque du procès d'O'Connell.

pour nous-mêmes et non pour eux. Car, entre tous les hommes, *celui-là*, sans doute, a moins besoin de sympathie que nul autre, qui, du fond de son cachot, si on l'y plonge, régnera encore sur la pensée, sur le cœur, sur le dévouement de la nation à laquelle il a consacré ses services. (Les acclamations se renouvellent.) C'est à nous-mêmes qu'elle est due, c'est au plus sacré, au plus cher des droits que possède le peuple de ce pays, — le droit de s'assembler librement, — en nombre proportionné à la grandeur de ses souffrances, — pour exposer ses griefs et en demander le redressement. Ce droit ne doit être menacé, où que ce soit, à l'égard de qui que soit, sans qu'aussitôt une protestation énergique et passionnée n'émane de quiconque apprécie la liberté publique et les intérêts d'une nation qui n'a d'autres garanties que la hardiesse de sa parole et son esprit d'indépendance. (Acclamations.) — Mais je reviens aux associations des prohibitionistes. Incriminer la Ligue, semble être leur premier besoin et leur première pensée. Mais de quoi nous accusent-ils? Parmi leurs plates et mesquines imputations, les plus pitoyables figurent toujours au premier rang. La première résolution prise par une de ces associations agricoles consiste à déclarer que la Ligue fait une chose intolérable en envoyant dans le pays des professeurs salariés. Mais au moins elles ne peuvent pas nous accuser de salarier des rustres pour porter le désordre dans nos meetings. Elles oublient aussi que la Ligue dispose d'une puissance d'enseignement qu'aucune richesse humaine ne saurait payer; puissance invisible, mais formidable, descendue du ciel pour pénétrer au cœur de l'humanité; puissance qui ouvre l'oreille de celui qui écoute et enflamme la lèvre de celui qui parle; puissance immortelle, partout engagée à faire triompher la liberté, à renverser l'oppression; et le nom de cette puissance, c'est *l'amour de la justice.* (Applaudissements.) Elles se plaignent aussi de nos pétitions, maintenant que nous y avons renoncé. Une foule d'anecdotes nous sont attribuées, parmi lesquelles celle d'un homme qui aurait inscrit de faux noms au bas d'une pétition contre la loi-céréale. Ils racontent, avec assez peu de discernement dans le choix de leur exemple, qu'un homme a été vu dans les cimetières inscrivant sur la pétition des noms relevés sur la pierre des tombeaux. (Rires.) Il ne manquait pas de subtilité, le malheureux, s'il en a agi ainsi, et il faut que le sens moral de nos adversaires soit bien émoussé pour qu'ils osent citer un tel fait à l'appui de leur accusation ; car combien d'êtres inanimés peuplent les cimetières de nos villes et de nos campagnes, qui y ont été poussés par l'effet de cette loi maudite. Ah ! si les morts pouvaient se mêler à notre œuvre, des myriades d'entre eux auraient le droit de signer des pétitions sur cette matière. Ils ont été victimes de ce système qui pèse encore sur les vivants, et s'il existait une puissance qui pût souffler sur cette poussière aride pour la réveiller, si ces pensées et ces sentiments d'autrefois pouvaient reprendre possession de la vie, si la tombe pouvait nous rendre ceux qu'elle a reçus sans cortége et sans prières ;

« Car elle est petite la cloche qui annonce à la hâte le convoi du pauvre; »

s'ils accouraient du champ de repos vers ce palais où l'on codifie sur la mort et sur la vie, oh ! la foule serait si pressée que les avenues du Parlement seraient inaccessibles ; il faudrait une armée, Wellington en tête, pour frayer aux sénateurs un passage à travers cette multitude, et peut-être ils ne parviendraient à l'orgueilleuse enceinte que pour entendre le chapelain de Westminster prêcher sur ce texte : « Le sang de ton frère crie vers moi de la terre. » (Vive sensation.)

Après cette folle disposition à calomnier la Ligue, ce qui caractérise le plus les sociétés monopolistes, c'est une avalanche de professions *d'attachement à l'ouvrier*. Cette tendresse défraie leurs résolutions et leurs discours; il semble que le bien-être de l'ouvrier soit la cause finale de leur existence. (Rires.) Il semble, à les entendre, que les landlords n'ont été créés et mis au monde que pour aimer les ouvriers. (Nouveaux rires.) Ils aiment l'ouvrier avec tant de tendresse, qu'ils prennent soin que des vêtements trop amples, et une nourriture trop abondante ne déguisent pas sa grâce et n'altèrent pas ses belles proportions. Ils aiment sans doute, sur le principe invoqué par certain pasteur à qui l'on reprochait une douteuse orthodoxie.

Que voulez-vous? disait-il, je ne puis croire qu'à raison de 80 liv. sterl. par an, tandis que mon évêque croit sur le taux de 15,000 livres. (Éclats de rire.) C'est ainsi que, dans leurs meetings, les landlords font montre envers les ouvriers d'un amour de 50 et 80,000 livres par an, mais ceux-ci ne peuvent les payer de retour que sur le pied de 7 à 8 schellings par semaine. (Rires prolongés)..... Mais quand donc a commencé cet amour? Quelle est l'histoire de cette tendresse ardente et passionnée de l'aristocratie pour l'habitant des campagnes? Dans quel siècle est-elle née? Est-ce dans les temps reculés où le vieux cultivateur était tenu de dénoncer sur son bail le nombre d'*attelages de bœufs* et le nombre d'*attelages d'hommes?* Lorsque l'on engraissait les esclaves dans ce pays pour les vendre en Irlande, jusqu'à ce qu'il y eût sur le marché engorgement de ce genre de produits? Est-ce dans le quatorzième siècle, lorsque la peste ayant dépeuplé les campagnes, et que le manque de bras eût pu élever le taux de la main-d'œuvre, l'aristocratie décréta le *Code des ouvriers,* — loi dont on a fait l'éloge de nos jours, — qui ordonnait que les ouvriers seraient forcés de travailler sous le fouet et sans augmentation de salaires? Est-ce dans le quinzième siècle, quand la loi voulait que celui qui avait été cultivateur douze ans, fût pour le reste de sa vie attaché aux manches de sa charrue, sans qu'il pût même faire apprendre un métier à son fils, de peur que le maître du sol ne perdît les services d'un de ses serfs? Est-ce dans le seizième siècle, quand un landlord pouvait s'emparer des vagabonds, les forcer au travail, les réduire en esclavage et même les *marquer*, afin qu'ils fussent reconnus partout comme sa propriété? Est-ce à l'époque plus récente qui a précédé immédiatement la naissance de l'industrie manufacturière, période pendant laquelle les salaires, mesurés en froment, baissèrent de moitié, tandis que le prix de ce même froment haussa du double et plus encore? Est-ce dans les temps postérieurs, sous l'ancienne ou la nouvelle loi des pauvres, qui, tantôt assujettissait l'ouvrier à la dégradation de recevoir de la paroisse, à titre d'aumône, un salaire honnêtement gagné, tantôt lui disait : Tu arrives trop tard au banquet de la nature, il n'y a pas de couvert pour toi; sois *indé-*

pendant? Est-ce maintenant enfin, où l'ouvrier est gratifié de 2 schellings par jour quand il fait beau, qu'il perd s'il vient à pleuvoir, et où sa vie se consume en un travail incessant, jour après jour, et de semaine en semaine? A quelle époque donc trouvons-nous l'origine, où lisons-nous l'histoire, où voyons-nous les marques de cette paternelle sollicitude, qui, à en croire l'aristocratie, a placé la classe ouvrière sous sa tendre et spéciale protection? (Acclamations bruyantes et prolongées.) Si tels sont les sentiments de l'aristocratie envers les ouvriers, pourquoi ne donne-t-elle pas une attention plus exclusive à leurs intérêts? Les législateurs de cette classe ne s'abstiennent pas, d'habitude, de se mêler des affaires d'autrui. Ils se préoccupent des manufactures, où les salaires sont pourtant plus élevés que sur leurs domaines; ils réglementent les heures de travail et les écoles; ils sont toujours prêts à s'ingérer dans les fabriques de soie, de laine, de coton, en toutes choses au monde; et, sur ces entrefaites, voilà ces ouvriers qu'ils aiment tant, les voilà les plus misérables et les plus abandonnés de toutes les créatures! Quelquefois peut-être on distribuera à ceux d'entre eux, qui auront servi vingt ans le même maître, un prix de 10 schellings, toujours accompagné de la part du révérend président du meeting de cette allocution : « Méfiez-vous des novateurs, car la Bible enseigne qu'il y aura toujours des pauvres parmi vous. » (Honte! honte!)

Et que dirons-nous de la prétention des propriétaires au titre d'agriculteurs? On n'est pas savant parce qu'on possède une bibliothèque; et comme l'a dit énergiquement M. Cobden : « on n'est pas marin parce qu'on est armateur. » Les propriétaires de grands domaines n'ont pas davantage droit au titre honorable « d'agriculteurs. » Ils ne cultivent pas le sol; ils se bornent à en recueillir les fruits, ayant soin de s'adjuger la part du lion. Si un tel langage prévalait en d'autres matières, s'il fallait juger des qualités personnelles et des occupations d'un homme, par l'usage auquel ses propriétés sont destinées, il s'ensuivrait qu'un noble membre de la Ligue, le marquis de Westminster ([1]) serait le plus grand tuilier de Londres (rires), que le

([1]) Propriétaire d'une partie de Londres.

duc de Bedfort (¹) en serait le musicien et le dramatiste le plus
distingué, et que les membres du clergé de l'abbaye de Westminster, dont les propriétés sont affectées à un usage fort équi-
voque, seraient d'éminents professeurs de prostitution. (Rires et
applaudissements.) Entre la Ligue et ses adversaires toute la
question, dégagée de ces vains sophismes, se réduit à savoir si
les seigneurs terriens, au lieu de n'être dans la nation qu'une
classe respectable et influente, absorberont tous les pouvoirs et
seront la nation, toute la nation, car c'est à quoi ils aspirent. Ils
reconnaissent la reine, mais ils lui imposent des ministres; ils
reconnaissent la législature, mais ils constituent une Chambre
et tiennent l'autre sous leur influence; ils reconnaissent la
classe moyenne, mais ils commandent ses suffrages et s'efforcent de nourrir dans son sein les habitudes d'une dégradante
servilité; ils reconnaissent la classe industrielle, mais ils restreignent ses transactions et paralysent ses entreprises; ils
reconnaissent la classe ouvrière, mais ils taxent son travail,
et ses os, et ses muscles, et jusqu'au pain qui la nourrit. (Applaudissements.) J'accorde qu'ils furent autrefois « la nation. » Il fut un temps où les possesseurs du sol en Angleterre
formaient la nation, et où il n'y avait pas d'autre pouvoir reconnu. Mais qu'était-ce que ce temps-là? Un temps où le peuple
était serf, était « chose, » pouvait être fouetté, marqué et vendu.
Ils étaient la nation ! Mais où étaient alors tous les arts de la vie ?
où étaient alors la littérature et la science? Le philosophe ne sor-
tait de sa retraite que pour être, au milieu de la foule ignorante,
un objet de défiance et peut-être de persécution ; bon tout au
plus à vendre au riche un secret magique pour gagner le cœur
d'une dame ou paralyser le bras d'un rival. Ils étaient la nation! et on les voyait s'élancer dans leur armure de fer, conduisant leurs vassaux au carnage, tandis que les malheureux qu'ils
foulaient aux pieds n'avaient d'autres chances pour s'en défaire
que de les écraser, comme des crustacés dans leur écaille. Ils
étaient la nation! et quel était alors le sort des cités ? Tout
citoyen qui avait quelque chose à perdre était obligé de cher-

(¹) Propriétaire du théâtre de Covent-Garden.

cher auprès du trône un abri contre leur tyrannie, et de renforcer le despotisme pour ne pas demeurer sans ressources devant ces oligarques ; en ce temps-là, s'il y avait eu un Rohts-
child, ils lui auraient eu sa dernière dent pour arriver à son
dernier écu. Quand ils étaient la nation, aucune invention n'en-
richissait le pays, ne faisait exécuter au bois et au fer l'œuvre
de millions de bras; la presse n'avait pas disséminé les connaissances sur toute la surface du pays et fait pénétrer la lumière
jusque dans la mansarde et la cabane; la marine marchande
ne couvrait pas la mer et ne présentait pas ses voiles à tous les
vents du ciel, pour atteindre quelque lointain rivage et en rapporter le nécessaire pour le pauvre et le superflu pour le riche.
Non, non, la domination du sol n'est pas la nationalité ; la
pairie n'est pas la nation. Les cœurs et les cerveaux entrent pour
quelque chose dans la constitution d'un peuple. Le philosophe
qui pense, l'homme d'État qui agit, le poëte qui chante, la multitude qui travaille, voilà la nation. (Applaudissements.) L'aristocratie y prend noblement sa place, lorsque, ainsi que plusieurs de ses membres qui appartiennent à notre association,
elle coopère du cœur et du bras à la cause de la patrie et au
perfectionnement de l'humanité. De tels hommes rachètent
l'ordre auquel ils appartiennent et le couvrent d'un lustre inhérent à leur propre individualité. Nous regardons comme
membre de la communauté quiconque travaille, soit par l'intelligence, soit d'une main calleuse, à rendre la nation grande,
libre et prospère ! Certes, si nous considérons la situation des
seigneurs terriens dans ce pays, nous les voyons dotés de tant
d'avantages, dont ils ne sauraient être dépouillés par aucune circonstance, aucun événement, à moins d'une convulsion sociale,
terrible et universelle, qu'en vérité ils devraient bien s'en contenter, « trop heureux s'ils connaissaient leur bonheur. » Car il
est vrai, comme on l'a dit souvent, que l'Angleterre est le pa-
radis des propriétaires, grâce à l'indomptable énergie, à l'audacieux esprit d'entreprise de ses enfants. Que veulent-ils de
plus? le sol n'est-il pas à eux d'un rivage à l'autre? N'est-il pas
à eux l'air que sillonnent les oiseaux du ciel? Il n'est pas un
coin de la terre où nous puissions enfoncer la charrue sans leur

permission, bâtir une chaumière sans leur consentement ; ils
foulent le sol anglais comme s'ils étaient les dieux qui l'ont tiré
du néant, et ils veulent encore élever artificiellement le prix de
leurs produits ! Maîtres du sol, ils veulent encore être les maîtres
de l'industrie et s'adjuger une part jusque sur le pain du peuple ! Que leur faut-il donc pour les contenter ? Ils ont affranchi de toutes charges ces domaines acquis non par une honnête industrie, mais par l'épée, la rapine et la violence. Jadis
ils avaient à soutenir l'Église et l'État, à lever des corps de
troupes, quand il plaisait au roi de les requérir, pour la conquête, ou pour la défense nationale. Maintenant l'aristocratie
a su convertir en sources d'émoluments les charges mêmes
qui pesaient sur ses terres, et elle tire de l'armée, de l'église et
de toutes nos institutions, des ressources pour ses enfants et ses
créatures ; et cependant elle veut encore écraser l'industrie sous
le poids d'un fardeau plus lourd qu'aucun de ceux qui pesèrent
jamais sur ses domaines ! — Libre échange ! ce fut il y a des
siècles le cri de Jean Tyler et de ses compagnons, que le fléau
des monopoles avait poussés à l'insurrection. L'épée qui le frappa
brille encore dans l'écusson de la corporation de Londres, comme
pour nous avertir de fuir toute violence, nous qui avons embrassé la même cause et élevé le même cri : libre échange !
(Applaudissements enthousiastes.) Libre échange, non pour
l'Angleterre seulement, mais pour tout l'univers. (Acclamations.)
Quoi ! ils trafiquent librement de la plume, de la parole et des
suffrages électoraux, et nous ne pourrons pas échanger entre
nous le fruit de nos sueurs ? Nous demandons que l'échange
soit libre comme l'air, libre comme les vagues de l'Océan,
libre comme les pensées qui naissent au cœur de l'homme !
(Applaudissements.) Ne prennent-ils pas aussi leur part, et la
part du lion, dans la prospérité commerciale ? Qu'ont fait les
machines, les bateaux à vapeur, les chemins de fer, pour le
bien-être du peuple, qui n'ait servi aussi à élever la valeur du
sol et le taux de la rente ? Leurs journaux font grand bruit depuis quelques jours de ce qu'ils appellent un « grand fait. » « Le
« froment, disent-ils, n'est pas plus cher aujourd'hui qu'en 1791,
« et comment le cultivateur pourrait-il soutenir la concurrence

« étrangère, lorsque, pendant cette période, ses taxes se sont
« accrues dans une si énorme proportion? » Mais ils omettent
de dire que, quoique le prix du blé n'ait pas varié depuis 1791,
la rente a doublé et plus que doublé. (Écoutez!) Et voilà le vrai
fardeau qui pèse sur le fermier, qui l'écrase, comme il écrase
tout notre système industriel. — Oh ! que l'aristocratie jouisse
de sa prospérité, mais qu'elle cesse de contrarier, d'enchaîner
l'infatigable travail auquel elle la doit. Nous ne la craignons
pas, avec ses forfanteries et ses menaces. Nous sommes ici librement et ils siégent à Westminster par mandat royal ; nos
assemblées sont accessibles à tous les hommes de cœur, et leurs
salles sénatoriales ne sont que des enceintes d'exclusion. Ici,
nous nous appuyons sur le *droit*; là, ils s'appuient sur la *force*; ils
nous jettent le gant, nous le relevons et nous leur jétons le défi
à la face. (Acclamations, l'assemblée se lève saisie d'enthousiasme ; on agite pendant plusieurs minutes les chapeaux et
les mouchoirs.) Nous marcherons vers la lutte, — opinion contre force, — respectant la loi, *leur loi*, en esprit d'ordre, de paix
et de moralité ; nous ferons triompher cette grande cause, et
ainsi nous affranchirons, — *eux*, de la malédiction qui pèse
toujours sur la tête de l'oppresseur, — *nous*, de la spoliation et
de l'esclavage, — le pays, de la confusion, de l'abattement, de
l'anarchie et de la désolation. (Applaudissements.) Le siècle de
la féodalité est passé ; l'esprit de la féodalité ne peut plus gouverner ce pays. Il peut être fort encore du prestige du passé ; il
peut briller dans la splendeur dont les efforts de l'industrie l'ont
environné ; il peut se retrancher derrière les remparts de nos
institutions ; il peut s'entourer d'une multitude servile ; mais
l'esprit féodal n'en doit pas moins succomber devant le génie
de l'humanité. L'esprit, le génie, le pouvoir de la féodalité ont
fait leur temps. Qu'ils fassent place aux droits du travail, aux
progrès des nations vers leur affranchissement commercial, intellectuel et politique ! (L'orateur reprend sa place au milieu
d'applaudissements enthousiastes qui se renouvellent longtemps
avec une énergie dont il est impossible de donner une idée.)

LE PRÉSIDENT : Ladies et gentlemen, les travaux du meeting
sont terminés. Après l'admirable discours que vous venez d'en-

tendre, je suis fâché de vous retenir un moment; mais un fait vient de parvenir à ma connaissance et je crois devoir le communiquer au meeting avant qu'il se disperse. — L'homme éminent auquel M. Fox a fait allusion dans son éloquent discours, ce grand homme qui, par la cause qu'il représente et le traitement qu'il a reçu, excite, j'ose le dire, plus d'intérêt et de sympathie que tout autre sujet de la reine, M. O'Connell (tonnerre d'applaudissements), a été prié d'assister au prochain meeting, et toujours fidèle à notre cause, il a déclaré qu'il saisirait la première occasion de manifester son attachement inébranlable aux principes de la Ligue. (Acclamations.)

Le meeting se sépare après avoir poussé trois hurrahs en faveur de M. O'Connell.

MEETING HEBDOMADAIRE DE LA LIGUE AU THÉÀTRE DE COVENT-GARDEN.

21 février 1844.

Le meeting métropolitain de la Ligue, tenu mercredi dernier au théâtre de Covent-Garden, formera certainement un des traits les plus remarquables dans l'histoire de l'*agitation* commerciale.

Le nombre des billets demandés pendant la semaine a dépassé trente mille. Il n'y a aucune exagération à dire que si la salle eût pu contenir ce nombre d'assistants, elle aurait été encore bien étroite relativement aux besoins de la circonstance. Longtemps avant cinq heures la foule encombrait toutes les avenues du théâtre, et est devenue telle, en peu de temps, qu'on a jugé à propos d'ouvrir toutes les portes. Aussitôt toutes les parties de la salle ont été envahies, une foule épaisse a stationné pendant toute la soirée dans les rues adjacentes, répondant par des applaudissements enthousiastes aux acclamations qui s'élevaient dans l'enceinte du meeting. A sept heures, le président, accompagné des membres du conseil et d'un grand nombre de personnages de distinction, s'est présenté sur l'estrade, mais M. O'Connell n'est arrivé qu'à près de huit heures. Lorsque l'honorable membre a fait son entrée, l'enthousiasme de l'assemblée n'a plus connu de bornes. Les acclamations de l'auditoire, répétées au dehors, ont duré un quart d'heure, et il n'a fallu rien moins pour les apaiser que l'épuisement des forces physiques. Une autre circonstance, qui a excité au plus haut degré l'intérêt du meeting, c'est la présence de M. Georges Thompson, récemment arrivé de l'Inde. Nous avons remarqué sur la plate-forme des Aldermen, plusieurs généraux et une trentaine de membres du Parlement.

M. James Wilson a la parole. Malgré l'excitation de l'assemblée, ce profond économiste traite avec sa vigueur accoutumée quelques points relatifs à la liberté du commerce. Il est plusieurs fois interrompu par la fausse annonce de M. O'Connell. Enfin on apprend que le grand patriote irlandais va paraître. Toute l'assemblée se lève spontanément et ébranle les voûtes de Covent-Garden par des salves réitérées d'applaudissements. Les acclamations durent sans interruption pendant dix minutes consécutives. Toutes les voix s'unissent, tous les bras sont tendus, on agite les chapeaux, les mouchoirs, les shalls. M. O'Connell s'avance et salue l'assemblée à plusieurs reprises, mais chacun de ses saluts ne fait que provoquer de nouvelles manifestations d'enthousiasme. Enfin l'honorable gentleman prend sa place, et M. Wilson continue son discours. Mais c'est surtout quand M. O'Connell se présente devant la table des orateurs que l'enthousiasme atteint son paroxysme. Covent-Garden en est ébranlé jusques aux fondements. Il est impossible d'exprimer ce qu'il y a d'imposant dans les acclamations de six mille voix auxquelles répondent du dehors les applaudissements d'une multitude innombrable. M. O'Connell paraît très-ému. Il essaie en vain de se faire entendre. Enfin le silence s'étant calmé, il s'exprime en cés termes :

En me présentant au milieu de vous, mon intention était de faire ce soir un discours éloquent ; mais j'en cède la partie la plus sonore à un autre, et je commence par vous présenter 100 l. s. de la part d'un de mes amis qui est aussi un *ami de la justice.* (Applaudissements.) De telles souscriptions ont aussi leur éloquence, et si vous en obtenez 999 semblables, vous aurez vos 100,000 l. s. (Rires d'approbation.) Mais hélas! là s'arrête mon éloquence, car où trouverais-je des expressions, de quel langage humain pourrais-je revêtir les sentiments de gratitude et de reconnaissance dont mon cœur est en ce moment pénétré? On dit que ma chère langue irlandaise excelle à exprimer les affections tendres, mais il n'est pas au pouvoir d'une langue humaine, il n'est pas au pouvoir de l'éloquence, fût-elle imprégnée de la plus séraphique douceur, de rendre ces élans de gratitude, d'orgueil, d'excitation d'âme que votre accueil me fait éprouver. (Nouvelles acclamations.) Oh ! cela est bien à vous! et c'est pour cela que vous l'avez fait. Cela est généreux de votre part, et vous avez voulu me donner cette consolation! A' toute autre époque de ma vie j'aurais été justement fier de votre réception ; mais je puis dire que je me trouve dans des circonstances, auxquelles je ne ferai pas autrement allusion (¹), — qui décuplent et centuplent ma reconnaissance. — Je suis venu ici ce soir résolu à garder cette neutralité politique qui est le caractère distinctif de votre grande lutte. Il doit m'être permis de dire cependant, puisqu'aussi bien cela ne s'écarte pas de la question des lois-céréales, que je me réjouis de voir les ducs de Buckingham et de Richmond commencer à soupçonner qu'ils pourraient bien, eux aussi, être des « conspirateurs (²). » (Approbation et rires.) C'est pourquoi ils sont partis

(¹) M. O'Connell parut au meeting de l'Anti-corn-law-league, dans l'intervalle qui sépare sa condamnation de son emprisonnement (21 février 1844).

(²) A cette époque, l'aristocratie anglaise organisait une *agitation*

— couple de vaillants chevaliers, — et de peur de se laisser entraîner par trop de vaillance, ils s'adressent à un magicien, dans le temple — un certain M. Platt — bonne créature — et lui demandent humblement : Dites, sommes-nous des conspirateurs? — « Non, dit M. Platt, vous ne l'êtes pas. » — Il les regarde et voit qu'ils n'appartiennent pas à cette classe qui produit les conspirateurs, car le conspirateur penche toujours quelque peu du côté populaire. (Nouveaux rires.) — Non, répète M. Platt, vous n'êtes pas des conspirateurs. » Mais malgré cette décision, je ne conseille pas aux nobles ducs de tenter l'épreuve de l'autre côté du canal. (Rires prolongés et acclamations.) Oui, votre réception m'est délicieuse, et je sens mon cœur prêt à éclater sous le sentiment de la joie, à l'aspect de cette sympathie entre les enfants de l'Angleterre et de l'Irlande. (Bruyantes acclamations.) Je vous ai dit que votre générosité me touche. Ah! croyez bien que s'il existe sous le ciel une vertu qui surpasse la virile générosité des Anglais, on ne pourrait la trouver que dans la reconnaissance des Irlandais. — Oui, je le répète, votre conduite est noble, mais elle ne s'adresse pas à un ingrat.

Votre vénéré président a daigné m'introduire auprès de vous par quelques paroles bienveillantes. Il m'a rendu justice en disant que je suis, que j'ai toujours été un constant ami de la Ligue. Je le suis non par choix ou par prédilection, mais par la profonde conviction que ses principes sont ceux du bien général. (Écoutez! écoutez!) J'ai été élu au présent Parlement par deux comtés d'Irlande qui présentent ensemble une population agricole de plus de 1,100,000 habitants : les comtés de Meath et de Cork. Je représente le comté de Cork qui contient 750,000 habitants voués à l'agriculture. Je n'avais aucun moyen d'acheter ou d'intimider leurs suffrages, aucun ascendant seigneurial pour influencer leurs convictions conscienciouses; mon élection ne m'a pas coûté un schelling, et une majorité de 1,100 votants, dans un district agricole, m'a envoyé au Parlement,

en faveur des monopoles; la loi lui était aussi bien applicable qu'à l'agitation anglaise.

sachant fort bien mes sentiments à l'égard des lois-céréales,
et que j'étais l'ennemi très-décidé de toute taxe sur le pain du
peuple. (Acclamations.) Bien plus, non-seulement mon opinion
était connue, mais je l'avais si souvent émise et développée,
que la même conviction s'était étendue dans tout le pays, à tel
point que les monopoleurs n'ont pas essayé d'un seul meeting
dans toute l'Irlande. — Je me trompe, ils en ont eu un où ils
furent battus (rires); milord Mountcashel y assistait. (Murmures et sifflets.) Le pauvre homme ! il y était, et en vérité il
y faisait une triste figure ; car il disait : « Nous autres, de la
noblesse, nous avons des dettes, nos domaines sont hypothé-
qués, et nous avons des charges domestiques. » Un pauvre
diable s'écria dans la foule : « Que ne les payez-vous ? » (Rires.)
Quelle fut la réponse, ou du moins le sens de la réponse ?
« Grand merci, dit milord, je ne paierai pas mes dettes, mais
les classes laborieuses les paieront. J'obtiens un prix élevé de
mes blés sous le régime actuel. Je serais disposé à être un bon
maître et à réduire les fermages, si je le pouvais. Mais j'ai des
dettes, je dois maintenir mes rentes, pour cela assurer à mes
blés un prix élevé, et, au moyen de cette extorsion, je paierai
mes créanciers... quand il me plaira. » (Rires.) — Il n'y a en
tout cela qu'une proposition qui soit parfaitement assurée, c'est
que milord Mountcashel obtiendra un grand prix de son blé ;
quant à l'acquittement des dettes, il reste dans ce qu'on appelle
à l'école le *paulò post futurum*, c'est-à-dire cela arrivera une
fois ou autre. (Rires.)

Et, pas plus tard qu'hier, voici que le duc de Northumberland s'écrie, dans une proclamation à ses tenanciers : « Vous
« devez former des associations pour le maintien des lois-cé-
« réales ; car ces misérables et importuns conspirateurs de la
« Ligue vous disent que si ces lois sont abrogées, vous aurez le
« pain à bon marché. N'en croyez pas un mot, » ajoute-t-il. —
Je pense pouvoir vous prouver qu'il ne s'en croit pas lui-même.
Ne serait-ce pas une chose curieuse de voir un noble duc forcé
de reconnaître qu'il ne croit pas à ses propres paroles ? (Rires.)
Cependant en voici la preuve. Il a conclu par ces mots : « La protection nous est nécessaire. » Mais quel est le sens de ce mot : *pro-*

tection? Protection veut dire 6 deniers de plus pour chaque
pain. C'est là la vraie traduction irlandaise. (Rires et applaudissements.) Protection, c'est le mot anglais qui signifie 6 deniers additionnels, et, qui plus est, 6 deniers *extorqués.* — Vous
voyez bien que *protection,* c'est *spoliation* (applaudissements) et
spoliation du pauvre par le riche ; car si le pauvre et le riche
paient également ce prix additionnel de 6 deniers par chaque
pain, le pain n'entre pas pour la millième partie dans la dépense
d'un Northumberland, tandis qu'il constitue les neuf dixièmes
de celle de la pauvre veuve et de l'ouvrier ; — mais c'est un de
vos puissants aristocrates, un de vos excessivement grands
hommes, et son ombre ose à peine le suivre. (Rires bruyants
et prolongés.) En voici un autre qui est un *Ligueur,* mais de
cette Ligue qui a pour objet la cherté du pain ; c'est un autre
protectioniste, c'est un autre homme de rapine. (Rires.) Il dit :
« Oh ! ne laissez pas baisser le prix du pain , cela serait horrible ! » (Ici quelque confusion se manifeste au fond du parterre.)
— Je crois qu'il y a là-bas quelques mangeurs de gens qui vien-
nient troubler nos opérations. — Ce grand homme dit donc :
« Cela serait horrible de vendre le pain à bon marché, car alors
les bras seraient moins employés, et le taux des salaires baisse-
rait. » Voyons comment cela peut être. Si le pain était à bon
marché, ce serait parce que le blé viendrait des pays où on
l'obtient à bas prix. Pour chaque livre sterling de blé que vous
achèteriez dans ces pays, vous y enverriez pour une livre sterling
d'objets manufacturés, de manière qu'au lieu de voir les salaires diminués , vous verriez certainement les bras plus re-
cherchés. Cela est clair comme 2 et 2 font 4, et l'objection
tombe complétement. Je parle ici comme un représentant de
l'Irlande, et fort de la connaissance que j'ai de ce pays essentiellement agricole. Si votre législation devait avoir pour effet
d'élever le taux des salaires, cet effet se serait fait sentir surtout
en Irlande. Oserait-on dire qu'il en a été ainsi ? Oh ! non, car
vous pouvez y faire travailler un homme tout un jour pour
4 deniers. (Honte ! honte !) L'ouvrier regarde comme son bien-
faiteur le maître qui lui paie 6 deniers, et il croit atteindre la
félicité suprême quand il obtient 8 deniers. — Tel est l'effet de

la loi-céréale. Elle agit en Irlande dans toute sa force, elle fait pour ce pays tout ce qu'elle peut faire, et cependant voilà le taux des salaires, et ce qu'il y a de pis, c'est que l'on n'y trouve pas d'emploi, même à ce taux. — Voilà pourquoi le peuple d'Irlande, et ceux même de la noblesse qui étudient en conscience les affaires publiques, voient cette question au même point de vue que je la vois moi-même ; en sorte que bien loin que l'Irlande soit un obstacle sur votre route, bien loin qu'elle soit *une de vos difficultés* (rires), elle est à vous tout entière, et de cœur et d'âme. (Applaudissements enthousiastes.) N'en avons-nous pas une preuve dans la présence au milieu de nous du représentant de Rochdale (acclamations), qui est un des plus grands propriétaires de l'Irlande, et un ami, vous le savez, de la liberté partout et pour tous. Je fais allusion à M. Crawford, qui représentait un comté d'Irlande avant de représenter un bourg d'Angleterre, et qui était Ligueur dans l'âme avant d'être membre du Parlement. (Bruyantes acclamations.) Il est donc clair que vous avez pour vous l'assentiment et les vœux de l'Irlande, et vous n'aurez pas peu de part dans sa reconnaissance, quand elle apprendra l'accueil que je reçois de vous. Non, Anglais, le bruit des acclamations dont vous avez salué ma présence n'expirera pas dans les murs de cette enceinte. Il retentira dans votre métropole ; les vents d'Orient le porteront en Irlande ; il remontera les rives du Shannon, de la Nore, de la Suir et du Barrow ; il réveillera tous les échos de nos vallées ; l'Irlande y répondra par des accents d'affection et de fraternité ; elle dira que les enfants de l'Angleterre ne doivent pas être affamés par la loi. (Acclamations qui durent plusieurs minutes.) — Je vous déclare que l'injustice et l'iniquité de l'aristocratie m'accablent d'une horreur et d'un dégoût que je suis incapable d'exprimer. Eh quoi ! si la loi-céréale actuelle n'existait pas ; si le ministère osait présenter un bill de taxes sur le pain ; s'il plaçait un agent à la porte du boulanger, chargé d'exiger le tiers du prix de chaque pain, taxe que le boulanger se ferait naturellement rembourser par le consommateur, y a-t-il un homme dans tout le pays qui supporterait une telle oppression ? (Grands cris : Ecoutez ! écoutez !) Il ne servirait de rien au ministre de dire :

« Cet argent est nécessaire à mes plans financiers ; j'en ai besoin pour l'équilibre des recettes et des dépenses. » John Bull
vociférerait : « Taxez ce qu'il vous plaira, mais ne taxez pas le
pain. » Mais ne voit-on pas que, par le chemin détourné de la
protection, ils font absolument la même chose? Ils.taxent le
pain, non pour le bien de l'État, — du moins chacun y parti-
ciperait, — non pour repousser l'invasion étrangère ou pour
maintenir la paix intérieure, mais pour le profit d'une classe,
pour mettre l'argent dans la poche de certains individus. (Écoutez! écoutez!) Véritablement, c'est trop mauvais pour que vous
le supportiez et prétendiez passer pour un peuple jaloux de ses
droits. (Rires.)

Je ne voudrais pas sans doute en ce moment vous manquer
de respect ; mais tout ceci dénote quelque chose de dur et
d'épais dans les intelligences que je ne m'explique pas. (Murmures d'approbation.) Duc de Northumberland ! vous n'êtes
pas mon roi ! je ne suis pas votre homme-lige, je ne vous
paierai pas de taxes. (Bruyantes acclamations.) Duc de Richmond ! il y a eu des Richmond avant vous, vous pouvez avoir
un sang royal dans vos veines ; vous n'êtes pas mon roi cependant, je ne suis pas votre homme-lige et je ne vous paierai pas
de taxes! (Applaudissements.) Qu'ils s'unissent tous ; c'est à
nous de nous unir aussi ; — paisibles, mais résolus, — tranquilles, mais fermes, décidés à en finir avec ces sophismes, ces
tromperies et ces extorsions. — J'aimerais à voir un de ces nobles ducs prélever sa taxe en nature. — J'aimerais à le voir,
pénétrant dans une des étroites rues de nos villes manufacturières, et s'avançant vers le pauvre père de famille qui, après
le poids du jour, affecte d'être rassasié pour que ses enfants
affamés se partagent une bouchée de plus, — ou vers cette
malheureuse mère qui s'efforce en vain de donner un peu de
lait à son nourrisson, pendant que son autre fils verse des larmes parce qu'il a faim. — J'aimerais, dis-je, à voir le noble duc,
survenir au milieu de ces scènes de désolation, s'emparer de la
plus grosse portion de pain, disant : « Voilà ma part, la part de
ma taxe, mangez le reste si vous voulez. » Si la taxe se préle-
vait ainsi, vous ne la toléreriez pas ; et cependant, voilà ce que

fait le lord, sous une autre forme. Il ne vous laisse pas entrevoir le fragment de pain, avant de l'emporter ; seulement il prend soin qu'il ne vous arrive pas, et il vous fait payer de ce pain un prix pour lequel vous pourriez avoir et ce pain et le fragment en sus, si ce n'était la loi. (Écoutez ! écoutez !) Oh ! j'aurais mieux auguré de l'ancienne noblesse d'Angleterre ; je me serais attendu à quelque chose de moins vil de la part de ces hommes qui, je ne dirai pas « *conspirent* » car ils ne sont pas *conspirateurs*, — je ne dirai pas « *se concertent*, » quoique ce soit un crime qu'on ne punit guère que chez les pauvres, — mais qui *se réunissent* pour décider que le peuple leur paiera le pain plus cher qu'il ne vaut. Je répéterai ma proposition encore et encore, parce que je désire la fixer dans l'esprit de ceux qui m'écoutent ; c'est du vol, c'est du pillage. Ne nous laissons pas prendre à l'appât de *l'augmentation des salaires.* Augmentation des salaires ! mais ouvrez le premier livre venu d'économie politique, vous y verrez que chaque fois que le pain a été à bas prix, les salaires ont été élevés ; ils ont été doublement élevés puisque l'ouvrier avait plus d'argent et achetait plus de choses avec le même argent. Tout cela est aussi clair que le soleil — et nous nous laissons embarrasser par ces sophismes ! Il semble que nous soyons des bipèdes sans tête et qui pis est sans cœur. Oh, finissons-en avec ce système ! (Applaudissements.)

Le Parlement n'est-il pas composé de monopoleurs? n'y sontils pas venus en grande majorité, non-seulement des comtés, grâce à la clause Chandos, mais encore en achetant des bourgs ([1]) !

([1]) Il y a à la Chambre des communes deux classes de représentants, ceux des comtés et ceux des bourgs. — Pour être électeur de comté, il suffit d'avoir une propriété (*freehold*) de 40 sh. de rente. C'est ce qu'on nomme la clause Chandos. Il est aisé de comprendre que les possesseurs du sol ont pu faire autant d'électeurs qu'ils ont voulu. C'est en mettant en œuvre cette clause sur une grande échelle qu'ils acquirent en 1841 cette majorité qui renversa le cabinet whig. Jusqu'ici la Ligue n'avait pu porter la bataille électorale que dans les villes et bourgs. On verra plus loin que M. Cobden a proposé et fait accepter un plan qui semble donner des chances aux *free-traders*

Il y a deux ans on admettait ouvertement, aux deux côtés de la Chambre, que jamais la corruption n'avait autant influencé l'élection d'un Parlement. M. Roëbuck le proclamait d'un côté; sir R. Peel l'admettait de l'autre sans difficulté. Quoique opposés en toute autre chose, ils étaient au moins parfaitement d'accord sur ce point. (Rires.) — Et voilà vos modèles de vertu et de piété; — voilà les soutiens de l'Église; voilà les hommes qui puniraient volontiers un malheureux s'il venait à se tromper le dimanche sur le chemin qui conduit au temple; oui, ces grands modèles de moralité lèvent vers le ciel le blanc des yeux, contristés qu'ils sont par l'iniquité d'autrui, lorsqu'eux-mêmes mettent les mains dans les poches du malheureux qui a besoin de nourrir sa famille! (Immenses acclamations.) Oh! cela est trop mauvais. Voilà ce qu'il faudrait « proclamer » dans tout le pays. Voilà ce qui doit inspirer aux hommes justes et sages de la défiance, de la désaffection et du dégoût. Si les nobles seigneurs épousent la cause du pauvre et du petit, oh! que toutes les bénédictions du ciel se répandent sur eux; mais s'ils persistent à appauvrir le pauvre, à augmenter la souffrance de celui qui souffre, à accroître la misère et le dénûment, — afin que le riche devienne plus riche et fasse servir la taxe du pain à libérer ses domaines, alors je dis : Honte à eux, qui pratiquent l'iniquité : et honte à ceux qui ne font pas entendre leurs doléances, jusqu'à ce que la grande voix de l'humanité, comme un tonnerre, effraie le coupable, et donne au pays et au peuple la liberté. (Bruyantes acclamations.) Oui, messeigneurs, vous entrez dans la bonne voie et je suis convaincu que vos efforts pour contre-balancer ceux de la Ligue auront un effet contraire. Nous voici donc à même d'argumenter avec eux. Amenez-les à raisonner et ils sont perdus. Qu'ils viennent à l'école primaire (et beaucoup d'entre eux n'ont guère jamais été au delà), nous leur disputerons le terrain pied à pied; nous les combattrons de point en point. Plus ils entraîneront de monde à leurs meetings,

même dans les comtés. Ce plan consiste à décider tous les amis de la liberté du commerce, et particulièrement les ouvriers, à consacrer en acquisitions de *freeholds*, toutes leurs économies.

plus nous aurons de chances de voir la vérité se répandre, et les fermiers surmonter l'illusion dont on les aveugle. — Pourquoi les seigneurs n'accordent-ils pas de baux aux fermiers? ceux-ci ne seraient-ils pas mis à même par là de nourrir leurs ouvriers et de prendre part dans leur voisinage aux associations de bienfaisance? Mais non ; le seigneur veut tout avoir. Son nom est Behemuth et il est insatiable. (Rires et applaudissements.) Vous êtes engagés dans une lutte glorieuse, et je suis fier qu'il me soit donné d'y prendre part avec vous. C'est avec une joie profonde que j'y apporte la coopération de mes talents, quelque faibles qu'ils soient, et le secours d'une voix fatiguée par de longues épreuves. Tels qu'ils sont je les consacre de grand cœur à votre cause sacrée. (Applaudissements.) Je me hasarderai à dire de moi-même qu'on m'a trouvé du côté de la liberté dans toutes les questions qui ont été agitées, depuis que je fais partie du Parlement. Je ne demande pas à quelle race, à quelle caste, à quelle couleur appartient une créature humaine, je réclame pour elle les priviléges et les droits de l'homme, et la protection, non du vol et du pillage, mais la protection contre l'iniquité quelle qu'elle soit. (Bruyantes acclamations.) Je ne puis donc que m'unir à vous ; et quel que soit le sort qui m'attend, — que ce soit la prison ou même l'échafaud (grands cris : Non, non, jamais! jamais!) — je suis convaincu que si cela dépendait de vos votes, il n'en serait pas ainsi. (Une voix : Nous ne sommes pas contre vous.) Je crois à votre sincérité (rires), — je me félicite d'être engagé avec vous dans cette lutte. J'en comprends toute la portée. Je sais combien la liberté des échanges favoriserait votre commerce en vous ouvrant des débouchés ; je sais combien elle contribuerait à renverser l'ascendant politique d'une classe, ascendant qui me semble avoir sa racine dans la loi-céréale. C'est là un stimulant à tous les genres d'iniquité. L'aristocratie comprend l'injustice de sa position, et elle appelle à sa défense toute la force, toutes les formalités de la législation. Mais elle ne réussira pas, — les yeux du peuple sont ouverts ; l'esprit public est éveillé. Jamais l'Angleterre n'a voulu et voulu en vain. — Jadis elle poussa sa volonté jusqu'à l'extravagance, et fit tomber sur l'échafaud la tête d'un monarque insensé. Ce fut une folie, car elle amena le despotisme militaire qui suit toujours la violence. Plus tard, le fils de ce roi viola les lois du pays, et le peuple, instruit par l'expérience, n'abattit pas sa tête, mais se contenta de l'exiler pour avoir foulé aux pieds les droits de la nation. — Ces violentes mesures ne sont plus nécessaires ; elles ne sont plus en harmonie avec notre époque. Ce qui est nécessaire, c'est un effort concerté et public ; cet effort commun qui naît de la sympathie, de l'électricité de l'opinion publique. Oh oui ! cette puissante électricité de l'opinion s'étendra sur tout l'empire. L'Écosse partagera notre enthousiasme ; les classes manufacturières sont déjà debout, les classes agricoles commencent à comprendre qu'elles ont les mêmes intérêts. Le temps approche... il est irrésistible. Ils peuvent tromper çà et là quelques électeurs ; d'autres peuvent être intimidés ; mais l'intelligence publique marche, comme les puissantes vagues de l'Océan. Le tyran des temps anciens ordonna aux flots de s'arrêter, mais les flots s'avancèrent malgré ses ordres et engloutirent l'insensé qui voulait arrêter leurs progrès. — Pour nous, nous n'avons pas besoin d'engloutir les grands seigneurs, nous nous contenterons de leur mouiller la plante des pieds. (Rires.) Mais, vraiment, cette lutte offre un spectacle magnifique ; quel pays sur la surface de la terre aurait pu faire ce que vous avez fait ? L'année dernière, vous avez souscrit 50,000 liv. sterl., c'est le revenu de deux ou trois petits souverains d'Allemagne. Cette année vous aurez 100,000 liv. sterl., et, s'il le faut, vous en aurez le double l'année prochaine. (Applaudissements.) Oui, ce mouvement présente le spectacle d'un majestueux progrès. Chaque jour de nouvelles recrues grossissent nos rangs ; et nous, vétérans de cette grande cause, nous contemplons avec délices et la force toujours croissante de notre armée et l'esprit de paix qui l'anime. — La puissance de l'opinion se manifeste en tous lieux. Les plus violents despotes, à l'exception du monstre Nicolas, s'interdisent ces actes cruels qui leur étaient autrefois familiers. L'esprit de l'Angleterre veille, il ne s'endormira plus jusqu'à ce que le pauvre ait reconquis ses droits et que le riche soit forcé d'être honnête. (L'honorable et docte gentleman s'assoit au bruit d'acclamations véhémentes et prolongées.)

M. Georges Thompson s'avance au bruit des applaudissements et s'exprime en ces termes : M. le président, quand je suis venu ce soir dans cette enceinte pour assister à la réception de M. O'Connell, je ne pensais pas à être appelé à prendre la parole, et je sens bien que je ne puis guère être que cette ombre dont parlait M. O'Connell, qui ne suivait de loin son maître qu'avec crainte.

Messieurs, le spectacle dont je suis témoin est bien fait pour enivrer mon cœur. Depuis deux ans, j'ai été absent de mon pays, et j'ai parcouru des régions lointaines qui n'ont jamais vu des scènes, qui n'ont jamais entendu des accents tels que ceux qui viennent de réjouir ma vue et mes oreilles. Mais quoique je me sois éloigné de plus de 15,000 milles de l'endroit où nous sommes réunis, jamais je ne suis parvenu en un lieu où ne soit pas arrivé le bruit de vos glorieux travaux; partout j'ai entendu parler de cette association gigantesque, qui a entrepris de purifier, de diriger et de préparer pour un grand et définitif triomphe les sentiments et l'opinion publique de la Grande-Bretagne. Il a été dans ma destinée, sinon de m'associer intimement aux efforts de la Ligue, du moins de suivre ses progrès depuis son origine, et de compter mes meilleurs et mes plus vieux amis parmi ceux qui ont accepté avec tant de dévouement le poids du travail et la chaleur du jour. De retour sur ma terre natale, je me plais à comparer la situation de cette cause à ce qu'elle était quand je pris congé à Manchester d'un meeting rassemblé pour le même objet qui vous réunit dans cette enceinte. Je me séparai de la Ligue au milieu d'une assemblée provinciale de douze cents personnes, et je la retrouve représentée par six fois ce nombre dans le plus vaste édifice de la métropole. Alors, vous luttiez contre des adversaires silencieux, — pleins de confiance en leur rang, en leurs richesses, en leurs grandeurs, — spectateurs muets de vos progrès parmi les classes laborieuses. — Maintenant je vous retrouve combattant ouvertement et à armes courtoises ces mêmes adversaires; mais ils ont rompu le silence; leurs plans sont déconcertés, leurs espérances évanouies, leurs forces diminuées, et les voilà forcés, dans l'intérêt de leur défense, de recourir à ces mêmes mesures

qu'ils ont tant de fois blâmées. (Acclamations.) Faut-il mal augurer de votre cause parce qu'ils imitent vos procédés? Non,
certainement. Je crois au contraire que rien ne peut vous être
plus favorable que d'être mis à même de connaître tous les *arguments*, — si on peut leur donner ce nom, — par lesquels ils
s'efforcent de soutenir, au dedans comme au dehors des Chambres, les monopoles dont ils profitent. Gentlemen, je vous félicite de vos progrès ; je vous félicite de la fermeté avec laquelle
vous avez toujours adhéré aux vrais principes, et de l'assentiment que vous avez obtenu des intelligences les plus éclairées.
Je vous félicite d'avoir maintenant réuni autour de votre bannière à peu près tout ce qu'il y a d'estimable et d'excellent dans
notre chère patrie. — Partout où j'ai porté mes pas, en Égypte
comme dans l'Inde, j'ai vu le plus vif intérêt se manifester
pour les travaux de cette association ; partout j'ai entendu exprimer le plus profond étonnement de la folie et de l'infatuation
de ceux qui prétendent fonder leur prospérité sur les désastres
et la pauvreté, et la faim, et la nudité et le crime du peuple,
prospérité bien odieuse et bien coupable achetée à ce prix ! Il
n'y a qu'une opinion à cet égard parmi les hommes que n'aveuglent pas l'esprit de parti ou l'intérêt personnel. Ils ne peuvent
traverser des plaines incommensurables, en calculer les ressources, estimer la facilité avec laquelle on pourrait transporter sur le rivage, et de là à travers l'Océan, vers notre pays,
des objets propres à soutenir la vie de tant de nos frères qui
périssent jusque sous nos yeux; ils ne peuvent savoir que la
valeur de ces aliments reviendrait vers les lieux de leur origine sous une autre forme également avantageuse; ils ne peuvent, dis-je, voir et comprendre ces choses sans être frappés
d'étonnement à l'aspect de la monstrueuse et révoltante spoliation qui se pratique dans ce pays. (Acclamations.) Gentlemen,
je n'ai jamais eu qu'une vue sur le régime restrictif, et c'est
une vue qui les embrasse toutes; qui satisfait pleinement mon
esprit et qui a fait de moi ce que je suis : un ennemi déclaré
absolu, universel, éternel des lois qui circonscrivent les bienfaits de la divine Providence, et disent aux dons que Dieu a répandus avec tant de libéralité sur la surface de la terre : « Vous

irez jusque-là, vous n'irez pas plus loin.-» (Tonnerre d'applaudissements.) Tout point de vue étroit,.— je dirai même national, — de la question, — perd à mes yeux de son importance,
quand je viens à penser qu'il n'a pu entrer dans les desseins de
Dieu, qu'un peuple toujours croissant, dans l'enceinte de frontières immuables, dépendît de son sol pour sa subsistance ;
tandis que les routes de l'Océan, le génie des hommes de
science, la bravoure de nos marins, l'audace de nos armateurs,
la fécondité des régions lointaines, la prospérité du monde, et la
variété qui se montre dans les dispensations et dans la paternelle sollicitude de notre Créateur, révèlent assez qu'il a voulu
que les hommes échangeassent entre eux les dons divers qu'ils
tiennent de sa munificence, et que l'abondance d'une région
contribuât au bien-être et au bonheur de toutes. (Acclamations.) A mes yeux, l'offense commise par les promoteurs de
ces lois, est une de celles qui atteint le trône de Dieu même.
Le monopole, c'est la négation pratique des dons que le Tout-
Puissant destinait à ses créatures. Il arrête ces dons au moment
où ils s'échappaient des mains de la Providence pour aller réjouir le cœur et ranimer les forces défaillantes de ceux à qui
elle les avait destinés. Sur une rive, les aliments surabondent ;
sur l'autre, voilà des hommes affamés qui commettraient un
crime s'ils touchaient un grain de ces moissons jaunissantes
qui ont été prodiguées à la terre pour le bien de tous. Que me
parle-t-on d'intérêts engagés, de droits acquis, du droit exclusif
de l'aristocratie à ces moissons ? Je connais ces droits. Je respecte le rang de l'aristocratie, alors surtout qu'elle y joint ce qui
est plus respectable que le rang, cette sympathie pour ses frères
qui doit s'accroître en proportion de ce que Dieu a été bon pour
elle, et qu'il a jugé à propos de leur retirer ses bienfaits temporels. (Acclamations.) Que le seigneur garde ce qui lui appartient loyalement ; qu'il possède ses enclos, ses parcs et ses
chasses ; qu'il les entoure de murs, s'il le veut, et qu'il fasse
inscrire sur les poteaux : «Ici on a tendu des piéges aux hommes.»
Je n'entreprendrai pas sur ses domaines, je ne regarderai pas
par-dessus ses murs, et me contenterai de suivre la route pou-
dreuse, pourvu qu'arrivé au terme de mon voyage, je puisse

acheter pour ma famille le pain que la bonté de Dieu lui a destiné. (Applaudissements.) L'opulent seigneur demande *protection!* Mais il la possède. Il la possède dans la supériorité de ses domaines, dans leur proximité des centres de population ; il la possède dans l'éloignement des plaines rivales, dans les tempêtes et les naufrages auxquels sont exposés sur l'Océan les vaisseaux qui portent dans ce pays les productions étrangères ; dans les frais de toutes sortes, assurances, magasinages, commissions dont ces produits sont grevés. Voilà ce qui constitue en sa faveur une protection naturelle aussi durable que l'Océan et dont personne ne peut le priver. Mais il veut plus ; il veut que la loi élève encore artificiellement le prix de son blé, et que le pauvre lui-même soit forcé de le lui acheter, ne lui rendant le droit de se pourvoir dans le marché du monde que lorsque la possibilité lui échappe de bénéficier par la confiscation de ce droit.

..... Gentlemen, la législation de ce pays a beaucoup pris sur elle. On parle de désaffection, d'insubordination, de conspiration ! Je demande où sont les causes de ces maux. Je cherche le coupable ; je m'adresse à celui qui tient en ses mains le châtiment, et je lui dis : c'est toi ! (Écoutez !) Une loi injuste, c'est un germe révolutionnaire. Suivez-la dans son action jusqu'à ce qu'elle commence à flétrir, appauvrir, fouler et provoquer l'humanité. Puis vient le temps de l'appel des patriotes ; puis celui de l'écho populaire ; puis l'attitude de la détermination et du défi, et puis enfin les persécutions, la prison, l'échafaud, les martyres. (Acclamations.) Mais je remonte aux criminels originaires, aux hommes qui ont conçu la funeste loi, et je leur dis : Vous avez fomenté la désaffection, vous avez popularisé la résistance patriotique ; vous avez provoqué les plaintes du peuple ; vous avez organisé la persécution ; c'est vous qui commettez le crime, c'est vous qui devez subir le châtiment. Gentlemen, telle est mon opinion ; si les gouvernements étaient justes, l'esprit de sédition mourrait faute d'aliment (écoutez), et si les lois étaient équitables, les chaînes seraient livrées à la rouille. C'est pourquoi je m'en prends aux mauvaises lois, et j'en vois beaucoup dans cette île et plus encore dans une île voisine. Elles nous avertissent que si nous voulons rétablir la paix et l'amitié, maintenir l'union et la loyauté, si nous voulons que la Grande-Bretagne soit ce qu'elle a toujours été, « maîtresse des mers, invincible dans les combats, » nous devons faire justice au peuple, et non-seulement rendre la liberté aux noirs des Antilles, mais encore affranchir le pain de l'ouvrier anglais. (Applaudissements.)

Séance du 28 février 1814.

M. Ashworth : Ce n'est pas une chose ordinaire que de voir un manufacturier du Nord abandonner ses foyers et ses occupations pour se montrer devant une telle assemblée. Un manufacturier a autre chose à faire, et il est peu enclin à recourir à ses concitoyens alors même qu'il se sent lésé. Il répugne naturellement à *l'agitation*; et absorbé par l'étude pratique des sciences et des arts qui se lient à l'accomplissement de son œuvre, il aimerait à ne pas s'éloigner de ses intérêts domestiques, s'il n'y était forcé par des lois pernicieuses. Messieurs, c'est avec une pleine confiance que j'en appelle à vous, comme manufacturier, parce que j'ai la conviction que j'appartiens à une classe d'hommes qui ne réclame que ses droits. (Applaudissements.) On les a accusés d'être difficiles dans leurs marchés; ils ont cela de commun avec tous les hommes prudents, et vous comme les autres, sans doute. (Rires.) Mais on ne peut au moins leur imputer d'avoir une grande maison commerciale, sous le nom de Parlement, de s'en servir pour circonvenir les intérêts de la communauté, et fixer eux-mêmes le prix de leur marchandise. Messieurs, les manufacturiers ne jouissent d'aucune protection; ils n'en demandent pas; ils repoussent le système protecteur tout entier, et tout ce qu'ils réclament, c'est que tous les sujets de S. M. soient placés à cet égard, ainsi qu'eux-mêmes, sur le pied de l'égalité. (Écoutez! écoutez!) Est-ce là une exigence déraisonnable? (Bien.) Les landlords vous disent qu'ils ont besoin de protection; qu'ils ont droit à être protégés par certaines considérations. Je ne vous dirai pas quelles sont ces considérations. Je laisse ce soin à lord Mountcashel et

sir Edward Knatchbull. Ils ne vous l'ont pas laissé ignorer (¹).
(Rires et applaudissements.) Ils disent encore qu'ils ont besoin
de protection pour lutter contre l'étranger. Pour ce qui me regarde, je ne sais pas, sous quels rapports, le peuple anglais
est inférieur aux autres peuples. Je suis convaincu que les fermiers anglais,, et notamment les ouvriers des campagnes,
sont capables d'autant de travail que toute autre classe de la
communauté; et il n'en est pas qui soient plus en mesure de
soutenir la concurrence étrangère, pourvu que les landlords
leur permettent de se procurer les aliments à un prix naturel.
(Applaudissements.) Les manufacturiers sont bien exposés à
cette concurrence. Pourquoi les landlords en seraient-ils affranchis? (Très-bien). Je le répète, les manufacturiers ne jouissent d'aucuns priviléges; ils n'en veulent pas. Ils n'ont, sous
le rapport des machines, aucun avantage qui ne soit commun
au monde entier. (Écoutez! écoutez!) Nous empruntons aux
autres peuples leurs inventions et leurs perfectionnements ;
nous les appliquons à nos machines et en augmentons ainsi la
puissance; et si l'exportation de ces machines perfectionnées fut
autrefois prohibée, elle est libre aujourd'hui, et il n'est aucun
peuple qui ne puisse se les procurer à aussi bon marché que
nous-mêmes. La loi prohibitive de l'exportation des machines
a été abrogée, il y a un an ou deux ; et quoique à cette époque
notre industrie fût dans une situation déplorable, — quoiqu'il
ne manquât pas de bons esprits qui regardaient la libre exportation de nos belles machines, comme une mesure hasardeuse
pour le maintien de notre supériorité manufacturière, —cependant, nous ne fîmes aucune opposition à cette mesure, et nous
la laissâmes s'accomplir sans hésiter, sans incidenter, en esprit de justice et de loyauté. (Acclamations.) Ainsi, après avoir
conféré à l'étranger tous les avantages que nous pouvions
retirer de la supériorité de nos machines, nous demandons à
être affranchis de toutes restrictions, et nous posons en principe que, puisque les manufacturiers sont abandonnés à l'uni-

___

(¹) Allusion à l'aveu fait par ces deux personnages que la protection leur était nécessaire pour payer leurs dettes, dégager leurs domaines et doter leurs filles.

verselle concurrence, ils ont le droit de dire qu'il leur est fait
injustice si une autre classe — et notamment l'opulente classe
des landlords — jouit d'avantages exclusifs, d'avantages qui ne
soient pas communs à toutes les autres.

On a dit que le marché intérieur était le plus important pour
l'industrie manufacturière. — Je suis en mesure d'évaluer
l'importance du marché intérieur en ce qui concerne ma propre
industrie, l'industrie cotonnière. Elle s'alimente principalement par l'exportation. On voit dans l'ouvrage de Brom,
qu'une balle seulement de coton sur sept est mise en œuvre
pour la consommation du pays, et, par conséquent, cette consommation ne paie qu'un septième de la main-d'œuvre britannique qui est consacrée à cette branche, ou environ un jour
par semaine. (Écoutez ! écoutez !) Ne perdez pas de vue que
c'est là la totalité de la consommation du pays. Ainsi, cette
clientèle de l'aristocratie terrienne, qu'on nous dépeint en
termes si pompeux, se réduit, quand nous venons à l'examiner
de près, à payer une fraction d'un jour pour une semaine de
travail ; et quant aux débouchés que nous offrent les autres
classes, — car les landlords ne sont pas nos seuls acheteurs, —
je me bornerai à dire que cette métropole seule consomme plus
que toute l'Irlande ; et la ville de Manchester, plus que le comté
de Buckingham. (Écoutez ! écoutez !) — Venons aux exportations. — Je viens de vous dire qu'elles s'élèvent aux six-septièmes de ce que nous fabriquons. Il en résulte que nous dé-
pendons de l'étranger pour les six-septièmes de notre travail, et
comme nous n'avons aucun empire sur la législation étrangère,
nous sommes incapables de recevoir aucune protection, dans
cette mesure, alors qu'elle nous serait offerte. — Considérons
maintenant l'intérêt agricole. La *fabrication des aliments* n'est
pas, dans ce pays, une industrie d'exportation. Elle possède,
dans le pays même, le meilleur marché du monde, et jouit
encore de la protection. Il fut un temps où les produits agricoles de l'Angleterre étaient exportés, où les landlords ven-
daient leurs céréales au dehors. Ce temps n'est plus. Aujour-
d'hui notre population consomme tous les grains que le pays
peut produire, et ses besoins en réclameraient bien davantage,

s'il lui était permis d'en recevoir. (Écoutez ! écoutez !) Ainsi, les
propriétaires voyant que notre population manufacturière consomme tous leurs produits, ont cessé de les exporter, et ils ont
l'avantage de vendre cet insuffisant produit sur un marché où
l'offre est constamment inférieure à la demande. Ce n'est point
là, comme je viens de le démontrer, la situation de l'industrie
manufacturière. Les six-septièmes de ses produits sont exportés.
Arrêtez un moment votre attention aux conséquences de cet
état de choses, *les aliments sont la matière première du travail*,
précisément comme le coton est la matière première de l'étoffe.
Il s'ensuit que les balles de produits fabriqués que nous expor-
tons, contiennent *virtuellement* du froment et autres produits
agricoles aussi bien que du coton. (Écoutez ! écoutez !) C'est ainsi
que les propriétaires du sol, tout en cessant de vendre directement au dehors, se sont déchargés de ce soin sur les manufacturiers, et se sont mis en possession d'un moyen indirect
d'exportation beaucoup plus commode et surtout plus profitable. Ils se sont épargné les embarras de convertir leurs denrées en argent sur les marchés étrangers, et les manufacturiers, par la circulation que je viens de décrire, ont pris cette
peine à leur charge. (Écoutez ! écoutez !) Ainsi le manufacturier
anglais, qui accomplit ses opérations sous l'influence des lois-
céréales, est d'abord contraint de payer un prix *législativement
artificiel* pour ses aliments et ceux de ses ouvriers; ensuite,
puisque ses produits sont destinés à l'exportation, et puisqu'ils
sont une sorte d'incarnation de denrées agricoles anglaises,
combinées, sous forme de travail, avec le coton et autres matières premières, il devient l'intermédiaire malheureux de la
revente de ces mêmes aliments, livré à la concurrence du
monde entier, sur des marchés lointains, où les produits similaires se vendent peut-être pour la moitié du prix qu'ils lui ont
coûté dans la Grande-Bretagne. (Applaudissements.) Ainsi,
nous sommes devenus les instruments du propriétaire pour la
défaite de ses denrées, et, ce qu'il y a de pire, l'opération nous
constitue en perte pour la moitié de leur valeur. (Écoutez ! écoutez !) Comme manufacturier travaillant pour l'exportation, je
m'arrêterai encore un moment sur cette partie de mon sujet.

Vous n'aurez pas de peine à comprendre cet axiome général :
Les importateurs sont des acheteurs. Donc, le criterium de la
prospérité d'un pays ce n'est pas ses *exportations,* mais ses
importations. Je le répète, *les importateurs sont des acheteurs.*
Permettez-moi d'éclaircir ceci par un exemple. Le navire qui
aborde nos rivages chargé de marchandises, n'importe la provenance, est la personnification d'un marchand étranger à la
bourse bien garnie ; car le chargement est bientôt converti en
argent, et cet argent est à la disposition du consignataire pour
être de nouveau converti en marchandises d'exportation. Plus
donc il nous arrive de ces navires, plus il nous arrive d'acheteurs. — Au sujet de nos impôts, je vous ferai observer que les
marchandises qui nous viennent du dehors ne passent pas directement du rivage au magasin du négociant. Elles s'arrêtent
d'abord à la douane, et là, elles payent un droit fiscal. Comme
free-traders nous n'avons pas d'objection contre un tel droit.
Il est juste et convenable d'asseoir une partie des recettes publiques sur les marchandises étrangères. Mais ici nous distin-
guons, et nous disons : S'il est juste que nous payions un droit
pour le revenu public, il ne l'est pas que nous en payions un
autre pour des avantages personnels, et notamment pour grossir
les rentes des propriétaires du sol. Messieurs, nos importations
devraient être libres. Dans un pays éclairé, elles seraient libres
comme les vents qui les poussent vers nos rivages. (Applaudissements.) Supposez-vous transporté par la pensée dans un autre
pays, — car je ne veux pas vous offenser inutilement en citant
votre propre patrie, — supposez que vous voyez sur les côtes
des hommes en uniforme, allant et venant, un mousquet d'une
main et une lunette de l'autre. Si l'on vous disait qu'il s'agit
d'un service préventif, d'un service destiné par le gouvernement
à empêcher l'arrivage des navires, et, par suite, l'introduction
des produits étrangers, ne déclareriez-vous pas que c'est là pour
ce pays, l'indice d'une ignorance qui va jusqu'au suicide? et
ne jugeriez-vous pas que ses lois commerciales remontent aux
siècles les plus barbares ? C'est pourtant l'esprit, je regrette de
le dire, qui caractérise notre législation. Nos lois admettent les
objets de luxe, les vins, les soieries, les rubans à l'usage des

grands et des riches ; elles laissent librement entrer ces choses
moyennant un droit fiscal, et elles prohibent l'importation des
aliments, c'est-à-dire de ce qui affecte le plus les classes pauvres et laborieuses. De telles lois sont le fruit de l'injustice, et
nous nous élevons contre leur partialité. Les seigneurs disent
que c'est là une question manufacturière. S'ils l'ont ainsi stig-
matisée, c'est qu'ils ont surtout trouvé les manufacturiers
prompts et persévérants à combattre leurs priviléges. Mais nous
repoussons leur imputation. Non, ce n'est pas la cause des manufacturiers; c'est *votre* cause; c'est la *mienne*, c'est la cause de
tous. Ce n'est pas une question *individuelle*, c'est une question
générale, qui intéresse toute la communauté ! Le manufacturier
voit son industrie lésée, ses ouvriers affamés, et dès lors il lui
appartient, il appartient à tout homme dans cette situation, de
se plaindre. — Cette vaine clameur des landlords est suivie
d'une autre. C'est la *sur-production* (¹), disent-ils, qui fait tout
le mal. On les entend s'écrier : « Ces manufacturiers prétendent vêtir l'univers entier.» Peut-être feraient-ils mieux de
nous laisser d'abord vêtir l'univers, et si, par là, nous portions
le trouble et la misère dans le pays, ils seraient à temps de gémir. (Rires et approbation.) Cependant examinons la question
de plus près. Supposez que nous parvinssions à habiller l'univers entier, nous n'avons pas encore trouvé le secret de faire
des calicots éternels (rires), ils s'usent, et dès lors ceux que nous
avons accoutumés à en porter en réclameront d'autres. Voilà
donc une source permanente de travail. (Écoutez !) Né serait-ce
point une chose plaisante de voir venir à cette tribune un manufacturier du Lancastre, pleurant comme Alexandre, de ce
qu'il ne lui reste point un autre monde, non à *conquérir*, mais
à *habiller* ? (Éclats de rire.) En tous cas, au milieu de son cha-
grin, il aurait au moins cette consolation, fondement d'une
espérance légitime, que s'il parvient à vêtir l'univers, c'est bien
le moins qu'il ait le droit d'être nourri. (Acclamations.) Je n'ai

---

(¹) Sur-production, autre néologisme pour traduire le mot *over-pro-
duction*, excès de production. Ici au moins je puis m'étayer de l'autorité de M. de Sismondi.

encore entendu personne se plaindre qu'il avait trop de vêtements. (Une voix dans les galeries : Je suis sans. Rire universel.)
Quel que soit leur bas prix, nul ne se fâche de les avoir à trop
bon marché. Les landlords se réunissent de temps à autre, et on
les entend se flatter d'être de bons patriotes, parce qu'ils font
deux coupes de foin là où ils n'en faisaient qu'une autrefois.
Gentlemen, à ce compte, je puis aussi, comme manufacturier,
réclamer le titre de patriote, car je fais maintenant deux che-
mises pour moins qu'une seule ne me coûtait il y a quelques
années. (Rires.) Mais je n'accepte ni pour les landlords ni pour
moi-même la qualification de patriote ou de philanthrope à ce
titre. La même cause, la même impulsion nous fait agir, et
c'est notre *intérêt éclairé*. (Écoutez! écoutez!) Mais voici une
autre clameur de l'aristocratie. Elle s'en prend aux machines.

Ici l'orateur combat l'erreur qui fait considérer les machines comme nuisibles à l'emploi du travail humain. Il
établit, par des faits nombreux, qu'il y a dans tous les comtés où les machines ne sont pas employées, une tendance à
émigrer vers ceux où elles sont le plus multipliées. Ce sujet
ayant déjà été traité par d'autres orateurs, et notamment par
M. Cobden, nous supprimons, quoiqu'à regret, cette partie
du remarquable discours de M. Ashworth.

Séance du 17 avril. — Présidence de M. Cobden.

Le président rend compte des nombreux meetings auxquels les députations de la Ligue ont assisté, depuis la dernière réunion de Covent-Garden, à Bristol, Wolwerhamp-
ton, Liverpool, etc. — Il parle aussi des mesures prises par
l'association pour porter principalement la discussion
partout où se font des élections, afin de répandre la lumière précisément au moment où l'excitation qui accompagne toujours les luttes électorales, dispose le public à
la recevoir. C'est pourquoi dorénavant la Ligue portera
toutes ses forces dans tout bourg où un certain nombre

d'électeurs, quelque petit qu'il soit, sera disposé à appuyer la candidature d'un *free-trader*.

M. WARD, membre du Parlement, prononce un discours plein de faits curieux, de données statistiques et de solides arguments.

Le colonel THOMPSON succède à M. Ward. Ce vétéran de la cause de la liberté commerciale s'est acquis en Angleterre une immense réputation par ses discours et ses nombreux écrits. Nous aurions beaucoup désiré le faire connaître au public français. Malheureusement pour nous, le brave officier est dans l'usage de revêtir des pensées profondes de formes originales, et d'un langage incisif et populaire entièrement intraduisible. — Nous essaierons peut-être, à la fin de cet ouvrage, de faire passer dans notre langue, au risque de les affaiblir, quelques-unes de ses *pensées*.

LE PRÉSIDENT. J'ai l'honneur de vous présenter un des orateurs les plus accomplis de l'époque, un homme qui a déjà déployé des talents de l'ordre le plus élevé dans une grande cause humanitaire, égale en importance à celle qui nous réunit aujourd'hui. Il a puissamment contribué à l'émancipation des esclaves de nos colonies des Indes occidentales et, quant à moi, je n'ai jamais pu apercevoir la moindre différence entre spolier l'homme tout entier en le forçant au travail et le dépouiller du fruit de son travail. J'introduis auprès de vous M. Georges Thompson. (Tonnerre d'applaudissements.)

Les événements qui se passent dans la Grande-Bretagne ont naturellement leur retentissement dans les meetings de la Ligue, surtout quand ils ont quelque connexité avec la cause qu'elle défend. On a pu voir déjà l'opinion qui s'était manifestée au sein de cette puissante association au sujet de l'émigration forcée (*compulsory emigration*), quand cette question était traitée au Parlement. On a vu aussi l'effet qu'avait produit sur la Ligue l'accusation de conspiration dirigée contre O'Connell et l'agitation irlandaise. — A l'époque où nous sommes parvenus, une seconde modification dans les tarifs était soumise aux Chambres par le cabinet Peel, et comme elle servira dorénavant de texte à plusieurs orateurs, il n'est pas sans utilité de dire ici en quoi ces modifications consistent.

Le droit sur le sucre colonial était de 24 sh., et sur le sucre étranger de 63. La différence ou 39 sh. était ce qui constituait proprement la *protection*. — Le gouvernement proposait, tout en maintenant le droit sur le sucre des colonies à 24, de réduire le droit sur le sucre étranger à 34, c'est-à-dire de limiter la protection à 10 sh. — C'eût été un grand pas dans la voie de la liberté commerciale, si le cabinet anglais n'eût, en même temps restreint le dégrèvement au sucre *produit par le travail libre (free-grown sugar)*. Mais en laissant peser le droit de 63 sh. sur le sucre produit dans les pays à esclaves (*slave grown sugar*), on excluait les sucres du Brésil, de Cuba, etc. Cette distinction étant évidemment un moyen indirect de maintenir le monopole, autant que la diffusion des lumières et les circonstances le permettaient, elle avait la chance de rallier beaucoup d'hommes honnêtes, en leur présentant la mesure proposée comme dirigée contre l'esclavage ; et la preuve que les monopoleurs avaient bien calculé, c'est qu'ils sont parvenus à rallier à leurs vues un grand nombre d'abolitionistes, et de se créer ainsi en Angleterre un appui sur lequel ils ne pouvaient compter que grâce à cette distinction hypocrite. — On verra dans la suite l'opinion des *free-traders* et les péripéties de ce débat.

M. Georges Thompson, après avoir réclamé, vu l'état de sa santé, l'indulgence de l'assemblée, s'exprime ainsi : Comme l'honorable et brave officier qui vient de s'asseoir, je pense que la question de la liberté commerciale, et notamment de l'abrogation des lois-céréales, en tant qu'elle touche au bien-être et

au bonheur de la race humaine, à la stabilité et à l'honneur de
l'empire britannique, ne le cède point en grandeur et en solennité à cette autre question à laquelle, dans d'autres temps,
je consacrai mes efforts. Si je réclamais alors la liberté de
l'homme, je réclame aujourd'hui la franchise de ses aliments.
(Acclamations.) Dieu a voulu que l'homme fût libre; et je crois
qu'il a voulu aussi que l'homme vécût. C'est un crime de lui
ravir la liberté, mais c'est aussi un crime d'élever le prix, d'altérer la qualité ou de diminuer la quantité de ses aliments ; et
quand je viens à considérer que la loi-céréale affecte les salaires,
rompt l'équilibre entre l'offre et la demande des bras, jette hors
d'emploi des millions d'ouvriers, ne laisse à ceux qui sont assez
heureux pour s'en procurer que la moitié d'une juste rémunération, et les force en outre de payer le pain à un prix double
de celui qu'il aurait sans son intervention, alors je dis qu'une
telle loi m'apparaît comme une monstrueuse spoliation (applaudissements,) et comme la violation de cette charte descendue
du ciel sur la terre : « Homme, tu mangeras les fruits de la
terre ; la saison de semer et la saison de moissonner, l'hiver et
l'été, se succéderont à perpétuité, afin que les créatures de
Dieu ne soient pas privées de nourriture. » Quel est le grand
principe d'économie sociale dont nous confions la propagation
à nos concitoyens, pour leur bonheur, celui de la patrie et du
monde? Quelle est cette doctrine que la Ligue, comme une
mouvante université, prêche et enseigne en tous lieux? C'est
que toutes les classes de la communauté doivent être abandonnées à leur libre action, dans la conduite de leurs transactions
commerciales, tout autant que ces transactions soient en elles-
mêmes honnêtes et honorables ; — c'est qu'on ne doit souffrir
aucune intervention, aucun contrôle, et moins encore aucune
contrainte législative en matière de travail, d'industrie et d'é-
changes. (Écoutez! écoutez!) Nous avons foi dans la vérité de
cette doctrine; mais nous ne nous bornons pas à l'ériger en un
système abstrait, qu'on prend et qu'on laisse à volonté. Nous la
regardons comme d'une importance pratique et capitale pour
ce pays et pour tous les pays, pour ce temps et pour tous les
temps. Dans son application honnête et impartiale, elle im-

plique la chute de toutes les restrictions qui ont été si souvent
dénoncées dans cette enceinte ; elle ouvre le monde au travail
de l'homme ; elle soustrait au domaine de la loi anglaise l'é-
change des fruits de notre travail et de notre habileté avec les
nations du globe ; elle appelle sur nos rivages les innombrables
tribus répandues sous tous les climats. Comme la piété, elle est
deux fois bénie ; bénie dans celui qui donne, bénie dans celui
qui reçoit. (Écoutez !) Ce n'est pas sans un sentiment profond
de douleur que nous pouvons, comme Anglais, contempler les
scènes de désolation qui se sont passées sous nos yeux depuis
deux ans ; et si la situation de ce pays est pour nous un juste sujet
d'orgueil, d'un autre côté elle est bien propre à exciter notre
compassion. Notre grandeur comme nation est incontestable.
Des rivages de cette île, nous nous sommes élancés sur le vaste
Océan ; nous y avons promené nos voiles aventureuses ;. nous
avons visité et exploré les régions les plus reculées de la terre ;
nous avons fait plus, nous avons cultivé et colonisé les plus
belles et les plus riches contrées du globe ; aux hommes qui reconnaissent l'empire de notre gracieuse et bien-aimée souveraine, nous avons ajouté des hommes de tous les climats et de
toutes les races ; par la valeur de nos soldats et de nos marins,
l'habileté de nos officiers de terre et de mer, l'esprit d'entreprise de nos armateurs et de nos matelots, les talents de nos
hommes d'État au dedans et de nos diplomates au dehors, nous
avons soumis bien des nations, formé des alliances avec toutes, ·
fait reconnaître en tous lieux notre prééminence industrielle, et
c'est ainsi que la puissance combinée de notre influence morale,
physique et politique a rendu l'univers nôtre tributaire, le forçant de jeter à nos pieds ses innombrables trésors. (Acclamations prolongées.) En ce moment, nos capitaux surabondent,
nos vaisseaux flottent sur toutes les eaux et n'attendent que le
signal de cette nation, — que de voir se dérouler au vent le drapeau de la liberté illimitée du commerce pour amener et verser
sur nos rivages les produits de notre mère commune. Des millions d'êtres humains ne demandent qu'à échanger les fruits de
leur jeune civilisation contre les produits plus coûteux, plus
élaborés de notre civilisation avancée. (Nouvelles acclamations.)

Ici la puissance de la production est incommensurable; sous nos pieds gisent d'insondables couches de minéraux divers, dans un si étroit voisinage, que des métaux plus précieux que l'or peuvent être extraits, fondus et façonnés sur place pour l'usage des hommes de tous les pays. Dans nos vertes vallées, se précipitent des rivières capables de mouvoir dix mille fois dix mille machines, et l'homme règne sur cette île, « comme un diadème de gloire sur la création. » Le premier, quoique entré le dernier dans la carrière de la civilisation, montrant au monde combien est vaste sa capacité et combien il doit à la libéralité de la nature; appréciant la valeur et la destination de toutes les puissances qui l'entourent, il a un œil pour la beauté, une intelligence pour la science, un bras pour le travail, un cœur pour la patrie, une âme pour la religion. (Applaudissements.) L'air, la terre, l'océan lui sont familiers dans tous leurs aspects, leurs changements, leurs usages et leurs applications. Chacun d'eux paie à ses investigations le tribut qu'il refuse à une apathique ignorance; chacun d'eux lui révèle ses secrets avec certitude, quoique avec une lente réserve. Le voilà debout, éternel objet d'étonnement et de terreur pour les peuples lâches, objet d'une noble émulation pour les nations dignes de la liberté. A la hauteur où il est parvenu, s'élever encore ou tomber voilà sa seule alternative. Il ne peut s'arrêter et il dédaigne de tomber, car la trempe de son esprit le soutient et la vigueur de son génie le pousse en avant. Telles sont quelques-unes des circonstances que j'avais à l'esprit quand je vous disais que, comme Anglais, nous sommes justifiés de nous complaire dans des sentiments d'orgueil national. Mais, hélas! combien de causes ne viennent-elles pas froisser ces sentiments et les convertir en une profonde humiliation! Car pourrait-on jamais croire que cette Angleterre, si illimitée dans son empire, si riche de ressources, si supérieure par ses armées et sa marine, si fière de ses alliances, si incomparable dans son génie productif, quelles que soient l'abondance de ses capitaux, la surabondance de ses bras et de son habileté, orgueilleuse de sa littérature puisée aux sources les plus pures, de sa moralité qui respire la bienveillance universelle; et de sa religion qui est divine, — que l'Angleterre ne peut pas, ne veut pas nourrir ses propres enfants ; mais qu'elle les voit errer dans l'oisiveté, s'accroupir dans l'abattement, et languir et mourir d'inanition sous les murs de ses monuments, sur les marches de ses palais, sous les portiques et jusque dans le sanctuaire de ses temples ! Quel est l'étranger connaissant notre position géographique, l'étendue et les ressources de notre empire, le génie, l'habileté et l'énergie de nos concitoyens, qui pourrait jamais croire qu'ici où siége le gouvernement, dans ce pays, la grande usine du monde, le centre du commerce ; dans ce pays où s'entreposent tant de richesses, où s'élaborent tant d'idées et d'intelligence, il y a plus d'oisiveté, de misère, de privation, de souffrances physiques et morales, qu'on n'en pourrait trouver, à population égale, dans aucune autre contrée du monde? et pourtant voilà où en est la puissante Angleterre. Peut-être les choses se sont-elles un peu améliorées dans quelques comtés de la Grande-Bretagne, et, s'il en est ainsi, nous en remercions le Dieu tout-puissant, au nom des malheureux et des indigents. Mais même en ce moment, vous pouvez rencontrer des multitudes d'hommes oisifs tout le jour, tandis que ceux qui sont occupés ne reçoivent que d'insuffisants salaires et n'obtiennent, après une longue semaine de travail incessant, qu'une chétive pitance à peine suffisante au soutien de la vie... Oh ! si vous cherchez, vous trouverez bien des intérieurs désolés, — où le feu s'est éteint au foyer, — où la coupe est vide, — où les couches ont été dépouillées et les couvertures vendues pour du pain, — où la mère a laissé sur la paille l'enfant s'endormir au bruit de ses propres vagissements, — où le père de famille qui, s'il eût été libre, aurait pu et voulu être un artisan honnête, actif et satisfait, n'est qu'un vagabond affamé, sans ressources, sans courage et sans espoir ; — triste famille, ou plutôt, quand elle est réunie dans sa sale nudité, triste juxtaposition de créatures dégradées, dont l'irrésistible action de la misère a détruit les mutuelles sympathies. Là, vous ne rencontrerez plus le sentiment de la dignité personnelle. Là, le murmure s'élève contre Dieu, comme la malédiction contre les gouvernants et les législateurs. Là, s'est éteinte toute vénération pour les lois sociales ou pour les divins commandements. Là, des projets de rapine se complotent sans remords. Là, enfin, des créatures proscrites, se croyant abandonnées de Dieu et de l'homme, se regardent comme les victimes de la législation, ou sentant du moins qu'elle n'est pour elles ni une protection, ni un refuge, s'insurgent contre la société, puisque aussi bien le sort qui les attend ne saurait être pire que celui qu'elles endurent. (Bruyantes acclamations.) Voilà ce qui se passe en Angleterre. — Je veux que vous compreniez bien que l'existence d'un tel état de choses révèle l'existence de quelque mauvaise loi, qui étouffe le commerce de ce pays, qui nous ferme les marchés du monde, en empêchant les produits des autres contrées de venir ici pour satisfaire à nos besoins. Une misère aussi profonde, une indigence aussi abjecte, une souffrance aussi incurable n'existe ailleurs nulle part. Quoi qu'aient pu faire dans d'autres pays le despotisme et la superstition, ils ne sont point parvenus, comme nos lois, à affamer une population active et laborieuse, à qui il reste au moins la faculté d'échanger ce qu'elle produit contre ce dont elle a besoin. (Acclamations bruyantes et prolongées.) — J'ai beaucoup voyagé ; j'ai vu l'ignorance la plus profonde ; la superstition la plus sombre et la plus terrible ; le despotisme le plus illimité et le plus rigoureux ; la théocratie la plus orgueilleuse et la plus tyrannique ; mais une misère semblable à celle que je vois ici et qui nous entoure, je ne l'ai vue nulle part. (Applaudissements.)

Ici l'orateur discute le principe et les effets des lois-céréales, et arrivant à la question des sucres, il continue en ces termes :

Je viens de vous parler des lois céréales ; permettez-moi de vous entretenir de la loi des sucres. — Personne ne me soupçonnera, je pense, de désirer le maintien de l'esclavage. S'il se trouvait dans cette enceinte quelque personne disposée à diriger contre moi une telle accusation, il me suffirait de lui dire, en signalant l'histoire de mes actes et de ma vie passée : — Voilà ma réponse. (Acclamation.) — J'ai le regret de différer d'opinion avec d'anciens amis, qui dirigés par les plus pures intentions, croient maintenant devoir s'opposer au triomphe de la liberté commerciale dans la question des sucres. J'ai examiné la question maturément, pendant de longues années ; je me suis efforcé d'arriver à une saine et juste conclusion, et je combattrai énergiquement, sans m'écarter du respect et de l'affection que je leur ai voués, cette doctrine qu'il appartient au gouvernement de fermer au sucre produit par les esclaves l'accès de notre marché national. Nous sommes d'accord sur l'esclavage ; nous l'avons également en horreur ; nous croyons que réduire ou retenir les hommes dans l'esclavage, les forcer au travail, tout en retenant le juste salaire qui leur est dû, ce sont des crimes aux yeux de Dieu, et d'horribles empiétements sur les droits et l'égalité des hommes. Nous croyons aussi que c'est le devoir de tout homme éclairé et de tout chrétien d'élever la voix contre l'esclavage sous toutes ses formes, et d'employer tous les moyens moraux et légitimes pour avancer le jour où cessera la servitude et avec elle le trafic sur l'espèce humaine. (Écoutez ! écoutez !) Il faut donc se demander, d'abord, quels sont les droits du peuple de ce pays ; ensuite, quels sont les moyens de saper l'esclavage qu'on peut considérer comme honnêtes et légitimes, c'est-à-dire qui, tout en ayant pour fin la justice due aux hommes des autres contrées, n'interviennent pas cependant dans l'action de la liberté civile et dans les justes prérogatives de nos concitoyens. — J'admets la vérité de cette proposition : que les hommes ont droit à la liberté personnelle ; qu'ils doivent demeurer en plein exercice de leur liberté, dans le choix de leurs chefs (¹), de la nature et du lieu de leurs occupations, et du marché sur lequel ils jugent à propos d'apporter ou leur travail, ou les résultats de leur travail. — Mais il est également clair à mon esprit que les hommes de ce pays et de tous les pays doivent être libres aussi (je veux dire libres par rapport à l'intervention de la loi civile) de choisir, comme consommateurs, parmi tous les produits portés des diverses régions du globe sur le marché commun. (Bruyantes acclamations.) Je ne vois pas qu'ils puissent avec justice être empêchés d'acheter les produits

(¹) Employers.

du Brésil et de Cuba sur le fondement que ces produits sont le fruit de l'esclavage. Je ne vois pas qu'ils puissent, avec justice, être placés dans l'alternative ou d'acheter les produits des Antilles britanniques ou de se passer d'une chose qui leur est nécessaire.

J'admets que c'est un droit et un devoir de dénoncer l'esclavage, et de propager les saines idées parmi toutes les classes, relativement à la criminalité de ce système. C'est un droit et un devoir de mettre en lumière l'obligation, pour chacun, de retirer tout encouragement à ceux qui commettent le crime de retenir les hommes en servitude. Chaque fois que, par le raisonnement, la persuasion et la prière, nous amènerons un homme à agir volontairement en cette matière, on pourra dire, dans le langage de l'Écriture : « Tu as gagné ton frère ! » C'est là un moyen légitime de détourner les hommes d'une pratique mauvaise et un pas fait dans la bonne voie, vers l'extinction d'un système que nous avons en égale exécration. Mais la prohibition législative, c'est de la violence et non du raisonnement ; c'est de la force et non de la raison ; de la tyrannie et non de la persuasion. De tels actes sont la perversion et l'abus de la puissance législative. Il n'y a pas de garantie contre un tel exercice de l'autorité. C'est, de la part du Parlement, une usurpation sur la conscience des hommes, dans un sujet où ils ont le droit de juger par eux-mêmes et de se conduire comme des êtres moraux et responsables. Une loi telle que celle à laquelle je fais allusion, et qui est en ce moment en pleine vigueur dans ce pays, ne peut être considérée comme émanée du peuple ou comme un acte conforme à sa volonté ; car, s'il en était ainsi, la loi elle-même serait superflue, et le produit qu'elle prohibe, débarqué sur nos rivages et exposé en vente, ne trouverait pas d'acheteurs et serait délaissé comme flétri de la pollution morale qui y est attachée. — Même, en tant qu'imposée par des hommes parlementaires, cette loi prohibitive manque manifestement de sincérité ; car ces mêmes hommes permettent que le sucre-esclave soit débarqué et raffiné dans ce pays, — ils en encouragent l'exportation sur des bâtiments anglais ; ils sanctionnent le commerce qu'en font nos négociants avec les nations étrangères. — Ils savent bien qu'il est consommé au dehors, à l'état raffiné, et malgré cette coûteuse préparation, à un prix moins élevé que le sucre brut dans notre île. Ils encouragent ce commerce, jusqu'à ce qu'il approche de cette limite où il affecterait leur propre monopole, et alors seulement ils le prohibent sous le prétexte qu'il porte la taché de la servitude... Malheureusement pour la sincérité de ces hommes, ils sont les mêmes qui, dans les temps passés, mirent tant d'éloquence au service de la cause de l'esclavage. (Écoutez ! écoutez !) J'ouvre le livre bleu ; il mentionne le nom de ceux qui ont reçu indemnité sur le fonds de vingt millions voté pour opérer l'émancipation, et je trouve qu'ils étaient les principaux copartageants de ce qu'ils appellent maintenant le prix de l'injustice. Je scrute leurs votes au Parlement, et je les vois résistant opiniâtrément, d'année en année, à toute tentative pour adoucir les horreurs de l'esclavage des nègres, jusque-là qu'ils repoussaient l'abolition de cette coutume barbare, la flagellation des femmes. (Écoutez !) Je rencontre les mêmes hommes imposant des droits monstrueux sur le sucre de l'Inde, quoique produit par un travail libre ; je les rencontre encore prodiguant annuellement des millions sous la forme de *drawbacks*, de primes, de protection, aux planteurs des Antilles, possesseurs d'esclaves. — Eh quoi ! ils étaient alors producteurs de sucre comme ils le sont aujourd'hui ; ils étaient, comme ils le sont encore, producteurs de céréales. Montrez-leur un article qu'ils ne produisent pas, et ils en permettront volontiers l'importation et la consommation, fût-il saturé des larmes et du sang des malheureux esclaves (acclamations) : mais montrez-leur un article qu'ils produisent, et ils prohibent les articles similaires, que ce soit du blé de l'Ohio ou des Indes, ou du sucre du Brésil ou de Cuba. (Écoutez ! écoutez !) — Est-ce là de la philanthropie sincère ? (Écoutez ! écoutez !) Tout homme doué de sentiments droits ne peut qu'éprouver les nausées d'un indicible dégoût, en voyant ces hommes se poser au Parlement comme les Élisées de l'abolition, et verser des larmes d'une feinte compassion sur les souffrances des travailleurs du Brésil. Voilà pourtant les hommes qui vous contestaient le droit d'intervenir dans leurs propriétés quand ils

étaient possesseurs d'esclaves. Ils nous arrêtaient à chaque pas,
quand nous nous efforcions de détruire par la loi ce qui avait
été créé par la loi. (Écoutez!) Ils défendirent jusqu'au dernier
moment les prétendus droits des planteurs, et refusèrent d'accorder la liberté aux nègres jusqu'à ce qu'on leur eût jeté et
qu'ils se fussent partagé la plus grande somme d'argent qui ait
jamais été votée dans des vues d'humanité! Alors comme aujourd'hui ils étaient les organes du monopole ; ils parlaient et
agissaient comme des hommes profondément intéressés au maintien des restrictions. Le sentiment public était contre eux alors ;
le sentiment national est encore contre eux maintenant. — Ils
n'étaient pas sincères alors, ou ils pratiquent la déception aujourd'hui. Ils parlent et votent contre leur conscience maintenant, ou ils doivent être préparés à dire qu'ils parlaient et vo-
taient contre leur conscience autrefois. (Écoutez!) Pour nous,
nous sommes sur le terrain où nous étions il y a quatorze ans.
Nous disons que l'esclavage est un crime ; que travailler par des
moyens honnêtes à son abolition, c'est le devoir des individus
et des nations. C'était notre droit de pétitionner contre l'esclavage ; c'était le droit de la législature de l'abolir par acte du
Parlement passé en conformité de la volonté nationale. — Mais
forcer trente millions de citoyens de payer des sommes énormes sous forme de prix additionnel pour une denrée de première nécessité ; — diminuer de moitié, par l'emploi de la force
brutale, l'approvisionnement de cette denrée; — dépouiller les
hommes du droit d'acheter ce qui est porté sur le marché,
parce que dans les opérations de la production une injustice a
été commise en pays étrangers, — ce n'est pas du droit, c'est de
la rapine (bruyants applaudissements); et agir ainsi sous le
prétexte de prendre en main la cause de la liberté et de l'humanité, quand nous savons (autant qu'il est possible d'avoir
cette certitude) que ce prétexte est faux, vide et hypocrite, c'est
ajouter la fraude mentale à la tyrannie législative, et pratiquer
la dissimulation aux yeux de Dieu en même temps que l'injustice
à l'égard des hommes. Ce serait au moins faire montre de quelque honnêteté que d'appliquer le principe avec impartialité ;
mais c'est ce qu'on ne fait pas. Le droit sur le sucre (du Brésil

est prohibitif. Pourquoi n'augmentent-ils pas aussi le droit sur le tabac jusqu'à ce qu'il produise le même effet que pour le sucre, c'est-à-dire jusqu'à ce qu'il en prévienne la consommation? — Parce que ces hommes ne produisent pas de tabac, et qu'ils sont à cet égard sans intérêt personnel. — Pourquoi n'appliquent-ils pas leur principe au coton, produit par des esclaves, et ne se contentent-ils pas du coton excru sur ces vastes plaines que je viens de parcourir? Nous admettons le coton des États-Unis et nous repoussons leur blé! O triste inconséquence! S'ils permettent à nos armateurs de porter du coton, produit de l'esclavage, à nos courtiers de le vendre, à nos capitalistes de le filer et de le tisser dans de vastes usines, aux femmes et aux enfants de ce pays de le façonner pour l'usage des citoyens, depuis la reine sur le trône jusqu'au mendiant de la rue; pourquoi, lorsque nos industrieux compatriotes ont gagné par le travail de la semaine un chétif salaire, leur défendent-ils d'en employer une partie, le samedi soir, à l'achat d'un peu de sucre à bon marché? Pourquoi? parce qu'ils ne sont pas producteurs de coton, tandis qu'ils sont producteurs de sucre; il n'y a pas d'autre raison. Voici trente années que nous affirmons, que nous essayons de prouver que le travail libre revient moins cher que le travail des esclaves; que les mettre loyalement aux prises, c'est le moyen le plus pacifique et le plus efficace de détruire l'esclavage. C'est pour propager cette vérité que nous avons distribué à profusion les écrits de Fearon, de Hogdson, de Cropper, de Jérémie, de Conder, de Dickson et de bien d'autres. Donnerons-nous maintenant un démenti pratique à nos affirmations antérieures en invoquant la prohibition, funeste même au travail libre, et l'intervention arbitraire de la loi dans le domaine de la raison individuelle et de la libre action de l'homme? — J'ai lu avec plaisir une déclaration solennelle et officielle émanée des chefs des abolitionistes, par laquelle ils expriment que, dans leur conviction, il est funeste et dispendieux, dangereux et criminel, de faire intervenir les armes dans la cause de l'abolition. Je partage cette conviction (1). L'arithmétique et

---

(1) Ceci prouve, pour le dire en passant, que le droit de visite n'était

l'histoire prouveront la première partie de cette proposition; le
sens commun et le christianisme se chargent de la seconde.
Mais l'analogie n'est-elle pas parfaite entre l'intervention armée
et des actes du Parlement, qui seraient vains et de nul effet, s'ils
ne puisaient leur force dans les peines, les châtiments, le blocus de nos côtes et les armées permanentes? Qu'est-ce qui com-
munique quelque puissance à cette loi, naturellement opposée
aux droits et aux sentiments du peuple? N'est-ce point l'irrésistible force physique du gouvernement? Quelles seraient les sui-
tes de la désobéissance? Nous savons tous que peu de personnes
respectent une loi qui force le peuple à assister au réembarque-
ment du sucre du Brésil, raffiné ici, pour être vendu ailleurs à
4 d., tandis que lui-même ne peut obtenir le sucre brut qu'à 8 d.
Mais chacun craint d'enfreindre la loi à cause des conséquences
terribles attachées à cette infraction. Aussi, ce n'est point aux
vues et aux idées des monopoleurs que l'on croit; mais c'est le
douanier, la cour de l'Échiquier, l'amende et le cachot que l'on
craint. (Approbation.) Est-ce ainsi qu'il convient de rendre les
hommes abolitionistes? Est-ce ainsi qu'il faut rendre l'esclave
à la liberté? Toutes nos anciennes maximes d'économie politique sont-elles changées? N'est-il pas possible d'atteindre
l'objet que nous avons en vue par l'action combinée du travail
libre au dehors, et d'un loyal appel à la conscience des hommes
au dedans?

Je comprends, qu'autant pour se montrer conséquents avec
leurs principes que pour décourager l'esclavage, les hommes
s'abstiennent de l'usage des produits du travail des noirs;
mais je dénie formellement à la législature (alors surtout
qu'elle ne s'appuie pas sur la voix du peuple) le droit de forcer
qui que ce soit à une semblable privation. C'est à nos yeux, je
l'avoue, une choquante inconséquence de prétendre maintenir
un principe par la violation d'un autre principe; — de défendre
dans un sens les droits des hommes et de les usurper et de les

pas, de l'autre côté du détroit, aussi populaire qu'on le suppose en
France, puisqu'il était repoussé par deux puissantes associations : les
abolitionistes et les *free-traders.*

détruire dans un autre sens. (Écoutez!) Combien il serait plus noble de dire : «Nos ports sont ouverts; — ouverts aux produits de tous les climats afin que notre peuple se procure toutes choses au meilleur marché possible. Nous n'intervenons dans la conscience de personne. Nous ne forçons qui que ce soit à acheter ceci, à s'abstenir de cela. Aux nations qui conservent des esclaves nous disons : Nous ne nous battrons pas avec vous, car ce serait faire le mal pour que le bien se fasse; nous n'imposerons pas des droits prohibitifs, car ce serait violer le principe de la liberté des échanges, et employer à l'égard de nos citoyens des mesures coërcitives. Mais nous ne cesserons jamais de vouer votre système d'esclavage à la censure et à l'exécration universelles; de faire retentir nos protestations comme individus, comme associations, comme peuple. (Applaudissements.) Nous encouragerons dans tous les recoins du globe le travail libre, votre rival. Nous rendrons enfin, comme gouvernement, justice et liberté à nos magnifiques possessions. Au lieu d'arrêter le développement de l'industrie indigène dans l'Inde, nous l'encouragerons par de nobles récompenses. Nous accueillerons le sucre, le riz, le coton, le tabac des contrées où les soupirs de l'esclave ne se mêlent pas au murmure des vents, mais où la joyeuse voix du travailleur volontaire retentit sur des champs aimés, autour de foyers indépendants et heureux. — Vendez comme vous pourrez vos sucres et vos cafés; En attendant, nous travaillerons la conscience des hommes jusqu'à ce qu'ils rejettent volontairement tout ce qui porte la tache de l'esclavage. (Applaudissements.) Oui, et nous attaquerons aussi vos consciences. Nos canons sont encloués et livrés à la rouille; mais nous aurons recours aux armes morales, et nous porterons des coups qui, s'ils ne brisent pas les membres et ne répandent pas le sang, pénètrent néanmoins jusqu'au cœur des hommes, les forcent à céder à la voix de la justice, et leur enseignent que l'honnêteté est la meilleure politique. (Écoutez! écoutez! et applaudissements.) Nous ne tomberons pas dans cette contradiction de blâmer chez vous la spoliation des facultés humaines, pendant que nous tolérons chez nous la spoliation du produit de ces facultés; nous n'aurons donc point de lois restrictives. Nous avons foi dans les principes universels d'une saine et honnête économie sociale. Nous avons foi dans la puissance de l'exemple, que n'affaiblissent pas la restriction et la contrainte. Nous avons foi dans la fécondité de ces régions où l'esclavage n'a pas porté sa rouille et ses malédictions. Nous avons foi dans cette doctrine qu'un but honnête n'a pas besoin de la coopération de moyens deshonnêtes. Nous nourrissons d'autres espérances ; et tant que nous pourvoirons aux besoins et veillerons sur les droits de nos laborieux enfants ; tant que nous donnerons un grand exemple au monde en renversant les barrières qui environnent cette maison de servitude, en ouvrant nos ports aux produits de tous les climats, afin que ceux qui ont faim soient rassasiés, et que ceux qui sont oisifs soient occupés ; tant que nous préférerons le fruit du travail libre au produit du travail servile, nous espérons que Dieu répandra sur nous ses bénédictions, et nous choisira entre tous les peuples pour arracher les nations aux voies tortueuses et mauvaises, et les replacer dans le droit sentier de la justice et de la liberté. » (Applaudissements.) Que si nos adversaires nous menacent des conséquences de la liberté commerciale, nous acceptons ces conséquences, car nous avons foi en nos principes ; nous avons foi dans la parole de Dieu ; nous avons foi dans la réciprocité des intérêts humains ; nous croyons que le système le plus simple, le plus équitable, le plus juste est aussi celui qui répandra le plus de bienfaits sur les habitants de ce pays. (Acclamations.) Éloignons donc de nous toute impression de doute ou de découragement à l'égard de l'issue de nôtre entreprise. Un progrès rapide et sans précédent a été fait. Des difficultés énormes ont été vaincues et tout nous présage un prochain triomphe. Des siècles d'obscurité et d'ignorance, d'erreurs et de méprises, quant aux effets des lois protectrices, se sont écoulés. Notre pernicieux exemple, il est vrai, a entraîné les autres peuples, par de fausses inductions, à adopter nos suicides ([1]) théories. Tout

---

([1]) On a fait des adjectifs des mots homicides, régicides, liberticides. On peut dire une théorie homicide. Pourquoi ne ferait-on pas aussi un adjectif du mot *suicide*. — Qu'on me permette donc encore ce néolo-

le mécanisme des luttes de parti, tout le poids de l'influence gouvernementale ont été engagés en faveur de la cause du monopole. — Mais enfin le jour se fait: Des vérités cachées pendant des siècles ont été mises en lumière. Le monde, dans ses belles et infinies variétés de sols, de climats, de productions et d'intérêts, a été observé à la lumière du sens commun, et sous l'impression du désir sincère et respectueux de discerner la volonté de Dieu, révélée par les œuvres de ses mains et par les dispensations de sa providence. On a constaté une consolante harmonie entre les maximes les plus profondes de l'économie sociale et les plus nobles desseins de la philanthropie et d'une religion d'amour et de paix. Ce n'est pas tout. Des hommes ont apparu, qu'on peut avec justice signaler comme les apôtres de la liberté commerciale. (Écoutez! écoutez!) Ils ont révélé des vérités découvertes dans le silence du cabinet par le philosophe, ou déduites par l'homme du monde de l'observation éclairée de la situation, des circonstances spéciales et de la dépendance mutuelle des hommes et des nations, et ils ont parcouru le pays dans tous les sens proclamant et vulgarisant ces grandes vérités. Leur voix vibrante a frappé l'oreille de millions de nos concitoyens. La chaire, la bourse, la place publique, le salon du riche, le parloir du fermier, le boudoir, et jusqu'aux chemins et aux sentiers de l'Empire, tout est devenu le théâtre de cette discussion animée et instructive. Aucune portion de la population n'a été oubliée, ou méprisée, ou négligée. L'almanach du *free-trader* est suspendu au mur de la chaumière ; le pamphlet du *free-trader* se trouve sur la table du plus humble citoyen, et celui même qui ne sait pas lire a été instruit par des peintures éloquentes. Chacun a pu étudier et comprendre la philosophie du travail, de l'échange, des salaires, de l'offre et de la demande. La lumière a pénétré là où elle était le plus nécessaire, — dans le Sénat. Un économiste s'est rencontré qui a revêtu la vérité du langage le plus convaincant, qui a su disposer son argumentation dans un degré de simplicité et de clarté qui n'avait jamais été égalé, qui

gisme, sans lequel il n'est pas possible de traduire ces mots : *suicidal, self-destructing.*

a fait dominer les principes sur le tumulte des luttes parlementaires. Son éloquence et sa modération ont arraché l'admiration
de ses adversaires, et on les aurait vus accourir sous son drapeau
s'ils n'eussent été retenus par les liens des hypothèques et par
la soif indomptable des rentes élevées. Cet homme a demandé
audience aux monopoleurs, et il les a forcés d'entendre sa voix
retentir sous les voûtes de leurs orgueilleux palais; ils ont été
muets pendant qu'il parlait, et ils sont restés muets quand il ·
cessait de parler; car, triste alternative! ils ne savaient
point répondre et ils ne voulaient pas céder. (Bruyantes acclamations.) Ayez donc bon courage. Fuyez les piéges, les manœuvres et les expédients de l'esprit de parti. Laissez aux principes
leur propre poids et leur légitime influence. Quand le jour de
l'épreuve sera venu, soyez justes et ne craignez rien. — Le devoir est à nous; les conséquences appartiennent à Dieu. Celui
qui suit les inspirations de sa conscience, les lois de la nature
et les commandements du ciel, peut en toute sécurité abandonner le reste. Au lit de mort, son esprit revenant sur ses actions
passées, prononcera ce verdict consolant : Tu as vu ton devoir et
tu l'as rempli. — (Applaudissements prolongés.)

Séance du 1er mai 1844.

Le fauteuil est occupé par un membre de l'aristocratie,
lord Kinnaird, un des plus grands propriétaires et des plus
savants agronomes de la Grande-Bretagne. Cette circonstance répand un nouvel intérêt sur cette séance. Je n'ai
pourtant pas cru devoir traduire le discours du noble lord,
tant parce que l'espace et le temps me font défaut, qu'à
cause du caractère agricole et pratique de ce discours, qui,
quoique très-adapté au but de la Ligue, n'offrirait que peu
d'intérêt au public français.

M. Ricardo. (L'orateur se livre à quelques réflexions générales et continue ainsi:) Je viens ici sous l'impression du dégoût
et n'espérant plus rien de cette autre enceinte où je me suis

efforcé de soutenir votre cause. Je viens ici pour en appeler de l'oppresseur à l'opprimé, — de ceux qui font la loi à ceux qui sont victimes de la loi. (Bruyante approbation.) Ce n'est pas qu'en quelques occasions, je n'aie entendu développer au Parlement d'excellentes doctrines économiques. J'y ai entendu professer les plus saines doctrines à propos de *liéges* (rires), et je me suis d'abord étonné de l'unanime accueil qu'elles y ont reçu. (Écoutez! écoutez!) Mais en regardant autour de moi, j'ai vu qu'il n'y avait pas de fabricants de bouchons dans la Chambre. (Nouveaux rires.) J'ai vu encore étaler d'excellents principes au sujet de *paille tressée;* mais il n'y a pas d'ouvriers empailleurs derrière les bancs de la trésorerie (on rit plus fort), et cette nuit même, j'ai été surpris de voir comme a été bien reçu le dogme de la liberté à propos de raisins de Corinthe. Seulement, je me suis pris à penser que, dans tous mes voyages en chemin de fer dans le pays, je n'ai jamais traversé une plantation de cette espèce. De tout cela je conclus que vous pouvez en user sans façon avec les pauvres bouchonniers, empailleurs, et renverser toute la nichée des petits monopoles ; mais ôtez un brin de paille à la ruche des grands monopoles, et vous serez assailli par une nuée de frelons (bruyants applaudissements), qui vous feraient un mauvais parti si leur aiguillon répondait à leur bourdonnement. (Rires et acclamations.) Il n'est pas hors de propos de dire comment nous avons été traités dans cette Chambre. Je me souviens que les seuls arguments qu'on opposa à M. Villiers, la première fois qu'il porta la question au Parlement, ce furent des murmures et des ricanements. Mais quand l'opinion publique a été éveillée dans le pays, ils ont jugé prudent de rompre le silence, et descendant de leur dédaigneuse position, ils se sont mis à parler de *droits acquis.* Plus tard, et à mesure que le public a pris la question avec plus de chaleur, ils ont commencé à argumenter. Battus sur tous les points, chassés de position en position, incapables de rester debout, les voilà maintenant qui reviennent sur leurs pas et ne savent plus qu'invoquer les *droits acquis.* Notre noble Président a déjà fort bien dévoilé la nature de ces droits acquis. Excusez-moi si je m'arrête un moment à expliquer en quoi ils consistent. A ma manière de voir, posséder un droit

acquis, c'est avoir dérobé quelque chose à quelqu'un. (Rires.)
C'est avoir volé la propriété d'autrui et prétendre qu'on y a
droit parce qu'on l'a volée depuis *longtemps*. (Acclamations.) —
Il en est beaucoup d'entre vous qui ont été en France, et ils savent qu'on n'y connaît pas cette classe d'hommes que nous appelons *boueurs*. (Rires.) On est dans l'usage de déposer les cen-
dres et les balayures devant les maisons. Certains industriels,
qu'on nomme *chiffonniers*, viennent remuer cette ordure pour y
ramasser les chiffons et autres objets de quelque valeur, et se
procurent ainsi une chétive subsistance. A l'époque du choléra,
le gouvernement français pensa que ces tas d'immondices con-
tribuaient à étendre le fléau et ordonna leur enlèvement ; mais
en cela il touchait aux *droits acquis* des chiffonniers. Ceux-ci se
soulevèrent ; ils avaient des droits acquis sur les immondi-
cès, si bien que l'administration, craignant une émeute, ne
put prendre des mesures de salubrité et ne les a pas prises
encore. (Rires.) La même chose est arrivée à Madrid. Il est
d'usage dans cette capitale d'approvisionner les maisons d'eau
apportée d'une distance considérable. Il fut question de construire un aqueduc ; mais les porteurs d'eau trouvèrent que c'é-
tait toucher à leurs *droits acquis*. Ils avaient un droit acquis sur
l'eau et nul ne pouvait s'en procurer qu'en la leur achetant à
haut prix. Eh bien ! quelque absurdes et ridicules que paraissent
ces exemples de droits acquis, je dis qu'il s'en faut de beaucoup
qu'ils soient aussi absurdes, aussi déshonnêtes, aussi funestes
que les *droits acquis* qu'invoque l'aristocratie de ce pays. (Approbation.) Quelle fut l'origine de ces prétendus droits ? Une
guerre longue et terrible, et le prix élevé auquel elle porta les
aliments ne fut pas le moins désastreux de ses effets. Elle fut
un fléau pour le pays, mais un bienfait pour les propriétaires
terriens. Aussi, quand elle fut terminée, au prix des plus grands
sacrifices, ils vinrent à la Chambre des communes, et s'appuyant sur ces mêmes baïonnettes qui avaient combattu l'ennemi, ils firent passer une loi qui avait pour but de maintenir
la disette artificielle des aliments et de dépouiller le pays du
plus grand bienfait que la paix puisse conférer. (Approbation.)
Ils ont, eux aussi, des droits acquis à la disette. Mais le pays a

des droits·acquis à l'abondance, droits fondés sur une loi antérieure à celles qui émanent du Parlement, car les produits sont répandus dans le monde, non pour l'avantage exclusif des lieux où ils naissent, mais afin que tous les hommes, par des échanges réciproques, puisent à la masse commune une juste part des bienfaits qu'il a plu à la Providence de répandre sur l'humanité. (Acclamations.) Quand nous voyons ces choses, quand nous ne pouvons nous empêcher de les voir, quand il n'est pas un négociant, un manufacturier, un fermier, un propriétaire, un ouvrier à qui elles ne sautent aux yeux, ne faut-il pas s'étonner, je le demande, de voir tout un peuple demeurer dans l'apathie à l'aspect de ses droits foulés aux pieds, à l'aspect de milliers de créatures humaines poussées par la faim dans les maisons de travail? Ne devons-nous pas être frappés de surprise, quand nous entendons un membre du parti protectioniste dire (et pour tout l'univers je ne voudrais pas qu'on eût à me reprocher ces insolentes paroles) que pour ceux qui n'ont pas de pain, il y a de l'avoine et des pommes de terre? et lorsque, pour toute réponse, un ministre d'État vient nous affirmer que plusieurs millions de quarters de blé pourrissent, en ce moment, dans les greniers de l'Amérique, et qu'il considérerait leur introduction dans ce pays comme une calamité publique? (Applaudissements.) Quoi! les citoyens des États-Unis, les habitants de l'Ukraine et de Pultawa voient leur blé se pourrir; et·on vient nous dire que l'échange de ce blé, dont nous manquons, contre des marchandises, dont ils ont besoin, serait une calamité universelle! Mais quand ils proclament ouvertement de telles doctrines, en ont-ils bien pesé toutes les conséquences? Ne s'aperçoivent-ils pas que pendant qu'ils croient, par des lois de fer, environner leurs propriétés d'un mur impénétrable, il est fort possible qu'ils ne fassent que susciter des ennemis à la propriété elle-même? Qu'ils se rappellent les paroles qui ont été prononcées, non par un ligueur, non dans cette enceinte, mais par un serviteur du pouvoir : « Le peuple de ce pays reconnaît le droit de propriété. Mais si quelqu'un vient nous dire qu'il y a dans sa propriété quelque attribut particulier qui l'autorise à envahir la nôtre, que nous avons acquise par le travail de nos mains, il est possible que nous nous prenions à penser qu'il y a, dans cette nature de propriété, quelque anomalie, quelque injustice que nous devons loyalement nous efforcer de détruire. » (Approbation.) Ce sont là des sujets sur lesquels je n'aime pas à m'appesantir. Il n'a fallu rien moins pour m'y décider que le souvenir du traitement qu'on nous fait éprouver. (Écoutez!) Je ne vous retiendrai pas plus longtemps; mais avant de m'asseoir, je réclamerai votre assistance, car vous pouvez et vous pouvez seuls nous assister. Nous présentons le clou, mais vous êtes le marteau qui l'enfonce. (Bruyants applaudissements.) Vos ancêtres vous ont légué la liberté civile et religieuse. Ils la conquirent à la pointe de l'épée, au péril de leur vie et de leur fortune. Je ne vous demande pas de tels sacrifices; mais n'oubliez pas que vous devez aussi un héritage à vos enfants, et c'est *la liberté commerciale*. (Tonnerre d'applaudissements.) Si vous l'obtenez, vous ne regretterez pas vos efforts et vos sacrifices. Rappelez-vous que vos noms seront inscrits dans les annales de la patrie, et en les voyant, vos enfants et les enfants de vos enfants diront avec orgueil : Voilà ceux qui ont affranchi le commerce de l'Angleterre. (L'honorable membre reprend sa place au bruit d'applaudissements prolongés.)

M. Sommers, fermier du comté de Somerset, succède à M. Ricardo, et traite la question au point de vue de l'intérêt agricole.

La parole est ensuite à M. Cobden. A peine le président a prononcé ce nom, que les applaudissements éclatent dans toute la salle et empêchent pendant longtemps l'honorable orateur de se faire entendre. Le calme étant enfin rétabli, M. Cobden s'exprime en ces termes :

..... Que vous dirai-je sur la question générale de la liberté du commerce, Messieurs, puisque vous êtes tous d'accord à ce sujet? Je ne puis que me borner à vous féliciter de ce que, pendant cette semaine, notre cause n'a pas laissé que de faire quelques progrès en haut lieu. Nous avons eu la présentation du budget, — je ne puis pas dire que ce soit un budget *free-trader*, car lorsque nous autres, ligueurs, arriverons au pouvoir, nous en présenterons un beaucoup meilleur (Rires ; écoutez ! écoutez !) ; mais enfin, il a été fait quelques petites choses lundi soir à la Chambre des communes, et tout ce qui a été fait, a été dans le sens de la liberté du commerce. Que faisaient pendant ce temps-là le duc de Richmond et les protectionistes ? Réunis dans le parloir de Sa Grâce, ils ont, à ce que je crois, déclaré que le premier ministre était allé si loin, qu'il ne lui sera pas permis de passer outre. Mais il est évident pour moi que le premier ministre ne s'inquiète guère de leur ardeur chevaleresque, et qu'il compte plus sur nous qu'il ne les redoute. (Écoutez !) — Il y a une mesure prise par le gouvernement, et qui est excellente en ce qu'elle est *totale* et *immédiate* [1]. Je veux parler de l'abolition du droit protecteur sur la laine. — Il y a vingt-cinq ans qu'il y eut une levée en masse de tous les Knatchbulls, Buckinghams et Richmonds de l'époque, qui dirent : « Nous exigeons un droit de 6 d. par livre sur la laine étrangère, afin de protéger nos produits. » Leur volonté fut faite. A cinq ans de là, M. Huskisson déclara que, selon les avis qu'il recevait des manufactures de Leeds, si ce droit n'était pas profondément altéré et presque aboli, toutes les fabriques de drap étaient perdues, et que, dès lors, les fermiers anglais verraient se fermer pour leurs laines le marché intérieur. A force d'habileté et d'éloquence, M. Huskisson réduisit alors ce droit de 6 à 1 denier, et c'est ce dernier denier dont nous nous sommes débarrassés la semaine dernière. — Lorsqu'il fut proposé de toucher à ce droit, les agriculteurs (j'entends les Knatchbulls et les Buckinghams d'alors) exposèrent que, s'il était aboli, il n'y aurait plus de bergers ni de moutons dans le pays. A les entendre, les bergers seraient contraints de se réfugier dans les workhouses, et quant aux pauvres moutons, on aurait dit qu'ils portaient sur leurs dos toute la richesse et la prospérité du pays. Enfin il ne resterait plus qu'à pendre les

[1] On a vu ailleurs que c'est la formule employée par la Ligue dans ses réclamations.

chiens. — Les voilà forcés maintenant d'exercer l'industrie
pastorale sans protection. Pourquoi ne pratiqueraient-ils pas
la culture et la vente du blé sur le même principe? Si l'abolition *totale* et *immédiate* des droits sur le blé est déraisonnable,
pourquoi le gouvernement opère-t-il l'abolition *totale* et *immédiate* du droit sur la laine? Ainsi, chaque pas que font nos
adversaires, nous fournit un sujet d'espérance et de solides ar- .
guments. Voyez pour le café! nous n'en avons pas *entièrement
fini*, mais *à moitié fini* avec cette denrée. Le droit était primiti-
vement et est encore de 4 d. sur le café colonial et de 8 d. sur
le café étranger. Cela conférait justement une prime de 4 d. par
livre aux monopoleurs, puisqu'ils pouvaient vendre à 4 d. plus
cher qu'ils n'auraient fait sans ce droit. Sir Robert Peel a réduit
la taxe sur le café étranger, sans toucher à celle du café colonial, ne laissant plus à celui-ci qu'une prime de 2 deniers par
livre. Je ne puis donc pas dire : *c'en est fait*, mais *c'est à moitié
fait*. Nous obtiendrons l'autre moitié en temps et lieu. (Très-
bien.) Vient ensuite le sucre. Mesdames, vous ne pouvez faire
le café sans sucre, et toute la douceur de vos sourires ne par-
viendrait pas à le sucrer. (Rires.) Mais nous nous trouvons
dans quelque embarras à ce sujet, car il est survenu au gouvernement de ce pays des *scrupules de conscience*. Il ne peut
admettre le sucre étranger, parce qu'il porte *la tache de l'esclavage*. Gentlemen, je vais divulguer un secret d'État. Il existe
sur ce sujet une correspondance secrète entre les gouvernements anglais et brésilien. Vous savez que les hommes d'État
écrivent quelquefois à leurs agents au dehors des lettres et des
instructions confidentielles, qui ne sont publiées qu'au bout de
cent ans, quand elles n'ont plus qu'un intérêt de curiosité. Je
vais vous en communiquer une de notre gouvernement à son
ambassadeur au Brésil, qui ne devait être publiée que dans cent
ans. Vous n'ignorez pas que c'est sur la question des sucres que
le cabinet actuel évinça l'administration antérieure. Lord Sandon, lorsqu'il s'opposa, par un amendement, à l'introduction
du sucre étranger proposée par le ministère whig, se fonda sur
ce qu'il serait impie de consommer du sucre-esclave. Mais il ne
dit pas un mot du café. La lettre dont je vais vous donner con-

naissance vous expliquera le reste : « Informez le gouvernement brésilien que nous avons des engagements relativement
au sucre, et qu'en présentant le budget, nous nous verrons
forcés de dire au peuple d'Angleterre, très-crédule de sa nature et disposé à accueillir tout ce qu'il nous plaira de lui dire
de dessus nos siéges de la Chambre des communes; qu'il serait
criminel d'encourager l'esclavage et la traite par l'admission du
sucre du Brésil. — Mais afin de prouver au gouvernement brésilien que nous n'avons aucune intention de lui nuire, nous aurons soin de faire précéder nos réserves, à l'égard du sucre, de la
déclaration que nous admettons le café brésilien sous la réduction de 2 d. par livre du droit actuel. — Et comme quatre esclaves
sur cinq sont employés au Brésil sur les plantations de café, et
que cet article forme les trois cinquièmes de toutes les exportations de ce pays (toutes choses que le peuple d'Angleterre ignore
profondément), le gouvernement auprès duquel vous êtes ac-
crédité demeurera convaincu que nous ne voulons aucun mal
à ses plantations, que l'esclavage et la traite ne nous préoccupent guère, mais que nous sommes contraints d'exclure leur
sucre par les exigences de notre parti et de notre position particulière. Mais faites-lui bien comprendre en même temps avec
quelle adresse nous avons désarçonné les whigs par cette *manœuvre.* » (Rires et applaudissements.) Telle est la teneur de la
dépêche du cabinet actuel à son envoyé extraordinaire et ministre plénipotentiaire au Brésil, dépêche qui sera publiée dans
cent ans d'ici. Il n'est pas douteux que beaucoup de gens se sont
laissé prendre à cet étalage d'intérêt affecté au sujet de l'esclavage ; bons et honnêtes philanthropes, si tant est que ce ne soit
pas trop s'avancer que de décerner ce titre à des hommes qui
se complaisent dans la pure satisfaction d'une conscience aveugle, car la bienveillance du vrai philanthrope doit bien être gui-
dée par quelque chose qui ressemble à la raison. Il y a une
classe d'individus qui se sont acquis de nos jours une certaine
renommée, qui veulent absolument nous assujettir, non aux
inspirations d'une charité éclairée, mais au contrôle d'un pur
fanatisme. Ces hommes, sous le prétexte d'être les avocats de
l'abolition, pétitionnent le gouvernement pour qu'il interdise au

26.

peuple de ce pays l'usage du sucre, à moins qu'il ne soit prouvé que ce sucre est pur de la *tache de l'esclavage*, comme ils l'appellent. Y a-t-il quelque chose dans l'ordre moral, analogue à ce qui se passe dans l'ordre physique, d'où l'on puisse inférer que certains objets sont *conducteurs*, d'autres *non conducteurs* d'immoralité? (Rires.) Que le café, par exemple, n'est pas *conducteur* de l'immoralité de l'esclavage; mais que le *sucre* est très-*conducteur*, et qu'en conséquence il n'en faut pas manger? J'ai rencontré de ces philanthropes sans logique, et ils m'ont personnellement appelé à répondre à leurs objections contre le *sucre-esclave*. Je me rappelle, entre autres circonstances, avoir discuté la question avec un très-bienveillant gentleman, enveloppé d'une belle cravate de mousseline blanche. (Rires.) « N'ajoutez pas un mot, lui dis-je, avant d'avoir arraché cette cravate de votre cou. » (Éclats de rire.) Il me répondit que cela n'était pas praticable. (Oh! oh!) « J'insiste, lui répondis-je, cela est praticable, car je connais un gentleman qui se refuse des bas de coton, même en été (rires), et qui ne porterait pas des habits cousus avec du fil de coton s'il le savait. » (Nouveaux rires.) Je puis vous assurer que je connais un philanthrope qui s'est imposé ce sacrifice. — « Mais, ajoutai-je, s'il n'est pas praticable « pour vous, qui êtes là devant moi avec du produit esclave au-« tour de votre cou, de vous passer de tels produits, cela est-il « praticable pour tout le peuple d'Angleterre? Cela est-il pra-« ticable pour nous comme nation? (Applaudissements.) Vous « pouvez bien, si cela vous plaît, défendre par une loi l'intro-« duction du sucre-esclave en Angleterre. Mais atteindrez-vous « par là votre but? Vous recevez dans ce pays du sucre-libre; « cela fait un vide en Hollande ou ailleurs qui sera comblé avec « du *sucre-esclave*. » (Applaudissements.) Avant que des hommes aient le droit de prêcher de telles doctrines et d'appeler à leur aide la force du gouvernement, qu'ils donnent, par leur propre abnégation, la preuve de leur sincérité. (Écoutez! écoutez!) Quel droit ont les Anglais, qui sont les plus grands consommateurs de coton du monde, d'aller au Brésil sur des navires chargés de cette marchandise, et là, levant les yeux au ciel, versant sur le sort des esclaves des larmes de crocodile, de dire : Nous voici avec nos chargements de cotons ; mais nous éprouvons des scrupules de conscience, des spasmes religieux, et nous ne pouvons recevoir votre sucre-esclave en retour de notre coton-esclave? (Bruyants applaudissements.) Il y a là à la fois inconséquence et hypocrisie. Croyez-moi, d'habiles fripons se servent du fanatisme pour imposer au peuple d'Angleterre un lourd fardeau. (Écoutez! écoutez!) Ce n'est pas autre chose. Des hommes rusés et égoïstes exploitent sa crédulité et abusent de ce que sa bienveillance n'est pas raisonnée. Nous devons en finir avec cette dictature que la raison ne guide pas. (Applaudissements.) Oseront-ils dire que je suis l'avocat de l'esclavage, parce que je soutiens la liberté du commerce? Non, je proclame ici, comme je le ferai partout, que deux principes également bons, justes et vrais, ne peuvent jamais se contrarier l'un l'autre. Si vous me démontrez que la liberté du commerce est calculée pour favoriser, propager et perpétuer l'esclavage, alors je m'arrêterai dans le doute et l'hésitation, j'examinerai laquelle des deux, de la liberté personnelle ou de la liberté des échanges, est la plus conforme aux principes de la justice et de la vérité ; et comme il ne peut y avoir de doute que la possession d'êtres humains, comme choses et marchandises, ne soit contraire aux premiers principes du christianisme, j'en conclurai que l'esclavage est le pire fléau, et je serai préparé à abandonner la cause de la liberté commerciale elle-même. (Applaudissements enthousiastes.) Mais j'ai toujours été d'opinion avec les grands écrivains qui ont traité ce sujet, avec les Smith, les Burke, les Francklin, les Hume, — les plus grands penseurs du siècle, — que le travail esclave est plus coûteux que le travail libre, et que s'ils étaient livrés à la libre concurrence, celui-ci surmonterait celui-là.

L'orateur développe cette proposition. Il démontre par plusieurs citations d'enquêtes et de délibérations émanées de la société contre l'esclavage (anti-slavery society), que cette grande association a toujours considéré la libre concurrence comme le moyen le plus efficace de détruire l'esclavage, en abaissant assez le prix des produits pour le rendre onéreux.

Et maintenant, continue-t-il, j'adjure les abolitionistes de faire ce que font les *free-traders, d'avoir foi dans leurs propres principes* (applaudissements), de se confier, à travers les difficultés de la route, à la puissance de la vérité. Comme *free-traders*, nous ne demandons pas l'admission du sucre-esclave, parce que nous préférons le travail de l'esclave à celui de l'homme libre, mais parce que nous nous opposons à ce qu'un injuste monopole soit infligé au peuple d'Angleterre, sous le prétexte d'abolir l'esclavage. Nous nions que ce soit là un moyen loyal et efficace d'atteindre ce but. Bien au contraire, c'est assujettir le peuple de la Grande-Bretagne à un genre d'oppression et d'extorsion qui n'est dépassé en iniquité que par l'esclavage lui-même. Nous soutenons, avec la Convention des abolitionistes (*anti-slavery convention*), que le travail libre, mis en concurrence avec le travail esclave, ressortira moins cher, sera plus productif, qu'il l'étouffera à la fin, à force de rendre onéreux au planteur l'affreux système de retenir ses frères en servitude. (Applaudissements.) Eh quoi ! ne serait-ce point une chose monstrueuse que, dans la disposition du gouvernement moral de ce monde, les choses fussent arrangées de telle sorte que l'homme fût rémunéré pour avoir exercé l'injustice envers son semblable ! L'abondance et le bon marché ; voilà les récompenses promises dès le commencement à ceux qui suivent le droit sentier. Mais si un meilleur marché, une plus grande abondance sont le partage de celui qui s'empare de son frère et le force au travail sous le fouet, plutôt que de celui qui offre une loyale récompense à l'ouvrier volontaire ; s'il en est ainsi, je dis que cela bouleverse toutes les notions que nous nous faisions du juste, et que c'est en contradiction avec ce que nous croyons du gouvernement moral de l'univers. (Bruyants applaudissements.) Si donc il est dans la destinée de la libre concurrence de renverser l'esclavage, je demande aux abolitionistes qui ont proclamé cette vérité, comment ils peuvent aujourd'hui, en restant conséquents avec eux-mêmes, venir pétitionner la Chambre des communes, lui demander d'interdire cette libre concurrence, c'est-à-dire d'empêcher que les moyens mêmes qu'ils ont proclamés les plus efficaces contre l'esclavage ne soient mis en œuvre dans ce pays. Je veux bien croire que beaucoup de ces individus sont honnêtes. Ils ont prouvé leur désintéressement par les travaux auxquels ils se sont livrés ; mais qu'ils prennent bien garde de n'être pas les instruments aveugles d'hommes subtils et égoïstes ; d'hommes qui ont intérêt à maintenir le monopole du sucre, qui est aussi pour ce pays l'esclavage sous une autre forme ; d'hommes qui, pour arriver à leur fin personnelle et inique, s'empareront effrontément des sentiments de ce peuple, et exploiteront sans scrupule cette vieille horreur britannique contre l'esclavage.

Le reste de ce discours a trait aux mesures prises par l'association pour élargir et purifier les cadres du corps électoral. La Ligue s'étant plus tard exclusivement occupée de cette œuvre, nous aurons occasion de faire connaître ses plans et ses moyens d'exécution.

On remarquera les efforts auxquels sont obligés de se livrer les *free-traders* pour prémunir le peuple contre l'exploitation par les monopoleurs du sentiment public à l'égard de l'esclavage ; ce qui prouve au moins l'existence, la sincérité et même la force aveugle de ce sentiment.

Séance du 14 mai 1844.

Le fauteuil est occupé par M. John Bright, m. P., qui ouvre la séance par l'allocution suivante, dont nous donnons ici des extraits, quoiqu'elle n'ait qu'un rapport indirect avec la question de la liberté commerciale, mais parce qu'elle nous paraît propre à initier le lecteur français dans les mœurs anglaises, sous le rapport électoral.

Ladies et gentlemen, le président du conseil de la Ligue devait aujourd'hui occuper le fauteuil ; mais quand je vous aurai expliqué la cause de son absence, vous serez, comme moi, convaincus qu'il ne pouvait-pas être plus utilement occupé dans l'intérêt de notre cause. Il est en ce moment engagé dans les dispositions qu'exige la grande lutte électorale qui se prépare dans le Sud-Lancastre ; et connaissant, comme je le fais, l'habileté extraordinaire de M. G. Wilson en cette matière, je suis certain qu'il n'est aucun homme dont on n'eût plus mal à propos négligé les services. (Bruyantes acclamations.) Lorsque je promène mes regards sur la foule qui se presse dans ce vaste édifice, quand je considère combien de fois elle y a déployé son enthousiasme, combien de fois elle y est accourue, non pour s'abreuver des charmes de l'éloquence, mais pour montrer au monde qu'elle adhère pleinement aux principes que la Ligue veut faire prévaloir, je suis certain aussi qu'en ce moment des milliers de cœurs battent dans cette enceinte, animés du vif désir de voir la lutte qui vient de s'ouvrir dans le Lancastre se terminer par le triomphe de la cause de la liberté commerciale. (Acclamations prolongées.) Il y a des bourgs de peu d'importance où nous ne pouvons compter sur aucune ou presque aucune voix indépendante, et, sous ce rapport, les résolutions du Lancastre ont plus de poids que celles d'une douzaine de bourgs tels que Woodstock ou Abingdon. C'est pourquoi les vives sympathies de ce meeting se manifestent au sujet de la loi actuelle, et il désire que les électeurs du Lancastre sachent bien toute l'importance qu'il y attache. Et quelle que soit notre anxiété, je crains encore que nous ne voyons pas ce grand débat avec tout l'intérêt qu'il mérite. (Écoutez!) J'ai souvent rencontré des personnes dans le sud de l'Angleterre qui parlent du Lancastre comme d'un comté d'une importance ordinaire ; comme n'en sachant pas autre chose, si ce n'est — qu'il renferme un grand nombre de manufacturiers avares et cupides, dont quelques-uns très-riches, et une population compacte d'ouvriers brutalisés, mal payés et dégradés ; — qu'il contient un grand nombre de villes considérables, de morne apparence, reliées entre elles par des chemins de fer (rires) ; que chaque trait de ce pays est plus

fait pour inspirer la tristesse que le contentement; qu'il n'a de
valeur que par ce qu'on en retire; que c'est une terre, en un
mot, dont le touriste et l'amateur du pittoresque doit soigneusement s'éloigner. (Rires et applaudissements.) — Je suis né
dans ce comté, j'y ai vécu trente ans; j'en connais la population, l'industrie et les ressources, et j'ai la conviction, j'ai la
certitude qu'il n'y a pas en Angleterre un autre comté qui puisse
lui être comparé, et dont l'importance influe au même degré
sur le bien-être et la grandeur de l'empire. (Bruyantes acclamations.) C'est certainement le plus populeux, le plus industrieux, le plus riche comté de l'Angleterre. Comment cela
est-il arrivé? Il fut un temps où il présentait un aspect bien
différent. On le considérait comme un désert, il y a deux cent
quarante ans. Cambden, dans son voyage, traversa le pays de
York à Durham, et, sur le point de pénétrer dans le Lancastre,
son esprit se remplit d'appréhension. « J'approche du Lancastre, écrivait-il, avec une sorte de terreur. » (De notre temps
il ne manque pas de gens qui ne pensent aussi au Lancastre
qu'avec terreur.) (Rires et applaudissements.) « Puisse-t-elle
« n'être pas un triste présage; cependant, pour n'avoir pas l'air
« d'éviter ce pays, je suis décidé à tenter les hasards de l'entre-
« prise, et j'espère que l'assistance de Dieu, qui m'a accompa-
« gné jusqu'ici, ne m'abandonnera pas en cette circonstance. »
(Écoutez! écoutez!) Il parle de Rochdale, Bury, Blackburn,
Preston, Manchester, comme de villes de quelque industrie; il
mentionne *Liverpool* — *Litherpool*, et par abréviation *Lerpool*,
comme une petite place sur le rivage, bien située pour faire
voile vers l'Irlande. Mais il ne dit pas un mot de Ashton, Bolton,
Oldham, Salford et autres villes, et il n'y a aucune raison de
croire qu'elles étaient connues à cette époque. (Écoutez! écoutez!) Il n'est pas inutile de consacrer quelques instants à examiner le prodigieux accroissement de valeur qu'a acquis la propriété dans ce comté. En 1692, il y a un siècle et demi, la
valeur annuelle était de 7,000 liv. sterl. En 1841, elle était
de 6,192,000 liv. sterl. (Bruyantes acclamations.) Ainsi l'accroissement moyen dans ce comté, pendant cent cinquante ans,
à été de 6,300 pour cent. Par là les landlords peuvent appré-

cier combien l'industrie réagit favorablement sur la propriété.

, L'orateur entre ici dans quelques détails statistiques sur
les étonnants progrès du Lancastre, et poursuit ainsi :

A qui sont dus ces grands changements ? (Acclamations.)
Est-ce aux seigneurs terriens ? (Non, non.) Il y a quarante-
quatre ans que l'antiquaire Whittaker, dans son histoire de
Whalley, dépeignait l'état des propriétaires terriens du Lancastre, comme n'ayant subi aucun changement depuis deux
siècles. « Ils aiment, disait-il, la vie de famille ; sont sans curiosité et sans ambition. Ils demeurent beaucoup chez eux, et
s'occupent d'amusements domestiques peu délicats, mais aussi
peu coûteux. » Il ajoute qu'il ne rencontra parmi eux qu'un
homme ayant de la littérature. (Rires.) Si tels étaient les propriétaires du Lancashire, ce n'est donc pas eux qui l'ont fait ce
qu'il est. Il existe dans ce comté beaucoup de vieilles demeures,
résidences d'anciennes familles, maintenant éteintes pour la
plupart ; elles se sont vu dépasser dans la carrière par une autre
classe d'hommes. Leurs habitations sont transformées en manufactures, et elles-mêmes ont été balayées de toute la partie
méridionale du comté ; non qu'elles aient souffert la persécution ou la guerre, car elles ont eu les mêmes chances ouvertes
à tous les citoyens ; mais, *fruges consumere nati,* elles n'ont pas
jugé nécessaire de cultiver leur intelligence, elles n'ont pas cru
devoir se livrer à aucun travail. D'autres hommes se sont élevés, qui, s'emparant des inventions de Watt et d'Arkwright, dé-
daignées par les classes nobles, ont effacé les anciens magnats
du pays et se sont mis à la tête de cette grande population.
(Acclamations.) C'est l'industrie, l'intelligence et la persévérance de ces générations nouvelles qui, en se combinant, ont
fait du Lancastre ce que nous le voyons aujourd'hui. Ses minéraux sont inappréciables ; mais gisant depuis des siècles sous la
surface de son territoire, il a fallu que des races nouvelles,
pleines de séve et de jeunesse, les ramenassent à la lumière,
pour les transformer en ces machines puissantes si méprisées

par d'autres classes ; machines qui sont comme les bras de
l'Angleterre, dont elle se sert pour disséminer dans le monde
les richesses de son industrie, rapporter et répandre avec profusion, au sein de l'empire, les trésors accumulés dans tout l'univers. (Tonnerre d'applaudissements.) Ce souple et léger duvet
arraché à la fleur du cotonnier, telle est la substance à laquelle
cette grande nation doit sa puissance et sa splendeur. (Applaudissements.) Ainsi, le Lancastre est l'enfant du travail et de
l'industrie sous leurs formes les plus magnifiques. Naguère il
essayait encore ses premiers pas dans la vie ; il est maintenant
plein de force et de puissance, et dans le court espace de temps
qui suffit à l'enfant pour devenir homme, il est devenu un géant
aux proportions colossales. Et pourtant, malgré sa vigueur, ce
géant languit comme abattu sous les liens et les chaînes qu'une
politique imprévoyante, ignorante et arriérée a imposés à ses
membres musculeux. (Applaudissements prolongés.) La question, pour les électeurs du Lancastre, est donc de savoir si ces
entraves doivent durer à toujours. (Écoutez ! écoutez !) Rive-
ront-ils eux-mêmes ces fers par leurs suffrages, ou sauront-ils
s'en dégager comme des hommes ? Si les électeurs savaient tout
ce qui dépend de leurs votes, quel est l'homme, dans ce comté,
ou ailleurs, qui oserait aller leur demander leurs voix en faveur de ce fléau pestilentiel — la loi-céréale, et tous les monopoles qui l'accompagnent ? (Bruyantes acclamations.) S'ils
étaient pénétrés de cette conviction (et je crois qu'elle a gagné
beaucoup d'entre eux) que la détresse des cinq dernières années
doit son origine à cette loi ; s'ils savaient qu'elle a précipité
bien des négociants de la prospérité à la ruine, et bien des artisans de l'aisance à la misère ; qu'elle a poussé le peuple à
l'expatriation, porté la désolation dans des milliers de chau-
mières, la douleur et le découragement dans le cœur de millions de nos frères ; s'ils savaient cela, croyez-vous qu'ils iraient
appuyer de leurs suffrages la plus aveugle, la plus hypocrite
folie qui soit jamais entrée dans l'esprit de la législation d'aucun
peuple de la terre ? (Acclamations prolongées.) Oh ! si les électeurs pouvaient voir ce meeting ; si chacun d'eux, debout sur
cette estrade, pouvait sentir les regards de six mille de leurs

compatriotes se fixer sur leur cœur et sur leur conscience et y
chercher si l'on y découvre quelque souci du bien public, quelque
trace de l'amour du pays, je vous le demande, en est-il un seul
assez dur et assez stupide pour se présenter ensuite aux hustings
et y lever la main en faveur de cet effroyable fléau? — Mais je
conçois d'autres et de meilleures espérances. J'espère que le
résultat de cette lutte tournera à la gloire de notre grande cause.
Le principe de la liberté gagne du terrain de toutes parts. — Il
peut arriver encore, pendant quelque temps, que vous ne réussi-
rez pas dans les élections; il se peut que votre minorité actuelle
dans le Parlement ne soit pas prête à se transformer en majorité; il peut se rencontrer encore des organes de la presse qui
nient nos progrès, raillent nos efforts et cherchent à les paralyser. — Tout cela peut être; mais le flot est en mouvement ;
il s'enfle, il s'avance et ne reculera pas. Dans les assemblées
publiques, comme au sein des foyers domestiques, partout où
nous allons, partout où nous nous mêlons, nous voyons le préjugé de la « protection » mis à nu, et le principe de la liberté
dominer les intelligences. (Applaudissements bruyants et prolongés.)

La lutte actuelle du Lancashire nous offre encore un sujet de
satisfaction. Le candidat des *free-traders* est le chef d'une des
maisons de commerce les plus puissantes de ce royaume, et
peut-être du monde. C'est un homme de haute position, de
longue expérience, de vastes richesses, et de grand caractère. Il
a d'énormes capitaux engagés, soit dans des entreprises commerciales, soit dans des propriétés territoriales. Ses principales
relations sont aux États-Unis, et c'est ce qui me plaît dans sa
candidature. Il a vécu longtemps en Amérique ; il y a un établissement considérable ; il sent avec quelle profusion la Providence a accordé à ce pays les moyens de satisfaire les besoins
de celui-ci, et combien, d'un autre côté, le génie, l'industrie et le
capital de l'Angleterre sont merveilleusement calculés pour
répandre sur nos frères d'outre-mer les bienfaits de l'aisance et
du bien-être. (Acclamations.) Il est un de ces hommes qui sont
debout, pour ainsi dire, sur les rivages de cette île, comme représentant les classes laborieuses, et qui échangent, par-dessus

l'Atlantique, les vêtements que nous produisons contre les aliments qui nous manquent. Si ce n'était cette loi, que sa mission au Parlement sera de déraciner à jamais ; si ce n'était cette loi, il ne rapporterait pas seulement d'Amérique du coton, du riz, du tabac, et d'autres produits de cette provenance, mais encore et surtout ce qui les vaut tous, *l'aliment*, l'aliment substantiel pour les millions de nos concitoyens réduits à la plus cruelle des privations. (Les acclamations se renouvellent avec un enthousiasme toujours croissant.) L'accueil que vous faites aux sentiments que j'exprime prouve qu'il y a dans cette assemblée une anxiété profonde quant au résultat de cette grande lutte électorale, et que nous, qu'elle concerne plus spécialement, dans les meetings que nous tiendrons dans le Lancastre, dans les discours que nous y prononcerons, dans les écrits que nous y ferons circuler, nous sommes autorisés à dire aux 18,000 électeurs de ce comté que les habitants de cette métropole, représentés par la foule qui m'entoure, les prient, les exhortent, les adjurent, par tout ce qu'il y a de plus sacré au monde, de rejeter au loin toute manœuvre, tout préjugé, tout esprit de parti ; de mépriser les vieux cris de guerre des factions ; de marcher noblement et virilement sous la bannière qui fait flotter dans les airs cette devise : *Liberté du commerce pour le monde entier ; pleine justice aux classes laborieuses de l'Angleterre...*

A la fin de ce brillant discours, l'assemblée se lève en masse et fait retentir pendant plusieurs minutes des applaudissements enthousiastes, au milieu desquels M. Bright reprend le fauteuil. Au bout d'un moment, il s'avance encore et dit : Le meeting entendra maintenant M. James Wilson que j'ai le plaisir d'introduire auprès de vous comme un des plus savants économistes de l'époque.

M. JAMES WILSON s'avance et est accueilli par des marques de satisfaction. Il s'exprime en ces termes :

Monsieur le président, ladies et gentlemen, pour ceux qui, depuis plusieurs années, ont suivi avec un profond intérêt les pro-

grès de cette question; il n'est peut-être pas de spectacle plus consolant à la fois et plus encourageant que celui que nous offrent
ces vastes réunions. Nous ne devons pas perdre de vue cependant que la forte conviction qui nous anime n'a pas encore gagné l'ensemble du pays, la grande masse des électeurs du
royaume, et malheureusement la plus grande portion de la législature; et nous devons nous rappeler que, sur le sujet qui
nous occupe, les esprits flottent encore au gré d'un grand nombre de préjugés spécieux, qu'il est de notre devoir de combattre
et de dissiper par tous les moyens raisonnables. Un de ces sophismes, qui peut-être en ce moment nuit plus que tout autre
au progrès de la cause de la liberté commerciale, c'est l'accusation d'inconséquence qui nous est adressée, relativement à une
double assertion que nous avons souvent à reproduire. Cette
imputation est souvent répétée au dedans et au dehors dès
Chambres; elle est dans la bouche de toutes les personnes qui
soutiennent des doctrines opposées aux nôtres, et je crois que,
présentée sans explication, elle ne manque pas d'un certain
degré de raison apparente. Par ce motif, nous devons nous attacher à détruire ce préjugé. J'ai l'habitude de considérer ces
meetings comme des occasions d'instruction plutôt que d'amu-
sement. Lors donc que je me propose d'élucider une ou deux
difficultés qui me paraissent, dans le moment actuel, agir contre
le progrès de notre cause, j'ai la confiance que vous m'excuserez
si je renferme mes remarques dans ce qui est capable de procurer une instruction solide, plutôt que dans ce qui serait de
nature à divertir les esprits ou exciter les passions. Cette inconséquence, à laquelle je faisais allusion, et qu'on nous attribue
trop souvent, consisterait en ceci : que, lorsque nous nous adressons aux classes manufacturières et commerciales, nous repré-
sentons les effets des lois-céréales comme désastreux, en
conséquence de *la cherté des aliments qu'elles infligent au consommateur;* tandis que d'un autre côté, quand nous nous adressons à la population agricole, nous lui disons que la liberté
commerciale ne *nuira pas à ses intérêts quant aux prix actuels,*
et moins encore peut-être, quant aux *prix relatifs.* — Ces
assertions, j'en conviens, paraissent se contredire, et cependant

je crois pouvoir prouver qu'elles sont toutes deux exactes. — Il faut toujours avoir présent à l'esprit que la « cherté » et le « bon marché » peuvent être l'effet de deux causes distinctes. — La *cherté* peut provenir ou de la rareté, ou d'une grande puissance de consommation dans la communauté. Si la cherté provient de la rareté, alors les prix s'élèvent pour les consommateurs au-dessus de leurs moyens relatifs d'acquisition. Si la cherté est l'effet d'un accroissement dans la demande, cela implique une plus grande puissance de consommation, ou, en d'autres termes, le progrès de la richesse publique. D'un autre côté, le bon marché dérive aussi de deux causes. Il peut être le résultat de l'*abondance*, et alors c'est un bien pour tous ; mais il peut être produit aussi, ainsi que nous en avons eu la preuve dans ces deux dernières années, par l'impuissance du consommateur à acheter les objets de première nécessité. — Maintenant, ce que je soutiens, c'est que les restrictions et les monopoles tendent à créer cette sorte de *cherté* qui est préjudiciable, parce qu'elle naît de la *rareté* ; tandis que la liberté du commerce pourrait bien aussi amener la cherté, mais seulement cette sorte de cherté qui suit le progrès de la richesse et accompagne le développement de la puissance de consommation. — De même, il peut arriver que les mesures restrictives soient suivies du bon marché, non de ce bon marché qui est l'effet de l'*abondance*, mais de ce bon marché qui prouve l'absence de facultés parmi les consommateurs. C'est pourquoi je dis que la première tendance des lois-céréales, l'objet et le but même de notre législation restrictive, c'est de *limiter la quantité*. Si elles limitent la quantité, leur premier effet, j'en conviens, est d'élever le prix. — Mais l'effet d'approvisionnements restreints, c'est diminution d'industrie, suivie de diminution dans l'emploi, suivie elle-même de diminution dans les moyens de consommer, d'où résulte, pour effet dernier et définitif, diminution de prix. (Bruyants applaudissements.) Sur ce fondement, je soutiens que les lois-céréales, ou toutes autres mesures restrictives, manquent leur propre but, et cessent, à la longue, de profiter à ceux-là même dont elles avaient l'avantage en vue. En effet, ce système produit d'abord des prix élevés, mais trompeurs, parce qu'il ne peut les maintenir. Il entraîne dans des marchés qu'on ne peut tenir, dans des contrats qui se terminent par le désappointement ; il sape dans leur base même les ressources de la communauté, parce qu'il lèse les intérêts et détruit les facultés de la consommation. Combien est clair et palpable cet enchaînement d'effets, en ce qui concerne la restriction qui nous occupe principalement, la *loi-céréale* ! Sa tendance est d'abord de limiter la quantité des aliments, et par conséquent d'en élever le prix ; mais sa seconde tendance est de détruire l'industrie. — Cependant, le fermier a stipulé sur son bail une rente calculée sur le haut prix promis par la législature ; mais, dans la suite des événements, l'industrie est paralysée, le travail délaissé, les moyens de consommer diminuent, et en définitive, le prix des aliments baisse, au désappointement du fermier et pour la ruine de tout ce qui l'entoure. (Approbation.) — Raisonnons maintenant dans l'hypothèse d'une parfaite liberté dans le commerce des céréales. L'argument serait le même pour toute autre denrée, mais bornons-nous aux céréales. — Si l'importation était libre, la tendance immédiate serait d'augmenter la quantité, et il s'ensuivrait peut-être une diminution de prix. Mais avec des quantités croissantes vous auriez un travail croissant, et avec un travail croissant, plus d'emploi pour vos navires et vos usines, vos marins et vos ouvriers, plus de communications intérieures, une meilleure distribution des aliments parmi les classes de la communauté, finalement plus de travail, afin de créer précisément les choses que vous auriez à donner en paiement du blé ou du sucre. Je dis donc que, quoique la première tendance de la liberté commerciale soit de réduire les prix, son effet ultérieur est de les relever, de les maintenir à un niveau plus égal et plus régulier que ne peut le faire le système restrictif. Il n'y a peut-être pas d'erreur plus grossière que celle qui consiste à attribuer trop d'importance aux *prix absolus*. Quand nous parlons de diminuer les droits, on nous dit sans cesse : « Cela fera « tout au plus une différence d'un farthing ou d'un penny par « livre, et qu'est-ce que cela dans la consommation d'un indi- « vidu ? » Mais quand la différence serait nulle, quand le sucre conserverait son prix actuel, s'il est vrai que la diminution du droit doit amener dans le pays une quantité additionnelle de sucre, cela même est un grand bien pour la communauté. En un mot, si la nation peut importer plus de sucre, et payer la plus grande quantité au même prix qu'elle payait la plus petite, c'est là précisément ce qui témoigne de son progrès, parce que cela prouve que son travail s'est assez accru pour la mettre en mesure de consommer, au même taux, des quantités additionnelles.

Nous avons eu, l'année dernière, des preuves remarquables de la vérité de ces principes. Au commencement de l'an, les prix en toutes choses étaient extraordinairement réduits. Les produits agricoles de toute nature, les objets manufacturés de toute espèce étaient à très-bon marché, et les matières premières de toute sorte, à des prix plus bas qu'on ne les avait jamais vues. La conséquence de ce bon marché (et ces faits se suivent toujours aussi régulièrement que les variations du mercure suivent, dans le baromètre, les variations de la pesanteur de l'air), la conséquence de ce bon marché, dis-je, fut de donner à l'industrie une impulsion qui réagit sur les prix. Pendant l'année, vous avez vu s'accroître l'importation de presque toutes les matières premières, et spécialement de cet article (la laine) dont s'occupe maintenant la législature et qui témoigne si hautement de la vérité de nos principes. Le duc de Richmond se plaint amèrement de ce que sir Robert Peel se propose d'abolir le droit sur la laine. Il est persuadé que la libre introduction de la laine étrangère diminuera la valeur des toisons que lui fournissent ses nombreux troupeaux du nord de l'Écosse. Mais si le noble duc s'était donné la peine d'examiner la statistique commerciale du pays (et il n'a certes pas cette prétention), il aurait trouvé que nos plus fortes importations ont toujours coïncidé avec l'élévation du prix des laines indigènes, et que c'est quand nous cessons d'importer que ces prix s'avilissent. En 1819, la laine étrangère était assujettie à un droit de 6 d. par livre, et nos importations étaient de 19,000,000 livres. M. Huskisson décida le gouvernement et la législature à réduire le droit à 1 d., et depuis ce moment, l'importation

s'accrut jusqu'à ce qu'elle a atteint, en 1836, le chiffre de
64,000,000 liv.; durant cette période, le prix de la laine indigène, au lieu de baisser par l'effet d'importations croissantes,
s'éleva de 12 à 19 d. par livre. Depuis 1836 (et ceci est à remarquer), pendant les années des crises commerciales, l'importation de la laine est tombée de 64 millions à 40 millions de
livres (1842), et pendant ce temps, malgré que la laine indigène n'ait eu à lutter que contre une concurrence étrangère
réduite de 20 millions de livres, elle a baissé de 19 d. à 10 d. —
Enfin, l'année dernière, l'état des affaires s'est amélioré.
J'ai dans les mains un document qui constate l'importation des
trois premiers mois de l'année dernière, comparée à celle de la
période correspondante de cette année. Je trouve qu'elle fut
alors de 4,500,000 livres, et qu'elle a été maintenant de
9,500,000 livres; et dans le moment actuel, le producteur anglais, malgré une importation plus que double, reçoit un prix
plus élevé de 25 pour cent. Ces principes sont si vrais, que les
faits viennent, pour ainsi dire, les consacrer de mois en mois.
J'en rappellerai encore un bien propre à résoudre la question,
et je le soumets au noble duc et à tous ceux qui s'opposent à la
mesure proposée par le ministère. Je viens de dire qu'en 1842
l'importation fut de 4,500,000 livres, et le prix de 10 d., — en
1843, l'importation a été de 9,500,000 livres et le prix de 13 d.
Mais il faut examiner l'autre face de la question; il faut s'enquérir de nos exportations d'étoffes de laine, car c'est là qu'est
la solution du problème. Nous ne pouvons en effet acheter au
dehors sans y vendre; y augmenter vos achats, c'est y augmenter vos ventes. Il est évident que l'étranger ne vous donne
rien pour rien, et si vous *pouvez* importer, cela prouve que vous
devez exporter. (Bruyantes acclamations.) Je trouve que, dans
les trois premiers mois de 1842, quand vous importiez peu de
laines et que les prix étaient avilis, vos exportations ne s'élevèrent qu'à 1,300,000 l. st. Mais, cette année, avec une importation
de 9,500,000 l. st., avec des prix beaucoup plus élevés, vous avez
exporté pour 1,700,000 l. st. C'est là qu'est l'explication. Vos
croissantes importations ont amené de croissantes exportations
et une amélioration dans les prix. (Écoutez! écoutez!) Je vou-

drais bien demander au duc de Richmond et à ceux qui pensent comme lui en cette matière, à quelle condition ils amèneraient l'industrie de ce pays, s'ils donnaient pleine carrière à leurs principes restrictifs? S'ils disent : « Nous circonscrirons l'industrie de la nation à ses propres produits, » il s'ensuit que nous aurons de moins en moins de produits à échanger, de moins en moins d'affaires, de moins en moins de travail, et finalement de plus en plus de paupérisme. — Au contraire, si vous agissez selon les principes de la liberté, plus vous leur laisserez d'influence, plus leurs effets se feront sentir. Tout accroissement d'importation amènera un accroissement correspondant d'exportation et réciproquement, et ainsi de suite sans limite et sans terme. Plus vous ajouterez à la richesse et au bien-être de la race humaine, dans le monde entier, plus elle aura la puissance et la volonté d'ajouter à votre propre richesse, à votre propre bien-être. (Applaudissements.) A chaque pas, le principe de la restriction s'aheurte à une nouvelle difficulté ; tandis qu'à chaque pas le principe de la liberté acquiert plus d'influence sur le bonheur de la grande famille humaine. (Les applaudissements se renouvellent.) Il y a, dans les doctrines que les gouvernements ont de tous temps appliquées et appliquent encore au commerce, une inconséquence dont il est difficile de se rendre compte. Ce n'est pas que le principe pour lequel nous combattons soit nouveau, car il n'est pas d'hommes d'État, de philosophes, d'hommes d'affaires et même de grands seigneurs, doués d'une vaste intelligence, qui ne répètent depuis des siècles, dans leurs écrits et leurs discours, les mêmes paroles qu'à chaque meeting nous faisons retentir à cette tribune. Nous en trouvons partout la preuve ; hier encore, il me tomba par hasard sous les yeux un discours prononcé il y a quatre-vingts ans à la Chambre des communes, par lord Chatam, et le langage qu'il tenait alors ne serait certes pas déplacé aujourd'hui dans cette enceinte. En parlant de l'extension du commerce, il disait : « Je ne désespère pas de mon pays, et je n'é-« prouve aucune difficulté à dire ce qui, dans mon opinion, « pourrait lui rendre son ancienne splendeur. Donnez de la li-« berté au commerce, allégez le fardeau des taxes, et vous

« n'entendrez point de plaintes sur vos places publiques. Le
« commerce étant un échange de valeurs égales, une nation
« qui ne veut pas acheter ne peut pas vendre, et toute restric-
« tion à l'importation fait obstacle à l'exportation. Au contraire,
« plus nous admettrons les produits de l'étranger, plus il de-
« mandera de nos produits. Que notre absurde système de
« lois-céréales soit graduellement, prudemment aboli ; que les
« productions agricoles de l'Europe septentrionale, de l'Améri-
« que et de l'Afrique entrent librement dans nos ports, et nous
« obtiendrons, pour nos produits manufacturés, un débouché
« illimité. Une économie sévère, efficace, systématique des
« deniers publics, en nous permettant de supprimer les taxes
« sur le sel, le savon, le cuir, le fer et sur les principaux arti-
« cles de subsistance, laissera toute leur influence à nos avan-
« tages naturels ; et par notre position insulaire, par l'abon-
« dance de nos mines, de nos combustibles, par l'habileté et
« l'énergie de notre population, ces avantages sont tels, que, si
« ce n'étaient ces restrictions absurdes et ces taxes accablantes,
« la Grande-Bretagne serait encore pendant des siècles le grand
« atelier de l'univers. » (Pendant la lecture de cette citation, les
applaudissements éclatent à plusieurs reprises.)

Ainsi, ces principes ont été proclamés par tous les hommes
qui se sont fait un nom dans l'histoire comme hommes d'État
et comme philosophes. Cependant, nous trouvons que jusqu'à
ce jour, ces mêmes principes sont répudiés par tous les gouvernements sur la surface de la terre. Quel témoignage plus éclatant de l'inconséquence de leur politique que ce principe qui la
dirige, savoir : *La chose dont le pays manque le plus sera le plus
rigidement exclue ; la chose que le pays possède en plus grande
abondance sera le plus librement admise.* (Écoutez ! écoutez !) La
France nous donne un remarquable exemple de cette inconséquence, et il vaut la peine de le rapporter, car nous jugeons
toujours avec plus de sang-froid, de calme et d'impartialité la
folie d'autrui que la nôtre. Il y a environ trois ans, un de mes
amis fut envoyé sur le continent par le dernier cabinet pour
conclure un traité avec la France. Elle consentait à admettre
nos fers ouvrés, notre coutellerie et nos tissus de lin, à des droits

plus modérés. Mais la principale chose que les Français stipulèrent en retour, c'est qu'ils pourraient recevoir nos machines à filer et tisser le lin. Cela était regardé par la France comme une grande concession. Elle se souciait peu des *machines* à filer le coton, ayant appris depuis longtemps à les faire aussi bien que nous. Mais elle désirait ardemment recevoir nos *machines linières*, branche d'industrie dans laquelle nous faisions de rapides progrès. — La stipulation fut arrêtée, nos manufacturiers consultés acquiescèrent libéralement à l'exportation des *machines linières*. — Sur ces entrefaites, l'ancien cabinet fut renversé et le traité de commerce n'eût pas de suite. — Cependant, l'année dernière, notre gouvernement, sans avoir en vue aucun traité, affranchit le commerce des machines, comme il devrait faire de tous les autres. Il purgea notre Code commercial, notre tarif, de ce fléau, la prohibition de l'exportation des machines. — Eh bien, quoique la libre exportation des machines linières de ce pays pour la France fût précisément la stipulation qui lui tenait tant au cœur, il y a trois ans, quelle a été sa première démarche alors que nous avons affranchi ces machines de tous droits? Dans cette session, dans ce moment même, elle fait des lois pour exclure nos machines; et ce qui est le comble de l'inconséquence, elle va mettre un droit de 30 fr. par cent kilog. sur les machines cotonnières dont elle ne s'inquiétait pas, et un droit de 50 fr. sur les machines linières dont elle désirait avec tant d'ardeur la libre introduction. (Écoutez! écoutez!) Et comment justifie-t-on une conduite si déraisonnable? Si vous parlez de cela à un Français, il vous dira : L'Angleterre est de-« venue puissante par ses machines; donc il importe à un pays « d'avoir des machines, et par ce motif nous exclurons les «vôtres afin d'encourager nos propres mécaniciens. » Voilà une manière d'agir qui nous semble bien inconséquente, bien extravagante dans les Français; mais il n'est pas une des restrictions que nous imposons à notre commerce qui ne soit entachée de la même inconséquence, d'une semblable absurdité. (Écoutez! écoutez!) Passez en revue tous les articles de notre tarif; choisissez les articles dont nous avons le plus grand besoin, et vous les verrez assujettis aux plus sévères restrictions.

Prenez ensuite les objets qui ne nous sont pas nécessaires et vous les trouverez affranchis de toute entrave. (Écoutez! écoutez!) Il est notoire que ce pays-ci manque de produits agricoles et que nous sommes obligés d'en importer périodiquement des quantités énormes. Eh bien, ce sont ces produits qui sont exclus avec le plus de rigueur. A peine laisse-t-on à cette branche de commerce comme une soupape de sûreté, sous la forme de l'échelle-mobile (*sliding-scale*), de peur que la chaudière ne s'échauffe trop et ne vole en éclats. (Approbation.) L'importation est donc tolérée dans les années de cruelles détresses. — Mais les choses que vous avez en abondance ne sont assujetties à aucune restriction. Ainsi, cette même inconséquence que nos ministres reprochent aux gouvernements étrangers, et au sujet de laquelle ils écrivent tant de notes diplomatiques, ils la pratiquent sur nous-mêmes. (Acclamations.) Ils la pratiquent non-seulement à l'égard des choses que nous ne produisons pas au dedans en assez grande abondance, mais aussi à l'égard des produits insuffisants de nos colonies. S'il est une denrée dont les colonies nous laissent manquer, c'est celle-là même que l'on repousse par de fortes taxes. Voyez le sucre, objet de première nécessité, dont la production coloniale ne répond pas à notre consommation; c'est précisément l'article que notre gouvernement exclut avec le plus de rigueur et soumet à la plus forte taxe. Mais enfin, la liberté commerciale obtient en ce moment ce que je considère comme un triomphe signalé. Le ministère actuel, après avoir renversé le cabinet whig à propos de la question des sucres, entraîné maintenant par les nécessités du pays et par le progrès de l'opinion publique, présente une mesure dans le sens de la liberté. (Écoutez! écoutez!) Je suis loin de vouloir déprécier le changement proposé (¹), et je serais

(¹) Les droits sur les sucres étaient :

	Sucre étranger.	Sucre colonial.
En 1840.	69 sh.	24 sh.
Proposition Russel.	36	24
Proposition Peel.	34	24

Mais selon le projet de M. Peel, converti en loi, on n'admet au droit de 34 sh. que le sucre produit du travail libre.

plutôt disposé à lui attribuer plus d'importance que ne semblent l'admettre les ministres et les planteurs des Antilles. Je regarde cette mesure comme aussi libérale, plus libérale même (en tant qu'un droit de 34 sh. est moindre qu'un droit de 36 sh.) que celle à l'occasion de laquelle lord Sandon et sir Robert Peel renversèrent lord John Russell et ses collègues. Il est bien vrai qu'il y a entre les deux mesures une prétendue différence. La dernière aspire à établir une distinction entre le *sucre-libre* et le *sucre-esclave*. (Écoutez! écoutez!) Mais la moindre investigation suffit pour démontrer que cette distinction n'a rien de réel. Si le ministère eût présenté le plan que M. Hawes soumit l'année dernière à la Chambre des communes, et qui ne parlait ni de sucre-libre ni de sucre-esclave, le résultat eût été absolument le même; et en ce qui me concerne, je me réjouis que cela n'ait pas été aperçu; car, si cela eût été aperçu, il n'est pas douteux qu'on n'eût fait une plus large part à la protection. Examinons, en effet, la portée de cette prétendue différence. On nous dit que nous ne pouvons, sans nous mettre en contradiction avec les principes de moralité que nous professons et avec ce que nous avons fait pour abolir l'esclavage, recevoir du sucre produit à l'étranger par le travail des esclaves. Je crois que ceux qui soutiennent aujourd'hui la liberté commerciale, furent aussi les plus ardents défenseurs de la liberté personnelle. (Acclamations.) C'est pourquoi, dans les observations que j'ai à présenter, veuillez ne pas supposer un seul instant que je sois favorable au maintien de l'esclavage dans aucune partie du monde. Seulement, je pense que la mesure proposée ne tend point directement ni efficacement à l'abolition; je crois que, comme peuple, nous nous livrons au mépris du monde, lorsque, sous prétexte de poursuivre un but louable, que nous savons bien ne pouvoir atteindre par ce moyen, nous en avons en vue un autre moins honnête, auquel nous tendons par voie détournée, n'osant le faire ouvertement. (Applaudissements.) On nous dit que nous pourrons porter sur le marché autant de sucre-libre que nous voudrons. En examinant de près quelle est la quantité de sucre-libre dont nous pouvons disposer, je trouve que Java, Sumatra et Manille en produisent environ

93,000 tonnes annuellement. En même temps, j'ai la conviction que, sous l'empire du droit proposé, nous ne pouvons, sur ces 93,000 tonnes, en consommer plus de 40,000. Il en restera donc plus de 50,000 tonnes qui devront se vendre sur le continent ou ailleurs et au cours. Vous voyez donc que celui qui arrivera ici sera précisément au même prix que le sucre-esclave sur le continent. Chaque quintal de ce sucre que nous importons, lequel aurait été en Hollande, en Allemagne ou dans la Mediterranée, y sera remplacé par un quintal de sucre-esclave que nous aurons refusé de l'Amérique. Ainsi, bornons-nous à dire que nous recevons le sucre destiné à la Hollande et à l'Allemagne, où cela occasionne un vide qui sera comblé par du sucre-esclave. Transporté sur *nos* navires, acheté de *notre* argent, échangé contre *nos* produits; ce sucre-esclave sera *nôtre* entièrement *nôtre, sauf qu'il ne nous sera pas permis de le consommer*. Nous l'enverrons remplacer ailleurs le sucre-libre que nous aurons porté ici. Ne serons-nous donc pas les agents de toutes ces transactions, tout comme si nous introduisions ce sucre-esclave dans nos magasins ? (Écoutez! écoutez!) Eh quoi! nous le portons dans nos magasins, nous l'y entreposons pour le raffiner! Nous nous rendrons la risée de l'Europe continentale, etc.

L'orateur continue à discuter la question des sucres. Il traite ensuite avec une grande supériorité la question du numéraire et des instruments d'échange, à propos du bill de renouvellement de la Banque d'Angleterre, présenté par sir Robert Peel. Cette question n'ayant pas un intérêt actuel pour le public français, nous supprimons, mais non sans regret, cette partie du discours de M. Wilson.

La parole est prise successivement par M. TURNER, fermier dans le Somersetshire, et le Rév. JOHN BURNET.

La séance est levée.

Séance du 22 mai 1844. Présidence du général Briggs.

Le meeting entend d'abord le Rév. SAM. GREENE ; ensuite M. RICHARD TAYLOR, common-councilman de Faringdon. Le président donne la parole à M. Georges Thompson.

M. THOMPSON est accueilli par des salves réitérées d'applaudissements. Quand le silence est rétabli, il s'exprime en ces termes :

Monsieur le président, ladies et gentlemen, en me levant devant ce splendide meeting, j'éprouve un embarras qui prend sa source dans le sentiment de mon insuffisance ; mais je me console en pensant que vous entendrez après moi un orateur qui vous dédommagera amplement du temps que vous m'accorderez. J'espère donc que vous m'excuserez si je me décharge, sinon entièrement, du moins en grande partie, du devoir qui vient de m'être inopinément imposé par le conseil de la Ligue. (Cris : non ! non !) Monsieur le président, je regrette infiniment que cette assemblée n'ait pas eu ce soir l'occasion d'entendre votre opinion sur la grande question qui nous rassemble. Je sais pertinemment qu'il est en votre pouvoir d'établir devant ce meeting des faits et des arguments d'une grande valeur pour notre cause, des faits et des arguments qui ne sont pas à la disposition de la plupart de nos orateurs, parce qu'il en est bien peu qui aient eu, comme vous, l'occasion d'étudier les hommes et les choses dans les contrées lointaines ; il en est peu qui aient passé, comme vous, une grande partie de la vie là où le fléau du monopole et les effets des lois restrictives se montrent d'une manière plus manifeste que dans ce pays ; dans ce pays qui, quels que soient les liens qui arrêtent son essor, est, grâce au ciel, notre terre natale. Car, après tout, nous avons une patrie que, malgré ses erreurs et ses fautes, nous pouvons aimer, non-seulement parce que nous y avons reçu le jour, mais encore parce qu'elle est riche de bénédictions obtenues par le courage, l'intégrité et la persévérance de nos ancêtres. (Acclamations.) J'ai la confiance que vous n'avez qu'ajourné l'accomplissement d'un devoir dont

j'espérais vous voir vous acquitter aujourd'hui, et que vous
vous empresserez de remplir, j'en ai la certitude, dans une prochaine occasion. Je pensais ce soir combien c'est un glorieux
spectacle que de voir une grande nation presque unanime,
poursuivant un but tel que celui que nous avons en vue, par
des moyens aussi conformes à la justice universelle que ceux
qu'emploie l'*Association*. En 1826, le secrétaire d'État, qui
occupe aujourd'hui le ministère de l'intérieur, fit un livre pour
persuader aux monopoleurs de renoncer à leurs priviléges; et
il les avertissait que, s'ils ne s'empressaient pas de céder et de
subordonner leurs intérêts privés aux grands et légitimes intérêts des masses, le temps viendrait où, dans ce pays, comme
dans un pays voisin, le peuple se lèverait dans sa force et dans
sa majesté, et balaierait de dessus le sol de la patrie et leurs
honneurs, et leurs titres, et leurs distinctions, et leurs richesses
mal acquises. Qu'est-ce qui a détourné, qu'est-ce qui dé-
tourne encore cette catastrophe dont l'idée seule fait reculer
d'horreur ? C'est l'intervention de la *Ligue* avec son action
purement morale, intellectuelle et pacifique, rassemblant autour d'elle et accueillant dans son sein les hommes de la moralité la plus pure, non moins attachés aux principes du christianisme qu'à ceux de la liberté, et décidés à ne poursuivre leur
but, quelque glorieux qu'il soit, que par des moyens dont la
droiture soit en harmonie avec la légitimité de la cause qu'ils
ont embrassée. Si l'ignorance, l'avarice et l'orgueil se sont unis
pour retarder le triomphe de cette cause sacrée, une chose du
moins est propre à nous consoler et à soutenir notre courage,
c'est que chaque heure de retard est employée par dix mille de
nos associés à propager les connaissances les plus utiles parmi
toutes les classes de la communauté. Je ne sais vraiment pas,
s'il était possible de supputer le bien qui résulte de l'*agitation*
actuelle, je ne sais pas, dis-je, s'il ne présenterait pas une ample compensation au mal que peuvent produire, dans le même
espace de temps, les lois qu'elle a pour objet de combattre. Le
peuple a été éclairé, la science et la moralité ont pénétré dans
la multitude, et si le monopole a empiré la condition physique
des hommes, l'association a élevé leur esprit et donné de la vi-

gueur à leur intelligence. Il semble qu'après tant d'années de discussions les faits et les arguments doivent être épuisés. Cependant nos auditeurs sont toujours plus nombreux, nos orateurs plus féconds, et tous les jours ils exposent les principes les plus abstraits de la science sous les formes les plus variées et les plus attrayantes. Quel homme, attiré dans ces meetings par la curiosité, n'en sort pas meilleur et plus éclairé? Quel immense bienfait pour ce pays que la Ligue! Pour moi, je suis le premier à reconnaître tout ce que je lui dois, et je suppose qu'il n'est personne qui ne se sente sous le poids des mêmes obligations. Avant l'existence de la *Ligue*, avais-je l'idée de l'importance du grand principe de la liberté des échanges? l'avais-je considéré sous tous ses aspects? avais-je reconnu aussi distinctement les causes qui ont fait peser la misère, répandu le crime, propagé l'immoralité parmi tant de millions de nos frères? savais-je apprécier, comme je le fais aujourd'hui, toute l'influence de la libre communication des peuples sur leur union et leur fraternité? avais-je reconnu le grand obstacle au progrès et à la diffusion par toute la terre de ces principes moraux et religieux qui font tout à la fois la gloire, l'orgueil et la stabilité de ce pays? Non, certainement non. D'où est sorti ce torrent de lumière? *De l'association pour la liberté du commerce.* Ah! c'est avec raison que les amis de l'ignorance et de la compression des forces populaires s'efforcent de renverser la *Ligue*, car sa durée est le gage de son triomphe, et plus ce triomphe est retardé, plus la vérité descend dans tous les rangs et s'imprime dans tous les cœurs. Quand l'heure du succès sera arrivée, il sera démontré qu'il est dû tout entier à la puissance morale du peuple. Alors ces vivaces énergies, devenues inutiles à notre cause, ne seront point perdues, disséminées ou inertes ; mais, j'en ai la confiance, elles seront convoquées de nouveau, consolidées et dirigées vers l'accomplissement de quelque autre glorieuse entreprise. Il me tarde de voir ce jour, par cette raison entre autres, que la lumière, qui a été si abondamment répandue, a révélé d'autres maux et d'autres griefs que ceux qui nous occupent aujourd'hui. La règle et le cordeau qui nous ont servi à mesurer ce qu'il y a de malfaisant dans le monopole des ali-

ments du pauvre, ont montré aussi combien d'autres institutions, combien de mesures, combien de coutumes s'éloignent
des prescriptions de la justice et violent les droits nationaux, et
j'ajouterai les droits naturels du peuple.

Hâtons donc le moment où, vainqueurs dans cette lutte,
sans que notre drapeau ait été terni, sans que nos armes soient
teintes de sang, sans que les soupirs de la veuve, de l'orphelin
ou de l'affligé se mêlent à nos chants de triomphe, nous pourrons diriger sur quelque autre objet cette puissante armée qui
s'est levée contre le monopole, et conduire à de nouveaux succès
un peuple qui aura tout à la fois obtenu le juste salaire de son
travail et fait l'épreuve de sa force morale. Nous faisons une
expérience dont le monde entier profitera. Nous enseignons aux
hommes de tous les pays comment on triomphe sans intrigue,
sans transaction, sans crime et sans remords, sans verser le sang
humain, sans enfreindre les lois de la société et encore moins
les commandements de Dieu. J'ai la confiance que le jour
approche où nous serons délivrés des entraves qui nous gênent,
et où les autres nations, encouragées par les résultats que nous
aurons obtenus, entreront dans la même voie et imiteront notre
exemple. Quelle est en effet, monsieur, l'opinion qu'on a de
nous en pays étranger, grâce à ces funestes lois-céréales? Un
excellent philanthrope, dont le cœur embrasse le monde, fut,
aux États-Unis, chargé d'une mission de bienfaisance en faveur
des malheureux nègres de ce pays, je veux parler de M. Joseph Sturge. (Bruyantes acclamations.) Il n'y avait pas trente-six
heures qu'il était débarqué, qu'un heureux hasard le conduisit
à l'hôtel où j'étais avec ma femme et mes enfants. Mais quelles
furent les paroles dont on le salua à son arrivée à New-Nork?
« Ami, lui dit-on, retournez en Angleterre. Vous avez des lois-
« céréales qui affament vos compatriotes. Regardez leurs pâles
« figures et leurs formes exténuées, et lorsque vous aurez aboli
« ces lois, lorsque vous aurez affranchi l'industrie britannique,
« revenez et laissez éclater votre mépris pour notre système d'es-
« clavage. » (Applaudissements.) Quel était, il y a quelques
jours, le langage d'un des grands journaux de Paris (¹)? « An-

(¹) *Le National.*

« gleterre, orgueilleuse Angleterre, efface de ton écusson le fier
« lion britannique et mets à la place un ouvrier mourant en
« implorant vainement du pain. » (Acclamations prolongées.)
Que répondit Méhémet-Ali à un Anglais qui lui reprochait son
système de monopole, car il est le grand et universel monopoleur de l'Égypte? « Allez, dit le pacha, allez abolir chez vous le
« monopole des céréales, et vous me trouverez prêt ensuite à
« vous accorder toutes les facilités commerciales que vous pou-
« vez désirer. » Ainsi, soit le grave pacha d'Alexandrie, soit
l'Américain susceptible ou le Français aux formes polies, chacun nous jette à la face notre propre inconséquence ; et on ne
peut pas comprendre comment le peuple d'Angleterre, qui prétend se gouverner par un Parlement de son choix, tolère ce
fléau destructeur qu'on appelle *lois-céréales*. (Acclamations.) Mais
il est consolant de penser que nous sommes enfin aux prises
avec la dernière difficulté. La Chambre des communes n'était
pas notre plus grand obstacle. Je crois qu'on peut dire avec
vérité de la plupart des grandes questions, qu'elles seront em-
portées, quelle que soit la composition de la Chambre des communes, aussitôt que le peuple appréciera pleinement, généralement et universellement la nature et la portée de ce qu'il
demande. Je ne puis voir avec découragement la Chambre des
communes, toute mauvaise qu'elle est. Considérée en elle-même
et dans les éléments de réforme qu'elle recèle, elle est incurable, dépourvue qu'elle est de tout germe de restauration ou de
rénovation. Mais je sais aussi, par l'histoire des trente dernières
années, que le peuple n'a qu'à être unanime pour réussir.
(Bruyants applaudissements.) Si nous avons obtenu le rappel de
l'acte de coopération, d'un Parlement anglican, — l'émancipation catholique, d'une législature Orangiste, — la réforme électorale, d'une Chambre nommée par les bourgs-pourris, — l'abolition de la traite et de l'esclavage, d'une assemblée de possesseurs
d'hommes, eh bien ! nous arracherons la liberté commerciale
à un Parlement de monopoleurs. (Applaudissements.)

Permettez-moi de vous dire quelques mots sur la question des
sucres. Je le fais avec quelque répugnance, car dans une occasion
récente, où ma santé m'a empêché d'assister à votre réunion,

vous avez entendu sur ce sujet un orateur dont je reconnais l'extrême supériorité ; je veux parler de ce profond économiste, qui, malgré sa modestie, quelque soin qu'il prenne de se cacher, n'en est pas moins un des plus utiles ouvriers de notre cause, M. James Wilson. (Applaudissements.) Mais j'ai plusieurs motifs pour dire ce soir quelques mots sur la question des sucres. D'abord, parce qu'il existe sur ce sujet une *honnête* différence d'opinion parmi nous ; je dis une *honnête* différence, car je reconnais la sincérité de nos adversaires, comme je me plais à croire que la nôtre n'est pas contestée. — Ensuite, parce que cette branche si importante de la question commerciale sera bientôt discutée au Parlement, et que les opérations de la législature, du moins quant aux résultats, subissent toujours l'influence de l'opinion publique du dehors. J'ai peut-être été plus à même qu'un autre d'apprécier les scrupules de ceux de nos amis qui ont embrassé l'autre côté de la question, ayant toujours été uni à eux, comme je le suis encore, en ce qui concerne l'objet général qu'ils ont en vue, quoique, à mon grand regret, je ne partage pas leur opinion sur l'objet spécial dont il s'agit maintenant. Je respecte leur manière de voir ; je sais qu'ils n'en changeront pas si nous ne parvenons à les vaincre par de fortes et suffisantes raisons, — je retire le mot *vaincre*, — si nous ne parvenons à leur démontrer que les sentiments d'humanité, auxquels ils croient devoir céder, trouveront une plus ample et prompte satisfaction dans le triomphe de nos desseins que dans l'accomplissement de leurs vues. Et enfin, parce que j'aime à rencontrer des occasions qui mettent nos principes à l'épreuve. Voici une de ces occasions. Un abolitioniste me demande : « Êtes-vous pour la liberté commerciale, alors même qu'elle « donnerait accès dans ce pays aux produits du travail esclave ? » Je réponds formellement : Je suis pour la liberté commerciale ; si elle ne peut s'établir universellement, ou si elle conduit à l'esclavage, le principe est faux ; mais je l'adopte parce que je le crois juste ; comme je m'unis aux abolitionistes, parce que leur principe est juste.

Deux principes justes ne peuvent s'entre-croiser et se combattre ; ils doivent suivre des parallèles pendant toute l'éternité.

Si notre principe est bon pour ce pays, il est bon pour les hommes de toutes les races, de toutes les conditions, il engendre le bien dans tous les temps et dans tous les lieux. (Applaudissements.) Plusieurs de nos amis de l'association contre l'esclavage disent qu'ils ne peuvent s'accorder avec nous sur ce sujet. Je me suis fait un devoir d'assister au meeting d'Exeter-Hall, vendredi soir. (Applaudissements.) Je n'y aurais pas paru si je n'avais consulté que mes sentiments personnels, l'amitié ou la popularité. J'ai gardé le silence sur cette partie de la question. J'ai cru que mes amis étaient dans l'erreur, et que, contre leur intention, ils faisaient tort à une noble cause en mettant des arguments dans la bouche de nos adversaires. Dans mon opinion, ils favorisaient, et en tant qu'ils agissent selon leur principe, ils favoriseront la perpétration d'une fraude déplorable au sein du Parlement. J'aurais voulu voir le monopole s'y montrer dans sa nudité, dans sa laideur et dans son égoïsme. J'aurais voulu le voir réduit à ces arguments qui se réfutent d'eux-mêmes, tant ils sont empreints d'avarice et de personnalité. Je regrette qu'il soit aujourd'hui placé dans des circonstances qui lui permettent de jeter derrière lui ces arguments et de leur en préférer d'autres, qui lui sont fournis du dehors par une association estimable, et qui sont sanctionnés par le principe de l'humanité. (Applaudissements.) Les feuilles publiques vous ont appris les résultats de cette mémorable séance. (Écoutez ! écoutez !) Si j'éprouve un sentiment de satisfaction du succès qui a accueilli dans cette assemblée un amendement dans le sens de la liberté commerciale, je regrette encore plus peut-être qu'un telle démarche ait été nécessaire et qu'elle ait rencontré l'opposition d'une aussi forte minorité. Cependant, les membres de cette minorité ont émis un vote sincère. Dès qu'ils seront convaincus, ils seront avec nous ; leur intégrité et leur inflexibilité seront de notre côté, dès qu'ils comprendront, ce qui, je l'espère, ne peut tarder, que le grand principe auquel ils veulent faire des exceptions dans des cas particuliers, doit régner universellement pour le bien de l'humanité.

J'ai reçu bien des lettres de mes amis qui m'accusent d'inconséquence, parce qu'ayant été jusqu'ici l'avocat de l'abolition, je me présente aujourd'hui, disent-ils, comme un promoteur de l'esclavage. Monsieur, en mon nom, au nom de tous ceux qui partagent mes vues, je proteste contre cette imputation. Je ne suis pas plus le promoteur de l'esclavage, parce que je défends la liberté commerciale, que je ne suis un ami de l'erreur parce que je m'oppose à ce que la peine de mort soit infligée à quiconque émet ou propage de fausses opinions. (Applaudissements.) Je crois que l'esclavage est efficacement combattu par la liberté des échanges, comme je crois que la vérité n'a pas besoin pour se défendre de gibets, de chaînes, de tortures et de cachots. (Bruyantes acclamations.) Eh quoi! appeler le monopole en aide à l'abolition de l'esclavage! mais l'esclavage a sa racine dans le monopole. Le monopole l'a engendré; il l'a nourri, il l'a élevé, il l'a maintenu et le maintient encore. *La mort du monopole, il y a cinquante ans, c'eût été probablement, certainement, la mort de l'esclavage* (écoutez! écoutez!) et cela sans croisières, sans protocoles, sans traités, sans l'intervention de l'agitation abolitioniste, sans la dépense de 20 millions sterl. (Écoutez! écoutez!) Je demande qu'il me soit permis de dire que je n'ai pas changé d'opinion à cet égard. Pour vous en convaincre, je vous lirai quelques lignes d'un discours que je prononçai, en 1839, longtemps avant que j'eusse jamais pris la parole dans un meeting de la Ligue, parce qu'alors j'étais absorbé par d'autres occupations et n'avais encore pris aucune part au mouvement actuel. Le discours auquel je fais allusion fut prononcé à Manchester, au sujet de l'abolition de l'esclavage, et de l'amélioration de la condition des Indiens, dans le but de faire progresser simultanément leur bien-être et celui de la population de ce pays. Veuillez me pardonner ce qu'il y a de personnel dans cette remarque, si j'ajoute que, dans le même espace de temps, je ne sache pas qu'aucun homme ait travaillé, avec plus d'ardeur et d'énergie que je ne l'ai fait, à éveiller l'attention du peuple d'Angleterre sur la nécessité d'encourager le travail libre dans toutes les parties de l'univers. (Écoutez! écoutez!) En plaidant la cause du travail libre, je disais : « Quoique le « désir de mon cœur, et ma prière de tous les jours soit que le « jour arrive bientôt où il n'y ait plus une fibre de coton tra-

« vaillé ou consommé dans ce pays, qui ne soit le produit du
« travail libre, cependant je ne demande ni restrictions, ni rè-
« glements, ni droits prohibitifs, ni rien qui ferme nos ports
« aux produits de quelque provenance et de quelque nature
« que ce puisse être, que ce soit du coton pour vêtir ceux qui
« sont nus, ou du blé pour nourrir ceux qui ont faim. Grâce
« aux imprescriptibles lois qui gouvernent le monde social, de
« tels remèdes ne sont pas nécessaires. Je ne demande que li-
« berté, justice, impartialité, convaincu que, si elles nous sont
« accordées, tout système fondé sur le monopole, ou mis en
« œuvre par l'esclavage, s'écroulera pour toujours. » Je tenais
ce langage dans un meeting mémorable de la *Société des
Amis* à Manchester, devant un auditoire composé en grande
partie de membres de ce corps respectable de chrétiens. Le lendemain, dans la même enceinte, je disais : « Si nous laissons
« une libre carrière à la concurrence du travail libre de l'Orient
« et du travail esclave de l'Occident, nous pouvons ouvrir tous
« nos ports, laisser à toutes les nations du globe la chance de
« vendre leurs produits sur notre marché, bien assurés que le
« génie de la liberté l'emportera sur la torpeur de la servitude. »
J'adhère encore à ce sentiment, je crois fermement que tout
autre moyen est comparativement impuissant. Je ne veux pas
dire que tous les autres doivent être exclus. Je ne présente pas
la liberté commerciale comme le seul agent de l'abolition. J'admets qu'il peut se combiner avec d'autres moyens, pourvu qu'ils
soient justes, tels que la chaire, la tribune et la presse. Que le
Parlement fasse son devoir, non en imposant, mais en détruisant les restrictions, en affranchissant l'industrie, en lui laissant sa rémunération légitime. Si je suis dans l'erreur sur ce
sujet, c'est avec les hommes les plus remarquables de la Société
contre l'esclavage. (Écoutez ! écoutez !) Il fut un temps, et principalement vers l'époque de son triomphe, où j'étais intimement identifié à cette association estimable, qui avait avec la
Ligue bien des traits de ressemblance. Je me souviens qu'à
cette époque elle me fournissait des ouvrages où je pus puiser
des exemples et des arguments propres à dévoiler l'iniquité et
le faux calcul de l'esclavage. Je conserve ces ouvrages et je les

trouve encore éminemment instructifs. J'y cherche quel était
alors notre symbole abolitioniste. Voici une lettre d'un grand
mérite adressée en 1823 à M. J. B. Say, par M. Adam Hodgson,
chef d'une grande maison de Liverpool, sur la dépense du travail esclave comparée à celle du travail libre. Cette lettre fut
répandue à profusion dans tout le royaume. Que disait M. Hodgson ? « La nation ne consentira pas longtemps à soutenir un
« ruineux système de culture, au prix de ses plus chers inté-
« rêts, sacrifiant pour cela ses transactions avec 100 millions
« de sujets de la Grande-Bretagne. Le travail esclave de l'ouest
« doit succomber devant le travail libre de l'est. » (Approbation.)
Voici encore un livre dont je désire vous citer quelques extraits.
J'espère que vous m'excuserez. Nous ne devons pas perdre de
vue que les discours prononcés dans cette enceinte s'adressent
aussi au dehors. Grâce à ces messieurs, devant moi, dont les
plumes rapides fixent en caractères indélébiles des pensées qui,
sans cela, s'évanouiraient dans l'espace, les sentiments que
nous exprimons ici arrivent aux extrémités de la terre. Qu'il
me soit donc permis de parler, de cette tribune, à des amis absents, à des hommes que j'honore et que j'aime, et puissé-je
les convaincre qu'ils ne sauraient mieux faire que de venir
grossir nos rangs ; que nous marchons sur une ligne droite qui
ne heurte aucun principe de rectitude et qui s'associe spécialement avec la grande cause qu'ils ont pris à tâche de faire prévaloir. — Ce livre me fut donné, il y a bien des années, par
l'*anty-slavery Society*. Il est écrit avec soin, et a pour but de montrer que si le travail libre et le travail esclave étaient laissés
à une loyale concurrence, le dernier, à cause de sa cherté,
devrait succomber devant la perfection plus économique du
premier. L'auteur est M. Sturge, non point Joseph Sturge, mais
son frère à jamais regretté, qui, s'il m'est permis de prononcer
un jugement, est mort trop tôt pour la cause de l'humanité et
de la bienfaisance. Quel était le principe fondamental sur lequel
il s'appuyait ? « Aucun système qui contredit les lois de Dieu, et
« qui blesse sa créature raisonnable, ne peut être définitive-
« ment avantageux. » Comme *free-traders*, ces paroles couvrent
entièrement notre position. (Écoutez! écoutez!) Nous soutenons

que les restrictions et les taxes, qui ferment nos ports aux productions des autres régions, qui interdisent l'échange entre un homme industrieux qui produit une chose et un autre homme industrieux qui en produit une autre, — sont « contraires aux « lois de Dieu et funestes à sa créature raisonnable, » et que ce système ne peut être définitivement avantageux ni aux individus ni aux masses. Voyons ce qu'ajoute M. Sturge : « Nous « croyons que les faits que nous allons établir convaincront « tout observateur sincère et dégagé de passion de la vérité de « cet axiome : Le travail de l'homme libre est plus économique « que celui de l'esclave. En poursuivant les conséquences de ce « principe général, nous aurons fréquemment l'occasion d'ad- « mirer la sagesse consommée qui a préparé par un moyen si « simple un remède au plus détestable abus qu'ait jamais in- « venté la perversité humaine. Nous sentirons la consolation « pénétrer dans nos cœurs, lorsque, détournant nos regards des « crimes et des malheurs de l'homme, et de l'inefficacité de sa « puissance, nous viendrons à contempler l'action silencieuse « mais irrésistible de ces lois qui ont été assignées, dans les « conseils de la Providence, pour mettre un terme à l'oppression « de la race africaine. » (Écoutez ! écoutez !) Monsieur le président, ce n'est pas la première fois que je cite ces extraits. Ce livre est couvert de notes que j'y écrivis il y a douze ans, quand il me fut remis alors que, pour la première fois, ces nobles sentiments réveillant toutes les sympathies de mon cœur, je me levai pour proclamer ces glorieux principes et cette doctrine fatale au maintien de la servitude. Je pourrais multiplier les citations. Je me bornerai à une dernière. Veuillez remarquer le fait qu'établit M. Sturge comme preuve de la vérité de son axiome : « Il y a quarante ans, il ne s'exportait pas d'indigo des Indes « orientales. Tout ce qui s'en consommait en Europe était le pro- « duit du travail esclave. Quelques personnes employèrent leur « capital et leur intelligence à diriger l'industrie des habitants « du Bengale vers cette culture, à leur enseigner à préparer « l'indigo pour les marchés de l'Europe, et quoique de graves « obstacles leur aient été opposés dans le commencement, ce- « pendant les droits ayant été nivelés, leurs efforts furent cou-

« ronnés d'un plein succès. Telle a été la puissance du capital
« et de l'habileté britannique, que, quoique les premières im-
« portations eussent à supporter un fret quintuple du taux actuel,
« l'indigo de l'Inde a graduellement remplacé sur le marché
« l'indigo produit par les esclaves, jusqu'à ce qu'enfin, grâce à
« la liberté du commerce, il ne se vend plus en Europe une once
« d'indigo qui soit le fruit de la servitude. » (Acclamations.)
Vous savez très-bien, monsieur, ce que M. Sturge appelle *liberté
du commerce*; le principe même n'en était pas reconnu à cette
époque, etc.

L'orateur cite encore un passage dans lequel M. Sturge
établit que ce qui est arrivé pour l'indigo arriverait pour le
sucre. Il se termine ainsi :

« Ces faits sont de la plus haute importance, non-seule-
« ment parce qu'ils confirment le principe général que nous
« proclamons, mais encore parce qu'ils nous conduisent au
« but de nos recherches, et nous signalent le moyen spécifique
« d'abolir l'esclavage et la traite. Laissez sa libre action à ce
« principe et il étendra sa bénigne influence sur toute créature
« humaine actuellement retenue en servitude. » (Ecoutez ! écoutez !) Et qui donc a abandonné ce principe ? Très-certainement
ce n'est pas nous.— J'arrive maintenant à la Convention de 1840,
à laquelle, dans une occasion récente, faisait allusion ce grand
homme qui dirige la Ligue, notre maître à tous, qui s'est créé
lui-même ou qui a été créé à cette fin, je veux parler de
M. Cobden. (Des applaudissements enthousiastes éclatent dans
toute la salle.)

L'orateur cite ici des délibérations, des rapports, des enquêtes émanés de la Convention, et qui démontrent que
cette association s'était rattachée au principe exposé plus
haut par M. Sturge. Il continue ainsi :

Je le demande encore : Qui rend maintenant hommage à ce
principe ? N'est-ce pas ceux qui disent : Nous ne reculons pas

devant les résultats ; nous n'avons pas posé un principe comme étant la loi de la nature et de Dieu ; nous n'avons pas prouvé par les annales de l'humanité que le malheur et la ruine ont toujours suivi sa violation, pour venir, maintenant que le temps de l'application est arrivé, dans les circonstances les plus favorables, reculer et dire : nous n'en parlions que comme d'une abstraction ; nous n'osons pas le mettre en œuvre ; nous contemplons avec horreur le moment où il va lutter loyalement contre le principe opposé ! — Que l'on ne dise pas que nous voulons favoriser l'esclavage et la traite ; car bien loin de là, quand nous plaidons la cause de la liberté illimitée du commerce, nous sommes influencés par cette ferme croyance qu'elle est le moyen le plus doux, le plus pacifique de réaliser l'abolition de la traite et de l'esclavage. Nous marchons dans vos sentiers ; nous adoptons vos doctrines ; nous applaudissons à l'habileté avec laquelle vous avez révélé la beauté de cette loi divine qui a ordonné que, dans tous les cas où une franche rivalité est admise, les systèmes fondés sur l'oppression doivent être détruits par ceux qui ont pour base l'honnêteté et la justice. Nous vous imitons en tout, excepté dans votre pusillanimité et dans ce que nous ne pouvons nous empêcher de regarder comme votre inconséquence. Ne nous blâmez pas de ce que notre foi est plus forte que la vôtre. Nous honorons vos sentiments d'humanité. Votre erreur consiste, selon nous, en ce que vous vous laissez entraîner par ces sentiments à quelque chose qui ressemble à la négation de vos propres doctrines. Tout ce que nous vous demandons, c'est de rester attachés à vos principes ; de les appliquer courageusement ; et si vous ne l'osez, permettez-nous du moins de ne pas suivre les conseils d'hommes qui manquent de courage, quand le moment est venu de prouver qu'ils ont foi dans l'infaillibilité des principes qu'ils ont proclamés eux-mêmes. — Aujourd'hui nos amis fondent leur opposition à leur grand principe, sur ce qu'il ne saurait être appliqué d'une manière absolue sans entraîner des conséquences désastreuses. Mais je leur rappellerai que ce n'est point ainsi qu'ils raisonnaient autrefois. Ils en demandaient l'application immédiate sans égard aux conséquences fatales que prédisaient leurs adversaires. Ils croyaient sincèrement ces craintes chimériques, et fussent-elles fondées, ce n'était pas une raison, disaient-ils, pour ajourner un grand acte de justice. On nous disait : Vous faites tort à ceux à qui vous voulez faire du bien, aux nègres. On nous opposait sans cesse le danger pour les noirs de leur affranchissement immédiat. Un membre du Parlement m'affirmait un jour, devant des milliers de nos concitoyens réunis pour nous entendre discuter cette question, que si nous émancipions les nègres, ils rétrograderaient dans leur condition ; qu'au lieu de se tenir debout comme des hommes, ils prendraient bientôt l'humble attitude des quadrupèdes. (Rires.) Il faisait un tableau effrayant de la misère qui les attendait, et y opposait la poétique description de leur bonheur, de leur innocence et même de leur luxe actuels. (Rires.) Si vous doutez de ce que je dis, informez-vous auprès du membre du Parlement qui parla le dernier, hier soir à la Chambre. (Rires.) Oui on nous disait gravement que l'émancipation empirerait le sort des noirs, et paralyserait les philanthropiques projets des planteurs. Les Antilles, d'ailleurs, allaient être inondées de sang, les habitations incendiées, et nos navires devaient pourrir dans nos ports. Vous pouvez, monsieur le président, attester la vérité de mes paroles. On calculait le nombre de vaisseaux devenus inutiles et les millions anéantis. Au milieu de tous ces pronostics funèbres, quelle était notre devise ? *Fiat justicia, ruat cœlum.* Quelle était notre constante maxime ? « Le devoir est à nous ; les événements sont à Dieu. » Non, le triomphe d'un grand principe ne peut avoir une issue funeste. Lancez-le au milieu du peuple, et il en est comme lorsqu'une montagne est précipitée dans l'Océan : l'onde s'agite, tourbillonne, écume, mais bientôt elle s'apaise et son niveau poli reflète la splendeur du soleil. (Applaudissements prolongés.) Avons-nous, ou n'avons-nous pas un principe dans ce grand mouvement ? Si nous l'avons, poussons-le jusqu'au bout. Il a été éloquemment démontré dans une précédente séance, par l'orateur qui doit me succéder à cette tribune, que ce que nous défendons, c'est la cause de la moralité ; par des centaines de ministres accourus de toutes les

parties du royaume, que c'est la cause de la religion, que
c'est le droit de l'homme, le devoir de la législature, que l'honneur et la prospérité de ce pays, que les intérêts des régions
lointaines sont attachés au triomphe de ce principe ; eh bien,
poussons-le jusqu'au bout. (Applaudissements.)

Mais, disent quelques-uns de nos amis, « nous exceptons
Cuba et le Brésil. » Je ne répéterai pas, avec M. Wilson, qu'il
est indifférent pour les nègres que vous consommiez du sucre-
esclave ou du sucre-libre, car si c'est de ce dernier, il ne peut
arriver sur notre marché qu'en faisant quelque part un vide
qui sera comblé par du sucre-esclave ; mais je demanderai à nos
adversaires quel droit ils ont de réclamer l'intervention de la
législature dans une matière aussi exclusivement religieuse que
celle-ci, où il s'agit d'incriminer ou d'innocenter telle ou telle
consommation ? Ils n'en ont aucun. Je veux qu'on réunisse des
hommes appartenant à toutes les sectes religieuses, les hommes
de la plus haute intelligence ; je veux qu'ils aient le respect le
plus profond pour la volonté du Créateur et toute la délicatesse
imaginable en matière de moralité et de scrupules ; et j'ose affirmer qu'ils ne s'accorderont pas sur la question de savoir s'il
est criminel de se servir d'une chose, parce que sa production,
dans des contrées lointaines, a donné lieu à quelques abus, et je
crois que la grande majorité d'entre eux décidera qu'une telle
question est entre la conscience individuelle et Dieu. Je suis
certain du moins qu'elle n'est point du domaine de la Chambre
des communes. (Écoutez ! écoutez !)

Un mot encore et je finis. Je voudrais conseiller à nos amis
de bien réfléchir avant de fournir de tels arguments au cabinet
actuel ou à tout autre. Si sir Robert Peel n'avait pas été mis à
même de dérouler sur le bureau de la Chambre le mémoire
abolitioniste qui porte la vénérable signature de M. Thomas
Clarkson, il eût été privé du plus fort argument dont il s'est
servi pour résister au principe que nous soutenons, la liberté
d'échanges avec le Brésil comme avec l'univers. Mais il a imposé silence à ses adhérents. Il a dit aux planteurs des Antilles :
tenez-vous tranquilles. J'ai par devers moi quelque chose qui
vaut mieux que tout ce que vous pourriez dire comme pro-

priétaires dans les Indes occidentales. Et s'adressant à la Chambre des communes, il a dit : « Les abolitionistes sont contre vous. Ils nous adjurent au nom de l'humanité d'exclure les produits du Brésil. Si nous le faisons, ce n'est pas parce que nous possédons de grandes plantations dans l'Inde et à Demerara ; parce que les Chandos et les Buckingham ont de vastes propriétés à la Jamaïque. Non, nous ne cédons pas à de telles considérations. Ce n'est pas non plus parce que nous sommes obligés de ménager les colons, d'autant plus que si nous les blessions, ils renverseraient dès demain la loi-céréale. Nous ne sommes déterminés par aucune de ces raisons ; nous sommes parfaitement désintéressés, et nous ferions bon accueil au sucre du Brésil, s'il n'était teint du sang des esclaves. Il est vrai que nous fûmes toujours les adversaires de l'émancipation, et que lorsqu'il ne nous a plus été possible de reculer, nous avons imposé à la nation une charge de vingt millions sterling que nous avons distribués non aux esclaves, mais à leurs oppresseurs. (Bruyantes acclamations.) Le sens du juste est si délicat chez nous que nous avons indemnisé le tyran et non la victime. (Nouvelles acclamations.) Nous avons payé les planteurs pour qu'ils s'abstinssent du crime ; nous avons sauvé leur réputation et peut-être leur âme. Nous avons fait tout cela, c'est vrai, mais nous sommes bien changés aujourd'hui. N'ai-je pas assisté aux meetings d'Exeter-Hall? N'y ai-je point péroré? N'y ai-je point entendu l'orgue saluer la présence et la parole de Daniel O'Connell? Nous sommes bien changés. Nous sommes maintenant les disciples, les représentants des Grenville, des Sharpes, des Wilberforces, qui se reposent de leurs travaux. Nous nous couvrons de leur manteau, et nous vous adjurons, au nom de deux millions et demi d'esclaves, de ne pas manger du sucre du Brésil. » (Applaudissements prolongés.) Après ce discours, il regardera sans doute les monopoleurs par-dessus les épaules, et dira : « Vous ne vous souciez guère du café, n'est-ce pas? — Non, disent-ils. — Très-bien, reprend sir Robert, nous réduirons le droit du café de 25 p. 0/0, et nous prohiberons le sucre. » Et c'est ainsi que toute cette belle philanthropie passe de la cafetière dans le sucrier. (Rires.)

Après quelques autres considérations, M. Thompson, revenant à cette idée, que l'abstention de la consommation du sucre-esclave est une affaire de conscience, termine ainsi :

Ma force est dans mes arguments, et je n'en appelle qu'à la raison. Si je puis éveiller votre conscience et convaincre votre jugement, vous m'appartenez. Si je ne le puis, que Dieu vous juge, quant à moi, je ne vous jugerai pas. Je m'efforcerai de vous persuader de bien faire, et vous plaindrai si vous faites mal. Je poursuivrai le bien moi-même, et n'emploierai d'autres efforts pour conquérir mes frères que la raison, la tolérance et l'amour. (A la fin de ce discours, l'assemblée se lève en masse, les chapeaux et les mouchoirs s'agitent, et les applaudissements retentissent pendant plusieurs minutes.)

La séance du 29 mai fut présidée par le comte Ducie, qui a traité longuement la question de la liberté commerciale au point de vue de l'agriculture pratique. Le meeting a entendu MM. Cobden, Perronet Thompson, Holland, propriétaire dans le Worcestershire, et M. Bright, m. P.

Séance du 5 juin 1844.

Le fauteuil est occupé par M. Georges Wilson.

Le premier orateur entendu est M. Edward Bouverie, membre du Parlement pour Kilmarnock.

L'honorable membre examine l'esprit de la législature actuelle manifesté par ses actes. La majorité ayant toujours maintenu les lois-céréales, sous le prétexte de faire fleurir l'agriculture, et avec elle toutes les classes qui se livrent aux travaux des champs, M. Cobden a demandé qu'il fût fait une enquête dans les comités agricoles, afin de savoir si la loi avait atteint son but, et si, sous l'empire de cette loi, les fermiers et les ouvriers des campagnes jouissaient de quelque aisance et de quelque sécurité. Il semble que les amis du monopole, qui s'intitulent exclusivement aussi « les amis des fermiers, » auraient dû saisir avidement cette occasion de montrer qu'en appuyant la protection, ils suivaient une saine politique. Mais, continue M. Bouverie, ils ont dit : « Nous ne voulons pas d'enquête. » Et pourquoi? Parce qu'ils savent bien qu'elle démontrerait l'absurdité et la futilité de leurs doctrines ; que la protection n'est que déception ; que ce n'est autre chose que le public mis au pillage. Ils préfèrent les ténèbres à la lumière. Ils craignent la lumière, parce que leurs actions ne sont pas pures.

Est venu ensuite le bill sur les travaux des manufactures, connu sous le nom de « bill des dix heures. » Et qu'avons-nous vu? Une majorité étalant sa fastueuse sympathie pour les classes ouvrières, déclarant que le peuple de ce pays est soumis à un trop rude travail, et que l'intensité de ce travail, pour les femmes et les enfants, est incompatible avec la santé de leur corps et même de leur âme. Mais quoi ! c'est cette même majorité qui, en maintenant la loi-céréale, force le peuple à demander sa subsistance à un travail excessif. La loi-céréale dit au peuple : « Tu n'auras pas à ta disposition les mêmes moyens d'existence que si le commerce des blés était libre. Tu n'auras pas les mêmes moyens de travail que si de grandes importations provoquaient des exportations correspondantes et augmentaient ainsi l'emploi des bras. » C'est donc cette loi qui broie le peuple et le force à chercher une maigre pitance dans des sueurs excessives, dans un travail incessant, incompatible avec le maintien de sa santé, de ses forces et de son bien-être. Mais nous avons vu autre chose. Nous avons vu tomber cette philanthropie affectée ; et dès l'instant que le ministère eut déclaré qu'il s'opposait à cette proposition et en faisait une question de cabinet, nous avons vu la majorité défaire ce qu'elle avait fait, moins soucieuse de sa prétendue sympathie pour le peuple que de maintenir le pouvoir aux mains des ministres de son choix.

Ce n'est pas qu'il n'ait été fait quelques timides pas dans la voie de la liberté commerciale. On a diminué les droits sur les raisins de Corinthe (*currants*). (Rires.) J'en félicite sincèrement les amateurs de *puddings*. (Éclats de rire.) Mais il faut autre chose que du raisin pour faire du *pudding*. Il y entre aussi de la farine ; et en abrogeant la taxe sur le blé, on eût mieux servi les intérêts de ceux qui mangent du *pudding*, et de l'immense multitude de nos frères qui n'en ont jamais vu, même en rêve. C'est au peuple de leur dire : « Vous deviez faire ces choses, sans négliger le reste. »

L'orateur aborde la question des sucres et la distinction proposée entre le produit du travail libre et celui du travail esclave. — Si nous adoptons cette distinction en principe, dit-il, où nous arrêterons-nous ? Si nous devons nous enquérir de la tradition sociale, morale et politique de tous les peuples avec lesquels il nous sera permis d'entretenir des relations, où poserons-nous la limite ? Une grande partie du blé qui arrive dans ce pays, même sous la loi actuelle (et il en viendrait davantage si elle ne s'y opposait), provient d'un pays où l'esclavage est dans toute sa force, je veux parler de la Russie. (Grognements.) Vraiment, je suis surpris que les sociétés en faveur de la protection, qui battent les buissons pour chasser aux arguments, et ne sont pas difficiles, ne se soient pas encore emparées de celui-ci : « Maintenons la loi-céréale pour exclure le blé russe. »

M. MILNER GIBSON, m. P. pour Manchester. (Nous sommes forcé par le défaut d'espace à nous renfermer dans l'analyse et quelques extraits du remarquable discours de l'honorable représentant de Manchester.)

Monsieur le président, c'est avec bonheur que je vous ai entendu
déclarer, à l'ouverture de la séance, que vous étiez résolu à ne
jamais ralentir vos efforts jusqu'au triomphe de la liberté commerciale. Je me réjouis de vous entendre exprimer que vous
sentez profondément la justice de cette cause, car je sais que
cette association et ces meetings ne surgissent pas d'une impulsion nouvelle et soudaine, mais qu'ils sont fondés sur la large
et éternelle base de la justice immuable. (Acclamations.) La
liberté commerciale n'est pas une question de sous, de shellings
et de guinées. C'est une question qui implique les droits de
l'homme, le droit, pour chacun, d'acheter et de vendre, le
droit d'obtenir une juste rémunération du travail ; et je dis
qu'il n'est aucun des droits, pour la protection desquels les
gouvernements sont établis, qui soit plus précieux que celui
de vivre d'un travail libre de toute entrave et de toute restriction. (Acclamations.)

L'honorable orateur traite longuement la question à ce
point de vue.

Je me rappelle que le duc de Richmond disait dans une occasion : « Si l'on abroge les lois-céréales, je quitte le pays. »
(Écats de rire.) On lui répondit : « Au moins vous n'emporterez
pas vos terres. » (Nouveaux rires.) Mais considérons la position
où se place un homme qui fait une telle déclaration. Qu'est-ce
que la loi-céréale ? Quelle est sa nature ? Cela se réduit à ceci :
Des gens qui tiennent boutique d'objets de consommation ne
veulent pas que d'autres vendent des objets similaires. Le noble
duc est grandement engagé dans ce genre d'affaires, et il voudrait bien être une sorte de marchand breveté. (Rires.) Mais je
dis que tout Anglais a le même droit que lui d'approvisionner
le marché de blé, pourvu qu'il l'ait acquis honnêtement. Comme
Anglais, j'ai le droit de vendre du blé que je me suis procuré
par l'échange, justement comme le duc de Richmond a le droit
de vendre du blé qu'il s'est procuré par la culture. Mais, me
dit-on, vous ne devez pas le faire, parce que cela empêcherait
le noble duc de tirer un parti aussi avantageux de sa propriété.

Et quel droit ce grand seigneur a-t-il sur moi? Je ne sache
pas lui devoir quelque chose ; qu'il existe des comptes entre
lui et moi, et qu'il doive avoir un contrôle sur mon industrie.
— A ce point de vue, oh ! combien est monstrueuse l'intervention de la loi-céréale sur la liberté civile des sujets de S. M. la
reine! (Acclamations.) Quel est le but du gouvernement? quel
est le but de la société? L'objet unique du gouvernement est
d'empêcher les citoyens de se faire déloyalement du tort les
uns aux autres, d'empêcher une classe d'envahir les droits d'une
autre classe. Or, je dis que le droit de suivre une branche d'affaires, le commerce, est à ma portée, que c'est une propriété
que le gouvernement doit me garantir. Mais qu'a fait le gouvernement? Il a aidé une classe de la communauté à me dépouiller de ce droit, de cette propriété, à m'interdire l'échange
du produit de mon travail; il s'est départi de sa vraie et seule
légitime mission. (Acclamations.) J'espère, monsieur, que l'on
me pardonnera d'insister autant sur ce sujet (continuez, continuez); mais je considère ce point de vue comme le plus important dans la question. Je crois qu'on n'a pas assez considéré
le système protecteur au point de vue de la liberté civile. Je
soutiens que, comme vous avez aboli l'esclavage dans vos colonies, comme vous avez aboli, dans toute l'étendue des possessions britanniques, la faculté pour l'homme de faire de son
frère sa propriété, vous devez, pour être conséquent à ce principe, abolir aussi le monopole. (Acclamations. Qu'est-ce que
l'esclavage? La prétention, de la part d'une classe d'hommes,
au contrôle du travail d'une autre classe et à l'usurpation des
produits de ce travail; — mais n'est-ce pas là le monopole?
Applaudissements prolongés.) En détruisant l'un, vous vous
êtes engagé à détruire l'autre. La servitude reconnaît, dans un
homme, un droit personnel à s'emparer de l'esprit, du corps et
des muscles de son semblable. Le monopole reconnaît aussi le
droit inhérent à l'aristocratie de s'emparer de la rémunération
industrielle qui appartient et doit être laissée aux classes laborieuses. (Applaudissements longtemps prolongés.) Entre l'esclavage et le monopole, je ne vois de différence que le degré. En
principe, c'est une seule et même chose. Car pourquoi le plan-

teur avait-il des esclaves? ce n'est pas pour en faire parade ou pour les garder comme des canaris en cage, mais pour consommer le fruit de leur travail. Or, c'est précisément là le principe qui dirige les défenseurs de la loi-céréale. Ils veulent s'attribuer, sur le produit des classes manufacturières et commerciales, une plus grande part que celle à laquelle ils ont un juste droit...

La question, dans ses rapports avec la liberté civile, me paraît donc aussi simple qu'importante. Cependant j'ai entendu de profonds théologiens, versés dans la philosophie ancienne, dans les mathématiques, capables d'écrire et de composer en hébreu et en sanscrit, déclarer que cette loi-céréale était si compliquée, si difficile, si inextricable, qu'ils n'osaient s'en occuper. Je crains bien que ces excellents théologiens de l'Église d'Angleterre n'aperçoivent ces difficultés que parce qu'ils oublient cette maxime, que pourtant ils citent souvent : « Mon royaume n'est pas de ce monde. » Je crains que l'acte de commutation des dîmes ecclésiastiques n'ait introduit dans leur esprit des idées préconçues, et que ce qu'ils redoutent surtout, c'est que l'abrogation des lois-céréales, en diminuant le prix du pain, ne diminue aussi la valeur de leur dîme. Si ce n'était cette appréhension, j'ose croire que le clergé anglican serait pour nous, car le principe de la liberté est en parfaite harmonie avec la morale chrétienne, et les meilleurs arguments qu'on puisse invoquer en sa faveur se trouvent encore dans la Bible. (Applaudissements.)

.....La liberté commerciale tend à réaliser par elle-même tout ce qui fait l'objet des vœux du philanthrope. Elle offre les moyens de répandre la civilisation et la liberté religieuse, non-seulement dans les possessions britanniques, mais dans toutes les parties du globe. Si nous voulons voir le Brésil et Cuba affranchir leurs esclaves, il ne faut pas isoler ces contrées des nations plus civilisées où l'esclavage est en horreur. Quelle était notre conduite, alors que nous étions nous-mêmes possesseurs d'esclaves, alors que nous tous, hélas ! et jusqu'aux évêques de la Chambre des lords, soutenions la traite des nègres? Comment agissions-nous? Le gouvernement de ce pays connaissait bien l'influence des communications commerciales sur la propagation des idées, et il ne manqua pas d'interdire toutes relations entre nos colonies occidentales et Saint-Domingue de peur de leur inoculer le venin de la liberté. Les transactions commerciales sont, croyez-le bien, les moyens auxquels la Providence a confié la civilisation du genre humain, ou du moins la diffusion des vérités civilisatrices. En ce moment, l'empereur de Russie est à Londres. (Grognements et sifflets.) Quand j'ai nommé ce souverain, je n'ai pas voulu provoquer des marques de désapprobation. Je pense que nous ne devons voir en cette circonstance que la simple visite d'un homme privé, sans reporter notre pensée sur l'état de la Russie. Quoi qu'il en soit, ce monarque est parmi nous, ainsi que le roi de Saxe, et l'on attend le roi des Français. On nous assure que les visites réciproques de ces augustes personnages tendent à affermir la paix du monde. Je me réjouis d'être témoin de ces communications amicales; mais pour établir la paix sur des bases solides, il faut autre chose, il faut faire triompher les principes de la Ligue, il faut attacher les nations les unes aux autres par les liens d'un commun intérêt, et étouffer l'esprit d'antagonisme dans son germe, la jalousie nationale. (Acclamations.) Les empereurs et les ambassadeurs y peuvent quelque chose sans doute, mais leur influence est bien inefficace auprès de cet intérêt commun qui naîtra parmi les peuples de la liberté de leurs transactions. Que les hommes soient tous entre eux des clients réciproques, qu'ils dépendent les uns des autres pour leur bien-être, pour la rémunération de leur travail; et vous verrez s'élever une opinion publique parmi les nations qui ne permettra pas aux souverains et à leurs ambassadeurs de les entraîner dans la guerre, comme cela est trop souvent arrivé autrefois.....

Nous citerons un dernier extrait de ce discours pour montrer que la question est plus près de sa solution qu'on ne s'en doute en France.

« Le ministère demande à être forcé; il vous invite à le

forcer. Plus vous le presserez, plus il vous accordera. Je suis persuadé qu'à aucune époque de notre histoire, on n'a vu les ministres de la couronne en appeler aussi directement à l'agitation et insinuer à l'opposition qu'ils ne demandent qu'à avoir la main forcée. Vous les voyez fréquemment emporter les questions, non par le secours de leurs amis qui ne sont que des dupes, mais par l'influence de leurs adversaires. « Voyez, disent-ils, le bruit que font tous ces messieurs engagés dans la Ligue ; nous ne pouvons plus maintenir ces lois de protection. Vous devez y renoncer. Le pays est en danger ; si vous n'abandonnez pas la protection, vous serez réduits à abandonner bien davantage. Soyez donc prudents à propos, car la pression est devenue trop forte pour pouvoir y résister. Vous ne pouvez chercher les éléments d'une administration dans la Société centrale pour la protection de l'agriculture, ni dans l'association des Antilles. Elles ne présentent pas des hommes assez forts. Pour avoir un cabinet conservateur, il vous faut avoir recours à nous, et (ajoute sir Robert Peel), je vous le déclare, gentlemen, la pression du parti *free-trader* est devenue irrésistible, et je ne veux pas que de vaines considérations, une exagération de persistance, viennent me faire obstacle quand j'ai un grand devoir à remplir. Ainsi, acceptez la liberté commerciale, ou renoncez à mon concours. » (Rires prolongés.) C'est là un bon et prudent avis. Nous suivons, je le crois, une marche convenable et patriotique à tous égards, soit au point de vue des considérations morales, soit sous le rapport de l'accumulation des richesses. Je dis que nous suivons une marche convenable, quand nous nous efforçons de former, autant qu'il est en nous, une opinion publique qui est l'instrument dont le ministère se servira pour abroger ces lois funestes. Quand il dit à l'aristocratie qu'elle doit renoncer à la protection, ou à bien d'autres priviléges plus importants, il lui donne un sage conseil, car je me rappelle, et beaucoup d'entre vous se rappellent aussi, sans doute, l'éloquente expression du révérend Robert Stall, qui disait : « Il y a une tache de putridité à la racine de l'arbre social qui gagnera les branches extrêmes et les flétrira, quelque élevées qu'elles puissent être. » (M. Gibson reprend sa place au bruit d'applaudissements enthousiastes.)

M. ROBERT MOORE lui succède.

———————

Les deux grandes questions sur lesquelles se portent les efforts opposés des *free-traders* et des prohibitionistes, savoir : la loi-céréale et la loi des sucres, approchent enfin, sinon de leur denoûment définitif, du moins de la solution provisoire qu'elles doivent recevoir cette année par un vote du Parlement. Nous terminerons donc, du moins pour cette campagne, l'œuvre que nous avons entreprise, par l'analyse succincte des débats et des péripéties parlementaires auxquels auront donné lieu ces votes mémorables. Commençons par la loi des sucres.

Il semble que cette question n'a qu'un médiocre intérêt pour le public français; cependant elle a fait ressortir d'une manière si remarquable les aberrations de l'esprit de parti, et le soin minutieux qu'ont pris les membres de la Ligue de se défaire de cette rouille qui semblait inhérente aux gouvernements constitutionnels, que l'on ne lira pas sans intérêt, nous le croyons, les phases de cette grande lutte, qui, on se le rappelle, compromit un instant l'existence du ministère.

Établissons d'abord l'état de la question.

La législation ancienne, et encore en vigueur au moment du vote, frappait le sucre colonial d'un droit de 24 sh., et le sucre étranger d'une taxe de 63 sh. — La différence, ou 39 sh., était donc la part faite à la *protection*.

Sous le ministère de lord John Russell, le gouvernement proposa de modifier ainsi ces taxes :

Sucre colonial, 24 sh. — Sucre étranger, 36 sh. Ainsi, la protection était réduite à 12 sh. au lieu de 39, et l'abandon de ce système colonial, auquel on croit l'Angleterre si attachée, consommé dans cette mesure. C'est à l'occasion de cette proposition que, par l'influence combinée des monopoleurs, le cabinet wigh fut renversé.

. Les torys arrivés au pouvoir avec la mission expresse de maintenir la protection, forcés eux-mêmes de céder aux exigences de l'opinion publique éclairée par les travaux de la Ligue, proposèrent, en 1844, par l'organe de M. Peel, la modification suivante :

Sucre colonial, 24 sh. — Sucre étranger, 34 sh.

La protection est ainsi réduite à 10 sh.

Il semble d'abord que cette mesure, présentée par les torys, soit plus libérale que celle qui les mit à même de renverser les wighs.

Mais il faut prendre garde que la réduction de 63 à 34 sh. n'est accordée par sir R. Peel qu'au sucre étranger produit par le *travail libre (free grown sugar)*. Ainsi, le monopole se trouve affranchi de la concurrence de Cuba et du Brésil, qui était pour lui la plus redoutable.

Les monopoleurs, qui, à leur grand regret, ne peuvent marcher qu'avec l'opinion publique, se sont emparés ici, avec une habileté incontestable, du sentiment d'horreur que l'esclavage inspire à toutes les classes du peuple anglais. Ce sentiment fomenté, exalté pendant les quarante années de *l'agitation abolitioniste*, a servi, dans son aveuglement, à la perpétration d'une fraude grossière dans le Parlement.

On a vu dans le compte rendu des meetings de la Ligue, l'opinion de cette association relativement à cette distinction entre le sucre-libre et le sucre-esclave.

Il est bon de dire ici, qu'en présentant cette loi, sir Robert Peel a déclaré que, si l'état du revenu public le permettait, il se proposait de pousser beaucoup plus loin la réforme en 1845, mais qu'il tenait à faire prévaloir en principe, et dès cette année, la distinction entre les deux sucres, afin de la faire reparaître lorsqu'il s'agiraitd'un nouvel abaissement des droits. Il est permis de croire que son *arrière-pensée* était de se ménager un moyen de conclure un traité de commerce avec le Brésil, et nous savons en effet que des commissaires anglais sont en ce moment chargés de cette mission.

Ainsi, la mesure soumise au Parlement était celle-ci :

Sucre colonial, 24 sh. — Sucre-libre étranger, 34 sh. — Sucre-esclave étranger, 63 sh.

Le premier amendement fut proposé par lord John Russel. Il tendait à faire disparaître la distinction entre le sucre-libre et le sucre-esclave; en d'autres termes, il proposait 24 sh. pour le sucre colonial, et 34 pour le sucre étranger, de toutes provenances.

Cet amendement fut repoussé par 197 voix contre 128.

Un second amendement fut présenté par M. Ewart, membre de la Ligue. En harmonie avec les doctrines de cette puissante association, il n'allait à rien moins qu'à la suppression de tous droits différentiels, non point entre le sucre-libre et le sucre-esclave, mais entre le sucre colonial et le sucre étranger. En un mot, M. Ewart proposait le droit de 24 sh. pour tous les sucres, sans distinction d'aucune espèce.

Les Ligueurs ne pouvaient espérer de faire triompher leurs vues, mais ils voulaient une discussion de principes; et en effet, dans cette séance mémorable, les principes de la liberté absolue, les vices du système colonial furent exposés avec une grande force par MM. Ewart, Bright, Cobden, Roebuck et Warburton.

Cependant l'amendement fut repoussé par 259 voix contre 36.

Enfin est venu le captieux amendement de M. Philips Miles, député de Bristol, qui a un moment ébranlé le cabinet tory. Voici cet amendement :

Sucre colonial, 20 sh. — Sucre-libre étranger, d'une certaine qualité, 30 sh. (*brown, muscovado or clayed*). — Sucre-libre étranger, d'une autre qualité, 34 sh. (*white clayed or equivalent*).

Cet amendement était parfaitement calculé pour jeter le trouble dans toutes les dispositions de la Chambre des communes. Il laissait à la protection une marge de 10 sh. dans un cas, et de 14 dans l'autre. Il pouvait plaire aux *free-traders*, car il paraissait abaisser le niveau général des droits de tous les sucres, même coloniaux. Il devait convenir aux monopoleurs qui le mettaient en avant, sachant bien que dans la pratique il leur donnerait une prime de 14 sh.; presque tout le sucre qui s'importe en Angleterre étant de cette qualité spéciale soumise au droit de 34 sh.

Aussi cet amendement passa-t-il à la première épreuve.

Mais la confusion fut bien plus grande encore lorsque le ministère vint déclarer qu'il se retirerait si la Chambre persistait dans sa résolution.

On comprend facilement que *l'esprit de parti* vint s'attacher beaucoup plus à la question de cabinet qu'à la question des sucres.

Par le fait, l'une et l'autre étaient à la disposition de la Ligue. Disposant de plus de cent voix, elle pouvait à son gré faire pencher la balance en faveur des whigs ou des torys. Chacun avait les yeux fixés sur les Ligueurs.

Quelle fut pourtant leur conduite? Quoique naturellement plus portés pour Russell que pour Peel, ils se mirent à étudier la question, abstraction faite de tout esprit de parti, de toute combinaison parlementaire et ministérielle, et au seul point de vue *de la liberté commerciale*. Ils crurent que la proposition du gouvernement était plus *libérale* que celle de M. Miles. Ils repoussèrent l'amendement et le ministère Peel fut maintenu.

On a beaucoup reproché aux ligueurs cette conduite. On

a dit qu'ils avaient sacrifié à une simple question d'argent une grande révolution ministérielle, qui aurait plus tard profité au principe de là liberté commerciale.

Le remarquable discours prononcé par M. Cobden au meeting de la Ligue du 19 juin, fera connaître les motifs de l'association, et initiera le lecteur à cet esprit nouveau qui surgit en Angleterre, et qui étouffera jusqu'aux derniers restes du fléau destructeur qu'on nomme : Esprit de parti.

Séance du 19 juin 1844.

M. Cobden est reçu avec enthousiasme par une assemblée des plus nombreuses et des plus distinguées qui ait jamais assisté aux meetings de Covent-Garden. Quand le silence est rétabli, il s'exprime en ces termes :

Monsieur le président, ladies et gentlemen, je viens d'apprendre que le docteur Bowring, que vous espériez entendre ce soir, avait été inévitablement forcé de s'absenter. Je me présente donc pour remplir la place qu'il a malheureusement laissée vide. Des sujets nouveaux sur notre grande cause me feraient défaut peut-être, si, devenue prédominante dans tout le pays, elle ne présentait chaque semaine quelque phase nouvelle pour servir de texte à nos entretiens. Gentlemen, la semaine dernière, nous avons eu deux discussions à la Chambre des communes, et si l'esprit de parti n'avait pas mis de côté la pauvre économie politique, cette assemblée serait devenue une grande école bien propre à instruire le public sur une matière qui, je crois, n'est pas suffisamment comprise. Je veux parler de ce qu'on nomme *Droits différentiels*. (Écoutez! écoutez!) Malheureusement, aux deux côtés de la Chambre, plusieurs personnages au lieu de ne voir dans le débat que 4 sh. de plus ou de moins à accorder à la protection du sucre, se sont persuadés qu'il s'agissait de places, de pouvoir, d'influence à conquérir pour eux-mêmes. (Écoutez! écoutez!) La vraie question a été ainsi absorbée dans des récriminations, des invectives, des reproches rétrospectifs, à l'occasion d'actes qui remontent à 1835. En un mot, ceux qui sont en dehors comme ceux qui sont au dedans du pouvoir, paraissaient sous l'influence d'une seule cause d'anxiété, savoir, si les uns chasseraient les autres et se mettraient à leur place. (Applaudissements.) Ladies et gentlemen, cette enceinte est aussi une école d'économie politique et si vous le permettez, je vous donnerai une leçon sur le sujet qui était le vrai texte du débat à la Chambre des communes, et qui a été étouffé, au grand détriment de l'intérêt public, par d'autres matières, selon moi, beaucoup moins importantes. Je voudrais que le pays comprît bien la signification de ces expressions : *Droits différentiels* ; et je crois pouvoir en donner une explication si simple, qu'après l'avoir entendue, un enfant sera en mesure de faire à son tour la leçon à son vieux grand-père auprès du foyer. — Vous savez que le marché de Covent-Garden, où se vendent les légumes pour la consommation de la métropole, appartient au duc de Bedfort. — Je supposerai qu'un certain nombre de jardiniers, propriétaires d'une étendue limitée de terrain dans le voisinage, par exemple, la paroisse de Hammersmith, décident le duc de Bedfort à établir un droit de 10 sh. par charge sur tous les choux qui viendront des environs, comme Battersea et autres paroisses, en exceptant celle de Hammersmith. Quelle serait la conséquence ? Comme la paroisse à laquelle serait conféré le privilége ne produit pas assez de choux pour la consommation de la métropole, les jardiniers de Hammersmith s'abstiendraient de vendre jusqu'à ce qu'ils pussent obtenir le même prix que ceux de Battersea, lesquels ayant à payer 10 sh. au duc de Bedfort, ajouteraient naturellement le montant de ce droit au prix naturel de leurs légumes. Que résulterait-il donc de là ? Le voici : le noble duc de Bedfort recevrait 10 sh. par charge pour tous les choux venus de Battersea ou d'ailleurs. — Les jardiniers de Hammersmith vendraient aussi à 10 sh. plus cher qu'autrefois, et n'ayant pas à payer le droit, ils l'empocheraient ; quant au public, *il paierait* 10 *sh. d'extra, sur les choux de toutes les provenances.*

Supposons maintenant que le noble duc a besoin de tirer

de ses choux un peu plus de revenu, et que voulant néanmoins continuer à favoriser les jardiniers de Hammersmith, il propose de prélever sur leurs choux une taxe de 10 sh., mais en même temps de porter à 20 sh. le droit sur les choux de Battersea et d'ailleurs. Voyons l'effet de cette mesure. Comme dans le cas précédent, les hommes de Hammersmith tiendront la main haute, jusqu'à ce que le prix des choux soit fixé par les jardiniers de Battersea qui ont à payer un droit de 20 sh. tandis que leurs concurrents ne paient que 10 sh. De quelle manière ces combinaisons affecteront-elles le public? — Il paiera 20 sh. au delà de la valeur naturelle sur tous les choux qu'il achètera. Le duc de Bedfort recouvrera la totalité du droit de 20 sh. sur les choux de Battersea, il recouvrera aussi 10 sh. sur ceux de Hammersmith et les jardiniers de Hammersmith empocheront les 10 autres shellings. Mais quant au public il paiera dans tous les cas une taxe de 20 sh.

Quelque temps après, les jardiniers de Hammersmith désirent avoir un peu plus de monopole. En ayant goûté les douceurs, ils veulent y revenir, cela est bien naturel (rires); et, en conséquence, ils s'assemblent et mettent toutes leurs ruses en commun. Ils ne jugent pas à propos de réclamer du duc de Bedfort un nouvelle aggravation de droits sur les choux de Battersea, parce que la mesure serait extrêmement inpopulaire. Ils imaginent d'élever ce cri: *Les choux à bon marché!* et disent au noble propriétaire de Covent-Garden: « Réduisez le droit sur les choux de Hammersmith de 10 à 6 sh., laissant la taxe sur ceux de Battersea telle qu'elle est maintenant à 20 sh. »

Revêtus du manteau du patriotisme, ils s'adressent à lord John Russell et le prient d'intervenir auprès de son frère, le duc de Bedfort, afin qu'il adopte cette admirable combinaison. Le noble duc, que je suppose un homme avisé, réplique : Votre devise : *les choux à bon marché*, n'est qu'un prétexte pour cacher votre égoïsme. — Si je réduis votre taxe de 4 sh., laissant celle de Battersea à 20 sh. comme à présent, vous continuerez à vendre vos choux au même prix que vos concurrents, et le seul résultat, c'est que je perdrai 4 sh. que vous empocherez, et le public paiera précisément le même prix qu'aupa-

ravant. (Applaudissements.) Mettez le mot « sucre » à la place
du mot « chou » et vous aurez une complète intelligence de la
motion récemment proposée par nos anciens adversaires, les
planteurs des Indes occidentales. (Écoutez! écoutez!) Le gouvernement avait proposé de fixer le droit sur le sucre étranger à
34 sh. et le sucre colonial à 24 sh., c'était donner au producteur de ce dernier un *extra-prix* de 10 sh., parce que, comme
dans l'hypothèse des choux de Hammersmith, les fournitures
des colons sont insuffisantes pour notre marché, et ils ne ven-
dront pas une once de leur sucre jusqu'à ce qu'ils retirent le
même prix que les planteurs de Java, lesquels, sur ce prix, ont
à payer un droit de 10 sh. plus élevé que nos colons. Voyons à
combien monte ce droit *protecteur ?* Nos colonies fournissent,
en nombre rond, à ce pays, environ 4,000,000 quintaux de
sucre ; 10 sh. par quintal, sur cette quantité, cela fait bien, si
je sais compter, 2 millions sterling. Cette somme immense,
c'est la prime, ou, comme on l'appelle, la *protection* que le gouvernement propose d'accorder aux planteurs des Indes occidentales. Gentlemen, quelle a été la conduite des *free-traders*
par rapport à ce monopole? Nous avons mis en avant une motion pour l'égalisation des droits sur tous les sucres, afin que
tous les producteurs de sucre payassent une taxe égale, sous
forme de droit, à la reine Victoria, et qu'il ne fût permis à
aucun de mettre une portion de cette taxe dans sa poche.
(Bruyants applaudissements.) Nous avons soutenu cette proposition à la Chambre des communes, et bien que, à ce que je
crois, nous les ayons indubitablement battus par les arguments,
ils nous ont battus par les votes. Est venu alors l'amendement
de M. Miles, qui proposait un droit de 20 sh. sur le sucre colonial, et 30 sh. sur le sucre étranger. Mais en même temps, introduisant dans sa mesure une distinction omise dans le projet
du gouvernement, il voulait que tout sucre étranger, d'une
espèce particulière appelée *white-clayed*, payât 34 sh. — Je suis
informé qu'un grand nombre de personnes, même dans cette
capitale éclairée, pensent que les *free-traders* ont eu tort de
résister à l'amendement de M. Miles. (Écoutez !) D'abord, un
fort soupçon, pour ne rien dire de plus, s'attachait à l'origine

de cette proposition ; cependant, je ne la juge pas d'après cette circonstance. Les planteurs des Antilles se plaignaient de ce que la motion de sir Robert Peel causait leur ruine, et c'est pourquoi ils lui opposaient l'amendement de M. Miles. Il y a pourtant des gens assez bénévoles pour croire que cette dernière mesure est moins protectrice que la première. Mais ne jugeons pas sur l'apparence; n'apprécions pas la mesure par le caractère de ceux qui la proposent, mais examinons-en la portée et la tendance réelle. La réduction de 4 sh. sur le sucre colonial embrasse tout le sucre colonial , quelle qu'en soit la qualité. La réduction de 4 sh. sur le sucre étranger, c'est seulement la réduction sur une certaine qualité de sucre étranger. Recherchons donc quelle est la nature du sucre étranger que l'on excepte de cette réduction et sur lequel le droit de 34 sh. continuera à être prélevé, car c'est là qu'est toute la question. Les hommes qui ne sont pas versés dans le commerce du sucre, ne sont que des juges fort incompétents du mérite et des effets de l'exception proposée. Quelques-uns d'entre nous, *free-traders*, nous avons pensé qu'il valait la peine d'aller aux informations dans la cité, pour savoir enfin ce que c'était que ce *clayed sugar*, qui nous vient de pays étrangers. Nous avons cru que nous n'avions rien de mieux à faire, et, en conséquence, nous avons consulté une vingtaine de raffineurs et de marchands parmi lesquels, etc...

M. Cobden cite ici l'opinion d'un grand nombre d'hommes spéciaux qui s'accordent à dire que cette qualité de sucre étranger (*white clayed*), qui est exceptée par l'amendement de M. Miles du bénéfice de la réduction de 4 sh., forme en ce moment et formera en toutes circonstances les trois quarts de l'importation étrangère.

D'après cela, messieurs, je n'hésite pas à déclarer que l'amendement de M. Miles n'était autre chose qu'un piége tendu aux *free-traders* inattentifs. (Écoutez ! écoutez!) Je n'accuse pas M. Miles d'être l'inventeur ou le complice de cette déception calculée. Mais je crois que ce plan artificieux a été combiné à

Minenglane par des hommes qui savaient très-bien ce qu'ils faisaient, et qui espéraient enlacer les *free-traders* de la Chambre des communes dans leurs spécieux artifices. Quel eût été l'effet de l'amendement s'il eût été adopté? Le droit sur le sucre colonial eût été abaissé de 24 à 20 sh. La grande masse de sucre étranger eût payé 34 sh. Ainsi, la prime de protection en faveur des intérêts coloniaux eût été de 14 sh. au lieu de 10 que leur accorde la proposition ministérielle. (Écoutez! écoutez!) Cependant il y a des hommes simples qui nous disent : « Pourvu que l'amendement Miles nous fasse obtenir le sucre à meilleur marché, quel mal y a-t-il à ce que les planteurs y trouvent aussi quelque avantage? » Mais le fait est qu'il ne nous fera pas avoir le sucre à meilleur marché. Une réduction de 4 sh. sur le sucre colonial se bornerait à faire passer une certaine somme du revenu public dans la poche des monopoleurs. 4 sh. sur 4,000,000 quintaux qui viennent annuellement de nos colonies, équivalent à 800,000 l. st. qui seraient enlevées à l'échiquier national et que vous vous verriez contraints d'y restituer par quelque autre impôt. Prenez bien garde à ceci : le revenu public et le revenu national naviguent dans la même barque; les monopoleurs sont dans une autre, et si vous ôtez au revenu public pour donner au monopole, il faut vous soumettre à des taxes nouvelles. Qu'est-ce que le plan de M. Miles? Rien autre chose que l'absorption par les monopoleurs d'un revenu destiné à la reine Victoria, c'est le renouvellement de mesures qui nous ont déjà conduits à l'*income-tax*. (Approbation.) Il y en a qui disent que la somme ainsi distraite de l'Échiquier est insignifiante. Mais il faut se rappeler qu'il s'agit de 800,000 liv. st. par an, et que cette somme à 4 pour 0/0 répond à un capital de 20 millions de liv. st. Ainsi la proposition de M. Miles revient à ceci, ni plus ni moins : Prendre, pour la seconde fois, 20 millions dans les poches du public pour les livrer aux intérêts coloniaux. J'ai dit à mes amis et je répète ici, — car je reconnais à certains signes qu'il y en a parmi vous qui ont été dupes de cette proposition insidieuse, — je répète qu'une réduction de droit sur le sucre colonial ne fera pas baisser le sucre d'un farthing tant que le droit sur le sucre étranger restera le même. — Et puisqu'on nous a annoncé qu'à une époque très-prochaine, probablement dans un an, il y aurait un changement profond dans les droits sur le sucre, profitons du temps pour bien apprendre d'ici là notre leçon et savoir ce que c'est que les *droits différentiels* ; et si nous parvenons à en bien faire comprendre au public la vraie nature, soyez certains qu'en février prochain, il n'est pas de ministère qui ose les proposer. (Applaudissements.) Je vous répète encore que si le gouvernement venait à effacer radicalement le droit sur le sucre colonial, laissant subsister le droit actuel sur le sucre étranger, vous n'en paieriez pas votre sucre un farthing de moins. Vous ne pouvez obtenir cet article à meilleur marché qu'en augmentant la quantité importée. Il n'y a pas d'autre moyen d'abaisser le prix des choses que d'en accroître l'offre, la demande restant la même. Ainsi, le seul résultat de l'abolition totale du droit sur le sucre colonial serait de transférer quatre ou cinq millions par an du trésor public aux monopoleurs, somme que vous auriez à restituer à l'Échiquier par un autre *income-tax*. Que ces questions soient enfin bien comprises, que le public y voie ce qu'elles renferment ; et nous en aurons bientôt fini avec toutes ces impositions infligées au peuple dans des intérêts privés, sous forme de droits différentiels. Quand les colons viennent au Parlement et proposent « la protection » comme le remède à tous leurs maux, enquérons-nous du moins si ce système de protection profite même à ceux qui le réclament. Eh quoi ! j'ai vu les honorables gentlemen, propriétaires aux Indes occidentales, se lever à la Chambre des communes, pleurer sur leur détresse et celle de leur famille. « Nous sommes ruinés, disaient-ils ; notre propriété est sans valeur ; au lieu de tirer du revenu de nos domaines, nous sommes forcés d'envoyer d'ici de l'argent pour leur entretien. » Et dans quelles circonstances les frappe cette détresse ? Dans un moment où ils jouissent d'une protection illimitée ; où ils sont affranchis de toute concurrence étrangère : car vous ne pouvez acheter du sucre à nul autre qu'à eux qu'en vous soumettant au droit de 64 sh. qui équivaut à une prohibition. Si ce système de monopole ne les a pas mis en état de soutenir avantageusement

leur industrie; s'ils déclinent et tombent sous une telle protection, cela ne prouve-t-il pas qu'ils sont dans une mauvaise
voie, et que ce système, si onéreux pour les consommateurs, n'a
pas eu les résultats qu'en attendaient ceux-là même en faveur
de qui il nous fut imposé? Il faut voir les choses sous leur vrai
jour. Mon honorable ami M. Milner Gibson, dans sa manière
ingénieuse, disait une chose bien juste. Au lieu d'envelopper
subrepticement des primes aux monopoleurs, dans un acte du
Parlement qui a pour but ostensible d'allouer des subsides à la
couronne, votons séparément ces subsides, et si les colons ont
de justes droits sur nous à faire valoir, qu'ils les établissent
clairement, et accordons-leur aussi séparément ce qui leur est
légitimement dû. Mais dès qu'ils se présenteront devant nous
dans cette nouvelle attitude, nous aurons à pousser notre enquête au delà du fait matériel de leur détresse. Il faudra savoir
s'ils ont convenablement géré leurs propriétés. Quand un
homme réunit ses créanciers, et leur déclare qu'il ne peut faire
honneur à ses engagements, ils s'enquièrent naturellement des
habitudes de cet homme, et ils examinent s'il a conduit ses
affaires avec prudence et habileté. Nous poserons quelques
questions semblables aux planteurs des Antilles, si vous le
voulez bien. Je dis qu'ils sont au-dessous de leurs affaires, parce
qu'ils les ont dirigées sans habileté et sans économie. Je me
rappelle avoir traversé l'Atlantique, il y a sept ans, avec un
voyageur très-éclairé et qui avait parcouru toutes les régions
du globe où croît la canne à sucre; il me disait : « Il y a entre
la culture et la fabrication du sucre, dans nos colonies occidentales, et celles des pays qui ne jouissent pas du même monopole, autant de différence qu'il peut y en avoir entre vos filatures
actuelles et celles dont vous faisiez usage en 1815. » Donc, s'il
en est ainsi, je dis : Arrière cette tutelle de la protection qui
rend paresseux et impotents ceux qui s'endorment sous son influence. Mettez ces colons sur le pied d'une loyale et parfaite
égalité avec leurs concurrents, et qu'ils luttent pour eux-
mêmes, sans faveurs et à armes égales, comme nous sommes
obligés de le faire nous-mêmes. Gentlemen, j'ai exposé devant
vous les motifs qui m'ont déterminé à voter contre l'amende-

ment de M. Miles. Je vous avouerai franchement que je ne me suis pas douté du piége qu'on nous tendait jusqu'à vendredi matin, c'est-à-dire jusqu'au jour même du vote. Le jeudi encore, j'étais décidé à l'adopter, m'imaginant, simple que j'étais, que quelque chose de bon pouvait venir de l'honorable représentant de Bristol. (Rires.) Je veux croire, je ne doute même pas que plusieurs *free-traders*, et des plus ardents, ont voté pour l'amendement sous l'influence du même malentendu qui me l'aurait fait accueillir moi-même, si le débat eût eu lieu la veille du jour où les informations me sont parvenues. Mais, messieurs, si les *free-traders* ont été égarés de bonne foi, nous ne devons pas nous dissimuler que d'autres personnages, dans la Chambre des communes, n'ont vu en tout ceci qu'une question de parti. (Écoutez! écoutez!) Je vois bien que les journaux, organes de ces partis, sont très-mécontents de ce que nous, qui avons en vue des principes et non des combinaisons de partis et des desseins factieux, nous avons refusé d'accueillir un amendement pire que la mesure, déjà assez mauvaise, de sir Robert Peel, alors que, par ce moyen, nous pouvions contribuer à arrêter le char politique. (Approbations.) Je ne vois pas, dans ces opérations du Parlement, une occasion de lutte pour les partis. Je n'ai jamais émis au Parlement un vote factieux, et j'espère que je ne le ferai jamais. (Acclamations.) Je cherche à obtenir le mieux possible. Je ne proposerai jamais une mesure mauvaise, je n'appuierai jamais le pire quand le mieux se présentera. Mais alors même que je serais un homme de parti ; quand je serais disposé à ne voir cette question que dans ses rapports avec la tactique des partis, et à travers le prisme de l'opposition, que devrais-je encore penser de la sagesse de cette tactique en cette occasion? Voici une coalition. — Et quelle coalition? — J'ai entendu dire à des hommes raisonnables que nous verrions bientôt une coalition dans la Chambre des communes ; qu'il y a 250 membres des plus modérés sur les bancs des Torys, et 100 membres des plus conservateurs du côté des Whigs, dont les vues politiques sont maintenant si près d'être homogènes, qu'ils pourraient siéger côte à côte sous la conduite du même chef, si ce n'était la difficulté de concilier les prétentions personnelles. Il est des gens qui pensent qu'il y a du bon sens et de la politique dans une coalition de cette nature. Mais quelle sorte de coalition était celle de lundi dernier, entre les libéraux d'un côté et les ultra-monopoleurs de l'autre, entre lord John Russell avec ses Whigs et lord John Manners avec sa « jeune Angleterre? » Si l'esprit de faction n'aveuglait pas les hommes; s'il ne les empêchait pas de voir plus loin que leur nez, ne se demanderaient-ils pas à quoi cela peut mener? En admettant que cette combinaison réussît à renverser leur rival, où les conduirait-elle eux-mêmes? au premier vote, on verrait une majorité, composée de tels ingrédients, se dissoudre et se transformer en une impuissante minorité. Et qu'en résulte-rait-il pour sir Robert Peel? Supposez que la reine envoie chercher lord John Russell et lui demande de former un cabinet, quel conseil donnerait lord John à Sa Majesté? Probablement d'envoyer quérir sir Robert de nouveau.

Pense-t-on qu'avec une majorité de 90 voix, dans toutes les questions politiques, sir Robert peut être dépossédé par d'aussi misérables manœuvres? Si les partis se balançaient à peu près, s'ils présentaient les mêmes forces à 10 ou 20 voix près, il y aurait peut-être ouverture à cette tactique des partis. Mais, avec une majorité de 90 à 100 voix du côté de sir Robert Peel, comment de telles intrigues porteraient-elles ses adversaires au pouvoir? Non, non, le moyen d'arriver au pouvoir, si tant lord John Russell et les Whigs le désirent, ce n'est pas de s'associer, au mépris des principes, avec les ultra-monopoleurs; cette tactique ne réussirait pas, même en France, où les hommes politiques sont moins scrupuleux qu'en Angleterre, et moins retenus par le contrôle éclairé de l'opinion publique; mais si ce noble lord veut arriver au pouvoir, qu'il déploie sa force au dehors, afin d'accroître son influence dans la Chambre des communes. (Acclamations.) Et quel est pour lui, comme pour tout homme politique, le moyen d'acquérir du crédit au dehors? Ce n'est point de faire obstacle à cette liberté commerciale qu'il fait profession d'admettre en principe, mais, au contraire, d'adhérer étroitement à ce principe, prêt à s'élever ou à tomber avec lui. Je suis fâché de dire que telles sont les idées des deux grands partis parlementaires, — je veux parler des Whigs et des Torys, — que le peuple ne se soucie guère de l'un plus que de l'autre, (écoutez! écoutez!) et je crois vraiment qu'il les vendrait tous les deux pour une légère réduction de taxes et de prohibitions. (Rires.) Gentlemen, la Ligue, au moins en ce qui me concerne, n'appartient à aucune de ces deux factions. Ni les Whigs, ni les Torys ne sont des *free-traders* pratiques. Nous ne tenons encore aucun gage du chef des Whigs non plus que du chef des Torys, duquel nous puissions inférer qu'il est prêt à pousser à bout le principe de la liberté des échanges. Nous avons bien entendu de vagues déclarations, mais cela ne peut nous suffire, et il nous faut des *votes* à l'appui. On trouve toujours quelque prétexte pour continuer la protection du sucre et quelque justification en faveur de la protection du blé. Tant que nous n'aurons pas amené l'un ou l'autre parti politique à embrasser, sans arrière-pensée, la cause de la liberté contre celle de la protection, qui n'est que le pillage organisé, je ne crois pas que la Ligue, comme Ligue, agirait avec sagesse et politique, si elle s'identifiait avec l'un des deux. Gentlemen, mon opinion est, qu'encore que nous soyons isolés comme corps, pourvu que nous soyons un corps, nous aurons plus de force à la Chambre et dans le pays, quoique privés de la force numérique, que si nous nous laissions absorber par les Wihgs ou les Torys. (Acclamations.) Je vois la confusion des partis et le chaos dans lequel tombent les factions politiques; je ne m'en afflige pas. Mais je dis : Formons un corps compacte de *free-traders*, et plus sera grande la confusion et la complication entre les Whigs et les Torys, plus tôt nous réussirons à faire triompher notre principe. (Applaudissements enthousiastes.)

Le révérend T. Spencer : Monsieur le président, ladies et gentlemen, comme vous tous, j'ai écouté avec le plus grand intérêt le discours de M. Cobden, et je me réjouis de voir l'esprit de parti tomber enfin dans le discrédit; je me réjouis de penser que bientôt disparaîtront les vaines dénominations de Whigs et de Torys. J'espère, — et il y a longtemps que je nourris cette espérance, — que sur les ruines de ces partis, il s'en élèvera un troisième que le peuple appellera le *parti de la justice* (bruyants applaudissements), parce qu'il n'aura d'autre règle que la justice, non justice pour quelques-uns, mais justice pour tous (acclamations) ; parce qu'il ne favorisera pas la classe riche, ou la classe pauvre, ou la classe moyenne, mais qu'il tiendra la balance égale, faisant ce qui est bien et ce qui est droit, en tout temps et en toutes circonstances. (Acclamations.) J'espère voir en même temps changer l'esprit des journaux. Au lieu d'être calculés et écrits pour égarer le public, ou pour acquérir de la popularité ; au lieu d'en appeler constamment aux passions ; au lieu de ces vieux journaux Whigs et Torys, j'espère voir les *journaux de la Vérité*, constater les événements sans chercher à les colorer, enregistrer les faits tels qu'ils sont (applaudissements), de manière à ce que le peuple puisse croire ce qu'il lit, ce qu'il ne peut faire maintenant, obligé qu'il est, pour arriver à la vérité, de lire les journaux de tous les partis et de juger entre eux. (Acclamations.) Comme prêtre de l'Église d'Angleterre, je dois me défier de ma propre opinion quand je vois la grande majorité du clergé penser autrement que moi en matière politique. Cependant, il n'est pas impossible que la minorité ait raison. On a vu la vérité soutenue par le petit nombre, et même un homme rester seul debout ; et en tous cas penser pour soi-même est le droit de chacun. Il s'agit de savoir de quel côté est la vérité et non de quel côté est le nombre. (Approbation.) Je suis fâché d'être, à cet égard, de l'avis de l'évêque Butler, qui disait : « La plupart des hommes pensent par les autres, » je ne veux rien dire qui s'écarte du respect que je dois à mes semblables, mais je crois que le prélat avait raison, et que beaucoup d'hommes sont moralement, sinon physiquement, indolents. Ils n'aiment pas à étudier, à travailler, à penser, et même quand ils lisent, ils font souvent, comme il disait encore : « acte de paresse. » Nous les voyons dévorer un roman, — cela n'est pas une étude ; — ou parcourir un journal, — il n'y a pas là travail intellectuel, investigation, recherche de la vérité. C'est ainsi qu'on se charge la mémoire, qu'on se bourre l'esprit, jusqu'à ce qu'un accès d'indigestion vide l'un et l'autre ; car, permettez-moi de vous le dire, rien n'affaiblit plus la mémoire que ces immenses lectures que la méditation ne transforme pas, par

le travail intime de l'assimilation, en la substance même de
notre esprit. J'attribue le premier obstacle que rencontre la
Ligue à ce défaut de *pensée* de la part du peuple. La Ligue est
obligée de penser pour lui. Il est comme ces hommes qui aban-
donnent leur santé au médecin, leurs domaines à l'intendant,
leurs discussions à l'avocat et leur âme au prêtre. (Rires et applaudissements.) Ils ne suivent pas l'Écriture, car elle dit :
Examinez, et eux disent : « Qu'un autre examine pour moi .»
(Rires.) C'est ainsi qu'ils se déchargent de toute responsabilité
et ne font rien que par procuration. (Nouveaux rires.) Mais
aussitôt que le peuple de ce pays voudra penser par lui-même,
— surtout quand il examinera par lui-même ce que c'est que la
vraie religion, quand il comprendra qu'elle ne consiste pas en
de vaines simagrées, à montrer des figures allongées, à réciter
des prières et à chanter des psaumes, mais à mettre la rectitude
et la justice dans nos paroles et nos actions, alors la Ligue par-
courra le pays, recrutant tant de prosélytes, que ses triomphes
de quelques semaines effaceront ceux qu'elle doit à plusieurs
années de labeurs. (Applaudissements.) La seconde raison qui
empêche la Ligue de faire des progrès plus rapides, c'est que
parmi ceux-là même qui *pensent un peu* (et penser mène nécessairement au principe de la liberté commerciale), il en est beaucoup qui laissent à d'autres le soin d'*agir*. Ils disent : « Il n'est
pas nécessaire que je me donne tant de peine ; voilà M. Cobden (tonnerre d'applaudissements), voilà M. Cobden, il pour-
voiera à tout. Voilà notre représentant à la Chambre des communes ; c'est un brave homme, il parlera pour moi. Voici des
hommes qui tiennent des meetings et signent des pétitions.
Voici des agents salariés et d'autres qui ne le sont pas, et voici
la Ligue, et ses journaux, et ses pamphlets ; tout cela fait mer-
veille. A quoi bon dépenser mon temps, mes peines, mon argent, me faire des ennemis, négliger mes affaires ? Je m'en
rapporte anx autres. » (Applaudissements.) Voilà ce qui a
perdu plus d'une noble cause. (Cris : Écoutez !) L'homme
véritablement grand se dit : « *J'agirai*, fussé-je seul. Si les
autres négligent leur devoir, je ferai le mien, et quoique j'aie
foi dans la suprème intervention de la Providence, je tra-

vaillerai comme si elle n'aidait que ceux qui s'aident eux-mêmes. »

L'orateur traite ici la question de la liberté commerciale au point de vue religieux. Il cherche des autorités dans la Bible, dans le livre de prières, dans les opinions des sectaires les plus célèbres. Nous regrettons que le défaut de temps et d'espace ne nous permettent pas de reproduire cette argumentation si étrange pour des oreilles françaises, et si propre à initier le lecteur dans le génie de la nation britannique. De la prière pour obtenir la pluie, l'orateur conclut que l'Église demande l'abondance, ce qui est le but de la liberté commerciale. La prière en faveur du Parlement lui fournit l'occasion d'interpeller sir Robert Peel. « O Dieu, dit cette prière, faites que tout s'ordonne et s'arrange par les efforts du Parlement sur la base la plus solide, afin que la paix et le bonheur, la vérité et la justice, la religion et la piété règnent parmi nous jusqu'à la dernière génération. » — Or, sir Robert a reconnu que la plus solide base du commerce était de laisser « chacun acheter et vendre au marché le plus avantageux; » d'où l'orateur tire cette conséquence que, puisque sir Robert Peel ne donne pas la liberté au commerce, il ne peut honnêtement faire la prière du dimanche.

Il aborde ensuite la question à l'ordre du jour, la distinction entre les deux sucres. Comme on devait s'y attendre, il déploie un grand luxe d'érudition biblique pour démontrer que le gouvernement n'a pas le droit d'imposer au consommateur une telle distinction; et malgré que tout semble avoir été dit par les précédents orateurs, M. Spencer ne laisse pas que d'opposer au projet du gouvernement une solide argumentation.

« Je suis convaincu, dit-il, que le maître que nous servons, notre Créateur, n'a pas entendu nous assujettir à examiner l'ori-

gine de toutes les choses dont nous nous servons. Ce livre
(montrant le livre de prières) est fait avec du coton produit par
le travail esclave. Dieu n'attend pas de nous que nous tremblions
à chaque pas, et ne nous imputera pas à péché l'usage de tels
objets. C'est pourquoi je pense que le gouvernement a tort de
s'emparer de telles idées, momentanément dominantes dans le
public, pour s'en faire des arguments de circonstance. Je ne
doute pas que chacun des membres qui composent le cabinet a
des idées plus justes ; mais ils ne veulent pas froisser les sentiments de ceux qui pensent différemment. Il est à regretter
que ce sentiment ait prévalu ; il est à regretter qu'il existe dans
l'esprit d'un grand nombre d'hommes honnêtes. Quand la pitié
et la charité prennent dans l'esprit la place de la justice, il en
résulte toutes sortes de méprises. Tout ce que je puis dire, c'est
que la Bible ne sanctionne pas cette substitution de la charité à
la justice. Elle dit : « Soyez justes, » et ensuite : « Aimez la pitié, »
fondez toutes choses sur la vérité, sur l'honnêteté, sur la loyauté,
sur l'équité ; payez ce que vous devez ; faites ce qui est bien, et
ensuite, si vous en avez les moyens, montrez-vous généreux (¹).
Et même encore la charité de la Bible n'est pas la charité moderne, — cette charité qui s'exerce aux dépens du public, —
qui dit aux hommes : « Soyez bien vêtus, bien chauffés, » en
ajoutant : « Adressez-vous à la paroisse ; » non, la charité de la
Bible est volontaire, et chacun la puise dans son cœur et dans
sa bourse. (Applaudissements.) Je vous raconterai un acte de
vraie charité dont j'ai eu hier connaissance. Un de mes amis
me racontait qu'il voyageait dans une voiture publique, de com-
pagnie avec un lord anglais, par une terrible nuit d'hiver. Il y
avait sur la voiture la femme d'un soldat et son enfant exposés
à une pluie battante et à un vent glacial. Le noble lord, dès
qu'il apprit cette circonstance, et malgré que le voyage fût long,
établit la femme du soldat et son enfant dans sa bonne place
de l'intérieur, et supporta pendant de longues heures les assauts

(¹) À l'époque où ce discours fut prononcé, le parti qui soutenait le
monopole des céréales et la cherté du pain, proposait une foule de
plans philanthropiques pour le soulagement du peuple.

d'une violente tempête. (Applaudissements.) Ce gentleman est
un noble *free-trader* dont le nom est·*Radnor*. (L'assemblée se
lève en masse et applaudit à outrance.) — Le principe que je
voulais établir devant vous est celui-ci : Quand la détresse règne
dans le pays, il ne faut pas se contenter, selon le système moderne, de replâtrer, de corriger, de rapiécer, il faut aller à la
source du mal et en détruire la cause.

Et ailleurs :

Je n'admets pas qu'on puisse revenir sans cesse sur une règle
solidement établie. Si un homme, par exemple, après avoir
examiné la Bible, s'est une fois assuré, par l'évidence intérieure
et extérieure, que ses pages sont pures et authentiques, il ne
peut être reçu à pointiller sur chaque expression particulière, et
il doit adhérer à sa conclusion générale et primitive. (Écoutez !
écoutez !) Chaque science prend pour reçus un certain nombre
d'axiomes et de définitions. Euclide commence par les établir.
Si vous les admettez à l'origine, vous devez les regarder comme
établis pendant tout le cours de la démonstration. De même,
sir Isaac Newton pose des exercices et des propositions simples
à l'entrée de son livre des *Principes*. Si nous les lui accordons
une fois, il ne faut pas, plus tard, faire porter la discussion sur
ce point. Il en est de même pour la liberté commerciale. Re-
connaissons-nous que la liberté d'échanger est un des droits de
l'homme ; que chacun est admis à tirer pour lui-même le meilleur parti de ses forces dans le marché du monde ; vous ne devez point ensuite dévier de ce principe à chaque occasion particulière. Vous ne pouvez plus dire au peuple ; « Tu n'échangeras
pas avec la Russie, parce que la conduite de son empereur envers les Polonais n'a pas notre approbation ; tu n'échangeras
pas avec tel peuple, parce qu'il est mahométan ; avec tel autre,
parce qu'il est idolâtre, et ne rend pas à Dieu le culte qui lui
est dû. » Le peuple anglais n'est pas responsable de ces choses.
Ma question est celle-ci : Sommes-nous tombés d'accord que la
liberté des échanges est fondée sur la justice ? Si cela est, ad-
hérez virilement à ce que vous avez une fois approuvé, soyez

conséquents et ne revenons pas sans cesse sur les fondements de cette croyance. (Applaudissements.)

Qu'il me soit permis de faire ici une réflexion. La question des sucres, telle qu'elle est posée en Angleterre, n'a pas pour le lecteur français un intérêt actuel. Nous n'en sommes pas à savoir si nous repousserons le sucre des Antilles comme portant la tache de l'esclavage. J'ai cru pourtant devoir citer quelques-uns des arguments qui se sont produits dans les meetings de la Ligue à ce sujet, et mon but a été principalement de faire connaître l'état de l'opinion publique en Angleterre. Nous autres Français, grâce à l'influence d'une presse périodique sans conscience, nous sommes imbus de l'idée que l'horreur de l'esclavage n'est point, chez les Anglais, un sentiment réel, mais un sentiment hypocrite, un sentiment de pure parade, mis en avant pour tromper les autres peuples et masquer les calculs profonds d'une politique machiavélique. Nous oublions que le peuple anglais est, plus que tout autre peuple, peut-être, sous l'influence des idées religieuses. Nous oublions que, pendant quarante ans, *l'agitation abolitioniste* a travaillé à susciter ce sentiment dans toutes les classes de la société. Mais comment croire que ce sentiment n'existe pas, quand nous le voyons mettre obstacle à la réalisation de la liberté commerciale, admise en principe par tous les hommes d'État éclairés du Royaume-Uni; quand nous voyons les chefs de la Ligue occupés, meeting après meeting, a en combattre l'exagération? A qui s'adressent tous ces discours, tous ces arguments, toutes ces démonstrations? Est-ce à nos journaux français qui ne s'occupent jamais de la Ligue et en ont à peine révélé l'existence? A qui fera-t-on croire que les monopoleurs, dans cette circonstance, se sont emparés, à leur profit, avec tant d'habileté d'un sentiment public qui n'existe pas?

On peut faire la même réflexion sur l'agitation commerciale. Nos journaux n'en parlent jamais, ou, s'ils sont forcés par quelque circonstance impérieuse d'en dire un mot, c'est pour y chercher ce qu'ils appellent le machiavélisme britannique. A les entendre, on dirait que tous ces efforts presque surhumains, tous ces discours, tous ces meetings, toutes ces luttes parlementaires et électorales, n'ont absolument qu'un but : tromper la France, en imposer à la France, l'entraîner dans la voie de la liberté pour l'y laisser plus tard marcher toute seule. Mais, chose extraordinaire, la France ne s'occupe jamais de la Ligue, pas plus que la Ligue ne paraît s'occuper d'elle, et il faut avouer que, si l'agitation n'a que ce but hypocrite, elle s'enferre niaisement, car elle aboutit à faire opérer en Angleterre même ces réformes qu'on l'accuse de redouter, sans faire faire un pas à notre législation douanière.

Quand donc en finirons-nous avec ces puérilités? Quand le public français se fatiguera-t-il d'être traité par la *Presse*, par le *Commerce*, par le comité *Mimerel*, comme une dupe, comme un enfant crédule, toujours prêt à se blesser, à s'avilir lui-même, pourvu qu'on fasse retentir à ses oreilles ces grands mots : la France, la généreuse France ; l'Angleterre; la perfide Angleterre? Non, ils ne sont pas Français ceux qui, par leurs sophismes, retiennent les Français dans une enfance perpétuelle; ils n'aiment pas véritablement la France, ceux qui l'exposent sciemment à la risée des nations et travaillent de tout leur pouvoir à abaisser notre niveau moral au plus bas degré de l'échelle sociale.

Que penserions-nous si nous venions à apprendre que, pendant dix années, la presse et l'opposition espagnoles, profitant de ce que la langue française est peu répandue au delà des Pyrénées, ont travaillé et sont parvenues à persuader au peuple que tout ce qui se fait, tout ce qui se dit en France, a pour but de tromper, d'opprimer et d'exploiter l'Espagne? que nos débats sur l'adresse, sur les sucres, sur les fonds secrets, sur les réformes parlementaire et électorale, ne sont que des masques que nous empruntons pour cacher, à l'égard de l'Espagne, les plus perfides desseins? si, après avoir excité le sentiment national contre la France, les partis politiques s'en emparaient, comme d'une machine de guerre, pour battre en brèche tous les ministères? Nous dirions : Bons Espagnols, vous êtes des dupes. Nous ne nous occupons point de vous. Nous avons bien assez d'affaires. Tâchez d'arranger les vôtres, et croyez que tout un grand peuple n'agit pas, ne pense pas, ne vit pas, ne respire pas uniquement pour en tromper un autre. Faites rentrer vos journaux et vos hommes politiques dans une autre voie, si vous ne voulez être un objet de mépris et de pitié aux yeux de tous les peuples.

La question est toujours de savoir ce qui vaut mieux de la liberté, ou de l'absence de liberté. Au moins ceux qui admettent que la liberté a des avantages, doivent-ils admettre aussi que les Anglais la réclament de bonne foi, et n'est-ce point une chose monstrueuse et décourageante d'entendre nos *libéraux* mettre à la suite l'une de l'autre ces deux phrases contradictoires : La liberté est le fondement de la prospérité des peuples. — Les Anglais travaillent depuis vingt ans à conquérir la liberté, mais avec la perfide arrière-pensée de nous la faire adopter pour la répudier eux-mêmes l'instant d'après? —Se peut-il concevoir une absurdité plus exorbitante?

Nous terminerons le compte rendu de cette séance par le discours de M. Fox, dont nous ne traduisons que l'exorde et la péroraison.

M. W. J. Fox : La motion que l'honorable M. Ch. Pelham Villiers doit proposer mardi prochain, pour l'abrogation des lois-céréales, marque le terme d'une autre année de l'*agitation* de la Ligue. C'est le moment de constater les progrès de notre cause ; et le résultat de cette motion fera connaître l'état de l'opinion du Parlement relativement à la liberté commerciale, comparée à ce qu'elle était l'année dernière. J'avoue que de ce côté je n'ai pas de grandes espérances. Le révérend ministre, qui m'a précédé à cette tribune, vous a fort à propos rappelé la prière qui se répète dans toute l'Angleterre pour la Chambre des communes. Mais avec quelque sincérité qu'elle soit offerte, je crains qu'elle soit à peu près aussi inefficace qu'une proposition qu'on faisait il y a quelques jours, dans un village agricole où les fermiers souffrent de cette sécheresse dont parlait M. Spencer. On invitait le curé à dire une prière pour demander la pluie. Il consulta un vieux fermier des environs et voulut savoir s'il acquiesçait à la requête de ses autres paroissiens : « Oh ! monsieur le curé, dit le fermier, dans mon opinion, il est inutile de prier pour la pluie tant que le vent soufflera du nord-est. » (Rires.) Et pour moi, je crains que les prières de l'Église ne soient aussi inefficaces à amener l'établissement de la liberté commerciale sur les bases de la justice et de la vérité, par l'intervention de la Chambre des communes , tant que les vents régnants y souffleront des froides et dures régions du monopole. (Applaudissements.) J'attends peu de chose, dans une question qui s'agite entre une classe et le public, d'une assemblée fondée et élue par cette classe. Le mal est dans les organes vitaux, et il ne faut rien moins qu'une régénération du corps législatif pour que des millions de nos frères puissent espérer justice, sinon charité, de ceux qui se sont constitués les arbitres de nos destinées. Il y a d'ailleurs des symptômes propres à modérer notre attente sur le vote prochain du Parlement. Je ne serais pas surpris que nos forces parussent être diminuées depuis le dernier débat, et je ne me laisserai pas décourager par un tel phénomène ; car il est à remarquer que toutes les fois que le parti whig a entrevu le pouvoir en perspective, des phrases et des expressions, que le progrès de cette controverse semblaient avoir vieillies, ne manquent pas de se reproduire ; et dans les récents événements parlementaires, il n'a pas plutôt aperçu la chance de supplanter le parti rival qu'on a vu la doctrine du *droit-fixe* reparaître dans ses journaux. (UNE VOIX : Ils ont le droit d'agir ainsi.) Sans doute, ils ont le droit d'agir ainsi ; ils ont le droit de faire revivre le droit-fixe comme vous avez le droit d'arracher un cadavre à la terre, si cette terre vous appartient. Mais vous, n'avez pas le droit de jeter cette masse de corruption au milieu des vivants et de dire : Ceci est l'un de vous; il vient partager vos travaux et vos privilèges. (Applaudissements.) Il n'y a pas encore bien longtemps, qu'au grand jour de la discussion publique le *droit-fixe* est mort, enseveli, corrompu et oublié pour toujours ; et il ne reparaît sur la scène que parce qu'un certain parti parlementaire croit avoir amélioré sa position et s'être ouvert une brèche vers le pouvoir. Mais au *droit-fixe* comme à l'échelle-mobile, la Ligue déclare une guerre éternelle. (Écoutez !) L'intégrité de notre principe répugne à l'un comme à l'autre. Nous ne transigerons jamais avec une taxe sur le pain, quel qu'en soit le mode, et nous les repoussons tous les deux, comme des obstacles divers qui viennent s'interposer entre les dons de la Providence et le bien-être de l'humanité.....

A propos des crises ministérielles que venaient d'occasionner coup sur coup la loi sur les sucres et le bill des dix heures, l'orateur s'écrie :

Des symptômes de nos progrès se révèlent dans la condition actuelle des partis qui nous sont hostiles. Où est cette phalange serrée qui se leva contre nous il y a deux ans ? Où est cette puissance qui, aux élections de 1841, balayait tout devant elle comme un tourbillon ? Divisée sur toutes les questions qui surgissent, tourmentée par une guerre intestine à propos d'un évêché dans le pays de Galles, à propos des chapelles des dissidents, à propos de la loi des pauvres, de celle du travail dans les manufactures, la voilà encore livrée à l'anarchie au sujet de la loi des sucres. (Applaudissements.) Les voilà ! Église orthodoxe contre Église modérée ; vieux Torys contre conservateurs modernes; vieille Angleterre contre jeune Angleterre. — Voilà la grande majorité dont sir Robert Peel a mis dix ans à amalgamer les ingrédients. (Rires et applaudissements.) L'état présent de la Chambre des communes est une haute leçon de moralité pour les hommes d'État à venir. Elle les avertit de la vanité des efforts qu'ils pourraient tenter pour former un parti sans un principe, ou, ce qui ne vaut guère mieux, avec une douzaine de principes antipathiques. Quand il était dans l'opposition, sir Robert Peel courtisait tous les partis, évitant, avec une dextérité merveilleuse, de se commettre avec aucun. Il leur donnait à entendre — confidentiellement sans doute — que la coalition tournerait à leur avantage. Il ne s'agissait que de déplacer les Whigs. Tout le reste devait s'ensuivre. Enfin la coalition a réussi ; et voilà qu'elle montre le très-honorable baronnet dans la plus piteuse situation où se soit jamais trouvé, à ma connaissance, un premier ministre d'Angleterre. Accepté seulement à cause de sa dextérité, nécessaire à tous, méprisé de tous, contrarié par tous, il est l'objet de récriminations unanimes, et les reproches dont il est assailli de toutes parts se résument cependant avec une écrasante uniformité par le mot : « Trahison..... »

C'était hier l'anniversaire de la bataille de Waterloo. Les guerriers qui triomphèrent dans cette terrible journée se reposent à l'ombre de leurs lauriers. Plusieurs d'entre eux occupent des positions élevées, et je désirerais que cette occasion leur suggérât l'idée de rechercher quelles furent les causes qui avaient affaibli la puissance sociale de Napoléon, longtemps avant que sa force militaire reçût un dernier coup sur le champ de Waterloo. Pour les trouver, je crois que, remontant le cours des événements, nous devrions revenir jusqu'au décret de Berlin qui déclara le blocus des îles Britanniques (1). Les lois naturelles du commerce, on l'a dit avec raison, le brisèrent comme un roseau. L'opinion s'était retirée de lui, sa politique

---

(1) M. **Fox** aurait pu s'étayer ici de l'opinion de Napoléon lui-même. En parlant du décret de Berlin, il dit : « La lutte n'est devenue périlleuse que depuis lors. J'en reçus l'impression en signant le décret. Je soupçonnai qu'il n'y aurait plus de repos pour moi, et que ma vie se passerait à combattre des résistances. » (*Note du traducteur.*)

avait perdu en Europe tout respect et toute confiance avant le prodigieux revers que ses armes subirent le 18 juin. Lui-même s'était porté le premier coup par les proclamations anti-sociales auxquelles je fais allusion. Eh bien! que ces guerriers, qui renversèrent alors le blocus de la Grande-Bretagne, y songent bien avant de s'unir à une classe qui s'efforce de la soumettre à un autre blocus. (Écoutez!) La loi-céréale, c'est un blocus. Elle éloigne de nos rivages les navires étrangers; elle nous sépare de nos aliments; elle nous traite en peuple assiégé; elle nous enveloppe comme pour nous chasser du pays par la famine. Le blocus que rompit le duc de Wellington ne portait pas les caractères essentiels d'un blocus plus que celui que nous impose le monopole; seulement le premier prétendait se justifier par une grande politique nationale, et le second ne s'appuie que sur les misérables intérêts d'une classe. Il ne s'agit plus de l'empire du monde, mais d'une question de revenus privés. (Applaudissements.) Ce n'est plus la lutte des rois contre les nations; il n'y a d'engagés que les intérêts des oisifs propriétaires du sol, et c'est pour cela qu'ils font la guerre, et c'est pour cela qu'ils renferment dans leur blocus les multitudes industrieuses et laborieuses de la Grande-Bretagne. (Applaudissements.) Le système du monopole est aussi anti-national que la politique commerciale de Napoléon était hostile aux vrais intérêts de l'Europe, et il doit s'écrouler comme elle. Il n'est pas de puissance, quels que soient ses succès passagers, qui puisse maintenir le monopole. Ce blocus nouveau aura aussi sa défaite de Waterloo, et la législation monopoliste son rocher de Sainte-Hélène, par delà les limites du monde civilisé. (Acclamations prolongées.) J'ai la confiance que les guerriers qui s'assemblèrent hier, contents de leurs triomphes passés, se réjouissent dans leur cœur de ce que l'occasion ne s'est plus offerte à eux de conquérir de nouveaux lauriers, et de ce que la paix n'a pas été rompue. Oh! puisse-t-elle durer toujours! (Ecoutez! écoutez!) Mais, soit qu'il faille assigner la cessation de l'état de guerre à l'épuisement des ressources des nations, — ce qui y est sans doute pour beaucoup; — ou au progrès de l'opinion, — et j'espère qu'elle n'y a pas été sans influence — (j'entends cette opinion qui repousse le recours aux armes dans les questions internationales, qui, avec de la bonne foi et de la tolérance, peuvent être amiablement arrangées); — quelles que soient ces causes, ou dans quelques proportions qu'elles se combinent, les principes qui sont antipathiques à la guerre sont également antipathiques au monopole. Si les nations ne peuvent plus combattre parce qu'elles sont épuisées, certainement, par le même motif, elles ne peuvent plus supporter le poids du monopole. — Si l'opinion s'est élevée contre les luttes de nation à nation, l'opinion se prononce aussi contre les luttes de classe à classe, et spécialement s'il s'agit pour les riches et les puissants de s'attribuer une part dans la rémunération des classes pauvres et laborieuses. (Applaudissements.) L'action de ces causes détruira, j'espère, l'un de ces fléaux comme elle a détruit l'autre. Leurs caractères sont les mêmes. Si la guerre appauvrit la société, si elle renverse le négociant des hauteurs de la fortune, si elle dissipe les ressources des nations, et si elle enfonce le pauvre dans une pauvreté de plus en plus profonde, le monopole reproduit les mêmes scènes et exerce la même influence. Si la guerre dévaste la face de la nature, change les cités en ruines, et transforme en déserts les champs que couvraient les moissons mouvantes, quelle est aussi la tendance du monopole, si ce n'est de faire pousser l'herbe dans les rues des cités autrefois populeuses, et de rendre solitaires et vides des provinces entières, qui, par la liberté des échanges, eussent préparé une abondante nourriture pour des milliers d'hommes laborieux, vivant sous d'autres cieux et dans des conditions différentes ? Si la guerre tue, si elle imbibe de sang humain le champ du carnage, le monopole aussi détruit des milliers d'existences, et cela après une lente agonie plus douloureuse cent fois que le boulet et la pointe de l'épée. Si la guerre démoralise et prépare pour les temps de paix les recrues du cachot, le monopole ouvre aussi toutes les sources du crime, le propage dans tous les rangs de la société, et dirige sur le crime et la violence la vengeance et le glaive de la loi. (Applaudissements.) Semblables par les maux qu'ils engendrent, minés par l'action des mêmes causes, condamnés pour la criminalité qui est en eux, par la même loi morale, je m'en remets au même plan providentiel de leur complète destruction. (Applaudissements enthousiastes.)

Nous ne pouvons pas nous dissimuler que *l'esprit de parti*, cette rouille des États constitutionnels, fait en France, comme en Angleterre, comme en Espagne, d'épouvantables ravages. Grâce à lui, les questions les plus vitales, les questions d'où dépendent le bien-être national, la paix des nations et le repos du monde, ne sont pas envisagées dans leurs conséquences et considérées en elles-mêmes, mais seulement dans leur rapport avec le triomphe d'un nom propre. La presse, la tribune, et enfin l'opinion publique, y cherchent des moyens de déplacer le pouvoir, de le faire passer d'une main dans une autre. Sous ce rapport, l'apparition au Parlement britannique d'un petit nombre d'hommes résolus à n'avoir en vue, dans chaque question, que l'intérêt public qui y est impliqué, est un fait d'une grande importance et d'une haute moralité. Le jour où un député français prendra cette position à la Chambre, s'il sait la maintenir avec courage et talent, ce jour-là sera l'aurore d'une révolution profonde dans nos mœurs et dans nos idées ; car, il n'est pas possible que cet homme ne rallie à lui l'assentiment et la sympathie de tous les amis de la justice, de la patrie et de l'humanité. Pleins de cette idée, nous espérons ne pas fatiguer inutilement le public en traduisant ici l'opinion d'un des organes de la presse anglaise, sur le rôle qu'ont joué les *free-traders* dans la question des sucres.

« Ce qu'il s'agissait de démêler, c'était de savoir laquelle des deux propositions, celle de R. Peel et celle de M. Miles, s'approchait pratiquement le plus des principes de la liberté commerciale. Et cette question, M. Miles la résolvait lui-même en fondant son amendement sur ce que le plan ministériel n'ac-

cordait pas une suffisante protection au monopole des planteurs
des Antilles. Dépouillée de ses artifices technologiques, elle était
calculée pour accroître la protection en faveur du sucre colonial, et nous ne pouvons pas comprendre comment une pareille
mesure aurait pu, sans inconséquence, recevoir l'appui de gens
qui font profession de dénoncer toute protection comme injuste,
et tout monopole comme funeste. »

« On dit que, selon les règles de moralité à l'usage des partis, le principe abstrait aurait dû céder devant les nécessités
d'une manœuvre, et que la proposition de M. Miles aurait dû
être soutenue, afin que sir R. Peel, perdant la majorité, fût
forcé de résigner le pouvoir ; on fait entendre que, dans la crise
ministérielle, les *free-traders* auraient sans doute obtenu des
avantages qu'on ne spécifie pas. Eh bien, même sur ce terrain
abject des expédients, et mettant de côté toute considération
de principe, nous sommes convaincus qu'en votant avec sir
R. Peel, les *free-traders* ont adopté la ligne de conduite non-
seulement la plus juste, mais encore la plus prudente qu'ils
pussent choisir dans la circonstance. Il est bien clair qu'une
majorité contre sir Robert Peel ne pouvait être obtenue que par
la coalition des partis. Mais voyons avec qui les *free-traders* se
seraient coalisés ? Il suffit de jeter les yeux sur la liste des membres qui ont voté avec M. Miles, pour s'assurer qu'elle présente
les noms des plus fanatiques monopoleurs de l'empire, des
plus désespérés adhérents au vieux système de priviléges en
faveur du sucre et des céréales, tels qu'ils existaient dans les
plus beaux jours des bourgs-pourris ; gens qui n'ont rien oublié
ni rien appris, pour qui le flot du temps coule en vain, et dont
les vœux non dissimulés sont le retour des vieux abus et la
restauration de la corruption électorale. — Quel principe commun unit ces hommes aux *free-traders*? Absolument aucun.
Leur concours fortuit n'eût donc été qu'une coalition en dehors
des principes, et l'histoire d'Angleterre a été écrite en vain, si
elle ne nous apprend pas que de telles coalitions ont toujours
été funestes au pays. C'est là qu'a toujours été la pierre d'achop-
pement des Whigs, et la raison qui explique pourquoi les
hommes d'État de ce parti n'ont jamais inspiré à l'opinion pu-

blique une pleine confiance dans l'honnêteté et la droiture de leur politique. La fameuse coalition de M. Fox avec lord North, qu'il avait si souvent dépeint comme quelque chose de pis qu'un démon incarné, fit reculer de plus d'un demi-siècle la cause de la réforme en Angleterre, et permit à notre oligarchie de nous plonger dans une guerre contre la France, dont les conséquences pèseront encore sur bien des générations futures. Dans le débat auquel donna lieu le traité de commerce avec la France, en février 1787, on vit M. Fox plaider formellement l'exclusion des produits français de nos marchés, se fondant sur ce que les Français étaient « nos ennemis naturels, » et qu'il fallait par conséquent éviter tout rapprochement commercial ou politique entre les deux nations. En se faisant, dans des vues spéciales et temporaires, le héraut de ce vieux préjugé, M. Fox rendit d'avance complétement inefficaces tous les efforts qu'il devait faire plus tard pour empêcher la guerre contre la France. De même, l'adoption temporaire de la bannière de la *protection* par les chefs des Whigs dans la question des sucres, les eût forcés, le jour où ils seraient arrivés aux affaires, à se mettre en état d'hostilité contre la liberté du commerce. — La récente coalition de lord John Russell avec lord Ashley, dont, pendant qu'il était au pouvoir, il avait traité les propositions de toute la hauteur de son mépris ([1]), est un autre exemple du danger de subordonner les principes au triomphe réel ou imaginaire d'une manœuvre de parti; et s'il rentre au pouvoir, il s'apercevra qu'il s'est préparé une série d'embarras auxquels il ne pourra échapper qu'aux dépens de sa dignité. — Pour ne parler que du cabinet actuel, chacun sait que les plus grandes difficultés que rencontre l'administration de sir R. Peel proviennent des encouragements pleins de partialité qu'il donna aux démonstrations de lord Sandon, des calomnies prodiguées au clergé d'Irlande, des appels faits aux préjugés nationaux contre le peuple irlandais, et de l'acquiescement plus qu'im-

---

([1]) On sait que la motion de lord Ashley consiste à limiter à dix heures le travail des manufactures, et que sir Robert Peel, qui s'y oppose, en fait une question de cabinet. —

plicite par lequel il seconda les clameurs des classes privilégiées contre les réformes commerciales, proposées par les Whigs en 1841. On dit proverbialement : « C'est l'opposition Peel qui tue le ministère Peel. » Avec de tels exemples sous les yeux, les *free-traders* se seraient montrés incapables de profiter des leçons de l'histoire et de l'expérience, s'ils fussent entrés dans une coalition immorale avec les fanatiques du monopole, dans le seul but de fomenter le désordre d'une crise ministérielle. »

« Les chefs des Whigs viennent de se coaliser, dans deux occasions récentes, avec les exaltés du parti opposé, pour renverser le ministère. Mais leur influence morale dans le pays y a-t-elle gagné? Bien au contraire, et ils se sont placés eux-mêmes dans cette situation que la victoire eût amené leur ruine, et qu'ils ont trouvé leur salut dans la défaite. S'ils avaient renversé le gouvernement à l'occasion du bill de lord Ashley, ils étaient réduits à se présenter devant le pays sous l'engagement d'imposer des restrictions à la liberté du travail. Vainqueurs avec M. Miles, ils étaient également engagés à imposer des restrictions à la liberté du commerce. On a dit que la Ligue avait sauvé sir R. Peel ; mais on peut affirmer avec plus de raison qu'elle a affranchi le parti *libéral* de la honte de paraître en face de la nation, portant empreints sur son front les mots « restriction et monopole. » Mais, après tout, ce sont là des conséquences de votes whigs ou torys, avec lesquelles les *free-traders* n'ont rien à démêler. Ils ont exposé et soutenu leurs principes, sans égards à aucune considération prise de l'esprit de parti ; ils n'ont reculé devant aucun engagement ; ils n'ont parlementé avec aucun monopole ; ils n'ont abandonné aucun principe ; ils ont adhéré simplement et pleinement à la vérité, refusant de transiger avec l'erreur. Quand viendra le jour de la justice, comme il viendra certainement, ils n'auront pas à payer la dette du déshonneur, et ne seront pas réduits à sacrifier, en tout ou en partie, l'intérêt national, pour racheter des antécédents factieux. »

On pourra soupçonner ce jugement de partialité, comme émané de la Ligue elle-même. Mais nous pourrions prouver ici, en invoquant le témoignage de la presse provinciale d'Angleterre, que l'opinion publique, un moment incertaine, a fini par sanctionner la conduite des *free-traders*. On comprend qu'au delà, comme en deçà du détroit, les journaux de la capitale doivent être beaucoup plus engagés dans les manœuvres des partis. Aussi vit-on le *Morning-Chronicle*, qui d'ordinaire soutient la Ligue, s'élever avec indignation contre M. Cobden et ses adhérents. D'après ce journal, les *free-traders* auraient dû considérer « qu'il ne s'agissait plus d'un droit sur le sucre un peu plus ou un peu moins élevé, mais de choisir entre sir Robert Peel et son *échelle-mobile* d'un côté et lord John Russell et le *droit-fixe* de l'autre, — et qui sait ? peut-être entre sir Robert Peel et lord Spencer avec *l'abolition totale*. »

Il est consolant, pour les personnes qui se préoccupent de l'avenir constitutionnel des nations, de voir avec quel ensemble, la presse impartiale, la presse de province a repoussé cette manière de poser la question. Sur cent journaux, quatre-vingt-dix ont approuvé la Ligue, parmi lesquels ceux-ci : *Liverpool-Mercury*, *Leeds-Mercury*, *Northern-Whig*, — *Oxford-Chronicle*, — *Manchester-Times*, — *Sunderland-Herald*, — *Kent-Herald*, — *Edimburg-Weeckly-Chronicle*, *Carlisle-Journal*, *Bristol-Mercury*, *Sussex-Advertiser*, etc., etc. D'autres blâmèrent, dans le premier moment, et ne tardèrent pas à se rétracter. « Après mûr examen, dit le *Stirling-Observer*, nous nous voyons obligé de modifier profondément, sinon de retirer complétement nos premières remarques; et nous avouons avec franchise que les chefs de la Ligue ont voté d'après une connaissance des faits et des circonstances, que nous ne possédons nous-mêmes que depuis peu de jours. »

Combien il serait à désirer que la presse départementale sût se soustraire en France au despotisme de la presse parisienne; et quel immense service rendraient les journaux de province s'ils se consacraient à étudier les questions *en elles-mêmes*, s'ils démasquaient leurs confrères de Paris, toujours disposés et même intéressés à transformer les plus graves questions en machines de guerre parlementaire ! Les feuilles qui se publient à Bordeaux, à Nantes, à Toulouse, à Marseille, à Lyon ne sont pas soudoyées par l'ambassade russe, ou par les comités agricoles et manufacturiers, ou par les délégués des colonies. Leurs rédacteurs n'entrent pas, par l'élévation de tel ou tel chef de parti, dans la région universitaire ou diplomatique. Rien donc n'explique l'abjection servile avec laquelle ils reçoivent les inspirations de la presse parisienne, si ce n'est qu'ils sont dupes eux-mêmes de cette stratégie cupide dont ils se font aveuglément les instruments ridicules. *Servum pecus!* Pour moi, je l'avoue, quand au fond d'une province je découvre un homme qui ne manque pas de talent et même de sincérité, qui sait manier une plume, et que le public qui l'entoure est habitué à considérer comme une lumière ; quand je vois cet homme se passionner sur le mot d'ordre de ses collègues de Paris ; pour une question de cabinet, négliger, froisser les intérêts de l'humanité, de la France, et même de son public spécial ; soutenir, par exemple, ou les fortifications de Paris, ou le régime protecteur, ou le mépris des traités, et cela uniquement pour faire pièce à un ministre, au profit d'intérêts qui lui sont étrangers comme ils le sont au pays, je crois avoir sous les yeux la personnification de la plus profonde dégradation où il soit donné à l'espèce humaine de descendre.

Le 25 juin 1844, l'ordre du jour de la Chambre des communes amena enfin la discussion sur la motion annuelle de M. Ch. Pelham Villiers, pour l'abrogation de la loi-céréale. La composition actuelle de la Chambre ne permet pas de penser que les *free-traders* se bercent de l'espoir de faire triompher cette mesure radicale. Ils la présentent néanmoins, d'abord, pour faire naître l'occasion d'une discussion solennelle sur le terrain des principes, sachant fort bien que la raison, sinon le nombre, sera de leur côté, et qu'à la longue le nombre se rallie à la raison ; ensuite, afin de constater l'état de l'opinion publique, là où elle leur est certainement la plus défavorable, c'est-à-dire au Parlement.

L'annonce de cette grande discussion avait agité toute l'Angleterre. De toute part il se formait des meetings, où les électeurs (*constituencies*) formulaient des requêtes à leurs mandataires pour les sommer de respecter les droits du travail, de l'industrie et du commerce.

Ainsi qu'on l'a vu, dans le discours de M. Fox, les circonstances n'étaient pas favorables à la motion de M. Villiers. D'abord les Whigs, toujours prêts à mettre l'intérêt général au second rang et l'intérêt de parti au premier, se montraient peu disposés à seconder les *free-traders*. Ils ne pouvaient oublier que, quelques jours avant, et dans deux occasions successives, les *free-traders* leur avaient fait manquer l'occasion de ressaisir le pouvoir. « Ils nous ont abandonnés, disaient-ils, et nous les abandonnons à notre tour. » Mais il y a cette différence que les Cobden, les Gibson, les Villiers avaient sacrifié les partis aux principes, tandis que les Whigs sacrifiaient les principes aux partis.

Les Whigs avaient d'ailleurs un autre motif de se montrer moins radicaux que l'année précédente. Les événements récents, en ébranlant le ministère Tory, leur avaient laissé entrevoir une chance d'arriver aux portefeuilles. Dès lors, ils avaient fait revivre le *droit-fixe*, cet ancien projet de lord John Russell, et ils ne voulaient pas s'engager en votant pour l'abolition immédiate et totale de tous droits protecteurs.

La forme que M. Villiers avait donnée à sa proposition

33

était aussi combinée de manière à faire reconnaître les forces des purs *free-traders*. C'était, selon l'expression anglaise, « *a rigid test*, » une pierre de touche sévère. En 1843, la motion de M. Villiers était ainsi formulée : « Que la Chambre se forme en comité pour *examiner* la convenance d'abroger les lois-céréales. » On conçoit que les partisans du droit fixe, et les hommes sincères dont l'opinion n'est pas bien arrêtée, pouvaient se rallier à une telle proposition, qui avait moins pour objet de résoudre la question que de la mettre officiellement à l'étude.

Mais, en 1844, la motion de M. Villiers était conçue ainsi :

« Que la Chambre se forme en comité pour examiner les résolutions suivantes :

« Il résulte du dernier recensement que la population du royaume s'accroît rapidement ;

« La Chambre reconnaît qu'un très-grand nombre de sujets de Sa Majesté est insuffisamment pourvu des objets de première nécessité ;

« Que cependant une loi est en vigueur qui restreint les approvisionnements, et, par conséquent, diminue l'abondance des aliments ;

« Que toute restriction ayant pour objet d'empêcher l'achat des choses nécessaires à la subsistance du peuple est insoutenable en principe, funeste en fait, et doit être abolie ;

« Que, par ces motifs, il est expédient d'abroger immédiatement les *actes* 5 et 6. *Victoria*, c. 14. »

Il est bien évident qu'une telle proposition ne pouvait être accueillie que par les membres préparés à reconnaître la vérité théorique et les avantages pratiques du principe de la liberté illimitée du commerce.

Après un débat qui se prolongea jusqu'au vendredi 28 juin, la division donna les résultats suivants.

Pour la motion de M. Villiers. . . . . 124 voix.

Contre. 330

Majorité. . . . . . 206.

A ces 124 voix, il faut en ajouter 11, dites *paired*, selon les usages parlementaires de la Chambre, [1], et 30 de membres absents, ce qui forme une masse compacte de pure *free-traders* de 165 membres.

En résumé, la majorité contre l'abrogation avait été, en 1842, de 303, — en 1843, de 256, — en 1844, de 206.

Nous ne traduisons pas ici les discours prononcés dans cette mémorable circonstance de crainte de fatiguer le lecteur. Nous nous bornerons à dire que, dans le cours de la discussion, on a accusé les *free-traders* de ne demander que la liberté du commerce des céréales, et on a, par conséquent, présenté la motion comme faite dans un intérêt purement manufacturier. M. Cobden a répondu que le système protecteur avait principalement en vue les intérêts du sol ; que les propriétaires du sol étant en même temps les maîtres du Parlement, la Ligue avait considéré le système tout entier comme n'ayant d'autre point d'appui que cette branche particulière de protection. Dans la nécessité de concentrer ses forces, pour leur donner plus d'efficacité, elle a résolu d'attaquer surtout la loi-céréale, sachant fort bien que si elle en obtenait l'abrogation, les propriétaires eux-mêmes seraient les premiers à détruire toutes autres mesures protectrices. « Je déclare ici, dit-il, très-sincèrement et très-formellement, que je me présente comme l'avocat de la liberté des échanges *en toutes choses*, et, dans le cas où vous vous formeriez en comité au sujet des lois-céréales, si les règles de la Chambre me le permettent, je suis prêt à ajouter

---

[1] Lorsque deux membres d'opinion différente ont besoin de s'absenter, ils s'entendent et sortent ensemble sans altérer le résultat du vote.

à la motion l'abrogation de tous les droits protecteurs sur quelque chose que ce soit. »

Nous avons remarqué encore un argument, émané de M. Milner Gibson, et qui nous paraît mériter l'attention des personnes qui aiment à considérer les questions d'un point de vue philosophique.

Après avoir exposé les conséquences funestes du régime restrictif, M. Gibson ajoute :

J'adjure le très-honorable baronnet (sir Robert Peel), j'adjure le payeur général de l'armée (sir. E. Knatchbull), dont l'expérience est si ancienne, et qui ont entendu dans cette session comme dans les précédentes tant d'arguments pour et contre la question, je les adjure de se lever dans cette enceinte, et de déclarer, une fois pour toutes, sur quel fondement ils pensent que l'aristocratie de ce pays peut réclamer pour elle-même, avec justice, le droit de s'interposer dans la liberté de l'industrie. (Écoutez! écoutez!) C'est là une interpellation loyale. Je me souviens avoir lu, à l'Université de Cambridge, dans les œuvres du docteur Paley, que toute restriction était *per se* un mal ; qu'il incombe à ceux qui la proposent ou la maintiennent de prouver qu'elle apportait à la communauté de grands et d'incontestables avantages, de le prouver distinctement, jusqu'à l'évidence et par delà l'ombre du doute. Il ajoutait qu'il n'incombe pas à ceux qui en souffrent de faire aucunes preuves. C'est pourquoi je vous interpelle en stricte conformité des principes que j'ai appris dans vos universités. Au nom de la philosophie du docteur Paley, puisqu'il existe une restriction dont j'ai à me plaindre, je vous somme, vous le législateur du pays, vous le gouvernement du pays, je vous somme, et j'ai le droit de le faire, de venir justifier votre restriction, et jusqu'à ce que vous l'ayez fait clairement et explicitement, il m'appartient, sans autre explication, d'en demander l'abrogation complète et immédiate.

Sir Robert Peel, sûr de la majorité, ne paraissait guère disposé à s'expliquer. Cependant, il est des convenances et une opinion publique qu'il faut bien respecter. Vaincu par ces interpellations directes, vers la fin du débat, il prit la parole, et, selon sa coutume, il fit de larges concessions aux principes sans s'engager à rien pour la pratique :

« Dans l'état artificiel de la société actuelle, dit-il, nous ne
« pouvons agir sur de pures abstractions, et nous déterminer
« par des maximes philosophiques dont, en principe, je ne con-
« teste pas la vérité. Nous devons prendre en considération les
« circonstances dans lesquelles nous avons progressé et les inté-
« rêts engagés. »

Après cette épreuve, une séance générale de l'association pour la liberté commerciale eut lieu au théâtre de Covent-Garden, le 3 juillet 1844. Nous regrettons que le temps nous manque pour rapporter ici les discours remarquables de MM. Villiers, Cobden, Bright, etc.

A partir de cette époque, la Ligue s'est consacrée surtout à donner de nouveaux développements à son action. On peut partager sa carrière en trois grandes époques. Dans la première, elle s'était occupée de s'organiser, de fixer son but, de tracer sa marche, de réunir dans son sein un grand nombre d'économistes éclairés. Dans la seconde, elle s'adressa à l'opinion publique. Nous venons de la voir, multipliant les meetings dans toutes les provinces, envoyant de toutes parts des brochures, des journaux, des professeurs, essayant enfin de vaincre la résistance du Parlement par la pression d'une opinion nationale forte et éclairée. A l'époque où nous sommes parvenus, nous allons la voir donner à ses travaux une direction plus pratique, et aspirer à modifier profondément, dans son personnel, la constitution de la Chambre des communes. Pour cela, il s'agissait de mettre en œuvre la loi électorale et de tirer tout le parti possible des réformes introduites par les Whigs dans la législation.

Ce n'est pas que la Ligue fût restée étrangère jusque-là

aux luttes électorales. Déjà elle avait essayé ses forces sur
ce terrain. Rarement elle avait manqué l'occasion de mettre,
dans chaque bourg, un candidat *free-trader* aux prises avec
un candidat monopoleur. Partout on l'avait vue élever drapeau contre drapeau et principe contre principe. Elle con-
sacrait une partie de son royal budget à poursuivre devant
les tribunaux la corruption électorale, et l'on se rappelle
qu'elle fit passer, à Londres même, un *free-trader*, M. Pattison, quoiqu'il eût pour concurrent un des hommes les
plus riches et les plus haut placés de cette métropole, le
banquier Baring, soutenu d'ailleurs par toutes les influences
réunies des aristocraties terrienne, commerciale, ecclésias-
tique et gouvernementale.

Mais la Ligue n'apportait guère alors aux élections que
son influence morale et n'opérait qu'avec les éléments existants. Nous allons la voir essayer de changer ces éléments
eux-mêmes, et de remettre la puissance élective aux mains
des classes aisées et laborieuses.

Des comités s'organisent sur toute la surface du Royaume-
Uni. Ils ont pour mission de faire porter sur les listes électorales tout *free-trader* qui remplit les conditions exigées
par la loi, et d'en faire rayer tout monopoleur qui n'a pas
le droit d'y figurer. Des milliers de procès sont soutenus à
la fois devant l'autorité compétente, et avec tant de succès,
qu'on peut déjà prévoir qu'au sein de beaucoup de collèges
la majorité sera déplacée.

Mais M. Cobden, cet homme éminent qui est l'âme de la
Ligue, et qui la dirige, à travers mille obstacles, d'une manière si habile et si ferme, conçoit un plan bien autrement
gigantesque.

En France, pour être électeur, il faut payer 200 fr. d'impôts directs. La loi anglaise ne procède point avec cette
uniformité. Une multitude de positions diverses peuvent
donner le droit de voter. Parmi les dispositions de la loi, il

en est une, appelée la clause Chandos, selon laquelle est électeur quiconque a une propriété libre (*freehold*), donnant 40 sh. de revenu net, c'est-à-dire pouvant s'acquérir moyennant un capital de 50 à 60 l. s.

Le plan de M. Cobden consiste à faire arriver au droit électoral, par le moyen de cette clause, un nombre suffisant d'hommes indépendants pour contre-balancer la masse d'électeurs dont l'aristocratie anglaise dispose, comme d'une dépendance et appartenance de ses vastes domaines.

Dans l'espace de quarante jours, M. Cobden s'est présenté devant trente-cinq meetings, principalement dans les comtés de Lancastre, d'York, de Chester, afin de divulguer et de populariser son projet. La variété qu'il a su répandre sur tant de discours, fondés sur le même thème et tendant au même but, révèle une puissance de facultés et une étendue de connaissances qu'on est heureux de voir associées à la vertu la plus pure et au caractère le plus élevé. Son collègue, M. Bright, n'a pas déployé moins de zèle, de talent et d'énergie.

On n'attend pas de nous que nous suivions pas à pas la Ligue dans cette nouvelle phase de l'agitation. Nous nous bornerons dorénavant à recueillir, dans les innombrables documents que nous avons sous les yeux, les arguments qui pourront nous paraître nouveaux et les circonstances propres à jeter quelque jour sur l'esprit de la Ligue et les mœurs anglaises.

Séance du 7 août 1844.

Nous voici arrivés à l'époque où les relations entre la France et l'Angleterre, et par suite la paix du monde, paraissaient gravement compromises. La presse, des deux côtés du détroit, et malheureusement dans des vues peu honorables, s'efforçait de réveiller tous les vieux instincts de haine nationale. On dit que, dans la salle d'Exeter-Hall, des missionnaires fanatiques faisaient entendre des paroles irritantes peu en harmonie avec le caractère dont ils sont revêtus. Sir Robert Peel enfin, peut-être dominé par le déchaînement des passions ardentes du dehors, venait de prononcer devant le Parlement les paroles impolitiques et imprudentes qui rendaient si difficile l'arrangement des affaires de Taïti.

Jusqu'à ce moment, pas une allusion n'avait été faite au sein des meetings de la Ligue sur les rapports de la France avec l'Angleterre. Cette circonstance nous semble mériter toute l'attention du lecteur impartial ; car enfin, les occasions n'avaient pas manqué; l'affaire d'Alger, celle du Maroc, celle du droit de visite, l'hostilité de nos tarifs, manifestée par des droits différentiels mis à la charge des produits anglais, et bien d'autres circonstances offraient aux orateurs de la Ligue un texte facile à exploiter, dans l'intérêt de leur popularité, une arme féconde pour arracher des applaudissements à la multitude. Comment se fait-il que ces hommes, parlant tous les jours en présence de cinq à six mille personnes réunies, et dans des circonstances où il leur était si facile de ménager à leur amour-propre d'orateur toutes les ovations de l'enthousiasme politique, se soient constamment abstenus de céder à cette si séduisante tentation? Comment des manufacturiers, des négociants, des fermiers se sont-ils montrés à cet égard si supérieurs à des missionnaires, à des journalistes, et même aux hommes d'État les plus haut placés?

Il n'y a qu'une circonstance qui puisse expliquer raisonnablement ce phénomène, et cette circonstance est si importante, qu'il doit m'être permis de la révéler au public français. — C'est que la Ligue s'adresse à la classe industrieuse et laborieuse, et que cette classe, en Angleterre, n'est point animée des sentiments haineux contre la France que nos journaux, par des motifs expliqués ailleurs, lui attribuent avec tant d'obstination. — J'ai lu plus de trois cent discours prononcés par les orateurs de la Ligue dans toutes les villes importantes de la Grande-Bretagne. J'ai lu un nombre immense de brochures, de pamphlets populaires, de journaux émanés de cette puissante association, et j'affirme sur l'honneur que je n'y ai jamais vu un mot blessant pour notre dignité nationale, ni une allusion directe ou indirecte à l'état de nos relations politiques avec l'Angleterre.

C'est que, dans ce pays, les classes industrieuses ont vraiment l'esprit d'industrie qui est opposé à l'esprit militaire. C'est que les haines nationales, grâce aux progrès de l'opinion, leur sont devenues aussi étrangères que le sont maintenant parmi nous les haines de ville à ville et de province à province.

Cependant, au moment où la paix du monde était sérieusement menacée, il était difficile que l'émotion générale ne se fît pas aussi ressentir parmi ces multitudes assemblées à Covent-Garden, ou dans le *free-trade-hall* de Manchester. On verra, dans les discours qui suivent, à quel point de vue les graves événements du mois d'août 1844 étaient envisagés par les membres de la Ligue.

7 août 1844.

Le dernier meeting de la Ligue, pour cette saison, a eu lieu mercredi soir au théâtre de Covent-Garden. Une affluence extraordinaire de *free-traders* remplissait toutes les parties du vaste édifice. Pendant toute la séance, les dames, par leurs physionomies animées et leurs applaudissements réitérés, ont montré qu'elles prennent un vif intérêt au sort des classes souffrantes et opprimées. — M. G. Wilson occupait le fauteuil. Un grand nombre de membres du Parlement et d'hommes distingués avaient pris place autour de lui sur l'estrade.

Le président, en ouvrant la séance, annonce que la parole sera prise successivement par M. Milner Gibson, m. P.; par M. Richard Cobden, m. P., en remplacement de M. Georges Thompson, absent, et par M. Fox.

M. GIBSON : Monsieur, j'ai eu le bonheur d'assister à un grand nombre de meetings de la Ligue, mais jamais une aussi magnifique assemblée que celle qui est en ce moment réunie dans ces murs n'avait encore frappé mes regards, et j'ajoute, monsieur, que cette marque signalée de l'approbation publique, à ce dernier meeting d'adieu, est pour nous un juste sujet d'espérance et de félicitation. A l'aspect d'une assemblée aussi imposante, il est impossible de croire qu'une cause rétrograde, d'imaginer qu'une question a perdu du terrain dans l'esprit et l'estime du peuple. (Applaudissements.)

.... Je crois sincèrement que tout homme impartial qui jettera les yeux autour de lui, et qui se demandera quels sont les premiers besoins sociaux, quelles sont les nécessités qui se manifestent en première ligne non-seulement dans les possessions britanniques, mais dans la plus grande partie de l'Europe, reconnaîtra que ces besoins et ces nécessités se lient intimement à la souffrance physique. Il reconnaîtra que toute grande amélioration sociale ne peut venir qu'après l'amélioration matérielle de la condition du peuple. On montre un grand désir d'instruire le peuple ; on se plaint de son ignorance ; on se plaint de ce qu'il manque d'éducation morale. Mais que sert de vouloir faire germer la vertu parmi des hommes courbés sous la misère, flétris par une pénurie désespérante et qui ne sont point en état de recevoir les leçons du prêtre ou du moraliste ? Croyez-le bien, si nous voulons que la vertu, la science, la religion prennent racine dans le cœur de l'homme laborieux, commençons par améliorer sa condition physique. Nous devons arracher l'ouvrier des campagnes à l'état d'abaissement où il est maintenant placé.

En vain nous cherchons à restreindre l'immoralité, à diminuer le crime dans le pays, tant que la classe laborieuse, en levant les yeux sur ceux qui occupent des positions plus élevées dans l'échelle sociale, se sentira d'une autre caste, pour ainsi dire, et se croira rejetée comme une superfétation inutile, aussi peu digne, moins digne d'égards peut-être que la nature animale engraissée sur les domaines de l'aristocratie.

L'orateur rappelle ici qu'ayant voulu parler à la Chambre des communes de la situation de l'ouvrier des campagnes, et s'étant étayé de l'autorité d'un ministre du culte dont le nom est vénéré dans tout le royaume. M. Godolphin Osborn, le ministre secrétaire d'État pour le département de l'intérieur avait parlé de prélats courant après la popularité.

Je voudrais de tout mon cœur, continue M. Gibson, voir beaucoup de nos prêtres et même de nos évêques condescendre à une telle conduite. Je me rappelle un célèbre écrivain qui disait qu'une très-utile association pourrait être fondée, et dans le fait cette institution manque à l'Angleterre, dans le but de convertir l'épiscopat au christianisme. (Applaudissements prolongés.) J'ai la certitude absolue que la liberté du commerce est en parfaite harmonie avec l'esprit de l'Évangile, et que la libre communication des peuples est le moyen le plus efficace de répandre la foi et la civilisation sur toute la surface de la terre. Je ne pense pas que les efforts des missionnaires, quels que soient leurs bonnes intentions et leur mérite, puissent obtenir un succès complet tant que les gouvernements sépareront les nations par des barrières artificielles, sous forme de tarifs hostiles, et leur inculqueront, au lieu de sentiments fraternels fondés sur des intérêts réciproques, des sentiments de jalousie si prompts à éclater en vaste incendie. (Bruyantes acclamations.) C'est une chose surprenante que l'excessive délicatesse, en matière d'honneur national, qui s'est tout à coup révélée parmi nos grands seigneurs trafiquants de céréales. On croirait voir des coursiers *entraînés* pour le turf. (Rires.) Mais qu'est-ce que cela signifie ? Cela signifie que, pour ces messieurs, *guerre* est synonyme de *rentes.* (Approbation et rires.) J'ignore s'ils aperçoivent aussi clairement que je le fais la liaison de ces deux idées. La première conséquence de la guerre, c'est la cherté du blé ; la seconde, c'est un accroissement d'influence ministérielle, dont une bonne part revient toujours à nos seigneurs terriens. Quelque lourdes que soient les charges, quelque lamentables que soient les maux que la guerre infligerait à la communauté, tenez pour certain que, s'il est possible qu'elle profite à une classe, ce sera à la classe aristocratique. Je crois très-consciencieusement qu'il y a dans ce pays un grand parti lié avec l'intérêt territorial, parti représenté par le *Morning-Post* (rires), qui s'efforce de susciter un sentiment anti-français (an *anti-french-feeling*), dans l'unique but de maintenir le monopole des grains. (Rires.) Qu'est-ce que la guerre pour ces messieurs ? Ils s'en tiennent bien loin. (Rires.) Ils envoient leurs compatriotes au champ du carnage, et, quant à eux, ils profitent de l'interruption du commerce pour tenir à haut prix la subsistance du peuple ; et quand revient la paix, ils se font un titre de cette cherté même, pour continuer et renforcer la protection. Nous avons vu tout cela dans la dernière guerre. (Applaudissements.)

Une autre de leurs raisons pour pousser à la guerre, c'est qu'ils y voient un moyen de détourner l'attention publique de ces grands mouvements sociaux qui les mettent maintenant si mal à l'aise. « Une bonne guerre, disent-ils, c'est une excellente diversion. » Il y a très-peu de jours, un homme distingué, dont je ne me crois pas autorisé à proclamer le nom dans cette enceinte, me disait : Quoi qu'on en ait dit sur les maux de la guerre, quoi qu'en aient écrit les moralistes et les philosophes, je crois que ce pays a besoin d'une bonne guerre, et qu'elle nous délivrerait de bien des difficultés. (Rires bruyants.) — C'est la vieille doctrine. Bien heureusement, il ne sera pas en leur pouvoir de pousser le peuple de ce pays vers ces folles exhibitions d'un faux patriotisme. Il y a dans la nation britannique un bon sens, un esprit de justice, qui, depuis les terribles luttes du commencement de ce siècle, ont jeté de profondes racines ; et il sera difficile de lui persuader de se lancer dans toutes les horreurs de la guerre pour le seul avantage de gorger notre riche aristocratie aux dépens de la communauté. (Applaudissements prolongés.)

Qu'il nous soit permis de faire une remarque sur ce passage du discours de M. Gibson. Ne pourrait-il pas être très à propos prononcé devant une assemblée française ?

C'est une chose surprenante (dirait-on) que l'excessive délicatesse, en matière d'honneur national, qui s'est tout à coup révélée parmi nos trafiquants de fer et de houille. Mais qu'est-ce que cela signifie ? Cela signifie que pour ces messieurs *guerre* est synonyme de *cherté*; entente cordiale est synonyme de commerce, d'échanges, de concurrence à redouter. Je crois très-consciencieusement qu'il y a, dans ce pays, un grand parti lié avec l'intérêt *manufacturier*, parti représenté par la *Presse* et le journal du *Commerce*, qui s'efforce de susciter un sentiment anti-anglais, dans l'unique but de maintenir le haut prix des draps, des toiles, de la houille et du fer, etc., etc.

Après cette courte observation nous reprenons le compte rendu de la séance du 7 août, et nous consignons ici notre regret de ne pouvoir traduire le remarquable discours de M. Cobden. Nous nous bornerons, forcé que nous sommes de nous restreindre, à citer quelques passages de l'allocution de M. Fox, et particulièrement la péroraison qui se lie au sujet traité par le représentant de Manchester.

M. Fox. L'orateur, prenant texte d'un article du *Morning-Post* qui annonce pour la vingtième fois que la Ligue est morte après avoir totalement échoué dans sa mission, passe en revue le passé de cette institution, et montre l'influence qu'elle a exercée sur l'administration des Whigs et ensuite sur celle des Torys, influence à laquelle il faut attribuer les modifications récemment introduites dans la législation commerciale de la Grande-Bretagne. Il parle ensuite du progrès qu'elle a fait faire à l'opinion publique.

On peut dire de l'économie politique ce qu'on disait de la philosophie, elle est descendue des nuages et a pénétré dans la demeure des mortels ; elle se mêle à toutes leurs pensées et fait le sujet de tous leurs entretiens. C'est ainsi que la Ligue a propagé dans le pays une sagacité politique qui finira par bannir de ce monde les préjugés, les sophismes et les faussetés par lesquelles le genre humain s'est laissé si longtemps égarer. Nous touchons presque aux temps où deux grands hommes d'État, Pitt et Fox, remplissaient l'univers de leurs luttes; et l'on ne saurait encore décider lequel des deux était le plus profondément ignorant des doctrines économiques. Et maintenant, il n'y a pas un dandy, un incroyable, qui se présente devant les électeurs d'un bourg-pourri, pour y recueillir un mandat de famille, qui ne se soit gorgé d'Adam Smith, au moins dans l'édition de M. Cayley(¹). (Rires.) Quand un peuple a acquis de telles lumières, on ne se joue plus de lui. C'est pour la Ligue un sujet de juste orgueil d'avoir disséminé dans le pays, non-seulement des connaissances positives et de bonnes habitudes intellectuelles, mais encore un véritable esprit d'indépendance morale. Partout où je trouve une disposition à secouer cette servilité abjecte qui a si longtemps pesé sur une portion du peuple de ce pays ; partout où je le vois donner aux choses leurs vrais noms, quels que soient les fallacieux synonymes dont on les décore ; quand je vois le faible et le fort, le pauvre et le riche, le paysan et le pair d'Angleterre, tous également jugés selon les règles du juste et de l'injuste ; quand je rencontre une ferme volonté de rendre témoignage aux principes de l'équité et de la justice, en même temps qu'une profonde sympathie pour les souffrances des classes malheureuses et opprimées, alors je reconnais l'influence de la Ligue, je la vois se répandre dans toutes les classes de la société, j'adhère à cette ferme détermination de faire régner le bien, de détruire le mal par des moyens paisibles, légaux, mais honorables et sûrs, dont les fondateurs de cette grande institution ont eu la gloire de

(¹) M. Cayley avait cité des extraits d'Adam Smith qu'il avait rendus, en les falsifiant, favorables au système protecteur.

faire adopter l'usage par leurs concitoyens. (Applaudissements.)
Je sais que ces grands et nobles résultats n'ont pas atteint les
limites auxquelles aspirent les hommes de cœur qui dirigent la
Ligue. Nous en avons le témoignage par des faits irrécusables,
que nous ne nions pas et qu'au contraire nous regardons loyalement en face. Ils nous sont d'ailleurs rappelés surabondamment
par certains journaux. «Voyez, disent-ils, dans combien d'élections la Ligue a échoué, dans combien elle n'a pas osé accepter le combat! Elle a été battue dans le Sud-Lancastre et à
Birmingham.» — Il est vrai que nous n'avons pu soutenir la
lutte à Horsham, Cirencester et ailleurs. Qu'est-ce à dire? Je ne
m'en afflige pas. Il est bien que dans une cause comme celle-ci
— qui intéresse une multitude de personnes étrangères aux
agitations politiques, et aux rudes travaux qui peuvent seuls
assurer le succès d'une grande réforme sociale — il est bien
qu'on ne se laisse point dominer par cette idée, qu'il suffit
d'instruire le peuple de ce qui est juste et vrai, pour que le vrai
et le juste triomphent d'eux-mêmes. Car, si ces élections eussent
amené d'autres résultats, quel enseignement en aurions-nous
obtenu? Quel effet auraient-elles produit sur le grand nombre
de ceux qui, pour la première fois, s'unissant à la Ligue, se
sont précipités dans le tumulte de l'*agitation?* Ils n'auraient
pas manqué de penser que les électeurs sont libres dans leur
opinion et dans leur action, que l'intimidation, la corruption
et les menées de sinistres intérêts n'interviennent pas pour
pervertir la conscience des votants, et les vaincre en dépit de
leurs idées et de leurs sentiments; et cet enseignement eût été
un mensonge. Ils en auraient conclu encore que le monopole,
loin de songer à faire des efforts vigoureux et désespérés, loin
d'avoir recours aux armes les plus déloyales, n'attend pour
abandonner la lutte que de voir la vanité et l'injustice de ses
prétentions bien comprises par le public; — et cet enseignement aussi eût été un mensonge. — Ces faciles triomphes eussent fait croire que l'esprit de parti est vaincu; qu'il a appris la
sagesse et la droiture; et que, dans le vain but de soutenir
quelque point de sectairianisme politique, l'opposition ne se
laisserait pas vaincre en se divisant alors qu'elle peut être vic-
torieuse par l'unité; — et cet enseignement aussi eût été un

mensonge. — Ils eussent encore suggéré cette idée que les combinaisons législatives actuelles sont plus que suffisantes pour protéger aux élections les droits et les intérêts du peuple ; que nos institutions et notre mécanisme politique ont toute la perfection qu'on peut imaginer et désirer ; et cet enseignement aussi eût été un mensonge, — un grossier mensonge. — Dans mon opinion, subir quelques défaites partielles, quelques désastres momentanés, quelques retards dans le dénoûment de cette grande lutte, ce n'est pas acheter trop cher les bonnes habitudes, l'expérience et la discipline que ces revers mêmes font pénétrer dans l'esprit de la multitude, la préparant à travailler avec constance et avec succès à la défense des intérêts de la communauté. A ceux qui font de ces défaites électorales un sujet de mépris envers nous, et d'orgueil pour eux-mêmes, je dirai : Vous vous jouez avec ce qui vous suscitera une puissance antagonique, une force à laquelle rien ne pourra résister. Ces mêmes défaites nous apprennent l'art d'*agiter*. Elles nous ont instruits, elles nous instruiront bien plus encore jusqu'au jour où la communauté s'apercevra qu'en croyant ne diriger son énergie que sur un seul point, et ne poursuivre que le triomphe d'un seul principe, la Ligue a jeté les fondements de tout ce qui constitue la dignité, la grandeur et la prospérité nationales. (Applaudissements.)

Il est une autre chose que la Ligue a accomplie et c'était un objet bien digne de ses efforts. Elle a démasqué les classes privilégiées! (Écoutez! écoutez!) Leurs traits sont maintenant connus de tous et il n'est plus en leur pouvoir de se déguiser. Le temps n'est pas éloigné où régnait une sorte de mystification à l'égard des pairs et des hommes de haut parage, comme si le sang qui coule dans leurs veines était d'une autre nature que celui qui fait battre le cœur du peuple. Il a fallu que les principes de la liberté commerciale fussent soumis à cette discussion serrée, continuelle et animée qu'ils sont condamnés à subir, pour qu'on reconnût la vraie portée de ces associations féodales; pour qu'on s'assurât que ces grands hommes sont aussi bien des *marchands* que s'ils levaient boutique à Cheapside ; et que ces écussons, regardés jusqu'ici comme les emblèmes d'une dignité quasi-royale, ne sont autre chose que des enseignes où l'on peut lire.: *Acres à louer, blés à vendre*. (Applaudissements.) Oui, ce sont des marchands; ce sont tous des marchands. Ils trafiquent de terres aussi bien que de blés. Ils trafiquent des aliments, depuis le pain de l'homme jusqu'à la graine légère qui nourrit l'oiseau prisonnier dans sa cage. (Rires.) Ils trafiquent de poissons, de faisans, de gibier; ils trafiquent de terrains pour les courses de chevaux; ils y perdent même l'argent qu'ils y parient et font ensuite des lois au Parlement pour être dispensés de payer leurs dettes. (Applaudissements.) Ils trafiquent d'étoiles, de jarretières, de rubans — spécialement de rubans bleus — et, ce qui est le pis de tout, ils trafiquent des lois par lesquelles ils rendent leur négoce plus lucratif. Ils poussent des clameurs contre le petit boutiquier qui instruit son apprenti dans l'art de « tondre la pratique, » tandis qu'ils font bien pis, eux nobles législateurs, car ils tondent la nation, et' surtout, ils tondent court et ras l'indigent affamé..... La Ligue a montré les classes privilégiées sous un autre jour, en stimulant leurs vertus, en provoquant leur philanthropie. Oh ! combien elles étalent de charité, pourvu que la loi-céréale s'en échappe saine et sauve! Des plans pour l'amélioration de la condition du peuple sont en grande faveur, et chaque section politique présente le sien.

L'orateur énumère ici et critique un grand nombre de projets tous aspirant à réparer par la charité les maux faits par l'injustice, tels que le système des *allotements* (V. p. 39), le bill des dix heures, les sociétés pour l'encouragement de telles ou telles industries, etc.—Il continue et termine ainsi :

Si notre cause s'élève contre le monopole, elle est encore plus opposée à une guerre qui prendrait pour prétexte l'intérêt national. J'espère que les sages avertissements qui sont sortis de la bouche de l'honorable représentant de Manchester (M. Gibson) pénétreront dans vos esprits et dans vos cœurs ; car, quand nous voyons à quels moyens le monopole a recours, il n'y a rien de chimérique à redouter que, par un machiavélisme monstreux, il ne s'efforce, dans un sordide intérêt, de plonger la nation dans toutes les calamités de la guerre. Si nous étions menacés d'une telle éventualité, j'ai la confiance que le peuple de ce pays se lèverait comme un seul homme pour protester contre tout appel à ces moyens sanguinaires qui devront être relégués à jamais dans les annales des temps barbares. Cette agitation doit se maintenir et progresser, parce qu'elle se fonde sur une vue complète des vrais intérêts nationaux et sur les principes de la morale. Oui, nous soulevons une question morale. Laissons à nos adversaires les avantages dont ils s'enorgueillissent. Ils possèdent de vastes domaines, une influence incontestable ; ils sont maîtres de la Chambre des lords, de la Chambre des communes, d'une grande partie de la presse périodique et du secret des lettres (applaudissements) ; à eux encore le patronage de l'armée et de la marine, et la prépondérance de l'Église. Voilà leurs priviléges, et la longue énumération ne nous en effraie pas, car nous avons contre eux ce qui est plus fort que toutes ces choses réunies : le sentiment du juste gravé au cœur de l'homme. (Acclamations.) C'est une puissance dont ils ne savent pas se servir, mais qui nous fera triompher d'eux ; c'est une puissance plus ancienne que leurs races les plus antiques, que leurs châteaux et leurs cathédrales, que l'Église et que l'État ; aussi ancienne, que dis-je ? plus ancienne que la création même, car elle existait avant que les montagnes fussent nées, avant que la terre reposât sur ses fondements ; elle habitait avec la sagesse dans l'esprit de l'Éternel. Elle fut soufflée sur la face de l'homme avec le premier souffle de vie, et elle ne périra pas en lui tant que sa race n'aura pas compté tous ses jours sur cette terre. Il est aussi vain de lutter contre elle que contre les étoiles du firmament. Elle verra, bien plus, elle opérera la destruction de tout ce qu'il y a d'injustice au fond de toutes les institutions politiques et sociales. Oh ! puisse la Providence consommer bientôt sur le genre humain cette sainte bénédiction ! (Applaudissements prolongés.)

Après une courte allocution dans laquelle le président, au nom de la Ligue, adresse aux habitants de la métropole des remercîments et des adieux, la session de 1844 est close et l'assemblée se sépare.

Dans un des passages du discours précédent, M. Fox avait fait allusion à un meeting tenu, deux jours avant, à Northampton. Le but de cette publication étant de jeter quelque jour sur les mœurs politiques de nos voisins, et de montrer, *en action*, l'immense liberté d'association dont ils ont le bonheur de jouir, nous croyons devoir dire un mot de ce meeting:

LES FREE-TRADERS ET LES CHARTISTES A NORTHAMPTON.

Lundi 5 juin 1844, un important meeting a eu lieu dans le comté et dans la ville de Northampton.

Quelques jours d'avance, un grand nombre de manufacturiers, de fermiers, de négociants et d'ouvriers avaient présenté une requête à MM. Cobden et Bright, pour les prier d'assister au meeting, et d'y discuter la question de la liberté commerciale. Ces messieurs acceptèrent l'invitation.

Une autre requête avait été présentée, par les partisans du régime protecteur, à M. O'Brien, représentant du comté, et membre de la Société centrale pour la protection agricole. M. O'Brien déclina l'invitation, se fondant sur ce que les requérants étaient bien en état de se former une opinion par eux-mêmes, sans appeler des étrangers à leur aide.

Enfin, les chartistes de Northampton avaient, de leur côté, réclamé l'assistance de M. Fergus O'Connor qui, dans leur pensée, devait s'unir à M. O'Brien pour combattre M. Cobden. M. Fergus O'Connor avait promis son concours.

Le square dans lequel se tenait le meeting contenait plus de 6,000 personnes. Les *free-traders* proposèrent pour président lord Fitz Williams, maire, mais les chartistes exigèrent que le fauteuil fût occupé par M. Grandy, ce qui fut accepté.

M. Cobden soumet à l'assemblée la résolution suivante :

« Que les lois-céréales et toutes les lois qui restreignent le commerce dans le but de protéger certaines classes sont injustes et doivent être abrogées. »

M. Fergus O'Connor propose un amendement fort étendu qu'on peut résumer ainsi :

« Les habitants de Northampton sont d'avis que toutes modifications aux lois-céréales, toutes réformes commerciales, doivent être ajournées jusqu'à ce que la charte du peuple soit devenue la base de la constitution britannique. »

De nombreux orateurs se sont fait entendre. Le président ayant consulté l'assemblée, la résolution de M. Cobden a été adoptée à une grande majorité.

———

Un autre trait caractéristique des mœurs politiques que la liberté paraît avoir pour tendance de développer, c'est l'affranchissement de la femme, et son intervention, du moins comme juge, dans les grandes questions sociales. Nous croyons que la femme a su prendre le rôle le mieux approprié à la nature de ses facultés, dans une réunion dont, par ce motif, nous croyons devoir analyser succinctement le procès-verbal.

DÉMONSTRATION EN FAVEUR DE LA LIBERTÉ COMMERCIALE A WALSALL.

Présentation d'une coupe à M. John B. Smith.

En 1841, la lutte s'établit entre le monopole et la liberté aux élections de Walsall. M. Smith était le candidat des *free-traders*, et l'influence de la corruption, portée à ses dernières limites, assura aux monopoleurs un triomphe momentané. L'énergie et la loyauté, qui présidèrent à la conduite de M. Smith dans cette circonstance, lui concilièrent l'estime et l'affection de toutes les classes de la société, et les dames de Walsall résolurent de lui en donner un public témoignage. Elles formèrent entre elles une souscription dont le produit a été consacré à faire ciseler une magnifique coupe d'argent. Mercredi soir (11 septembre 1844), une *soirée* a eu lieu dans de vastes salons, décorés avec goût, et où était réunie la plus brillante assemblée. M. Robert Scott occupait le fauteuil.

Après le thé, M. le président se lève pour proposer la santé de la reine. « Dans une assemblée, dit-il, embellie par la présence d'un si grand nombre de dames, il serait inconvenant de ne pas commencer par payer un juste tribut de respect à notre gracieuse et bien-aimée souveraine. C'est une des gloires de l'Angleterre de s'être soumise à la domination de la femme, et ce n'est pas un des traits les moins surprenants de son histoire, que la nation ait joui de plus de bonheur et de prospérité, sous l'empire de ses souveraines, que n'ont pu lui en procurer les règnes des plus grands hommes, etc. »

Après un discours de M. Walker, en réponse à ce toast, le président arrive à l'objet de la réunion. Il rappelle qu'en 1841, un appel fut fait aux habitants de Walsall pour poser aux électeurs la question de la liberté commerciale. C'était la première fois que cette grande cause subissait l'épreuve électorale. Nous avions alors un candidat whig qui n'allait pas, sur cette matière, jusqu'à l'affranchissement absolu des échanges. Il sentit la nécessité de se retirer, et le champ restait libre aux manœuvres du candidat conservateur. Un grand nombre d'électeurs lui promirent imprudemment leurs votes, sans considérer que la loi leur a confié un dépôt sacré dont ils ne sont pas libres de disposer à leur avantage, mais dont ils doivent compte à ceux qui ne jouissent pas du même privilége. Vous vous rappelez l'anxiété qui régna alors parmi les *free-traders*, et les difficultés qu'ils rencontrèrent à trouver un candidat à qui l'on pût confier la défense du grand principe que nous posions devant le corps électoral. C'est dans ce moment qu'un homme d'une position élevée, d'un noble caractère et d'un grand talent, M. Smith (applaudissements), accepta sans hésiter la candidature et entreprit de relever ce bourg de la longue servitude à laquelle il était accoutumé. M. Smith était alors président de la chambre de commerce de Manchester, président de la Ligue. Sur notre demande, il vint à Walsall et dirigea la lutte avec une vigueur et une loyauté qui lui valurent, non-seulement l'estime de ses amis, mais encore l'approbation de ses adversaires. L'Angleterre et l'Irlande s'intéressaient au succès de ce grand débat, où les plus chers intérêts du pays étaient engagés. Grâce à des influences que vous n'avez pas oubliées, nous fûmes vaincus cependant, mais non sans avoir réduit la majorité de nos adversaires dans une telle proportion qu'il ne leur reste plus aucune chance pour l'avenir. Les dames de Walsall, profondément reconnaissantes des services éminents rendus par M. Smith à la cause de la pureté électorale non moins qu'à celle de la liberté, résolurent de lui donner un public témoignage de leur estime. Je ne vous retiendrai pas plus longtemps, et ne veux point retarder les opérations qui sont l'objet principal de cette réunion.

Mad. Cox se lève, et s'adressant à M. Smith, elle dit : « J'ai l'honneur de vous présenter cette coupe, au nom des dames de Walsall. »

M. Smith reçoit ce magnifique ouvrage d'orfévrerie, d'un travail exquis, qui porte l'inscription suivante :

« *Présenté à* M. J. B. Smith, *esq.*

« Par les dames de Walsall, comme un témoignage de
« leur estime et de leur gratitude, pour le courage et le pa-
« triotisme avec lesquels il a soutenu la lutte électorale
« de 1841, dans ce bourg, contre un candidat monopoleur,
« — pour l'indépendance de sa conduite et l'urbanité de
« ses manières, — pour ses infatigables efforts dans la dé-
« fense des droits du travail contre les intérêts égoïstes et
« la domination usurpée d'une classe.

« Puisse-t-il vivre assez pour jouir de la récompense de
« ses travaux et voir la vérité triompher et la patrie heu-
« reuse ! »

M. Smith remercie et prononce un discours que le cadre
de cet ouvrage ne nous permet pas de rapporter.

Le but que nous nous sommes proposé était de faire connaître la Ligue, ses principaux chefs, les doctrines qu'elle
soutient, les arguments par lesquels elle combat le monopole ; nous ne pouvions songer à initier le lecteur dans tous
les détails des opérations de cette grande association. Il est
pourtant certain que les efforts persévérants, mais silencieux, par lesquels elle essaie de rénover, non-seulement
l'esprit, mais encore le personnel du corps électoral, ont
peut-être une importance plus pratique que la partie apparente et populaire de ses travaux.

Sans vouloir changer notre plan et attirer l'attention du
lecteur sur les travaux électoraux de la Ligue, ce qui exige-
rait de sa part l'étude approfondie d'un système électif
beaucoup plus compliqué que le nôtre, nous croyons cependant ne pouvoir terminer sans dire quelques mots et rapporter quelques discours relatifs à cette phase de l'*agitation*.

Nous avons vu précédemment qu'il y a en Angleterre
deux classes de députés, et, par conséquent, d'électeurs.

— 158 membres du Parlement sont nommés par les comtés, et tous sont dévoués au monopole. — Jusqu'à la fin de 1844, les *free-traders* n'avaient en vue que d'obtenir, sur les députés des bourgs, une majorité suffisante pour contre-balancer l'influence de ce corps compacte de 158 protectionnistes. — Pour cela, il s'agissait de faire inscrire sur les listes électorales autant de *free-traders*, et d'en éliminer autant de créatures de l'aristocratie que possible. Un comité de la Ligue a été chargé et s'est acquitté pendant plusieurs années de ce pénible et difficile travail, qui a exigé une multitude innombrable de procès devant les cours compétentes (*courts of registration*,) et le résultat a été d'assurer aux principes de la Ligue une majorité certaine dans un grand nombre de villes et de bourgs.

Mais à la fin de 1844, M. Cobden conçut l'idée de porter la lutte jusque dans les comtés. Son plan consistait à mettre à profit ce qu'on nomme la clause Chandos, qui confère le droit d'élire, au comté, à quiconque possède une propriété immobilière donnant un revenu net de 40 schellings. De même que l'aristocratie avait, en 1841, mis un grand nombre de ses créatures en possession du droit électoral par l'action de cette clause, il s'agissait de déterminer les classes manufacturières et commerciales à en faire autant, en investissant les ouvriers des mêmes franchises, et en les transformant en *propriétaires*, en *landlords* au petit pied. — Le temps pressait, car on était au mois de décembre 1844, quand M. Cobden soumit son plan au conseil de la Ligue, et on n'avait que jusqu'au 31 janvier 1845, pour se faire inscrire sur les listes électorales qui doivent servir en cas de dissolution jusqu'en 1847.

Aussitôt le plan arrêté, la Ligue le mit à exécution avec cette activité prodigieuse qui ne lui a jamais fait défaut, et que nous avons peine à croire, tant elle est loin de nos idées et de nos mœurs politiques. Dans l'espace de dix semaines, M. Cobden a assisté à *trente-cinq* grands meetings publics, tenus dans les divers comtés du nord de l'Angleterre dans le seul but de propager cette nouvelle croisade électorale. — Nous nous bornerons à donner ici la relation d'un de ces meetings, celui de Londres, qui ouvre d'ailleurs la troisième année de l'agitation dans la métropole.

GRAND MEETING DE LA LIGUE AU THÉATRE DE COVENT-GARDEN.

11 décembre 1844.

Six mille personnes assistent à la réunion. Le président de la Ligue, M. Georges Wilson, occupe le fauteuil.

En ouvrant la séance, après quelques observations générales, le président ajoute :

Vous avez peut-être entendu dire que depuis notre dernier meeting la Ligue avait « pris sa retraite. » Mais soyez assurés qu'elle n'a pas perdu son temps dans les cours d'enregistrement (*registration courts*). Nous avons envoyé des hommes expérimentés dans 140 bourgs, dans le but d'organiser des comités électoraux là où il n'en existe pas, et de donner une bonne direction aux efforts des *free-traders* là où il existe de semblables institutions. Depuis, les cours de révision ont été ouvertes. C'est là que la lutte a été sérieuse. Je n'ai pas encore les rapports relatifs à la totalité de ces 140 bourgs ; mais seulement à 108 d'entre eux. Dans 98 bourgs nous avons introduit sur les listes électorales plus de *free-traders* que nos adversaires n'y ont fait admettre de monopoleurs ; et d'un autre côté nous avons fait rayer de ces listes un grand nombre de nos ennemis. Dans 8 bourgs seulement la balance nous a été défavorable, sans mettre cependant notre majorité en péril. (Applaudissements.)

Le président entre ici dans des détails de chiffres inutiles à reproduire ; il expose ensuite les moyens de conquérir une majorité dans les comtés.

M. Villiers, m. P., prononce un discours. La parole est

ensuite à M. Cobden. Nous extrayons du discours de l'honorable membre les passages qui nous ont paru d'un intérêt général.

M. COBDEN...... Les monopoleurs ont fait circuler à profusion une brochure adressée aux ouvriers, qui porte pour épigraphe une sentence qui a pour elle l'autorité républicaine, celle de M. Henry Clay. Je suis bien aise qu'ils aient inscrit son nom et cité ses paroles sur le frontispice de cette œuvre, car les ouvriers n'oublieront pas que, depuis sa publication, M. Henry Clay a été repoussé de la présidence des États-Unis. Il demandait cet honneur à trois millions de citoyens libres, et il fondait ses droits sur ce qu'il est l'auteur et le père du système protecteur en Amérique. J'ai suivi avec une vive anxiété les progrès de cette lutte, et reçu des dépêches par tous les paquebots. J'ai lu le compte rendu de leurs discours et de leurs processions. Vraiment les harangues de Clay et de Webster auraient fait honneur aux ducs de Richmond et de Buckingham eux-mêmes. (Rires.) Leurs bannières portaient toutes des devises, telles que celles-ci : « Protection au travail national. » « Protection contre le travail non rémunéré d'Europe. » « Défense de l'industrie du pays. » « Défense du système américain. » « Henry Clay et protection. » (Rires.) Voilà ce qu'on disait à la démocratie américaine, comme vous le dit votre aristocratie dans ce même pamphlet. Et qu'a répondu le peuple américain? Il a rejeté Henry Clay ; il l'a rendu à la vie privée. (Applaudissements.) Je crois que nos sociétés prohibitionnistes, s'il leur reste encore un grand dépôt de cette brochure, pourront l'offrir à bon marché. (Rires.) Elles seront toujours bonnes à allumer des cigares. (Nouveaux rires.)....

Eh bien! habitants de Londres! Qu'y a-t-il de nouveau parmi vous? Vous avez su quelque chose de ce que nous avons fait dans le Nord; que se passe-t-il par ici? Je crois que j'ai aperçu quelques signes, sinon d'opposition, du moins de ce que j'appelle des tentatives de diversion. Vous avez eu de grands meetings, remplis de beaux projets pour le soulagement du peuple..... Mon ami M. Villiers vous a parlé du

grand développement de l'esprit charitable parmi les monopoleurs et de leur manie de tout arranger par l'*aumône*. En admettant que cette charité soit bien sincère et qu'elle dépasse celle
des autres classes, j'ai de graves objections à opposer à un système qui fait dépendre une portion de la communauté des
aumônes de l'autre portion. (Écoutez ! écoutez!) Mais je nie
cette philanthropie elle-même, et, relevant l'accusation qu'ils
dirigent contre nous, — froids économistes, — je dis que c'est
parmi les *free-traders* que se trouve la vraie philanthropie. Ils
ont tenu un grand meeting, il y a deux mois, dans le Suffolk.
Beaucoup de seigneurs, de nobles, de squires, de prêtres se
sont réunis, et pourquoi? Pour remédier, par un projet philan-
thropique, à la détresse générale. Ils ont ouvert une souscription. Ils se sont inscrits séance tenante; et qu'est-il arrivé depuis? Où sont les effets de cette œuvre qui devait fermer
toutes les plaies? J'oserais affirmer qu'il est tel ligueur de
Manchester qui a plus donné pour établir dans cette ville des
lieux de récréation pour les ouvriers, qu'il n'a été recueilli
parmi toute la noblesse de Suffolk pour le soulagement des ouvriers des campagnes. Ne vous méprenez pas, messieurs, nous
ne venons pas ici faire parade de générosité, mais décrier ces
accusations sans cesse dirigées contre le corps le plus intelligent
de la classe moyenne de ce pays, et cela parce qu'il veut se faire
une idée scientifique et éclairée de la vraie mission d'un bon
gouvernement. Ils nous appellent « économistes politiques ; durs
et secs utilitaires. » Je réponds que les « économistes » ont la
vraie charité et sont les plus sincères amis du peuple. Ces messieurs veulent absolument que le peuple vive d'aumônes ; je les
somme de nous donner au moins une garantie qu'en ce cas le
peuple ne sera pas affamé. Oh ! il est fort commode à eux de
flétrir, par une dénomination odieuse, une politique qui scrute
leurs procédés. (Rires.) Nous nous reconnaissons « économistes, » et nous le sommes, parce que nous ne voulons pas
voir le peuple se fier, pour sa subsistance, aux aumônes de
l'aristocratie, sachant fort bien que, s'il le fait, sa condition
sera vraiment désespérée. (Applaudissements.) Nous voulons
que le gouvernement agisse sur des principes qui permettent à
chacun de pourvoir à son existence par un travail honnête et

indépendant. Ces grands messieurs ont tenu un autre meeting aujourd'hui. On y a traité de toutes sortes de sujets, excepté du sujet essentiel. (Écoutez !) Une réunion a eu lieu ce matin à Exeter-Hall, où il y avait des gens de toute espèce, et dans quel but? Afin d'imaginer des moyens et de fonder une société pour « l'assainissement des villes. » (Rires.) Ils vous donneront de la ventilation, de l'air, de l'eau, des dessèchements, des promenades, de tout, excepté du pain. (Applaudissements.) Cependant, du moins en ce qui concerne le Lancashire, nous avons les registres généraux de la mortalité qui montrent distinctement le nombre des décès s'élevant et s'abaissant d'année en année, avec le prix du blé, et vous pouvez suivre cette connexité avec autant de certitude que si elle résultait d'une enquête du coroner. Il y a eu trois mille morts de plus dans les années de cherté que depuis que le blé est descendu à un prix naturel, et cela dans un très-petit district du Lancastre. Et ces messieurs, dans leurs sociétés de bienveillance, parlent d'eau, d'air, de tout, excepté du pain qui est le soutien et comme l'étoffe de la vie! Je ne m'oppose pas à des œuvres de charité ; je les appuie de toute mon âme ; mais je dis: soyons justes d'abord, ensuite nous serons charitables. (Applaudissements.) Je ne doute nullement de la pureté des motifs qui dirigent ces messieurs ; je ne les accuserai point ici d'hypocrisie, mais je leur dirai: « Répondez à la question, ne l'escamotez pas. »

Je me plains particulièrement d'une partie de l'aristocratie (¹), qui affiche sans cesse des prétentions à une charité sans égale, dont, sans doute par ce motif, les lois-céréales froissent la con-

(¹) L'orateur désigne ici le parti qui s'intitule « la jeune Angleterre, » et qui a pour chefs lord Ashley, Manners, d'Israeli, etc. Lord Ashley cherchant à rejeter sur les manufacturiers les imputations que la Ligue dirige contre les maîtres du sol, attribue les souffrances du peuple à l'excès du travail. En conséquence, de même que M. Villiers propose chaque année la libre introduction du blé étranger, lord Ashley propose la limitation des heures de travail. L'un cherche le remède à la détresse générale dans la liberté, l'autre dans de nouvelles restrictions. — Ainsi, ces deux écoles économiques sont toujours et partout en présence.

science, et qui les maintient cependant, sans les discuter et même sans vouloir formuler son opinion. Je fais surtout allusion à un noble seigneur qui en a agi ainsi l'année dernière, à l'occasion de la motion de M. Villiers, quoique, en toutes circonstances, il fasse profession d'une grande sympathie pour les souffrances du peuple. Il ne prit pas part à la discussion, n'assista pas même aux débats, et ne vint pas moins au dernier moment voter contre la motion. (Grands cris : Honte ! honte ! le nom ! le nom !) Je vous dirai le nom ; c'est lord Ashley. (Murmures et sifflets.) Eh bien, je dis : Admettons la pureté de leurs motifs, mais stipulons au moins qu'ils discuteront la question et qu'ils l'examineront avec le même soin qu'ils donnent « aux approvisionnements d'eau et aux renouvellements de l'air. » Ne permettons pas qu'ils ferment les yeux sur ce sujet. Comment se conduisent-ils en ce qui concerne la ventilation? Ils appellent à leur aide les hommes de science. Ils s'adressent au docteur Southwood Smith, et lui disent : Comment faut-il s'y prendre pour que le peuple respire un bon air? Eh bien ! quand il s'agit de donner au peuple du travail et des aliments, nous les sommons d'interroger aussi les hommes de science, les hommes qui ont passé leur vie à étudier ce sujet, et qui ont consigné dans leurs écrits des opinions reconnues pour vraies dans tout le monde éclairé. Comme ils appellent dans leurs conseils Southwood Smith, nous leur demandons d'y appeler aussi Adam Smith, et nous les sommons ou de réfuter ses principes ou d'y conformer leurs votes. (Applaudissements.) Il ne suffit pas de se tordre les bras, de s'essuyer les yeux et de s'imaginer que dans ce siècle intelligent et éclairé le sentimentalisme peut être de mise au sénat. Que dirions-nous de ces messieurs qui gémissent sur les souffrances du peuple, si, pour des fléaux d'une autre nature, ils refusaient de prendre conseil de la science, de l'observation, de l'expérience ? S'ils entraient dans un hôpital, par exemple, et si, à l'aspect des douleurs et des gémissements dont leurs sens seraient frappés, ces grands philanthropes mettaient à la porte les médecins et les pharmaciens, et tournant au ciel leurs yeux attendris, ils se mettaient à traiter et médicamenter à leur façon ? (Rires et applaudissements.) J'aime ces meetings de Covent-Garden et je vous dirai pourquoi. Nous exerçons ici une sorte de police intellectuelle. Byron a dit que nous étions dans un siècle d'affectation ; il n'y a rien de plus difficile à saisir que l'affectation. Mais je crois que si quelque chose a contribué à élever le niveau moral de cette métropole, ce sont ces grandes réunions et les discussions qui ont lieu dans cette enceinte. (Acclamations.) Il va y avoir un autre meeting ce soir dans le but d'offrir à sir Henry Pottinger un don patriotique. Je veux vous en dire quelques mots. Et d'abord, qu'a fait sir Henry Pottinger pour ces monopoleurs ? — Je parle de ces marchands et millionnaires monopoleurs, y compris la maison Baring et Cie, qui a souscrit pour 50 liv. st. à Liverpool, et souscrira sans doute à Londres. Je le demande ! qu'a fait M. Pottinger pour provoquer cette détermination des princes-marchands de la cité ? Je vous le dirai. Il est allé en Chine, et il a arraché au gouvernement de ce pays, pour son bien sans doute, un tarif. Mais de quelle espèce est ce tarif ? Il est fondé sur trois principes. Le premier, c'est qu'il n'y aura aucun droit d'aucune espèce sur les céréales et toutes sortes d'aliments importés dans le Céleste Empire. (Écoutez ! écoutez !) Bien plus, si un bâtiment arrive chargé d'aliments, non-seulement la marchandise ne paie aucun droit, mais le navire lui-même est exempt de tous droits d'ancrage, de port, etc., et c'est la seule exception de cette nature qui existe au monde. — Le second principe, c'est qu'il n'y aura aucun droit *pour la protection*. (Écoutez !) Le troisième, c'est qu'il y aura des droits modérés *pour le revenu*. (Écoutez ! écoutez !) Eh quoi ! c'est pour obtenir un semblable tarif, que nous, membres de la Ligue, combattons depuis cinq ans ! La différence qu'il y a entre sir Henry Pottinger et nous, la voici : c'est que pendant qu'il a réussi à conférer, par la force, un tarif aussi avantageux au peuple chinois, nous avons échoué jusqu'ici dans nos efforts pour obtenir de l'aristocratie, par la raison, un bienfait semblable en faveur du peuple anglais. (Applaudissements.) Il y a encore cette différence : c'est que, en même temps que ces marchands monopoleurs préparent une splendide réception à sir Henry Pottinger pour ses succès en Chine, ils déversent sur nous l'invective, l'insulte et la calomnie, parce que nous poursuivons ici, et inutilement jusqu'à ce jour, un succès de même nature. Et pourquoi n'avons-nous pas réussi ? Parce que nous avons rencontré sur notre chemin la résistance et l'opposition de ces mêmes hommes inconséquents, qui vont maintenant saluant de leurs toasts et de leurs hurrahs la liberté du commerce... en Chine. (Applaudissements.) Je leur adresserai à ce sujet une ou deux questions. Ces messieurs pensent-ils que le tarif que M. Pottinger a obtenu des Chinois sera avantageux pour ce peuple? A en juger par ce qu'on leur entend répéter en toute occasion, ils ne peuvent réellement pas le croire. Ils disent que les aliments à bon marché et la libre importation du blé seraient préjudiciables à la classe ouvrière et abaisseraient le taux des salaires. Qu'ils répondent catégoriquement. Pensent-ils que le tarif sera avantageux aux Chinois? S'ils le pensent, quelle inconséquence n'est-ce pas de refuser le même bienfait à leurs concitoyens et à leurs frères. S'ils ne le pensent pas, s'ils supposent que le tarif aura pour les Chinois tous ces effets funestes qu'un semblable tarif aurait, à ce qu'ils disent, pour l'Angleterre, alors ils ne sont pas chrétiens, car ils font aux Chinois ce qu'ils ne voudraient pas qu'il leur fût fait. (Bruyantes acclamations.) Je les laisse entre les cornes de ce dilemme et entièrement maîtres de choisir.

Il y a quelque chose de sophistique et d'erroné à représenter, comme on le fait, le tarif chinois comme un traité de commerce. Ce n'est point un traité de commerce. Sir Henry Pottinger a imposé ce tarif au gouvernement chinois, non en notre faveur, mais en faveur du monde entier. (Écoutez! écoutez!) Et que nous disent les monopoleurs? « Nous n'avons pas d'objection contre la liberté commerciale, si vous obtenez la *réciprocité* des autres pays. » Et les voilà, à cette heure même, nous pourrions presque entendre d'ici leur « hip, hip, hip, hurrah! hurrah! » les voilà saluant et glorifiant sir Henry Pottinger pour avoir donné aux Chinois un tarif sans réciprocité avec aucune nation sur la surface de la terre! (Écoutez!) Après cela pensez-vous que sir Thomas Baring osera se présenter encore devant Londres? (Rires et cris: Non! non!) Lorsqu'il manqua son élection l'année dernière, il disait que vous étiez une race ignorante. Je vous donnerai un mot d'avis au cas qu'il se représente. Demandez-lui s'il est préparé à donner à l'Angleterre un tarif aussi libéral que celui que sir Henry Pottinger a donné à la

Chine, et sinon, qu'il vous explique les motifs qui l'ont déterminé à souscrire pour cette pièce d'orfévrerie qu'on présente à
M. Pottinger. Nous ne manquons pas, à Manchester même, de
monopoleurs de cette force qui ont souscrit aussi à ce don patriotique. On fait toujours les choses en grand dans cette ville,
et pendant que vous avez recueilli ici mille livres sterling dans
cet objet, ils ont levé là-bas trois mille livres, presque tout
parmi les monopoleurs qui ne sont ni les plus éclairés, ni les
plus riches, ni les plus généreux de notre classe, quoiqu'ils
aient cette prétention. Ils se sont joints à cette démonstration
en faveur de sir Henry Pottinger. J'ai été invité aussi à souscrire. Voici ma réponse : Je tiens sir Henry Pottinger pour un
très-digne homme, supérieur à tous égards à beaucoup de ceux
qui lui préparent ce splendide accueil. Je ne doute nullement
qu'il n'ait rendu d'excellents services au peuple chinois ; et si
ce peuple peut envoyer un sir Henry Pottinger en Angleterre,
si ce Pottinger chinois réussit par la force de la raison (car nous
n'admettons pas ici l'intervention des armes), si, dis-je, par la
puissance de la logique, à supposer que la logique chinoise ait
une telle puissance (rires), il arrache au cœur de fer de notre
aristocratie monopoliste le même tarif pour l'Angleterre que notre général a donné à la Chine, j'entrerai de tout mon cœur dans
une souscription pour offrir à ce diplomate chinois une pièce
d'orfévrerie. (Rires et acclamations prolongés.) Mais, gentlemen, il faut en venir à parler d'affaires. Notre digne président
vous a dit quelque chose de nos derniers travaux. Quelques-
uns de nos pointilleux amis, et il n'en manque pas de cette espèce, — gens d'un tempérament bilieux et enclins à la critique,
qui, ne voulant ni agir par eux-mêmes, ni aider les autres dans
l'action, de peur d'être rangés dans le *servum pecus*, n'ont autre chose à faire qu'à s'asseoir et à blâmer, — ces hommes
vont répétant : « Voici un nouveau mouvement de la Ligue ;
elle attaque les landlords jusque dans les comtés ; elle a changé
sa tactique. » Mais non, nous n'avons rien changé, rien modifié ;
nous avons développé. Je suis convaincu que chaque pas que
nous avons fait était nécessaire pour élever l'*agitation* là où
nous la voyons aujourd'hui. (Écoutez !) Nous avons commencé
par enseigner, par distribuer des pamphlets, afin de créer une

opinion publique éclairée. Cela nous a tenu nécessairement deux ou trois ans. Nous avons ensuite porté nos opérations dans les colléges électoraux des bourgs; et jamais, à aucune époque, autant d'attention systématique, autant d'argent, autant de travaux n'avaient été consacrés à dépouiller, surveiller, rectifier les listes électorales des bourgs d'Angleterre. Quant à l'enseignement par la parole, nous le continuons encore ; seulement au lieu de nous faire entendre dans quelque étroit salon d'un troisième étage, comme il le fallait bien à l'origine, nous nous adressons à de magnifiques assemblées telle que celle qui est devant moi. Nous distribuons encore nos pamphlets, mais sous une autre forme; nous avons notre organe, le journal *la Ligue*, dont vingt mille exemplaires se distribuent dans le pays, chaque semaine. Je ne doute pas que ce journal ne pénètre dans toutes les paroisses du royaume, et ne circule dans toute l'étendue de chaque district. Maintenant, nous allons plus loin, et nous avons la confiance d'aller troubler les monopoleurs jusque dans leurs comtés. (Applaudissements.) La première objection qu'on fait à ce plan, c'est que c'est un jeu à la portée des deux partis, et que les monopoleurs peuvent adopter la même marche que nous. J'ai déjà répondu à cela en disant que nous sommes dans cette heureuse situation de nous asseoir devant un tapis vert où tout l'enjeu appartient à nos adversaires et où nous n'avons rien à perdre. (Écoutez !) Il y a longtemps qu'ils jouent et ils ont gagné tous les comtés. Mon ami M. Villiers n'a eu l'appui d'aucun comté la dernière fois qu'il a porté sa motion à la Chambre. Il y a là 152 députés des comtés, et je crois que si M. Villiers voulait prouver clairement qu'il peut obtenir la majorité, sans en détacher quelques-uns, il y perdrait son arithmétique. Nous allons donc essayer de lui en donner un nombre certain.

Ici l'orateur passe en revue les diverses clauses de la loi électorale et indique, pour chaque position, les moyens d'acquérir le droit de suffrage soit dans les bourgs, soit dans les comtés. Nous n'avons pas cru devoir reproduire ces détails qui ne pourraient intéresser qu'un bien petit nombre de lecteurs.

..... Les monopoleurs ont des yeux de lynx pour découvrir les moyens d'atteindre leur but. Ils dénichèrent dans le bill de réforme la clause Chandos, et la mirent immédiatement en œuvre. Sous prétexte de faire inscrire leurs fermiers sur les listes électorales, ils y ont fait porter les fils, les neveux, les oncles, les frères de leurs fermiers, jusqu'à la troisième génération, jurant au besoin qu'ils étaient associés à la ferme, quoiqu'ils n'y fussent pas plus associés que vous. C'est ainsi qu'ils ont gagné les comtés. Mais il y a une autre clause dans le bill de réforme, que nous, hommes de travail et d'industrie, n'avions pas su découvrir ; celle qui confère le droit électoral au propriétaire d'un *freehold* de 40 schellings de revenu. J'élèverai cette clause contre la clause Chandos et nous les battrons dans les comtés mêmes. (Bruyantes acclamations.).....

..... Il y a un très-grand nombre d'ouvriers qui parviennent à économiser 50 à 60 liv. sterl. et ils sont peut-être accoutumés à les déposer à la caisse d'épargne. Je suis bien éloigné de vouloir dire un seul mot qui tende à déprécier cette institution ; mais la propriété d'un cottage et de son enclos donne un intérêt double de celui qu'accorde la caisse d'épargne. Et puis, quelle satisfaction pour un ouvrier de croiser ses bras et de faire le tour de son petit domaine, disant : « Ceci est à moi, je l'ai acquis par mon travail ! » Parmi les pères dont les fils arrivent à l'âge de maturité, il y en a beaucoup qui sont enclins à les tenir en dehors des affaires et étrangers au gouvernement de la propriété. Mon opinion est que vous ne sauriez trop tôt montrer de la confiance en vos enfants et les familiariser avec la direction des affaires. Avez-vous un fils qui arrive à ses vingt et un ans ? Ce que vous avez de mieux à faire, si vous le pouvez, c'est de lui conférer un vote de comté. Cela l'accoutume à gérer une propriété et à exercer ses droits de citoyen, pendant que vous vivez encore, et que vous pouvez au besoin exercer votre paternel et judicieux contrôle. Je connais quelques pères qui disent: « Je mettrais mon fils en possession du droit électoral, mais je redoute les frais. » Je donnerai un avis au fils. Allez trouver votre père et offrez-lui de faire vous-même cette dépense. Si vous ne le voulez pas, et que votre père s'adresse à moi, je la ferai. (Applaudissements.) C'est ainsi que nous gagnerons Middlessex. Mais ce n'est pas tout que de vous faire inscrire. Il faut encore faire rayer ceux qui sont sans droit. On a dit que c'était une mauvaise tactique et qu'elle tendait à diminuer les franchises du peuple. Si nos adversaires consentaient à ce que les listes s'allongeassent de faux électeurs des deux côtés, nous pourrions ne pas faire d'objections. Mais s'ils scrutent nos droits sans que nous scrutions les leurs, il est certain que nous serons toujours battus......

...... L'Écosse a les yeux sur vous. On dit dans ce pays-là : Oh! si nous n'étions soumis qu'à ce cens de 40 schellings, nous serions bientôt maîtres de nos 12 comtés. L'Irlande aussi a les yeux sur vous. Son cens, comme en Écosse, est fixé à 10 liv. sterling. — Quoi ! l'Angleterre, l'opulente Angleterre n'aurait qu'un cens nominal de 40 schellings, elle aurait une telle arme dans les mains et elle ne battrait pas cette oligarchie inintelligente et incapable qui l'opprime ! Je ne le croirai jamais ! Nous élèverons nos voix dans tout le pays ; il n'est pas de si légère éminence dont nous ne nous ferons un piédestal pour crier : Aux listes ! aux listes ! aux listes ! Inscrivez-vous, non-seulement dans l'intérêt de millions de travailleurs, mais encore dans celui de l'aristocratie elle-même ; car, si elle est abandonnée à son impéritie et à son ignorance, elle fera bientôt descendre l'Angleterre au niveau de l'Espagne et de la Sicile, et subira le sort de la grandesse castillane. Pour détourner de telles calamités, je répète donc : Aux listes ! aux listes ! aux listes ! (Tonnerre d'applaudissements.)

Nous terminerons ce choix ou plutôt ce recueil de discours (car nous pouvons dire avec vérité que le hasard nous a plus souvent guidé que le choix), par le compte rendu du meeting tenu à Manchester le 22 janvier 1845, meeting où ont été rendus les comptes de l'exercice 1844, et qui clôt, par conséquent, la cinquième année de l'agitation. Encore, dans cette séance, nous nous bornerons à traduire le discours de M. Bright qui résume les travaux et la situation de la Ligue. M. Bright est certainement un des membres de la Ligue les plus zélés, les plus infatigables et en même temps les plus éloquents. La verve et la chaleur de Fox, le profond bon sens et le génie pratique de Cobden semblent tour à tour tributaires du genre d'éloquence de M. Bright. Ainsi que nous venons de le dire, au milieu des richesses oratoires qui étaient à notre disposition, nous avons dû nous fier au hasard et nous nous apercevons un peu tard qu'il nous a mal servi en ceci que notre recueil ne renferme presque aucun discours de M. Bright. Nous saisissons donc cette occasion de réparer envers nos lecteurs un oubli involontaire.

MEETING GÉNÉRAL DE LA LIGUE A MANCHESTER.

22 janvier 1845.

Une première séance a lieu le matin. Elle a pour objet la reddition des comptes, au nom du conseil de la Ligue, aux membres de l'association. Les opérations de cette séance ne pourraient avoir qu'un faible intérêt pour le public français.

Le soir, une immense assemblée est réunie dans la grande salle de l'édifice élevé à Manchester par la Ligue. Plus de six cents des principaux membres de l'association sont sur la plate-forme. A sept heures, M. Georges Wilson occupe le fauteuil. On ne peut pas estimer à moins de 10,000 le nombre des spectateurs présents à la réunion.

M. Hickin, secrétaire de la Ligue, présente le compte rendu des opérations pendant l'exercice de 1844. Nous nous bornerons à extraire de ce rapport les faits suivants.

En conformité du plan de la Ligue, l'Angleterre a été divisée en treize districts électoraux. Des agents éclairés, rompus dans la connaissance et la pratique des lois, ont été assignés à chaque district pour surveiller la formation des listes électorales, et en poursuivre la rectification devant les tribunaux.

L'opération a été exécutée dans 160 bourgs. La masse des informations ainsi obtenues permettra de donner à l'avenir aux efforts de la Ligue plus d'ensemble et d'efficacité. Jusqu'ici, on peut considérer que les *free-traders* ont eu l'avantage sur les monopoleurs dans 112 de ces bourgs, et, dans le plus grand nombre, cet avantage suffit pour assurer la nomination de candidats engagés dans la cause du libre-commerce.

Plus de 200 meetings ont été tenus en Angleterre et en Ecosse, à ne parler que de ceux où ont assisté les députations de la Ligue.

Les professeurs de la Ligue ont ouvert des cours dans trente-six comtés sur quarante. Partout, et principalement dans les districts agricoles, on demande plus de professeurs que la Ligue n'en peut fournir.

Il a été distribué 2 millions de brochures, et 1,340,000 exemplaires du journal *la Ligue.*

Les bureaux de l'association ont reçu un nombre immense de lettres et en ont expédié environ 300,000.

Ce n'est que dans ces derniers temps que la Ligue a dirigé son attention sur les listes électorales des comtés. En peu de jours, la balance en faveur des *free-traders* s'est accrue de 1,750 pour le Lancastre du nord, de 500 pour le Lancastre du sud et de 500 pour le Middlessex. Le mouvement se propage dans les comtés de Chester, d'York, etc.

Les recettes de la Ligue se sont élevées à   86,009 liv. sterl.
Les dépenses à..................   59,333

Balance en caisse.......... .   26,676 -

L'annonce de ces faits (que, pressé par l'espace, nous nous bornons à extraire du rapport de M. Hickin), est accueillie par des applaudissements enthousiastes.

M. BRIGHT. (Mouvement de satisfaction.) C'est, ce me semble, une chose convenable que le conseil de la Ligue vienne faire son rapport annuel à cette assemblée, dans cette salle et sur le lieu qu'elle occupe; car cette assemblée est la représentation fidèle des multitudes qui, dans tout le pays, ont engagé leur

influence dans la cause du *libre-commerce*. Cette salle est un
temple élevé à l'indépendance, à la justice, en un mot aux principes du *libre-commerce*, et ce lieu est à jamais mémorable
dans les fastes de la lutte ·du monopole et du *libre-commerce* ;
car, à l'endroit même où je parle, il y a un quart de siècle,
vos concitoyens furent attaqués par une soldatesque lâche et
brutale, ·et l'on vit couler le sang d'hommes inoffensifs et de
faibles femmes qui s'étaient réunis pour protester contre l'iniquité des lois-céréales; (Écoutez! écoutez!) Deux choses qui se
lient à ce sujet frappent mon esprit en ce moment. La première
c'est que l'objet et la tendance de toutes les lois-céréales qui
se sont succédé ont été les mêmes, à savoir: spolier les classes
industrieuses par la famine artificielle; enrichir les grands
propriétaires du sol, ceux qui se disent la noblesse de la terre.
(Bruyants, applaudissements.) Lorsque la loi fut adoptée en
1815, elle avait pour objet de fixer le prix du froment à 80 sh,
le quarter. Ce prix est maintenant à 45 sh. ou un peu plus de
moitié. Or, nous sommes convaincus que 80 sh. c'est un *prix
de famine*. C'était donc un prix de famine que la loi entendait
rendre permanent. Il est vrai que, depuis cette époque, deux
années seulement ont vu ·le blé à 80 sh. En 1817 et 1818, le prix
de famine légale furent atteint, et ce fut deux années d'effroyable détresse, de mécontentement, où l'insurrection faillit éclater
dans tous les districts populeux du royaume. Mais la loi entendait bien que le prix de famine fût maintenu, non point pendant
deux ans, mais à toujours, aussi longtemps qu'elle existerait
elle-même. Les vues de ses promoteurs, leur objet avoué, n'avaient'
d'autre limite que celle-ci: approcher toujours du prix autant
que cela sera compatible avec notre sécurité. (Bruyantes acclamations.) Arracher à l'industrie tout ce qu'elle voudra se laisser
arracher tranquillement. (Écoutez!) Ne craignez pas d'affamer
quelques pauvres; ils descendront prématurément dans la
tombe, et leur voix ne se fera plus entendre au milieu des dissensions des partis et des luttes que suscite la soif de la puissance politique. (Nouvelles acclamations). Oh! cette loi est
sans pitié! et ses promoteurs furent sans pitié. — Nous avons
eu des·périodes où le pays était comparativement affranchi de
sa détresse habituelle; nous traversons maintenant un de ces

courts intervalles; mais si nous ne sommes point plongés dans
la désolation, nous n'en devons aucune reconnaissance à la loi.
Vous avez entendu dire et je le répète ici, qu'il y a une puissance,
une puissance miséricordieuse qui, dans ses voies cachées, ne
consulte pas les vues ignorantes et sordides des propriétaires
du sol britannique ; c'est cette puissance infinie, qui voit au-
dessous d'elle ces potentats qui siégent dans l'enceinte où s'élaborent les lois humaines, c'est cette puissance qui, déconcertant
les projets des promoteurs de la loi-céréale, répand en ce
moment sur le peuple d'Angleterre le bien-être et l'abondance.
Nous apprenons quelquefois que l'esclave a fui loin du fouet
et de la chaîne et qu'il a échappé à la sagacité de la meute
lancée sur sa trace. Mais est-il jamais venu dans la pensée de
personne de faire honneur de sa fuite et de sa sûreté à la clémence des maîtres ou à celle des dogues altérés de sang? Est-il
un homme qui osât dire que ce pays est redevable à la protection, à une clémence cachée au fond du système protecteur,
s'il n'est point, à cette heure, accablé sous le poids du paupérisme,
et si ses nobles et chères institutions ne sont pas menacées par la
révolte de multitudes affamées? La seconde chose que je veux
rappeler, et qu'il ne faut pas perdre de vue un seul instant,
c'est que cette loi a été imposée par la force militaire et par cette
force seule (écoutez! écoutez!); que, le jour où elle fut votée, on
vit, dans cette terre de liberté, une garnison occuper l'enceinte
législative ; que, cette même police, cette même force armée, que
nourrissent les contributions du peuple, fut employée à imposer,
à river sur le front du peuple ce joug odieux, qui devait être à la
fois et le signe de sa servitude et le tribut que lui coûte son
propre asservissement. Dans nos villes, c'est encore la force, dans
nos campagnes, c'est la fraude qui maintient cette loi. Le peuple
ne l'a jamais demandée. On n'a jamais vu de pétitions au
Parlement pour demander la disette. Jamais même le peuple
n'a tacitement accepté une telle législation et, depuis l'heure
fatale où elle fut promulguée, il n'a pas cessé un seul jour de
protester contre son iniquité. Ce meeting ensanglanté, dont je
parlais tout à l'heure, n'était qu'une protestation; et depuis
ce moment terrible jusqu'à celui où je parle, il s'est toujours
rencontré des hommes, parmi les plus éclairés de cet empire et

du monde, pour dénoncer l'infamie de ces lois. (Applaudissements.) La Ligue elle-même, qu'est-ce autre chose, sinon l'incarnation, pour ainsi dire, d'une opinion ancienne, d'un sentiment vivace dans le pays? Nous n'avons fait que relever la
question qui préoccupait profondément nos pères. Nous sommes
mieux organisés, plus résolus peut-être, et c'est en cela seulement que cette agitation diffère de celle qui s'émut, il y a un
quart de siècle, sur le lieu même où s'élève cette enceinte. —
Nos adversaires nous demandent souvent ce qu'a fait la Ligue.
Quand il s'agit d'une œuvre matérielle, de l'érection d'un vaste
édifice, le progrès se montre de jour en jour, la pierre vient se
placer sur la pierre jusqu'à ce que le noble monument soit
achevé. Nous ne pouvons pas nous attendre à suivre de même,
dans ses progrès, la destruction du système protecteur. Notre
œuvre, les résultats de nos travaux, ne sont pas aussi visibles
à l'œil extérieur. Nous aspirons à créer le sentiment public, à
tourner le sentiment public contre ce système, et cela avec une
puissance telle que la loi maudite en soit virtuellement abrogée,
notre triomphe consommé, et que l'acte du Parlement, la sanction législative, ne soit que la reconnaissance, la formelle
ratification de ce que l'opinion publique aura déjà décrété. (Applaudissements.)

Je repassais nos progrès dans mon esprit, et je me rappelais
qu'en 1839 la Ligue leva une souscription de 5,000 liv. sterl.
(125,000 fr.), ce fut alors regardé comme une chose sérieuse ;
en 1840, une autre souscription eut lieu. En 1841, intervint ce
meeting mémorable qui réunit dans cette ville sept cents ministres de la religion, délégués par autant de congrégations
chrétiennes. Ces hommes, avec toute l'autorité que leur donnaient leur caractère et leur mission, dénoncèrent la loi-céréale
comme une violation des droits de l'homme et de la volonté de
Dieu. Oh ! ce fut un noble spectacle (applaudissements) ! et il
n'a pas été assez apprécié ! Mais dans nos nombreuses pérégrinations à travers toutes les parties du royaume, nous avons re-
trouvé ces mêmes hommes ; nous avons vu qu'en se séparant
à Manchester, ils sont allés répandre jusqu'aux extrémités de
cette île les principes que ce grand meeting avait ravivés dans
leur âme, organisant ainsi en faveur du *libre-commerce* de

nombreux centres d'agitation, dont les résultats nous ont puissamment secondés.

En 1842, nous eûmes un bazar à Manchester qui réalisa 10,000 l. s., somme qui dépasse de plusieurs milliers de livres celles qui ont été jamais recueillies dans ce pays par des établissements analogues, quelque nobles que fussent leurs patrons et leurs dames patronesses. En 1843, nous levâmes une souscription de 50,000 l. s. (1,250,000 fr.) (Bruyantes acclamations.) En 1844, nous avons demandé 100,000 l. s. (2,500,000 f.) et vous venez d'entendre que 83,000 l. s. avaient déjà été reçues, quoique un des moyens les plus puissants qui devait concourir à cette œuvre ait été ajourné (1). Mais que dirai-je de l'année 1845, dont le premier mois n'est pas encore écoulé? Sachez donc que depuis trois mois, sur l'appel du conseil de la Ligue, aidés de nombreux meetings, auxquels la députation a assisté, les *free-traders* des comtés de Lancastre, d'York et de Chester ont certainement dépensé un quart de million sterling pour acquérir des votes dans les comtés que je viens de nommer. (Bruyantes acclamations.) Vous vous rappelez ce que disait le *Times* il y a moins d'un an, alors qu'un petit nombre de manufacturiers, objets de vains mépris, souscrivaient à Manchester et dans une seule séance 12,000 liv. sterl. (300,000 fr.) en faveur de la Ligue. On ne peut nier, disait-il, que ce ne soit « un grand fait. » Maintenant, je serais curieux de savoir ce qu'il dira de celui que je signale, savoir que, dans l'espace de trois mois, et à notre recommandation, plus de 200,000 liv. sterl., j'oserais dire 250,000 liv. sterl. (6,250,000 fr.) ont été consacrés à l'acquisition de propriétés dans le seul but d'augmenter l'influence électorale des *free-traders* dans trois comtés. (Applaudissements.) Je le demande à ce meeting, après cette succincte description de nos progrès, ce mouvement peut-il s'arrêter? (Cris, non, non, jamais!) Je le demande à ceux des monopoleurs qui ont quelque étincelle d'intelligence, et qui savent comment se résolvent dans ce pays les grandes questions publiques; je demande aux ministres mêmes du gouvernement de la reine, s'ils pensent

(1) Le bazar de Londres qui a été tenu en mai 1845 et a produit plus de 25,000 liv. st. (625,000 fr.).

qu'il peut y avoir quelque repos pour ce cabinet ou tout autre
qui serait appelé à lui succéder, tant que cette infâme loi-céréale déshonorera notre Code commercial. (Applaudissements
et cris : jamais!) Cette agitation naquit quand le commerce
commença à décliner ; elle se renforça quand ses souffrances
furent extrêmes ; elle traversa cette douloureuse époque, et
elle marche encore, d'un pas plus ferme et plus audacieux, aujourd'hui que les jours de prospérité se sont de nouveau levés
sur l'Angleterre. Quelle illusion, quelle misérable illusion n'est-
ce pas que de voir dans ce retour de prospérité industrielle la
chute de notre agitation ! Oh! les hommes que nous combattons ne nous ont jamais compris. Ils ont cru que nous étions
comme l'un d'eux, que nous étions mus par l'intérêt, la soif du
pouvoir ou l'amour de la popularité. Mais quelle que soit la diversité de nos motifs, quelle que soit notre fragilité à tous, j'ose
dire qu'il n'est pas un membre de la Ligue qui obéisse à d'aussi
indignes aspirations. (Tonnerre d'applaudissements.) Ce mouvement est né d'une conviction profonde — conviction qui est devenue une foi — foi entière dès l'origine, et qu'a renforcée encore l'expérience des dernières années. Nous avons devant nous
des preuves si extraordinaires, que si on me demandait des
faits pour établir notre cause, je n'en voudrais pas d'autres que
ceux que chaque année qui passe apporte à notre connaissance.
(Écoutez! écoutez!) Pendant cinq ans, de 1838 à 1842, le prix
moyen du blé a été de 65 sh., — il est maintenant de 45 sh.—
c'est 20 sh. de différence. Qu'en résulte-t-il? (Écoutez!) Si nous
consommons 20 millions de quarters de blé, nous épargnons
20 millions de livres dans l'achat de notre subsistance, comparativement aux années de cherté auxquelles je faisais allusion. — Alors les seigneurs dominaient, et abaissant leur grande
éponge féodale (rires), ils puisaient 20 millions de livres dans
l'industrie des classes laborieuses, sans leur en rendre un atome
sous quelque forme que ce soit. (Applaudissements.) Maintenant, ces 20 millions circulent par des milliers de canaux, ils
vont encourager toutes les industries, fertiliser toutes les provinces, et répandre en tous lieux le contentement et le bien-
être. (Immenses acclamations.) On parlait dernièrement du
bien que fait l'ouverture du marché chinois. Cela est vrai, mais

combien est plus favorable l'ouverture de ce nouveau marché anglais. (Applaudissements.) Si vous considérez la totalité de nos exportations vers nos colonies, vous trouverez qu'elles se sont élevées, en 1842, à 13 millions. Les marchés réunis de l'Allemagne, la Hollande, la France, l'Italie, la Russie, la Belgique et le Brésil nous ont acheté pour 20,206,446 livres sterling. — Vous voyez bien que cette simple réduction de 20 sh. dans le prix du blé, nous a ouvert un débouché intérieur égal à celui que nous offrent toutes ces nations ensemble, et supérieur de moitié à celui que nous ont ouvert nos innombrables colonies répandues sur tous les points du globe. (Bruyantes acclamations.) Il est donc vrai que notre prospérité même nous fait une loi de continuer cette agitation. (Nouvelles acclamations.) Et en tous cas la détresse agricole nous en imposerait le devoir....... La lutte dans laquelle nous sommes engagés est la lutte de l'industrie contre la spoliation seigneuriale. (Applaudissements.) Vous savez comment ils parlent de l'industrie. Vous savez où vous devez savoir ce que le *Standard* a dit de cette province. « L'Angleterre serait aussi grande et chaque utile en« fant de l'Angleterre aussi riche et heureux qu'ils le sont main« tenant, alors même que toutes les villes et toutes les provinces « manufacturières du royaume seraient englouties dans une « ruine commune. » Oh! ce fût là une malheureuse inspiration! c'est là un horrible et diabolique sentiment! mais il ne dépare pas la feuille où il a trouvé accès. On a bien des fois essayé depuis de lui donner une interprétation moins odieuse, et on avait raison; car si ce sentiment doit être considéré comme l'expression réelle des idées de nos adversaires, il ne sera pas difficile de susciter dans toutes les classes industrieuses du pays un cri d'exécration contre une telle tyrannie, et de la balayer pour toujours de dessus la surface de l'empire. (Applaudissements.) C'est ici la lutte de l'honnête industrie contre l'oisiveté déshonnête. On a dit que quelques-uns des promoteurs de ce mouvement étaient filateurs ou imprimeurs sur étoffes. Nous l'avouons. Nous confessons que nous sommes coupables et que nos pères ont été coupables de vivre de travail. Nous n'avons pas de prétention à une haute naissance, ni même à de nobles manières. Si nos pères se sont courbés sur le métier, — et je ne

nierai jamais que ce fut la destinée du mien (applaudissements),
— nous n'en sommes pas moins nés sur le sol de l'Angleterre,
et quel que soit le gouvernement qui dirige ses destinées, nous
sommes pénétrés de cette forte conviction qu'il nous doit,
comme aux plus riches et aux plus nobles de nos concitoyens,
impartialité et justice. (Bruyantes acclamations.) Mais enfin
l'industrie se relève, elle regarde autour d'elle, et ne perd pas
de vue ceux qui l'ont jusqu'ici tenue courbée dans la poussière.
L'industrie conquiert, sur les listes électorales, ses droits de
franchise. Ce grand mouvement, cette dernière arme aux mains
de la Ligue, fait et fera encore des miracles en faveur du travail et du commerce de ce pays. Lorsque je considère les effets
qu'elle a déjà produits, l'enthousiasme qu'elle a excité, il me
semble voir un champ de bataille : le monopole est d'un côté,
et le libre-commerce de l'autre ; la lutte a été longue et sanglante, les forces se balancent, la victoire est incertaine, lorsque
une intelligence supérieure jette aux guerriers de la liberté une
armure invulnérable et des traits d'une trempe si exquise que
la résistance de leurs ennemis est devenue impossible. (Tonnerre d'applaudissements.) C'est une lutte solennelle, une lutte
à mort, une lutte d'homme à homme, de principe à principe.
Mais ne sentons-nous pas grandir notre courage quand nous
venons à considérer le terrain déjà conquis et les dangers déjà
surmontés? (Acclamations.) Je vous le demande, hommes de
Manchester, vous dont la postérité dira, à votre gloire éternelle,
que dans vos murs fut fondé le berceau de la Ligue, je vous le
demande, ne voulez-vous point vous montrer encore valeu-
reux? (Cris : Oui! oui !) Je sens qu'à chaque pas le terrain se
raffermit sous nos pieds ; que l'ennemi bat en retraite de toutes parts, et par tout ce que je vois, par tout ce que j'entends,
par la présence de tant de nos concitoyens qui sont venus de
tous les points de l'empire pour nous prêter assistance, je sens
que nous approchons du terme de ce conflit; et après les travaux, les périls et les sacrifices de la guerre, viendront enfin,
comme une digne récompense, les douceurs d'une paix éternelle et dignement acquise. (A la fin du discours de M. Bright
l'assemblée se lève en masse et les applaudissements retentissent longtemps dans la salle.)

Ainsi s'est close la sixième année de l'agitation. Nous devons ajouter que la motion annuelle de M. Villiers présentée cette année au Parlement dans la forme la plus absolue, puisqu'elle avait pour objet l'abrogation *totale* et *immédiate* de la loi-céréale, n'a été repoussée que par une majorité de 132 voix, majorité qui, on le voit, va s'affaiblissant d'année en année. Ainsi le moment approche où va s'accomplir, en Angleterre, la réforme radicale que la Ligue a en vue. Je laisse aux hommes d'État de mon pays le soin d'en calculer l'influence sur nos destinées industrielles, et particulièrement sur ces branches du travail national qui ne portent pas en elles-mêmes des éléments de vitalité. Si, d'un autre côté, le public apprend par ce livre quelle est la puissance de l'association, lorsqu'elle se renferme dans la défense d'un principe, et qu'elle commence par faire pénétrer, dans les esprits et dans les mœurs, la pensée qu'elle veut introduire dans les lois; s'il reste convaincu que, dans les États représentatifs, l'association est à la fois l'utile complément et le frein nécessaire de la presse périodique, je croirai pouvoir répéter, après un orateur de la Ligue [1] : j'ai fait mon devoir, les événements appartiennent à Dieu!

Je termine en appelant l'attention du lecteur sur l'extrait suivant de l'interrogatoire de M. Deacon Hume, secrétaire du *Board of trade*.

[1] M. Georges Thompson. *V.* pages 298 et 340.

INTERROGATOIRE

DE

JACQUES DEACON HUME, ESQ.,

Ancien secrétaire du *Board of trade*,

SUR LA LOI DES CÉRÉALES,

DEVANT LE COMITÉ DE LA CHAMBRE DES COMMUNES CHARGÉ DE PRÉPARER
LE PROJET RELATIF AUX DROITS D'IMPORTATION POUR 1839.

« Je trouve que M. Deacon Hume, cet homme émi-
« nent dont nous déplorons tous la perte, établit que
« la consommation de ce pays est d'un quarter de
« froment par personne. »
Sir ROBERT PEEL (séance du 9 février 1842).

LE PRÉSIDENT : Pendant combien d'années avez-vous occupé des
fonctions à la douane et au bureau du commerce? — J'ai demeuré
trente-huit ans dans la douane, et ensuite onze ans au bureau du
commerce.

Vous vous êtes retiré l'année dernière? — Il n'y a que quelques
mois.

M. VILLIERS : Qu'entendez-vous par le principe de la *protection?*
est-ce de soutenir un intérêt existant qui ne saurait se soutenir de
lui-même? — Oui ; elle ne peut servir de rien qu'à des industries qui
sont naturellement en perte.

Et ces industries peuvent-elles se soutenir si la communauté peut
se pourvoir ailleurs à meilleur marché? — Non, certainement, si
la protection leur était nécessaire.

La protection est donc toujours à la charge du consommateur? —
Cela est manifeste.

Avez-vous toujours pensé ainsi? — J'ai toujours cru que l'augmentation du prix, conséquence de la protection, équivalait à une taxe.
Si la loi me force à payer 1 sh. 6 d. une chose que sans elle j'aurais

eue pour 1 sh.; je regarde ces 6 d. comme une taxe, et je la paie à regret, parce qu'elle n'entre pas au trésor public, et que dès lors je n'ai pas ma part dans l'emploi que le Trésor en aurait fait. Il me faudra lui payer une seconde taxe.

LE PRÉSIDENT : Ainsi, vous pensez que tout droit protecteur opère comme une taxe sur la communauté ? — Oui, très-décidément.

M. VILLIERS : Pensez-vous qu'il imprime aussi une fausse direction au travail et aux capitaux ? — Oui, il les attire dans une industrie par un appui factice, qui à la fin peut être trompeur. Je me suis souvent étonné que des hommes d'État aient osé assumer sur eux la responsabilité d'une telle politique....

LE PRÉSIDENT : Les droits protecteurs et les monopoles soumettent-ils les industries privilégiées à des fluctuations ? — Je pense qu'une industrie qui est arrachée par la protection à son cours naturel est plus exposée qu'une autre à de grandes fluctuations...

M. TUFNELL : Ainsi, vous croyez que, dans aucune circonstance, il n'est au pouvoir des droits protecteurs de conférer à la communauté un avantage général et permanent ? — Je ne le crois pas ; s'ils opèrent en faveur de l'industrie qu'on veut favoriser, ils pèsent toujours sur la communauté ; cette industrie reste en face du danger de ne pouvoir se soutenir par sa propre force, et la protection peut un jour être impuissante à la maintenir. La question est de savoir si l'on veut servir la nation ou un intérêt individuel.

M. VILLIERS : Avez-vous reconnu par expérience qu'une protection sert de prétexte pour en établir d'autres ? — Je crois que cela a toujours été l'argument des propriétaires fonciers. Ils ont, dans un grand nombre d'occasions, considéré la protection accordée aux manufactures comme une raison d'en accorder aux produits du sol.....

Plusieurs intérêts ne se font-ils pas un argument, pour réclamer la protection, de ce que la pesanteur des taxes et la cherté des moyens d'existence les empêchent de soutenir la concurrence étrangère ?—J'ai entendu faire ce raisonnement ; et non-seulement je le regarde comme mal fondé, mais je crois de plus que la vérité est dans la proposition contraire. Un peuple chargé d'impôts ne peut suffire à donner des protections ; un individu obligé à de grandes dépenses ne saurait faire des largesses.

Ne devons-nous pas conclure de là qu'il faut maintenir la protection à chaque industrie ou la retirer à toutes ? — Oui, je pense que la considération des taxes entraîne une protection universelle, jusqu'à ce qu'en voulant affranchir tout le monde de la taxe, on finit par n'en affranchir personne.

LE PRÉSIDENT : Avez-vous connaissance que les pays étrangers, en s'imposant des droits d'entrée, ont été entraînés par l'exemple de l'Angleterre ? — Je crois que notre système a fortement impressionné tous les étrangers ; ils s'imaginent que nous nous sommes élevés·à notre état présent·de prospérité par le régime de la protection, et qu'il leur suffit d'adopter ce régime pour progresser comme nous.

Lorsque vous parlez de donner l'exemple à l'Europe, pensez-vous que si l'Angleterre retirait toute protection aux étoffes de coton et autres objets manufacturés, cela pourrait conduire les autres peuples à adopter un système plus libéral, et par conséquent à recevoir une plus grande proportion de produits fabriqués anglais ? — Je crois que très-probablement cet effet serait obtenu, même par cet abandon partiel, de notre part, du régime protecteur ; mais j'ai la conviction la plus forte que si nous l'abandonnions en entier, il serait impossible aux autres nations de le maintenir chez elles.

Voulez-vous dire que nous devions abandonner la protection sans que l'étranger en fasse autant ? — Très-certainement, et sans même le lui demander. J'ai la plus entière confiance que si nous renversions le régime protecteur, chacun des autres pays voudrait être le premier, ou du moins ne pas être le dernier, à venir profiter des avantages du commerce que nous leur aurions ouvert.

M. VILLIERS : Regardez-vous les représailles comme un dommage ajouté à celui que nous font les restrictions adoptées par les étrangers ? — Je les ai toujours considérées ainsi. Je répugne à tous traités en cette matière ; je voudrais acheter ce dont j'ai besoin,·et laisser aux autres le soin d'apprécier la valeur de notre clientèle.

LE PRÉSIDENT : Ainsi, vous voudriez appliquer ce principe à l'ensemble des relations commerciales de ce pays ? — Oui, d'une manière absolue ; je voudrais que nos lois fussent faites en considération de nos intérêts, qui sont certainement de laisser la plus grande liberté à l'introduction des marchandises étrangères, abandonnant aux autres le soin·de profiter ou de ne pas profiter de cet avantage, selon qu'ils le jugeraient convenable. Il ne peut pas y avoir de doute que si nous retirions une quantité notable de marchandises d'un pays qui protégerait ses fabriques, les producteurs de ces marchandises éprouveraient bientôt la difficulté d'en opérer les retours ; et, au lieu de solliciter nous-mêmes ces gouvernements d'admettre nos produits, nos avocats, pour cette admission, seraient dans leur propre pays. Il surgirait là des industries qui donneraient lieu, chez nous, à des exportations.

M. CHAPMAN : Êtes-vous d'opinion que l'Angleterre prospérerait

davantage en l'absence de traités de commerce avec d'autres nations ?
— Je crois que nous établirions mieux notre commerce par nous-
mêmes, sans nous efforcer de faire avec d'autres pays des arrangements particuliers. Nous leur faisons des propositions qu'ils n'acceptent pas ; après cela, nous éprouvons de la répugnance à faire ce
par quoi nous aurions dû commencer. Je me fonde sur ce principe
qu'il est impossible que nous importions trop ; que nous devons nous
tenir pour assurés que l'exportation s'ensuivra d'une manière ou de
l'autre ; et que la production des articles ainsi exportés ouvrira un
emploi infiniment plus avantageux au travail national, que celle qui
aura succombé à la concurrence.

Le Président : Pensez-vous que les principes que vous venez d'exposer sont également applicables aux articles de *subsistances* dont la
plupart sont exclus de notre marché ? — Si j'étais forcé de choisir, la
nourriture est la dernière chose sur laquelle je voudrais mettre des
droits protecteurs.

C'est donc la première chose que vous voudriez soustraire à la
protection ? — Oui. Il est évident que ce pays a besoin d'un grand
supplément de produits agricoles qu'il ne faut pas mesurer par la quantité des céréales importées, puisque nous importons en outre, et sur
une grande échelle, d'autres produits agricoles qui peuvent croître sur
notre sol ; cela prouve que notre puissance d'approvisionner le pays
est restreinte, que nos besoins dépassent notre production ; et dans
ces circonstances, exclure les approvisionnements, c'est infliger à la
nation des privations cruelles.

Vous pensez que les droits protecteurs agissent comme une taxe directe sur la communauté en élevant le prix des objets de consommation ? — Très-décidément. Je ne puis décomposer le prix que me
coûte un objet que de la manière suivante : Une portion est le prix
naturel ; l'autre portion est le droit ou la taxe, encore que ce droit
passe de ma poche dans celle d'un particulier au lieu d'entrer dans
le revenu public.........

Vous avez souvent entendu établir que le peuple d'Angleterre, plus
surchargé d'impôts que tout autre, ne pourrait soutenir la concurrence, en ce qui concerne le prix de la nourriture, si les droits protecteurs étaient abolis ? — J'ai entendu faire cet argument ; et il m'a
toujours étonné, car il me semble que c'est précisément parce que le
revenu public nous impose de lourdes taxes, que nous ne devrions
pas nous taxer encore les uns les autres.

Vous pensez que c'est là une déception ? —La plus grande déception
qu'on puisse concevoir, c'est l'antipode même d'une proposition vraie.

(Le reste de cette enquête roule sur des effets particuliers de la loi des céréales et a moins d'intérêt pour un lecteur français. Je me bornerai à en extraire encore quelques passages d'une portée plus générale.)

Vous considérez qu'il importe peu au consommateur de surpayer sa nourriture sous forme d'une taxe pour le Trésor, ou sous forme d'une taxe de protection? — La cause de l'élévation du prix ne change rien à l'effet. Je suppose qu'au lieu de protéger la terre par un droit sur les grains étrangers, le pays fût libre de se pourvoir au meilleur marché, et qu'une contribution fût imposée dans le but spécial de favoriser la terre. L'injustice serait trop palpable ; on ne s'y soumettrait pas. Je conçois pourtant que l'effet du régime actuel est absolument le même pour le consommateur; et s'il y a quelque chose à dire, la prime vaudrait mieux, serait plus économique que la protection actuelle, parce qu'elle laisserait au commerce sa liberté.

En supposant qu'une taxe fût imposée sur le grain au moment de la mouture, elle pèserait sur tout le monde ; ne pensez-vous pas qu'elle donnerait un revenu considérable? — Elle donnerait selon le taux.

Le peuple en souffrirait-il moins que des droits protecteurs actuels? — Elle serait moins nuisible.

Un grand revenu pourrait-il être levé par ce moyen? — Oui, sans que le peuple payât le pain plus cher qu'aujourd'hui.

Quoi ! le Trésor pourrait gagner un revenu, et le peuple avoir du pain à meilleur marché? — Oui, parce que ce serait une taxe et non un obstacle au commerce.

J'entends dans mes questions une parfaite liberté de commerce et une taxe à la mouture? — Oui, un droit intérieur, et l'importation libre.

La communauté ne serait pas aussi foulée qu'à présent et l'État prélèverait un grand revenu ? — Je suis convaincu que si le droit imposé à la mouture équivalait à ce que le public paie pour la protection, non-seulement le revenu public gagnerait un large subside, mais encore cela serait moins dommageable à la nation.

Vous voulez dire moins dommageable au commerce? — Certainement, et même alors que la taxe serait calculée de manière à maintenir le pain au prix actuel, malgré la libre importation du froment.

Le Président : Avez-vous jamais calculé ce que coûte au pays le monopole des céréales et de la viande? — Je crois qu'on peut connaître très-approximativement le taux de cette charge. On estime que chaque personne consomme, en moyenne, un quarter de blé. On peut porter à 10 sh. ce que la protection ajoute au prix naturel. Vous ne pouvez pas porter à moins du double, ou 20 sh., l'augmentation que la protection ajoute au prix de la viande, orge pour faire la bière, avoine pour les chevaux, foin, beurre et fromage. Cela monte à 36 millions de livres sterling par an ; et, au fait, le peuple paie cette somme de sa poche tout aussi infailliblement que si elle allait au Trésor sous forme de taxes.

Par conséquent, il a plus de peine à payer les contributions qu'exige le revenu public ? — Sans doute ; ayant payé des taxes personnelles, il est moins en état de payer des taxes nationales.

N'en résulte-t-il pas encore la souffrance, la restriction de l'industrie de notre pays ? — Je crois même que vous touchez là à l'effet le plus pernicieux. Il est moins accessible au calcul, mais si la nation jouissait du commerce que lui procurerait, selon moi, l'abolition de toutes ces protections, je crois qu'elle pourrait supporter aisément un accroissement d'impôts de 30 sh. par habitant.

Ainsi, d'après vous, le poids du système protecteur excède celui des contributions ? — Je le crois, en tenant compte de ses effets directs et de ses conséquences indirectes, plus difficiles à apprécier.

APPENDICE.

SECONDE CAMPAGNE DE LA LIGUE ANGLAISE.

Le triomphe que Bastiat prédisait aux ligueurs, dans les pages qui précèdent, ne se fit pas longtemps attendre ; mais tout ne fut pas consommé, pour lui, le jour où il vit les lois-céréales abolies et la Ligue dissoute. Du principe qui venait enfin de prévaloir dans la législation anglaise devaient découler bien d'autres légitimes conséquences. Et si dorénavant les souscriptions, les prédications, les immenses meetings devenaient des armes inutiles, s'il n'était plus besoin de la force du nombre, c'est que la puissance morale du principe allait agir d'elle-même, c'est que les chefs de la Ligue siégeant au Parlement ne manqueraient pas d'y réclamer le complément naturel de leur victoire. Ces chefs avaient donc encore une tâche, une grande tâche à remplir. Bastiat les suivait de l'œil et du cœur au milieu de leurs efforts, et, pour lui, là où se signalaient Cobden et Bright, là était la Ligue. En se plaçant à ce point de vue, il avait projeté, sous le titre de *Seconde Campagne de la Ligue anglaise,* un écrit qu'il n'eut pas le temps de composer. Divers matériaux destinés à cette œuvre sont dans nos mains et méritent de passer sous les yeux du public. Qu'il nous soit cependant permis, avant de donner ces fragments sur *une seconde Campagne de la Ligue,* d'exposer en peu de mots comment se termina *la première* ([1]).

([1]) Nous empruntons les détails qui suivent à l'excellent ouvrage de M. Archibald Prentice : *History of the anti-corn-law league.*

En 1845, l'opinion publique se prononçait de plus en plus contre les lois-céréales. Elle se manifestait sur tous les points du Royaume-Uni par la fréquentation plus empressée des meetings de la Ligue et le progrès des souscriptions pécuniaires. Pendant que la confiance et le zèle des ligueurs recevaient cet encouragement, l'esprit de conduite et la résolution abandonnaient leurs adversaires. Quant aux hommes politiques, ceux qui possédaient le pouvoir comme ceux qui aspiraient à le posséder, ceux qu'auraient dû retenir des engagements électoraux comme ceux qui n'étaient retenus que par leur penchant pour les moyens termes, sir Robert Peel comme lord John Russell se rapprochaient peu à peu des conclusions de la Ligue. Tout cela devenait manifeste pour les protectionistes intelligents. Ils voyaient leur cause abandonnée par l'homme même sur l'habileté duquel ils avaient placé leur dernière espérance. De là leur colère et l'amertume de leur langage. — Ce fut dans la séance du 17 mars, à la Chambre des communes, que M. d'Israëli termina un discours plein de sarcasmes contre le premier ministre par cette véhémente apostrophe : « Pour mon compte, si nous « devons subir le libre-échange, je préférerais, parce que j'honore le talent, qu'une telle mesure fût proposée par le représentant de Stockport (M. Cobden), au lieu de l'être par une « habileté parlementaire qui s'est fait un jeu de la confiance « généreuse d'un grand parti et d'un grand peuple. Oui, advienne que pourra ! Dissolvez, si cela vous plaît, le Parlement « que vous avez trahi, appelez-en au peuple, qui, je l'espère, « ne croit plus en vous ; il me reste au moins cette satisfaction « de déclarer publiquement ici, qu'à mes yeux le cabinet conservateur n'est que l'hypocrisie organisée. » — Deux jours après s'engagea une mesquine discussion sur la graisse et le lard, articles dont le gouvernement proposait d'affranchir l'importation de toute taxe. Il se trouva des orateurs qui combattirent la mesure, au nom de l'intérêt agricole, que menacerait, disaient-ils, l'invasion du beurre étranger ; et pour les rassurer, un membre de l'administration exposa que le beurre étranger ne serait admis en franchise que mélangé avec une certaine quantité de goudron, c'est-à-dire rendu impropre à la nourriture de l'homme. — Le spirituel colonel Thompson, qui parcourait alors l'Écosse, dit à ce sujet dans une réunion de libre-échangistes écossais : « Vous avez fondé de nombreuses écoles « pour l'enfance, dans le voisinage de vos manufactures ; mais « dans les livres élémentaires, que vous mettez aux mains des « élèves, j'aperçois une omission et vous engage à la réparer. Il « faut qu'à la question — *A quoi sert le gouvernement ?* — ces « enfants sachent répondre : — *A mettre du goudron dans notre* « *beurre.* »

Le 10 juin, l'honorable M. Villiers renouvela sa proposition annuelle ([1]), proposition toujours rejetée par la Chambre et toujours reproduite, dans les délais du règlement, par son habile et courageux auteur. Elle eut le même sort que par le passé. Combattue par le ministère, elle fut repoussée. Mais dans cet insuccès même on pouvait trouver un point de vue rassurant. Les adversaires faiblissaient ; et comme le dit avec beaucoup de justesse lord Howich, dans le cours du débat, s'il se fût agi d'une abolition *graduelle*, la proposition de M. Villiers n'eût pas pu être mieux appuyée que par le discours prononcé par Robert Peel à l'effet d'écarter l'abolition *immédiate*.

Aussitôt les journaux protectionistes jetèrent ce cri d'alarme : Voilà le gouvernement qui admet explicitement les principes du libre-échange et n'oppose plus à leur application que l'inopportunité !

Cette question devait encore appeler l'attention de la Chambre, dans la séance finale du 5 août, qui fut, comme de coutume, consacrée à la revue rétrospective des actes du Parlement pendant la session. Pour lord John Russell ce fut une occasion nouvelle de démontrer que les ministres actuels étaient arrivés au

(1) V. pag. 384 à 387.

pouvoir en déguisant leurs véritables opinions, notamment à l'égard des lois-céréales. Et comme, à cette époque, la saison devenue pluvieuse faisait naître des inquiétudes sur la récolte, l'orateur en prit texte pour accuser le ministère d'ajouter, en matière de subsistances, à une incertitude naturelle une incertitude artificielle, qui doublait l'ardeur des spéculations hasardeuses, au grand détriment du pays. Il rappela qu'un membre connu par son dévouement ministériel avait déclaré publiquement, depuis peu de jours, que la loi-céréale n'aurait probablement plus que deux ans de durée. S'il en est ainsi, ajouta-t-il, si cette loi doit être abolie, pourquoi nous laisse-t-on dans une incertitude pleine de périls et de malheurs? — A cela sir James Graham répliqua seulement par un argument *ad hominem*. «Est-ce que le noble lord, qui était au pouvoir en 1839, dans des circonstances bien autrement alarmantes pour le bien-être du pays, se crut obligé de proposer comme un remède à cette triste situation l'abolition des lois-céréales? Non il ne fit rien de semblable ni en 1839, ni en 1840, ni en 1841.» — L'argument était sans force contre les libre-échangistes. Ceux-ci, par l'organe de MM. Villiers et Gibson, renouvelèrent les protestations les plus chaleureuses contre l'inique monopole des landlords. — Bientôt il fut reconnu que ce monopole avait rencontré un ennemi des plus redoutables dans le caprice des saisons. A la suite d'un été pluvieux, il fut constaté de la manière la plus certaine, vers le milieu d'octobre, que la récolte en blé était insuffisante en quantité comme en qualité, et que la récolte en pommes de terre était presque entièrement perdue. Alors un cri en faveur de la libre entrée des grains étrangers s'éleva dans toute l'Angleterre, cri devant lequel les protectionistes les moins endurcis commencèrent à lâcher pied, tandis qu'il doubla l'énergie des ligueurs. Dans un meeting tenu le 28 octobre à Manchester, l'un des orateurs, M. Henry Ashworth, de Turton, prononça ces paroles : « Je vois autour de moi nos « dignes chefs, sur le front desquels la lutte des sept dernières

« années a imprimé des rides ; mais je suis sûr qu'ils sont prêts
« tous à mettre au service de notre cause, s'il en est besoin,
« sept autres années de labeur et à dépenser en outre un quart
« de million (1). »

De tout côté, cependant, on signalait au ministère la nécessité
de prendre des mesures décisives contre la disette. Il y avait
émulation entre les conseils municipaux, les corporations et les
chambres de commerce pour l'assaillir, à cet effet, de pétitions,
de mémoires, de remontrances. Au milieu de cette excitation,
une lettre adressée d'Édimbourg, le 22 novembre, par lord John
Russell, aux électeurs de Londres, fut publiée. « J'avoue, disait
« le noble lord, que, dans l'espace de vingt ans, mes opinions
« sur la loi-céréale se sont grandement modifiées... *le moment*
« *de s'occuper d'un droit fixe est passé*. Proposer maintenant,
« comme solution, une taxe sur le blé, si faible qu'elle fût,
« sans une clause d'abolition complète et prochaine, ne ferait
« que prolonger un débat qui a produit déjà trop d'animosité
« et de mécontentement... » Le 24 septembre, lord Morpeth,
autre membre de l'ancien cabinet Whig, exprima aussi par écrit
sa conviction que l'heure du rappel définitif de la loi-céréale
avait sonné. — Voilà les whigs ralliés au programme de la
Ligue : Que va faire Peel ? ira-t-il jusqu'à y donner de même
son adhésion ? Cette question faisait le fond de toutes les con-
versations politiques, lorsque le *Times*, journal ordinairement
bien informé, annonça, dans son numéro du 4 décembre, que
l'intention du gouvernement était d'abolir la loi-céréale et, à
cet effet, de convoquer en janvier les deux Chambres. Mais un
autre journal, en relations connues avec certains membres du
cabinet, le *Standard*, démentit aussitôt la nouvelle donnée par
le *Times*, en la qualifiant d'*atroce invention*. La vérité fut bientôt révélée par la démission collective des ministres, dont les
uns accédaient à la grande mesure *du rappel*, tandis que les au-

_____

(1) Un quart de million sterling, plus de six millions de francs.

tres ne s'y résignaient pas ou du moins ne voulaient pas en être les instruments (¹). Lord John Russell, qui se trouvait alors à Édimbourg, mandé en toute hâte par la reine, échoua dans la tentative de créer un nouveau cabinet ; en sorte que le jour même où sir Robert Peel se présentait devant la reine, pour prendre congé d'elle et remettre son portefeuille aux mains d'un successeur, il reçut au contraire la mission de reconstituer un ministère, mission qu'il put remplir sans difficulté. Excepté lord Stanley, qui se retira, et lord Wharncliffe qui mourut subitement, le cabinet nouveau conservait tous les membres de l'ancien.

La situation ne porta nullement les libre-échangistes à se relâcher de leur vigilance et de leur activité. Un grand meeting eut lieu le 23 décembre à Manchester, auquel se rendirent toutes les notabilités manufacturières des environs. Il y fut résolu à l'unanimité de réunir une somme de 250,000 livres sterling pour subvenir aux dépenses futures de la Ligue. Immédiatement ouverte, la souscription atteignit en peu d'instants le chiffre de 60 mille livres (1 million 500 mille francs). Cette manifestation frappante du zèle des ligueurs leur gagna de nouveaux adhérents et consterna leurs adversaires. Au bout d'un mois, la souscription s'élevait déjà à 150 mille livres.

Ce fut le 19 janvier 1846 que s'ouvrit le Parlement. Dans le débat sur l'*adresse*, sir Robert Peel fit une déclaration de principes, qu'un libre-échangiste n'eût pas désavouée, et termina son discours par une allusion à sa position personnelle vis-à-vis

(¹) En se reportant à cette phase des progrès de la Ligue, à l'ascendant qu'elle parvint à exercer sur les hommes politiques de tous les partis, il est impossible de ne pas reconnaître combien Bastiat, qui la voyait personnifiée dans son principal chef, était fondé à porter, quatre ans plus tard, le jugement suivant :

« Que dirai-je du libre-échange, dont le triomphe est dû à Cobden, « non à Robert Peel ; car l'apôtre aurait toujours fait surgir un « homme d'État, tandis que l'homme d'État ne pouvait se passer de « l'apôtre ? » (Tom. VI, chap. xiv.)

des torys. Je n'entends pas, dit-il, que dans mes mains le pouvoir soit réduit en servage. Huit jours après, il exposa son plan qui, à l'égard de l'importation des grains, se résumait ainsi :

Échelle mobile très-réduite pendant trois années encore;

Suppression de tout droit, à partir du 1er février 1849.

Le délai de trois ans était un mécompte pour la Ligue. Aussi dès le surlendemain, c'est-à-dire le 29 janvier, son conseil d'administration se réunit à Manchester et prit la résolution de provoquer, par toutes les voies constitutionnelles, la suppression *immédiate* de toute taxe sur les aliments provenant de l'étranger. Aucune crainte d'embarrasser sir Robert Peel ne pouvait arrêter les ligueurs; et d'ailleurs, en présence de l'opposition furieuse des conservateurs-bornes, il était vraisemblable qu'une opposition en sens contraire lui servirait plutôt de point d'appui. La discussion sur l'ensemble des mesures qu'il proposait s'ouvrit le lundi, 9 février. Sauf de courtes interruptions, elle occupa, sans arriver à son terme, toutes les séances de la chambre pendant cette semaine. Le lundi suivant, à 10 heures du soir, le premier ministre prit la parole. Tour à tour logicien serré, orateur entraînant, administrateur habile, on eût dit qu'affranchi d'un joug longtemps détesté, son talent se manifestait pour la première fois dans toute sa plénitude. Il termina son discours, qui dura près de trois heures, par cet appel aux sentiments de justice et d'humanité de la Chambre :

« Les hivers de 1841 et 42 ne s'effaceront jamais de ma mé-
« moire, et la tâche qu'ils nous donnèrent doit être présente à
« vos souvenirs. Alors, dans toutes les occasions où la reine as-
« semblait le Parlement, on y entendait l'expression d'une sym-
« pathie profonde pour les privations et les souffrances de nos
« concitoyens, d'une vive admiration pour leur patience et leur
« courage. Ces temps malheureux peuvent revenir. Aux années
« d'abondance peuvent succéder les années de disette... J'adjure
« tous ceux qui m'écoutent d'interroger leur cœur, d'y chercher
« une réponse à la question que je vais leur poser. Si ces cala-

« mités nous assaillent encore, si nous avons à exprimer de
« nouveau notre sollicitude pour le malheur, à répéter nos
« exhortations à la patience et à la fermeté, ne puiserons-nous
« pas une grande force dans la conviction que nous avons re-
« poussé, dès aujourd'hui, la responsabilité si lourde de régle-
« menter l'alimentation de nos semblables? Est-ce que nos pa-
« roles de sympathie ne paraîtront pas plus sincères? est-ce que
« nos encouragements à la résignation ne seront pas plus effi-
« caces, si nous pouvons ajouter, avec orgueil, qu'en un temps
« d'abondance relative, sans y être contraints par la nécessité,
« sans attendre les clameurs de la foule, nous avons su prévoir
« les époques difficiles et écarter tout obstacle à la libre circu-
« lation des dons du Créateur? Ne sera-ce pas pour nous une
« précieuse et durable consolation que de pouvoir dire au peu-
« ple : Les maux que vous endurez sont les châtiments d'une
« Providence bienfaisante et sage qui nous les inflige à bon es-
« cient, peut-être pour nous rappeler au sentiment de notre dé-
« pendance, abattre notre orgueil, nous convaincre de notre
« néant; il faut les subir sans murmure contre la main qui les
« dispense, car ils ne sont aggravés par aucun pouvoir terrestre,
« par aucune loi de restriction sur la nourriture de l'homme ! »

Dans la séance du lendemain, on lui prodiguait l'accusation
de trahison, de manque de foi, de fourberie et de lâcheté.
Alors M. Bright se lève mû par un sentiment généreux et prend
la défense de son ancien adversaire. « J'ai suivi du regard le
« très-honorable baronnet, dit-il, lorsque la nuit dernière il re-
« gagnait sa demeure, et j'avoue que je lui enviais la noble sa-
« tisfaction qui devait remplir son cœur, après le discours qu'il
« venait de prononcer, discours, j'ose le dire, le plus éloquent,
« le plus admirable qui, de mémoire d'homme, ait retenti dans
« cette enceinte. » En poursuivant, il apostropha en ces termes
ceux qui déversaient le blâme et l'injure sur le ministre, après
avoir été ses partisans déclarés. « Quand le très-honorable ba-
« ronnet se démit récemment de ses fonctions, il cessa d'être

« *votre* ministre, sachez-le bien ; et quand il reprit le porte-
« feuille, ce fut en qualité de ministre du souverain, de mi-
« nistre du peuple, — non de ministre d'une coterie, pour
« servir d'instrument docile à son égoïsme. » A ce témoignage
inattendu de bienveillance pour lui, les membres qui siégeaient
près de sir Robert Peel, virent des larmes mouiller sa pau-
pière.

La discussion générale durait encore le vendredi suivant.
Dans cette nuit du vendredi au samedi, M. Cobden battit en
brèche avec grande vigueur un argument spécial, au moyen duquel les protectionistes s'efforçaient de renvoyer la décision à
une autre législature. A trois heures et demie du matin, on mit
aux voix la question de savoir si la proposition ministérielle
serait examinée et discutée dans ses détails. 337 membres votèrent pour l'affirmative et 240 contre. Si favorable que fût ce
vote, il n'assurait pas l'adoption complète du plan soumis au
débat. Une scission pouvait se produire dans une majorité im-
provisée, dont les éléments étaient fort hétérogènes ; et la minorité ne manquait pas de chances, pour obtenir que la taxe
proposée, tout en conservant le caractère mobile et temporaire,
fût plus élevée et plus durable que ne le voulaient les ministres.
L'événement ne confirma pas ces conjectures. En vain les protectionistes disputèrent le terrain et employèrent tous les
moyens de prolonger la lutte ; le 27 mars, la seconde lecture du
bill fut adoptée par une majorité de 88 membres, et la troisième
lecture, le 16 mai, par une majorité de 98 (327 contre 229).

Dans la Chambre des lords, le bill rencontra moins d'obstacles et de lenteurs qu'on ne s'y attendait. Le 26 mai, il devint
définitivement loi de l'Etat.

Peu après sir Robert Peel rentrait dans la vie privée. Au
moment de quitter le pouvoir, dans un dernier discours parlementaire, il dit, au sujet des grandes mesures qu'il avait inau-
gurées :

« Le mérite de ces mesures, je le déclare à l'égard des hono-

« rables membres de l'opposition comme à l'égard de nous-
« mêmes, ce mérite n'appartient exclusivement à aucun parti.
« Il s'est produit entre les partis une fusion qui, aidée de l'in-
« fluence du gouvernement, a déterminé le succès définitif. Mais
« le nom qui doit être et sera certainement associé à ces me-
« sures, c'est celui d'un homme, mû par le motif le plus désin-
« téressé et le plus pur, qui, dans son infatigable énergie, en
« faisant appel à la raison publique, a démontré leur nécessité
« avec une éloquence d'autant plus admirable qu'elle était
« simple et sans apprêt; c'est le nom de Richard Cobden. Mainte-
« nant, monsieur le Président, je termine ce discours, qu'il était
« de mon devoir d'adresser à la Chambre, en la remerciant de
« la faveur qu'elle me témoigne pendant que j'accomplis le
« dernier acte de ma carrière politique. Dans quelques instants
« cette faveur que j'ai conservée cinq années se reportera sur
« un autre ; j'énonce le fait sans m'en affliger ni m'en plaindre,
« plus vivement ému au souvenir de l'appui et de la confiance
« qui m'ont été prodigués qu'à celui des difficultés récemment
« semées sur ma voie. Je quitte le pouvoir, après avoir attiré
« sur moi, je le crains, l'improbation d'un assez grand nombre
« d'hommes qui, au point de vue de la chose publique, regret-
« tent profondément la rupture des liens de parti ; regrettent
« profondément cette rupture non par des motifs personnels,
« mais dans la ferme conviction que la fidélité aux engagements
« de parti, que l'existence d'un grand parti politique est un des
« plus puissants rouages du gouvernement. Je me retire, en
« butte aux censures sévères d'autres hommes qui, sans obéir à
« une inspiration égoïste, adhèrent au principe de la protection
« et, en considèrent le maintien comme essentiel au bien-être
« et aux intérêts du pays. Quant à ceux qui défendent la pro-
« tection par des motifs moins respectables et uniquement
« parce qu'elle sert leur intérêt privé, quant à ces partisans
« du monopole, leur exécration est à jamais acquise à mon nom ;
« mais IL SE PEUT QUE CE NOM SOIT PLUS D'UNE FOIS PRONONCÉ AVEC

« BIENVEILLANCE SOUS L'HUMBLE TOIT DES OUVRIERS, DE CEUX QUI
« GAGNENT CHAQUE JOUR LEUR VIE A LA SUEUR DE LEUR FRONT, EUX
« QUI AURONT DÉSORMAIS, POUR RÉPARER LEURS FORCES ÉPUISÉES, LE
« PAIN EN ABONDANCE ET SANS PAYER DE TAXE, — PAIN D'AUTANT
« MEILLEUR QU'IL NE S'Y MÊLERA PLUS, COMME UN LEVAIN AMER, LE
« RESSENTIMENT CONTRE UNE INJUSTICE. »

Ces dernières paroles, expression d'un sentiment touchant,
ont été gravées, après la mort de sir R. Peel, sur le piédestal
d'une des statues élevées à sa mémoire. Si le passant qui les
lira donne à l'homme d'Etat un souvenir reconnaissant, sans
doute il sentira dans son cœur une sympathie encore plus vive
pour les généreux citoyens dont le dévouement et la persévérance ont doté leur pays de la liberté commerciale.

Le 22 juillet, au sein du Conseil exécutif de la Ligue, réuni à
Manchester, les résolutions suivantes furent adoptées : 1º Suspension des opérations de la Ligue ; 2º exemption pour les sous-
cripteurs au fonds de 250,000 livres de tout versement au delà
d'un à-compte de 20 pour 100 ; 3º attribution aux membres du
Conseil exécutif, si le protectionisme renouvelait quelques tentatives hostiles, de pleins pouvoirs pour réorganiser l'agitation
qu'ils avaient conduite avec tant de zèle et d'habileté. — Le cas
prévu par cette dernière résolution parut se réaliser six ans
plus tard, à l'avénement du ministère Derby-d'Israëli ; et l'on
vit aussitôt la Ligue sur pied, jusqu'à ce qu'il fût constaté qu'il
y avait eu fausse alerte.

Dans cette même séance du 22 juillet 1846, d'autres motions
furent faites qui obtinrent l'assentiment unanime. M. Wilson,
président, et les autres principaux membres du Conseil exécutif, MM. Archibald Prentice, S. Lees, W. Rawson, T. Woolley,
W. Bickham, W. Evans et Henry Rawson, furent priés d'accepter un témoignage de gratitude pour les travaux incessants
et gratuits dont ils s'étaient acquittés. On offrit à M. Wilson une
somme de 10,000 livres st. (250,000 fr. environ), et à chacun

de ses collègues précités un service à thé, en argent, du poids de 240 onces.

Un autre témoignage de gratitude suivit de près la clôture des opérations de la Ligue. Par un mouvement spontané, les libre-échangistes anglais se réunirent pour faire présent à leur chef reconnu, M. Cobden, d'une somme de 75,000 livres, et à son ami, son digne auxiliaire, M. Bright, d'une magnifique bibliothèque. Mais pour de tels hommes la plus précieuse des récompenses est la conviction d'avoir servi la cause de l'humanité.

Quand on connaît le but des ligueurs et les moyens employés pour l'atteindre, on ne saurait hésiter à voir, dans l'œuvre qu'ils ont accomplie, une des plus belles manifestations du progrès social dont puisse s'honorer notre siècle. Puisse cette œuvre, appréciée à sa juste valeur, leur assurer la reconnaissance de toutes les nations et particulièrement celle de la France, où leur exemple a suscité Bastiat !

SECONDE CAMPAGNE

DE LA LIGUE.

(*Libre-Echange*, n° du 7 novembre 1847.)

Le Parlement anglais est convoqué pour le 18 de ce mois.

C'est la situation critique des affaires qui a déterminé le cabinet à hâter cette année la réunion des communes.

Tout en déplorant la crise qui pèse sur le commerce et l'industrie britanniques, nous ne pouvons nous empêcher d'espérer qu'il en sortira de grandes réformes pour l'Angleterre et pour le monde. Ce ne sera pas la première fois, ni la dernière sans doute, que le progrès aura été enfanté dans la douleur. Le libre arbitre, noble apanage de l'homme, ou la *liberté de choisir*, implique la possibilité de faire un mauvaix choix. L'erreur entraîne des conséquences funestes, et celles-ci sont le plus dur, mais le plus efficace des enseignements. Ainsi nous arrivons toujours, à la longue, dans la bonne voie. Si la Prévoyance ne nous y a mis, l'Expérience est là pour nous y ramener.

Nous ne doutons pas que des voix se feront entendre dans le Parlement pour signaler à l'Angleterre la fausse direction de sa politique trop vantée.

« *Rendre à toutes les colonies, l'Inde comprise, la liberté*

38.

d'échanger avec le monde entier, sans privilége pour la mé-
tropole.

« *Proclamer le principe de non-intervention dans les af-*
faires intérieures des autres nations ; mettre fin à toutes les
intrigues diplomatiques ; renoncer aux vaines illusions de ce
qu'on nomme influence, prépondérance, prépotence, supré-
matie.

« *Abolir les lois de navigation.*

« *Réduire les forces de terre et de mer à ce qui est indis-*
pensable pour la sécurité du pays. »

Tel devra être certainement le programme recommandé
et énergiquement soutenu par le parti libéral, par tous les
membres de la *Ligue,* parce qu'il se déduit rigoureusement
du libre-échange, parce qu'il est le libre-échange même.

En effet, quand on pénètre les causes qui soumettent à
tant de fluctuations et de crises le commerce de la Grande-
Bretagne, à tant de souffrances sa laborieuse population,
on reste convaincu qu'elles se rattachent à une Erreur
d'économie sociale, laquelle, par un enchaînement fatal,
entraîne à une fausse politique, à une fausse diplomatie ;
en sorte que cette imposante mais vaine apparence qu'on
nomme la *puissance anglaise* repose sur une base fragile
comme tout ce qui est artificiel et contre nature.

L'Angleterre a partagé cette erreur commune, que l'habileté commerciale consiste à PEU ACHETER ET BEAUCOUP
VENDRE, *afin de recevoir la différence en or.*

Cette idée implique nécessairement celle de *suprématie,*
et par suite celle de *violence.*

Pour *acheter peu,* la violence est nécessaire à l'égard des
citoyens. Il faut les soumettre à des restrictions législatives.

Pour *vendre beaucoup* (alors surtout que les autres nations, sous l'influence de la même idée, voulant *acheter peu,*
se ferment chez elles et défendent leur or), la violence est
nécessaire à l'égard des étrangers. Il faut étendre ses con-

quêtes, assujettir des consommateurs, accaparer des colonies, en chasser les marchands du dehors, et accroître sans cesse le cercle des envahissements.

Dès lors on est entraîné à s'environner de forces considérables, c'est-à-dire à détourner une portion notable du travail national de sa destination naturelle, qui est de satisfaire les besoins des travailleurs.

Ce n'est pas seulement pour étendre indéfiniment ses conquêtes qu'une telle nation a besoin de grandes forces militaires et navales. Le but qu'elle poursuit lui crée partout des jalousies, des inimitiés, des haines contre lesquelles elle a à se prémunir ou à se défendre.

Et comme les inimitiés communes tendent toujours à se coaliser, il ne lui suffit pas d'avoir des forces supérieures à celles de chacun des autres peuples, pris isolément, mais de tous les peuples réunis. Quand un peuple entre dans cette voie, il est condamné à être, coûte que coûte, le plus fort partout et toujours.

La difficulté de soutenir le poids d'un tel établissement militaire le poussera à chercher un auxiliaire dans la ruse. Il entretiendra des agents auprès de toutes les cours ; il fomentera et réchauffera partout les germes de dissensions ; il affaiblira ses rivaux les uns par les autres ; il leur créera des embarras et des obstacles ; il suscitera les rois contre les peuples, et les peuples contre les rois ; il opposera le Nord au Midi ; il se servira des peuples au sein desquels l'esprit de liberté a réveillé quelque énergie pour tenir en échec la puissance des despotes, et en même temps il fera alliance avec les despotes pour comprimer la force que donne ailleurs l'esprit de liberté. Sa diplomatie sera toute ruse et duplicité ; elle invoquera selon les temps et les lieux les principes les plus opposés ; elle sera démocrate ici, aristocrate là ; autocrate plus loin, constitutionnelle, révolutionnaire, philanthrope, déloyale, loyale même au besoin ; elle aura tous les caractères, excepté celui de la sincérité. Enfin, on verra ce peuple, dans la terrible nécessité où il s'est placé, aller jusqu'à contracter des dettes accablantes pour soudoyer les rois, les peuples, les nations qu'il aura mis aux prises.

Mais l'intelligence humaine ne perd jamais ses droits. Bientôt les nations comprendront le but de ces menées. La défiance, l'irritation et la haine ne feront que s'amasser dans leur cœur ; et le peuple dont nous retraçons la triste histoire sera condamné à ne voir dans ses gigantesques efforts que les pierres d'attente, pour ainsi parler, d'efforts plus gigantesques encore.

Or, ces efforts coûtent du travail à ce peuple. — Cela peut paraître extraordinaire, mais il est cependant certain que les hommes ne sont pas encore bien convaincus que ce *qui est produit une fois ne peut pas être dépensé deux*, et que cette portion de travail qui est destinée à atteindre un but ne peut être en même temps consacrée à en obtenir un autre. Si la moitié de l'activité nationale est détournée vers des conquêtes ou la défense d'une sécurité qu'on a systématiquement compromise, il ne peut rester que l'autre moitié de l'activité des travailleurs pour satisfaire les besoins réels (physiques, intellectuels ou moraux) des travailleurs eux-mêmes. On a beau subtiliser et théoriser, les arsenaux ne se font pas d'eux-mêmes, ni les vaisseaux de guerre non plus ; ils ne sont pas pourvus d'armes, de munitions, de canons et de vivres par une opération cabalistique. Les soldats mangent et se vêtissent comme les autres hommes, et les diplomates plus encore. Il faut pourtant bien que quelqu'un produise ce que ces classes consomment ; et si ce dernier genre de consommation va sans cesse croissant comme le système l'exige, un moment arrive de toute nécessité où les vrais travailleurs n'y peuvent suffire.

Remarquez que toutes ces conséquences sont contenues

très-logiquement dans cette idée : *Pour progresser, un peuple doit vendre plus qu'il n'achète.* — Et si cette idée est fausse, même au point de vue économique, à quelle immense déception ne conduit-elle pas un peuple, puisqu'elle exige de lui tant d'efforts, tant de sacrifices et tant d'iniquités pour ne lui offrir en toute compensation qu'une chimère, une ombre ?

Admettons la vérité de cette autre doctrine : LES EXPORTATIONS D'UN PEUPLE NE SONT QUE LE PAIEMENT DE SES IMPORTATIONS.

Puisque le principe est diamétralement opposé, toutes les conséquences économiques, politiques, diplomatiques doivent être aussi diamétralement opposées.

Si, dans ses relations commerciales, un peuple n'a à se préoccuper que d'acheter au meilleur marché, laissant, comme disent les *free-traders*, les exportations prendre soin d'elles-mêmes, — comme acheter à bon marché est la tendance universelle des hommes, ils n'ont besoin à cet égard que de liberté. Il n'y a donc pas ici de violence à exercer au dedans. — Il n'y a pas non plus de violences à exercer au dehors; car il n'est pas besoin de contrainte pour déterminer les autres peuples à *vendre*.

Dès lors, les colonies, les possessions lointaines sont considérées non-seulement comme des inutilités, mais comme des fardeaux ; dès lors leur acquisition et leur conservation ne peuvent plus servir de prétexte à un grand développement de forces navales; dès lors on n'excite plus la jalousie et la haine des autres peuples ; dès lors la sécurité ne s'achète pas au prix d'immenses sacrifices; dès lors enfin, le travail national n'est pas détourné de sa vraie destination, qui est de satisfaire les besoins des travailleurs. — Et quant aux étrangers, le seul vœu qu'on forme à leur égard, c'est de les voir prospérer, progresser par une production de plus en plus abondante, de moins en moins dispendieuse,

partant toujours de ce point, que tout progrès qui se traduit en abondance et en bon marché profite à tous et surtout au peuple acheteur.

L'importance des effets opposés, qui découlent des deux
axiomes économiques que nous avons mis en regard l'un
de l'autre, serait notre justification si nous recherchions ici
théoriquement de quel côté est la vérité. Nous nous en
abstiendrons, puisque cette recherche est après tout l'objet
de notre publication tout entière.

, Mais on nous accordera bien que les *free-traders* d'Angleterre professent à cet égard les mêmes opinions que
nous-mêmes.

Donc, leur rôle, au prochain Parlement, sera de demander l'entière réalisation du programme que nous avons
placé au commencement de cet article.

Les événements de 1846 et de 1847 leur faciliteront cette
noble tâche.

En 1846, ils ont détrôné cette vieille maxime, que
*l'avantage d'un peuple était d'acheter peu et de vendre beau-
coup pour recevoir la différence en or.* Ils ont fait reconnaître officiellement cette autre doctrine, que *les exportations
d'un peuple ne sont que le paiement de ses importations.*
Ayant fait triompher le principe, ils seront bien plus forts
pour en réclamer les conséquences. Il serait par trop absurde que l'Angleterre, renonçant à un faux système commercial, retînt le dispendieux et dangereux appareil militaire et diplomatique que ce système seul avait exigé.

Les événements de cette année donneront de la puissance et de l'autorité aux réclamations des *free-traders.* On
aura beau vouloir attribuer la crise actuelle à des causes
mystérieuses ; il n'y a pas de mystère là-dessous. Le travail
énergique, persévérant, intelligent d'un peuple actif et
laborieux ne suffit pas à son bien-être ; pourquoi ? parce
qu'une portion immense de ce travail est consacrée à autre

chose qu'à son bien-être, à payer des marins, des soldats, des diplomates, des gouverneurs de colonies, des
vaisseaux de guerre, des subsides, — le désordre, le trouble
et l'oppression.

Certainement, la lutte sera ardente au Parlement, et
nous n'avons pas l'espoir que les FREE-TRADERS emportent
la place au premier assaut. Les abus, les préjugés, les droits
acquis sont les maîtres dans cette citadelle. C'est même là
que leurs forces sont concentrées. L'aristocratie anglaise y
défendra énergiquement ses positions. Les gouvernements
à l'extérieur, les hauts emplois, les grades dans l'armée et
la marine, la diplomatie et l'Église, sont à ses yeux son
légitime patrimoine ; elle ne le cédera pas sans combat ; et
nous qui savons quelle est, dans son aveuglement, la puissance de l'orgueil national, nous ne pouvons nous empêcher
de craindre que l'oligarchie britannique ne trouve de trop
puissants auxiliaires dans les préjugés populaires, qu'une
politique dominatrice a su faire pénétrer au cœur des travailleurs anglais eux-mêmes. Là, comme ailleurs, on leur
dira que la destinée des peuples n'est pas le bien-être, qu'ils
ont une mission plus noble, et qu'ils doivent repousser
toute politique *égoïste* et *matérialiste*. — Et tout cela,
pour les faire persévérer dans le matérialisme le plus brutal, dans l'égoïsme sous sa forme la plus abjecte : l'appel à la violence pour nuire à autrui en se nuisant à soi-
même.

Mais rien ne résiste à la vérité, quand son temps est venu
et que les faits, dans leur impérieux langage, la font éclater
de toutes parts.

Si le peuple anglais, dans son intérêt, abolit les lois de
navigation, s'il rend à ses colonies la liberté commerciale,
si tout homme, à quelque nation qu'il appartienne, peut
aller échanger dans l'Inde, à la Jamaïque, au Canada, au
même titre qu'un Anglais, quel prétexte restera-t-il à l'aris-

tocratie britannique pour retenir les forces qui en ce moment écrasent l'Angleterre?

Dira-t-elle qu'elle veut conserver les possessions acquises?

On lui répondra que nul désormais n'est intéressé à les enlever à l'Angleterre, puisque chacun peut en user comme elle, et de plus que l'Angleterre, par le même motif, n'est plus intéressée à les conserver.

Dira-t-elle qu'elle aspire à de nouvelles conquêtes?

On lui objectera que le moment est singulièrement choisi de courir à de nouvelles conquêtes quand, sous l'inspiration de l'intérêt, d'accord cette fois avec la justice, on renonce à des conquêtes déjà réalisées.

Dira-t-elle qu'il faut s'emparer au moins de positions militaires telles que Gibraltar, Malte, Heligoland?

On lui répondra que c'est un cercle vicieux; que ces positions étaient sans doute une partie obligée du système de domination universelle; mais qu'on ne détruit pas l'ensemble pour en conserver précisément la partie onéreuse.

Fera-t-elle valoir la nécessité de protéger le commerce, dans les régions lointaines, par la présence de forces imposantes?

On lui dira que le commerce avec des barbares est une déception, s'il coûte plus indirectement qu'il ne vaut directement.

Exposera-t-elle qu'il faut au moins que l'Angleterre se prémunisse contre tout danger d'invasion?

On lui accordera que cela est juste et utile. Mais on lui fera observer qu'il est de la nature d'un tel danger de s'affaiblir, à mesure que les étrangers auront moins sujet de haïr la politique britannique et que les Anglais auront plus raison de l'aimer.

On dira sans doute que nous nous faisons une trop haute idée de la *philanthropie* anglaise.

Nous ne croyons pas que la philanthropie détermine aucun peuple, pas plus le peuple anglais que les autres, à agir sciemment contre ses intérêts permanents.

Mais nous croyons que les intérêts permanents d'un peuple sont d'accord avec la justice, et nous ne voyons pas pourquoi il n'arriverait pas, par la diffusion des lumières, et au besoin par l'expérience, à la connaissance de cette vérité.

En un mot, nous avons foi, une foi entière dans le principe du libre-échange.

Nous croyons que, selon qu'un peuple prend ou ne prend pas pour règle de son économie industrielle la théorie de la *balance du commerce*, il doit adopter une politique toute différente.

Dans le premier cas, il veut *vendre* à toute force ; et ce besoin le conduit à aspirer à la domination universelle.

Dans le second, il ne demande qu'à *acheter*, sachant que le vendeur prendra soin du paiement ; et, pour acheter, il ne faut faire violence à personne.

Or, si la violence est inutile, ce n'est pas se faire une trop haute idée d'un peuple que de supposer qu'il repoussera les charges et les risques de la violence.

Et si nous sommes pleins de confiance, c'est parce que, sur ce point, le vrai intérêt de l'Angleterre et de ses classes laborieuses nous paraît d'accord avec la cause de la justice et de l'humanité.

Car si nous avions le malheur de croire à l'efficacité du régime restrictif, sachant quelles idées et quels sentiments il développe, nous désespérerions de tout ordre, de toute paix, de toute harmonie. Toutes les déclamations à la mode contre le *vil intérêt* ne nous feraient pas admettre que l'Angleterre renoncera à sa politique envahissante et turbulente, laquelle, dans cette hypothèse, serait conforme à ses intérêts. Tout au plus, nous pourrions penser qu'arrivée à l'apogée de la grandeur, elle succomberait sous la réaction universelle; mais seulement pour céder son rôle à un autre peuple, qui, après avoir parcouru le même cercle, le céderait à un troisième, et cela sans fin et sans cesse jusqu'à ce que la dernière des hordes régnât enfin sur des débris. Telle est la triste destinée que la *Presse* annonçait ces jours derniers aux nations; et comme elle croit au régime prohibitif, sa prédiction était logique.

Au moment où le Parlement va s'ouvrir, nous avons cru devoir signaler la ligne que suivra, selon nous, le parti libéral. Si le monde est sur le point d'assister à une grande révolution pacifique, à la solution d'un problème terrible : — l'écroulement de la puissance anglaise en ce qu'elle a de pernicieux, et cela non par la force des armes, mais par l'influence d'un principe, — c'est un spectacle assurément bien digne d'attirer les regards impartiaux de la presse française. Est-ce trop exiger d'elle que de l'inviter à ne pas envelopper de silence cette dernière évolution de la Ligue comme elle a fait de la première? Le drame n'intéresse-t-il pas assez le monde et la France? Sans doute nous avons été profondément étonnés et affligés de voir la presse française, et principalement la presse démocratique, tout en fulminant tous les jours contre le machiavélisme britannique, faire une monstrueuse alliance avec les hommes et les idées qui sont en Angleterre la vie de ce machiavélisme. C'est le résultat de quelque étrange combinaison d'idées qu'il ne nous est pas donné de pénétrer. Mais, à moins qu'il n'y ait parti pris, ce que nous ne pouvons croire, de tromper le pays jusqu'au bout, nous ne pensons pas que cette combinaison d'idées, quelle qu'elle soit, puisse tenir devant la lutte qui va s'engager dans quelques jours au Parlement.

DEUX ANGLETERRE.

(*Libre-Échange* du 6 février 1848.)

Quand nous avons entrepris d'appeler l'attention de nos concitoyens sur la question de la liberté commerciale, nous n'avons pas pensé ni pu penser que nous nous faisions les organes d'une opinion en majorité dans le pays, et qu'il ne s'agît pour nous que d'enfoncer une porte ouverte.

D'après les délibérations bien connues de nombreuses chambres de commerce, nous pouvions espérer, il est vrai, d'être soutenus par une forte minorité, qui, ayant pour elle le bon sens et le bien général, n'aurait que quelques efforts à faire pour devenir majorité.

Mais cela ne nous empêchait pas de prévoir que notre association provoquerait la résistance désespérée de quelques privilégiés, appuyée sur les alarmes sincères du grand nombre.

Nous ne mettions pas en doute qu'on saisirait toutes les occasions de grossir ces alarmes. L'expérience du passé nous disait que les protectionistes exploiteraient surtout le *sentiment national*, si facile à égarer dans tous les pays. Nous prévoyions que la politique fournirait de nombreux aliments à cette tactique ; que, sur ce terrain, il serait facile

aux monopoleurs de faire alliance avec les partis mécon-
tents; qu'ils nous créeraient tous les obstacles d'une impopularité factice; et qu'ils iraient au besoin jusqu'à élever
contre nous ce cri : Vous êtes les agents de Pitt et de Co-
bourg. Il faudrait que nous n'eussions jamais ouvert un
livre d'histoire, si nous ne savions que le privilége ne succombe jamais sans avoir épuisé tous les moyens de vivre.

Mais nous avions foi dans la vérité. Nous étions convaincus, comme nous le sommes encore, qu'il n'y a pas
une Angleterre, mais deux Angleterre. Il y a l'Angleterre
oligarchique et monopoliste, celle qui a infligé tant de maux
au monde, exercé et étendu partout une injuste domination, celle qui a fait l'acte de navigation, celle qui a fait
la loi-céréale, celle qui a fait de l'Église établie une
institution politique, celle qui a fait la guerre à l'indépendance des États-Unis, celle qui a d'abord exaspéré et
ensuite combattu à outrance la révolution française, et ac-
cumulé, en définitive, des maux sans nombre, non-seulement sur tous les peuples, mais sur le peuple anglais
lui-même. — Et nous disons que, s'il y a des Français qui
manquent de patriotisme, ce sont ceux qui sympathisent
avec cette Angleterre.

Il y a ensuite l'Angleterre démocratique et laborieuse,
celle qui a besoin d'ordre, de paix et de liberté, celle qui
a besoin pour prospérer que tous les peuples prospèrent,
celle qui a renversé la loi-céréale, celle qui s'apprête à renverser la loi de navigation, celle qui sape le système colonial, cause de tant de guerres, celle qui a obtenu le bill de
la réforme, celle qui a obtenu l'émancipation catholique,
celle qui demande l'abolition des substitutions, cette clef de
voûte de l'édifice oligarchique, celle qui applaudit, en 1787,
à l'acte par lequel l'Amérique proclama son indépendance,
celle qu'il fallut sabrer dans les rues de Londres avant de
faire la guerre de 1792, celle qui, en 1830, renversa les torys

prêts à former contre la France une nouvelle coalition. —
Et nous disons que c'est abuser étrangement de la crédulité
publique que de représenter comme manquant de patriotisme ceux qui sympathisent avec cette Angleterre.

Après tout, le meilleur moyen de les juger, c'est de les
voir agir ; et certes ce serait le devoir de la presse de faire
assister le public à cette grande lutte, à laquelle se rattachent l'indépendance du monde et la sécurité de l'avenir.

Absorbée par d'autres soins, influencée par des motifs
qu'il ne nous est pas donné de comprendre, elle répudie
cette mission. On sait que la plus puissante manifestation
de l'esprit du siècle, agissant par la Ligue contre la loi-céréale, a agité pendant sept ans les trois royaumes, sans que
nos journaux aient daigné s'en occuper.

Après les réformes de 1846, après l'abrogation du privilége foncier, au moment où la lutte va s'engager en Angleterre sur un terrain plus brûlant encore, l'*acte de navigation*, qui a été le principe, le symbole, l'instrument et
l'incarnation du régime restrictif, on aurait pu croire que
la presse française, renonçant enfin à son silence systématique, ne pourrait s'empêcher de donner quelque attention
à une expérience qui nous touche de si près, à une révolution économique qui, de quelque manière qu'on la juge,
est destinée à exercer une si grande influence sur le monde
commercial et politique.

Mais puisqu'elle continue à la tenir dans l'ombre, c'est à
nous de la mettre en lumière. C'est pourquoi nous publions
le compte rendu de la séance par laquelle les chefs de la
Ligue viennent pour ainsi dire de réorganiser à Manchester
cette puissante association.

Nous appelons l'attention de nos lecteurs sur les discours
qui ont été prononcés dans cette assemblée, et nous leur
demanderons de dire, la main sur la conscience, de quel
côté est le vrai *patriotisme* ; s'il est en nous, qui sympathi-

sons de tout notre cœur avec l'infaillible et prochain triomphe de la Ligue, ou s'il est dans nos adversaires, qui réser-
vent toute leur admiration pour la cause du privilége, du
monopole, du régime colonial, des grands armements, des
haines nationales et de l'oligarchie britannique.

Après avoir lu le discours, si nourri de faits, de M. Gibson, vice-président du *Board of trade*, l'éloquente et chaleureuse allocution de M. Bright, et ces nobles paroles par
lesquelles M. Cobden a prouvé qu'il était prêt à tout sacrifier, même l'avenir qui s'ouvre devant lui, même sa popularité, pour accomplir sa belle mais rude mission, nous
demandons à nos lecteurs de dire, la main sur la conscience, si ces orateurs ne défendent pas ces vrais intérêts
britanniques qui coïncident et se confondent avec les vrais
intérêts de l'humanité?

Le *Moniteur industriel* et le *Journal d'Elbeuf* ne man-
queront pas de dire : « Tout cela est du machiavélisme ;
depuis dix ans M. Cobden, M. Bright, sir R. Peel, jouent la
comédie. Les discours qu'ils prononcent, comédie ; l'enthousiasme des auditeurs, comédie ; les faits accomplis,
comédie ; le rappel de la loi-céréale, comédie ; l'abolition
des droits sur tous les aliments et sur toutes les matières
premières, comédie ; le renversement de l'acte de navigation, comédie ; l'affranchissement commercial des colonies, comédie ; et, comme disait il y a quelques jours un
journal protectioniste, l'Angleterre se coupe la gorge devant
l'Europe sur le simple espoir que l'Europe l'imitera.

Et nous, nous disons que s'il y a une ridicule comédie
au monde, c'est ce langage des protectionistes. Certes, il
faut prendre en considération les longues, et nous ajoute-
rons les justes préventions de notre pays ; mais ne faudrait-
il pas rougir enfin de sa crédulité, si cette comédie pouvait
être plus longtemps représentée devant lui au bruit de ses
applaudissements?

GRAND MEETING A MANCHESTER.

Jeudi soir, 25 janvier 1848, un grand meeting de ligueurs a été tenu à Manchester pour célébrer l'entrée au Parlement des principaux apôtres de la liberté commerciale.

Trois mille personnes s'étaient rendues à la réunion. Au nombre des assistants on comptait une trentaine de membres du Parlement, et parmi eux MM. Cobden, Milner Gibson, Bright, Bowring, le colonel Thompson, G. Thompson, Ewart, W. Brown, Ricardo, le maire de Manchester et celui d'Ashton.

Le meeting était présidé par M. Georges Wilson, président de la Ligue.

M. GEORGES WILSON, dans une brève allocution, signale d'abord le progrès qui s'est accompli dans les élections depuis le *Reform-bill*; les électeurs, dit-il, s'occupent aujourd'hui beaucoup moins de la naissance que du mérite réel des candidats. On nous reproche, je le sais, ajoute-t-il, de nommer des gens dont les ancêtres n'ont jamais fait parler d'eux, mais qu'importe, s'ils ont la confiance du peuple ? Nous les avons choisis à cause de leur mérite et non pas à cause de leurs titres. (Applaudissements.) L'orateur expose ensuite les progrès de la liberté commerciale. Le succès du tarif libre-échangiste de sir Robert Peel, dit-il, est maintenant reconnu par tout le monde, excepté par les protectionistes exagérés, qui envoient encore de loin en loin de petites notes aux journaux. Le succès du tarif libre-échangiste des États-Unis n'a pas été moindre que celui du nôtre. On peut se faire une idée aussi de l'influence rapide que l'opinion publique de l'Angleterre exerce sur les classes intelligentes et éclairées du continent, par la réception qui a été faite à M. Cobden dans tous les pays qu'il a visités. (Applaudissements.) Il nous paraît certain aujourd'hui que nos vieux amis les protectionistes ont quitté le champ de bataille, et que la salle du n° 17, Old-Bond-street, sera mise incessamment à louer. Depuis les dernières élections aucun d'eux n'a proposé, devant la plus petite assemblée de fermiers, le rétablissement des *lois-céréales* qui doivent mourir en 1849. (Mouvement d'attention.) Je ne pense pas non plus qu'ils blâmeraient beaucoup lord John Russel s'il faisait ce que je pense qu'il devrait faire ; s'il suspendait les lois-céréales jusqu'à ce qu'elles soient définitivement abolies en 1849. (Vifs applaudissements.) Mais ils veulent combattre en faveur des lois de navigation. Eh bien ! nous les suivrons sur ce terrain-là, et avec un vigoureux effort nous leur enlèverons les lois de navigation comme nous leur avons enlevé les lois-céréales. Ils nous attaqueront ensuite sur les intérêts des Indes occidentales ; nous ne demandons pas mieux, et de nouveau nous les battrons sur cette question comme sur toutes les autres. (Applaudissements.)

M. Wilson porte un toast à la reine ; après lui, M. Armitage, maire de Manchester, propose le toast suivant :

Aux membres libre-échangistes des deux Chambres du Parlement ; au succès de leurs efforts pour compléter la chute de tous les monopoles !

M. F. M. Gibson, membre du Parlement pour Manchester, et vice-président du *Board of trade*, répond à ce toast. L'orateur remercie d'abord l'auteur du toast au nom de ses collègues absents ; puis il s'excuse sur son émotion : Je devrais être, direz-vous peut-être, rassuré comme le chasseur qui entend le son du cor ; car ce n'est pas la première fois que je prends la parole dans cette enceinte ; mais je vous affirme que lorsque je pense à quel public éclairé et au courant de la question j'ai

affaire, il m'est impossible de maîtriser mon embarras. J'ai cru,
toutefois, qu'il était de mon devoir de me trouver au milieu de
mes commettants dans cette occasion importante. (Applaudissements.) J'ai cru que toute autre considération devait céder à
ce devoir ; car, ancien membre de la Ligue, je m'honore, par-
dessus tout, d'avoir fait partie de cette association qui, en éclairant l'opinion publique, a permis au gouvernement d'abolir
l'odieux monopole du blé. (Applaudissements.) Je regrette toutefois de paraître devant vous dans un moment de dépression
commerciale, dans un moment de grande anxiété pour tous
ceux qui se trouvent engagés dans les affaires, dans un moment où s'est manifestée une crise grave, à laquelle nous n'a-
vons pas encore entièrement échappé. Mais je pense, messieurs,
que la politique de la liberté commerciale n'est pour rien dans
les causes qui ont amené cette dépression (vifs applaudissements) ; je pense, au contraire, que la crise aurait été bien
plus intense si les réformes commerciales n'avaient pas eu lieu.
(Nouveaux applaudissements.)

Quoique, actuellement, la confiance soit bien altérée dans le
monde commercial, il y a certains éléments sur lesquels il est
permis de compter pour le rétablissement de la prospérité
future. L'approvisionnement des articles manufacturés est modéré ; les prix des matières premières sont bas, et nous avons
en perspective un prix modéré des subsistances. (Une voix : Non
pas si les lois-céréales sont remises en vigueur.) Nous avons
devant nous toutes ces choses (mouvement d'attention), et je
crois que l'on peut, sans se faire illusion, croire que le retour
de la confiance amènera le retour de la prospérité. (Applaudissements.) Mais permettez-moi, messieurs, de demander à
ceux qui accusent par leurs vagues déclamations la liberté
commerciale d'avoir causé la détresse actuelle, permettez-moi
de leur demander d'être intelligibles une fois et de désigner les
droits qui auraient prévenu cette détresse, s'ils n'avaient point
été abolis. Était-ce le droit sur le coton? Etait-ce le droit sur
la laine ou le droit sur le verre? (Applaudissements et rires.
Est-ce que, pendant une période de famine, il aurait été sage de
maintenir les droits sur les articles de subsistance? Quels sont

donc les droits qui auraient empêché la crise de se produire?
(Applaudissements.)

On nous accuse encore, nous autres libre-échangistes, d'avoir préconisé une politique qui a diminué le revenu. Diminué le revenu! Est-ce que ceux qui émettent de semblables assertions ont bien comparé le revenu tel qu'il était, avant les réformes commencées en 1842, et tel qu'il a été depuis? Quels sont les faits? Le revenu, au 5 janvier 1842, s'élevait à environ 47,500,000 liv. st.; au 5 janvier 1848, il n'était plus que de 44,300,000 liv. st. Mais quelles ont été, dans l'intervalle, les réductions opérées dans les taxes? Il est vrai qu'on a établi, en 1842, un *income-tax* s'élevant à environ 5,500,000 liv. st. par an. Mais, d'un autre côté, on a retranché à la fois de la douane et de l'excise des droits qui rapportaient environ 8,000,000 liv. st., ce qui donne en faveur des réductions une balance de 3,000,000 liv. st. Il ne saurait y avoir rien de bien mauvais dans une politique qui a augmenté le revenu par une réduction des droits sur les articles de consommation. Souvenez-vous aussi que cette politique a été adoptée en 1842, après que l'on eut essayé de la politique opposée, après que l'on eut essayé d'augmenter le revenu en élevant les droits de la douane et de l'excise. On ajouta 5 % aux droits de douane; mais les douanes ne donnèrent pas, avec cette augmentation, la moitié de ce qu'on avait estimé qu'elles rendraient. L'augmentation échoua complétement, et ce fut après la chute de cette expérience que l'on avait faite d'accroître le revenu du pays en augmentant les droits de l'excise et de la douane, que l'on adopta heureusement l'impôt direct, et qu'on affranchit de leurs entraves l'industrie et le commerce de ce pays, en réduisant les taxes indirectes. Si nous considérons isolément les chiffres du revenu des douanes et de l'excise, nous verrons qu'ils présentent une justification remarquable de la politique adoptée par sir Robert Peel. Après la réduction de 8,000,000 liv. st., dont 7,000,000 liv. st. environ pour la douane, la totalité de cette somme, à l'exception de 7 à 8,000 liv st., a été remplacée par le pays; c'est à peine s'il y a eu une baisse dans le revenu de la douane. On élève une autre accusation contre la liberté du commerce, à propos des exportations et des importations. On nous dit que nous avons importé plus que nous n'avons exporté, et que nos importations ont plus de valeur que nos exportations. Je réponds : S'il en est ainsi, tant mieux ! (Applaudissements.)

Ce serait une chose singulière que des marchands exportassent leurs marchandises pour recevoir en retour des produits qui auraient précisément la même valeur : espérons qu'il y a quelque gain dans l'échange des denrées ; et, si nos importations ont excédé nos exportations, c'est nous qui avons gagné. Mais, ajoute-t-on, une quantité d'or est sortie du pays, notre numéraire a été exporté et nos intérêts commerciaux en ont souffert. A cela je puis répondre que si la balance, comme on la nomme, a été soldée en numéraire, c'est parce que le numéraire était à cette époque la marchandise la plus convenable et la moins chère que l'on pût exporter, et qu'il y avait plus de bénéfice à l'exporter qu'à exporter les autres marchandises. Voilà tout ! A la vérité, on fait revivre aujourd'hui la vieille doctrine de la balance du commerce. Avant d'avoir lu les articles du *Blackwoods Magazine* et de la *Quarterly Review*, j'espérais qu'elle était morte et enterrée, et qu'elle ne ressusciterait plus ; mais nos adversaires y tiennent ! Je ne vous ferais pas l'injure de défendre davantage devant vous la politique de la liberté commerciale, — laquelle certes n'a pas besoin d'être défendue, — si depuis quelque temps les organes du parti protectioniste ne s'étaient plus que jamais efforcés de donner le change au pays, s'ils n'avaient prétendu que nous nous étions montrés de mauvais prophètes et qu'un grand nombre de nos prévisions n'avaient abouti qu'à des déceptions ; mais il m'est impossible de laisser passer de semblables accusations sans y répondre. Voyons d'abord les prophéties. Avons-nous oublié celles des protectionistes ? Avons-nous oublié qu'ils prédisaient que les bonnes terres de l'Angleterre seraient laissées sans culture si les *lois-céréales* étaient révoquées (rires)? que les meilleurs terrains deviendraient des garennes de lapins et des repaires de bêtes fauves? (Rires.) Avez-vous oublié cela ? Avez-vous oublié les menaces alarmantes que proférait un noble duc (le duc de Richmond) en 1839, lorsque j'eus l'honneur de paraître pour la première fois devant vous? Souvenez-vous de la menace qu'il nous faisait de quitter le pays si les corn-laws étaient révoquées. Souvenez-nous qu'il affirmait qu'alors l'Angleterre ne serait plus digne d'être habitée par des *gentlemen*. (Rires.) Mais félicitons-nous de posséder encore parmi nous le noble duc, félicitons-nous de ce qu'il n'a point abandonné sa patrie (rires); et espérons qu'il demeurera longtemps parmi nous, afin de rendre à ses concitoyens de meilleurs services que ceux qu'il leur a rendus jusqu'ici. (Tonnerre d'applaudissements.) Je me souviens de beaucoup d'autres prédictions qui ont été faites à la Chambre des communes, au sujet du rappel des lois-céréales. Je me rappelle que M. Hudson, l'honorable représentant de Sunderland, disait, en février 1839, que si les lois-céréales étaient abolies, les fermiers anglais ne pourraient plus cultiver le sol, même si la rente se trouvait entièrement supprimée, et que la terre devrait être laissée en friche, parce qu'on ne pourrait plus trouver un prix rémunérateur pour ses produits. Je suis charmé que M. Hudson ait montré un plus mauvais jugement en cette matière qu'il ne l'a fait dans la direction des entreprises de chemins de fer. Dans le monde des chemins de fer, il s'est montré un homme habile et entreprenant; mais, en fait de prophéties, nous opposerions volontiers le plus mauvais prophète que la Ligue ait jamais produit, à l'honorable représentant de Sunderland. (Applaudissements et rires.)

L'orateur après avoir réfuté d'autres critiques, qui se rattachent à la situation des colonies anglaises, dans les Indes occidentales, poursuit en ces termes :

Nous avons eu, dans ces derniers temps, des preuves si nombreuses des bons résultats de la réduction des droits et des avantages de la suppression des entraves apportées au commerce, non-seulement dans ce pays, mais encore à l'étranger, que je crois inutile de m'étendre plus longuement sur cet objet. Il y a cependant, dans nos relations extérieures, un fait sur lequel je veux appeler un instant votre attention : il s'agit de notre commerce avec la France. (Mouvement d'attention.) Considéré d'une manière absolue, ce commerce peut être regardé comme faible encore, mais il n'y en a pas qui se soit développé plus rapidement. La valeur déclarée de nos exportations pour la France s'est élevée, il y a peu de temps, à 3,000,000 de liv. st., et maintenant elle est de 2,700,000 liv. st. Or, en 1815, elle était à peine de 300,000 liv. st. La plus grande partie de cet accroissement a eu lieu, il faut bien le remarquer, à une époque récente, et le progrès s'est accompli à la suite des réductions opérées dans notre tarif, sans qu'il y ait eu la moindre réciprocité de la part de la France. Je mentionne ce fait, parce qu'il renferme un très-fort argument contre ce que l'on a nommé le système de réciprocité. Vous avez augmenté matériellement votre commerce avec la France, en réduisant vos droits sur les importations de ce pays, quoiqu'il n'ait point, de son côté, réduit ses droits sur les importations anglaises. (Applaudissements.) Je cite aussi le commerce avec la France, pour vous prouver que nous faisons autant d'affaires avec ce pays qu'avec les Indes occidentales. Ainsi donc, ces terribles Français, que l'on nous apprend à considérer comme nos ennemis naturels, sont pour nous d'aussi bonnes pratiques que nos propriétaires aimés et privilégiés des Indes occidentales. (Applaudissements.) Les Français nous prennent pour 2,700,000 liv. st. de marchandises, et les propriétaires des Indes occidentales pour 2 millions 300,000 liv. st. seulement. Et, de plus, les colons demandent pour leurs sucres une protection égale en valeur au montant de toutes nos exportations pour les Indes occidentales. Je n'exagère rien (applaudissements); je mentionne simplement les faits, avec les documents parlementaires sous les yeux.

Maintenant, je vous le demande, quand on jette un coup d'œil sur l'augmentation de notre commerce avec la France, ne s'aperçoit-on pas en même temps que ce commerce a établi entre les deux pays des liens d'amitié et d'intérêt, des liens qu'il serait plus difficile de briser que si leurs transactions en étaient encore au chiffre de 300,000 liv. st. comme en 1815? (Applaudissements.) Pour moi, messieurs, j'ai la conviction entière, et je l'exprime sans hésiter devant cette assemblée publique, que, nonobstant les services que les diplomates peuvent

avoir rendus au monde, rien n'a autant de pouvoir pour prévenir la guerre et pour maintenir la paix que le développement du commerce international. (Applaudissements prolongés.)
On nous avertit cependant dans le sud, — et de plus on nous
rappelle qu'une lettre émanée d'un homme célèbre dans ce
district (rires) nous a donné le même avis, — on nous avertit,
dis-je, que malgré cet accroissement de notre commerce avec
la France, nous devons nous attendre à une invasion de la part
des Français (explosions de rires), et que nous nous endormi-
rions dans une sécurité trompeuse si nous ne préparions des
forces considérables pour repousser cette invasion longuement
méditée. (Rires.) Eh bien! je ne saurais dire que je pense que
vous puissiez vous dispenser de toute espèce de force militaire.
Je ne saurais dire et je ne crois pas que mon excellent ami
M. Cobden ait jamais dit qu'il faille détruire toutes nos défenses militaires, de terre et de mer. Il y a, je le sais, des personnes
qui seraient charmées que M. Cobden eût proposé cela, mais
je ne crois pas qu'il l'ait fait. Mais voici ce que nous avons à
dire sur cette question. Nous sommes d'accord à penser, la
grande majorité des hommes s'accorde à penser comme nous,
que si les armées pouvaient être supprimées par le fait du développement des communications internationales, ce serait un
immense progrès, le plus grand progrès qui eût jamais été accompli dans le monde, et le meilleur auxiliaire qui ait été
donné à la civilisation, à la moralité et au bon vouloir mutuel
des peuples. (Applaudissements.) Nous sommes tous d'accord
là-dessus. Aucun homme, aucun homme doué de sentiments
d'humanité, pourvu qu'il n'ait pas intérêt au maintien des
choses (rires), ne saurait penser autrement. Néanmoins, je crois,
— et je donne ici mon opinion personnelle, — que nous ne
sommes pas dans une situation qui nous permette de nous dispenser de moyens de défense. Nous avons dépensé chaque année, depuis 1815, 16,000,000 de liv. st. pour la défense de notre
pays, et je crois que nous avons toujours eu des moyens de défense suffisants. Je nie qu'aucun fait se soit produit qui puisse
nous faire redouter aujourd'hui cette soudaine invasion des
Français dont on nous menace. C'est, au reste, une vieille his-

toire que cette invasion. Je me souviens que M. Thomas Atwood,
l'un des représentants de Birmingham, se leva, un jour, à la
Chambre des communes, et dans un discours de quatre heures,
que beaucoup de gens considérèrent comme un excellent discours d'invasion, prouva que l'on devait s'attendre à ce que les
Russes feraient un beau matin leur apparition au pont de Londres, sans en donner le moindre avis et sans que personne se
fût douté le moins du monde de leur intention de nous envahir.
(Rires.) Mais aujourd'hui nous laissons la Russie de côté; c'est
de la France que nous avons peur. (Rires et mouvements.)

Le budget français nous annonce une réduction dans l'effectif militaire pour l'année prochaine. Je ne vois donc dans ce
budget aucune raison de craindre; je n'y vois rien qui me
porte à craindre que la France se prépare à envahir l'Angleterre.
Pourquoi réduit-on le budget de la marine, de telle sorte que
l'on demandera en France, l'année prochaine, 13 navires et
2,000 hommes de moins que les années précédentes? (Mouvement.) Mais les gentlemen de l'invasion nous disent : « Il ne
faut pas vous fier au budget; on ne le réduit que pour vous aveu-
gler et vous plonger dans une fausse sécurité. » (Rires.) D'après
cet argument, plus les Français réduiront leurs armements, plus
nous devrons augmenter les nôtres. Probablement, la France a
des méthodes de recueillir de l'argent que nous ne connaissons
point; elle a des moyens de lever des hommes, d'armer des
vaisseaux, dont personne ne sait rien ; si bien qu'elle réduit son
budget uniquement pour jeter de la poudre dans les yeux du
pauvre John Bull ! (Mouvement et rires.) Je sais peu de chose
sur ces matières ; mais je crois, en vérité, que tous ces rapports
alarmistes ne méritent guère de crédit. Chaque fois que l'on
construit en France un bassin pour l'amélioration d'un port,
chaque fois que l'on y creuse un fossé, c'est, aux yeux des
trembleurs de l'invasion, pour y lancer des steamers de guerre.
Selon ces gens-là, ces travaux ne sont nullement entrepris dans
l'intention d'accroître et de perfectionner l'industrie et le commerce de la France. Toutes les mesures adoptées pour améliorer
la situation du peuple français ou pour augmenter son commerce, telles, par exemple, que l'agrandissement des ports, le

creusement de nouveaux bassins au Havre et à Cherbourg, sont regardées par eux comme des moyens de préparer et de faciliter l'envahissement de là Grande-Bretagne. Ils disent que le peuple français ne se soucie pas du commerce, et que les bassins creusés par les Français ne sont pas destinés aux vaisseaux marchands, mais bien aux steamers de guerre. Eh bien ! je ne suis · pas de cet avis, et je crois que nous tous, en Angleterre, nous avons intérêt à l'amélioration des ports de France. (Écoutez ! écoutez !) Comme Anglais, je n'éprouve aucun sentiment de jalousie à l'aspect de semblables travaux (applaudissements) ; au contraire, je ressens de la satisfaction et de la joie lorsque j'apprends que des améliorations ont lieu dans n'importe quelle partie du globe, dans n'importe quel pays ! (Applaudissements prolongés.) Et si l'on me dit que nous devons voir avec jalousie les travaux qui s'opèrent en France pour l'amélioration des ports et pour la construction de la digue de Cherbourg, laquelle est une œuvre dont tout le monde profitera (applaudissements) ; si l'on me dit que nous devons regarder ces travaux avec des pensées d'animosité et de haine, je répondrai que je ne saurais partager de semblables pensées (applaudissements), et qu'elles ne m'inspirent aucune sympathie. (Nouveaux applaudissements.) Je suis charmé de tous ces progrès, et je crois en outre que vous n'avez pas le droit d'imputer à une grande nation la pensée d'une invasion digne tout au plus d'une horde de sauvages. (Vifs applaudissements.) Descendre en Angleterre sans aucun autre dessein que celui d'humilier le peuple de ce pays, de le priver du produit de son travail et d'insulter toutes les classes de la population, en vérité cela ne serait pas digne d'une grande nation. Vous n'avez pas le droit de jeter à la face d'un peuple de semblables imputations. (Applaudissements.) Il y a une chose que nous pouvons dire, c'est que nous voulons conserver l'appareil militaire qui sera jugé le plus convenable, parce que le monde ne nous paraît pas encore en état de se passer de moyens de défense, et que nous voulons avoir les moyens de protéger le pays ; mais autre chose est d'imputer à une nation voisine et amie des desseins qui ne peuvent manquer de soulever l'indignation de tout honnête homme en

France! Quoi! après une si longue paix, après tant de relations
amicales nouées entre les deux pays, la France serait jugée capable de si détestables desseins! En vérité, messieurs, je ne
saurais m'arrêter patiemment à cette idée que des hostilités
soient encore nécessaires entre la France et l'Angleterre! (Applaudissements prolongés.) Je ne pense pas qu'il soit possible,
dans l'état actuel du monde, que ces nations voisines et maintenant en paix, l'une et l'autre avancées en civilisation, soient
maintenues par n'importe quelle ruse dans un état de mutuelle
haine! (Adhésions.)

J'espère, messieurs, dans tout ce que j'ai dit, n'avoir pas employé un mot qui puisse faire mal interpréter ma pensée. Je
sais que les hommes de Manchester n'aiment pas les titres; je
sais qu'ils sont naturellement portés à suspecter les membres
du gouvernement (rires), et aujourd'hui même j'ai entendu
dire à un honorable gentleman qu'il s'attendait à ce que je serais atteint soudainement d'un accès de grippe (rires) et hors
d'état de me trouver au milieu de vous. Je sais que l'on croit
généralement que les hommes n'aiment pas à dire leur pensée
lorsqu'ils sont aux affaires (rires); mais je n'ai jamais trouvé
que la franchise fût une mauvaise politique. (Applaudissements.)

Je vous ai dit sincèrement que je n'ai aucune sympathie pour ce que l'on appelle l'esprit militaire (applaudissements); je vous l'ai dit, mais je ne veux pas m'engager devant
cette assemblée à agir de telle ou telle façon particulière dans
cette question; j'ignore encore ce que veut faire le gouvernement; peut-être a-t-il la même opinion que moi sur l'invasion et sur la folie de la panique; mais tout ce que je puis dire,
c'est ceci : attendez, attendez, et avant de prononcer sur ses actes
sachez ce qu'il proposera. Donnez votre opinion sur la lettre
du comté de Lancastre; donnez votre opinion sur M. Pigon (¹)
et sur la lettre du duc de Wellington; mais ne vous prononcez
pas sur les intentions du gouvernement avant de les connaître.
(Applaudissements.) Laissez-moi aussi toute ma liberté d'opi-

---

(¹) M. Pigon, grand fabricant de poudre, et l'un des principaux
instigateurs de la panique.

nion ; et si mon vote ou ma conduite dans cette question ou dans toute autre vous déplaît, vous aurez certainement l'occasion de régler mon compte d'une manière que je ne veux point nommer devant cette assemblée.

L'orateur s'occupe ensuite de l'acte qui a récemment affranchi les juifs de leurs incapacités légales, et il prononce quelques paroles, chaudement applaudies, en faveur de la liberté de conscience. J'espère, dit-il en terminant, aider dans le Parlement à l'abolition de tous les monopoles qui subsistent encore aujourd'hui, et j'ai la confiance que, sur n'importe quel point où se porte la lutte des grands principes de la liberté civile, commerciale ou religieuse, vous ne me trouverez pas en défaut, non plus qu'aucun de mes amis les partisans de la liberté des échanges. (Tonnerre d'applaudissements.)

M. KERSHAW, m. P., propose le toast suivant : Aux électeurs du sud et du nord-Lancastre ; aux électeurs du West-Riding de l'Yorkshire, et à tous ceux qui ont envoyé des *free-traders* au Parlement.

M. COBDEN se lève et est accueilli par de nombreuses salves d'applaudissements. Après avoir remercié l'auteur du toast, il continue ainsi : On m'a demandé, messieurs, au moins une douzaine de fois, quel est l'objet de ce meeting. J'avoue que je ne désire pas qu'il soit regardé comme un meeting destiné à célébrer des triomphes passés, et encore moins à nous glorifier nous-mêmes ou les uns les autres. Je désire plutôt qu'on le considère comme ayant eu lieu pour témoigner que nous sommes encore en vie pour l'avenir (applaudissements) ; qu'ayant obtenu une garantie sur le *statute-book* pour la liberté du commerce des grains, nous entendons en obtenir une autre pour la liberté de la navigation ; que nous entendons bien empêcher les propriétaires des Indes occidentales de taxer à leur profit les membres de la communauté ; et, en résumé, que nous entendons appliquer à tous les articles du commerce les principes que nous avons appliqués au blé. (Applaudissements.) Messieurs, notre honorable représentant a traité d'une manière si habile et si complète quelques points dont j'avais l'intention de m'occuper, relativement à la question des sucres et à la justification de nos principes de liberté commerciale, que je me trouve dégagé de la nécessité d'y revenir, et je le remercie de tout mon cœur de son discours, l'un des meilleurs que j'aie entendus dans cette enceinte. (Applaudissements.) Je crois que la question de la liberté du commerce, — la question de la liberté du commerce dans tous ses détails, — est connue de cette assemblée ; je crois que toutes les réformes dont je vous ai fait l'énumération comme devant être poursuivies par nous ont l'assentiment de cette assemblée, et que tous les honorables membres qui m'écoutent sur cette plate-forme se joindront à nous pour obtenir la complète application de nos principes dans le Parlement. (Ecoutez ! écoutez !) Maintenant, messieurs, je vais m'occuper d'un autre sujet, et quoique ce sujet soit intimement lié à la question de la liberté commerciale, je désire cependant qu'on ne pense pas que je veuille exprimer les sentiments d'aucun de mes collègues dans le Parlement ; je parle seulement en mon nom, et je ne veux compromettre personne. Je touche, comme vous l'avez probablement deviné, à l'intention que l'on a manifestée d'augmenter nos armements. (Applaudissements.) Personne ne me démentira si je dis que les hommes qui, pendant la longue agitation du *free-trade*, ont coopéré le plus énergiquement à cette œuvre sont ceux qui prêchaient la liberté des échanges, non pas seulement pour les avantages matériels qu'elle devait amener, mais aussi pour le motif beaucoup plus élevé d'assurer la paix entre les nations. (Applaudissements.)

Je crois que c'est ce motif qui a amené dans nos rangs la grande armée des ministres de la religion, laquelle a donné une impulsion si puissante à nos progrès dans les commencements de la Ligue. J'ai connu un grand nombre des chefs de notre armée, j'ai eu l'occasion de savoir à quels mobiles ils obéissaient, et je crois que les plus ardents, les plus persévérants et les plus dévoués d'entre nos collègues, ont été des hommes qui se trouvaient stimulés par le motif purement moral et religieux dont j'ai parlé, par le désir de la paix. (Applaudissements.) Et je suis certain que chacun de ces hommes a partagé l'étonnement que j'ai éprouvé, lorsqu'à peine douze mois après que notre nation s'est proclamée libre-échangiste à la face du monde, on est venu nous annoncer qu'il fallait augmenter nos armements. (Applaudissements). Quelle est, je le demande, la cause de cette panique? Probablement nous pourrons la trouver dans la lettre du duc de Wellington, dans les démarches particulières qu'il annonce avoir faites auprès du gouvernement, et dans sa correspondance avec lord John Russell. Nous pouvons l'attribuer au duc de Wellington, à sa lettre et à ses démarches particulières. Je ne professe pas, je l'avoue, l'admiration que quelques hommes éprouvent pour les guerriers heureux; mais y a-t-il, je le demande, parmi les plus fervents admirateurs du duc, un homme doué des sentiments ordinaires de l'humanité qui ne souhaitât que cette lettre n'eût jamais été écrite, ni publiée? (Mouvements d'attention et applaudissements.) Le duc a passé déjà presque les limites de l'existence humaine, et nous pouvons dire sans figure oratoire qu'il est penché sur le bord de la tombe. N'est-il pas lamentable (applaudissements), n'est-ce pas un spectacle lamentable que cette main, qui n'est plus capable de soutenir le poids d'une épée, emploie le peu qui lui reste de forces à écrire une lettre, — probablement la dernière que ce vieillard adressera à ses concitoyens, — une lettre destinée à susciter de mauvaises passions et des animosités dans les cœurs des deux grandes nations voisines? (Applaudissements.) N'aurait-il pas mieux fait de prêcher le pardon et l'oubli du passé, que de raviver les souvenirs de Toulon, de Paris et de Waterloo, et de faire tout ce qu'il faut pour engager une nation courageuse à user enfin de représailles, et à se venger de ses désastres passés? (Ecoutez! écoutez!) N'aurait-il pas accompli une œuvre plus glorieuse en mettant de l'huile sur ces blessures, maintenant à peu près guéries, au lieu de les rouvrir, en laissant à une autre génération le soin de réparer les maux accomplis par lui? En lisant la lettre du duc, je laisse de côté l'objet de cette lettre, et j'arrive à la fin, lorsqu'il dit : « Je suis dans ma 77e année. » Et moi j'ajoute : Cela explique et cela excuse tout ! (Applaudissements.) Nous n'avons pas, au reste, à nous occuper du duc de Wellington; nous avons à nous occuper de ces hommes plus jeunes qui se servent de son autorité pour faire réussir leurs

desseins particuliers. (Ecoutez! écoutez!) Ce dont j'ai besoin
d'abord de vous faire convenir, vous et le peuple anglais, c'est
que la question qui nous occupe n'est ni une question militaire
ni une question navale, mais que c'est une question qu'il appartient aux citoyens de décider. (Mouvements d'attention et applaudissements.) Lorsque nous sommes en guerre, les hommes qui
portent l'habit rouge et l'épée au côté peuvent prendre le pas
sur nous pour aller à leur besogne, — une besogne peu enviable
et qu'un excellent militaire, sir Harry Smith, a très-heureuse-
ment caractérisée en disant « que c'était un damnable commerce. » Mais nous sommes maintenant dans une situation
différente, et nous voulons recueillir les fruits du passé. Il faut
donc que nous calculions nous-mêmes les probabilités d'une
guerre. Je disais tout à l'heure que c'était une question du
ressort des citoyens. C'est une question du ressort des contribuables, qui ont à soutenir de leurs deniers l'armée et la flotte.
(Applaudissements.) C'est une question du ressort des marchands, des manufacturiers, des boutiquiers, des ouvriers et
des fermiers de ce pays. Et j'en demande pardon à lord Elles-
mere, mais c'est une question du ressort des imprimeurs de
calicots aussi. (Applaudissements prolongés.) Quelles sont les
chances de guerre? D'où la guerre doit-elle venir? Vous êtes,
je l'affirme, plus compétents pour en juger que les hommes de
guerre, vous êtes plus impartiaux; car, à tout événement, votre
intérêt n'est pas du côté de la guerre. Et tout homme qui est
en état de lire un livre renfermant une description de la France
actuelle, tout homme qui est en état de lire une traduction d'un
journal français, tout homme qui veut prendre la peine de
consulter le tableau des progrès du commerce, des manufactures et de la richesse des Français, tout homme, dis-je, qui
est en état d'étudier ces choses, est aussi compétent qu'un soldat pour juger des probabilités de la guerre. (Applaudissements.)
J'ajoute qu'il n'y a aucune époque dans l'histoire de France où
ce pays ait été plus qu'en ce moment disposé à embrasser une
politique pacifique, particulièrement à l'égard de l'Angleterre.
Le peuple français se trouve maintenant dans une situation
qui doit l'éloigner de la guerre. Il a traversé une révolution

sociale qui a tellement égalisé le partage du sol, que la masse contribue à peu près d'une manière égale à l'entretien du gouvernement. L'impôt est en grande partie direct, ce qui rend le peuple très-sensible à l'endroit des dépenses publiques, et ce qui doit nécessairement le détourner de la guerre. La propriété n'est pas en France ce qu'elle est dans ce pays. Il y a en France cinq à six millions de propriétaires de terres, tandis que nous n'avons pas ici la dixième partie de ce nombre. Tous sont des hommes laborieux, économes de leurs pièces de cinq francs, et très-désireux de laisser quelque chose à leurs enfants. Je puis dire, sans crainte d'être démenti, qu'il n'y a pas au monde un peuple plus affectueux et mieux doué des sentiments de famille que le peuple français. Aussi, ai-je vu avec horreur, honte et indignation, la manière dont quelques-uns de nos journaux en ont parlé. Ils l'ont représenté comme étant dans une situation misérable et dégradée, en proie à une basse ignorance. Je suis bien charmé que l'occasion se présente à moi de démentir de pareilles fables, et de montrer sous leur vrai jour la situation et les sentiments véritables du peuple français. Il y a dans cette ville un journal qui se servait, la semaine passée, de l'argument suivant : que nous étions obligés d'avoir une police à Manchester pour nous protéger contre les voleurs, les filous et les assassins, et, pour la même raison, qu'il nous fallait une armée pour nous protéger contre les Français. (Rires.) — Comme si les Français étaient des voleurs, des filous ou des meurtriers! La nation française est maintenant aussi bien organisée, elle jouit d'autant d'ordre que la nôtre; il n'y a pas eu, depuis cinq ou six ans, plus de désordres en France qu'en Angleterre. Il y a un autre journal à Londres, un journal hebdomadaire (¹), qui a coutume d'écrire avec beaucoup de gravité, mais à qui la panique a probablement enlevé son sang-froid (rires); ce journal nous affirme que le premier engagement avec la France aura lieu sans déclaration de guerre, et que nous serons obligés de protéger Sa Majesté dans Osborne-house, contre ces Français peu scrupuleux qui voudraient nous

(¹) Le *Spectator*.

l'enlever. (Rires.) Quelle leçon notre courageuse reine a donnée
récemment à ces gens-là! Elle est allée en France sans la
moindre protection, et elle a abordé au rivage du château d'Eu,
littéralement dans une baignoire. (Rires.) Il faut donc, messieurs, qu'il y ait un bien grand courage d'un côté, ou une
insigne couardise de l'autre! (Rires et applaudissements.)
Mais, à vrai dire, cette panique est une sorte de maladie périodique. Je la compare quelquefois au choléra, car je crois qu'elle
nous a visités, la dernière fois, en même temps que le choléra.
On nous disait alors que nous aurions une invasion des Russes,
et je m'occupai de l'invasion des Russes. Je crois que si je
n'avais pas été choqué de la folie de quelques journaux (et il
y en a aujourd'hui qui sont presque aussi fous que ceux-là), —
lesquels prétendaient que les Russes allaient aborder d'un
moment à l'autre à Portsmouth, — je crois, dis-je, que je ne
serais jamais devenu ni auteur ni homme public, que je n'aurais jamais écrit de pamphlets ni prononcé de discours, et que je
serais demeuré jusqu'aujourd'hui un laborieux imprimeur sur
calicots. (Applaudissements prolongés.) Maintenant, messieurs,
il importe que nous connaissions un peu mieux les étrangers.
Vous vous souvenez qu'il y a trois semaines ou un mois, j'eus
l'occasion de prononcer quelques mots au sujet de l'élection de
mon ami, M. Henri, à Newton, et que je m'occupai de la réduction de nos armements; je démontrai combien il était nécessaire de réduire nos dépenses, si nous voulions poursuivre nos
réformes fiscales. Dans le moment même où je parlais, un
grand meeting avait lieu à Rouen, le Manchester de la France;
1800 électeurs s'y trouvaient rassemblés pour faire une manifestation en faveur de la réforme électorale. Dans cette assemblée, un orateur, M. Visinet, a prononcé un discours dirigé
absolument dans le même sens que le mien. Je vais vous en
lire un morceau, en signalant les marques d'approbation données dans l'auditoire.

Après cette lecture, M. Cobden ajoute :

Ces extraits sont un peu longs; mais j'ai pensé qu'ils vous
intéresseraient (applaudissements); j'ai pensé que vous seriez

charmés d'apprendre ce qui s'est passé au sein d'une assemblée
représentant l'opinion d'une immense ville manufacturière de
France : et quand vous voyez que de pareils sentiments sont
applaudis comme ils l'ont été dans une assemblée française,
comment voulez-vous croire, hommes de Manchester, que la
France soit la nation de bandits que certains journaux vous
dépeignent? (Applaudissements.) Je ne veux pas dire qu'il n'y
ait des préjugés à déraciner en France comme il y en a en
Angleterre; mais je dis qu'il ne faut pas chercher querelle à un
petit nombre d'hommes à Paris, — d'hommes sans considération et sans influence en France ; — mais que nous devons
tendre la main aux hommes dont je vous parlais tout à l'heure.
(Applaudissements.)

    Maintenant, je tâcherai de traiter avec vous d'une manière
pratique et détaillée cette question des armements ; car c'est
probablement la dernière fois que j'aurai à vous en parler,
avant qu'elle ne soit portée devant la Chambre. C'est, je le
répète, une question sur laquelle la masse des citoyens doit
prononcer; les hommes spéciaux n'ont rien à y voir. Je n'ai
pas le dessein d'entrer dans les détails du métier ; je ne crois
pas qu'il soit utile pour vous d'avoir la moindre connaissance
pratique de l'horrible métier de la guerre. (Applaudissements.)
Je veux seulement vous demander si, dans un état de paix
profonde, vous autres contribuables, vous voulez vous décider
à courir les risques de la guerre en gardant votre argent dans
vos poches, ou bien si vous voulez permettre à un plus grand
nombre d'hommes de vivre dans la paresse, en se couvrant
d'une casaque rouge ou d'une jaquette bleue, sous le prétexte
de vous protéger? (Mouvement.) Pour moi, je crois que nous
devons agir en toutes choses selon la justice et l'honnêteté, et
partager la branche de l'olivier avec le monde entier ; et aussi
longtemps que nous agirons ainsi, je veux bien courir les
risques de tout ce qui pourra arriver, sans payer un soldat ou
un marin de plus! (Vifs applaudissements.) Mais ce n'est pas
seulement la question de savoir si nous devons augmenter nos
armements qu'il s'agit de décider. Vous avez déjà dépensé,
cette année, 17,000,000 liv. st. en armements, et vous êtes très-

aptes à décider si vous n'auriez pas pu faire un meilleur emploi
de votre argent. (Applaudissements.) Vous êtes-vous informés
si la marine que vous payez si largement est employée de la
meilleure manière possible ? (Ecoutez ! écoutez ! et applaudissements.) Où sont ces grands vaisseaux qui vous coûtent si cher?
Ordinairement ils voyagent en faisant un grand étalage de
puissance; mais ils ne vont ni à Hambourg ni dans la Baltique,
où il y a un si grand commerce. Non! ils ne vont pas là.; la
température est rude, et il y a peu d'agrément à se trouver
sur ces rivages. (Rires et applaudissements.) Vont-ils davantage dans l'Amérique du Nord, aux Etats-Unis, avec lesquels
nous faisons la cinquième ou la sixième partie de notre commerce étranger? Non pas! L'arrivée d'un vaisseau de guerre
anglais dans ces parages est signalée par les journaux comme
un événement extraordinaire. Les matelots des navires de
guerre sont fainéants, et c'est pourquoi ils font bien de n'aller
pas souvent dans ce pays-là. En résumé, on n'a besoin d'eux dans
aucune région commerçante. (Applaudissements.) A la fin de
notre petite session, j'ai demandé un rapport sur les stations
occupées par nos navires, et je vous prierai de jeter les yeux
sur ce rapport. J'ai demandé un rapport sur les forces navales
qui se trouvaient dans le Tage et dans les eaux du Portugal,
au commencement de chaque mois, pendant l'année dernière,
avec les noms des navires, le nombre des hommes et des canons.
Lorsqu'il sera sous vos yeux, je ne serai aucunement surpris si
vous lisez que les forces navales que nous avons dans le Tage et
le Douro, et sur les côtes du Portugal, dépassent l'ensemble des
forces navales américaines. Il est vrai que Lisbonne est une
ville agréable, je puis en témoigner, car je l'ai visitée; — le
climat en est délicieux; on voit là des géraniums en plein air
au mois de janvier. (Rires et applaudissements.) Je ne veux pas
disputer sur les goûts des capitaines et des amiraux qui ne
demandent pas mieux que de passer l'année dans le Tage, si
vous voulez bien le leur permettre. (Applaudissements.) On
vous affirme qu'ils y sont pour servir vos intérêts; mais je
puis vous assurer qu'il n'en est rien; votre flotte a été mise
dans le Tage à l'entière disposition de la reine de Portugal et

de ses ministres ; et elle est tenue de leur porter secours dans le cas où ils encourraient l'indignation du peuple par leur mauvaise administration. Voilà tout! Sans manquer aux convenances, je puis dire qu'aujourd'hui le Portugal est le plus petit et le plus misérable des États de l'Europe; et je me demande ce que l'Angleterre peut gagner à prendre de semblables pays sous sa protection? Le Portugal compte environ 3 millions d'habitants; nous sommes sûrs de son commerce, pour la raison fort simple que nous prenons les quatre cinquièmes du vin de Porto qu'il produit; — et si nous ne le prenions pas, personne n'en voudrait. (Rires et applaudissements.) J'espère qu'on ne m'imputera point un sentiment odieux, j'espère que l'on prendra uniquement au point de vue économique l'argument que je vais employer; mais je dis que si le tremblement de terre qui a ruiné Lisbonne se faisait sentir de nouveau et engloutissait le Portugal sous les eaux de l'Océan, une grande source de dilapidation serait fermée pour le peuple anglais.

Je n'accuse point les Portugais ; ils font ce qu'ils peuvent pour s'assister eux-mêmes. Dernièrement encore, un de leurs députés a été renvoyé aux cortez par le cri unanime du peuple, lequel, au dire de lord Palmerston et Cie, n'exerce aucune influence en Portugal (applaudissements); mais chaque fois que la nation essaie de se révolter, les Anglais font usage de leur puissance pour comprimer ses efforts! Que la reine et ses ministres administrent convenablement leur pays et le peuple sera leur meilleur soutien! Je vous engage à suivre cette question du Portugal; étudiez-la et examinez bien ses rapports avec la question des armements. Je sais qu'il y a en Angleterre une grande aversion pour la politique extérieure, et cela vient sans doute de ce que cette politique ne nous a jamais fait aucun bien. (Mouvement.) Mais je puis vous garantir que si vous voulez secouer votre apathie et exercer une surveillance active sur les faits et gestes du département des affaires étrangères, vous épargnerez de bonnes sommes d'argent, — ce qui, à tout prendre, serait un bon résultat par le temps qui court. (Applaudissements.) — Maintenant, messieurs, je poserai cette question : si les gens de Brighton, — si les vieilles femmes des deux sexes de Brighton, — craignent qu'on ne vienne les arracher de leurs lits (rires), pourquoi ne rappelle-t-on pas la flotte qui est dans le Tage pour la faire croiser dans la Manche? (Applaudissements.) Je ne suis pas marin ; mais je crois qu'aucun marin ne me démentira, si je dis qu'il vaudrait mieux pour nos équipages qu'ils naviguassent dans la Manche, que de croupir à Lisbonne dans la paresse et la démoralisation.

Nous avons des navires de guerre qui vont de Portsmouth directement à Malte, car Malte, est le grand hôpital de notre marine. (Applaudissements prolongés.) Je me trouvais à Malte au commencement de l'hiver, au mois de novembre. Pendant mon séjour, un de nos vaisseaux de ligne arriva de Portsmouth ; il entra dans le port de Valette et il y demeura pendant que j'allai de Malte à Naples, et de là en Grèce et en Egypte; il y était encore quand je retournai à Malte. Les principaux officiers étaient sur la côte, où ils vivaient dans les clubs, et le reste de l'équipage avait toutes les peines du monde à se créer l'apparence d'une occupation utile, en hissant et en abaissant alternativement les voiles et en nettoyant le pont. (Eclats de rire.) Je fus introduit chez le consul américain, qui m'entretint beaucoup de notre marine. Il me dit: «Nous autres Américains, nous regardons votre marine comme très-molle. — Qu'entendez-vous par molle? — Oh! répliqua-t-il, les équipages de vos navires sont trop paresseux ; ils n'ont rien à faire. Vous ne pouvez espérer d'avoir de bons équipages si vos navires séjournent pendant de longs mois dans le port. Nous autres Américains, nous n'avons jamais plus de trois navires dans la Méditerranée, et un seul de ces trois navires est plus considérable qu'une frégate; mais les instructions de notre gouvernement sont que les navires américains ne doivent jamais séjourner dans un port, qu'ils doivent traverser constamment la Méditerranée dans l'un ou l'autre sens ; visiter tantôt un port, tantôt un autre, et donner la chasse aux pirates quand il s'en montre. Nos navires sont toujours en mouvement, et il en résulte que leur discipline est meilleure que celle des navires anglais, dont les équipages demeurent dans un état de perpétuelle oisiveté. » (Mouvement.)

L'orateur revient ensuite sur la mauvaise interprétation que l'on avait donnée de son opinion, relativement à la question du désarmement. J'ai déclaré franchement à Stockport ce que je déclare encore aujourd'hui, ce que j'ai déclaré depuis douze ans dans mes écrits, — à savoir, que nous ne pourrons pas réduire matériellement nos armements aussi longtemps qu'il ne sera opéré aucun changement dans les esprits, relativement à la politique extérieure. Il faut que le peuple anglais se défasse de cette idée, qu'il lui appartient de régler les affaires du monde entier. Je ne blâme pas le ministère de maintenir nos armements; je veux seulement appeler l'attention publique sur la folie que l'on commet en dirigeant aujourd'hui notre politique extérieure comme on le faisait autrefois. (Applaudissements.) Lorsque l'opinion publique, — lorsque la majorité de l'opinion publique, — se trouvera de mon côté, je serai charmé de voir appliquer mes vues; mais jusque-là je veux bien être en minorité, et en minorité je resterai jusqu'à ce que je réussisse à transformer la minorité en majorité. (Applaudissements.) Mais la question qui s'agite devant vous n'est pas de savoir si nous devons démanteler notre flotte; la question est de savoir si vous voulez ou non augmenter votre armée et votre marine. Tout en admettant que l'opinion publique n'adopte pas mes vues, à ce point de consentir à une réduction dans nos armements, je prétends, néanmoins, au nom du West-Riding de l'Yorkshire (applaudissements); au nom du comté de Lancastre, au nom de Londres, d'Édimbourg et de Glascow, que l'opinion publique est avec moi. (Tonnerre d'applaudissements. — L'assemblée se lève comme un seul homme en faisant entendre des hourras prolongés.) Et si l'opinion publique s'exprime partout comme elle vient de le faire ici, nos armements ne seront pas augmentés. (Applaudissements.) Mais que cette manifestation ait lieu ou non, — je parle pour moi-même comme membre indépendant du Parlement, — on n'ajoutera pas un schelling au budget de notre armée et de notre flotte, sans qu'auparavant je n'aie forcé la Chambre à une *division* sur cet objet. (Vifs applaudissements.)

Messieurs, en commençant, je vous ai montré le lien qui unit la question des armements à celle de la liberté du commerce; en terminant, je vous dirai que la question de la liberté du commerce est grandement compromise en Europe par les mesures proposées au sujet de nos défenses nationales. Je reçois des journaux de Paris, et je vous dirai qu'à Paris il y a des libre-échangistes qui se sont associés et qui publient un journal hebdomadaire pour éclairer les esprits, comme notre Ligue a publié le sien. Ce journal est dirigé par mon habile et excellent ami M. Bastiat, et la semaine dernière il s'affligeait des remarques d'un autre journal, le *Moniteur industriel*, qui prétendait que l'Angleterre n'était pas sincère dans sa politique de liberté commerciale, et que, s'apercevant que les principes proclamés par elle n'étaient pas adoptés en Europe, elle préparait ses armements pour enlever par la force ce qu'elle avait cru pouvoir enlever par la ruse. J'exhorte mes concitoyens à résister à cette tentative, qui est faite pour répandre de l'odieux sur nos principes. Nous avons commencé à prêcher la liberté commerciale, avec la conviction qu'elle amènerait la paix et l'harmonie parmi les nations; mais les *free-traders* les plus enthousiastes n'ont jamais dit, comme le prétendent certains journaux, qu'ils s'attendaient à ce que la liberté commerciale amènerait l'ère rêvée par les millénaires. Nous ne nous sommes jamais attendus à rien de semblable. Nous nous sommes attendus à ce que les autres nations demanderaient du temps, comme la nôtre l'a fait, pour adopter nos vues; mais ce que nous avons toujours espéré, le voici: c'est que les peuples de l'Europe ne nous verraient point douter nous-mêmes les premiers de la tendance de nos propres principes, et nous armer contre les peuples avec lesquels nous voulions entretenir seulement des relations d'amitié. Nous avons entrepris de faire du libre-échange l'avant-coureur de la paix; voilà tout! Lorsque nous avons planté l'olivier, nous n'avons jamais pensé que ses fruits mûriraient en un jour, mais nous avons eu l'espoir de les recueillir dans leur saison; et avec l'aide du Ciel et la vôtre, il en sera ainsi! (Applaudissements prolongés.)

Le colonel THOMPSON propose un toast à la Ligue et à ses travaux, dont l'utilité a été si grande pour le pays et pour le monde.

M. Bright répond à ce toast :

Si quelqu'un dans cette assemblée avait, en venant ici, quelques doutes sur le véritable objet de notre réunion, ses doutes doivent être maintenant dissipés. On m'a demandé pourquoi nous nous réunissions, maintenant que le monde politique est si calme, et que les réformes que nous avons poursuivies dans cette enceinte sont pour la plupart accomplies; j'ai répondu que nous nous réunissions pour faire honneur au grand principe qui a triomphé, et à un autre principe qui marche vers un plus grand triomphe encore, — à ce principe que, dans l'avenir, l'opinion du peuple sera le seul guide, et l'intérêt du peuple le seul objet du gouvernement de ce pays. Je n'aurai pas besoin de faire longuement l'apologie de la liberté commerciale. Si jamais principe a été triomphant, si jamais but poursuivi par une grande association a été justifié par les résultats, c'est bien le principe de la liberté du commerce et le but qui a été poursuivi par les agitateurs de notre association. (Applaudissements.) N'avons-nous pas entendu dire, pendant de longues années, qu'il fallait que ce pays fût entièrement indépendant de l'étranger? Et maintenant ne devons-nous pas avouer que c'est grâce aux importations de subsistances de l'étranger que plusieurs millions de nos concitoyens ont conservé la vie, pendant ces dix-huit mois? Ne nous disait-on pas que le meilleur moyen d'avoir un approvisionnement sûr et abondant de subsistance, c'était de protéger nos cultivateurs? Et n'est-il pas prouvé à présent qu'après trente années d'une protection rigoureuse, des millions de nos concitoyens seraient morts de faim, si nous n'avions pas reçu du blé du dehors? Ne nous disait-on pas encore que si nous achetions du blé à l'étranger, nous serions obligés d'exporter des masses considérables d'or, et que cet or servirait à édifier des manufactures rivales des nôtres? Eh bien! il y a eu des importations et des exportations considérables de numéraire destinées au paiement du blé, mais où le numéraire a-t-il été retenu? Ne nous revient-il pas, en ce moment, aussi vite qu'il s'en était allé? Et, de plus, la nation qui a pris la plus grande partie de cet or, les États-Unis n'ont-ils pas doublé ou triplé leurs achats de nos marchandises depuis un an? (Applaudissements.) Si quelqu'un vient se plaindre à moi de la liberté commerciale, — quoique je doive dire que peu d'hommes s'en plaignent, si ce n'est quelques esprits obtus que nous ne parviendrons jamais à convaincre, — si quelqu'un me demande si la liberté commerciale a triomphé, si notre politique a réussi, je lui cite les seize millions de quarters de blé qui ont été importés dans les seize derniers mois et je lui demande : qu'auriez-vous fait sans cette importation? Vous auriez eu une anarchie, une ruine, une mortalité sans exemple dans aucun temps et dans aucun pays; vous auriez souffert toutes ces épouvantables calamités si votre politique de restriction et d'exclusion était demeurée plus longtemps en vigueur. (Applaudissements.) Jamais l'efficacité d'un principe n'a été aussi admirablement prouvée que l'a été celle du nôtre, pendant les douze derniers mois. Si un homme avait pu s'élever assez haut pour embrasser le monde de son regard, qu'aurait-il vu? Que faisait alors pour notre pays le génie du commerce? Nous étions abattus par la peur, nous étions en proie à la famine, nous implorions du monde entier notre salut; et le commerce nous a répondu de toutes les régions du globe. Sur les bords de la mer Noire et de la Baltique, auprès du Nil classique et du Gange sacré, sur les rives du Saint-Laurent et du Mississipi, dans les îles éloignées de l'Inde, dans le naissant empire de l'Australie, des créatures humaines s'occupaient de recueillir et d'expédier les fruits de leurs moissons pour nourrir le peuple affamé de ce royaume. (Applaudissements.) L'orateur s'occupe ensuite des résultats politiques de la liberté des échanges. Le rappel des lois-céréales, dit-il, peut être comparé, dans le monde politique, à la débacle qui suit une longue gelée. Lorsque le dégel arrive, vous voyez sur les fleuves des masses de glaçons se disloquer et se disjoindre; ils se mettent séparément en marche; tantôt ils se touchent, tantôt ils se séparent, mais tous tendent au même but, tous sont entraînés vers l'Océan. C'est ainsi que nous voyons dans notre Parlement les vieux partis se dissoudre pour toujours. Et dans notre Parlement comme au dehors, nous voyons la masse aspirer et marcher vers une liberté plus grande que celle dont nous avons joui jusqu'à ce jour. (Applaudissements.) Où

donc allons-nous? (L'orateur énumère les réformes qui restent à
accomplir; en première ligne il place la réforme de l'Église établie, puis celle de la transmission des propriétés.) Cette question
de la tenure du sol et du mode selon lequel il doit être transmis
de main en main et de père en fils, intéresse l'Angleterre et
l'Écosse aussi bien que l'Irlande. Les abus qui subsistent depuis
si longtemps ont pris naissance à une époque où la population
était clair-semée et où le peuple n'avait aucun pouvoir. Il s'agit
maintenant de les détruire; et de même que le Parlement a
admis la libre introduction des blés étrangers, de même —
quoi que puissent faire les influences aristocratiques — il ad-
mettra avant peu l'affranchissement du sol, — la liberté sera
donnée à la terre comme elle a été donnée à ses produits. (Applaudissements.)

Il est singulier que, dans ce meeting, toutes les pensées se
soient tournées vers une question à laquelle personne ne son-
geait il y a quelques semaines; je veux parler du cri de guerre
qui a été jeté dans le pays. J'entends dire de tous côtés qu'il y
a eu une panique. Eh bien! moi, je suis persuadé du contraire:
il n'y a pas eu de panique. Voici ce qui est arrivé. Mon honorable ami le représentant du West-Riding de l'Yorkshire
(M. Cobden) est allé au fond du Cornouailles; il y a lu les journaux
de Londres et il s'est imaginé que nous ajoutions foi à ce qu'ils
disaient. (Rires.) Il faut que je vous donne une autre preuve de
sa crédulité. Lorsqu'il se trouvait en Espagne, il m'écrivit une
lettre à peu près au moment où une querelle paraissait s'être
élevée entre lord Palmerston et *quelqu'un* à Paris, à propos du
mariage de la reine d'Espagne, et savez-vous ce qu'il disait? Il
nous suppliait de ne pas entreprendre une guerre à ce sujet, il
nous suppliait de ne pas nous livrer à la manie de la guerre.
Étant en Espagne, il avait évidemment tout à fait oublié le caractère du peuple au milieu duquel il avait vécu! (Rires.) Il a
lu les journaux de Londres, et il s'est imaginé que nous tous y
écrivions des *premiers-Londres*. Le fait est que la panique est
demeurée tout entière parmi les chefs du parti militaire de ce
pays et les rédacteurs en chef des journaux. (Rires.) Pour moi,
je suis persuadé que toute cette panique n'est qu'une feinte. Je

crois que je puis vous en donner le secret. C'est la coutume dans ce pays que plus un homme est riche, moins il laisse au plus grand nombre de ses enfants. (Écoutez — et applaudissements.) Si un honnête fabricant de coton, ou un marchand, ou un imprimeur sur calicots, vient à amasser 20,000 ou 30,000 liv. st., il s'arrange ordinairement de manière à partager également cette somme entre ses enfants lorsqu'il quitte la terre. (Applaudissements.) Je ne sais vraiment comment un homme qui possède des sentiments naturels et une dose ordinaire d'honnêteté pourrait faire autrement. Mais plus un homme titré possède de propriétés, surtout si ces propriétés consistent en champs, plus il juge nécessaire que son fils aîné les possède toutes après lui. Le colonel Thompson, en donnant l'explication du fait, dit que l'intention de cet homme est de rendre *une main assez forte* pour contraindre le public à entretenir le reste de la famille. (Rires.) Or, vous savez que les familles aristocratiques se multiplient tout comme les familles des autres classes. (Rires.) Il y a d'abord un ou deux enfants autour de la table ; puis, — petit à petit, — il en vient six ou huit, ou dix ou douze, comme le bon Dieu les envoie. Tous ces enfants sont entretenus dans l'idée qu'ils souffriraient dans leur dignité, si on les voyait offrir quelque chose à vendre. Ils n'embrassent pas la carrière commerciale, ils suivent celle des emplois publics. (Rires.) Ils sont tellement pleins de patriotisme qu'ils ne veulent rien faire, si ce n'est consacrer leurs services à leurs concitoyens. Mais la pitance devient de jour en jour plus maigre. (Rires.) Les classes moyennes ont, de jour en jour, fourni un plus grand nombre d'hommes actifs, habiles et intelligents, qui sont venus faire concurrence aux membres de l'aristocratie, dans les services publics. La conséquence de ce fait était facile à prévoir. Comme dirait le colonel Thompson, il est arrivé que cette population a pressé sur les moyens de subsistance. (Rires.) Elle a besoin aujourd'hui d'une carrière plus large pour déployer son énergie, — qu'elle applique principalement à ne rien faire et à manger des taxes. (Rires et applaudissements.)

Songez qu'il s'est passé, depuis une trentaine d'années, des choses qui ont dû plonger dans le désespoir une portion cons dérable de la classe aristocratique. Prenez les vingt-cinq dernières années et comparez-les à n'importe quelle période de vingt-cinq ans de notre histoire, et vous verrez que nous avons accompli une véritable révolution, une révolution glorieuse et pacifique, et d'autant plus glorieuse qu'elle a été plus pacifique. Nous avons eu, dans nos lois et dans nos institutions, dans la politique de notre gouvernement, dans la constitution même du pouvoir, des changements plus considérables que d'autres n'en ont obtenu par des révolutions sanglantes. Et qui sait ce qui pourra survenir encore? « Si nous avons trente autres années de paix et si des clubs pour la liberté du commerce s'ouvrent dans toutes les grandes villes du royaume, disent les membres de l'aristocratie, nous voudrions bien savoir ce qui adviendra. » Sans aucun doute, quelque chose de très-sérieux pour quelques-uns d'entre eux. Ils en sont, du reste, bien persuadés. Il y a un duel à mort entre l'esprit de guerre et le progrès politique, social et industriel. Nous servirions les desseins de cette classe antinationale, si nous permettions à l'esprit de guerre de se répandre dans la Grande-Bretagne. Laissez-le prévaloir, laissez la guerre désoler de nouveau le monde, et vous aurez beau faire des meetings, aucune nouvelle réforme sociale et industrielle ne s'accomplira dans le gouvernement du Royaume-Uni. (Applaudissements.) Je sais bien que si vous jetez un regard sur les pages de notre histoire dans ces trente dernières années, elles ne vous paraîtront pas aussi brillantes que celles des trente années précédentes. Il n'y a pas eu autant d'hommes nés pour être de grands généraux ou des amiraux; il n'y a pas eu autant de grandes victoires par mer et par terre; vos églises et vos cathédrales n'ont pas été, dirai-je *ornées?* ne devrais-je pas plutôt dire *souillées*, par les trophées de la guerre? Un illustre Français, Lamartine, a dit: « Le sang est ce qui brille le plus dans l'histoire, cela est vrai, mais il tache. » « Le sang et la liberté s'excluent, » dit-il encore. Je vous en supplie, messieurs, par toutes les victoires que vous avez déjà remportées, par toutes celles que vous pouvez remporter encore, résistez, résistez énergiquement à tout ce que l'on pourrait vous dire pour entretenir en vous des pensées hostiles aux étrangers, à tout ce que l'on pourrait vous dire pour vous engager à augmenter la somme que vous dépensez en armements. (Applaudissements.)

Messieurs, le pouvoir du peuple s'étend chaque jour ; efforçons-nous bien de prouver que ce pouvoir est un bienfait pour ceux qui le possèdent. J'imagine quelles seront les exclamations de l'*United-Service* et du club de l'armée et de la marine, lorsque les journaux arriveront à Londres avec un compte rendu de ce meeting. Oh ! c'est une époque glorieuse que celle où des milliers de citoyens peuvent se réunir librement ! car il n'est pas de liberté plus grande, plus féconde, que celle dont nous jouissons aujourd'hui, — de discuter librement et ouvertement, d'approuver librement ou de condamner librement la politique de ceux qui gouvernent ce grand empire. (Applaudissements.) Je suis resté souvent debout sur le rivage, lorsqu'il n'y avait pas un souffle d'air qui ridât la surface de l'Océan. J'ai vu la marée s'élever, comme si elle était mue par quelque impulsion mystérieuse et irrésistible qui lançait successivement les vagues sur le rivage. Nous qui sommes une grande et magnanime nation, ayons dans nos âmes ce souffle mystérieux et irrésistible, cet amour pour la liberté, cet amour pour la justice ! Il nous poussera en avant, en avant toujours, et nous fera obtenir triomphe sur triomphe, jusqu'à ce que cette nation soit — comme toutes les nations peuvent l'être un jour — une communauté heureuse et fortunée, que le monde se proposera pour modèle. (Applaudissements prolongés.)

M. Brotherton propose un autre toast à la liberté du commerce et à la paix.

M. Georges Thompson répond au toast porté par M. Brotherton. Ne laissons pas revivre, dit-il, les animosités nationales, lorsque les Français eux-mêmes nous donnent un exemple que nous pourrions suivre avec profit. Dans chacun des soixante banquets qui ont eu lieu récemment pour la réforme électorale, un toast a été porté « à la liberté, à l'égalité et à la fraternité. » M. le colonel Thompson se demandait alors ce que penserait un naturel d'un pays éloigné, converti au christianisme par un de nos missionnaires, si, venant dans ce pays, il nous trouvait occupés à nous préparer à la guerre contre une nation qui ne nous a pas témoigné le moindre sentiment d'hostilité. Si les classes ouvrières sont appelées à faire partie de la milice, qu'elles demandent au moins au gouvernement de connaître la cause pour laquelle elles sont destinées à combattre ; qu'elles prennent avantage de l'obligation qu'on leur imposera de verser leur sang, s'il en est besoin, pour revendiquer les droits du citoyen et quelques biens qui valent la peine d'être défendus. (Applaudissements.)

Des remercîments sont ensuite votés aux membres du Parlement qui ont honoré le banquet de leur présence ; puis l'assemblée se sépare.

A partir de la révolution de février, des devoirs nouveaux et impérieux réclament tous les instants de Bastiat. Il s'y dévoue avec une ardeur funeste à sa santé et interrompt la tâche qu'il s'était donnée de signaler à la France les bienfaits de la liberté commerciale en Angleterre.

Une invitation lui parvint, le 11 janvier 1849, de la part des *free-traders*, qui avaient résolu de célébrer à Manchester le 1er février, ce jour où, conformément aux prescriptions législatives, toute restriction sur le commerce des grains devait cesser. Nous reproduisons la réponse qu'il fit alors à M. Georges Wilson, l'ancien président de la Ligue et l'organe du comité chargé des préparatifs de cette fête.

MONSIEUR,

« Veuillez exprimer à votre comité toute ma reconnaissance pour l'invitation flatteuse que vous m'adressez en son nom. Il m'eût été bien doux de m'y rendre, car, Monsieur, je le dis hautement, il ne s'est rien accompli de plus grand dans ce monde, à mon avis, que cette réforme que vous vous apprêtez à célébrer. J'éprouve l'admiration la plus profonde pour les hommes que j'eusse rencontrés à ce banquet, pour les Georges Wilson, les Villiers, les Bright, les Cobden, les

Thompson et tant d'autres qui ont réalisé le triomphe de la liberté commerciale, ou plutôt, donné à cette grande cause une première et décisive impulsion. Je ne sais ce que j'admire le plus de la grandeur du but que vous avez poursuivi ou de la moralité des moyens que vous avez mis en œuvre. Mon esprit hésite quand il compare le bien direct que vous avez fait au bien indirect que vous avez préparé; quand il cherche à apprécier, d'un côté, la réforme même que vous avez opérée, et de l'autre, l'art de poursuivre légalement et pacifiquement toutes les réformes, art précieux dont vous avez donné la théorie et le modèle.

Autant que qui que ce soit au monde, j'apprécie les bienfaits de la liberté commerciale, et cependant je ne puis borner à ce point de vue les espérances que l'humanité doit fonder sur le triomphe de votre *agitation*.

Vous n'avez pu démontrer le droit d'échanger, sans discuter et consolider, chemin faisant, le droit de propriété. Et peut-être l'Angleterre doit-elle à votre propagande de n'être pas, à l'heure qu'il est, infestée, comme le continent, de ces fausses doctrines communistes qui ne sont, ainsi que le protectionisme, que des négations, sous formes diverses, du droit de propriété.

Vous n'avez pu démontrer le droit d'échanger, sans éclairer d'une vive lumière les légitimes attributions du gouvernement et les limites naturelles de la loi. Or une fois ces attributions comprises, ces limites fixées, les gouvernés n'attendront plus des gouvernements prospérité, bien-être, bonheur absolu; mais justice égale pour tous. Dès lors les gouvernements, circonscrits dans leur action simple, ne comprimant plus les énergies individuelles, ne dissipant plus la richesse publique à mesure qu'elle se forme, seront eux-mêmes dégagés de l'immense responsabilité que les espérances chimériques des peuples font peser sur eux. On ne les culbutera pas à chaque déception inévitable, et la principale cause des révolutions violentes sera détruite.

Vous n'avez pu démontrer, au point de vue économique, la doctrine du libre échange sans ruiner à jamais dans les esprits ce triste et funeste aphorisme : *Le bien de l'un, c'est le dommage de l'autre.* Tant que cette odieuse maxime a été la foi du monde, il y avait incompatibilité radicale entre la prospérité simultanée et la paix des nations. Prouver l'harmonie des intérêts, c'était donc préparer la voie à l'universelle fraternité.

Dans ses aspects plus immédiatement pratiques, je suis convaincu que votre réforme commerciale n'est que le premier chaînon d'une longue série de réformes plus précieuses encore. Peut-elle manquer, par exemple, de faire sortir la Grande-Bretagne de cette situation violente, anormale, antipathique aux autres peuples, et par conséquent pleine de dangers, où le régime protecteur l'avait entraînée? L'idée d'accaparer les consommateurs vous avait conduits à poursuivre la domination sur tout le globe. Eh bien! je ne puis plus douter que votre système colonial ne soit sur le point de subir la plus heureuse transformation. Je n'oserais prédire, bien que ce soit ma pensée, que vous serez amenés, par la loi de votre intérêt, à vous séparer volontairement de vos colonies; mais alors même que vous les retiendriez, elles s'ouvriront au commerce du monde, et ne pourront plus être raisonnablement un objet de jalousie et de convoitise pour personne.

Dès lors que deviendra ce célèbre argument en cercle vicieux : « Il faut une marine pour avoir des colonies, il faut des colonies pour avoir une marine ? » Le peuple anglais se fatiguera de payer *seul* les frais de ses nombreuses possessions, dans lesquelles il n'aura pas plus de priviléges qu'il n'en a aux États-Unis. Vous diminuerez vos armées et vos flottes; car il serait absurde, après avoir anéanti le danger, de retenir les précautions onéreuses que ce danger seul pouvait justifier. Il y a encore là un double et solide gage pour la paix du monde.

Je m'arrête, ma lettre prendrait des proportions inconvenantes, si je voulais y signaler tous les fruits dont le libre échange est le germe.

Convaincu de la fécondité de cette grande cause, j'aurais voulu y travailler activement dans mon pays. Nulle part les intelligences ne sont plus vives; nulle part les cœurs ne sont plus embrasés de l'amour de la justice universelle, du bien absolu, de la perfection idéale. La France se fût passionnée pour la grandeur, la moralité, la simplicité, la vérité du libre échange. Il ne s'agissait que de vaincre un préjugé purement économique, d'établir pour ainsi dire un compte commercial, et de prouver que l'échange, loin de nuire au *travail national*, s'étend toujours tant qu'il fait du bien, et s'arrête, par sa nature, en vertu de sa propre loi, quand il commencerait à faire du mal; d'où il suit qu'il n'a pas besoin d'obstacles artificiels et législatifs. L'occasion était belle, — au milieu du choc des doctrines qui se sont heurtées dans ce pays, — pour y élever le drapeau de la liberté. Il eût certainement rallié à lui toutes les espérances et toutes les convictions. C'est dans ce moment qu'il a plu à la Providence, dont je ne bénis pas moins les décrets, de me retirer ce qu'elle m'avait accordé de force et de santé; ce sera donc à un autre d'accomplir l'œuvre que j'avais rêvée, et puisse-t-il se lever bientôt!

C'est ce motif de santé, ainsi que mes devoirs parlementaires, qui me forcent à m'abstenir de paraître à la démocratique solennité à laquelle vous me conviez. Je le regrette profondément, c'eût été un bel épisode de ma vie et un précieux souvenir pour le reste de mes jours. Veuillez faire agréer mes excuses au comité et permettez-moi, en terminant, de m'associer de cœur à votre fête par ce toast:

A la liberté commerciale des peuples! à la libre circulation des hommes, des choses et des idées ! au libre échange universel et à toutes ses conséquences économiques, politiques et morales !

Je suis, Monsieur, votre très-dévoué,

FRÉDÉRIC BASTIAT.

15 janvier 1849.

A M. Georges Wilson.

RÉFORME COLONIALE

EN ANGLETERRE.

DISCOURS PRONONCÉ AU MEETING DE BRADFORD, PAR M. COBDEN.

(*Journal des Économistes*, n° du 15 février 1850.)

Les *free-traders* anglais poursuivent, avec une ardeur
que nous sommes, hélas! impuissants à imiter, la réforme
de la vieille législation économique de la Grande-Bretagne. Aux protectionistes qui demandent la restauration
des vieux abus, ils ne répondent qu'en exigeant incessamment des réformes nouvelles. Non contents d'avoir obtenu
la suppression complète et définitive des lois-céréales, la
modification presque radicale des lois de navigation, l'égalisation des droits sur les sucres, ils demandent aujourd'hui,
entre autres réformes, la suppression entière du vieux
régime colonial, l'émancipation politique des colonies.
Comme toujours, M. Cobden a pris les devants dans cette
question. C'est dans la tournée qu'il vient de faire pour
combattre dans ses foyers mêmes l'agitation protectioniste,
qu'il a fait lever ce nouveau lièvre, pour ainsi dire entre
les jambes de ses adversaires. Les applaudissements qui
ont accueilli ses paroles nous prouvent, du reste, que la
cause de l'émancipation coloniale est déjà plus qu'à moitié

42.

gagnée dans l'opinion, tant les saines doctrines de la science économique sont devenues populaires dans la Grande-Bretagne !

C'est dans un meeting convoqué à la Société de tempérance de Bradford, et où affluait la population intelligente de cette ville, que M. Cobden, assisté du colonel Thompson, a exposé, avec le plus de développements, ses idées sur la réforme coloniale. Nous reproduisons les principaux passages de son discours, qui est destiné à servir de point de départ à une réforme nouvelle.

M. Cobden. Je compte vous entretenir aujourd'hui principalement de nos relations avec nos colonies. Vous avez eu connaissance, sans doute, des mauvaises nouvelles qui sont venues du Canada, du cap de Bonne-Espérance et de l'Australie. Vous avez pu voir un manifeste, émanant du Canada, dans lequel on attribue la détresse présente aux réformes commerciales. Les protectionistes n'ont pas manqué d'en tirer parti. Voyez, se sont-ils écriés, comme ces *free-traders* de malheur ont ruiné nos colonies ! (Rires.) Examinons donc ce que disent nos concitoyens du Canada. Ils se plaignent de leur situation rétrograde, en comparaison de celle des États-Unis. Ils nous disent que, tandis que les États-Unis sont couverts de chemins de fer et de télégraphes électriques, ils possèdent à peine cinquante milles de chemins de fer. Encore ces tronçons de chemins perdent-ils 50 ou 80 pour 100. Mais, je le demande, aucun homme sensé pourra-t-il prétendre que la liberté du commerce des grains, qui existe seulement depuis cette année, a empêché le Canada de construire des chemins de fer, tandis que les États-Unis en construisent depuis plus de quinze ans ? — On ne saurait nier que le Canada ne soit au moins de cinquante années en arrière des États-Unis. Il y a quelques années, lorsque je voyageais dans le Canada, je demeurai frappé de cette infériorité. Cependant, alors, la protection était pleinement en vigueur ; le Canada jouissait de tous les bienfaits de cette protection prétendue. Pourquoi donc le Canada floris-

qu'il était sous notre protection ; parce que les États-Unis dépendaient d'eux-mêmes (applaudissements), se soutenaient et
se gouvernaient eux-mêmes (applaudissements), tandis que le
Canada était obligé non-seulement de recourir à l'Angleterre
pour son commerce et son bien-être matériel, mais encore de
s'adresser à l'hôtel de Downing-street pour tout ce qui concer-
nait son gouvernement. (Applaudissements.)

Je poserai d'abord cette question préliminaire au sujet de
notre régime colonial. Le Canada, avec une surface cinq ou
six fois plus considérable que celle de la Grande-Bretagne,
peut-il dépendre toujours du gouvernement de l'Angleterre ?
N'est-ce pas une absurdité monstrueuse, une chose contraire à
la nature, de supposer que le Canada, ou l'Australie, qui est
presque aussi grande que toute la partie habitable de l'Europe,
ou le cap de Bonne-Espérance, dont le territoire est double du
nôtre ; n'est-il pas, dis-je, absurde de supposer que ces pays,
qui finiront probablement par contenir des centaines de millions
d'habitants, demeureront d'une manière permanente la propriété politique de ce pays? (Applaudissements.) Eh bien ! je
le demande, est-il possible que les Anglais de la mère patrie et
les Anglais des colonies engagent une guerre fratricide, à l'occasion d'une suprématie temporaire, que nous voudrions prolonger sur ces contrées ? (Applaudissements.) En ce qui concerne nos colonies, ma doctrine est celle-ci : Je voudrais accorder
à nos concitoyens du Canada ou d'ailleurs une aussi grande
part de *self-government* qu'ils pourraient en demander. Je dis
que des Anglais, soit qu'ils vivent à Bradford, ou à Montréal,
ou à Sidney, ou à Cape-Town, ont naturellement droit à tous
les avantages du self-government. (Applaudissements.) Notre
Constitution tout entière leur donne le droit de se taxer eux-
mêmes par leurs représentants, et d'élire leurs propres fonctionnaires. Ce droit, qui appartient aux Anglais au dehors, est
le même que celui dont nous jouissons ici. — Si nous accordions à nos colonies le droit de se gouverner elles-mêmes,
cela impliquerait, sans doute, la suppression de la plus grande
partie du patronage de notre aristocratie. Cela impliquerait le
remplacement des Anglais de Downing-street, dans les fonc-

tions coloniales, par les Anglais de là-bas. Il en résulterait que nous lirions plus rarement dans la *Gazette* des avis de cette espèce : John ·Thompson, esquire, a été appelé aux fonctions de solliciteur général, dans telle île, aux antipodes (rires); ou David Smith, esquire, a été appelé aux fonctions de, contrôleur des douanes, dans tel autre endroit, à peu près inconnu (rires), et toute une série de nominations de cette espèce. Vous n'entendriez plus parler de ces sortes d'affaires, parce que les colons nommeraient eux-mêmes leurs fonctionnaires et les salarieraient eux-mêmes. (Applaudissements.) Que si vous persistez à faire ces nominations et à maintenir votre patronage sur les colonies, dans l'intérêt de vos protégés de ce pays, il arrivera de deux choses l'une : ou que vous devrez continuer à soutenir à vos frais les fonctionnaires que vous aurez nommés, ou que les colons seront obligés de les payer eux-mêmes; et, dans ce cas, ils se croiront naturellement en droit de vous demander quelques compensations en échange. Jusqu'à présent, vous leur avez accordé une protection illusoire, une protection qui, aux colonies comme dans la métropole, a conduit aux plus funestes extravagances; mais le temps de cette protection est fini. (Applaudissements prolongés.)

C'est au point de vue de la réforme financière que je veux surtout envisager la question. Vous ne pouvez plus faire aucune réforme importante; vous ne pouvez plus réduire les droits sur le thé, sur le café, sur le sucre; vous ne pouvez supprimer le droit sur le savon, la taxe odieuse qui, en grevant la fabrication du papier, atteint la diffusion des connaissances humaines (applaudissements); et cette autre taxe, la plus odieuse de toutes, qui pèse sur les journaux (tonnerre d'applaudissements); vous ne pouvez modifier ou supprimer ces taxes et beaucoup d'autres encore, si vous ne commencez par remanier complétement votre système colonial. (Applaudissements.) C'est le premier argument qu'on nous oppose à la Chambre des communes, lorsque mon ami M. Hume ou moi nous demandons une réduction de notre effectif militaire. Nous proposons, par exemple, de renvoyer dix mille hommes dans leurs foyers. Aussitôt M. Fox Maule, le secrétaire de la guerre, ou lord John Russell, ou tous les deux, se récrient : « Nous avons, disent-ils, au delà de quarante colonies, et nous entretenons des garnisons dans toutes ces colonies; or, comme on ne peut se passer d'avoir dans la métropole un nombre suffisant de dépôts pour alimenter les garnisons du dehors, comme nous avons toujours plusieurs milliers d'hommes en mer, soit qu'ils se rendent dans nos colonies, soit qu'ils en reviennent, il nous sera impossible de réduire notre armée, aussi longtemps que nous aurons cet immense empire colonial à soutenir. »

Pour moi, je voudrais dire aux colons : « Je vous accorde dans toute son étendue le bienfait du self-government; et j'ajouterais : vous serez tenus aussi de payer le prix du self-government. (Applaudissements.) Vous devrez en supporter tous les frais, comme font les États-Unis, par exemple, à qui cela réussit si admirablement. Vous paierez pour votre marine, vous paierez pour vos établissements civils et ecclésiastiques. (Applaudissements.) Que pourraient-ils objecter à cela? Je suis convaincu qu'aucune assemblée de colons, aucune assemblée composée, comme celle-ci, d'Anglais éclairés et intelligents, soit au Canada, au cap de Bonne-Espérance ou en Australie, n'infirmerait la justesse et l'opportunité de mes propositions. Je suis convaincu qu'aucune ne réclamerait le maintien des dépenses que nos colonies occasionnent aujourd'hui à la métropole.

Nos colonies de l'Amérique du Nord, qui sont en contact immédiat avec les États-Unis par une frontière de 2,000 milles de longueur, contiennent environ 2,000,000 d'habitants. Quelle force militaire croyez-vous que nous entretenions dans ces colonies? Nous y avons, dans ce moment, 8 à 9,000 hommes, sans compter les artilleurs, les sapeurs et les mineurs. Quelle est l'armée permanente des États-Unis? 8,700 hommes! Voilà quelle est l'armée permanente d'un pays qui compte environ 20 millions d'habitants. (Applaudissements.) En sorte que nous entretenons, pour 2 millions d'habitants, dans nos colonies de l'Amérique du Nord, la même force qui suffit à nos voisins pour 20 millions. Si l'armée des États-Unis était proportionnée à notre armée du Canada, elle serait de 80,000 hommes au lieu de 8,000.

Je me demande où est la nécessité pour nous d'entretenir une armée dans le Canada. Souvenez-vous bien que nos colonies ne nous paient pas un schelling pour l'entretien de nos forces militaires. Rien de pareil s'est-il jamais vu sur la surface de la terre ? Et je ne croirai jamais que si le gouvernement de ce pays eût été entre les mains de la grande masse de nos classes moyennes, au lieu d'être exclusivement entre les mains de l'aristocratie, je ne croirai jamais, dis-je, que ce ruineux système colonial se fût maintenu. (Applaudissements.) D'autres nations, l'Espagne et la Hollande, réussissent encore à tirer quelques profits de leurs colonies. Mais, en Angleterre, lorsque je consulte notre budget annuel, je vois bien une multitude d'*item* pour les gouverneurs, députés, secrétaires, munitionnaires, évêques, diacres et tout le reste ; mais je ne vois jamais le moindre *item* fourni par nos colonies pour le remboursement de ces dépenses. Je vous ai dit quel était le montant de notre armée dans le Canada ; mais nous y entretenons, en outre, tout un matériel de guerre, des équipements, de l'artillerie, etc. Rien qu'en matériel, nous y avons pour 650,000 liv. st. (Honte !) Ils ne contribuent pas même à entretenir les amorces de leurs fusils ! Mais ce n'est pas tout encore : nous entretenons aussi leurs établissements ecclésiastiques ; j'en ai justement le détail sous la main. L'évêque de Montréal nous coûte 1,000 liv. ster. ; l'archevêque de Québec, 500 liv. st. ; le recteur de Québec, pour son loyer, 90 liv. st. (honte !) ; pour le cimetière des presbytériens, 21 liv. 18 sch. 6 pence. L'évêque de la Nouvelle-Écosse, 2,000 liv., etc., etc. Voilà ce que nous coûtent, chaque année, les établissements ecclésiastiques de l'Amérique du Nord. C'est nous qui faisons les frais de la nourriture spirituelle des catholiques, des épiscopaux et des presbytériens de nos colonies. Ils ne peuvent ni être baptisés, ni se marier, ni se faire enterrer à leurs frais. (Applaudissements.)

Je ne demande pas, certes, que nous établissions des contributions sur nos colonies ; car, comme Anglais, les colons pourraient nous répondre, en se fondant sur notre Constitution, qu'une contribution sans représentation n'est autre chose qu'un vol. (Applaudissements). Du reste, depuis notre essai malheureux de taxer nos colonies d'Amérique et la rupture qui en a été la suite, nous avons renoncé à ce système. Mais comment donc se fait-il que nous n'en ayons pas moins continué à étendre les limites de notre empire colonial? Comment se fait-il que nous ayons consenti à augmenter par là même, d'année en année, la somme de nos dépenses? Peut-on pousser plus loin la folie ! — Les colonies n'ont pas gagné plus que nous à ce système. Comparez le Canada aux États-Unis, et vous aurez la preuve que les dépenses énormes que nous avons supportées pour entretenir les forces militaires de cette colonie, construire ses fortifications et ses places, soutenir ses établissements ecclésiastiques, n'ont contribué en rien à sa prospérité. J'ajoute que la situation présente du Canada nous prouve aussi que, quels que soient les bénéfices qu'une classe de sycophantes puisse réaliser en trafiquant des places de nos établissements militaires, quels que soient les avantages que les classes qui nous gouvernent retirent de ce système, en y trouvant des moyens de patronage, et trop souvent aussi, — dans les temps passés, — des moyens de corruption, néanmoins, il n'est ni de l'intérêt des colons, ni de l'intérêt du peuple de le maintenir. Je dis que ce système n'aurait jamais dû être maintenu, et qu'il ne doit pas l'être davantage. (Applaudissements prolongés.)

M. Cobden s'occupe ensuite de la colonie du Cap, qui a refusé de recevoir les convicts de la métropole. — Les colons nous menacent d'une résistance armée, — et ils ont raison ; — mais est-on bien fondé à prétendre que ces colons belliqueux ont besoin de 2,000 à 3,500 de nos meilleurs soldats pour se protéger contre les sauvages? Né sont-ils pas fort capables de se protéger eux-mêmes? L'Australie aussi ne veut plus de nos convicts. En effet, de quel droit répandrions-nous notre virus moral parmi les populations des autres contrées? Nos colonies ne sont-elles pas bien fondées à refuser de nous servir de bagnes? Mais si elles ne peuvent même nous tenir lieu de prisons, pourquoi en ferions-nous les frais ? — M. Cobden s'élève encore contre la prise de possession d'un rocher sur la côte de Bornéo.

Nous avons voté, dit-il, 2,000 liv. st. pour le gouverneur de ce rocher, qui ne possédait pas un seul habitant ; c'est plus que ne coûte le gouverneur de la Californie. Ce n'est pas tout. Notre rajah Brooke a fait une battue sur les côtes de Bornéo, et il a massacré environ 1,500 indigènes sans défense (honte!), et c'est nous qui avons supporté la honte et payé les frais de cette indigne guerre. Notre gouverneur des îles Ioniennes nous a déconsidérés de même, auprès de tous les peuples de l'Europe. Comme si nous n'avions pas assez de nos colonies, nous nous sommes avisés encore de protéger un roi des Mosquitos. Il paraît que le principal talent de ce monarque, qui a été couronné à la Jamaïque, — toujours à nos frais, — consiste à extraire une sorte d'insectes qui s'introduisent sous la plante des pieds. C'est, en un mot, un excellent pédicure. Cependant, c'est à l'occasion d'un monarque de cette espèce, que nous sommes en train de nous quereller avec les Etats-Unis; quoi de plus pitoyable ?

Le système colonial a toujours été funeste au peuple anglais. Nous nous sommes emparés de certains pays éloignés, dans l'idée que nous trouverions profit à en accaparer le commerce, à l'exclusion de tous les autres peuples. C'était absolument comme si un individu de cette ville disait : « Je ne veux plus aller au marché pour acheter mes légumes, mais je veux avoir un jardin à moi pour cultiver moi-même des légumes. » Notre langage est le même en ce qui concerne les colonies. Nous disons : Nous voulons prendre exclusivement possession de cette île-ci ou de cette île-là, et nous voulons accaparer son commerce, en restreignant ses productions à notre propre usage. Comme s'il n'était pas infiniment plus profitable pour un peuple d'avoir un marché ouvert où tout le monde puisse venir ! Les colonies se trouvent, à cet égard, dans la même situation que nous. Comme nous, elles auraient plus d'intérêt à jouir d'une entière liberté commerciale qu'à vivre sous le régime des restrictions. J'espère donc que vous pousserez unanimement le cri de *self-government* pour les colonies ; j'espère que vous demanderez qu'il ne soit plus voté un schelling dans ce pays pour les dépenses civiles et militaires des colonies.

Si je vous ai longuement entretenus de cette question, c'est qu'elle sera un des principaux thèmes des débats du Parlement dans la prochaine session ; c'est aussi que les destinées futures de notre pays dépendent beaucoup de la manière dont elle sera comprise par vous. Nous devons reconnaître le droit de nos colonies à se gouverner elles-mêmes ; et, en même temps, comme elles sont en âge de réclamer les droits des adultes et de se tirer d'affaire elles-mêmes, nous pouvons exiger qu'elles ne recourent plus à leur vieux père, déjà suffisamment obéré, pour couvrir les dépenses de leur ménage ; cela ne saurait évidemment devenir le sujet d'une querelle entre nous et nos colonies. — Si quelques-uns, exploitant un vieux préjugé de notre nation, m'accusent de vouloir démembrer cet empire par l'abandon de nos colonies, je leur répondrai que je veux que les colonies appartiennent aux Anglais qui les habitent. Est-ce là les abandonner ? Pourquoi en avons-nous pris possession, si ce n'est pour que des Anglais pussent s'y établir ? Et maintenant qu'ils s'y trouvent établis, n'est-il pas essentiel à leur prospérité qu'ils y jouissent des priviléges du self-government ? On m'objecte aussi que l'application de ma doctrine aurait pour résultat d'affaiblir de plus en plus les liens qui unissent la métropole et les colonies. Les liens politiques, oui, sans doute ! Mais si nous accordons de plein gré, cordialement, à nos colonies le droit de se gouverner elles-mêmes, croyez-vous qu'elles ne se rattacheront pas à nous par des liens moraux et commerciaux beaucoup plus solides qu'aucun lien politique ? Je veux donc que la mère patrie renonce à toute suprématie politique sur ses colonies, et qu'elle s'en tienne uniquement aux liens naturels qu'une origine commune, des lois communes, une religion et une littérature communes ont donné à tous les membres de la race anglo-saxonne disséminés sur la surface du globe. (Applaudissements.)

N'oublions pas, non plus, que nous sommes des *free-traders*. Nous avons adopté le principe de la liberté du commerce ; et en agissant ainsi, nous avons déclaré que nous aurions le monde entier pour consommateur. Or, s'il y a quelque vérité dans les principes de la liberté du commerce, que nous avons adoptés comme vrais, il doit en résulter qu'au lieu de nous laisser confinés dans le commerce, comparativement insignifiant, d'îles ou de continents presque déserts, la liberté du commerce nous donnera accès sur le marché du monde entier. En abandonnant le monopole du commerce de nos colonies, nous ne ferons qu'échanger un privilége misérable, contre le privilége du commerce avec le monde entier. Que personne ne vienne donc dire qu'en abandonnant ce monopole, l'Angleterre nuira à sa puissance ou à sa prospérité futures! On m'objecte enfin que nos colonies servent d'exutoires à notre population surabondante, et, qu'en les laissant, nous fermerons ces exutoires utiles. A quoi je réponds que si nous permettons à nos colonies de se gouverner elles-mêmes, elles offriront plus de ressources à nos émigrants que si elles continuent à être mal gouvernées par la métropole. D'ailleurs, que se passe-t-il aujourd'hui? Beaucoup plus d'Anglais émigrent chaque année aux États-Unis que dans toutes nos colonies réunies. (Applaudissements.) Pourquoi? parce que, grâce à la liberté dont jouissent les États-Unis, l'accroissement du capital y est tel, qu'un plus grand nombre de travailleurs peuvent y trouver de bons salaires que dans les pays que nous gouvernons. Accordez à nos colonies une liberté et une indépendance semblables à celles dont jouissent les États-Unis, accordez-leur l'élection de leurs fonctionnaires et la faculté de pourvoir elles-mêmes à leurs propres dépenses, accordez-leur ce stimulant; et elles progresseront bientôt assez pour donner à votre émigration une issue plus large et meilleure. Un autre avantage que je trouve dans l'application du self-government à nos colonies, c'est qu'elles ouvriront une carrière plus large à l'ambition des classes supérieures. Les membres de ces classes se rendront aux colonies lorsque le self-government fournira une carrière à leur capacité de juges, d'administrateurs, etc., tandis que la centralisation du bureau de Downing-street lès décourage aujourd'hui d'y aller. Ce n'est pas que je veuille jeter un blâme spécial sur le colonial-office. Je crois que les colonies seraient gouvernées plus mal encore par la Chambre des communes; c'est le système que je blâme! Je conclus donc en vous suppliant de demander pour nos colonies les bienfaits de l'émancipation politique, et de refuser désormais de subvenir à leurs frais de gouvernement. Qu'elles nomment elles-mêmes leurs gouverneurs, leurs contrôleurs, leurs douaniers, leurs évêques et leurs diacres, et qu'elles paient elles-mêmes les rentes de leurs cimetières! (Applaudissements.) Cessons à tout jamais de nous mêler de leurs affaires. Ne nous occupons plus de cette question coloniale que pour la régler à la pleine et entière satisfaction de nos concitoyens des colonies, en leur accordant tous les droits politiques qu'ils pourront nous demander. (Applaudissements prolongés.)

APPENDICE.

PLAN DE LORD JOHN RUSSEL.

(*Journal des Économistes*, n⁰ du 15 avril 1850.)

Si l'on demandait quel est le phénomène économique qui, dans les temps modernes, a exercé le plus d'influence sur les destinées de l'Europe, peut-être pourrait-on répondre : C'est l'aspiration de certains peuples, et particulièrement du peuple anglais, vers les colonies.

Existe-t-il au monde une source qui ait vomi sur l'humanité autant de guerres, de luttes, d'oppression, de coalitions, d'intrigues diplomatiques, de haines, de jalousies internationales, de sang versé, de travail déplacé, de crises industrielles, de préjugés sociaux, de déceptions, de monopoles, de misères de toutes sortes ?

Le premier coup porté volontairement, scientifiquement au système colonial, dans le pays même où il a été pratiqué avec le plus de succès, est donc un des plus grands faits que puissent présenter les annales de la civilisation. Il faudrait être dépourvu de la faculté de rattacher les effets aux causes pour n'y point voir l'aurore d'une ère nouvelle dans l'industrie, le commerce et la politique des peuples.

Avoir de nombreuses colonies et constituer ces colonies, à l'égard de la mère patrie, sur les bases du monopole réciproque, telle est la pensée qui domine depuis des siècles la politique de la Grande-Bretagne. Or, ai-je besoin de dire quelle est cette politique ? S'emparer d'un territoire, briser pour toujours ses communications avec le reste du monde, c'est là un acte de violence qui ne peut être accompli que par la force. Il provoque la réaction du pays conquis, celle des pays exclus, et la résistance de la nature même des choses. Un peuple qui entre dans cette voie se met dans la nécessité d'être partout et toujours le plus fort, de travailler sans cesse à affaiblir les autres peuples.

Supposez qu'au bout de ce système, l'Angleterre ait rencontré une déception. Supposez qu'elle ait constaté, pour ainsi dire arithmétiquement, que ses colonies, organisées sur ce principe, ont été pour elle un fardeau ; qu'en conséquence, son intérêt est de les laisser se gouverner elles-mêmes, autrement dit, de les affranchir ; — il est aisé de voir que, dans cette hypothèse, l'action funeste, que la puissance britannique a exercée sur la marche des événements humains, se transformerait en une action bienfaisante.

Or, il est certain qu'il y a en Angleterre des hommes qui, acceptant dans tout leur ensemble les enseignements de la science économique, réclament, non par philanthropie, mais par intérêt, en vue de ce qu'ils considèrent comme le bien général de l'Angleterre elle-même, la rupture du lien qui enchaîne la métropole à ses cinquante colonies.

Mais ils ont à lutter contre deux grandes puissances: l'orgueil national et l'intérêt aristocratique.

La lutte est commencée. Il appartenait à M. Cobden de frapper le premier coup. Nous avons porté à la connaissance de nos lecteurs le discours prononcé au meeting de Bradford, par l'illustre réformateur (n° du 15 février); aujourd'hui nous avons à leur faire connaître le plan adopté par le gouvernement anglais, tel qu'il a été exposé par le chef du cabinet, lord John Russell, à la Chambre des communes, dans la séance du 8 février dernier.

Le premier ministre commence par faire l'énumération des colonies anglaises.

Ensuite il signale les principes sur lesquels elles ont été organisées :

En premier lieu, dit-il, l'objet de l'Angleterre semble avoir été d'envoyer de ce pays des émigrants pour coloniser ces contrées lointaines. Mais, en second lieu, ce fut évidemment le système de ce pays, — comme celui de toutes les nations européennes à cette époque, — de maintenir strictement le monopole commercial entre la mère patrie et ses possessions. Par une multitude de statuts, nous avons eu soin de centraliser en Angleterre tout le commerce des colonies, de faire arriver ici toutes leurs productions, et de ne pas souffrir qu'aucune autre nation pût aller les acheter pour les porter ici ou ailleurs. C'était l'opinion universelle que nous tirions de grands avantages de ce monopole, et cette opinion persistait encore en 1796, comme on le voit par un discours de M. Dundas, qui disait : « Si nous ne nous assurons pas, par le monopole, le commerce des colonies, leurs denrées trouveront d'autres débouchés, au grand détriment de la nation. »

Un autre trait fort remarquable caractérisait nos rapports avec nos colonies, et c'est celui-ci : il était de principe que partout où des citoyens anglais jugeaient à propos de s'établir, ils portaient en eux-mêmes la liberté des institutions de la mère patrie.

A ce propos, lord John Russell cite des lettres patentes émanées de Charles Ier, desquelles il résulte que les premiers fondateurs des colonies avaient le droit *de faire des lois, avec le consentement, l'assentiment et l'approbation des habitants libres desdites provinces ;* que leurs successeurs auraient les mêmes droits, comme s'ils étaient nés en Angleterre, possédant toutes les *libertés, franchises et priviléges attachés à la qualité de citoyens anglais.*

Il est aisé de comprendre que ces deux principes, savoir : 1º le monopole réciproque commercial ; 2º le droit pour les colonies de se gouverner elles-mêmes, ne pouvaient pas marcher ensemble. Le premier a anéanti le second, ou du moins il n'en est resté que la faculté assez illusoire de décider ces petites affaires municipales, qui ne pouvaient froisser les préjugés restrictifs dominants à cette époque.

Mais ces préjugés ont succombé dans l'opinion publique. Ils ont aussi succombé dans la législation par la réforme commerciale accomplie dans ces dernières années.

En vertu de cette réforme, les Anglais de la mère patrie et les Anglais des colonies sont rentrés dans la liberté d'acheter et de vendre selon leurs convenances respectives et leurs intérêts. Le lien du monopole est donc brisé, et la franchise commerciale étant réalisée, rien ne s'oppose plus à proclamer aussi la franchise politique.

Je pense qu'il est absolument nécessaire que le gouvernement et la Chambre proclament les principes qui doivent désormais les diriger; s'il est de notre devoir, comme je le crois fermement, de conserver notre grand et précieux empire colonial, veillons à ce qu'il ne repose que sur des principes justes, propres à faire honneur à ce pays et à contribuer au bonheur, à la prospérité de nos possessions.

En ce qui concerne notre politique commerciale, j'ai déjà dit que le système entier du monopole n'est plus. La seule précaution que nous ayons désormais à prendre, c'est que nos colonies n'accordent aucun privilège à une nation au détriment d'une autre, et qu'elles n'imposent pas des droits assez élevés sur nos produits pour équivaloir à une prohibition. Je crois que nous sommes fondés à leur faire cette demande en retour de la sécurité que nous leur procurons.

J'arrive maintenant au mode de gouvernement de nos colonies. Je crois que, comme règle générale, nous ne pouvons mieux faire que de nous référer à ces maximes de politique qui

guidaient nos ancêtres en cette matière. Il me semble qu'ils
agissaient avec justice et sagesse, quand ils prenaient soin que
partout où les Anglais s'établissaient, ils jouissent de la liberté
anglaise et qu'ils eussent des institutions anglaises. Une telle
politique était certainement calculée pour faire naître des sentiments de bienveillance entre la mère patrie et les colonies; et
elle mettait ceux de nos concitoyens, qui se transportaient dans
des contrées lointaines, à même de jeter les semences de vastes
communautés, dont l'Angleterre peut être fière.

. . . .

Canada. — Jusqu'en 1828, il y a eu de graves dissensions
entre les ministres de la couronne et le peuple canadien. Le
gouvernement de ce pays crut pouvoir régler les impôts du
Canada, sans l'autorité et le consentement des habitants de la
colonie. M. Huskisson proposa une enquête à ce sujet. Le Parlement s'en occupa longuement : des comités furent réunis, des
commissions furent envoyées sur les lieux ; mais à la fin une
insurrection éclata. Le gouvernement, dont je faisais partie,
jugea à propos de suspendre, pour un temps, la constitution de
la colonie. Plus tard, il proposa de réunir les deux provinces et
de leur donner d'amples pouvoirs législatifs. En établissant ce
mode de gouvernement, dans une colonie si importante, nous
rencontrâmes une question, qui, je l'espère, a été résolue à la
satisfaction du peuple canadien, quoiqu'elle ne pût pas être
tranchée de la même manière dans une province moins vaste
et moins peuplée. Le parti populaire du Canada réclamait ce
qu'il appelait un gouvernement responsable, c'est-à-dire qu'il
ne se contentait pas d'une législature librement élue, mais il
voulait encore que le gouverneur général, au lieu de nommer
son ministère, abstraction faite de l'opinion de la législature,
ainsi que cela était devenu l'usage, fût obligé de le choisir dans
la majorité de l'Assemblée. Ce plan fut adopté.
..... Dans ces dernières années, le gouvernement a été dirigé,
en conformité de ce que les ministres de Sa Majesté croient être
l'opinion du peuple canadien. Quand lord Elgin vit que son
ministère n'avait qu'une majorité insignifiante, il proposa, soi
de le maintenir jusqu'à ce qu'il rencontrât des votes décidémen

adverses, soit de dissoudre l'Assemblée. L'Assemblée fut dissoute. Les élections donnèrent la majorité à l'opposition, et lord Elgin céda les portefeuilles à ses adversaires. Je ne crois pas qu'il fût possible de respecter plus complétement et plus loyalement le principe de laisser la colonie s'administrer elle-même.

New-Brunswick et Nouvelle-Ecosse. — Le ministre rappelle que, dans ces provinces, le conseil exécutif est récemment devenu électif, de telle sorte que les affaires du pays se traitent par les habitants eux-mêmes, ce qui a fait cesser les malheureuses dissensions qui agitaient ces provinces.

Cap de Bonne-Espérance. — Le ministre annonce qu'après de longues discussions et malgré de sérieuses difficultés, il a été décidé que le gouvernement représentatif serait introduit au cap de Bonne-Espérance. L'Assemblée représentative sera élue par les habitants qui présenteront certaines garanties. On demandera des garanties plus étendues pour élire les membres du Conseil. Les membres de l'Assemblée seront élus pour cinq ans, ceux du Conseil pour dix ans, renouvelables, par moitié, tous les cinq ans.

Australie. — Je ne propose pas, pour l'Australie, une Assemblée et un Conseil, en imitation de nos institutions métropolitaines, mais un seul Conseil élu, pour les deux tiers, par le peuple, et pour un tiers, par le gouverneur. Ce qui m'a fait arriver à cette résolution, c'est que cette forme a prévalu avec succès dans la Nouvelle-Galles du Sud, et, autant que nous pouvons en juger, elle y est préférée par l'opinion populaire à des institutions plus analogues à celles de la mère patrie. (Écoutez! écoutez! et cris : non! non !) Tout ce que je puis dire, c'est que nous avons cru adopter la forme la plus agréable à la colonie, et s'il eût existé, dans la Nouvelle-Galles du Sud, une opinion bien arrêtée sur la convenance de substituer un Conseil et une Assemblée à la constitution actuelle, nous nous serions hâtés d'accéder à ce vœu.... J'ajoute que, tout en proposant pour la colonie cette forme de gouvernement, notre intention est de lui laisser la faculté d'en changer. Si c'est l'opinion des habitants, qu'ils se trouveraient mieux d'un Conseil et d'une Assemblée, ils ne rencontreront pas d'opposition de la part de la couronne.

L'année dernière nous avions proposé que les droits de douane actuellement existant à la Nouvelle-Galles du Sud fussent étendus, par acte du Parlement, à toutes les colonies australiennes. Quelque désirable que soit cette uniformité, nous ne croyons pas qu'il soit convenable de l'imposer par l'autorité du Parlement, et nous préférons laisser chacune de ces colonies voter son propre tarif, et décider pour elle-même.

Nous proposons qu'un Conseil électif, semblable à celui de la Nouvelle-Galles du Sud, soit accordé au district de Port-Philippe, un autre à la terre de Van-Diémen, un autre à l'Australie méridionale.

Nous proposons, en outre, que, sur la demande de deux de ces colonies, il y ait une réunion générale de tous ces Conseils australiens, afin de régler, en commun, des affaires communes, comme l'uniformité du tarif, l'uniformité de la mise à prix des terres à vendre.

. Je n'entrerai pas dans plus de détails sur la portée de ce bill, puisqu'il est sous vos yeux. J'en ai dit assez pour montrer notre disposition à introduire, soit dans nos colonies américaines, soit dans nos colonies australiennes, des institutions représentatives, de donner pleine carrière à la volonté de leurs habitants, afin qu'ils apprennent à se frayer eux-mêmes la voie vers leur propre prospérité, d'une manière beaucoup plus sûre que si leurs affaires étaient réglementées et contrôlées par des décrets émanés de la mère patrie.

Nouvelle-Zélande. — En ce qui concerne la Nouvelle-Zélande, nous montrâmes dès 1846, et peut-être d'une manière un peu précipitée, notre disposition à introduire dans ce pays des institutions représentatives. L'homme supérieur qui gouverne en ce moment la colonie nous a signalé la différence qui existe entre les naturels de la Nouvelle-Zélande et ceux de nos autres possessions, soit en Amérique, soit en Afrique, dans la Nouvelle-Hollande, ou la terre de Van-Diémen. Il nous a fait remarquer leur aptitude à la civilisation et avec quelle répugnance ils supporteraient la suprématie d'un petit nombre de personnes de race anglaise, seules chargées de l'autorité législative. Ces objections ont frappé le gouvernement par leur justesse, et, en conséquence, nous proposâmes de suspendre la constitution. Maintenant le gouverneur écrit qu'il a institué un Conseil législatif dans la partie méridionale de la Nouvelle-Zélande. Il nous informe en outre que, dans son opinion, les institutions représentatives peuvent être introduites sans danger et avec utilité dans toute la colonie. En conséquence, et croyant son opinion fondée, nous n'attendons plus, pour agir, que quelques nouvelles informations de détail et le terme fixé par l'acte du Parlement.

Le ministre expose ensuite le plan qu'il se propose de suivre à l'égard de la Jamaïque, des Barbades, de la Guyane anglaise, de la Trinité, de Maurice et de Malte. Il parle de la répugnance que manifestent toutes les colonies à recevoir les condamnés à la transportation, et en conclut à la nécessité de restreindre ce mode de châtiment.

Quant à l'émigration qui, dans ces dernières années surtout, a acquis des proportions énormes, il se félicite de ce que le gouvernement s'est abstenu de toute intervention au delà de quelques primes et secours temporaires. « L'émigration, dit-il, s'est élevée, depuis trois ans, à deux cent soixante-cinq mille personnes annuellement. » Il n'estime pas à moins de 1,500,000 livres sterling la dépense qu'elle a entraînée.

Les classes laborieuses ont trouvé pour elles-mêmes les combinaisons les plus ingénieuses. Par les relations qui existent entre les anciens émigrants et ceux qui désirent émigrer, des fonds se trouvent préparés, des moyens de travail et d'existence assurés à ces derniers, au moment même où ils mettent le pied sur ces terres lointaines. Si nous avions mis à la charge du trésor cette somme de 1,500,000 liv. st., indépendamment du fardeau qui en serait résulté pour le peuple de ce pays, nous aurions provoqué toutes sortes d'abus. Nous aurions facilité l'émigration de personnes impropres ou dangereuses, qui auraient été accueillies avec malédiction aux États-Unis et dans nos propres colonies. Ces contrées n'auraient pas manqué de nous dire : « Ne nous envoyez pas vos paresseux, vos impotents, vos estropiés, la lie de votre population. Si tel est le caractère de votre émigration, nous aurons certainement le droit d'intervenir pour la repousser. » Telle eût été, je n'en doute pas, la conséquence de l'intervention gouvernementale exercée sur une grande échelle.

Après quelques autres considérations, lord John Russell termine ainsi :

Voici ce qui résulte de tout ce que je viens de dire. En premier lieu, quel que soit le mécontentement, souvent bien fondé, qu'a fait naître la transition pénible pour nos colonies du système du monopole au système du libre-échange, nous ne reviendrons pas sur cette résolution que désormais votre commerce avec les colonies est fondé sur ce principe : vous êtes libres de recevoir les produits de tous les pays, qui peuvent vous les fournir à meilleur marché et de meilleure qualité que les colonies ; et d'un autre côté les colonies sont libres de commercer avec toutes les parties du globe, de la manière qu'elles jugeront la plus avantageuse à leurs intérêts. C'est là, dis-je, qu'est pour l'avenir le point cardinal de notre politique.

En second lieu, conformément à la politique que vous avez suivie à l'égard des colonies de l'Amérique du Nord, vous agirez sur ce principe d'introduire et maintenir, autant que possible, la liberté politique dans toutes vos colonies. Je crois que toutes les fois que vous affirmerez que la liberté politique ne peut pas être introduite, c'est à vous de donner des raisons pour l'exception ; et il vous incombe de démontrer qu'il s'agit d'une race qui ne peut encore admettre les institutions libres ; que la colonie n'est pas composée de citoyens anglais, ou qu'ils n'y sont qu'en trop faible proportion pour pouvoir soutenir de telles institutions avec quelque sécurité. A moins que vous ne fassiez cette preuve, et chaque fois qu'il s'agira d'une population britannique capable de se gouverner elle-même, si vous continuez à être leurs représentants en ce qui concerne la politique extérieure, vous n'avez plus à intervenir dans leurs affaires domestiques, au delà de ce qui est clairement et décidément indispensable pour prévenir un conflit dans la colonie elle-même.

Je crois que ce sont là les deux principes sur lesquels vous devez agir. Je suis sûr au moins que ce sont ceux que le gouvernement actuel a adoptés, et je ne doute pas qu'ils n'obtiennent l'assentiment de la Chambre.....

Non-seulement je crois que ces principes sont ceux qui doivent vous diriger, sans aucun danger pour le présent, mais je pense encore qu'ils serviront à résoudre, dans l'avenir, de graves questions, sans nous exposer à une collision aussi malheureuse que celle qui marqua la fin du dernier siècle. En revenant sur l'origine de cette guerre fatale avec les contrées qui sont devenues les Etats-Unis de l'Amérique, je ne puis m'empêcher de croire qu'elle fut le résultat non d'une simple erreur, d'une simple faute, mais d'une série répétée de fautes et d'erreurs, d'une politique malheureuse de concessions tardives et d'exigences inopportunes. J'ai la confiance que nous n'aurons plus à déplorer de tels conflits. Sans doute je prévois, avec tous les bons esprits, que quelques-unes de nos colonies grandiront tellement en population et en richesse qu'elles viendront nous dire un jour : « Nous avons assez de force pour être indépendantes de l'Angle-« terre. Le lien qui nous attache à elle nous est devenu onéreux « et le moment est arrivé où, en toute amitié et en bonne al-« liance avec la mère patrie, nous voulons maintenir notre in-« dépendance. » Je ne crois pas que ce temps soit très-rapproché, mais faisons tout ce qui est en nous pour les rendre aptes à se gouverner elles-mêmes. Donnons-leur autant que possible la faculté de diriger leurs propres affaires. Qu'elles croissent en nombre et en bien-être, et, quelque chose qui arrive, nous, citoyens de ce grand empire, nous aurons la consolation de dire que nous avons contribué au bonheur du monde.

Il n'est pas possible d'annoncer de plus grandes choses avec plus de simplicité, et c'est ainsi que, sans la chercher, on rencontre la véritable éloquence.

La reproduction que nous venons de faire a dû suffire pour démontrer que si la Ligue n'agit plus en corps, son esprit est une des forces vives de la démocratie anglaise, et qu'il anime des hommes dont la foi ardente, les lumières et les talents peuvent surmonter bien des obstacles. Bastiat, qui attendait beaucoup de ces hommes, vécut assez pour assister à la réalisation d'une partie de ses espérances. Il vit l'Angleterre abolir ses droits de navigation et réformer profondément son régime colonial. Depuis sa mort, de tristes événements, en modifiant la situation de l'Europe, ont rendu bien difficile la seconde partie de la tâche qu'il assignait aux ligueurs, nous voulons dire l'*application du principe de non-intervention et la réduction des forces militaires*. Mais quelque éloigné que puisse être le jour où s'accompliront de tels vœux, — où la civilisation obtiendra des succès décisifs dans sa lutte contre le fléau de la guerre, — on peut affirmer dès aujourd'hui que les apôtres du libre-échange auront leur part dans les actions de grâces et les bénédictions qui accueilleront cette incomparable victoire.

. FIN.

TABLE DES MATIÈRES

DU TROISIÈME VOLUME.

Appendice.

Récapitulation des discours contenus dans ce volume et l'Appendice.

FIN DE LA TABLE.

CORBEIL. — TYPOGRAPHIE DE CRÉTÉ.

ERRATA POUR LES VOLUMES III, IV ET V.

Tome III.

Page 208, ligne 11, Brigt, *lisez* Bright.
— 249, — 23, *la virgule placée avant le mot* jadis *doit le suivre.*
— 303, — 17 et 18, di-dirent, *lisez* dirent.
— 262, — 4, ceux-là même, *lisez* ceux-là mêmes.

Tome IV.

Page 90, ligne dernière, Tiers, *lisez* Thiers.
— 161, — 27, uue, *lisez* une.
— 170, *supprimez le mot* complément *placé mal à propos au milieu de la page, en tête d'une note tirée des écrits de l'auteur.*

Tome V.

Page 109, ligne 33, réhabiliattion, *lisez* réhabilitation.
— 413, — 18, taxes, *lisez* taxes :
— 191, — 3, il est clair que,
— 372, — 28, impossible,   } *supprimez la virgule.*
— 481, — 5, moins,
— 519, — 16, propriété,

Dans les notes que contiennent les tomes IV et V, toute indication du tome III de la collection doit s'entendre du tome II, *et vice versâ.*

www.ingramcontent.com/pod-product-compliance
Lightning Source LLC
Chambersburg PA
CBHW060915220326
41599CB00020B/2969